WARTIME JOURNALISM, 1939–1943

PAUL DE MAN

Edited by
Werner Hamacher,
Neil Hertz, and
Thomas Keenan

University of Nebraska Press
Lincoln and London

Manufactured in the United States of America

The paper in this book meets the minimum requirements of American National Standard for Information Sciences—Permanence of Paper for Printed Library Materials, ANSI Z39.48-1984.

Library of Congress Cataloging-in-Publication Data
De Man, Paul.
Wartime journalism, 1940–1943 / by Paul de Man; edited by Werner Hamacher, Neil Hertz, and Thomas Keenan.
p. cm.
ISBN 0-8032-1684-X. ISBN 0-8032-6576-X (pbk.)
1. Journalism, Military—Belgium—History—20th century. 2. World War, 1935–1945—Journalism, Military–Belgium—History. I. Hamacher, Werner, 1948– . II. Hertz, Neil. III. Keenan, Thomas, 1959– . IV. Title.
PN5267.M5D4 1988 88-17234
070.4′33—dc19 CIP

 Produced by JHU Design and Publications.

Contents

The texts reprinted in this volume were published by Paul de Man in Belgium between 1939 and 1943, prior to and during its occupation from May 1940 to September 1944 by the German army.

Work on this volume began in October 1987, when we learned of the existence of generally unknown wartime journalism by Paul de Man. We have collected and republished these articles here in order to provide a complete, widely available, and historically accurate record on which further discussion of Paul de Man's work can be based. This collection should also contribute to the study of journalism, specifically political and cultural journalism in an occupied country.

We have reprinted texts published in five journals. They represent, to our knowledge at this time, all that Paul de Man published, besides translations, during that period. They are organized according to the chronological order of their appearance in each journal:

(1) *Jeudi. Hebdomadaire du Cercle "Le Libre-Examen"* was the weekly newspaper, published in 1939 and 1940, of the Cercle du Libre Examen, a left-liberal student group at the Université Libre de Bruxelles. *Jeudi* was a forum for debates among socialist students at the U.L.B. on issues in European politics and culture. An active member of the Cercle du Libre Examen, Paul de Man published seven articles in *Jeudi.*

(2) *Les Cahiers du Libre Examen* was the monthly journal of the Cercle du Libre Examen at the U.L.B. Paul de Man joined the editorial committee at the beginning of the 1939-1940 academic year, and became the director of the *Cahiers* in February 1940. He edited its final two issues before it ceased publication during the occupation. He published two articles on literature in the *Cahiers* of January and February 1940, and (probably) an unsigned editorial in the first issue which he directed.

(3) *Le Soir,* published in Brussels, was Belgium's largest daily newspaper. During the occupation, its name and facilities were appropriated by the German authorities. It was produced by new editors sponsored by the Propaganda Abteilung, with a new staff, and was popularly known as *Le Soir volé.* Beginning in December 1940, Paul de Man published 170 articles in *Le Soir.* Most of them were in the form of a regular *chronique littéraire,* which appeared in the Tuesday *Le Soir* from 25 February 1941 through 29 September 1942, and then in the Saturday-Sunday newspaper from 10-11 October through 28-29 November 1942.[1] His articles stopped appearing in November 1942.

(4) *Het Vlaamsche Land* was a small Flemish-language daily newspaper in Antwerp. It began publication on 1 January 1941, using equipment appropriated by the occupation authorities from the *Gazet von Antwerpen.* Paul de Man published ten articles on literature and art in *Het Vlaamsche Land* between March and October 1942.

(5) The *Bibliographie Dechenne* was a monthly bulletin of the Agence/Agentschap Dechenne, a distribution, information, and publishing firm located in Brussels, which was appropriated and controlled during the occupation by German authorities. The *Bibliographie* was published from August 1941 through July 1944, and contained a bibliographical listing, often with brief reviews, of recent books, and in most issues one or two short essays on literature or publishing. From February 1942 through March 1943, Paul de Man, who was possibly one of its editors, published seven short essays and 93 one-paragraph reviews in the *Bibliographie.*

Paul de Man translated at least five books during the occupation. Three were published by the Editions de la Toison d'Or, a German-controlled publishing house founded in 1941, with offices in Brussels and Paris: Paul Alverdes, *Le double visage*, 1942; Filip de Pillecijn, *Le soldat Johan*, 1942; and (with Jean-Jacques Etienne) Albert E. Brinckmann, *Esprit des Nations: France-Italie-Allemagne*, 1943.

It appears that the translation of Gerard Walschap's *Cure d'aspirine* (Ghent: Snoeck Ducaju et Fils, 1943), signed by Willem Elsschot, was done by Paul de Man.[2] He also translated Herman Melville's *Moby Dick* into Flemish, although it was not published until after the occupation (Antwerp: Helicon, 1945).

Because there were several, often significantly different, editions of *Le Soir* each day, all of which we have not been able to examine, the collection of articles we have reproduced here may not be complete. In at least one case, an article which is signed in one edition appears without signature in another (1-2 March 1941). (Similarly, some of the reviews signed by Paul de Man in the *Bibliographie Dechenne* were republished in later issues without his signature.)

In general, we have included only articles signed with Paul de Man's name or initials. The exceptions to this rule are the editorial from the *Cahiers du Libre Examen* (February 1940) and the appendix to Paul de Man's *Le Soir* texts, consisting of: the full page on which one of his articles was published (4 March 1941), four brief unsigned notices related to his articles, and a group of unsigned articles related to a literary competition which he seems to have organized. This volume also contains a complete bibliographical listing of the original sources for all the texts we have reprinted.

We have printed unedited facsimiles of all the articles, as they were originally published. The only alterations we have introduced concern the size of the type and the layout of the columns, which have frequently been enlarged or rearranged for reasons of space and legibility. We are grateful to the Library of the Hoover Institution on War and Revolution at Stanford University for providing microfilm copies of *Le Soir* and allowing us to reprint from them. Although we have reproduced the best available prints of these articles, deteriorating paper has resulted in many copies which are not as clear as desired. Our copies of the articles in *Jeudi* were made from originals at the archives of the Université Libre de Bruxelles, and those in the *Cahiers du Libre Examen* and the *Bibliographie Dechenne* from originals at the Bibliothèque Royal/Koninklijke Bibliotheek Albert I in Brussels. We were unable to oversee the reproduction of the articles in *Het Vlaamsche Land*, and we include them in the interest of making all the texts available, in spite of the poor quality of the copies.

Further information on Paul de Man's wartime journalism can be found in a companion volume to this one, called *Responses*, also published by the University of Nebraska Press in 1988. We have assembled for that volume a detailed chronology of important political and personal events which occurred during the period Paul de Man lived in Belgium.

The articles from *Het Vlaamsche Land* and most of those from *Le Soir* were discovered by Ortwin de Graef of the Katholieke Universiteit Leuven in November 1986 and June 1987.[3] He has kindly translated into English the articles written in Flemish (in *Het Vlaamsche Land* and the *Bibliographie Dechenne*). We are grateful to Stefaan Heyvaert of SUNY-Binghampton for his review of the *Vlaamsche Land* translations.

Our thanks to Chantal Kesteloot of the Centre de Recherches et d'Etudes Historiques de la Seconde Guerre Mondiale in Brussels, Doug Behr of the Publications Office at Johns Hopkins University, and Patricia de Man.

WH, NH, TK
Baltimore, August 1988

Notes

[1]As.far as we can determine, the *chronique littéraire* did not appear in the issues of 3 June 1941, 2 June 1942, or 17-18 October 1942.

[2]According to Boris Rousseeuw, *Van hier tot Peking: Over Willem Elsschot* (Antwerp: Dedalus, 1983), 25.

[3]After the project of publishing these texts had commenced, further research uncovered the rest of the articles in *Le Soir* (January 1988) and those in the *Bibliographie Dechenne* (April 1988) and *Jeudi* (June 1988). The articles from the *Cahiers du Libre Examen* had been found, following a suggestion from Paul de Man in 1983, in January 1986.

JEUDI

HEBDOMADAIRE DU CERCLE "LE LIBRE-EXAMEN"

L'examen médical des étudiants

Le projet de faire passer aux étudiants un examen médical n'est pas une idée neuve. On connaît de longue date les épreuves auxquelles doivent se soumettre des candidats désirant entrer dans une collectivité quelconque : fonctions publiques, armée, etc. Mais également dans le domaine strictement universitaire il y a des précédents : en 1935 on organisait une visite médicale, non obligatoire, à l'Université de Paris, en 1936 la Faculté de Médecine en instaurait une à Bruxelles; Liége possède les fonds Malvoz, institution à caractère privé, qui a actuellement 40 étudiants en traitement et où 7 à 9 p.c. de la population estudiantine consulte régulièrement.

Il n'y a donc rien d'étonnant au fait que le dernier congrès de l'Association des Etudiants d'expression française a jugé la question suffisamment importante pour la mettre à l'ordre du jour. Les débats entre les divers représentants des Facultés de Liége et de la Faculté de Médecine de l'U.L.B. ont abouti à un accord total et la mise au point d'une formule parfaitement réalisable et apte à donner d'excellents résultats pratiques.

Tout d'abord, l'examen n'aurait en aucun cas force éliminatoire, c'est-à-dire que le médecin ne pourrait défendre à personne d'entrer à l'Université ou dans une Faculté déterminée.

On se rend compte de l'immense danger qu'entraînerait une semblable mesure, avec ce qu'elle comporte en outre, d'humiliant pour l'étudiant. Dans plusieurs cas celui-ci peut être capable de juger par lui-même s'il se sent en état d'entreprendre telle étude, et même s'il s'agit de tares qu'il ignore (tuberculose, par exemple) le seul droit qu'on ait est de l'avertir du danger qu'il court. En effet, il ne s'agit pas d'une institution telle que l'examen pré-militaire où l'on sélectionne en vue d'efforts physiques nettement définis: Une carrière libérale comporte, au contraire, un grand nombre de branches pour lesquelles l'état physiologique désiré est extrêmement variable. Ce ne sera pas un des moindres mérites de l'examen médical que de fournir une indication au futur médecin ou ingénieur de faible santé, en lui conseillant de préférer le travail de laboratoire ou d'administration à la lourde tâche d'un clinicien ou d'un mineur. On choisit en général sa branche ou sa spécialité pour des raisons mystérieuses, les cas de vocation véritable étant assez exceptionnels et ce sera là une base d'orientation précieuse.

Une autre raison, non moins importante pour laquelle l'examen ne pourra avoir le pouvoir d'éliminer, est que la médecine préventive, qu'il faudrait pratiquer en plusieurs cas, est une chose délicate et difficile, bien trop incertaine pour qu'un praticien puisse assumer la lourde responsabilité de classer définitivement un malade comme apte ou inapte à entreprendre des études. Et que dire des individus à santé délicate, mais intellectuellement doués, qui se trouveraient dans l'impossibilité d'acquérir une instruction qu'ils sont capables d'assimiler. On comprend parfaitement qu'ils préfèrent prendre quelques risques que de grossir les rangs des chômeurs intellectuels.

Tenant compte de cet ensemble de raisons, le congrès a décidé que l'examen ne pourrait avoir qu'un caractère strictement consultatif. Il n'est même pas indispensable qu'il soit obligatoire. Ceci entraînerait notamment des difficultés législatives, car il ne faudrait rien moins qu'un arrêté royal pour l'établir. Et, connaissant la mauvaise grâce avec laquelle on se résoud à subir tout ce qui est imposé, il est probable que de meilleurs résultats seront obtenus si on laisse entière liberté. Il ne faut pas être prop sceptique quant au succès que l'entreprise pourrait avoir dans ces conditions : sans propagande très intense les 2/3 des étudiants de première médecine se sont spontanément présentés à l'examen. On conçoit, dès lors, qu'en faisant fonctionner une propagande active, par intermédiaire des professeurs, des étudiants d'années supérieures, des cercles, etc., on pourrait obtenir un résultat tout à fait remarquable.

(Voir suite page 5.) P. d. M.

Examen médical des étudiants (suite)

Le professeur Govaerts a proposé de faire consister l'examen en:

1° Un examen général avec intervention d'un spécialiste si la chose est trouvée utile, pour l'examen de la gorge et de yeux;

2° L'examen des urines;

3° Les examens de laboratoires jugés nécessaires;

4° Une radiographie du thorax, document intéressant comme point de comparaison pour les examens ultérieurs.

Ainsi conçu, l'examen coûterait 25 francs; il serait fait par des cliniciens et tous les documents fournis seraient remis aux intéressés, de sorte qu'une discrétion totale est garantie.

Dans ces conditions, il n'y a réellement aucune raison plausible pour se soustraire à une épreuve qui ne vise qu'à notre bien.

La réalisation du projet serait un premier pas de fait en vue d'une organisation plus systématique et plus efficace du régime sanitaire de l'étudiant, chose qui n'est elle-même qu'une petite fraction du problème de la médecine sociale. On sait sur quelles énormes difficultés d'ordre financier et technique on bute quand on veut étendre le contrôle d'hygiène dans les masses ouvrières. Mais quand il s'agit d'un groupe d'individus, moins nombreux, plus éduqués et plus solvables, la chose devient beaucoup plus facile. Le principal obstacle est le manque total d'unité et l'absence d'un organisme central, capable de diriger et d'organiser les services médicaux. Ainsi, la Faculté de Médecine de Bruxelles propose, par exemple, d'instituer un fonds d'entr'aide pour étudiants malades et d'assurance maladie, proposition excellente, basée d'ailleurs sur des exemples français et américains. Mais la création d'un tel organisme est impossible, s'il n'existe pas une mutualité, groupant des délégués des quatre Universités, qui s'occupe du bon fonctionnement de l'entreprise.

On voit dès lors que, s'il est parfaitement possible d'établir un examen médical, l'établissement d'un contrôle plus général est intimement lié à une unification des universitaires belges. Des progrès remarquables ont été faits en cette direction durant les dernières années; on obtiendra de meilleurs résultats encore dès qu'on aura persuadé les étudiants qu'ils ont tout **intérêt** à se réunir pour défendre les **intérêts** d'une communauté dont ils font partie, qu'ils s'en rendent compte ou non.

Il serait sans doute intéressant de connaître l'avis de quelques sommités du monde médical et universitaire, c'est pourquoi nous essayerons d'interviewer quelques-uns d'entre eux dans un prochain article.

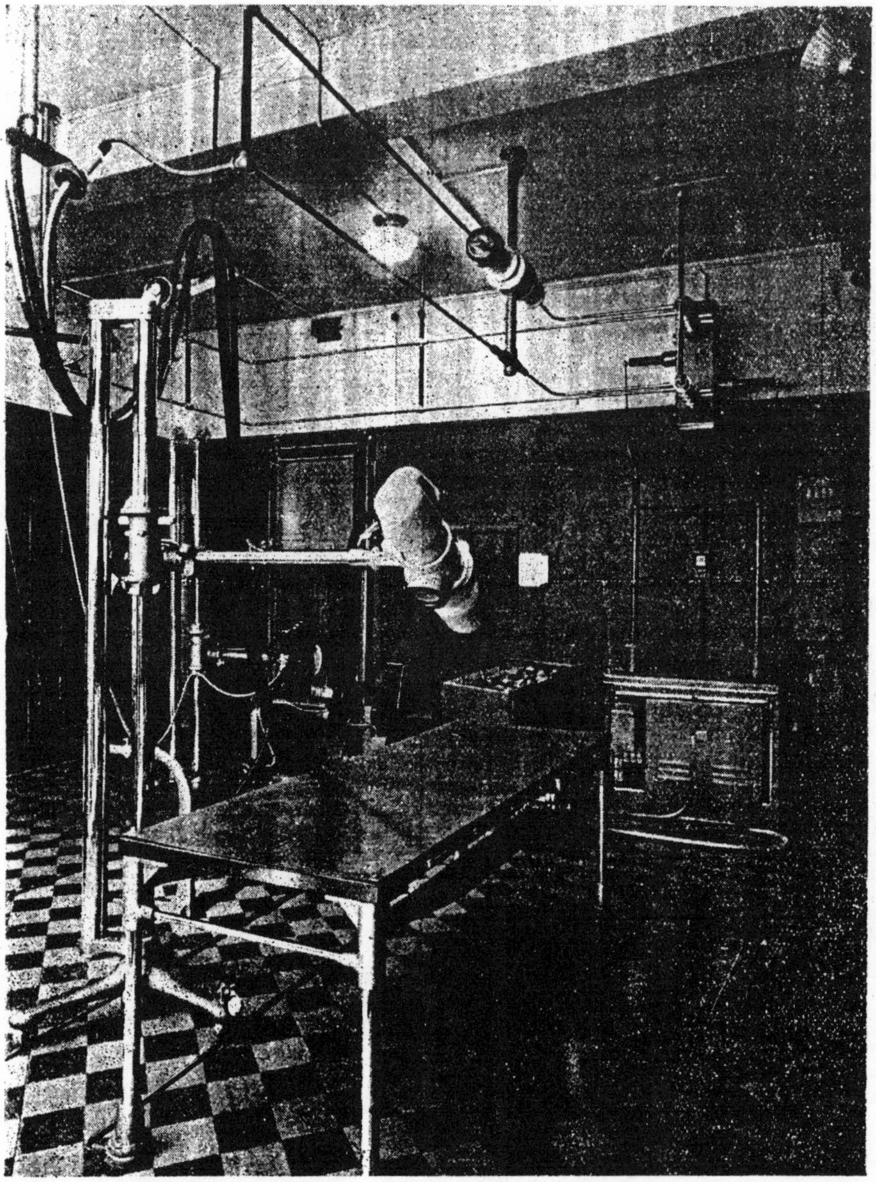

L'instrument indispensable du contrôle médical : l'appareil à rayons X.

Les comédiens routiers

Plusieurs d'entre nous ont sans doute assisté à la représentation que les Comédiens Routiers viennent de donner aux Théâtre des Galeries. Ils ont vu la salle bondée d'enfants, formant une masse grouillante au rez-de-chaussée, tandis que les grands étaient sagement rangés aux galeries. C'est devant cette foule de gosses, hurlant et trépignant, manifestant par un chahut immense leur approbation ou leur angoisse, que les Comédiens ont joué les dernières nouveautés de leur répertoire. L'enthousiasme provoqué démontre clairement que ce fut une réussite égale sinon supérieure, aux précédentes.

Ce n'est pas du premier coup que les chefs comédiens ont trouvé la formule actuelle. Le mouvement fut créé par une équipe de scouts qui voulaient faire un théâtre libre, improvisé, mais qui ne s'adresserait pas uniquement aux enfants.

Ils ont joué, à cette époque, du Giono et du Supervielle et si le succès fut dans l'ensemble assez satisfaisant, les acteurs eux-mêmes se sont rendu compte de l'insuffisance artistique des spectacles qu'ils organisaient. Et c'est après une période de flottement assez longue qu'ils ont pris la décision de s'occuper exclusivement de théâtre pour enfants.

On aurait tort de croire que de cette façon la difficulté de la tâche se trouvait diminuée. En effet, peu de manifestations artistiques sont aussi ingrates à mettre au point que celles destinées aux « tout jeunes ». Il s'agit d'un public difficile, sensible, sincère; il faut des tours de force de compréhension et de goût pour se mettre de plain-pied avec lui. Il est inutile de rappeler combien de platitudes ont été fabriquées soi-disant pour amuser les gosses et combien sont rares ceux qui ont trouvé la note juste.

Les thèmes qui servent de base aux sketches sont souvent inventés, tels «Peaunt» ou «le Fondeur d'enfants»; ou parfois empruntés aux fables classiques: l'Huître et les plaideurs, le Roi nu. Première difficulté qui se pose ici: les histoires présentées doivent-elles être moralisatrices? L'expérience a démontré que les enfants sont extrêmement rebelles à toute morale, si celle-ci est débitée abstraitement, indépendamment des caractères, des personnages, mais qu'ils réagissent par contre très généreusement pour l'innocent contre le coupable, pour l'exploité contre l'exploiteur, pour le franc contre l'hypocrite si ces qualités sont incorporées à des individus, des « types » qui ont leurs faiblesses et leurs défauts.

Mikey Mouse et Donald Duck sont loins d'être des saints mais ils sont sympathiques, parce qu'on les sent toujours de bonne foi, même s'ils font des bêtises.

Les Comédiens créent également de tels « types »: Peaunt en est un excellent et il est immédiatement populaire parce que, tout en étant un peu bête, il a un excellent caractère. Et les aventures, tour à tour féeriques, terrifiantes et cocasses dans lesquelles on le lance tiennent continuellement en haleine le public, prodigieusement intéressé.

Voilà pour le fond. Quand à la présentation, elle possède comme caractéristique première la participation des gosses à l'action. Ils ne restent pas tranquillement assis à subir le spectacle, mais sont constamment appelés à donner leurs airs, à intervenir directement sur la scène ou de la salle, à avertir ceux qui sont menacés et à huer ceux qui sont féroces ou faux. Il n'a pas été facile de réaliser ce contact persistant, exigeant une extrême vigilance de la part des acteurs, qui doivent s'adapter à des réactions variables et imprévisibles. Aussi n'est-ce qu'après une période d'expérience assez longue qu'on est parvenu au résultat actuel. Mais la chose en vaut la peine, car c'est l'atmosphère de cette salle en délire qui donne au théâtre des Comédiens son caractère vivant.

Autre caractéristique: absence totale de textes écrits. Les comédiens savent ce qu'il faut dire et comment les scènes se suivent mais les paroles sont inventées à l'instant même, au hasard de l'inspiration.

Paul de MAN.

(Voir suite page 2.)

Les comédiens routiers

(Suite)

C'est ce qui permet, entre autres, d'avoir de ces trouvailles saugrenues qui mettent en joie et les spectateurs et les acteurs, c'est aussi ce qui donne une ambiance de jopeuse fantaisie que les gosses adorent.

Donc improvisation, ce qui ne veut pas dire négligence, travail bâclé. Au contraire, tout est extrêmement travaillé, étudié, réglé, continuellement remanié sur les suggestions de l'un ou de l'autre. Il faut avoir assisté au labeur harassant des répétitions, senti la tension qui précède toute apparition publique pour savoir que cet aspect facile, rapide du jeu est le résultat d'une collaboration d'étude très poussée. Il s'agit de créer un spectacle harmonieux, joli à regarder, coloré, où rien ne heurte le goût et le sens critique, de fabriquer des accessoires, des costumes, des masques. Tout cela exige un travail incessant auquel tout le monde participe, par ses critiques et son habileté manuelle.

Bien entendu, il reste beaucoup à faire. Mais, quoiqu'il s'agisse d'amateurs, qui ont assez peu de temps libre, le résultat obtenu est déjà remarquable.

Rien de tout cela ne serait possible s'il n'y avait à la base du mouvement entier cet esprit particulier qui anime les Comédiens. Scouts, ils ont emprunté au scoutisme tout ce qu'il a de vraiment épatant: la camaraderie, l'amour du plein air, le mépris de tout ce qui est renfermé et bourgeois. Ils sont libres, fantaisistes, avant tout joyeux. Il existe des gens utiles et indispensables qui servent en employant leurs dons à réaliser des idées, des systèmes. Les Comédiens Routiers ont choisi une activité également productive, précieuse et vivante: s'amuser en amusant.

Paul de MAN.

Examen médical des étudiants

(Suite)

Le nom qui s'impose en premier lieu quand il s'agit d'interviewer quelqu'un sur l'examen médical est celui du professeur P. Govaerts. C'est, en effet, sous sa direction que se fait l'examen dans la Faculté de Médecine et c'est également d'après ses directives que le rapport des médecins de Bruxelles au Congrès de Liége a été établi. C'est donc bien l'homme qu'il nous fallait.

La section que dirige le professeur Govaerts, à l'École de Médecine, présente des particularités assez curieuses. Dès qu'on passe la porte vitrée qui conduit dans la suite de laboratoires, on est accueilli par un tonnerre d'aboiements et on se trouve face à face avec un nombre de chiens qui serviront comme sujets aux études bactériologiques, sans avoir l'air de prendre leur sort au tragique.

C'est dans ce cadre assez original que le Dr Govaerts — après avoir, bien entendu, affirmé qu'il n'avait rien à dire de neuf sur le sujet — nous a fourni nombre d'indications et de précisions qui ne manqueront pas d'intéresser tous ceux qui se préoccupent de l'hygiène estudiantine.

« Ce qui importe en premier lieu, affirme le professeur, c'est de dire la vérité entière sur l'utilité que peut avoir un examen médical, et de combattre des illusions trop vastes qui ne cessent d'avoir cours pour une grande partie du public. Ainsi, il est totalement faux de croire qu'il suffit de se faire examiner pour être à jamais à l'abri de tout danger d'infection. Nous possédons nombre d'exemples démontrant le contraire, tels que des sujets accusant une soudaine tuberculose après six examens radiographiques qui ne dénotaient aucun symptôme. Et comme on ne peut passer sa vie à subir des examens, il serait préférable d'instruire les gens, en leur apprenant quelles précautions ils doivent prendre pour éviter, autant que possible, les risques de maladie. Une autre idée, encore plus répandue, est qu'il faut soigner les infections à leur début pour avoir une chance de les guérir. Il se peut qu'il en soit ainsi, mais c'est une chose qui est loin d'être prouvée et on peut citer des cas tendant à démontrer le contraire — donc, de ce côté non plus, l'examen est loin de garantir une sécurité absolue.

« Il peut cependant être utile, parce qu'il permettrait de voir s'il existe une véritable menace pour la santé de l'étudiant, si les chances de se voir contaminer durant ses études sont réellement si grandes. En plus, il peut fournir une certaine orientation professionnelle, qui ne pourrait cependant revêtir aucun caractère obligatoire.

» En quoi pourrait consister l'examen? Le minimum est ce qui se fait en médecine actuellement. Mais si on étend la chose à toutes les Facultés, les installations actuelles sont pratiquement insuffisantes et il faudrait créer des services spéciaux. Un malentendu qu'il sied de combattre dès le début, c'est que les étudiants n'ont à aucun point de vue à me considérer comme leur médecin traitant. Il y a 1.500 docteurs en médecine à Bruxelles et ce serait sortir de mon rôle que de vouloir les remplacer.

» Il s'agit uniquement de mettre les sujets au courant de leur état et encore est-il indispensable que cela se fasse d'une façon assez paternelle et prudente, et non pas par un docteur à manies qui veut appliquer à tous l'une ou l'autre méthode qui lui est chère.

» Quant à la création de mutualités, c'est là une excellente idée. Je propose cependant que, surtout au début, on se limite à la tuberculose seule. De cette façon on combat automatiquement les abus, et on pourrait établir une assurance-maladie pour une somme très modique, quelque chose comme 25 francs à payer par tous les étudiants, chaque année. On a vu des cas, surtout des jeunes médecins, devenus tuberculeux et n'ayant pas les moyens financiers nécessaires pour se soigner; on pourrait ainsi parer, à ces états de choses.

» Une chose indispensable, c'est d'inclure des examens psychologiques à côté des examens physiologiques généraux. Beaucoup plus d'étudiants deviennent idiots que malades, soit qu'ils tournent à l'alcoolisme, soit qu'ils sont atteints d'une tare mentale quelconque. On en a vu qui se mettaient soudainement à voler, d'autres qui menaient une vie tellement impossible qu'ils s'abrutissaient totalement après quelques années. De ce côté surtout il y a lieu de se soumettre à un certain contrôle.

» Je crois cependant, conclut le prof. Govaerts, que ce qui, pour l'instant, menace surtout les jeunes, ce n'est pas tant les maladies que les balles et les obus, et que la meilleure chose à faire serait d'établir un examen mental tout à fait rigoureux des dictateurs, ce qui permettrait sans doute de se débarrasser d'eux en les internant. »

Avis que nous sommes tous d'accord pour partager.

P. d. M.

Un livre sur la guerre.

Prélude à Verdun et Verdun

par Jules ROMAINS

On a assisté, tant durant les événements de septembre qu'à l'époque présente, aux bouleversements les plus radicaux dans les relations entre divers partis politiques. Il suffit de lire le numéro spécial de « Crapouillot » intitulé « Septembre 38 » pour voir quelles alliances saugrenues se sont conclues entre les adversaires les plus acharnés. C'est qu'il ne s'agissait pas de prendre parti sur une question sociale ou administrative, mais de choisir pour ou contre la guerre. Il fallait déterminer si, oui ou non, il valait la peine de faire la guerre pour sauvegarder une opinion ou si une certaine conviction pouvait transiger devant cette menace.

La question est extrêmement personnelle, chacun devant la résoudre pour soi. On ne pourrait y répondre d'une façon satisfaisante sans savoir exactement à quoi s'en tenir, c'est-à-dire sans prendre conscience de ce qu'une guerre moderne entraîne comme conséquences pour l'individu qui la subit. Un aperçu extrêmement lucide, objectif et complet de cette face du problème est fourni par « Prélude à Verdun » et « Verdun » de Jules Romains.

Barbusse, Remarque, Duhamel, Dorgelès et d'autres avaient fait le tableau de la vie de tranchées en insistant surtout sur le côté descriptif, s'attachant à faire voir au lecteur l'horreur de la chose. Cette façon de faire n'était pas conciliable avec la méthode littéraire de Jules Romains. Cet auteur, créateur du romain dit unanimiste, effectue dans un événement donné plusieurs coupes, à divers niveaux, pour en montrer ainsi les aspects les plus divergents. Dans « Contrepoint » de Huxley il y a unité des personnages, c'est-à-dire qu'un groupe de personnes (ayant entre eux des liens) subissent des aventures; chez Romains, au contraire, on a unité d'événement, c'est-à-dire qu'un même événement est subi différemment par un grand nombre de gens qui n'ont rien de commun. Le procédé s'était avéré artificiel et ennuyeux dans un grand nombre de cas, il est idéal et prodigieusement efficace quand il s'agit d'un fait comme la guerre.

Ainsi, la bataille de Verdun, sujet central du livre, sera analysée telle qu'elle se présente pour le soldat de première ligne et pour les civils de l'arrière, pour un modeste lieutenant de campagne et pour le maréchal Joffre ou l'empereur Guillaume, pour un ouvrier et pour un professeur d'université. On voit les souffrances qu'elle fait endurer aux troupiers, et les profits qu'elle apporte aux arrivistes et aux industriels, aucune partie du gigantesque échafaudage de forces ne restant inexploré. Des pages hallucinantes sont consacrées à l'explication des tactiques collectives employées (telle la théorie du « million d'hommes ») tandis que d'autres décrivent les sensations les plus personnelles et les plus intimes d'un fantassin.

Pour la première fois aussi, on nous dit ce que ressent exactement un homme transplanté d'une vie confortable à la saleté des tranchées, jusqu'à quel point et comment il souffre, a peur, espère et se justifie son genre de vie.

Et cette psychologie du combattant est extraordinairement véridique. « Prélude à Verdun » et « Verdun » sont les seuls livres de guerre dont j'ai entendu dire par des anciens combattants qu'ils rendaient la vérité totale et rigoureuse.

Quelles conclusions peut-on tirer de cette étude qu'on peut donc qualifier d'approfondie? Tout d'abord, que les hommes subissent la guerre, sans se révolter, et même sans ressentir le besoin de se convaincre de sa nécessité idéologique. Mais, s'ils la font, ce n'est pas parce qu'elle répond à quelque besoin inné, mais uniquement par peur de la société qui l'impose, puis par routine, par abrutissement. Car la guerre moderne ne satisfait plus aucun instinct, même pas les instincts sanguinaires. Ce n'est pas, comme le pense de Montherlant, « de toute façon l'action (l'action » en sa forme la plus parfaite, le jeu) », mais une chose ennuyeuse, sans grandeur, sans héroïsme, sale et effrayante.

Nous en revenons à notre question : vaut-il la peine de subir cela pour défendre une idée? « Rien ne vaut ça », répond Romains. « Rien = toutes les » raisons qu'on peut invoquer. Ça = la » vie que nous menons (avec quelle mort » suspendue sur la tête!) » Il faut lire « Verdun » avant de se donner le droit de répondre à cette affirmation.

Paul de MAN.

TRIBUNE LIBRE

Défense de la Neutralité

Il est normal que dans une question aussi délicate que la politique de neutralité belge les opinions soient très divergentes. Mais on aimerait trouver chez ceux qui attaquent cette politique un peu moins d'exaltation sentimentale; après tout, il s'agit d'un problème pratique, concret, qui ne peut être traité qu'avec lucidité et sang-froid.

L'opinion générale de l'Université semble en tout cas s'accorder sur un point : que la responsabilité de la guerre incombe à l'Allemagne. En plus, l'ordre du jour voté à l'A.G. manifeste clairement sa sympathie pour la cause des démocraties, contre les dictatures. Dès lors nous avons à notre disposition un moyen commode pour juger si l'attitude neutraliste du gouvernement belge est néfaste : elle le serait, si elle avait encouragé l'Allemagne à envahir la Pologne et facilité la victoire des troupes hitlériennes. Elle le serait encore si elle avantageait l'Allemagne dans la guerre à l'Ouest.

1. — Tout d'abord, la question ne se pose que pour la Belgique. Il n'a jamais été question de former un bloc antihitlérien des Etats d'Oslo, par exemple — ce qui aurait représenté une puissance économique redoutable. Une Belgique entrant en guerre avec l'Angleterre et la France aurait en tout et pour tout obligé les Allemands à envoyer quelques hommes et quelques canons de plus sur la ligne Siegfried, le long de nos frontières. Il est absurde de prétendre que cette obligation aurait empêché la victoire d'une Allemagne forte de l'alliance avec l'U.R.S.S., bien décidée à conquérir la Pologne et espérant, peut-être, une capitulation des grandes puissances occidentales. Notre attitude n'avait qu'une importance infime, dans un tel déploiement de forces.

Il n'y a aucune raison de supposer que, là où les Français ont à peine entamé la résistance adverse, les Belges auraient exercé une pression considérable. On sait, en effet, que les fortifications de la ligne Siegfried longent également notre pays. Donc, une fois la campagne à l'Est terminée, les suites de notre geste se réduiraient à avoir allongé le front de quelques kilomètres, et, en surplus, de constituer un secteur plus vulnérable, parce que moins fortifié. Il n'est pas du tout certain que cela aurait amélioré la position stratégique des alliés, bien au contraire. C'est d'ailleurs bien pour cela qu'on craint, à juste titre, une tentative d'invasion par les troupes allemandes, lasses de voir leurs offensives brisées contre la ligne Maginot. Crainte qui ne doit pas nous empêcher de profiter de la chance offerte, car aucune prévision d'avenir n'est possible dans le chaos que nous vivons pour l'instant.

2. — Certains reprochent au gouvernement d'avoir trahi de la façon la plus honteuse, par pure lâcheté, la sécurité collective et la France. Rappelons une fois de plus que notre position actuelle envers la France est exactement la même qu'en 1914. Nous ne sommes ni plus courageux ni plus lâches qu'alors et il suffirait qu'on nous attaque pour que nous passions automatiquement au rang de « nation héroïque ». Bien contre notre gré, car nous sommes payés pour savoir que ce titre comporte mille souffrances et bien peu de compensations. Quant à la fameuse sécurité collective, formulée dans l'article 16 du pacte de la S.D.N., nous l'avons abandonnée à un moment ou elle n'était plus qu'une illusion. Il en restait bien peu de chose après l'échec des sanctions contre l'Italie, encore moins après la comédie de non-intervention en Espagne. Et il est, bien entendu, profondément regrettable qu'il en ait été ainsi. Mais la responsabilité ne nous en revient aucunement, et il ne dépend pas de nous que des notions comme désarmement, revision des traités, etc., soient devenues de vains mots.

Il paraît que cette rupture de la Belgique avec les principes de la S.D.N. s'est produite d'une façon peu conforme au droit international, qu'elle a été hésitante et hypocrite. Cette critique, qui fut amplement motivée par des juristes, ne touche que l'habileté de nos diplomates mais n'entache pas le fond de la politique de neutralité. Celle-ci reste comme la réaction normale d'un petit peuple indépendant devant les inconséquences et les maladresses de ses puissants voisins.

3. — Mais il y a une troisième fraction d'anti-neutralistes, particulièrement dangereuse et très nombreuse à l'U.L.B. Ce sont les exaltés, les sentimentaux, qui croient que dès qu'on est anti-hitlérien il faut nécessairement entrer en guerre. Et qui le crient bien haut et écrivent des articles bourrés de points d'exclamation, comme celui qui paraissait ici même dans le dernier numéro. Il valait vraiment bien la peine de subir durant si longtemps la propagande pacifiste pour en arriver là. Il faudra donc répéter que la guerre n'a jamais rien résolu, qu'il n'y a que deux perdants, etc. Je reste profondément convaincu que la seule raison pour laquelle on puisse tirer sur quelqu'un est la légitime défense et qu'il est absurde de le faire parce qu'il n'est pas de votre avis. De même, la notion de guerre idéologique est fausse et infiniment moins justifiable qu'une guerre de défense ou même, dans certains cas, de conquête. Pour la Pologne, une fois attaquée, la guerre était la seule chose logique à faire; pour nous, dans notre situation, la neutralité a été et reste la meilleure solution.

Paul de MAN.

les LETTRES

André Gide

Il y a peu d'auteurs chez qui l'étude de l'œuvre se mélange si étroitement avec l'étude de leur propre personnalité que chez André Gide. S'il est parfaitement possible d'émettre un jugement sain sur Balzac, sur Flaubert ou, plus près de nous, sur Jules Romains ou Roger Martin du Gard, en ignorant jusqu'aux traits les plus saillants de leur caractère, pour Gide un tel point de vue ne pourrait mener à une critique juste. C'est dire que son œuvre est le reflet exact de son existence intime; plus que cela, qu'elle est faite des fluctuations et des mouvements qui animent cette existence.

Le fait, on le sait, n'est pas rare chez les romanciers modernes. Dans l'histoire littéraire française il constitue un mouvement de réaction contre le caractère par trop extérieur du roman réaliste et naturaliste. Stendhal avait défini celui-ci comme étant « un miroir qui se promène sur une grande route ». Cette formule entraînerait nécessairement une certaine monotonie, un manque d'intérêt, qui a poussé les nouvelles écoles littéraires à préférer une analyse des événements psychologiques à cette simple reproduction photographique des réalités extérieures. Et il est fort normal que plusieurs d'entre eux, et bien en tout premier lieu Marcel Proust, aient choisi comme terrain d'investigation leur propre personne, puisque étant le plus directement à leur portée. C'est bien là une première caractéristique que Gide a en commun avec de nombreux contemporains, que cette introspection rigoureuse et lucide, avec les lois sévères qu'elle comporte. Car ce nouveau genre littéraire nécessite une discipline très rigoureuse de l'esprit. L'analyse psychologique n'aura, en effet, de la valeur que si elle est vraie, c'est-à-dire si le lecteur peut se figurer qu'il réagirait d'une façon analogue dans les circonstances données. D'où la nécessité pour l'auteur d'adopter un point de vue plus universel, plus objectif, alors même qu'il s'agit de questions profondément personnelles. Cet espèce de dédoublement qui exige du romancier de s'observer comme s'il était un tiers, est réalisé par exemple dans les « Faux monnayeurs », où le personnage d'Edouard est un vivant symbole de cette intelligence objective qui assiste aux événements en spectateur. Un exemple analogue se trouve dans « Contrepoint », de Aldous Huxley. Mais si Huxley résoud ce problème d'objectivité psychologique en adoptant un point de vue de penseur tout à fait détaché, observant les hommes comme des insectes, Gide a une bien trop grande sensibilité pour le suivre dans cette voie. Il parviendra à joindre à cette rigueur indispensable une authentique humanité, de sorte qu'il évitera

Paul de MAN, vu par JIB.

la froideur assez superficielle d'un Huxley ou l'hermétisme d'un Proust ou d'un Joyce.

Il y réussit, parce que tout en étant excellent analyste, il reste avant tout attentif aux crises morales qui le bouleversent, et le nombre considérable d'individus qui connaissent les mêmes doutes et les mêmes souffrances se sentiront très proches de lui, jusqu'à se déclarer ses disciples. Quoiqu'on puisse difficilement dire qu'il y ait dans Gide une véritable éthique nouvelle et constructive. Le problème posé n'est pas tant une discussion comparée de plusieurs systèmes moraux, mais plutôt l'attitude de l'homme qui hésite, tiraillé entre diverses possibilités contradictoires. « Chacun de mes livres a été, jusqu'à présent, la mise en valeur d'une incertitude », écrit-il.

Dans « L'Immoraliste », par exemple, la chose est très claire. Le personnage central s'y trouve partagé entre deux influences opposées, qui sont à peine définies. Et Gide se garde bien d'indiquer laquelle des deux lui semble préférable; il ne s'agit pas de cela. Ce qui importe, c'est le drame tout humain, et combien éternel — puisqu'on le trouve dans « Hamlet » — de l'incertitude chez l'homme qui change d'avis.

C'est un peu sous cet angle également qu'il convient de juger l'attitude de Gide devant l'U.R.S.S. Il était inconcevable qu'il ne soit resté fidèle à un mode de pensée marxiste, pas plus qu'à n'importe quel autre mode de pensée, puisque l'essence même de son être était un continuel renouveau, une aspiration incessante vers d'autres horizons et, comme conséquence inévitable, un reniement réitéré des expériences déjà vécues.

Et puisqu'on parle de morale gidéenne, c'est surtout en cela qu'elle consiste. Dans le refus d'accepter une ligne de conduite, parce qu'elle devient règle automatique et limite à la liberté. Toute chose est justifiable du moment qu'on la désire, car « il y a profit aux » désirs et profit au rassasiement des » désirs, parce qu'ils en sont augmen» tés. » Il n'y a pas de morale qui tienne, car la morale est une chose rigide, tandis que les besoins varient sans cesse. « Il faut agir sans juger si » l'action est bonne ou mauvaise. Ai» mer sans s'inquiéter si c'est le bien » ou le mal... »

Amoralité qui peut paraître assez fausse à première vue, mais qui ne peut qu'avoir une influence salutaire sur une jeunesse, à tel point incapable de supporter sa liberté, qu'elle se jette sur la première mystique venue, dans l'espoir d'échapper aux difficultés de ses problèmes individuels.

Paul de MAN.

Que pensez-vous de la guerre ?

LES arguments des pacifistes, s'ils se sont avérés incapables d'éviter la guerre, ont en tous cas conduit à un résultat. C'est que l'exaltation pseudo-patriotique, qui criait son enthousiasme pour la bataille, au nom de la bravoure et de l'héroïsme, a été réduite à son strict minimum et presque entièrement bannie des discours des hommes d'état démocratiques. Je suppose que, parmi les foules de soldats que la mobilisation a envoyés aux frontières, très peu sont partis joyeusement, avec l'idée de « ressusciter le sens de l'idéal et du divin », et que presque tous y sont allés comme à un travail profondément répugnant et détestable.

Et si l'on est suffisamment convaincu de cela, il ne reste pas d'autre justification possible que de reprendre le slogan qui servit déjà en 1914-1918. Cette guerre n'aura pas été vain si elle aura été la dernière, c'est-à-dire si elle mène à une paix qui élimine autant que possible toutes les causes de conflit. La première chose à faire est donc de se demander ce qui, dans notre ordre européen, a rendu inévitable l'issue que nous vivons pour l'instant.

Car il était, en effet, inévitable qu'à un moment donné, la France et l'Angleterre aient cru devoir prendre les armes contre une extension de la force allemande, qui prenait un caractère de plus en plus menaçant. Depuis l'annexion de la Tchéco-Slovaquie on ne pouvait plus admettre qu'il ne s'agissait, dans l'esprit d'Hitler, que d'une réparation de certaines injustices. On se trouvait bel et bien devant une volonté de colonisation intra-européenne, qui était une forme des plus caractéristiques d'impérialisme naissant, et qui d'ailleurs ne s'en cachait pas. Et en n'opposant aucune résistance à ces tentatives de domination on n'aurait fait qu'encourager le gouvernement allemand à continuer dans la voie qui s'avérait, pour lui, si fertile en victoires faciles. D'un point de vue purement anti-impérialiste, ce serait une grave erreur de tactique d'admettre une paix immédiate, laissant à Hitler un immense bénéfice moral et matériel. Entre deux impérialismes il faut choisir le moindre, et bien l'anglais, ne fut-ce que parce qu'il est le plus facile à combattre.

En déclarant « we must crush hitlerisme », la France et l'Angleterre s'attaquent donc bien au foyer même de nos troubles. Mais ce n'est pas par une simple victoire militaire qu'on peut espérer parvenir à ce but. De même que pour vaincre la guerre il faut écarter les causes de guerre, pour vaincre l'hitlérisme il faut éviter de créer un terrain propice à son développement. Et on a suffisamment disserté sur ce qu'ont été les erreurs des démocraties, tant avant qu'après l'avènement de l'hitlérisme, pour qu'il soit nécessaire d'en reparler ici. Qu'il suffise de dire que ces erreurs ne sont pas limitées au domaine de la politique internationale, mais qu'elles résident également dans l'incapacité à résoudre nos propres difficultés économiques et sociales. Un des principaux motifs d'attraction des mystiques totalitaires sur les foules était qu'on avait perdu toute confiance dans des régimes incapables de remédier a des maux comme le chômage, et d'apporter le bien-être le plus élémentaire. On aura beau gagner la guerre, si on ne procède pas à une réorganisation et une réforme de l'économie, on se retrouvera bientôt devant une misère qui ne peut que favoriser des mouvements fascistes.

Cette revision des valeurs est tout aussi indispensable en ce qui concerne les relations internationales. Car, si on conserve une mentalité semblable à celle qui régit actuellement l'Europe, il n'y a aucune raison pour que la guerre ne devienne par un phénomène périodique. Dans la supposition où les buts de guerre de la France et de l'Angleterre se trouvent entièrement réalisés, c'est-à-dire que le régime hitlérien soit détruit, la Pologne, la Tchéco-Slovaquie et l'Autriche reconstruites, on ne sera parvenu qu'à nous ramener en 1930, c'est-à-dire à une situation où, d'après le mot de Mussolini, l'état de guerre est l'état normal et usuel. D'autre part, on peut difficilement, la guerre une fois terminée, aller jusqu'à offrir à l'Allemagne des colonies pour la récompenser de s'être laisser battre. Le problème est insoluble si on le considère dans un état d'esprit nationaliste aussi longtemps qu'on reste persuadé qu'un pays doit mépriser ses voisins, s'isoler économiquement, s'agrandir au dépens des faibles et réaliser une domination mondiale.

En résumé, cette guerre n'aura une raison d'être que si elle sert de prélude à un revirement total dans la politique extérieure et intérieure de tous les pays européens. S'il ne se trouvera personne pour comprendre cette nécessité et pour réfléchir à sa réalisation pratique, on aura vécu, une fois de plus, un carnage épouvantable et stérile.

Paul de MAN.

LES

CAHIERS

DU

LIBRE EXAMEN

REVUE DU CERCLE D'ETUDE DE L'UNIVERSITE LIBRE DE BRUXELLES

Direction et Rédaction : 22, avenue Paul Héger, Bruxelles.

Les articles n'engagent que leurs auteurs. C. C. P. n° 3920.95

Le Roman anglais contemporain

On sait que l'Angleterre est le pays où il existe un « poet laureate », poète attaché à la Cour d'Angleterre, chargé d'immortaliser par ses vers les grands événements de la vie publique. C'est dire qu'on peut y honorer une poésie, non nécessairement mauvaise, d'une technique parfaite, mais prévue, de tout repos, qui se gardera bien de choquer qui que ce soit. Il n'y a pas plus de vingt ans, on n'aurait eu que l'embarras du choix pour sélectionner un auteur capable d'occuper un poste analogue de romancier officiel. On se figure parfaitement bien Galsworthy glorifiant la famille royale ou Kipling exaltant l'entrée en guerre pour défendre l'empire. Ces grands romanciers d'avant 1914 ont quelque chose qui les rattache profondément à la vie anglaise, qui fait d'eux des représentants typiques des institutions, des traditions, des mœurs britanniques. Ce sont — les Galsworthy, James, Hardy, Meredith — des messieurs respectables, décorés, éduqués dans les public-schools et jouissant d'un revenu solide, indice d'une réputation établie. En somme, ils dérivent en droite ligne de leurs prédécesseurs de l'époque victorienne. Leurs personnages sont des individus d'une condition sociale déterminée, qui vivent dans des décors traditionnels et familiers. Ils ont parfois élargi leurs horizons — Kipling a introduit l'exotisme, Conrad la mer, Wells le fantastique pseudo-scientifique, — ils ont considérablement amélioré leur technique jusqu'à devenir des constructeurs de roman d'une habileté prodigieuse, mais ce ne sont que ces symptômes d'une plus grande évolution qui les séparent de Dickens et de Thackeray. On sent chez eux un fond durable, une base faite de procédés littéraires éprouvés et raffinés. Aucune inquiétude, aucun bouleversement intérieur n'assaille le lecteur après les avoir lus. Et l'admiration qu'il ressent est comme devant des machines admirables, d'une précision parfaite, mais dont on sait un peu d'avance ce qu'elles vont fabriquer et comment elles fonctionnent.

Et brusquement, après la guerre mondiale, tout change. Car, qu'y a-t-il dans les romanciers de la nouvelle génération — chez Joyce, Lawrence, Virginia Woolf, Huxley, — qui nous permette de les rattacher aux précédents? Plus trace de cette mesure, de cet ordre, de cette dignité. Au contraire, on se permet les pires excès. Huxley nous promène dans les mauvais lieux et semble oublier la pudeur la plus élémentaire. Joyce se permet de la scatologie pure et simple. Quant à Lawrence, ce fils de mineur, malade et misanthrope, il se fait traiter de pornographe par toutes les âmes bien pensantes de l'empire. Et ces libertés extérieures ne sont pas de simples manifestations d'une crise de mauvaise volonté sans importance, mais correspondent bel et bien à un bouleversement radical et profond. Car, pour le lecteur, il n'est plus question de se laisser vivre confortablement en suivant sans effort un récit bien construit. On lui en fait voir de toutes les couleurs; il sort de sa lecture harassé par un effort cérébral continuel et avec ses préjugés et croyances remués de fond en comble.

A quoi tient cet abîme que nous sentons entre le *Forsyte-Saga* (1) et *Ulysses* (2), le même qu'il y a en France entre le *Démon du Midi* (3) et *Du côté de chez Swann*, ou en Allemagne entre *Buddenbrooks* (4) et *Le Château* (5).

* * *

La base éternelle et apparemment immuable du roman avait toujours été le *caractère*, concept assez simple, né de l'observation. L'être humain était sensé être composé d'un certain nombre de qualités telles que bonté, méchanceté, orgueil, avarice, modestie, etc. Les individus étaient constitués à partir de ces qualités comme matière première et différaient les uns des autres, un peu comme les recettes de cuisine entre elles, par un mélange plus ou moins subtil des ingrédients. L'art du romancier consistait en premier lieu à fabriquer ces dosages savants, suffisamment complexes pour être vraisemblables. Il créait ainsi des *types*, qu'il plaçait devant certaines circonstances et auxquels il faisait subir certains événements. En règle générale, le caractère initial restait immuable et les critiques s'évertuaient à inspecter si, dans les diverses circonstances créées par le récit, le personnage restait bien toujours égal à lui-même. « Les caractères, dit Wells, ont un commencement, un milieu et une fin, et les trois sont conformes l'un à l'autre et vrais selon les règles de leur type ». Ce sont ces personnages, avec leur individualité bien à eux, dont les aventures constituent le *roman de caractères* si florissant en France et en Angleterre, jusqu'au début de ce siècle.

Mais une nouvelle ambition s'est fait jour dans l'esprit des littérateurs.

Mûs par des influences difficiles à retrouver, ils portent une attention plus pénétrante et plus lucide à l'observation de l'être humain. Leur nouveau grand but sera d'inspecter aussi complètement que possible tous les aspects de l'âme, faisant abstraction de tous préjugés de fausse pudeur et n'obéissant qu'à cette soif de dire l'entière vérité sur l'homme. « Proust, D. H. Lawrence, A. Gide, Kafka, Hemingway — voici cinq auteurs contemporains significatifs et importants. Cinq auteurs aussi différents les uns des autres que possible. Ils n'ont que ceci en commun, c'est qu'ils respectent tous la *complète vérité* (the Whole Truth) (6) ». Les romanciers se sont donc transformés en psychologues impitoyables, ennemis de toute simplification qui fausserait la vérité sur la nature humaine.

Cette nouvelle dicipline, qui peut sembler peu fertile en conséquences à première vue, est en réalité parfaitement révolutionnaire et va jeter bas le solide édifice qu'était le roman du 19e siècle pour le remplacer par un chaos anarchique. Car si on applique ce nouveau critère de vérité psychologique à notre notion de caractère, il se trouve que celle-ci ne résiste pas un instant. Il est en effet manifestement faux que l'homme est une composition immuable et rigide. Il est au contraire essentiellement mobile, continuellement bouleversé par de nouvelles aspirations, toujours à la recherche d'un équilibre ou occupé à perdre celui qu'il a provisoirement acquis. On s'aperçoit qu'en l'assimilant à un caractère, on schématise d'une façon intolérable puisqu'il est en réalité constitué de plusieurs caractères dissemblables qui changent, en surplus, dans le temps. Quant à cette différenciation nette qu'on faisait entre divers types, elle apparaît aussitôt comme superficielle. Pour peu qu'on analyse sérieusement, on voit que ces différences disparaissent et qu'on atteint rapidement des facteurs universellement humains. Tout ce domaine est infiniment plus diffus et plus riche en surprises qu'on ne croyait; il reste profondément mystérieux, mais présente un intérêt tel qu'il devient le seul terrain d'investigation du romancier moderne. Pour réussir dans cette entreprise délicate — justifier pourquoi telle réaction est psychologiquement parlant, vraie — l'auteur ne dispose que de deux procédés. Il peut s'enfermer dans son personnage, se mettre entièrement à sa place, nous faire participer à son drame caché tel qu'il se déroule dans son esprit. On songe aux monologues intérieurs de Virginia Woolf et J. Joyce. Ou bien, il adopte le point de vue radicalement opposé, et choisit l'objectivité intégrale. Dominant de très haut les êtres qu'il a créés, il exposera leurs agissements par analyse rationnelle, en conservant par rapport à eux, non pas nécessairement de la froideur, mais une entière indépendance. On sait que Gide interrompt à un moment donné ses *Faux Monnayeurs* pour juger ses personnages. Huxley, Jules Romains sont d'autres exemples frappants de cette tendance.

Au roman de caractères se substitue donc le roman psychologique (ou d'analyse). Le sujet principal devient, non plus une intrigue, mais un *cas*, un conflit intérieur. Le récit est ou bien complètement inexistant (chez James Joyce par exemple) ou bien réduit à un minimum qui ne sert que de trame secondaire. Ce n'est pas qu'on méprise l'aventure, mais on n'a plus le temps de s'en occuper. Le romancier moderne qui voudrait réécrire « Les Trois Mousquetaires » aurait besoin de plusieurs centaines de volumes. Car quand on désire motiver les actes qu'on décrit et expliquer au lecteur pourquoi ils se produisent, il ne suffit pas d'un livre pour en passer en revue une douzaine.

***

La nouvelle tendance du roman ainsi rapidement définie, nous pouvons nous borner aux figures de tout premier plan pour illustrer ce que nous venons de dire.

Le prototype, celui chez qui les caractéristiques citées existent presque à outrance, est James Joyce. Dans les laboratoires on montre parfois de ces phénomènes développés jusqu'à la monstruosité pour aider à comprendre les faits normaux. Joyce assume un peu ce rôle, dans le domaine qui nous occupe. Respect de la vérité entière jusque dans ses recoins les plus ignorés, analyse poussée jusqu'à l'extrême limite des possibilités du cerveau humain, l'effort d'introspection le plus intense déjà exprimé jusqu'à ce jour, tout cela se trouve dans sa principale œuvre *Ulysses*. Ce simple thème : une journée banale d'un petit Juif quelconque devient un cosmos tellement complexe qu'il est pratiquement impossible à démêler.

Moins outrée, moins évoluée, en tous cas dans ses premières œuvres, mais non moins représentative, est Virginia Woolf. Elle veut faire du roman

« avec aussi peu de mélange de faits extérieurs que possible ». *Mrs. Dalloway* et *Orlando*, ensuite *Les Vagues* et *Années*, réalisent progressivement ce dessein. Du conscient humain, il ne reste plus qu'une évocation toute intérieure, vague, intensément poétique et d'un hermétisme total.

Le cas de Aldous Huxley est moins pur, sans doute parce qu'il introduit un élément nouveau. Il écrit, obéissant à son tempérament d'essayiste, des romans d'idées. On a dit, non sans raison, qu'une grande partie de *Contrepoint* n'était qu'un essai de grande envergure. En principe, il n'y a aucune incompatibilité entre la règle de « vérité entière » et le fait de mettre en scène des théories abstraites. L'affirmation d'Edmond Jaloux, suivant laquelle les idées sont la ruine du roman, est vraisemblablement trop catégorique. Puisque les idées jouent bel et bien un rôle dans la vie de l'homme, un panorama complet de cette existence doit les faire intervenir. Il y a danger, dès l'instant où on assimile les personnages aux notions qu'ils défendent. Car celles-ci révèlent du domaine cérébral et sont par conséquent cohérentes et logiques, ce que les réactions humaines ne sont pas. D'où la naissance d'une simplification qui, aux yeux du critique moderne, est un péché mortel.

Aldous Huxley n'évite pas l'écueil, tout en se rendant compte du péril. A témoin cette phrase : « Le caractère de chacun des personnages doit se trouver, autant que possible, indiqué dans les idées dont il est le porte-parole». Mais il ajoute : « dans la limite où les théories sont la rationalisation de sentiments, d'instincts, d'états d'âme, c'est faisable ». Prudente réserve, qu'il n'a peut-être pas toujours assez observée.

Avec D. H. Lawrence on risquait le pire. Les idées ne jouent plus chez lui un rôle indifférent, mais se groupent en une thèse qu'il poursuit obstinément dans tous ses ouvrages. Allons-nous retomber dans les insuffisances et les défauts de roman à thèse ? Le travers est évité, grâce à la nature même du point de vue défendu. On connaît la philosophie lawrencienne, que Huxley a plus ou moins fidèlement rationalisée dans les déclarations de Mark Rampion (Contrepoint). L'idée foncière est celle de l'équilibre humain, qui ne peut être achevé que par une égale considération de toutes les aspirations, tant spirituelles que physiques. Ce mythe de l'homme complet s'accorde admirablement bien avec les lois du roman moderne telles que nous les avons formulées. Par respect pour sa propre éthique, bien plus que par un souci littéraire qui lui est profondément étranger, Lawrence se range aisément dans la même classe que ses contemporains.

∴

Jamais le roman n'a été si raisonneur, si coupeur de cheveux en quatre qu'en cette époque. Jamais non plus, il a eu un tel respect de la forme et de la beauté de l'expression. C'est assez normal. Car pour éviter l'ennui qui risquerait de se dégager de ces exposés quasi scientifiques, on est bien obligé de recourir à des ressources d'ordre purement esthétique. Tous ceux qui ne sont pas véritablement artistes n'ont aucune possibilité de briller parmi les grands écrivains de l'heure. Les Anglais semblent l'avoir compris mieux que quinconque. Que ce soient les incantations lyriques de Lawrence, les méditations toutes classiques de Charles Morgan ou les harmonies savantes de Huxley, toutes sont, à leur façon, des réussites de style. C'est sans doute pour cette raison également que le roman anglais contemporain nous semble si particulièrement attachant.

PAUL DE MAN.

---

(1) Galsworthy; (2) James Joyce; (3) Paul Bourget; (4) Thomas Mann; (5) Franz Kafka.
(6) Aldous Huxley dans « Music at Night ».

Editorial

Les lecteurs des « Cahiers du Libre Examen » nous trouveront peut-être bien ambitieux en nous voyant aborder un sujet aussi vaste. Mais, comme dans les numéros précédents, ce titre général ne sert que comme cadre à une série d'articles qui n'ont nullement la prétention de constituer une synthèse complète de la question. Parmi les divers problèmes qui suscitent l'attention, nous nous efforçons de choisir celui qui exige une discussion éclairée et objective. Et nous donnons à nos collaborateurs une grande liberté en laissant à leur choix l'aspect du sujet qu'ils désirent traiter.

Nous avons cru que quelques études sur la civilisation occidentale correspondaient à une nécessité réelle. Une telle tentative d'analyser les normes de notre civilisation serait assez vaine en temps normal. On se contente alors de se laisser porter par l'ensemble de valeurs qui dirigent les pensées et les actes, sans se demander si elles sont légitimes. Mais puisqu'il est devenu un lieu commun de dire que la civilisation occidentale est en décadence et qu'elle croule de toute part, il est indispensable de se rendre compte quelles sont au juste ces valeurs si directement menacées. Et si on désire se poser en champion de leur défense, cette lucidité ne reste plus uniquement un vain jeu de théoricien, mais devient bel et bien une nécessité tactique.

Aussi incomplète que soit notre exploration de cet immense domaine, il se dégage néanmoins une certaine unité des quelques essais publiés. Les principes éthiques occidentaux semblent, pour presque tous les auteurs, se réduire en dernière analyse à l'idée de la libération de l'individu, grâce à laquelle nous nous différentions des civilisations voisines. Et si nous nous croyons supérieurs à elles c'est à ce concept que nous le devons.

Il n'a pas été explicitement parlé de la guerre dans ce numéro. On sent cependant sa présence diriger l'état d'esprit de tous nos collaborateurs et ce n'est certes pas effet du hasard que deux d'entre eux aient choisi la France comme symbôle de la culture occidentale. Mais on ne pourrait dire, sans simplifier dangereusement la question, que la guerre présente est une lutte de l'occident contre la barbarie. Les facteurs de décadence se trouvent dans toutes les nations, dans tous les individus, et la victoire des démocraties ne sera une victoire de l'occident que dans la mesure où on parviendra à établir un ordre dans lequel peut revivre une civilisation comme celle qui nous est chère.

* * *

Le comité de rédaction a décidé d'inaugurer dans ce numéro une série de notes ou chroniques, rédigées par des membres de ce comité. Le but est d'assurer aux Cahiers une certaine continuité qui leur faisait un peu défaut. En plus, c'est là un moyen pour établir un lien plus étroit entre les lecteurs et les rédacteurs de cette revue.

LITTERATURE FRANÇAISE

Ceux qui craignaient que la guerre ne réduise à zéro la production littéraire française doivent se sentir dès à présent un peu rassurés. Car les deux séries de romans, généralement considérées comme parmi les plus remarquables de l'instant — la « Chronique des Pasquier » de Duhamel et « Les hommes de bonne volonté » de Jules Romains — viennent de se poursuivre par la parution de nouvelles œuvres.

Les lecteurs de J. Romains attendaient sans doute avec impatience cette suite aux 16 volumes des « Hommes de bonne volonté » déjà parus. Ils espéraient probablement que l'intelligence précise de l'auteur permettrait de mettre un certain ordre dans cette chaotique et trouble après-guerre. « Prélude à Verdun » et « Verdun » avaient fourni de si amples et si lumineux détails sur la guerre, l'analyse magistrale avait permis de clarifier si parfaitement ce phénomène complexe entre tous, qu'on escomptait un miracle analogue pour ce nouveau sujet.

C'est pourquoi on ne peut se défendre d'une certaine déception après la lecture des deux derniers ouvrages. Abandonnant délibérément les vastes sujets, Romains nous ramène à des cas individuels et des drames intimes. Nous retrouvons Quinette, le libraire criminel, cette fois en relation avec un jeune poète dadaïste qui le vénère en tant que maître dans l'art du crime. Ce récit, mi-macabre, mi-satirique ne manque pas d'un certain charme, ni d'un certain humour (très éloigné cependant de la truculence des « Copains »). Mais, malgré cela, le livre est un net recul comparé aux précédents. Bien entendu, on pourrait aussi bien dépeindre une époque — et même la dépeindre d'une façon « unanime » comme veut le faire Romains — en considérant, non pas des événements mais des individus. Un personnage comme Gurau, le politicien, ou le général Duroure sont spécifiques au siècle, parce qu'ils sont pénétrés de l'esprit, de l'atmosphère qui le baigne. Mais on ne pourrait prétendre que le décadent Vorge ou le lugubre Quinette sont des représentants typiques du désarroi d'après-guerre. Leurs aventures sont à ce point particulières qu'elles relèvent du domaine de la loufoquerie, qui n'est cependant pas le caractère dominant des années 1919 à 1921.

Ce reproche, qu'il serait absurde d'adresser à un Giraudoux ou même à un Duhamel, n'est pas déplacé par rapport à J. Romains. La raison d'être de cet auteur semblait précisément être sa capacité intellectuelle de capter un ensemble, même très diffus, de destinées personnelles pour en dégager les traits d'ordre universel. Il était passé maître dans ce genre de travail, qui était précieux à un moment où les romanciers, avant tout préoccupés par l'analyse psychologique en venaient à oublier ce qu'on a coutume d'appeler les « grands problèmes ». Incontestablement, nul ne pouvait l'empêcher d'abandonner quand il lui plaisait, ces soucis généraux pour en venir à des sujets plus étroits. Mais il est clair, et cette impression est confirmée, plus encore par « La Douceur de la Vie » que par « Vorge contre Quinette », qu'en agissant de la sorte Romains quitte un terrain où sa valeur était exceptionnelle, pour un autre où il est simplement d'une honnête moyenne.

« Vorge contre Quinette » reste une réussite dans son genre, genre qui demeure nécessairement limité et superficiel. « La Douceur de la Vie » a d'autres prétentions. On veut nous y montrer comment l'intellectuel Jallez réagit contre l'horreur que lui a inspiré le spectacle de la guerre, en découvrant le bonheur d'une vie aimable et aisée dans la ville de Nice. L'intention est de suggérer cette douceur, ce délicieux bien-être qui s'installe en lui. Nous suivons de jour en jour le journal du personnage, la façon dont il découvre Nice, enfin, l'inévitable aventure amoureuse, sentimentale à souhait, qu'il vit dans ce charmant cadre. Pour nous faire entrer dans cette atmosphère il aurait fallu le talent d'un poète, capable d'évoquer par un lyrisme discret tout ce qu'il y a de simplement enchanteur et prenant dans ce petit épisode. On voit combien l'esprit synthétique et rigoureux de Romains, qui s'accommode aux vastes descriptions et aux généralisations abstraites, est loin de réaliser les conditions formulées. Son héros est à mille lieues de ce qu'il devrait être, et ce dilettante soi-disant sentimental, apparaît comme détestablement raisonneur et lucide. En fait, il semble tout aussi peu à son aise dans ce genre de vie que l'auteur dans ce genre littéraire. Lorsqu'il consacre plusieurs pages de son journal à ergoter sur le pourquoi et le comment d'une idylle qui devait être tout élan spontané, il semble à la fois un peu ridicule et un peu ennuyeux. Et comme c'est lui qui est le centre du livre avec peut-être cette ville de Nice, dont la description très réussie doit réveiller d'excellents souvenirs chez ceux qui la connaissent, on se rend compte que l'ensemble ne peut être capable de réveiller un enthousiasme débordant.

* * *

Un mot encore au sujet du manque d'esprit actualiste de ce dernier volume. Le reproche a été formulé que c'était bien mal choisir son moment, à l'aube d'un nouveau conflit, pour exalter la douceur de la vie facile. Pour ceux qui ont entendu la conférence que Romains a récemment donnée à Bruxelles, il apparaît que cet état d'esprit se rattache assez étroitement à l'évolution actuelle de sa pensée. Il y a formulé ses vœux de voir une paix dont seraient exclues les grandes formules catastrophiques de fausse grandeur et d'héroïsme de parade. Où serait, en échange, fait une large place à ces idéaux de douceur et de gentillesse dont il nous parle dans ce dix-huitième tome. Donc, s'il nous décrit cet état de choses qui est tellement éloigné de notre condition présente, c'est un peu pour nous en donner envie, dans l'espoir que notre désir de vivre dans un monde semblable devienne si impérieux que nous ne puissions plus en concevoir un autre.

P. d. M.

LE SOIR

REDACTION : 21, PLACE DE LOUVAIN, 21, BRUXELLES

TELEPHONES : 17.74.80 et 17.77.50 (20 lignes). COMPTE CHEQUES POSTAUX : N° 713.234

Le mouvement musical

Audition d'éléves au Conservatoire

Les élèves de la classe de musique de chambre de M. André Gertler ont donné deux auditions consacrées à des œuvres écrites pour les distributions les plus diverses. C'est là une initiative nouvelles : jusqu'à présent l'enseignement au Conservatoire se faisait en grand secret et les élèves terminaient leurs études sans prendre contact avec un auditoire normal. En leur donnant l'occasion de se faire entendre on vise donc un double but. Tout d'abord on obtient un résultat didactique, car c'est une partie importante de leur formation que d'habituer les élèves à jouer dans une salle de concert. En outre, on donne aux amateurs de musique l'occasion de faire connaissance avec d'éventuels nouveaux talents. C'est un premier pas vers la création d'un enseignement plus vivant et par conséquent une très heureuse innovation.

Dans l'ensemble, la classe de M. Gertler fait d'ailleurs une excellente impression. Toutes les œuvres exécutées sont soigneusement mises au point, interprétées correctement, sans fautes de goût. Les ensembles à corde sont même déjà parvenus à une certaine maitrise et la version donnée d'un quatuor de Haydn et du quintette avec piano, de César Franck, peut donner satisfaction à tous. Mais l'exécution qui prima nettement les autres est celle de la jeune mais très belle sonate pour piano et violoncelle opus 5, de Beethoven, par M. Norbert Stern et Mlle Elise Verbeyst. Ces deux interprètes font plus que suivre scrupuleusement les bons conseils d'un excellent professeur; on les sent capables de trouver par eux-mêmes, grâce à leur sens musical propre, l'expression exacte. Mais chez tous la base de formation est excellente et un musicien trouvera, grâce à cet enseignement, la possibilité de se développer au maximum.

Ces séances, tant par leur intention que par leur réalisation, ont donc constitué une très intéressante prestation.

P. d. M.

FEUILLETON LITTÉRAIRE

« MARTINE »

de Charles PLISNIER

Charles Plisnier vient de faire paraitre un troisième roman dans la série groupée sous le titre général de « Meurtres » (1). Un nouveau volume de cet auteur constitue un événement littéraire d'importance, puisqu'il est indubitablement un des plus représentatifs romanciers belges d'expression française.

On se souviendra que le prix Goncourt a justement été décerné à l'excellent ouvrage qu'était « *Faux Passeports* ». Depuis lors, Plisnier s'est attaqué à une œuvre de longue haleine et a entrepris un ensemble de romans décrivant l'existence d'une grande famille. Ce sujet a été amplement exploité par les romanciers actuels. Obsédés par le désir de donner un aperçu synthétique d'une époque aussi vivante et variable que la nôtre, ils ont volontiers eu recours à ce thème qui s'est révélé très fécond. En donnant à chacun des membres d'une même famille une destinée particulière, il est possible de réunir des aventures très diverses et d'éclairer un grand nombre de milieux, tout en conservant une certaine unité au livre. Les romans, visant à être de vastes panoramas, englobant toutes les caractéristiques de notre ère, portent volontiers le nom d'une famille comme titre. En vérité, les desseins de Plisnier sont plus modestes. Après les Thibault de Roger Martin du Gard ou les Pasquier de Duhamel, il crée les Annequin, mais non pas dans le but d'en faire des symboles. Ce qui l'intéresse, dans cette famille, sont des drames plus particuliers. Il désire nous évoquer la lutte qui se poursuit de façon implacable entre deux clans : les « bons » Annequin — avocats célèbres ou médecins réputés, jouissant de toute l'estime publique — et les « mauvais » Annequin, les têtes brûlées, les révoltés, qui ne veulent pas se plier aux règles admises. Lutte bien inégale, d'où les premiers sortiront toujours vainqueurs, soit en bannissant le mauvais sujet hors de leur cercle, soit en le forçant d'y rester et de se soumettre aux lois qui y règnent.

Dans ce nouveau volume, la « mauvaise » Annequin est la jeune fille Martine, éprise d'indépendance et désireuse de se libérer de la pesante contrainte familiale. Armée de beaucoup de courage, elle résiste longtemps, malgré les catastrophes qui s'abattent sur elle. Mais lorsqu'elle se trouve finalement enceinte et abandonnée de tous, elle finira par se rendre et laisser ses parents disposer de sa vie et éviter le scandale.

Il aurait fallu, pour développer ce sujet assez banal, beaucoup de circonspection et de sens critique, car il y avait grand risque de tomber dans le fait divers. Malheureusement, Plisnier avait depuis toujours manifesté le penchant dangereux de montrer avant tout les côtés un peu excessifs d'un caractère. Grâce à cela, la tâche du lecteur qui n'a pas d'efforts d'imagination à faire, se trouve facilitée, mais cet effet est obtenu aux dépens de la vérité psychologique. Bien entendu, il ne saurait être question de reprocher à Plisnier de manquer de pudeur, mais de lui en vouloir parce qu'il ne perçoit, dans un personnage donné, que la partie scandaleuse, choquante ou exaltée. Tant qu'il s'agit d'individus d'une pièce, extérieurs et simples, ce manque de subtilité n'est pas gênant. Au contraire, comme les traits sont très accusés, ces silhouettes se détachent nettement et font une assez forte impression. Les « bons » Annequin, bourgeois épais, sans complications ni vie intérieure sont, en général, bien réussis — quoiqu'on finisse par se lasser de ces éternelles histoires d'adultère. Mais quand Plisnier veut nous faire connaître des êtres plus souples et plus intéressants, il s'avère un romancier insuffisant. Ce Noël, par exemple, assassin et révolutionnaire sentimental, nécessitait un grand talent de psychologue pour être rendu vraisemblable. Mais on nous montre un individu quelconque, qui passe son temps à rédiger un journal un peu dans le style d'un écolier de quinze ans qui se prend trop au sérieux, et à raconter des platituées sur la religion. Aucune lumière n'est faite sur cette âme qui doit être bien exceptionnelle pour dicter des actes aussi étranges. Martine, l'héroïne, est plus vivante, parce que, malgré tout, elle est une jeune fille assez banale dont le cas n'a rien de si inusuel. Et comme les passages qui la concernent sont également ceux où il y a le plus d'action, ils formeront, somme toute, les meilleures pages. Car c'est dans le domaine de l'action pure que Plisnier est le plus à son aise. Il sait accrocher l'intérêt et préparer un dénouement.

La progression dans la lutte que Martine mène contre ses parents, qui veulent à tout prix la ramener et sauver la face, est adroitement soutenue. Et l'on se laisserait volontiers emporter par ce récit, s'il ne s'égarait pas de temps en temps dans des détails inutiles. C'est dans ces passages également que le style de Plisnier s'adapte le mieux : il parvient à donner une impression nerveuse et haletante aux moments pathétiques, en transcrivant des conversations aux phrases courtes et hâchées. A d'autres moments, par contre, lorsqu'il s'agit d'exprimer des choses un peu nuancées, les conversations — dont il abuse d'ailleurs — sont plates et inexpressives. Mais les pires chapitres sont ceux où les héros sont laissés seuls avec eux-mêmes et se livrent à de l'introspection. Il tombe alors dans une espèce de déclamation lyrique, où abondent les points d'interrogation et d'exclamation, qui est d'un effet déplorable. Dans le genre de ce monologue de Noël : « Mais quel être lui manque donc ? Cette Martine, sa nièce, pas même sa fille ? Sa camarade d'un jour, pas même son amie ? Cette enfant, qu'il ne voyait jamais...? Non songe ! A ce songe, il faisait bien des sacrifices. Vous faites des sacrifices, Noël, à ce songe ? Ah ! si vous m'entendiez. Quel sacrifice, diriez-vous, quel sacrifice ? » Et ainsi de suite.

Plaidoyer contre le mariage avait-on dit du premier roman de Plisnier, de même ne manquera-t-on pas de voir dans « Meurtres » un plaidoyer contre la famille. Peut-être a-t-il, en effet, été dans l'intention de l'auteur de montrer l'action étouffante exercée par un cercle familial fermé, qui a ses mœurs propres, sur celui qui veut s'élever au-dessus de lui. En tout cas, ces récits n'ont aucune valeur démonstrative, et mieux vaut les juger indépendamment de la thèse qu'ils soutiennent. Une bonne thèse n'excuse pas un mauvais roman et « Martine » reste, dans la production de Plisnier, une œuvre de qualité inférieure.

* * *

Quiconque s'intéresse aux détails peu connus de la vie des écrivains célèbres, lira avec grand plaisir le livre que Monsieur G. Lenôtre vient de consacrer à ce sujet dans la série « La petite Histoire ». Il se dégage d'« Existences d'artistes » (2), une aimable atmosphère d'érudition historique et, comme ces anecdotes sont fort bien contées, elles réjouiront ceux qui voudront s'instruire en les lisant.

Paul de MAN.

---

(1). Editions Corrêa.
(2). Editions Grasset.

Le mouvement musical

Le Concert de la Philharmonique

Le quatrième concert de la Philharmonique inscrivait à son programme les noms de non moins de trois compositeurs belges. L'œuvre la plus importante, tant par sa longueur que par sa signification artistique, était « La Mer », esquisse symphonique de Paul Gilson. Cette vaste composition, divisée en quatre parties, a été écrite pour illustrer une ode du poète Eddy Levis. Quoique l'auteur nous la présente comme étant « de caractère impressionniste », son allure nettement descriptive lui donne plutôt une origine romantique. Les impressions se bornaient à suggérer avec une délicatesse raffinée une chose matérielle; cette musique-ci, par contre, imite franchement les bruits de la nature et, de ce fait, « La Mer » reste très loin de Debussy. Néanmoins, dans la troisième partie surtout, des tonalités plus subtiles apparaissent, qui constituent les parties les plus originales de cette œuvre. Un certain envol inspiré, qui parcourt tout ce poème symphonique, lui permet de ne pas sembler trop démodé et d'être accueilli avec enthousiasme par le public.

Les deux autres ouvrages nationaux, « Fantaisie sur deux Noëls populaires wallons », de Joseph Jongen, et « Fantaisie pour orchestre sur deux thèmes populaires flamands » d'Auguste de Boeck, sont de moindre envergure. Entre les deux fantaisies, facilement comparables l'une à l'autre, parce que d'inspirations très voisines, nous préférons celle de M. de Boeck, dans laquelle il y a des trouvailles intéressantes.

En outre, figurait au programme le cinquième concerto pour piano de Beethoven, interprété par M. Eduardo del Pueyo. Ce concerto a été joué et rejoué dans toutes les salles du monde et il constitue une pierre de touche universelle pour juger de la maîtrise d'un pianiste. M. del Pueyo s'était déjà fait connaître, dans les récitals qu'il a consacrés aux sonates pour piano de Beethoven, comme un artiste de tout premier ordre. Ce concert ne fait que confirmer cette impression. Sa technique parfaite, jointe à une profonde et sincère musicalité qui permet de mettre en relief toutes les intentions du compositeur sans jamais fausser sa pensée, fait de lui un égal des meilleurs interprètes beethoveniens allemands. Et, qu'en dehors de cela, M. del Pueyo possède un talent exceptionnel pour présenter la musique de son pays, a été démontré par l'exécution du bis d'un morceau de Manuel de Falla.

Le chef d'orchestre, M. de Vocht, était particulièrement à l'aise dans ce programme. Surtout « La Mer », de Gilson, convient parfaitement à son tempérament qui affectionne les hautes envolées et le lyrisme débordant. Mais toutes les œuvres sont soigneusement mises au point et permettent à l'excellent ensemble qu'est l'Orchestre national de Belgique de se montrer sous son meilleur jour.

P. de MAN.

L'histoire de l' instrument

EST AUSSI L'HISTOIRE DU PEUPLE

IL existe à Bruxelles un musée d'instruments de musique qui devrait être connu de tout le monde. Que ce soit le musicien spécialiste qui poursuit des études approfondie sur l'histoire évolutive de tel ou tel instrument ou le simple profane désireux de voir de beaux objets un peu mystérieux, mais gracieux et charmants, tous trouveront une satisfaction égale à parcourir cette collection. Une semblable visite ouvrira des horizons nouveaux, car notre époque est particulièrement terne au point de vue rénovation instrumentale. Les instruments ayant atteint un stade de haut perfectionnement technique ont acquis des formes stables et plus aucune fantaisie n'est permise dans la fabrication, même extérieure, d'un piano ou d'un violon. Il n'en a pas toujours été ainsi. Parallèlement à l'abondant développement musical qui s'est produit durant la Renaissance, une intense floraison instrumentale a eu lieu. On voit des formes embryonnaires se perfectionner de plus en plus, en voit construire des modèles nouveaux, tenter les expériences les plus diverses afin de découvrir des sonorités ignorées et de permettre des innovations aux compositeurs. Il résulte de cette effervescence considérable, pour chaque instrument, une histoire très complexe et souvent difficile à clarifier. Avant de devenir notre violon actuel, celui-ci passe par une innombrable quantité de formes qui lui sont apparentées, chaque spécimen ayant ses particularités propres. Des caractéristiques générales permettent d'effectuer des classements par famille et un initié parviendra à peu près à déterminer à quelle époque et par qui a été fabriquée telle viole qu'on lui présente. Notre piano si familier est d'invention relativement récente. Le principe de l'instrument à clavier existait depuis fort longtemps, mais dans les clavecins et épinettes la corde était uniquement pincée. L'idée du pianoforte dans lequel la corde est frappée par un marteau date du 18e siècle et l'on peut en voir, au musée du Conservatoire, les premiers ancêtres.

De même que la construction interne, la forme extérieure et l'ornementation ont subi, au cours des âges, des modifications profondes. Notre mentalité est devenue bien froide et utilitaire, comparée à la débordante fantaisie qu'on mettait en œuvre jadis pour orner aussi richement que possible un instrument. On peut admirer

LE ZAMBOMBA
(Notre rommelpot national)
(Photo « Soir ».)

au Conservatoire un piano — un des premiers connus au monde, puisqu'il est de 1745 — présentant une marqueterie d'une élégance sans pareille ainsi que des clavicordes aux touches finement sculptées et aux panneaux décorés de peintures dans le style de l'époque. Les violes ont des têtes ciselées et portent des dessins hautement décoratifs, par exemple cette magnifique viole de gambe ayant appartenu à François Ier et dans laquelle était incrusté un plan de la ville de Paris.

Tous ces instruments furent fabriqués par une élite pour une élite et destinés à être écoutés par des connaisseurs. Mais le peuple lui-même a toujours été avide de musique et a créé ses instruments rudimentaires.

En certains cas, on peut nettement distinguer entre le folklore et la musique savante. Un abime sépare un mirliton d'une clarinette de concert. Mais lorsqu'il s'agit de peuplades primitives, il n'y a plus de formes cultivées et ce que nous nommons folklore englobe en réalité toute l'activité musicale. Il n'existe plus que des instruments qui serviront à réjouir le peuple, à l'appeler à la prière ou à la guerre. Leur rôle est donc souvent, musicalement parlant, assez rudimentaire, et ils visent à produire du bruit plutôt que de la musique. Mais lorsqu'un sens musical inné existe, il parviendra toujours à s'exprimer. Ainsi, chez les Javanais, qui ont été capables de découvrir la polyphonie et dont on peut voir les véritables orchestres.

L'examen de ces vitrines intéressera autant l'esthnographe que le musicien. Le nombre de procédés pour produire un son musical est très réduit et l'on retrouvera donc nécessairement les mêmes dispositifs acoustiques dans toutes les contrées. La comparaison de leur évolution est particulièrement riche en enseignements sur la personnalité propre d'un groupe ethnique.

On voit donc que la visite de ce musée présente un intérêt à des points de vue très divers, car les instruments de musique constituent un monde extrêmement varié et attrayant dans lequel chacun aura grand plaisir à pénétrer.

Paul de MAN.

LE CLAVECIN HASS (XVIIIe SIECLE) (Photo « Soir ».)

L'organisation de la vie culturelle

Les conseils culturels d'expression française et flamande qui ont été constituées récemment, se trouvent en face d'une tâche considérable. Toute l'activité culturelle a besoin d'être profondément remaniée pour parvenir à reprendre le rôle éducatif et vulgarisateur qui lui incombe. Par suite d'un manque total d'organisation, les groupements atristiques se constituaient au petit bonheur, se gênant l'un l'autre par une concurrence stérile et entraînant une dispersion des efforts qui ne pouvait que nuire à leur bon fonctionnement.

Des pays voisins avaient cependant, depuis longtemps déjà, montré la route à suivre dans ce domaine. Par exemple, on y voyait se constituer des orchestres municipaux, subventionnés par la commune, et qui jouaient tant à l'opéra que dans les salles de concert. Grâce à un travail suivi et régulier, ces ensembles atteignaient souvent un haut degré de perfection. De telles réalisations sont également possibles chez nous. Elles nécessitent la constitution d'un organisme chargé de coordonner les manifestations de la vie théâtrale et musicale, d'établir une unité d'action entre les théâtres, les sociétés philharmoniques et les conservatoires.

Le Conseil culturel d'expression française a déjà entrepris cette œuvre; en tout cas, en ce qui concerne la ville de Liége, où la situation était particulièrement critique. Il est à souhaiter que les vœux qu'il a exprimés trouveront une large réalisation, pour le plus grand bien de l'activité culturelle de notre pays.

P. d. M.

Conférence sur la poésie d'Eugenio Montale

M. le professeur Filippo Donini en est arrivé à la seconde de ses conférences sur la poésie italienne contemporaine. La première traitait du plus célèbre de ces poètes, Giuseppe Ungaretti, celle-ci d'Eugenio Montale, élément non moins représentatif. Ces poètes appartiennent tous deux à la première génération fasciste et ont subi des influences analogues. Un parallèle entre Ungaretti et Montale montre que le premier lien qui les unit est une ressemblance de forme. Ce sont des modernistes qui ont rompu avec les règles de la technique traditionnelle. Aux lois strictes d'une rythmique préétablie, ils préfèrent le vers libre qui leur permet d'atteindre une expression plus subtile et plus profonde. Mais, au point de vue fond également, ces deux représentants de la nouvelle Italie ont une mentalité semblable.

Poussés par une profonde conscience morale, ils abordent les problèmes les plus fondamentaux de la vie humaine. Et leurs réponses à ces questions sont les mêmes et empreintes d'un pessimisme qui constate l'inutilité foncière des passions et de la vie. Mais Montale pousse plus loin la désolation et se refuse à trouver dans n'importe quoi une source de consolation ou de bonheur. Dans toute chose, au contraire, il verra une symbolisation de la cruauté et de l'inutilité de l'existence, contre laquelle aucune révolte ne pourrait se faire puisque son essence même consiste à être « une souffrance sans nom ».

La personnalité spécifique de Montale se fait jour de plusieurs autres façons encore. Ses procédés d'expression portent la marque d'une grande originalité : il a des particularités de versification, de vocabulaire, des innovations rytmiques qui n'appartiennent qu'à lui et qui permettent de distinguer nettement sa poésie de celle d'Ungaretti.

Ses principales sources d'inspiration sont d'origine métaphysique. Tantôt, les problèmes sont abordés directement dans un langage quasi scientifique, tantôt au travers d'images et de comparaisons. Un thème favori du poète est de tenter d'échapper aux souffrances du présent en faisant revivre des moments plus heureux de jadis. De même que Marcel Proust voit se dérouler des scènes entières de son passé en mangeant le même gâteau que celui qu'il recevait quand il était enfant, Montale veut refixer des moments révolus en évoquant les indices par lesquels ils lui parlent. Mais cette ambition est au-dessus de ses forces et devant son impuissance, le poète constate amèrement qu'il ne peut échapper aux lois inexorables qui dirigent son existence et qu'il restera à jamais prisonnier d'un présent désagréable.

Comme on peut en juger par ce résumé, Montale n'est pas un auteur facile. Ses vers sont volontiers hermétiques, non pas d'un hermétisme voulu, dû à des extravagances de forme, mais parce que ce qu'il veut exprimer est presque au delà des possibilités de la poésie et ne peut se faire que par une superposition de symboles. Il était donc particulièrement malaisé de faire apprécier Montale à un public en général non prévenu. Cette poésie nécessite une certaine préparation; au premier contact, elle peut sembler aride et ce n'est que lorsqu'on a quelque peu séjourné dans son atmosphère qu'on est capable d'en sentir toute la beauté. Mais grâce au remarquable exposé du professeur Donini, qui est parvenu à faire comprendre clairement quels sont le sens et la portée de cette œuvre, ce travail d'approche a été considérablement facilité. Et malgré les difficultés d'abordage, nombreux seront ceux qui auront eu la révélation d'un très grand poète qu'ils auront grand plaisir à approfondir d'avantage.

La troisième et dernière conférence du professeur Donini, qui se donnera lundi prochain, présentera d'autres poètes italiens dont certains appartiennent à la plus jeune génération fasciste. On aura donc là l'occasion d'acquérir une vue d'ensemble sur la poésie italienne contemporaine et de constater comment, dans le climat fasciste, une très belle et originale poésie a pu s'épanouir.

P. de MAN.

BIBLIOGRAPHIE

VIENT DE PARAITRE

== **Le prince Eugène de Ligne (1804-1880)**, par le prince **Albert de Ligne.** (Edition Universelle, Bruxelles).

Cette biographie du prince Eugène de Ligne, par son petit-fils Albert, est intéressante à plusieurs points de vue. Tout d'abord, on y trouvera maints détails inédits sur cette importante personnalité. Mais comme le prince de Ligne fut intimement mêlé à tous les événements qui agitèrent le royaume à cette époque, c'est une très complète documentation historique qui nous est offerte. Le prince fut ambassadeur, président du Sénat et chargé de diverses missions importantes. Il joua donc toujours un rôle de premier plan, et en suivant pas à pas son destin, nous acquérons des lumières sur des aspects très peu connus des premières années d'existence de la Belgique.

En outre, ce caractère exceptionnel mérite d'être connu. Plutôt que de vivre la vie aisée et confortable qui lui était accessible, le prince de Ligne préféra les charges et les servitudes d'une carrière au service de son pays. Et dans l'exercice de ses devoirs, il parvint toujours et partout de faire devoirs, il parvint toujours et partout à faire respecter l'indépendance belge. Il est utile pour nous, de nous documenter sur cet homme d'Etat, dont la mentalité constitue un exemple pour tous.

P. de M.

« Le printemps tragique »

de René BENJAMIN

Il n'aura pas fallu attendre longtemps pour voir paraître le premier livre inspiré par la campagne de France. Déjà en 1914-18, pendant que la lutte continuait, il y eut des publications sensationnelles pour décrire les horreurs de la vie des tranchées. La littérature de guerre connut une telle efflorescence qu'il fallut la considérer comme un genre à part, dont Barbusse, Dorgelès et Duhamel étaient les maîtres.

René Bejamin fut alors un des premiers à donner l'exemple et son livre « Gaspard » connut une grande popularité.

A présent, « Le Printemps tragique » (1) semble indiquer qu'il persévère dans cette voie. Mais il ne s'agit pas d'un roman de guerre proprement dit, puisque l'action se déroule loin des champs de bataille, dans un paisible village de Touraine. Et aux événements provoqués par le conflit se superposent des récits qui n'ont aucun rapport avec lui. En fait, il y a donc deux romans en un : le premier qui tente de montrer les perturbations que le violent choc de ce mois de mai amena dans l'existence des Français, et l'autre, qui est une intrigue d'ordre psychologique. Cette dernière constitue d'ailleurs la meilleure partie du livre. Elle gravite autour de la personnalité du médecin de village, homme fort curieux, qui s'intéresse passionnément à tous ceux qui l'entourent. Amoureux d'une vie tranquille et douce, il cherche en vain dans son entourage quelqu'un qui est parvenu à trouver la paix intérieure à laquelle il aspire. Mais tous sont ravagés par leurs tourments et leurs aspirations, leurs amours et leurs haines, et se débattent dans une agitation sans fin. Il n'y a de paix pour personne, puisque chacun parvient à se créer, même artificiellement, une cause de troubles. Tel est le thème sur lequel Benjamin construit la majeure partie de son roman. Mais le développement en reste sommaire et le procédé du récit, qui consiste à nous faire suivre les événements aux travers des bavardages du docteur, est plutôt factice.

Parallèlement à ceci, on nous montre comment les gens de France ont réagi sur la catastrophe qui s'est abattue sur leur pays. C'était une entreprise assez considérable, d'autant plus qu'il est manifestement dans les intentions de l'auteur de passer en revue la pensée de tous les représentants de la société française. D'où la nécessité de créer des personnages symboliques, avec tous les dangers littéraires que cela comporte. Et ces dangers ne sont pas évités, car toutes ces créations sont fort artificielles. Il y a le Paysan Français, travailleur et honnête, le Mauvais Français, corrompu et prétentieux, l'Ouvrier Français, tous plus conventionnels les uns que les autres. Et les petites dissertations sur la prise de Paris, sur l'avenir de la France et sur l'amertume de l'Armistice, sont de quelqu'un qui n'a pas un grand souci d'originalité. Pour ne fixer que quelques traits de ce que ces derniers mois représentent dans l'histoire de France, il faudra un esprit très perspicace, très clairvoyant et quand même un peu de recul historique. Mais René Benjamin ne prétendait que donner un aperçu, et ce livre agréable, parce que écrit avec aisance, ne veut pas être une analyse profonde du sujet extrêmement complexe dont il traite.

***

Il est paru récemment deux ouvrages belges qui méritent particulièrement l'attention, tant par leurs sujets que par leur valeur littéraire. Tout d'abord, l'excellente étude de M. Paul Dresse sur le Ruanda (2). On connaît trop peu cette contrée du Congo belge, quoiqu'elle en soit la partie la plus riante, la plus peuplée et possédant le climat le plus tempéré. En outre, son organisation sociale et racique la rend particulièrement intéressante. Une petite minorité de Hamites, apparentés vraisemblablement aux Egyptiens, y règne en seigneurs et maîtres sur les tribus nègres. Avant d'être colonisé, le Ruanda était un royaume indépendant et, encore maintenant, c'est en collaboration avec un descendant de l'ancienne dynastie, que le gouvernement belge y exerce son pouvoir. M. Dresse nous rapporte ses impressions de voyages dans ce curieux pays. Quoique très bref, son exposé est extrêmement clair et complet et son style très coloré contribue à nous donner une vision vivante des moeurs de ses peuplades. Ce charmant petit livre est aussi instructif que divertissant.

Un autre de nos compatriotes, François Ingham, a consacré son premier ouvrage à Philippe-le-Bon. Sur un ton qui vise plus à la clarté de l'exposé et à la rigueur historique qu'à l'imagination romanesque, il évoque toutes les péripéties de ce règne important et mouvementé. On connaît la gigantesque entreprise que le duc de Bourgogne s'était assignée comme but : réunir dans un seul pays, s'étendant de la Frise jusqu'à la Somme, tous les Pays-Bas. Avant lui, ceux-ci étaient déchirés par des querelles particularistes aiguës et rien ne semblait plus chimérique que de les unifier sous un même sceptre. Grâce à la ténacité de Philippe, et grâce surtout à ses extraordinaires facultés d'organisateur, il fut possible de maintenir une paix relative entre des sujets jaloux l'un de l'autre et attachés à leurs privilèges. En réussissant cette tâche, il parvint à créer un des premiers Etats modernes et à jeter les bases d'une organisation politique nouvelle. A notre époque, où il faudra réorganiser l'Europe d'une façon plus rationnelle et plus équitable, il est particulièrement utile d'étudier comment de grandes figures du passé ont résolu des problèmes analogues.

Paul de MAN.

---

(1) Editions Plon.
(2). « Le Ruanda d'aujourd'hui »

La troisième conférence du professeur Donini

La troisième et dernière conférence du professeur Donini sur la poésie italienne traitait du groupe de jeunes poètes qui peuvent être désignés comme membres de la première génération purement fasciste. Ungaretti et Montale, dont il fut question dans les deux premières causeries, sont des hommes ayant dépassé la quarantaine et qui vécurent donc, durant assez longtemps, dans l'Italie de jadis (1).

Mais ces jeunes gens-ci ont réellement subi, durant toute leur formation, l'influence du principe du nouveau régime.

Certains d'entre eux sont des continuateurs directs de l'œuvre de Montale, qui exerça une influence considérable. Ils le continuent par la forme — vers libres très condensés, souvent hermétiques, peu abordables — et par le fond : affection pour des paysages arides et désolés, conception du monde empreinte d'un profond pessimisme. Tels sont Salvatore Quasimodo et Giamo Natoli.

Il ne faut pas croire, cependant, que le pessimisme d'Ungaretti et de Montale ait exercé une telle attraction sur leurs disciples que ce soit devenu là le seul thème d'inspiration qui puisse encore être utilisé. De même, il serait erroné d'admettre que cette mentalité qui affectionne l'indifférence et décrète l'inutilité des passions vitales reflète le visage spirituel de l'Italie d'aujourd'hui.

A côté de ces pessimistes existe une une pléiade de jeunes enthousiastes, prêts à s'attendrir sur la douceur de l'existence et à exalter la joie de l'action.

La vogue de la tristesse et du désespoir montaliens ne prouve qu'une chose : que le régime fasciste laisse entière liberté au poète pour chercher sa source d'inspiration où il veut, même dans le domaine qui semble le plus opposé à l'état d'esprit civil et guerrier cher aux éducateurs du peuple.

A titre d'exemple d'une poésie plus encourageante, il faut citer Adriano Grande, qui a su tirer son inspiration d'événements foncièrement réalistes comme la guerre d'Ethiopie, et Corrado Pavolini, dont la vision du monde est celle d'un être fort et équilibré. Pietro Paoli et Bigiuretti également, ont chanté des sujets doux et tendres et marqués une acceptation sereine des conditions de la vie telle qu'elle est.

Un autre genre de poésie fort apprécié en Italie est celui dans lequel, sur un ton populaire et même vulgaire, on vante les vertus paysannes opposées à la vie factice des villes. Mino Maccari prit la tête de ce mouvement et c'est autour de son œuvre que se forme une véritable école qui ne faisait que défendre la vie à la campagne dans un language patoisant. Enfin, il existe en Italie une abondante et intéressante production de poésie civique, ne faisant d'ailleurs que continuer l'exemple de d'Annunzio dans ce domaine. On y parle des émotions patriotiques et héroïques provoquées par les guerres d'Ethiopie et d'Espagne et même par la guerre actuelle. J. Valentini, Augusto Mazzetti et Ardengo Soffici sont des représentants marquants de cette tendance.

Ainsi, dans le cadre de trois conférences, monsieur le professeur Donini a fait un tour d'horizon complet de la poésie qui se développe en Italie et qui semble réaliser avec le plus grand bonheur, le souhait exprimé par Mussolini lorsqu'il déclara que « C'est surtout dans les temps présents que la poésie est nécessaire à la vie des peuples ».

P. DE MAN.

(1) Ils ne peuvent, par conséquent, être qualifiés de « première génération fasciste » comme il fut fait, par erreur, dans le compte rendu de la semaine dernière.

Concert J.-S. Bach à la Philharmonique

La chorale « Cæcilia » d'Anvers et l'Orchestre national de Belgique, sous la direction de M. L. De Vocht, ont consacré leur dernier concert à J.-S. Bach en majeure partie. On connait depuis longtemps la considérable maitrise que cet ensemble possède dans ce domaine et ce nouveau concert ne fera que confirmer ce jugement.

Le concert débutait par le « Stabat Mater » de Pergolèse. Mais la partie cruciale du programme consistait dans l'exécution du « Magnificat » de J.-S. Bach, pour soli, chœur et orchestre. Cette œuvre est, avec la messe en si mineur (dont un fragment fut également joué), la plus importante contribution de Bach à la musique d'église sur texte latin. C'est dans ce domaine que Bach a pu donner l'entière mesure de son génie et a atteint aux plus hauts sommets que la musique connaisse.

Cette composition est d'ailleurs extrêmement directe et apparait dans toute sa splendeur dès le premier contact. Pour apprécier Bach dans sa musique pour orgue ou pour clavecin, il faut une certaine préparation. Mais le profane même pourra, de prime abord, se laisser emporter par le « Magnificat », car l'effet produit tire sa puissance d'une grande simplicité.

Un chef-d'œuvre si grandiose nécessite une exécution parfaite. Surtout les parties pour chœur, si elles ne sont pas mises au point avec le plus grand soin, deviennent volontiers confuses et embrouillées.

Mais la chorale « Cæcilia » vainc parfaitement la difficulté des constructions contrapunctiques très complexes qu'elle doit affronter. Quant aux solistes, tous ont donné entière satisfaction. Mme Suzanne Storga, Flore Maas et Yvonne Levering ont chanté avec un sens musical irréprochable. La voix très égale, presque instrumentale, de M. Anspach convient admirablement pour Bach. Et M. Leroy a pu se faire valoir spécialement dans la très belle cantate n° 56 pour basse, chœur et orchestre. Il faut encore signaler l'Orchestre national de Belgique et son chef, M. De Vocht, auquel revient finalement le principal mérite de ce magnifique concert.

Une seule ombre à ce tableau est l'incompréhensible manque d'enthousiasme du public. Je ne veux pas parler de l'affluence, qui est normale, mais de la froideur incompréhensible qui fait qu'on applaudit du bout des doigts une exécution qui mérite des ovations. Le public bruxellois, qui passait pour être doué d'un sens critique très étroit et capable de reconnaitre à sa juste valeur une prestation de qualité, est en train de tout faire pour perdre sa réputation.

P. de MAN.

« MICHEL-ANGELO »

La représentation de gala du film de la Tobis

La société Tobis-Degeto avait organisé, d'une façon très grandiose, la représentation publique du film d'art consacré à l'œuvre et à la vie de Michel-Ange. Dans son discours d'introduction, le Dr Eckardt, président de la Tobis, rappela que c'est à l'occasion du 377e anniversaire de la mort du maître que cette cérémonie avait été fixée à ce jour. Il évoqua l'esprit de haute vénération et de profond sérieux dans lequel le film avait été conçu et invita les spectateurs à se mettre au même plan pour mieux apprécier ce qui allait leur être présenté.

Ce furent là les seules allusions au film proprement dit, car le restant du programme était fait non pour mettre en valeur la production du cinéaste Curt Oertel, mais uniquement pour pénétrer dans l'atmosphère artistique propre à goûter l'œuvre de Michel-Ange. Dans cet esprit, les excellents chœurs de Radio Bruxelles, sous la direction de M. Léonce Gras, ont exécuté des compositions de Philippe de Monte et Roland Lassus. L'idée était excellente : elle permettait de faire constater l'extrême universalité de ce phénomène culturel qu'est la Renaissance. Car ces deux formes d'art si éloignées que la musique et la sculpture, nées dans des contrées séparées comme l'Italie et la Flandre, portent l'empreinte d'une même ferveur artistique et sont animées d'une inspiration semblable.

De même, on avait fait appel à Cyriel Verschaeve, president du Conseil Culturel flamand, pour faire un exposé sur Michel-Ange. Verschaeve est l'auteur de nombre d'essais critiques qu'il a intitulés « Heures d'admiration » et dans lesquels il passe en revue les sommets artistiques de tous les temps. Il a toujours tenté de pénétrer jusqu'à la signification la plus profonde de l'œuvre d'art et de rechercher par quel souffle divin elle peut arriver à s'élever à ce point au-dessus de la moyenne de l'humanité. S'attachant à Michel-Ange, il a indiqué comment sa formidable puissance tient, selon lui, à quatre caractères. Emotion devant l'éternité, solitude la grandeur qui s'isole au-dessus des soit-disant grands événements de l'histoire, idéalisation des formes humaines, amplifiées pour pouvoir affronter un destin titanesque, et héroïsme qui pousse à rester fièrement dressé devant des forces d'écrasement gigantesques. Tels sont les traits distinctifs de Michel-Ange qui régirent sa vie et son œuvre et lui permirent d'être dans toute l'acception du terme, un titan.

Le film lui-même est trop important pour qu'on puisse en traiter dans le cadre d'un simple compte-rendu. Il en sera reparlé demain d'une façon plus approfondie. Contentons-nous de signaler que cette production est, avec le film sur les Jeux Olympiques, de Leni Riefenstahl, la tentative la plus hardie pour rénover l'art cinématographique. Entreprendre de raconter les péripéties très variées de l'existence, de l'artiste, d'évoquer même des émeutes et des batailles, rien que par des allusions symboliques et sans mettre en scène un seul acteur n'est certes pas chose facile. Mais les fragments les plus réussis sont, malgré tout, ceux où on nous montre les chefs-d'œuvre du maître. La caméra révèle des angles nouveaux, des jeux de lumière inédits qui donnent un relief sans pareil aux sculptures, aux tableaux et aux édifices. Grâce à ces prises de vues-là, Curt Oersel a donné la preuve que l'histoire de l'art par intermédiaire du cinéma est une nouvelle création parfaitement viable dans laquelle plusieurs autres films magistraux pourront encore faire suite à celui-ci.

P. de MAN.

BIBLIOGRAPHIE

« L'enfant, notre espérance », par le Dr Meuleman et J. Lamers, édité chez Charles Denart (Bruxelles).

Comme son titre l'indique, ce livre est consacré à l'enfance. Le problème est envisagé sous des angles divers. Dans l'introduction, le Dr Meuleman tient un vigoureux plaidoyer pour le mariage tel qu'il est défini par la morale chrétienne. Ensuite, il passe en revue la série des difficultés médicales posées avant la naissance et les premiers mois de vie: accouchements, alimentation, habillement, maladies d'enfance, etc. A chacune de ces délicates questions, le Dr Meuleman apporte la lumière d'une grande compétence basée su rles principes les plus modernes et les plus rationnels.

S'il est parfaitement possible de donner d'utiles conseils dans le domaine de l'hygiène infantile, on peut se montrer plus sceptique quant à l'efficacité de la seconde partie du volume où Mme J. Lamers s'occupe de la formation pédagogique et morale. Mais ces pages sont empreintes d'un tel bon sens et si clairement exposées que chacun y trouvera des directives du plus haut intérêt.

Dans l'ensemble, ce livre mérite de prendre place dans les bibliothèques de toutes les familles soucieuses de l'avenir de leur progéniture.

P. D. M.

CONCERT JOSEPH JONGEN A LA GALERIE DE LA TOISON D'OR

Dans l'intime atmosphère de la Galerie de la Toison d'Or, les fidèles admirateurs de J. Jongen étaient venus écouter ce concert de haute valeur, consacré à ses œuvres. La qualité des solistes garantissait une exécution parfaite. L'art de Jongen est d'ailleurs fait pour être écouté dans une salle de musique de chambre: la douce intimité qui s'en dégage obtient alors toute sa mise en valeur. D'ailleurs, l'auteur a toujours préféré les petites distributions aux orchestrations massives et ce sont ses plus belles pages qui furent offertes à un public visiblement ravi. Le quatuor à flûtes Stoufs, joua deux pièces, une élégie et une paraphrase sur des Noëls wallons, thème particulièrement cher à l'auteur. Accompagné au piano par Jongen lui-même, M. De Groote se fit entendre dans quatre chansons sur les poèmes de Régnier, Verhaeren et Hellens. Enfin, MM. Dubois, violoniste ; Dambois, violoncelliste, et l'auteur, interprétèrent deux pièces en trio.

Inutile de dire que toutes ces compositions furent mises au point avec le plus grand soin. Il fut donné aux auditeurs d'entendre, dans les meilleures conditions possibles, l'art d'un maître délicat et sensible entre tous.

P. d. M.

La femme à travers la poésie

M. André Mardaga a lu au cercle de Librairie une série de poèmes qu'il a groupés sous le titre de « La femme à travers la poésie ». De même qu'un visiteur du Musée du Louvre pourrait parcourir ces galeries en y recherchant les tableaux qui représentent les portraits de femmes, la poésie française, depuis ses origines jusqu'à nos jours présente un grand nombre de chefs-d'œuvre évoquant la beauté de la grâce féminine. Cet éternel thème d'inspiration se retrouve à toutes les époques et les tempéraments les plus disparates se sont appliqués à en tirer le sujet de leurs plus beaux poèmes.

Il faut féliciter M. Mardaga pour le choix présenté. Il ne s'est pas tenu aux poèmes d'anthologie et ultra-connus. Au contraire, il s'est efforcé de sortir du répertoire de tous les jours. Même dans son choix des auteurs, il y a une tentative d'originalité, puisqu'il eut l'heureuse idée de ranger Max Elskamp dans la galerie des grandes célébrités.

Pour ce qui concerne la déclamation, on peut se déclarer enchanté de tous les poèmes à caractère anecdotique qui sont rendus avec beaucoup de talent. Grâce à une mimique très expressive, M. Mardaga parvient à insuffler à tout ce qui est conversation et récit une vivacité quasi-dramatique. Mais il est plus auteur que lecteur et dans les poésies lyriques ou évocatrices de Baudelaire, Villon ou Anne de Noailles, le rythme se perd à force de trop marquer les effets purement narratifs.

Malgré cette réserve, cette causerie, qui était d'ailleurs suivie avec beaucoup d'attention et d'enthousiasme, fut des plus intéressante.

P. d. M.

Les livres sur la campagne de Belgique

Immédiatement après la conclusion de l'armistice, on a vu apparaître des brochures qui donnaient un récit plus ou moins exact du déroulement des opérations militaires depuis le 10 mai. Dans tous les journaux également, on a pu lire nombre d'articles s'efforçant de clarifier pour le grand public l'enchevêtrement extrêmement complexe constitué par cette campagne riche en coups de théâtre et en événements imprévus. A présent qu'un certain laps de temps s'est déjà écoulé, on a commencé à tirer des conclusions et les deux livres, dont il sera question ici, font plus que simplement enregistrer les faits. Ils tentent de faire un exposé critique, d'en déduire les responsabilités de la défaite et de constater, en particulier, quel jugement il faut porter sur l'attitude de l'armée belge. Cette tentative de faire le point n'est certes pas un effort inutile. Elle s'avère même indispensable à quiconque veut se faire un avis sur la situation actuelle et orienter sa pensée devant les problèmes nouveaux qui ont surgi.

M. André l'Hoist a eu l'heureuse initiative de réunir en un volume les articles qu'il fit paraître dans « Le Pays réel » (1).

C'est surtout la campagne de Belgique, du 10 au 28 mai, qui retient son attention. Pour la bataille ultérieure en France, il manque forcément de données et ne pourra donner qu'un schéma assez sommaire.

Mais pour ce qui concerne la Belgique, il s'est très abondamment et très scrupuleusement documenté et, à part quelques inexactitudes dans les détails, son exposé s'avère être d'une rigueur historique remarquable. Il n'était pas facile de donner une vue d'ensemble sur ces opérations qui s'étendent sur un secteur très étendu et qui, en plus, diffèrent presque de kilomètre en kilomètre. Ce livre parvient cependant à être clair et intelligible, grâce à la concision et à la précision de l'exposé, grâce aussi aux cartes et tableaux synoptiques qui y sont joints.

Il ressort de cette étude que la phrase mise en exergue : « Il est des défaites glorieuses à l'envi de victoires », s'applique parfaitement à l'armée belge. Parmi toutes les armées mises en ligne, la hollandaise, anglaise, française et belge, cette dernière a été la seule à conserver le contrôle de ses mouvements et à ne pas être disloquée par les attaques allemandes. « A aucun moment, « constate M. l'Hoist, « l'armée allemande n'a pu » percer le front belge, ni empêcher — » pour envelopper des unités de chez » nous, en les forçant à rester sur place » — les replis en décrochage ordonnés » d'initiative belge, pas plus que la res» soudure de nos lignes sur de nouvelles » positions. Nous n'avons pas été vaincus » sur notre front dont nous avions la » responsabilité, mais sur les fronts des » alliés, où nous n'avions ni hommes, ni » autorité, ni responsabilité. »

Après cette conclusion logique et saine, tirée d'un examen des faits, on ne peut que marquer son étonnement devant un autre livre paru récemment et intitulé : « Ma deuxième guerre », par le capitaine commandant F. Rousseaux (2). Ici, il ne s'agit plus d'analyse historique mais d'un récit de choses vécues.

Le commandant Rousseaux se trouvait sur le canal Albert le 10 mai, il a suivi le repli des armées, et a été fait prisonnier le 25. C'est son journal, tenu au jour le jour qu'il publie. La thèse du commandant s'écarte en tous points de celle soutenue par l'Hoist. Selon lui, l'armée belge a manqué à ses devoirs les plus élémentaires; elle ne s'est même pas sérieusement battue et a toujours reçu l'ordre de fuir avant d'avoir vu l'ennemi de près. De telles affirmations doivent être combattues avec énergie, si on ne veut pas laisser se divulguer de fausses interprétations des événements.

Le commandant Rousseaux semble oublier qu'il est très usuel qu'une division reçoive l'ordre de retraite sans avoir été attaquée si une section voisine a été enfoncée. Les continuels ordres de repli qu'il recevait provenaient de ce que l'armée belge, du fait des défaites hollandaises, au Nord, et françaises, au Sud, ne faisait plus que servir de charnière à un mouvement de rabattement. Mais la mentalité est de quelqu'un qui préfère un massacre inutile et vain à une manœuvre raisonnable rendue inévitable par suite des défaillances alliées.

Un autre point sur lequel il insiste beaucoup est le déplorable moral des troupes qu'il se plait à comparer à tout moment avec la bravoure de 1914-18. Là également, il y a un manque de sens des réalités manifeste. Il était évident et normal que le baptême du feu ne produise sur des troupes, prises par surprise et face à des armes nouvelles, un certain effet de panique. Il en fut d'ailleurs en tous points de même en 1914, où ce n'est qu'après une longue formation par l'habitude que les soldats acquirent le courage, comme on apprend un métier. La seule et grande différence entre 1914 et maintenant, déffèrence qui a entièrement échappé au commandant Rousseaux, est la plus grande efficacité des armées allemandes.

Ce n'est pas tant le climat politique pourri qui provoqua la défaite, car celui-ci ne valait guère mieux en 1914. Mais ce qui a joué un rôle définitif a été l'habileté et la puissance avec lesquelles les Allemands ont pu exploiter leurs succès et forcer la victoire. Cette tentative d'un militaire belge pour diminuer et amoindrir le rôle que son armée joua dans la guerre porte à faux et ne résiste pas à un examen quelque peu approfondi. Il était utile de le signaler ici car ce n'est pas en répandant la croyance que nous sommes des lâches et des incapables que nous préparerons, un meilleur avenir.

Paul de MAN.

(1) « La Guerre 1940 et le rôle de l'Armée belge ». Editions Ignis.

(2) Les Editions de Belgique.

Grétry écrivain

Il est rare de rencontrer un compositeur qui manifeste du talent dans un domaine autre que celui de la musique. On dirait que, pour les plus grands d'entre eux, leur vocation musicale fut si puissante qu'ils ne purent s'en détourner un seul instant et qu'ils furent obligés de se cantonner dans leur monde, sans jamais pouvoir en sortir.

Il y a, à cette loi générale, de glorieuses exceptions. Wagner fut capable de laisser une œuvre à la fois musicale, poétique et philosophique et même de tenter une gigantesque synthèse de ces diverses manifestation de l'esprit. D'une façon plus modeste, d'autres musiciens montrèrent qu'ils pouvaient se consacrer de temps en temps à la littérature et écrire des pages de valeur. Grétry en est un excellent exemple.

A son époque, on aimait d'ailleurs les génies universels et on admirait volontiers ceux qui parvenaient à exceller dans des activités artistiques disparates. Mais ce n'est pas par souci de gloire que Grétry entreprit la publication d'une série d'essais sur la musique. « Je n'ai écrit ces réflexions sur la musique que pour me délasser de mon travail habituel, déclare-t-il, et d'abord il ne fut nullement dans mon intention de les imprimer. » Mais il finit par croire, à juste titre, que de jeunes musiciens pourraient tirer quelque profit de ses dissertations, et les Mémoires ou Essais sur la musique, *par le citoyen Grétry, membre de l'Institut national de France, furent publiés en 1789. Ils comprenaient plusieurs parties. Les premiers chapitres tiennent de l'autobiographie et racontent, sur un ton qui vise à la plus grande sincérité, les péripéties de l'existence de Grétry. Des considérations sur l'esthétique, des confessions sur des sentiments intimes y voisinent curieusement avec des conseils sur la meilleure façon de soigner les rhumatisme. Passant à un plan plus général, les autres parties du livre entreprennent une vaste étude sur les rapports de la musique « avec la morale et les passions de l'homme, avec les gouvernements, avec les idées abstraites ou métaphysiques, avec ce qui tient plus particulièrement à la partie technique ». Son but est « d'indiquer au jeune compositeur les connaissances générales qu'il doit acquérir pour être véritablement artiste et de lui montrer les rapports plus ou moins semblables qui existent nécessairement entre toutes les sciences ». Cette dernière pensée est caractéristique de l'époque, où on concevait pour la première fois la nécessité d'une éducation universelle. Grétry précise en disant que « le système musical ne peut, selon moi, avoir de base solide si l'harmonie la plus savante, si les chœurs les plus mélodieux ne sont appliqués avec justesse aux accents des passions ; j'ai cru que le jeune artiste ne peut parvenir à l'expression vraie qui caractérise toute bonne production qu'en étudiant l'homme, ses mœurs, ses passions et en saisissant les traits caractéristiques qui le ditinguent ». Ainsi apparait Grétry intensément préoccupé de l'étude de l'homme, sans laquelle nul art ni science véritable n'est possible, et, par là, apparenté à tous les penseurs de ce XVIIIe siècle qui eurent une influence si prépondérante sur l'histoire de France et du monde.*

Littérairement parlant, ces essais ont de grandes qualités. Grétry possédait un style clair et alerte. Continuellement soucieux de ne pas lasser son lecteur, il intercale des anecdotes « pour que ces essais puissent également être goûtés par « les gens du monde ». Quoiqu'il s'excuse d'avance en affirmant « qu'il serait injuste de prétendre qu'un artiste ait dans son style la correction et l'élégance qu'on a droit d'exiger de l'homme de lettres », la façon d'écrire est de quelqu'un qui a une plume agréable et facile. De mauvaises langues allèrent même jusqu'à affirmer que Grétry avait fait rédiger ses essais pas un écrivain, un certain Legrand. Mais tous les contemporains protestèrent vivement et actuellement nul ne songe à disputer à Grétry le mérite de son œuvre littéraire. Quoique moins connue que sa musique, elle contribue hautement à sa gloire et constitue un témoignage précieux sur la mentalité d'un esprit remarquable de l'époque.

P. de MAN.

Un Concert de Jeunes

L'absence complète de chefs et d'interprètes étrangers aura eu un effet salutaire : c'est d'avoir obligé les organisateurs des concerts à faire usage des éléments locaux pour varier leurs programmes.

Cette heureuse caractéristique était particulièrement nette dans le concert consacré aux concertos pour 2, 3 et 4 pianos de J.-S. Bach, qui a eu lieu au Conservatoire. Tous, les pianistes, les membres de l'orchestre, le chef, étaient des moins de trente ans. Jusqu'au public, dont l'enthousiasme contrastait agréablement avec la froideur de mise aux grands concerts.

S'attaquer à ces concertos pour plusieurs pianos de Bach était une entreprise assez hasardeuse pour des interprètes nécessairement encore inexpérimentés et peu habitués à jouer ensemble. Mais le résultat dépasse tous les espoirs. Surtout le concerto pour 3 pianos, joué par Mme R. Capelnicoff et MM. S. Hon et N. Sluszny, était particulièrement soigné. L'entente entre l'orchestre et les solistes était parfaite, le style d'interprétation très bien compris et l'exécution claire et limpide à souhait. Le concerto en ut mineur pour 2 pianos — Mlle Moebe et S. Hon — semblait un peu plus heurté. Peut-être avait-il été moins bien répété, ou bien, en début de concert, l'ensemble n'était-il pas encore parvenu à s'emboîter parfaitement. Il faut, en tout cas, adresser des louanges sans réserve à chacun des quatre pianistes, qui firent tous preuve de beaucoup de sens musical et de qualités techniques remarquables.

Une chose à signaler est la constitution de cet orchestre de chambre, composé en majeure partie d'élève du Conservatoire, de qui M. Weemaels est parvenu à obtenir une rare discipline dans la délicate science de l'accompagnement. Il y a là, sans aucun doute, le noyau de ce que sera prochainement un nouvel orchestre symphonique de classe. On voit donc qu'un rajeunissement de la vie musicale belge est en train de s'opérer et que le légitime succès d'une séance comme celle-ci permet de considérer l'avenir avec le plus grand optimisme.

Notons que le deuxième concert de cette série aura lieu samedi 1er mars, à 17 h. 30, au Conservatoire.

P. d. M.

AUX BEAUX-ARTS

Concert de Musique de Chambre

Le programme donné avec le concours du quatuor Desclin, était très heureusement constitué. Deux œuvres classiques, de Mozart et de Schubert, encadraient le très moderne quatuor d'Albert Roussel. Celui-ci s'est fait connaître, surtout dans ses dernières compositions, comme un artiste fort évolué. Son style est sobre et dépouillé de toute ornementation inutile, empreint d'un profond sérieux et visant à une concision extrême. En outre, des trouvailles mélodiques émouvantes donnent à cette musique, qui risque d'être assez aride, une chaleur particulière. Ce quatuor en ré majeur est assez caractéristique. Surtout la première et la troisième partie, pièces d'allure vive, d'une forme très serrée, répondent entièrement à la manière de Roussel.

Ce très bel échantillon de musique contemporaine fut joué avec beaucoup de soin par le quatuor constitué de MM. Desclin, Henry, Briqueteur et de Nocker. Les quatre interprètes vinrent parfaitement à bout des considérables difficultés techniques de l'œuvre — ce qui n'est pas une mince preuve de leur virtuosité.

Il faut cependant faire plus de réserves pour ce qui concerne les quatuors de Mozart et de Schubert. Ce dernier est une des plus belles pages de Schubert. Les thèmes sont simples et touchants, frisant la méthode populaire sans jamais tomber dans la vulgarité. L'exécution doit être pleine de charme et de chaleur. La version qu'en donna le quatuor Desclin parut trop mécanique. Mozart également ne fut pas toujours rendu comme il convient, par exemple, le mouvement trop rapide du finale donnait une impression bousculée gênante.

A part ces quelques remarques, le quatuor Denlin donna entière satisfaction, grâce à sa grande cohésion et à la soigneuse mise au point, qui permet de traduire fidèlement toutes les intentions des compositeurs.

P. D. M.

AUX BEAUX-ARTS

Récital de chant Suzy Roy et Georges Villier

La chanson a toujours exercé une puissance d'attraction considérable sur le public, de sorte qu'il n'y avait rien d'étonnant à voir la Salle des Conférences du Palais des Beaux-Arts remplie à craquer par tous ceux qui venaient écouter ces artistes si populaires. Le programme était varié à souhait : il comprenait des chansons classiques, chantées par M. Georges Villier, des arrangements pour quatuor vocal des compositions les plus diverses, enfin des pièces du répertoire de Suzy Roy, chansons réalistes dans le goût de Lucienne Boyer et Marie Dubas. Suzy Roy les interprète d'ailleurs avec beaucoup de talent : une mimique sobre et expressive et une voix au timbre grave et émouvant tirent le maximum d'effet des textes et de la musique. Le quatuor vocal, constitué par MM. Jean Villard, E. Prins, R. Lits et G. Villier remporta également un vif succès. Succès amplement mérité car, tant les arrangements que les exécutions sont amusants et soigneusement au point. Quant à M. G. Villier, sa voix agréable et sa parfaite diction mirent en valeur les chansons qu'il présenta.

Bref, une séance des plus agréable.

P. d. M.

Deux romans germaniques

Le public et la critique ont accueilli Maria et son charpentier, d'Herman de Man (1), avec un certain ravissement. On pourrait voir là la preuve de l'intérêt qu'il y aurait à traduire davantage la littérature hollandaise en français. Celle-ci reste, en effet, entièrement inabordable à quiconque ignore la langue néerlandaise. Et cependant, elle mérite autant, sinon plus, la faveur des lecteurs que la scandinave, qui, elle, a été abondamment traduite. Toutes les écoles, toutes les innovations des dernières années ont trouvé leur écho dans les romans et les vers des auteurs hollandais qui se montrent aussi évolués et entreprenants que n'importe qui. En plus, un charme spécifiquement régional, fait de paysages et de personnages qui n'appartiennent qu'aux Pays-Bas, contribue hautement à donner à cette littérature un attrait considérable.

Cette dernière caractéristique se retrouve très nettement dans Maria et son charpentier. Cette atmosphère de contrée à larges ciels ouverts, où l'eau envahit toutes les terres et doit être vaincue par des digues et des barrages, ces êtres simples et frustes, mais profondément religieux et attachés à leur sol, tout cela évoque intensément la Hollande, pays si proche de nous, géographiquement, mais dont la mentalité a néanmoins l'attrait de quelque chose d'inusuel. C'est probablement à cela surtout qu'est dû le succès de ce livre : on y respire un air pur et vivifiant qui réconforte et qui plaît.

Car l'intrigue même est loin d'être sans défaut. Il s'agit de la conversion d'un ouvrier brutal et grossier qui, par le miracle de l'amour, se spiritualise jusqu'à préférer la vie contemplative de l'abbaye à une jeune et jolie fiancée. On connaît le danger de semblables thèmes, où il faut justifier et rendre plausibles de considérables évolutions psychologiques. Peu de romanciers sont parvenus à mener à bien cette entreprise délicate. Presque toujours, le changement dans l'âme du personnage est présenté d'une manière trop brusque et trop rapide, alors qu'elle traînera en réalité sur de longues périodes de transition durant lesquelles des forces contraires se disputent dans le cœur du héros. Herman de Man évite partiellement l'écueil, mais comme la transfiguration qu'il nous propose est réellement du noir au blanc, du pire au meilleur, il ne parvient pas à la rendre tout à fait vraisemblable. Il semble d'ailleurs s'en rendre compte lui-même puisque, après avoir terminé le dernier chapitre par la phrase: « Ils ont tous deux vaincus », il ajoute prudemment en italique : « Pas encore. » Le procédé est peut-être adroit, mais il semble un peu gratuit. Quand Dostoievski ou Gide nous ont montré une crise morale, nous sentons qu'elle n'aurait pu se résoudre autrement que telle qu'ils l'ont voulu et que cette solution est définitive. En créant cette impression d'incertitude, Herman de Man avoue sa propre impuissance devant un sujet qui dépasse ses facultés de psychologue.

Cette réserve s'attache à la signification profonde du livre et n'entache en rien ses grandes qualités littéraires. Il faut également signaler l'excellence de la traduction due à Camille Delloy, ainsi que le soin tout particulier avec lequel le livre est édité. La couverture est un petit chef-d'œuvre de bon goût : la chose est trop rare en Belgique pour que nous ne rendions pas à l'éditeur Charles Dessart l'hommage qui lui revient.

Les Secrets de la maturité, de Hans Carossa (2), est l'œuvre d'un des romanciers de l'ancienne génération qui restèrent en Allemagne après 1933. Un premier roman de cet auteur fut également traduit sous le titre de Le Docteur Gion. Le succès relativement restreint qu'il connut n'est certes pas dû à un manque de valeur littéraire, mais bien plutôt à une déformation de l'esprit français. Habitué à des récits clairs et nets, où les passions et les événements sont présentés avec précision, le public fut quelque peu rebuté par cette prose qui entourait d'une atmosphère vague et mystérieuse les choses apparemment les plus simples. Carossa recherche, en effet, de préférence ses thèmes d'inspiration dans des objets futiles. Un arbre, un chat, un menu incident est à l'origine de ses émotions. Mais de même que les grands poètes ont pu mettre dans les sujets les plus insignifiants un souffle versalité, Carossa dérive de ces petites choses des évocations d'une profondeur extrême. Tout devient métaphore, perd sa réalité première pour prendre une immense signification. La construction du roman porte l'empreinte de ce tempérament particulier. Entre des espèces de poèmes en prose, le récit proprement dit se trouve un peu à l'étroit et ne se déroule que lentement. Les conversations, descriptions sont réduites à l'extrême. L'auteur est toujours à la recherche de ce qui est intérieur et caché et les aspects matériels des *choses ne l'intéessent qu'en tant qu'elles sont les symboles de leur signification profonde. Très peu de personnages vivent dans son roman : le vieil écrivain et sa femme, malade éternelle, puis deux jeunes filles, liées par une grande amitié, mais dont l'une ne pourra réaliser son équilibre qu'en ayant un enfant. C'est le vieil écrivain qui le lui donnera sans que soient rompus les liens qui le relient à sa femme. Mais cette intrigue est d'importance secondaire : à tous moments, Carossa s'en évade pour s'attarder à des petites scènes, à des méditations qui sont le véritable centre de son livre. Et les rapports entre individus ne sont jamais formulés dans la langue brutale et tranchante de la psychologie : tout est toujours rendu par des comparaisons et des allusions. Par exemple, ce passage : « Parfois, elle me manifeste une amabilité inespérée. Mais si j'essaye de m'approprier cette gentillesse, il m'arrive la même chose qu'avec ce caillou blanc comme l'albâtre dont l'éclat m'avait ébloui au bord de la mer, près de Nervi. Il avait l'air de reposer librement sur une robe lisse et noire; mais quand je voulus m'en emparer, je le trouvai si solidement fixé à ce fondement sombre que toute la force de mes doigts ne put l'en détacher. »*

Carossa atteint souvent à une puissance évocative singulière, et c'est avec raison qu'on le rattache à Novalis et aux mystiques du moyen âge. Pour celui qui n'est pas fermé à un art fait de vie intérieure et de descriptions symboliques, il y a dans les Secrets de la maturité *une source inépuisable de beauté.*

Paul de MAN.

---

(1) Edité chez Charles Dessart, à Bruxelles.
(2) Edition Stock..

Les Juifs dans la Littérature actuelle

L'antisémitisme vulgaire se plait volontiers à considérer les phénomènes culturels de l'après-guerre (d'après la guerre de 14-18) comme dégénérés et décadents, parce que enjuivés. La littérature n'a pas échappé à ce jugement lapidaire : il a suffi qu'on découvre quelques écrivains juifs sous des pseudonymes latinisés pour que toute la production contemporaine soit considérée comme polluée et néfaste. Cette conception entraîne des conséquences assez dangereuses. Tout d'abord, elle fait condamner a priori toute une littérature qui ne mérite nullement ce sort. En outre, du moment qu'on se plaît à accorder quelque mérite aux lettres de nos jours, ce serait une peu flatteuse appréciation pour les écrivains occidentaux que de les réduire à être de simples imitateurs d'une culture juive qui leur est étrangère.

Les Juifs eux-mêmes ont contribué à répandre ce mythe. Souvent, ils se sont glorifiés d'être les chefs de file des mouvements littéraires qui caractérisent notre époque. Mais l'erreur a en réalité une cause plus profonde. L'avis très répandu selon lequel le roman et la poésie modernes ne seraient qu'une espèce d'excroissance monstrueuse de la guerre mondiale, est à l'origine de la thèse de mainmise juive. Comme les Juifs ont, en effet, joué un rôle important dans l'existence factice et désordonnée de l'Europe depuis 1920, un roman né de cette atmosphère mériterait, jusqu'à un certain point, le qualificatif d'enjuivé.

Mais la réalité est différente. Il semble que les évolutions esthétiques obéissent à des lois très puissantes qui continuent leur action alors même que l'humanité est secouée par des événements considérables. La guerre mondiale a provoqué un bouleversement profond dans le monde politique et économique. Mais la vie artistique a été relativement peu remuée, et les formes que nous connaissons actuellement sont des suites logiques et normales de ce qu'il y avait eu avant.

La chose est particulièrement nette pour ce qui concerne le roman. La définition de Stendhal, selon laquelle « le roman est un miroir qui se promène sur une grande route », porte en elle la loi qui régit encore aujourd'hui ce genre littéraire. On y a vu d'abord l'obligation de respecter scrupuleusement la réalité extérieure. Mais en creusant davantage, on en est venu à exploiter la réalité psychologique. Le miroir de Stendhal ne reste plus immobile le long de la route : il entreprend des recherches jusque dans les recoins les plus secrets de l'âme des personnages. Et ce domaine s'est avéré si fécond en surprises et en richesses qu'il constitue encore le seul et unique terrain d'investigation du romancier.

Gide, Kafka, Hemingway, Lawrence — on pourrait allonger indéfiniment la liste — ne font tous que tenter de pénétrer, selon des méthodes propres à leur personnalité, dans les secrets de la vie intérieure. Par cette caractéristique, ils se montrent, non comme des novateurs ayant brisé avec toutes les traditions du passé, mais comme de simples continuateurs qui ne font qu'approfondir davantage l'esthétique réaliste, vieille de plus d'un siècle.

Une démonstration analogue pourrait être faite dans le domaine de la poésie. Les formes qui nous semblent les plus révolutionnaires, telles le surréalisme ou le futurisme, ont, en réalité, des ascendances orthodoxes dont on ne peut les détacher.

Dès lors, on voit que considérer la littérature actuelle comme un phénomène isolé, créé par la mentalité particulière des années 1920 est absurde. De même, les Juifs ne sauraient prétendre en avoir été les créateurs, ni même avoir exercé une influence prépondérante sur son évolution. A examen quelque peu proche, cette influence apparait même comme extraordinairement peu importante, car on aurait pu s'attendre que, vu les caractères spécifiques de l'esprit juif, ceux-ci auraient joué un rôle plus brillant dans cette production artistique. Leur cérébralité, leur capacité d'assimiler les doctrines en gardant vis-à-vis d'elles une certaine froideur, semblaient des qualités très précieuses pour le travail d'analyse lucide qu'exige le roman. Mais malgré cela, les écrivains juifs sont toujours restés au second plan et, pour ne parler que de la France, les André Maurois, Francis de Croisset, Henri Duvernois, Henri Bernstein, Tristan Bernard, Julien Benda, etc. ne sont pas parmi les figures les plus importantes, ni surtout parmi celles qui ont dirigé de quelque façon les genres littéraires. La constatation est d'ailleurs réconfortante pour les intellectuels occidentaux. Qu'ils ont été capables de se sauvegarder de l'influence juive dans un domaine aussi représentatif de la culture que la littérature, prouve pour leur vitalité. Il ne faudrait pas formuler beaucoup d'espoirs pour l'avenir de notre civilisation si elle s'était laissé envahir sans résistance par une force étrangère. En gardant, malgré l'ingérance sémite dans tous les aspects de la vie européenne, une originalité et un caractère intacts, elle a montré que sa nature profonde était saine. En plus, on voit donc qu'une solution du problème juif qui viserait à la création d'une colonie juive isolée de l'Europe, n'entraînerait pas, pour la vie littéraire de l'Occident, de conséquences déplorables. Celle-ci perdrait, en tout et pour tout, quelques personnalités de médiocre valeur et continuerait, comme par le passé, à se développer selon ses grandes lois évolutives.

Paul de MAN.

AUX BEAUX-ARTS

Récital Jiri Straka

M. J. Straka est un jeune violoniste dont la critique fit un grand éloge lors d'un récital précédent, puisque d'aucuns parlèrent même d'un nouveau Menehin. Le récital d'hier aura, en tout cas, servi à démontrer son extraordinaire habileté et l'aisance avec laquelle il vainc les plus grandes difficultés techniques.

Le programme était, en effet, constitué d'œuvres de caractère purement instrumental, dans lesquelles le désir d'exploiter au maximum les ressources de l'instrument est plus net que l'inspiration musicale elle-même. Veracini et Vitaldi, de qui furent joués respectivement une sonate et un concerto, étaient tous deux virtuoses plus que compositeurs et leurs œuvres — surtout celle de Veracini — montrent qu'ils étaient soucieux de mettre en valeur l'adresse de l'exécutant. Quant aux ouvrages modernes qui figuraient au programme, de Paganini et Sarazate, elles font partie, comme chacun sait, du répertoire des acrobates de l'archet.

On ne pourrait donc, après l'audition de ce programme, porter un jugement complet sur la personnalité de M. Straka. Sa virtuosité indéniable n'est pas une condition suffisante pour faire un grand violoniste. Il aurait fallu l'entendre dans des compositions d'une autre nature pour voir s'il joint à son mécanisme de première qualité, la compréhension musicale qui fait les artistes de classe.

A M. Naonn Sluszny revenait la tâche délicate d'accompagnateur. Il s'en est acquitté à la satisfaction générale, malgré la difficulté de rendre au piano des réductions d'orchestres, comme dans le cas du concerto de Paganini.

Le public fit une ovation aux deux artistes qui durent jouer deux bis.

P. d. M.

Le mouvement musical

AU CONSERVATOIRE

Troisième Concert populaire

Ce concert du Conservatoire, exclusivement consacré à la musique moderne, aura mis en relief deux des caractéristiques extérieures des compositeurs actuels. Tout d'abord l'extraordinaire perfection qu'ils ont pu atteindre dans l'art de l'orchestration. Ensuite le caractère nettement rythmique de leurs œuvres. Le concerto pour violon de Jean Absil est particulièrement significatif à cet égard. Le rythme n'y est plus un secondaire, invariablement soumis aux exigences mélodiques, mais bien l'élément principal qui mène une existence presque indépendante et va jusqu'à se supplanter aux thèmes mélodiques, réduits à l'extrême. Cette particularité donne à l'œuvre un aspect quelque peu déroutant au premier abord, mais après une certaine acclimatation, elle s'avère être extrêmement attachante. D'un modernisme moins évolué parurent les compositions de Strawinsky et d'Oscar Espla. « L'Oiseau de feu » est une des premières œuvres de Strawinsky et l'influence de l'école nationaliste russe y est encore manifeste. Moussorgsky aurait pu en être l'auteur, à condition, bien entendu, que comme pour les « tableaux d'une exposition », Ravel se soit chargé de l'orchestration. Car celle-ci dépasse déjà de loin les possibilités des « cinq » tant par sa diversité que par la richesse de son coloris. Quant à la « Suite folklorique » d'Oscar Espla, elle ne pourrait également être considérée comme une œuvre caractéristique et évoluée de ce compositeur. Ecrite comme délassement, entre deux travaux plus importants, elle ne vise qu'à être une charmante et délicate présentation de thèmes originaux à caractère populaire (et non pas de thèmes populaires existant comme le dit incorrectement la brochure jointe au programme). Le public belge ne pourra porter un jugement exact sur la personnalité d'O. Espla qu'après l'audition d'ouvrages d'une autre envergure qui font son véritable mérite et justifient son renom.

Le « Tijl Uilenspiegel » de Jef Alpaerts inaugurait le concert. Indépendamment de toute analogie de sujet, l'influence de Strauss y est manifeste, ce qui n'empêche à cette esquisse symphonique, espiègle et joyeuse à souhait, de constituer une des meilleures prestations de la musique flamande de nos jours.

Dans l'exécution des différentes pièces, l'orchestre national a fait valoir sa grande habileté. Sous la direction vigilante d'un chef connu M. Jongen, cet ensembre parvient à une réelle maîtrise dans le domaine de la musique contemporaine. Une part légitime du succès revint à M. Grumiaux, violoniste, qui vainquit avec une aisance incroyable l'accumulation de difficultés techniques présentes dans « Tzigane » de M. Ravel et dans le concerto d'Absil.

En résumé, on peut se déclarer enchanté de ce concert qui fut intéressant par la qualité du programme et l'excellence de l'interprétation.

P. de M.

A L'INSTITUT DE CULTURE ITALIENNE

Les systèmes impériaux de la Rome antique

L'Institut de culture italienne a continué son activité par une conférence du professeur Luigi Pareti, de l'Université de Naples, sur le sujet historique : les systèmes impériaux de la Rome antique.

On s'imagine très souvent, et à tort, que la Rome antique ne connut qu'un seul système impérial. En réalité, après examen quelque peu approfondi, on constate qu'il y a au moins quatre types qui diffèrent selon la façon de résoudre les grands problèmes politiques.

Une première phase appartient à l'époque républicaine pré-impériale. C'est une forme relativement fruste, pas tout à fait romaine, qui utilisera amplement le système de division systématique afin de faire respecteur sa souveraineté. Le régime est avant tout marchand, ploutocratique et se distingue nettement de la phase suivante, introduite par César. Celui-ci avait des buts plus larges, surtout en ce qui concerne la colonisation, problème rendu très pressant par suite des considérables conquêtes militaires. Il désirait faire du monde entier un Etat romain. A cette fin, il dut considérablement rehausser la condition politique des provinces, et en particulier chercher à établir une synthèse entre le monde grec et le monde latin. L'inconvénient de ce procédé est que les dix millions d'Italiens, en infériorité numérique sur les autres races, se trouvent en danger d'être dominés par elles. C'est principalement pour parer à ceci que l'empereur Auguste introduira de nouvelles réformes. Il renonce à l'expansion militaire et permet le relèvement partiel du pouvoir ploutocratique. Mais la succession impériale continue à provoquer des luttes intestines qui diminuent la force de l'Empire. Dans une quatrième phase, régie par Dioclétien et Constantin, un terme sera mis au désordre. Avant eux, il y avait eu une période mitigée, dans laquelle les empereurs « césariens » succédaient aux empereurs « augustéens », les règnes se différenciant par une plus ou moins grande fidélité à l'une ou à l'autre ligne de conduite. Dioclétien affirme le type oriental, absolu de l'empire qui, après Constantin, premier empereur chrétien, devint en outre césaro-papiste.

Dans les empires français et anglais modernes les formes qui agissent sont la première et la quatrième. Il n'en est pas ainsi dans l'Italie nouvelle, qui dépasse et synthétise les deux grands types intermédiaires de César et d'Auguste. La question du régime y est résolue par une monarchie héréditaire glorieuse que chacun respecte. Après l'accord de Latran le problème religieux s'est trouvé définitivement réglé. Militairement, l'unité est réalisée par l'armement unanime de la nation. Non seulement on est parvenu à la suppression de la lutte des classes, mais on a pu assurer leur féconde collaboration. Et finalement, en ce qui concerne le problème colonial et racial, la politique de peuplement, qui envoie des colons dans les territoires conquis pour y organiser la vie sociale des indigènes sans qu'il y ait fusion avec eux, assure la solidité de l'empire et le maintien de la race.

Cette conférence aura donc mis clairement en évidence comment et à quel système impérial se rattache l'Italie fasciste. Elle est particulièrement intéressante, car ses études historiques comparées révèlent des aspects fondamentaux de la révolution actuelle.

Signalons que le professeur Paretitti donnera vendredi à 18 heures au même endroit (38, rue de Livourne) une seconde conférence sur le sujet: « Comment l'Italie a eu son « Risorgimento » avant la révolution française ». L'orateur montrera comment l'unification italienne n'est pas seulement due à l'influence des idées nées en France. Le terrain avait été préparé par des éléments purement nationaux : une philosophie propre, une tradition nationale et avant tout l'action prépondérante de la maison de Savoie. De sorte que les influences françaises ont été somme toute secondaires et ont dû être écartées par les forces nationales propres. Ce sujet est de grande actualité à un moment où la question de « révolution nationale » est à l'ordre du jour. L'avis d'une compétence comme le professeur Pareti ne peut qu'éclairer la pensée dans ce domaine délicat.

P. de MAN.

ACTIVITE DES EDITIONS « LABOR »

La maison d'édition Labor » vient d'entreprendre la publication de deux nouvelles collections du plus grand intérêt.

Tout d'abord une « Collection Nouvelle des Cla siques », qui pourra rendre les plus grands services didactiques. Vendues au prix modique de 2 fr. 50, ces brochures n'en sont pas moins faites avec tout le soin nécessaire. Des notices biographiques et historiques, des tableaux destinés à définir exactement l'époque du chef-d'œuvre précédant le texte. Celui-ci est clairement imprimé, sans être chargé des notes et de renvois, si gênantes dans d'autres collections analogues. Le personnel enseignant ferait bien de recommander la lecture des classiques à leurs élèves : ceux-ci trouveront dans ces brochures un excellent instrument de travail.

Paraîtront dans cette série : « L'Avare » de Molière, « Andromaque » de Racine, les « Oraisons Funèbres » de Bossuet, « Polyeucte » et le « Cid » de Corneille, ainsi que des Poèmes choisis de A. de Vigny.

Une autre innovation des éditions « Labor » est de mettre en vente, pour 2 francs, des romans complets, choisis parmi les meilleurs ouvrages de romanciers d'expression française et flamande (ces derniers en traduction, bien entendu). Dans une époque comme celle-ci, vu le besoin de lire très puissant, cette intiative est est des plus heureuse. Elle met la littérature nationale à la portée de tout le monde et contribue de la sorte à l'éducation du goût des masses. On pourra y lire : « Le Pain Noir », d'Hubert Krains; « L'Aïeule » de G. Remy; le « Bourriquet » de C. Buysse et la « Visiteuse » (Komen en Gvan) de M. Roelants, etc. Signalons que la mise en vente a commencé depuis samedi 8 mars, et que les ouvrages paraîtront à raison d'un numéro par semaine.

P. d. M.

A L'INSTITUT DE CULTURE ITALIENNE

Le « Risorgimento » italien

La seconde conférence du professeur Pareti traitait du « risorgimento », le mouvement de relèvement national qui permit à l'Etat italien de se constituer définitivement, durant le XIXme siècle. Après la chute de l'Empire romain, l'Italie avait connu, durant le moyen âge, un état de division poussé à l'extrême. Il y avait eu ensuite, après la Renaissance, des tentatives d'unification qui avaient abouti à la constitution de quelques Etats régionaux. Mais ceux-ci ne pouvaient prétendre constituer une véritable nation indépendante, car ils restaient sujets de l'étranger et privés de toute organisation unitaire. Ce n'est que plus tard, au siècle dernier, que, grâce à une révolution nationale, l'Italie prendra sa vraie place en Europe.

Une ancienne thèse, d'origine française, affirme que ce redressement a été dû à l'influence des idées de la Révolution française, transmises lors de l'occupation napoléonienne. Le professeur Pareti, en accord avec la critique historique italienne contemporaine, n'admet pas ce point de vue. Selon lui, le « risorgimento » n'apparaît nullement comme la conséquence d'une ingérence étrangère, mais comme l'aboutissement logique d'une longue évolution de caractère strictement national, visible dans le monde des idées, de la politique, ainsi que dans le rôle prépondérant joué par la maison de Savoie.

Les penseurs italiens, et en particulier les théories de G.-B. Vico, avaient rationalisé depuis longtemps ce désir de l'Italie de redevenir un Etat fort et centralisé. Ils avaient rappelé le glorieux passé, marqué le besoin de résoudre leurs problèmes sans l'aide d'autrui, contribué à la création d'une civilisation nationale. Comme il arrive fréquemment, à ces considérations patriotiques se superposaient des soucis sociaux. Une philosophie des humbles fut créée dans laquelle on exalte le travail et la terre et où l'on marque la nécessité d'une amélioration des rapports entre classes. Pensée nationale et pensée sociale se complètent et prophétisent une guerre de libération du peuple et de la nation.

Parallèlementà ceci, si l'on considère une région comme la Toscane, on y voit se dessiner des réformes politiques, qui tendent vers le même but. Dans tous les grands problèmes, organisation administrative de l'Etat, rapports de celuici avec l'Eglise, des directives nouvelles apparaissent qui annoncent l'affirmation d'un régime aux directives politiques stables et centralisées. C'est bien là le point de départ d'une unification future: une contrée qui fait exemple et sera capable d'assumer le rôle de guide, en vue d'obtenir la délivrance.

Cette contrée existait et augmentait son influence grâce aux princes qui la gouvernaient, les seigneurs de Savoie : Emanuel, Filiberto, Charles-Emanuel I, puis Victor-Amédée II et Charles-Emanuel III, tant par leur action militaire dans leur lutte contre la France que par leur politique intérieure, marquent la base initiale et véritable du relèvement national.

On voit donc bien que ce n'est pas dans une servile imitation d'une expérience étrangère que l'Italie a puisé ses forces pour réaliser sa nouvelle grandeur. L'exposé remarquable du professeur Pareti l'aura démontré d'une manière concluante. Et la leçon est importante pour les Belges qui désirent voir leur pays se reconstruire : ils verront comment il faut trouver ses forces régénératrices, non pas en regardant au delà des frontières, mais en tirant parti de qualités spécifiques qui s'étalent tout au long de l'histoire du pays.

Paul de MAN.

CHRONIQUE LITTÉRAIRE

Premières réactions de la France littéraire

La vie littéraire a repris un cours à peu près normal en France. Les livres apparaissent à un rythme ralenti mais régulier, tandis que de grandes revues, comme la « Nouvelle Revue Française » ont renoué les liens entre les auteurs et le public. Dès lors, il n'y a rien d'étonnant au fait qu'un certain nombre d'écrivains aient publié les réflexions qui leur furent inspirées par les derniers événements. Indépendamment d'une création purement artistique qui se perpétue comme si rien ne s'était produit, il se dessine un courant actualiste, visible dans une série d'articles, d'essais et d'études sur la situation actuelle.

Le public belge s'intéresse d'ailleurs vivement à la lecture de ces témoignages. Il y a là la continuation d'une habitude séculaire qui ne peut être changée du jour au lendemain. Pendant si longtemps les intellectuels de notre pays ont été à l'affut de tout ce qui se faisait Outre-Quiévrain, qu'il ne suffit pas d'un effondrement total du préstige de la France pour les en détourner. On était imprégné de journaux, de revues, d'idées et de snobismes de Paris et ce pli une fois pris, on ne s'en défait pas si aisément. Mais il se trouve que cette orientation des esprits vers nos voisins du Sud, qui eût souvent des suites néfastes, coincide actuellement avec une réalité historique indéniable. Nos deux pays avaient une organisation politique semblable et les interpénétrations d'influences culturelles, économiques et doctrinaires, étaient manifestes. Les causes de la défaite doivent donc présenter des analogies, de sorte que l'examen de conscience d'un Français touchera, par certains aspects, à des problèmes qui existent chez nous. De même, le sort de nation vaincue et envahie commun aux deux contrées, leur donnent une similitude de destin, présent et futur, qui implique une mentalité voisine. La lecture de la littérature politique française présente donc un certain intérêt pour nous, quoiqu'on aurait tort de trop suivre les auteurs dans leur critique d'un passé révolu L'étude des formes révolutionnaires expérimentées dans divers pays, quoique nécessitant un effort cérébral plus grand qu'une récapitulation des erreurs passées, s'avèrera plus féconde pour une génération dont le rôle sera plus actif que spéculatif.

De cette production, que nous avons baptisé d'actualiste, émergent les articles de Drieu la Rochelle, dans la « Nouvelle Revue Française », certains passages des « Feuillets » de Gide, imprimés au même endroit, ainsi que les études « Après la défaite » (1) de Bertrand de Jouvenel, et « Journal de la France », d'Alfred Fabre Luce (dont il sera question dans une chronique ultérieure).

Dans toutes ces analyses une large part est faite à la recherche des responsabilités et à la détermination des causes qui menèrent le pays à la débacle. « Après la défaite » est même entièrement consacré à ce thème. Non pas qu'on veuille y faire le procès de quelques personnages de l'ancien régime. « On n'y trouvera point de réquisitoire contre nos dirigeants politiques que leur médiocrité sauve de nos colères » déclare dédaigneusement Bertrand de Jouvenel. « Mais la critique doit viser plus haut, atteindre ceux qui devaient être les entraineurs moraux de la nation et qui ont manqué à leur fonction. » Et le mérite principal du livre est de rechercher ces coupables dans toutes les couches de la vie sociale, de ne négliger aucun des aspects de cette complexe question. D'autres avaient fait des recherches semblables dans le domaine qui les intéressait : des économistes citaient la carence de la France dans le domaine industriel, des militaires accusaient l'indiscipline de l'armée, Drieu la Rochelle publie une chronique (2) dans laquelle est dit : « que le mal est dans l'oubli du corps. La civilisation française a cessé d'être fondée sur le sens du corps ». Ainsi chacun, selon le métier ou l'idée qui lui est propre, croit avoir mis le doigt sur la plaie. de Jouvenel évite soigneusement cette présomption et dans l'abondance des fautes qu'il cite il se garde bien d'en signaler une comme dominante ou d'établir une hiérarchie. Car c'est précisément à cette accumulation, à ce fait qu'aucun secteur privé ou social n'échappe à l'incompétence et à la négligence, qu'est due la décadence d'une nation et non pas à dès imperfections locales qui sont bénignes dans la vie d'un peuple.

Dans son vaste tour d'horizon, l'auteur d' « Après la défaite » englobe certaines observations originales qui éclairent sous des angles nouveaux les origines du conflit actuel. Ainsi, grâce à son sens de la psychologie des foules, il peut fournir une analyse très pertinente de l'évolution morale qui mena les jeunes allemands à devenir les plus acharnés adversaires de la bourgeoisie démocratique triomphatrice de 1914-1918. Jusqu'à présent, on avait trop peu pris au sérieux cette révolution intérieure. Le fascisme était considéré comme une espèce de folie passagère, tandis qu'il est au contraire une réaction extrêmement normale et durable devant des circonstances crées par la politique mondiale; de Jouvenel s'empresse d'en indiquer la profondeur. De même est-il un des premiers auteurs français à bien vouloir se tourner vers l'histoire allemande et à y rechercher les symptômes d'une ascension vers la grandeur nationale. Naïvement, on croyait les Allemands définitivement abattus après Versailles. Or, il apparaît de plus en plus que cette défaite n'est qu'un accident dans une évolution historique qui pointe nettement vers une domination grandissante. Cela ne peut être aperçu que par quelqu'un qui connaît l'histoire de l'Allemagne — ce dont le public, même lettré, ignorait le premier mot. Les indications de « Après la défaite » toutes sommaires qu'elles sont, constituent une très bonne introduction. Un reproche à faire à ce livre est de prendre position d'une façon beaucoup trop tranchante sur plusieurs questions, sans fournir une argumentation suffisante. Quand on veut passer en revue, dans un cadre très restreint, un tel nombre de sujets, pour la plupart délicats et discutables, on doit se borner à les exposer en toute objectivité et sans porter de jugements. Car ceux-ci, insuffisamment justifiés par simple manque de place, paraîtront sommaires et superficiels. Un seul exemple pour illustrer ceci. Parlant de la littérature de l'entre-deux-guerre, de Jouvenel observe qu'elle était «de chambre close» et ne percevait rien des émotions déchainées dans le monde. La remarque est exacte et peut être faite. Mais il n'hésite pas à rattacher à cette découverte un jugement de valeur et à deprécier avec un certain mépris toute cette époque artistique. Ce à quoi Gide a très exactement répondu lorsqu'il écrivait que « on incrimine aujourd'hui notre littérature; on lui reproche son raffinement et d'avoir travaillé à affaiblir plutôt qu'à galvaniser nos énergies. Ne serait-il pas plus sage de reconnaître que toute littérature avancée, quelle qu'elle soit, tend à épuiser ce qui la produit? Cette fleur de la civilisation se développe aux dépens de la plante, qui s'y livre, s'y donne et s'y sacrifie. Plus fleurissante, l'Allemagne eût été moins forte. » (3). Il est évident que, dans ce débat, Gide a raison et que parler de culpabilité des écrivains est une hérésie de politicien. Ici, comme à d'autres endroits, de Jouvenel tire une conclusion trop peu motivée et s'expose à des erreurs, non pas dans son observation objective, mais dans le commentaire qu'il y attache.

Les conclusions de l'ouvrage et les vues qu'il ouvre pour l'attitude future peuvent paraître assez minces. C'est que les Français ne se sont pas encore habitués à l'idée que la création de l'organisation mondiale nouvelle ne dépend plus d'eux. Ce que de Jouvenel leur demande est le maximum qu'ils peuvent fournir : création d'un noyau, chargé de constituer une pensée nationale. Ce n'est pas en exaltant les vertus qu'on espère du peuple lui-même qu'il aurait contribué à les faire vivre car ce ne sont pas de celles qu'on peut rationaliser dans les doctrines et les livres. Et on se demande un peu sur quelles bases Gide appuie son optimisme quand il déclare que « comme toutes les amours combattues, celui de la patrie se fortifie dans la gêne et le martèlement le durcit. Il n'est pas jusqu'à cette solidarité qui ne se reforme et ne s'informe presque soudainement en présence de l'épreuve commune. Et ce redressement de l'esprit courbé est en passe de devenir admirable. La défaite aurait-elle enfin réveillé nos vertus? » La lucidité de quelques écrivains dans leur condamnation d'une régime néfaste et leur détermination de se lancer sur des voies nouvelles est certes un symptôme réconfortant... Mais tant que cette volonté ne s'exprime pas unanimement dans l'opinion publique il est pour le moins prématuré de parler d'un redressement national. Et il semble bien que la date où celui-ci sera « en passe de devenir admirable » n'est pas encore venue.

Paul DE MAN.

(1) Plon.
(2) N. R. F. de février.
(3) N. R. F. de décembre.

Au Palais des Beaux-Arts

Fête du chant du Printemps

Cette fête du chant, organisée par le « Musiekfonds », était placée sous le signe d'un hommage au poète Raphaël Verhulst. Le programme comprenait l'exécution, pour chœur et orchestre, d'un nombre de chants nationaux flamands, œuvres de Peter Benoit, E. Hullebroeck, F. A. Gevaert, etc., ainsi que de quelques chœurs « a capella » de vieilles chansons populaires, par les chœurs de Radio-Bruxelles, dirigés par M. L. Gras.

Musicalement parlant, cette dernière prestation constituait sans aucun doute la plus intéressante partie du programme. On connaît l'extrême beauté de la chanson populaire flamande. On dirait que cette forme de folklore a toujours gardé un certain contact avec l'art proprement dit, telle est la perfection de sa construction musicale, la beauté des textes et la parfaite adaptation de l'un à l'autre. Mais cela n'est pas le cas, et la valeur de ces chansons prouve le sentiment musical profondément enraciné chez le peuple flamand.

Dans ce cadre de fête populaire, avec une salle qui ne demande qu'à joindre sa voix à celle des chœurs, les chants de Benoit sont rapportés dans leur vrai milieu. On peut voir alors combien grand est resté leur pouvoir d'attraction sur les foules pour qui elles furent écrites. Ces mélodies simples et directes sont immédiatement saisies par la masse qui peut aisément les chanter et les aimer. C'était bien là l'intention de Benoit : apporter au peuple flamand une musique nationale. Une festivité comme celle d'hier montre de quelle manière durable il a pu atteindre son but. Les autres compositeurs qui se lancèrent dans la même voie ne furent que des imitateurs; certains, tels E. Hullebroeck, parvinrent également à une grande maîtrise.

Pour ce qui concerne l'interprétation, il faut avant tout faire l'éloge de M. L. Gras qui est parvenu à faire des chœurs de l'I. N. R. un instrument d'une souplesse et d'une perfection de timbre parfaite. M. G. Feremans et E. Hullebroeck dirigèrent les chœurs avec toute l'ardeur voulue., entraînant souvent l'assistance à donner son appui bénévole.

Dans son discours d'introduction, le Dr J. van de Wiele rappela le rôle de la chanson dans le combat d'émancipation nationale de la Flandre. Dr August Borms était chargé de parler de son ami Rafaël Verhulst; il le fit avec beaucoup de vénération, insistant surtout sur la lutte que le poète avait menée pour la flamandisation de Bruxelles.

P. d. M.

A la Maison de Culture italienne

La formation de la jeunesse en Italie

Monsieur Pierre Gilson de Rouvreux a donné à la maison de culture italienne une causerie des plus intéressante sur ce sujet : la formation de la jeunesse en Italie. Présentant l'orateur, M. Donini, directeur de l'Institut, fit remarquer qu'il s'agissait d'un belge particulièrement ami de l'Italie, ayant séjourné durant de nombreuses années dans ce pays et ayant appris à l'aimer à la suite d'une connaissance parfaite de son esprit et de ses institutions.

Dans un exposé, M. Gilson de Rouvreux, passa en revue les principales réalisations du fascisme dans le domaine de l'éducation des jeunes, domaine auquel fut toujours acordée une attention particulière. Deux institutions régissent à présent l'organisation de cette entreprise à la Charte de l'Ecole, qui s'occupe de la formation intellectuelle et la Jeunesse Italienne du Licteur (G. I. L.) qui s'attache au développement de vertus physiques et pré-militaires. L'harmonieux équilibre obtenu par l'action concertée de ces deux institutions correspond aux principes fascistes, qui exigent la création de bons citoyens.

La Charte de l'Ecole consacre l'obligation du service scolaire depuis le premier âge jusqu'à 21 ans. L'étude a été organisée de sorte que chacun, suivant ses capacités mentales et non selon l'état de sa fortune, puisse profiter de ses bienfaits. Elle n'est plus un privilège de la classe riche. Des facilités ont été offertes aux élèves, peu fortunés mais méritants, par la création des caisses d'assistance et l'accord de certaines gratuités. La sélection que l'application de ce régime d'égalité sociale nécessaire est établie grâce à des examens, organisés de façon à fonctionner avec un maximum d'efficacité. En outre, la Charte prévoit l'inscription au programme d'importants travaux manuels, afin de développer l'esprit d'initiative et de préparer aux jeunes gens de véritables contacts avec la vie. En effet, durant leurs vacances, les élèves vont travailler dans des usines, des bureaux et des camps et acquièrent, de la sorte, un rudiment d'expérience pratique qui leur rendra de grands services.

La Jeunesse Italienne du Licteur, nous l'avons dit, s'occupe de l'éducation physique et de la préparation à la vie militaire. Toutes ces créations du régime fasciste, contrairement à ce qu'on pourrait croire, ne vont nullement à l'encontre de l'esprit de famille. Au contraire, on vise à une collaboration étroite entre l'éducation familiale et celle de l'Etat. Les jeunes filles sont préparées soigneusement à leur rôle de futures mères conscientes de leurs devoirs. De cette façon, on réunit le maximum de facteurs favorables à créer une nation saine et heureuse.

La conférence, qui était illustrée par des projections lumineuses, remporta le plus vif succès auprès d'un nombreux public.

P. d. M.

CHRONIQUE LITTÉRAIRE

Témoignages sur la guerre en France

Lorsque, durant ce dernier automne, la vie littéraire n'avait pas encore repris son cours, on se demandait si cette guerre provoquerait une éclosion de livres, consacrés à l'étude de ses aspects. A présent, la quantité d'ouvrages français parus sur ce sujet est telle que le chroniqueur désireux de suivre l'actualité ne peut éviter une certaine monotonie et est obligé de rendre compte à diverses reprises de livres d'inspiration semblable.

A première vue, il pouvait cependant sembler que la nature même de l'événement se prêtait moins à être romancé que, par exemple, la guerre de 1914-18. Les péripéties de ce conflit ont été inexistantes de septembre en mai; ensuite, elles se sont déroulées d'une façon si foudroyante qu'à aucun moment, nul n'a eu l'impression de garder le contrôle des situations et qu'il n'a jamais été question de s'adapter à un genre de vie particulier comme cela se fit lors de l'autre guerre. Bien entendu, il y a eu de l'aventure en abondance pour tous ceux qui furent de quelque façon mêlés aux opérations. Soit comme soldat, soit comme réfugié, chacun a cru vivre des circonstances uniques, connaître une expérience extraordinaire. Mais une fois rentré chez soi, les récits qu'on rapportait de ses équipées se ressemblaient tous et on s'aperçut que ce qu'on avait cru être le sensationnel n'était que banalité. D'un point de vue mental, le même phénomène a eu lieu sous l'influence du choc produit dans l'ordre des choses par la débâcle de la France, toute personne sensée parcourut en quelques jours une évolution spirituelle considérable. Les yeux s'ouvraient sur une dure réalité : les discours rassurants de gouvernants qu'on avait coutume de croire sur parole s'avéraient être le pire des bourrages de crânes, la force des démocraties qu'on croyait intacte, parut sous son vrai jour l'image conventionnelle qu'une propagande systématique avait créée d'un ennemi barbare et malfaisant s'écroula devant la conduite parfaite d'un envahisseur hautement civilisé. De ses données nouvelles, chacun tira ses conclusions — conclusions qui semblaient révolutionnaires, comparées aux convictions de jadis. Mais, alors que tout individu croyait avoir été seul à découvrir cette vérité nouvelle, on s'aperçut bientôt, dans les assemblées de gens retour de l'exil, que tout le monde disait la même chose. La leçon des événements avait été si claire et si limpide que le bon sens n'avait pu l'interpréter que d'une seule façon. Et les conversations sur les enseignements à tirer de la défaite, et ensuite les nombreux livres traitant de la question, n'échappent pas à une certaine uniformité. Qu'on lise « Après la Défaite », de Bertrand de Jouvenel, ou « Journal de la France » d'Alfred Fabre-Luce, « La Moisson de Quarante », de Benoist-Méchin ou la « Chronique privée de l'an 1940 » de Jacques Chardonne, malgré l'extrême différence entre l'esprit des auteurs, on y trouvera de bien grandes ressemblances dans les idées de fond. En réaction contre ceci, la production littéraire de ce moment en France est devenue une espèce de course à l'originalité : tout le monde essaie de dire une chose nouvelle, de formuler une réflexion inédite. Mais malgré tous les efforts des écrivains, il y a dans cette littérature force redites et répétitions. La chose est inévitable et on ne pourrait en faire grief à personne, mais il est néanmoins à craindre que le lecteur finira par donner des signes de lassitude et que, quand il aura entendu répéter de dix façons différentes pourquoi le salut de la France est dans le paysan et autres déclarations de ce genre, il voudra se tourner vers d'autre sujets.

« La Moisson de Quarante » (1), de Benoist-Méchin, est, comme son sous-titre l'indique, le journal d'un prisonnier de guerre. L'auteur a été capturé alors qu'il essayait de rentrer chez lui après l'armistice, et a été emprisonné dans un camp au milieu de la Beauce. Comme on sait, la Beauce est le grenier de la France et, vu la nécessité de sauver la récolte, les Allemands décidèrent d'employer des prisonniers français à cet ouvrage. Benoist-Méchin fut chargé de l'organisation de cette entreprise dans son camp, et c'est le récit de son expérience que ce volume nous apporte. Esprit méditatif, il ne s'est pas borné à noter le pittoresque des scènes ou à en dégager l'épique grandeur. Dans la coopération entre Allemands et Français, dans la solidarité purifiante qui se crée entre des hommes qui endurent les mêmes souffrances et doivent vaincre les mêmes épreuves, il a cherché des symptômes de ce que pourra être l'avenir. Son expérience ne fut guère décevante : il se trouve que, commandé d'une façon adroite et administré rationnellement, ce fragment du peuple français, où toutes les conditions sociales étaient représentées, fit vaillamment son devoir. Autre symptôme réconfortant : les rapports entre Allemands et Français, lorsqu'ils se trouvèrent en simples individus devant la nécessité de travailler ensemble, furent excellents. Benoist Méchin, qui n'ignore pas l'Allemagne, puisqu'il est l'auteur d'une célèbre « Histoire de l'Armée allemande », peut analyser assez rigoureusement les mentalités si différentes des deux peuples. Mais il apparaît que, dans la réalité, aucun abîme ne les sépare et que, quand une tâche commune s'est présentée, l'entente fut parfaite. C'est le principal enseignement à tirer de ce beau livre, qui intéressera également par son récit vivant et animé qui tient en haleine le lecteur malgré les fréquentes digressions.

Les « Dialogues des Prisonniers 1940 », par Maurice Betz (2), auteur connu comme romancier et traducteur de Rainer Maria Rilke, abordent le problème des carences militaires de la

France. Il n'est pas inopportun d'entreprendre cette critique : à force de rechercher des causes dans le monde économique, politique et spirituel, on en est venu à oublier le côté primordial de la question : Comment la France fut, au point de vue technique militaire et stratégique, d'une infériorité extrême. Quoique cet examen relève déjà du domaine du passé révolu, il n'en est pas moins indispensable à celui qui désire se faire une idée exacte des origines de la débâcle. Sans doute, plus tard, des spécialistes reprendront-ils de façon approfondie l'histoire de cette armée française, qui n'était ni équipée, ni préparée moralement, ni administrée comme il faut. Mais ces brefs récits de soldats ont l'avantage d'être des témoignages vécus et c'est sans doute pourquoi ils nous passionnent plus qu'une analyse abstraite.

Enfin, un troisième ouvrage, « Chronique privée de l'an 1940 », de Jacques Chardonnie (3), a des buts plus purement littéraires que les deux précédents. Ce n'est qu'accessoirement, parmi d'autres pensées, qu'on y parle de la France et de son sort. Jacques Chardonnie est un excellent écrivain, psychologue délicat et styliste de toute première qualité, mais qui a une tendance qui ne lui convient pas à se risquer dans l'essai ou dans cette forme abrégée de l'essai qui est le journal. Il faut, pour exceller dans ce genre, une capacité rare de savoir condenser des idées sans nuire à leur clarté, de savoir choisir parmi les idées, surtout, celles qui peuvent être tournées en maximes. Chardonnie n'y réussit pas toujours. Quand il écrit, par exemple, « ...dans sa partie la plus épineuse, et que l'on croirait insoluble (riches et pauvres, par exemple), la question sociale est une affaire d'imagination », on ne sait pas très bien, ni ce qu'il veut dire ni ce qu'il veut démontrer. Les grands auteurs de ces formes de pensée abrégée pouvaient donner, dans une seule phrase, l'impression d'épuiser tout un sujet. Tandis qu'une telle citation de Chardonnie laisse tout en suspens et semble être une infime partie d'une argumentation non terminée. C'est pourquoi nous préférerons dans ce livre des passages qui se rattachent plus au tempérament du romancier. Telle que cette espèce de nouvelle en 20 pages, l'histoire d'Edouard M. et de sa secrétaire. Concise à souhait, exempte de ce fait d'une monotonie à laquelle les grands romans de l'auteur n'échappent guère, cette analyse de caractère subtile et intelligente est l'œuvre d'un écrivain de premier ordre. Et, si l'on a dû faire des réserves quant à la forme de quelques-unes des pensées inscrites dans cette « chronique », il n'y en a pas moins parmi elles qui sont des plus profondes et qui révèlent la méditation fructueuse d'un peuple qui tente de se ressaisir en comprenant objectivement comment coup asséné change son destin historique.

Paul de MAN.

---

(1) Editions Albin-Michel.
(2) Editions Emile-Paul Frères.
(3) Editions Stock.

BIBLIOGRAPHIE

VIENT DE PARAITRE :

« SANS ARMES NI ARMURE »

par Robert HENRIQUES,

traduit de l'anglais, Grand-Prix international du roman, publié par Albin Michel, à Paris.

Le roman à comme sujet l'analyse psychologique du caractère d'un jeune militaire anglais qui fait plusieurs années de campagne en Afrique. A quelques rares exceptions près, tous les personnages sont des soldats et le décor de l'action est toujours fourni par l'armée. Néanmoins, il n'est pas dans l'intention de l'auteur de faire un exposé critique ou de plaider pour des réformes dans le domaine de la vie militaire. Il nous avertit lui-même que ce n'est que par hasard qu'il a choisi ce cadre et que tout l'intérêt porte sur des événements qui pourraient aussi bien se produire dans le monde du commerce, de la justice ou de la médecine.

A noter que ce livre important, dont nous reparlerons sans doute plus longuement ailleurs, devait paraître en français à la fin 1939. La censure française avait alors coupé quelques passages peu propices à remonter le moral des troupes et de la nation. Actuellement on a repris les lignes supprimées qui ne manquent pas de saveur. Par exemple, ceci : « S'il y a une guerre européenne, nous enverrons deux divisions contre un ennemi qui en aura quarante. »

On comprend que l'autorité française ait jugé préférable de cacher ces cruelles vérités qu'il n'était vraiment pas opportun de divulguer.

P. d. M.

Le Folklore musical en Belgique

Böse Menchen haben keine Lieder (1).
(Poésie allemande.)

DANS l'histoire de la musique, le FOLKLORE tient une place importante. Indépendamment de sa signification historique, il a exercé une influence jusque sur les formes artistiques dites de « culture ». Rappelons-nous les écoles nationalistes en Scandinavie, Russie et Espagne, où des thèmes et des inventions populaires furent utilisées dans l'œuvre des compositeurs. En Belgique également on a prôné cette tendance, afin de renouveler l'art musical et de lui donner un aspect spécifiquement national. Le fait est que l'étude de notre folklore révèle une grande richesse. Et il en ressort surtout, combien l'amour de la musique est profondément enraciné, tant chez les Flamands que chez les Wallons.

A première vue, surtout, pour ce qui concerne la Flandre, on a l'impression que le peuple a choisi le théâtre comme moyen d'expression préféré. Celui-ci connut, en effet, une vogue extraordinaire, depuis le quinzième siècle, époque de grandeur des gildes et des corporations. Il est normal qu'une période de vive activité économique soit propice à l'éclosion de l'art populaire. Plus le labeur est dur, plus grand est le besoin de délassement. Aussi voit-on se constituer, dans toutes les villes et les villages, des associations d'amateurs de belles-lettres, qui rédigent des pièces et des vers dans un style pompeux mais pittoresque. Ce sont les fameuses chambres de rhétorique (rederijkerskamers). Tous les ans, les chambres se rencontrent dans de grands concours, les « landjuweel », où est couronné le chef-d'œuvre de la région, au milieu de débordantes festivités. Mais on aurait tort de croire que cette effervescence considérable du folklore littéraire se manifestait au dépens de la musique. Au contraire, l'un ne pouvait exister sans l'autre. « La gaîté fuit les lieux dont la rhétorique et la musique sont exclues » est-il dit dans l'introduction d'un recueil, imprimé à Anvers en 1561. Ceci prouve bien que, dans l'esprit des masses, les deux étaient inévitablement liés. Ce sera donc souvent comme accompagnement à des représentations scéniques que nous rencontrerons de la musique populaire en Flandre. En outre, elle joue encore un rôle important dans les « ommegang », fêtes religieuses à l'origine, mais qui dégénéraient volontiers en kermesses. On y promenait le saint protecteur de la paroisse dans toutes les rues du village, à l'occasion de la fête de dédicace de l'église. Voyons cette description, datant du XVIe siècle, d'une telle cérémonie : « Il y avait gens de toutes conditions, les uns « ayant avec eux tambours et flûtes allemandes, les autres des trompettes, et aussi force cornemuses et autres divers instruments, jouant à tous les côtés du village, qui était chose fort admirable à ouïr, tant était le bruit grand ». Ce critère d'appréciation, basé sur l'intensité du volume sonore, est pour le moins inattendu. Il est vrai que la valeur artistique de ce qu'on exécutait dans ces circonstances n'était pas grande. C'était le plus souvent un contrepoint grossier ou un chant d'église larmoyant pour l'interprétation duquel on n'avait pas même recours à un personnel spécialisé.

En Wallonie, on n'assiste pas à une telle extension du théâtre. La musique y trône à peu près seule seigneur et maitre, servant à animer les danses et les jeux traditionnels lors des fêtes patronales et paroissiales.

Ainsi, à Jodoigne, on pratique un curieux jeu de balle, au son d'un orchestre composé d'un fifre, d'un violon et d'un tambour. Tout le monde connait le carnaval de Binche. Ce que l'on sait moins, c'est que cette réjouissance, qui semble remonter à des temps ancestraux, est en réalité d'origine récente. Il y eut d'ailleurs à ce sujet des discussions nombreuses entre spécialistes. Certains d'entre eux prétendaient faire remonter le fameux carnaval au XVIe siècle. Ensuite il fut démontré que son histoire n'est pas si ancienne, qu'il datait de la Révolution brabançonne (XVIIIe siècle) et était né de la haine toute spéciale des Binchois contre Joseph II. Comme toutes les manifestations du folklore wallon, les danses tiennent une place importante. Citons-en deux parmi les plus célèbres : le brau et le cramignon. Le brau est une espèce de promenade, où chacun sautille au son d'une mélodie inlassablement répétée par une clarinette, un violon et un tambour. Le cramignon, qui date du XVe siècle, a une forme dansante analogue, puisqu'il consiste également en une marche sautillante à la suite d'un meneur. Il est caractérisé par sa division en strophes dont le dernier vers constitue chaque fois le premier vers d'une strophe suivante. D'autres danses s'introduisirent plus tard dans les mœurs. Mais cela ne sy fit pas toujours sans peine : l'innocente polka fut jugée impie et on l'accusa d'avoir provoqué la colère du Ciel qui se vengea en gâtant la récolte de pommes de terre.

Malgré leur pittoresque, toutes ces manifestations de la joie de vivre du peuple, intéresseront plus l'historien que le musicien. Celui-ci se tournera de préférence vers le domaine de la chanson populaire où se trouvent alors des créations d'une beauté indéniable. La chanson flamande atteint même souvent une telle perfection du rythme et de la mesure qu'elle se rapproche de la chanson d'art. Quant aux chansons wallonnes, plus élémentaires, toujours monodiques, elles tirent leur charme d'une naïveté et d'une simplicité pleines de grâce. On peut pratiquer les divisions ordinaires du genre : chansons nationales et locales, religieuses, narratives, satiriques, de métier, enfantines, etc. Toutes ces variétés sont abondamment représentées dans le patrimoine national.

Un si rapide aperçu aura néanmoins permis de mettre en relief l'extraordinaire attachement de notre peuple à la musique. Il est cependant manifeste que, durant ces dernières années, les traditions folkloriques musicales sont en voie de disparaitre. Elles sont devenues des objets de musée, des terrains d'études pour savants et non plus un jaillissement spontané de bruyante allégresse. Il est fort regrettable qu'il en soit ainsi, car un peuple qui a perdu ses coutumes montre qu'il est en régression.

Lorsque la période de décadence sera passée, la musique populaire reprendra son existence d'elle-même. Dans un renouveau d'intérêt général pour le sujet, on peut voir un premier et réconfortant symptôme.

Paul DE MAN.

---

(1) Les méchants n'ont pas de chansons.

LE MOUVEMENT MUSICAL

Au Palais des Beaux-Arts

Sixième concert symphonique de la Philharmonique

Cette série de six concerts s'est terminée par une très bonne audition de la « Passion selon saint Jean », de J.-S. Bach.

L'œuvre n'est pas aussi monumentale ni aussi profondément religieuse que la « Passion selon saint Mathieu », mais elle est plus vive, dramatique, d'un lyrisme plus humain, et grandiose dans sa simplicité. D'une délicieuse couleur instrumentale, que Bach varie constamment par la prédominance d'un timbre distinct à chaque mouvement, cette œuvre est un prodige d'équilibre dans l'alternance de l'expression individuelle et de l'expression d'ensemble dans l'orchestre.

M. Louis de Vocht a monté et conduit l'œuvre avec une admirable probité, en tenant toujours compte de toutes les intentions de celle-ci. Bien détaillée et bien construite à la fois, la « Passion selon saint Jean » a rendu parfaitement sa beauté musicale.

Les solistes, dont le travail de qualité a contribué au succès de l'audition, étaient Mme Lenssens, soprano, qui a chanté remarquablement; Mme Bolotine, contralto, aussi bonne artiste au concert qu'au théâtre; M. F. Anspach, ténor (l'Evangéliste), dont le sens musical extraordinaire et le bon goût ont été signalés par nous maintes fois; M. Van Beveren, qui a correctement interprété la partie de Jésus, ainsi que M. De Groote, celles de Ponce-Pilate et de Pierre.

L'orgue était joué par M. Hens; le clavecin, par Mlle Bogaerts; la viole de gambe par M. Frezin, et les hautbois, par MM. Pelsmaeckers et Marteaux. Tous ont été très applaudis.

La Chorale Cæcilia d'Anvers a montré encore une fois ses belles ressources artistiques, de même que l'Orchestre national de Belgique.

Le concert a été un digne couronnement de la série.

Musique de chambre

La seconde série de six concerts de musique de chambre, organisée par la Philharmonique, vient aussi de prendre fin. C'est l'Orchestre de chambre de Bruxelles, sous la direction de M. Robert Ledent, qui a donné la dernière séance. Airs de ballet extraits de « Hippolyte et aricie », de Rameau; Cantate no 209, « Non sa che sia dolore », de Bach, et la Symphonie n° 78, en ré majeur, de Haydn, ont été les œuvres jouées.

M. Ledent les a très finement dirigées. Mme Suzanne Yerles, soliste pour la Cantate, artiste bien douée et chantant avec style, a obtenu justement l'agrément du public. Mentionnons aussi M. Van Boterdael, flûte solo dans l'œuvre de Bach, qui a remarquablement joué, ainsi que l'Orchestre de chambre, ensemble absolument homogène.

M. Ledent, les solistes et l'orchestre furent longuement applaudis, et avec justice.

Récital de chant

Mme Mady Purnode-Canneel a présenté un programme de choix au nombreux public qui était venu l'écouter. A l'exception de deux morceaux de caractère régional, un chant d'Auvergne et des chansons bourguignonnes, respectivement de Canteloube et de M. Emmanuel, elle n'a chanté que du Debussy et du Ravel. Heureuse inspiration, car c'est avec un plaisir toujours renouvelé que l'on entend ces compositions, d'une originalité et d'une délicatesse d'inspiration sans égale. Les mélodies de Cl. Debussy, qui se sert, de préférence, de la poésie de Baudelaire et de Verlaine, sont parmi les plus admirables créations de son art. Quant au « Shéhérazade » de Maurice Ravel, sur texte de Tristan Klingsor, c'est une suite de trois mélodies, très belles et d'un style assez à part dans son œuvre.

Mme Mady Purnode-Canneel possède parfaitement la technique particulière que l'exécution de ces œuvres réclame. Celle-ci est basée sur un sens musical de premier ordre et sur une diction d'une clarté parfaite. Aucune faute de goût n'est à signaler dans son interprétation sobre et délicate. Il faut également louer la pianiste Mme G. Marbe, dont le rôle fort important — car les accompagnements de Debussy et Ravel ne sont pas un décor de second plan, mais une portée primordiale de la composition au même titre que le chant — fut tenu à merveille.

P. d. M.

Chronique littéraire

Deux traductions de l'anglais

LES éditions Albin Michel nous offrent la traduction du grand-prix international du roman pour 1939, « Sans armes ni armure », de Robert Henriques. Le cadre de ce roman est celui de l'armée anglaise vers 1928 et les personnages qui y apparaissent sont, à très peu d'exceptions près, des militaires. Par pur respect de la réalité, l'auteur a donc dû donner force détails sur les conditions de vie et la mentalité de l'armée anglaise, ce qui n'a pas manqué de soulever l'intérêt du public, à un moment où cette question est de brûlante actualité.

On nous pardonnera de ne pas trop insister sur cet apect de la question et de ne considérer cet ouvrage que sous un angle purement littéraire. Toute tentative de faire de « Sans armes ni armure » un plaidoyer pour ou contre le militarisme, pour ou contre les mœurs et les institutions dans l'armée britannique, est mal venue et va à l'encontre de la manifeste intention de l'auteur. Celui-ci déclare clairement qu'« il n'y a là de propagande d'aucune sorte; et l'armée de 1928 n'est que par hasard le cadre d'événements qui se produisirent ailleurs et de tout temps ». La citation est suffisamment convaincante et ce n'est que la tendance que nous avons de voir actuellement en tout livre un côté politique — tendance bien excusable, vu les circonstances — qui fit considérer « Sans armes ni armure » comme autre chose qu'il n'est, c'est-à-dire comme autre chose qu'un roman psychologique dans l'entière acception du terme.

Car, loin de vouloir établir la critique arbitraire d'une organisation, c'est à des problèmes intensément personnels que Henriques attache son attention. Voyons le sujet du livre : Le jeune Tubby Windrush, fils de gentleman, sportif et bon garçon sans culture ni curiosité, entièrement fermé à tout ce qui n'est pas chevaux, polo ou chasse à courre, est nommé officier dans l'armée de terre anglaise. Il y noue connaissance avec les deux officiers supérieurs qui servent dans la même batterie que lui. Tour à tour, chacun de ces hommes exercera sur lui une profonde influence. Et c'est l'histoire de la lente transformation intérieure en résultant chez le héros, dont l'équilibre parfait, mais borné, semblait à première vue devoir rester immuable, qui fait le sujet du roman. Chacun des événements, l'accident durant une course de chevaux, l'envoi de la batterie en Afrique, la mort des deux amis, ne sont là que pour marquer des étapes matérielles dans l'évolution psychologique du personnage central.

Cette évolution est intéressante en soi et mérite qu'on s'y arrête un instant. Nous l'avons dit, le sous-lieutenant Windrush était le prototype du parfait militaire, connaissant comme seule échelle de valeurs celle d'être plus ou moins apte à exécuter les missions que son métier exige de lui. Jamais il ne lui est venu à l'idée que cette échelle de valeurs pourrait être discutable ou pourrait être une limite ou une servitude — d'autant plus qu'il est parfaitement heureux de son sort. Mais, durant l'immobilité forcée d'une convalescence, sous l'impulsion des paroles du commandant Sammy, l'existence d'une autre vie intérieure se révèle à lui. Il apprend que l'homme n'est pas seulement une espèce d'animal destiné à abattre du gibier et monter à cheval, mais un être doué d'une curieuse faculté d'introspection qui le pousse à examiner sa propre conscience et à s'attacher à la compréhension de soi-même. Et il constate que cette personnalité humaine, ainsi découverte, n'est pas simple et unilatérale, comme il l'admettait auparavant, mais au contraire constituée d'une multitude d'éléments disparates et contradictoires, dont le perpétuel conflit est la réalité profonde même de l'existence. Une fois cette connaissance confusément mais irrésistiblement enracinée en lui, Tubby Windrush aura perdu son bel équilibre, car tout ce qu'il avait appris à considérer comme sacré et intouchable est remis en question. En outre, il aperçoit qu'il ne peut plus, comme avant, vivre dans un aveuglement total de ce qui se passe en lui-même. Et finalement il sera forcé de s'incliner devant la pression d'une partie de son être qui écarte le garçon simple, gentil et heureux pour mettre à sa place une créature inquiète, subtile et instable, mais qui tend à devenir un individu complet et intégralement humain.

Dans l'esprit de l'auteur, il ne semble exister aucun doute sur le fait que ce changement a été un enrichissement pour son personnage. Sa partialité est manifeste, et il traite le Windrush des dernières pages avec beaucoup plus de respect que le brillant sportif au cerveau vide qui apparaît au début du récit. C'est là l'application logique de ce que semblent être ces conceptions philosophiques. Son idéal — concrétisé ici, selon la méthode classique de la philosophie littéraire, dans le « personnage sympathique », le commandant Sammy — consiste dans une spiritualisation assez complète, un triomphe de la partie spirituelle de l'individu sur la partie animale. Au fur et à mesure que Tubby Windrush parvient à réaliser ce triomphe, il devient — toujours selon Henriques — plus grand, éthiquement parlant. On voit que ce point de vue est loin d'être universellement admis et que, entre autres, le compatriote de Henriques, D. H. Lawrence, s'est *violemment élevé contre la prétendue primauté de l'esprit sur l'animalité. Henriques n'apporte, bien entendu, aucun argument nouveau dans le débat. Mais telle n'est certes pas la fonction d'un littérateur et on ne pourrait lui en faire grief. Ce qui importe, du point de vue de la valeur artistique, c'est que le fait de voir des personnages chargés de symboliser une théorie abstraite ne se fasse pas aux dépens de la vérité psychologique. Il ne faut pas que, dans le désir d'imposer son point de vue, le romancier marque une préférence trop marquée pour ceux qui incarnent sa vérité ou, ce qui est pire, qu'il les idéalise jusqu'à leur faire perdre toute vraisemblance. Henriques n'échappe pas entièrement à ce travers, et il est manifeste que son porte-parole, le commandant Samny est un peu trop beau pour être vrai. Quelqu'un qui est plus éloigné de sa conception de la perfection humaine, tel Watson ou Windrush, avec leurs faiblesses et leurs petitesses, est mieux réussi, parce que psychologiquement plus plausible.*

Ce roman n'est pas sans présenter certaine analogie interne avec le chef-d'œuvre de la littérature anglaise actuelle « Fontaine », de Charles Morgan où, dans un cadre et une intrigue totalement différents et avec des personnages d'un tout autre milieu, ce même problème de la spiritualisation progressive était abordé.

L'analyse de Henriques est incontestablement plus fruste et moins approfondie que celle de Morgan. Il n'en reste pas moins qu'on trouvera dans ce livre, à côté de quelques longueurs et de quelques scènes inutiles, de très belles pages d'une ampleur narrative considérable. Dans la production littéraire de ces jours, « Sans armes ni armure » tient une place de tout premier rang.

* * *

Chez Desclée-de Brouwer paraît une série d'histoires de Jeronne K. Jeronne sous le titre de « Le locataire du troisième sur la cour ». L'auteur de « Trois hommes dans un bateau » est suffisamment connu pour que nous ne devions pas vanter ici ses qualités de psychologue et d'humoriste. On sera peut-être un peu déçu par ces nouvelles où le ton moralisateur alourdit quelque peu le libre jeu de la fantaisie. D'autres ont sans doute mieux réussi dans ce domaine, mais Jeronne joue ici le rôle de chef de file et il fut un des premiers à inaugurer ce genre où il eut de si brillants imitateurs.

La collection dans laquelle apparaît ce volume est d'ailleurs intéressante. Elle se nomme « Intermède » et groupe les œuvres de ce qu'on peut désigner comme des humoristes profonds, auteurs qui, sous un aspect de plaisanterie, apportent une vision personnelle des choses et dont « la bonne humeur reste toujours en deçà de la licence et au delà du convenu ».

Une édition populaire de *Pallieter* de F. Timmermans

Le jour où « Pallieter » parut en librairie, la littérature flamande s'était enrichie d'une œuvre classique dont l'immense popularité s'étendit loin au delà de nos frontières, en Allemagne et en Hollande. Et l'âme flamande avait trouvé un nouveau symbole qui incarnait ce qu'elle portait de plus précieux en elle: l'amour du pays et de toutes les richesses de la nature, l'inlassable bonne humeur, la débordante vitalité. Le livre était tendu comme un miroir au peuple flamand pour qu'il puisse y retrouver ses qualités en admirant le portrait qu'un artiste y avait fait de lui, et réagir contre tout pessimisme qui risquait de l'envahir.

Car ce fut de cette façon que « Pallieter » fut écrit, jaillissant comme un cri de délivrance, après que Timmermans s'était égaré dans une neurasthénique superstition où les visions de la mort et du macabre abondaient. Retrouvant soudain goût à la vie, il écrivit cet hymne à la terre flamande, où il fait si bon vivre et jouir de tout ce que la nature offre abondamment à celui qui veut bien la goûter.

Il est utile que « Pallieter » soit connu du peuple lui-même et ne reste pas, comme c'est le cas avec la plupart des livres, réservé aux intellectuels: La nature même de l'ouvrage appelle à la diffusion dans les classes laborieuses, puisqu'il parle un langage que celle-ci comprend et apprécie. C'est pourquoi l'initiative de l'Agence Dechenne, de lancer une édition à bon marché (8 francs) et à grand tirage, semble extrêmement louable. Venant à un moment où le besoin de lire est très grand, elle profite de l'occasion pour améliorer le niveau spirituel du peuple, en lui offrant, non pas de vulgaires romans d'amour ou d'aventures, mais une littérature saine et joyeuse, grâce à laquelle il peut s'améliorer tout en s'amusant. Et une fois ce contact avec la culture établi, un grand pas est fait et l'on peut croire qu'à ce premier achat d'un livre en succéderont d'autres. Ceci n'a rien de chimérique : en Scandinavie, en Allemagne, la plus pauvre demeure possède une bibliothèque, et le simple ouvrier a le respect du livre.

Par une initiative comme en eut l'Agence Dechenne en lançant « Pallieter », la création d'une semblable mentalité est entreprise chez nous. Le succès obtenu permet de formuler les meilleurs espoirs pour l'avenir et de supposer que d'autres tentatives du même genre seront poursuivies, pour le plus grand bien de chacun.

Paul de MAN.

Chronique littéraire

Une Histoire de la Littérature Française contemporaine

« La première édition de cette Histoire de la Littérature Française contemporaine parut en 1922. Ainsi que Georges Crès me le disait dès 1920, de nombreux lecteurs sentaient alors qu'une révision des valeurs littéraires s'était opérée au cours des dernières années. Ils souhaitaient la voir affirmer dans un tableau d'ensemble ». Ainsi s'exprime René Lalou dans la préface de la nouvelle édition de son Histoire de la Littérature (1). Si cela est vrai en 1922, ce besoin est encore plus sensible actuellement. La guerre a tranché net ce qui semble être la fin d'une époque, dans tous les domaines. Mais déjà avant que la déchéance d'une civilisation ait été marquée par l'événement historique, la critique montrait une certaine lassitude et réclamait un renouveau. Symptôme caractéristique du fait qu'une période littéraire touchait à sa fin. Et depuis que le souffle révolutionnaire se développe, on tourne d'autant plus résolument le dos aux valeurs admises et on élève contre elles maints reproches et maintes accusations. Pour que ces attaques puissent se faire en parfaite connaissance de cause, ou pour que la défense s'organise en se basant sur une réelle documentation, il faut qu'un bilan très approfondi de ce que fut la littérature durant ce dernier demi-siècle soit dressé. De ce point de vue opportuniste, cette Histoire de la littérature vient particulièrement à son heure. Et il ne déplaira sans doute pas à l'auteur, poussé « par amour de ces livres » qu'elle puisse servir à cette défense, car ce vaste panorama révèle des beautés qui résisteront à bien des critiques injustes.

L'Histoire comprend la période de 1870 jusqu'à nos jours, depuis les prédécesseurs des Parnassiens jusqu'aux plus récentes créations. Je ne pense pas qu'une œuvre de quelque importance ait échappé à la vigilance de Lalou : tout est cité, poèmes, essais, romans, nouvelles — le lecteur reste submergé par cette avalanche de titres, d'auteurs et de tendances. Le long des pages du premier tome, il parvient à conserver une impression d'ordre et de système. Ce volume se lit comme un roman : les problèmes posés dans un chapitre trouvent leur réponse dans un suivant, les genres se développent clairement selon des lois évolutives apparentes. On se laisse porter par cette argumentation comme par un récit. L'auteur indique des plans d'ensemble, des thèses cohérentes. Le passage progressif du romantisme aux formes nouvelles, le long de la poésie de Baudelaire, du roman de Stendhal et de la philosophie de Taine; l'approfondissement involontaire du naturalisme, formule trop étroite, par ses adeptes qui, chacun à sa façon, a dépassé les lois du genre et amplifié cette esthétique; la floraison de nouvelles expériences romanesques issues des réactions contre ce naturalisme — autant de phénomènes qui se dégagent nettement et paraissent en pleine lumière.

Mais cette impression de précision et de clarté s'effrite dans le tome second, englobant grosso modo les années 1920 à 1940. Après la lecture d'une centaine de pages, étouffé par le nombre de titres et de personnalités, le lecteur lâche pied et ne se retrouve plus dans ce que Lalou appele « la jungle de l'après-guerre ». On termine cette lecture sur une impression d'anarchie extrême, de multiples tentatives sans aucune unité, d'une accumulation de talents individuels sans caractéristiques communes. Un personnage de Huxley compare quelque part une soirée mondaine à « une jungle d'arbres et de plantes rampantes et pendantes en nombre infini ». Une image semblable se dégage de la littérature d'entre - deux - guerres, telle qu'elle apparaît dans le livre de René Lalou.

Que croire? Avons-nous vraiment vécu une époque si peu unifiée? Il ne me semble pas. La faute en serait donc plutôt à l'exposé de Lalou. Peut-être sa tentative vient-elle trop tôt, le recul étant indispensable à toute synthèse. Mais là n'est pas la seule raison de l'échec. Celui-ci résulte avant tout de la méthode critique de l'auteur, telle que nous la trouvons résumée dans cette phrase caractéristique qui introduit un chapitre :

« Inventer une école « d'art social » serait, ainsi que toute fausse classification, chose aisée; plus fidèle à la réalité; plus utile à la connaissance de la pensée contemporaine sera l'étude successive de quelques promoteurs pour qui le spectacle du peuple a posé, en même temps que le problème social, un problème artistique. » Manifestement, Lalou n'aime pas les écoles, ni les classifications. Chaque fois qu'il en cite une, c'est parce que l'histoire l'a consacrée d'une façon trop catégorique : nul ne saurait se permettre d'ignorer des groupements tels les Parnassiens, les Symbolistes ou les Surréalistes. Mais, quand il est obligé de nommer une école, il s'attache a démontrer soigneusement, non pas ce qui en unit les adeptes, mais ce qui les sépare. Cela lui plaît manifestement, quand il a pu montrer que les individualités de chacun étaient trop tranchées pour pouvoir se soumettre à une directive esthétique commune. Toutes ses études de grands auteurs, que ce soit celle de Péguy, de Claudel, de Gide ou de Valéry est une énumération fouillée de caractéristiques personnelles, un effort pour montrer en quoi cet auteur-ci n'est pas le même que celui-là. Il en est comme si chaque écrivain se fabriquait une loi artistique propre, qui naît et qui meurt avec lui, et selon laquelle il faut le juger. En quoi Gide a-t-il toujours été fidèle à Gide, et comment Romains n'a-t-il jamais trahi Romains, se demande René Lalou, et quand il a ainsi pu tracer le portrait complet d'un artiste, en indiquant quels sont ses thèmes d'inspiration, ses trouvailles originales et son tempérament spécial il est parfaitement satisfait. Finalement, à force de différencier à outrance, il aboutit à cette impression de jungle d'arbres et de plantes rampantes. Et il aura manqué le but principal de ce que doit fournir un exposé critique : une image de l'esprit, une synthèse de la pensée d'un siècle.

Car ce qui importe avant tout, ce ne sont pas les subtiles différences d'expression entre deux auteurs, mais leur soumission commune à des règles implacables. Il est manifeste que toute période se forge, inconsciemment parfois, une loi esthétique propre. Il existe peut-être une Beauté éternelle et immuable mais il n'en est pas moins vrai que cette Beauté est éclairée, par chaque ère, sous un angle différent. Une critique consciente doit parvenir à déterminer quel est cet angle et déduire de là ses critères. Pour nous, formés à l'école du réalisme et du symbolisme nous exigerons vraisemblance, exactitude psychologique, musicalité d'expression. De tels soucis n'existaient pas au XVIIe siècle et pour juger équitablement ce qui se produisait alors, nous sommes obligés de changer d'angle visuel et d'admettre des règles différentes. Et ces règles nous apparaîtront en étudiant quels sont les points communs entre les créateurs d'alors, en élucidant en quoi Corneille, Racine et Molière, si divers dans leurs âmes et leurs styles, sont néanmoins tous trois des classiques. Ainsi, nous pourrons définir un de ces grands mots en « isme », le classicisme en l'occurrence, et ce, non pas pour le vain plaisir de faire de la spéculation abstraite, mais afin de remplir la condition nécessaire et suffisante à toute critique cohérente.

La méthode à laquelle nous aboutissons est donc en tous points l'opposée de celle de Lalou. Ce qui nous intéresse en chaque cas spécial, c'est par quoi il s'intègre dans un cycle unanime. Les individualités ont peu d'importance et on désirerait écrire une histoire littéraire dans laquelle ne seraient cités que très peu de noms, ceux-ci servant de point de repère pour marquer l'évolution d'une formule ou d'un style. Il est plus important d'indiquer cela que de scruter, comme le fait Lalou, le mérite personnel de chaque artiste. Car bien plus qu'à sa valeur, l'historien s'attachera à son importance, et il préférera établir en quoi un tel a contribué à créer ou à faire évoluer un genre, que de monnayer, selon sa préférence arbitraire, la quantité de beauté que cet écrivain créa. Pour emprunter un exemple à un autre art, figurons-nous une histoire de la musique qui omettrait de parler de Brahms et une autre qui ne citerait guère Debussy. Brahms et Debussy, voici deux compositeurs de premier rang, dont on ne pourrait dire lequel est le plus grand. Mais notre histoire sans Brahms serait parfaitement cohérente et pourrait exposer admirablement toute l'évolution du genre musical. Tandis que celle sans Debussy marquerait, vers la fin, un brusque hiatus, une solution de continuité flagrante. C'est que Debussy, indépendamment de toute considération de valeur, possède une importance que Brahms n'a pas. Puisqu'il a renové la musique à un moment où celle-ci avait manifestement épuisé ses ressources, créée une esthétique nouvelle, modèle d'une pléiade entière de talents qui ne feront que l'approfondir davantage, il est une personnalité historique d'une importance fondamentale. Et il faudra parler longuement de lui, dégager de son œuvre ce qui aura servi comme base à ses successeurs, tenter de matérialiser dans des règles aussi concises que possible l'essence de son art. Tentative presque surhumaine lorsqu'il s'agit de musique mais parfaitement possible dans le domaine de la littérature. Quand Stendhal définit le roman comme « un miroir qui se promène sur une grande route » et que Flaubert demande au romancier d' « accuser le petit fait aussi puissamment que le grand », ils posent des principes qui régissent ce genre littéraire depuis près d'un siècle. Une telle phrase explique plus l'art de notre époque que deux cents pages de Lalou. On peut reprocher à celui-ci de ne pas en avoir trouvé de semblables et surtout de ne pas avait tenté d'en chercher. Un plan de ce livre — il s'agit toujours du second volume — qui aurait traité d'abord une dizaine de grands noms et aurait tiré de cette étude comparée la Loi artistique de l'époque, qui aurait ensuite, en les classant par genre, par ordre alphabétique ou par rang d'âge, il importe peu, dressé l'inventaire de la foule des disciples en indiquant par quoi ils obéissent aux préceptes des maîtres, aurait satisfait le dessein, formulé dans la préface, d'être un récit orchestral. Telle qu'elle est à présent, cette Histoire de la Littérature française contemporaine, reste une superposition d'études remarquablement bien écrites sur les littérateurs de notre temps, mais qui ne permet nullement de déduire de ce panorama les vues synthétiques que, par définition même, un ouvrage d'histoire doit fournir.

Dans le même ordre d'idées, il a paru chez Stock, une anthologie de la poésie française choisie et commentée par Marcel Arland. Le commentaire est modeste puisqu'il consiste en petites notices d'introduction, d'ailleurs souvent bien faites, à chaque auteur. Ce qui témoigne de plus d'appoint personnel est le choix même de ses poésies, où selon les mots de l'auteur « tous les caractères de la poésie française sont représentés et qui en propose une image qui n'est point indigne d'elle ».

Paul de MAN.

(1) Parue aux Presses Universitaires de France.

L'actualité littéraire

Chez Gallimard

La maison d'éditions Gallimard (Nouvelle revue française) semble être une des plus actives depuis la guerre. Dans tous les domaines, romans, poèmes, études historiques, un grand nombre de livres intéressants y paraissent régulièrement.

Signalons, parmi les romans, « L'Herbe pousse dans la prairie », d'un jeune auteur, Raymond Dumay, qui montre son attachement à sa terre natale dans un récit plein de charme. Un roman plus mouvementé, qui nous mène tour à tour à Palma de Majorque, sur une île déserte et à Bastia, à la suite d'une bande de jeunes aventuriers, est « Les Compagnons de l'Ergador » de Gabriel Audisio.

Dans la remarquable « collection catholique » parurent deux fascicules de choix: de larges extraits de « L'Imitation de Jésus-Christ » que Pierre Corneille paraphrasa en 1656 et « Saints de France » de Charles Péguy, extraits de ses œuvres dans lesquels il indique l'importance du patronage spirituel des saints, depuis Jeanne d'Arc jusqu'à Notre-Dame.

Notons également trois études de caractère historique. « Héloïse » de Emid Mac Leod, traduit de l'anglais par Sylvie Viollis, donne un récit conforme à la vérité historique des amours légendaires d'Héloïse et Abélard. Traduit du russe, « La Campagne de Russie », d'E. Torlé, révèle des aspects peu connus de cette guerre célèbre, car elle utilise des documents nouveaux, abandonnés en Russie par l'armée impériale. On y trouvera, en particulier, des vues entièrement inédites sur la résistance paysanne, inaugurant en Europe l'esprit qui animera les guerres nationales du XIXe siècle. Enfin, « Les Corporations en France avant 1789 », par Emile Coornaert, retrace l'évolution des communautés professionnelles du XIe au XVIIIe siècle. Puisque la question d'organisation corporative est à l'ordre du jour, cette étude approfondie et documentée sera un guide particulièrement précieux.

P. d. M.

L'actualité littéraire

Brochures flamandes sur le IIIe Reich

A force de subir durant de longues années le bourrage de crâne de la propagande française et anglaise, le lecteur belge ignore tout ce qui s'est fait en Allemagne, au point de vue social et politique. On lui a soigneusement laissé ignorer l'effort de reconstruction intense qui s'est poursuivi dans ce pays. Aussi cette collection de brochures, éditée à la maison Roskam à Amsterdam (distribuée en Flandre par van Ditmar, à Anvers) apporte-t-elle des éclaircissements précieux et des données importantes sur certaines questions actuelles d'Outre-Rhin. Le premier fascicule s'intitule : « Pourquoi l'ouvrier allemand se tient-il derrière Adolf Hitler », par Hans Munter, et offre une vue d'ensemble des réalisations du régime visant au bien-être du prolétariat et à la résorption du chômage.

Le second traite de la « Politique paysanne allemande », par le Dr H. Beute, une des réformes les plus révolutionnaires de la politique nazie.

En troisième lieu, une enquête d'ensemble, farcie de statistiques et de tableaux sur « Que fait le Service de Travail allemand », par H. Müller-Brandenburger, indispensable pour juger objectivement cette vaste entreprise.

Enfin, une dernière brochure nous ramène à des souvenirs récents : « l'Armistice 1918-1940 », une étude comparée des conditions dans lesquelles furent conclus les deux armistices, d'après des documents historiques. Il ressort de cette étude combien l'attitude des Allemands vainqueurs fut plus digne, plus juste et plus humaine que celle des Français de 1918, qui avaient cependant remporté une victoire moins nette.

Signalons que, dans chacune de ces brochures, figure une bibliographie, renvoyant le lecteur désireux d'approfondir la doctrine nationale-socialiste, à des ouvrages spécialisés, en langue allemande. Les prochains numéros de cette série parleront de la finance de guerre, des voyages d'ouvriers et de merveilles de l'industrie chimique allemande.

P. d. M.

L'ACTUALITE LITTERAIRE

Les projets du « Sikkel » d'Anvers

A la maison d'édition *De Sikkel*, à Anvers, on prépare une importante histoire de l'art : *L'Art de l'Humanité, depuis la plus haute Antiquité jusqu'à nos jours*, sous la rédaction du Dr F. W. S. van Thienen, avec une introduction par Aug. Vermeylen et la collaboration des principaux historiens d'art de Flandre et de Hollande. La première partie, « L'Antiquité », est sous presse et paraîtra ce printemps.

Egalement dans le domaine de l'histoire de l'art, le *Sikkel* va éditer une série de monographies qui traiteront toutes d'un point déterminé dans l'histoire de l'art néerlandais. Cette série, groupée sous le titre de « Bibliothèque Maerlant », comportera : *Les Constantes dans l'Art flamand*, par le Dr J. Gabriels et A. Mertens; *Frederik Hendrik*, par le Dr G. Knuttel; *La Grand'Place à Bruxelles*, par le professeur Dr Ig. Stan Leurs; *Chefs-d'Œuvre de la peinture sur verre dans les Pays-Bas* et *Les Vitraux de Sainte-Gudule, à Bruxelles*, par J. Helbig; *Maisons patriciennes du XVIIIme siècle* et *La Cathédrale de 's Hertogenbosch*, par le Dr M. D. Ozinga; *La Construction des fermes paysannes en Flandres*, par C. Tréfois; *Rubens et la maison Plantin*, par le Dr H. Bornhery et F. Van den Wyngaert; *La Peinture du XVIIme siècle, après Rembrandt*, par A. Van Schendel; *Le Dom d'Utrecht*, par le Dr G. Labouchere, et, enfin, *L'Architecture coloniale néerlandaise*, par le Dr Van de Wall.

En outre, cette firme a sous presse les *Mémoires*, d'Henri de Man; *Au Seuil de la Philosophie*, par le prof. De Vleeschauwer; un petit roman d'un nouveau venu dans les lettres flamandes, John Hendrik, intitulé *Mariage sans enfants*.

Dans la série d'ouvrages édités par la Faculté de philosophie et lettres, de l'Université de Gand, et dans celle consacrée à la bibliographie, notons les *Vestiges de la villa romaine en Belgique*, par le Dr R. De Mayer, et une *Liste d'ouvrages professionnels à l'usage des bibliothèques flamandes*, par V. Van den Berghe.

D'autres volumes d'intérêt scientifique et artistique seront également mis sur le marché par le *Sikkel*. Nous en rendrons compte lors de leur parution.

P. de M.

CHRONIQUE LITTÉRAIRE

Récentes publications des lettres belges

L'édition belge ne chôme pas depuis la guerre. Les auteurs craignaient pour la plupart devoir attendre la fin du conflit pour reprendre une activité normale. Ils constatent, au contraire, un très bon accueil de la part des éditeurs, qui ne demandent que de fournir à un public plus avide de lecture que par le passé. Aussi, assistons-nous à une considérable activité, tant chez des prosateurs que chez les poètes — et cette chronique ne peut faire qu'établir un choix parmi quelques-unes des plus récentes publications.

La « Nouvelle Société d'Editions » de Bruxelles édite un ouvrage historique de Paul Colin, « Les Ducs de Bourgogne ». Le sujet est à l'ordre du jour, car c'est vers cette période historique qu'on doit se tourner pour prouver la possibilité d'un Etat belge, indépendant vis-à-vis de ses deux puissants voisins, la France et l'Allemagne. On sait que notre situation géographique nous met dans cette curieuse situation « d'entre-deux ». Dès lors, notre destin oscillera entre les positions politiques suivantes : ou bien être incorporé à l'une des deux grandes puissances, ou bien être un Etat suffisamment fort et centralisé pour forcer le respect et garder une vie propre. Manifestement, l'époque bourguignonne est une de celles qui est la plus proche de réaliser ce dessein. Progressivement, on voit chacun des quatre ducs, Philippe le Hardi, Jean sans Peur, Philippe le Bon et Charles le Téméraire, évoluer vers une indépendance de plus en plus poussée. Ils devaient, dans ce but, vaincre trois adversaires : le roi de France, dont ils étaient — circonstance malheureuse — le vassal, l'Empereur, qui voyait ces tentatives d'un œil méfiant, et, non l'ennemi le moins redoutable, le particularisme effréné des villes, jalouses de leurs privilèges et de leurs institutions. Contre ces trois considérables pouvoirs s'exerceront tour à tour l'astuce et le courage des ducs. Philippe le Hardi, fils du roi de France, se considérera encore comme un prince français, soucieux avant tout de faire triompher la cause de sa patrie. Mais ses successeurs se dégageront de cette influence et finiront par considérer le roi de France, non plus comme un seigneur dont il faut exécuter les ordres, mais comme un égal, et même comme un ennemi à vaincre, lorsqu'il tente de contrecarrer leurs intentions.

C'est surtout à cet aspect de la question que s'attache le livre de Paul Colin. Les luttes entre les ducs de Bourgogne et le roi de France (ou contre les représentants d'une politique anti-bourguignonne en France, qui ne sont pas nécessairement le roi) y occupent une place prépondérante. Au point qu'on peut même indiquer un léger déséquilibre dans l'ouvrage, qui néglige quelque peu des problèmes l'ordre local et social. Ainsi, l'importante question de la succession du Hainaut sous Philippe le Bon et la lutte qui en résulte avec sa cousine Jacqueline, est traitée en une seule page — tandis que des phases somme toute secondaires du conflit entre Jean sans Peur et les Orléans sont longuement détaillées.

Mais de tels reproches s'évanouissent devant les sérieuses qualités de l'étude. Tout d'abord, la documentation en est très fournie, et la bibliographie raisonnée, donnée en fin de volume, est une des plus complètes qui aient jamais été réunies sur le sujet. Il semble même que l'auteur n'a pas exploité à fond son travail de préparation, qui aurait pu donner naissance à un ouvrage de beaucoup plus grande envergure. Mais il nous prévient lui-même qu'il faut « prendre ce récit pour la première ébauche, pour le plan établi avec soin de l'ouvrage de longue haleine qu'il (l'auteur) n'écrira pas. » Des documents assemblés, Colin tirera donc une histoire particulièrement claire et limpide, des différentes campagnes et entreprises politiques menées par les ducs. Il ne se permettra aucune digression, aucune indication sur la portée générale de tel ou tel événement. C'est dans la préface qu'il souligne la signification d'un acte, tel que le refus de Philippe le Bon à accepter la régence de la France. Le texte mentionnera ce fait, et beaucoup d'autres également fondamentaux, sans faire de commentaires. Ce n'est pas là un défaut : le lecteur qui se donne la peine de réfléchir parviendra à dégager par lui-même les grandes lignes historiques de l'époque décrite. Mieux vaut exposer simplement les faits, chacun peut les interpréter pour son propre compte et selon son goût. Pour notre part, nous préférons un exposé neutre comme celui-ci à un ouvrage pseudo-historique qui cache, sous une prétendue rigueur scientifique, le parti-pris d'un plaidoyer à thèse. En adoptant un point de vue a priori, il est manifeste qu'on fausse la réalité; et il convient au contraire, de marquer une compréhension objective des personnages décrits. « Que la France considère Philippe le Bon comme un féodal révolté, rien de plus logique » déclare Colin, et ce n'est pas sous cet angle que nous devons le juger. L'intention du fils de Jean sans Peur, intention raisonnable et même grandiose, était d'établir un Etat d'Occident stable et fort. C'est dans la mesure où il a pu réussir cette entreprise qu'il mérite notre admiration, même si une francophilie passionnée nous fait considérer cette action comme néfaste. Colin, en s'abstenant d'adopter une opinion personnelle, fait preuve d'une heureuse et salutaire discipline scientifique. Cette objectivité, jointe à la clarté de l'exposé et à la précision de la documentation, fait des « ducs de Bourgogne » un livre de vulgarisation historique de grand mérite.

* * *

Dans le domaine de la poésie, nous devrons nous borner à indiquer sommairement deux ouvrages. Tout d'abord une plaquette de Franz Hellens « Variations sur des Thèmes anciens » (aux Cahiers du Journal des Poètes). Il y figure surtout quantité de vers de jeunesse, écrits en guise d'exercice. Tout cela suit quelque peu le devoir de style et on ne trouve que rarement trace d'originalité dans ces créations d'élève appliqué. Je n'en dirai pas autant du dernier poème du volume « Komm' süsser Tod », datant de 1940, et qui atteint une intense émotion poétique. Il semble bien, qu'à côté du remarquable contenu, il y a dans Hellens un poète mais que celui-ci ne se montre que lorsque une émotion profonde le bouleverse. Alors, sa poésie atteint à une véritable grandeur, malgré l'orthodoxie d'une forme qui se refuse à toute innovation.

Il faut signaler ici un volume, présenté avec un soin tout particulier par les éditions « les Ecrits » de G.-H. Dumont, intitulé « La Voie rédemptrice ». Il s'agit d'un chemin de la croix, évoqué dans une vingtaine de poèmes suivant la trace de Giovanni Pafini auquel il dédie son œuvre, l'auteur écarte catégoriquement toute ornementation du fond et de la forme. Il reste une évocation âpre, dépouillée de toute complaisance où la douleur du Christ s'exprime dans les termes méprisants de celui qui fut trahi par ses disciples. A peine quelques intermèdes comme gestes de Véronique ou de Simon de Cyrène mettent-ils quelque tendresse dans ce tableau d'amertume. La langue se plie assez difficilement à une discipline rigoureuse, qui rejette toute figure de style, et se borne à un rythme haché, presque télégraphique. C'est avec soulagement qu'on retrouve par-ci par-là une phrase plus chantante telle que celle-ci :

« La maison sera fraîche et l'homme nouveau: »

qui rappelle Péguy, dans sa simplicité harmonieuse. Mais la dureté dont sont empreintes la plupart des autres pages convient à l'esprit du sujet et a été voulue par le poète. Cette « Voie rédemptrice » est l'œuvre de quelqu'un qui semble remarquablement doué et qui préfère une poésie ingrate mais puissante à une conventionnelle aisance.

* * *

Tournons-nous vers la partie flamande du pays, où l'activité littéraire est également très grande. La maison « Zonnewende », de Courtrai, nous offre un livre de Stijn Streuvels, « les Mois » (de Maanden).

La place nous manque ici pour situer exactement l'importance de l'œuvre de Stijn Streuvels. Il fut une des figures les plus représentatives — sinon la plus — du groupe d'écrivains flamands nommés, d'après le nom de leur revue, les « Van Nu en Straks ». Ce furent eux qui ranimèrent, au début de ce siècle, le roman flamand en le faisant sortir du cadre étroit d'un nationalisme mesquin. Influencés par les Russes et par les naturalistes français, ils défendaient la thèse qu'une littérature ne doit pas rester emmurée dans des traditions purement régionales et qu'elle peut, sans trahir ses origines, atteindre à l'universalité.

Il faut pour cela que le prosateur ne soit pas totalement isolé des courants qui se manifestent dans des pays voisins et qu'il n'ignore pas systématiquement des expériences tentées ailleurs. Mais, afin d'éviter une copie servile, il introduira dans son œuvre des éléments qui n'appartiennent qu'à sa contrée. C'est à ces principes qu'obéirent, par exemple, Cyriel Buysse et Stijn Streuvels, lorsqu'ils racontent des histoires dignes du naturalisme qui n'auraient déplu ni à Zola, ni à Maupassant, mais en mettant en scène des personnages et des paysages spécifiquement flamands. On sait que des ouvrages de grande valeur sont dus à cette école, qui fut une des plus remarquables dans l'histoire de la littérature flamande.

Streuvels se caractérise par son pessimisme tout particulier. Il affectionne des intrigues sombres et tragiques, où des individus aux âmes tordues traînent une existence sans lumière. Mais ce dernier livre, « les Mois », est d'une veine assez différente. Il y passe en revue, dans une série de douze chapitres presque idylliques, les mois de l'année en montrant comment la vie de la campagne se modifie et se renouvelle, en fonction des saisons. Thème éternel et qui ne sait, certes, pas prétendre à l'originalité. Et comme, en outre, Streuvels a une manière assez lourde et grise de décrire la nature — manière qui convient aux mois d'hiver, dont les tableaux sont très réussis — l'ensemble n'échappe pas à une certaine monotonie. Néanmoins, ce livre vaut la peine d'être lu, grâce à la parfaite maîtrise de la langue et la beauté de certaines évocations métaphoriques, dans lesquelles revit la personnalité d'un des plus grands romanciers que la Flandre connut.

Ce rapide tour d'horizon qui, afin d'éviter l'énumération fastidieuse, ne parle que d'une partie minime de ce que l'actualité apporte, suffit à démontrer que les multiples difficultés matérielles nées de la guerre, n'ont pas empêché les lettres belges de continuer à fleurir. Nous sommes les premiers à nous en réjouir.

Paul DE MAN.

A LA TOISON D'OR

Récital de sonates et de chant

Un excellent programme donnait à ce concert de la Toison d'Or un attrait particulier. A côté des sonates pour violon et piano, de Veracini et de Schumann, figuraient deux œuvres modernes de grande valeur. D'abord les « Cinq Histoires naturelles », de Maurice Ravel, pièces pour chant avec accompagnement de piano. Le texte de Jules Renard, mélange de pittoresque et de poésie, tour à tour satirique et lyrique, est admirablement mis en valeur par cette musique délicate et subtile.

En second lieu furent joués deux extraits de la sonate pour violon et piano, d'Oscar Espla. Cette œuvre de jeunesse possède déjà en germe les éléments qui feront plus tard la renommée de ce compositeur espagnol. Une construction solide, jointe à une spontanéité et une invention mélodique remarquable caractérisent cette très belle sonate qu'il ne nous fut malheureusement pas donné d'entendre en entier.

L'interprétation de ces divers ouvrages donna entière satisfaction. Mlle Berthe Laventurier et Léon Guller ont offert une version très soignée des sonates de Veracini, d'Espla et de Schumann. Quant à la cantatrice Mady Purnode, nous ne pouvons que répéter les éloges que nous fîmes ici-même, lors d'un récent récital. Dans les « Histoires naturelles », où le texte a une grande importance, son talent de diseuse, joint à des qualités strictement vocales, est particulièrement précieux. L'accompagnatrice, Mlle Maebe, remplit son rôle à la perfection : elle est sans conteste une interprète remarquable de la musique pianistique moderne. P. d. M.

A Radio-Bruxelles

Concert de Pâques

Un motet pour chœur et orchestre et la « Cantate pour tous les temps », de J.-S. Bach, furent exécutés au cours de concert. On peut, à la suite de cette audition, dégager un aspect fondamental de la musique d'église de Bach, notamment son caractère fréquemment dramatique. Cela se voit tout d'abord dans le texte des cantates qui montrent des scènes extraites des Evangiles. Mais la chose est encore plus sensible dans le plan de la composition. Ainsi, dans cette « Cantate pour tous les temps », où, après des airs et des chœurs qui se meuvent dans une atmosphère de tristesse, une transition brusque, au milieu d'un récitatif, nous transporte soudain dans des sphères joyeuses. Et la composition se termine par un éclatant Alleluia. Il est clair que, par une semblable succession de plans émotifs, Bach vise à un effet de gradation. A juste titre, on a pu appeler ces cantates d'église de l'aart dramatique, ce qui, à l'époque de Bach, était parfaitement révolutionnaire.

L'éloge des interprètes, qui étaient Mmes M. et J. Thys, MM. De Groote et Anspach, ainsi que M. Ch. Hens, à l'orgue, n'est plus à faire. Quant à l'orchestre et aux chœurs de Radio-Bruxelles, dirigés par M. M. Weynandt, ils ont fait preuve de toute la correction voulue. P. d. M.

A LA MAISON DES ARTISTES

LE PRÊTRE-POÈTE CAMILLE MELLOY

Notre collaborateur et ami Paul Brohée, dans une vivante et instructive causerie, présente la personnalité et l'œuvre de Camille Melloy. Peu de gens ignorent la poésie de Camille Melloy. Mais ce qu'on sait moins, c'est qu'à son rôle de poète, il adjoint celui de prêtre. Car on trouve très rarement trace de cette condition dans sa production littéraire. De même que chez Gezelle, cet autre prêtre-poète, les thèmes d'inspiration ne sont, en général, pas religieux. Ils sont imprégnés de sentiments catholiques. Ceux-ci restent, mais voilés sous des sujets d'un autre ordre.

L'œuvre de Camille Melloy peut se diviser en deux périodes. Dans la première, influencée par Verlaine et Jammes, le caractère élégiaque domine. Mais à partir de « Miserere » (1937), le ton change : il y a de l'amertume dans ces vers, l'impression est plus âpre, plus profonde, plus originale aussi. Dans un proche avenir paraîtra «Requiem», qui confirmera cette évolution. Le poète nous y fera assister à sa propre mort, à toutes les cérémonies — les visites, les faire-part, la mise en bière, etc. — qui suivront son trépas. Un certain ricanement, un peu d'humour macabre n'est pas exempt de cette poésie. Mais la philosophie fondamentale, faite d'espérance et d'optimisme réconfortant, perce néanmoins. Car dans son fond, le poète Melloy reste toujours sensible et délicat, et les accents de ses livres portent la sérénité dans les cœurs.

Un prêtre peut-il être un poète? s'eston demandé. Le cas de Camille Melloy semble trancher cette question par l'affirmative. Nul ne peut prétendre que sa littérature trahit sa fonction sacerdotale, puisqu'elle n'apporte que lumière et beauté. Quant à son art, il constitue une des créations les plus remarquables de nos lettres. C'est dire que la mission du prêtre-poète fut une double réussite.

La conférence de Paul Brohée, poète lui- même, a été fort applaudie.

Au cours de la même soirée furent exécutées des compositions de M. Charles Scharrès : des mélodies, un trio pour piano, violon et cello, ainsi que des ouvrages pour cello et piano. Mlle Jacqueline de Kesel, MM. Scharrès, Harvent et Kuhner prêtèrent leur concours à cette intéressante audition. P. d. M.

L'actualité littéraire

Définitions de la France

Des souverains, des historiens, des hommes d'Etat, des écrivains, des artistes ont tenté de définir ce qu'est exactement la France. Les Français eux-mêmes firent de continuels efforts d'introspection pour parvenir à fixer leurs caractéristiques. Liste bigarrée de solutions proposées, ces « Définitions de la France »(1) réunies dans un volume par Lucien Maury, créent un impression d'extraordinaire diversité. Ce n'est que vertus contradictoires, penchants qui s'excluent, conflits qui le déchirent. Il semble qu'on se trouve devant un systématique éparpillement des efforts : des entreprises généreuses sont annihilées par négligence, une génération détruit avec légèreté ce qu'une autre a façonné avec dévotion. Impossible de dégager une synthèse, de trouver trace d'une continuité, d'une volonté persistante dans cette succession de hauts et de bas, dans cette superposition des plus nobles vertus et des plus paralysantes insuffisances.

Il y a beaucoup de pages à la gloire de la France dans ce panorama. C'est que la diversité n'apparaît pas comme un défaut : elle empêche la nation de jouer un rôle historique de tout premier plan, elle lui ménage des éclipses et des défaillances extraordinaires, mais, en revanche, elle fait de la France un centre spirituel, où toutes les idées, toutes les tendances peuvent se donner libre cours. Rien d'étonnant, dès lors, à ce qu'elle ait apparu comme un pays d'élection à bien des penseurs. En fin de compte, le livre « Définitions de la France » aboutit plus à un éloge qu'à un dénigrement, et il permet de considérer la mésaventure française actuelle avec une plus exacte compréhension des choses. P. d. M.

(1) Editions Stock.

L'actualité littéraire

« Les mille et une soirées »

(Edition Contact)

En quelques pages qui résument un caractère ou racontent une petite intrigue, une nouvelle peut contenir autant de beautés et de trouvailles qu'un roman de grande envergure. Les plus grands auteurs se sont distingués dans ce genre particulier, et une anthologie de la nouvelle offre un coup d'œil singulièrement pénétrant sur une littérature. Nous connaissions des recueils anglais et allemands, réunissant des histoires de court métrage. Voici à présent « Les mille et une soirées », en néerlandais, édité par la maison « Contact » d'Amsterdam (distribué en Belgique par Van Ditmar, d'Anvers). Tous les écrivains flamands et hollandais de renom, de Gerard Walschap à Félix Timmermans, de Simon Vestdijk à Arthur Van Schendel, y sont représentés. En outre, quelques grands noms de la littérature mondiale, Tolstoi, Maupassant, Rudyard Kipling, relèvent encore la valeur de l'ouvrage.

Voici un recueil qui vient à son heure, capable de porter dans toutes les familles, à un moment où le besoin de lecture est intense, de l'art de la meilleure qualité! Et nous ne doutons pas du succès de ce livre, car la nouvelle, étant plus facilement assimilable que le roman, attire plus aisément le lecteur moyen.

P. d. M.

L'ACTUALITÉ LITTERAIRE

SAINT - LANDELIN

par Maurice des Ombiaux (1)

Dans la première moitié du VII° siècle, la royauté mérovingienne, descendants de Clovis, continue à régner sur la Gaule. C'est une époque étrange, violente, remplie de contradictions qui nous semblent inconcevables. Ainsi celle de la personnalité curieuse de saint Landelin, le fondateur des Abbayes d'Aulne et de Lobbes. C'était un brigand de grands chemins, chef d'une bande de dévaliseurs qui semaient l'épouvante dans la vallée de la Haute-Sambre. Mais ce vaurien n'avait pas toujours été prédestiné à ce rôle peu honorable : personne de moins que saint Aude, évêque de Tournai, s'était chargé de son éducation. Sans doute se souvint-il plus tard des leçons de vertu reçues dans sa jeunesse, car il revint à de meilleurs sentiments et connut la honte de sa méconduite. Revenu se placer sous la protection de l'évêque, il fit plusieurs pèlerinages à Rome, puis revint dans son pays pour y établir les abbayes de Lobbes et d'Aulne. Etrange figure de saint brigand, inconcevable pour nous, mais plausible en ces temps de violents contrastes, où la chrétienté avait besoin de natures violentes pour se défendre.

Dans un ouvrage, écrit dans un style agréable et animé, Maurice des Ombiaux évoque l'atmosphère de ce siècle et retrace la figure du remarquable saint. Sans viser à une précision historique rigoureuse — d'ailleurs quasi impossible vu la difficulté de documentation — ce livre a le mérite, indépendamment du charme du récit, de ressusciter une période peu connue de notre histoire.

P. d. M.

(1) Les Editions de Belgique.

AU CONSERVATOIRE

XIVe Concert de la Chapelle musicale de la Reine

La « Première » et la « Deuxième Symphonie », ainsi que le « Concerto pour violon », de Beethoven, constituaient le programme de ce concert. De l'espèce d'histoire de la musique, que M. Houdret nous fait entendre, les symphonies beethovéniennes ne pourraient être exclues. En les inscrivant au répertoir de cette année, il aura donné un aperçu sur ce qui constitue les bases de la musique symphonique : Beethoven, Mozart et Bach.

Ces œuvres sont trop connues pour que nous insistions, encore ici sur leur contenu. Pour ce qui concerne les deux symphonies, des analyses très poussées ont permis aux théoriciens d'indiquer note à note ce qui révèle déjà en elles la personnalité de Beethoven, en train de s'émanciper de l'influence de Haydn et Mozart. Indépendamment de ces symptômes techniques, l'originalité se sent également dans certains aspects plus abstraits, moins matérialisables : des trouvailles thématiques, un état d'esprit particulier qui se fait jour pour la première fois dans l'évolution musicale.

Il semble bien que l'interprétation de M. Houdret visait à souligner cette caractéristique. Il dirigea les symphonies, en effet, en les prenant au grand sérieux, dégageant ce qui peut déjà se trouver de grandiose en elles. Le résultat fut remarquable, et des passages nettement beethovéniens — « Menuet » de la première, « Finale » de la seconde — acquirent ainsi un relief extraordinaire.

Dans le « Concerto pour violon », M. Henri Deulin fit valoir une technique solide au service d'une très ample sonorité. Mais a certains moments, son jeu parut manquer de souplesse et de nuances. L'accompagnement orchestral, par contre, fut en tous points parfait. L'orchestre de la Chapelle musicale de la Reine, et son chef, M. Charles Houdret, ont atteint un degré de maitrise qui leur permet de donner de n'importe quelle œuvre, une version apte à satisfaire les plus difficiles.

P. de M.

Chronique littéraire

Le roman français et le sentiment de la nature

Un certain genre littéraire ne peut jamais utiliser librement tous les thèmes d'inspiration. Le romancier, soumis aux lois de son esthétique, devra respecter celle-ci dans le choix de son sujet. Ce qui intéressait les classiques n'était pas utilisable par les romantiques, et vice-versa : les péripéties d'Atala, vu de la Nouvelle Héloïse n'auraient pu séduire Molière, tandis que Chateaubriand ou J.-J. Rousseau ne tireraient aucun parti des données du « Médecin malgré lui ». Ainsi voit-on périodiquement revenir et s'éclipser certains sujets favoris. Car le nombre de matière romançables différentes est relativement restreint, et l'impression d'immense diversité que nous avons en parcourant l'histoire du roman est plus créée par des variations de la forme que du fond.

Cette vérité est donc bien établie : chaque école de romanciers préfère certains thèmes et en rejette d'autres. Celle que nous vivons — ou venons de vivre, puisqu'il semble que dans le monde littéraire également, une époque est close — était même spécialement élective et ne connaissait pour ainsi dire plus d'autres préoccupations que l'analyse de l'âme humaine. Avec un zèle ardent, mettant les bouchées doubles pour combler un retard de plusieurs siècles de psychologie sommaire, une génération entière se penche sur les problèmes subtils de la vie intérieure. Elle découvre un monde d'une richesse incroyable où grouille une vie intense sous une apparente immobilité. Avant d'avoir épuisé cette mine, on écrira des milliers et des milliers de livres parmi lesquels figurent les chefs-d'œuvres de l'entre-deux-guerres.

En s'orientant ainsi, les romanciers éliminaient un éternel sentiment qui avait trouvé un large écho dans les œuvres du siècle précédent : le sentiment de la nature. Les romantiques avaient simplement glorifié la nature, lui avaient prêté une attention soutenue et largement puisé dans son infinie variété. Ce qui les exaltait, c'était tout d'abord la description de sa beauté, ensuite la sensation de puissance surhumaine qui s'en dégage. Dans l'ensemble, le romantisme était un art de plein air, qui baigna dans l'atmosphère aérée des vastes espaces.

Les psychologues rigoureux de l'actuelle littérature sont bien plus de chambre close. Il pourrait difficilement en être autrement : à force de se tourner continuellement vers des phénomènes intérieurs et d'attacher de l'importance à ce qui est abstrait, ils se détachent du pittoresque et de la description. Quand la nature apparaît, dans un roman de ces dernières années, c'est encore en fonction de préoccupations mentales : pour servir de cadre à un exposé analytique qui deviendrait trop aride ou pour contribuer à expliquer une évolution de l'esprit. Ce sentiment de la nature cérébralisé est celui qu'on trouve par exemple dans les « Grands Meaulnes », d'Alain-Fournier. Le roman en question vise un but nettement abstrait : réaliser « un perpétuel va-et-vient insensible du rêve à la réalité », et les visions de la campagne qui le composent ne sont là que pour constituer une image de cette réalité — qui aurait pu être autre chose si le hasard n'avait pas voulu que l'auteur eut des souvenirs d'enfant paysan. Jamais donc, l'entre-deux-guerres, ne parlait de la nature pour la nature; dans ce sens il est parfaitement exact de dire qu'elle avait disparu de la littérature.

Contre cet état de choses, une réaction s'est dessinée récemment : le succès de Giono et de Ramuz le prouve. C'est un symptôme important, car il semble indiquer une lassitude envers les normes établies, et il donne une indication sur ce qui sera apellé à les remplacer quand elles seront détruites. Comme il en est souvent dans ces cas, la réaction a pris une forme philosophique. Giono et Ramuz prétendent obéir à plus qu'à un simple souci de renouveau artistique. Tous deux, et surtout Giono, se croient porteurs d'une mission éthique : ramener les hommes, déformés et diminués par la civilisation mécanique, à une vie plus proche de la nature, plus élémentaire, plus saine. Vingt ans plus tôt, le gallois, D. H. Lawrence consacrait une existence de lutte et quantités de volumes, de valeur inégale, à démontrer la même chose. Il n'exerça d'influence, mais une influence profonde, que sur quelques intellectuels. Giono fut plus écouté, et un véritable cénacle se groupa autour de lui; à certains moments, il prit l'allure d'un prophète.

Il ne nous importe pas ici de discuter quelle est la valeur de cette doctrine naturiste. Ce qui nous intéresse, ses conséquences littéraires, furent une rentrée en grâce des thèmes de plein air. Puisque la vraie vie est dans la nature, c'est celle-ci qu'il faudra chanter. En fait, toute l'œuvre de Giono n'est qu'un vaste hymne aux beautés naturelles.

Actuellement, le moment n'est pas encore venu pour juger si c'est en continuant Ramuz et Giono qu'un développement nouveau se fera. Le fait que, parmi les livres parus ces jours-ci, deux dont nous aurons à parler, se rattachent à cette tendance, prouve tout au plus que le courant n'est pas encore éteint. Il n'est pas impossible que Giono apparaisse plus tard comme un chef d'école. Mais rien n'est moins certain. Il y a eu, dans son considérable succès, beaucoup de snobisme et, dans son art, beaucoup d'artificiel. La philosophie est fruste, et son didactisme assez pesant rend insupportable bien des passages de ses livres. Les grands rénovateurs ont surgi, en général, d'une manière plus spontanée, en réaction, certes, contre les tendances qui les précédaient, mais moins embarassés de soucis extra-littéraires, moins soucieux de cultiver des disciples.

La vogue du gionisme s'explique :

Après être restée enfermée, pendant de longues années, dans les « serres chaudes » de Gide ou de Mauriac, on comprend que la jeune génération suive avec enthousiasme quelqu'un qui ouvre largement les fenêtres et fait résonner en eux l'appel des espaces. Mais cela se fit d'une façon superficielle, et ceux qui furent atteints par ce message étaient pour la plupart des bourgeois dilettantes. Au futur historien de la littérature française, le « cas » Giono paraîtra probablement plus suos un aspect destructif que constructif : comme indice d'une révolution qui se prépare

en détruisant les valeurs régnantes, plutôt que comme la base d'une esthétique nouvelle.

La lecture de deux récents romans, « L'Herbe pousse dans la prairie » (1), de Raymond Dumay, et « Maorino de Finlande » (2), de Robert Crottet, justifient ce pessimisme, quant au destin futur du gionisme. Ils sont incontestablement apparentés à ce genre; ce n'est pas par hasard que G.-F. Ramuz a préfacé chacun des deux volumes. Et malgré de sérieuses qualités, ils dégagent une impression de déjà vu, à l'opposé même de ce que devrait suggérer une tendance originale.

« L'Herbe pousse dans la prairie » est écrit par un nouvel auteur dont c'est le premier ouvrage. Si je me suis permis de qualifier Raymond Dumay de gionste, cela ne veut pas dire qu'il soit un servile imitateur. Au contraire, ce petit roman, qui parle de la vie quotidienne de quelques bergers, du bord de la Saône, est animé par une extrême fraîcheur naturelle, loin de tout souci d'imitation. Ce qui a poussé Dumay, ce n'est certes pas un désir d'égaler ou de surpasser Giono, mais un simple et spontané attachement à une terre qu'il aime. Comment se fait-il que ces aventures ne parviennent pas à nous passionner? Avons-nous, à force d'être plongé dans les complications et les subtilités, perdu le goût pour les choses simples? Ou l'écrivain manque-t-il de talent et est-il incapable de nous entraîner dans l'atmosphère qu'il veut évoquer? Ni l'un ni l'autre. Il s'agit simplement d'un sujet trop mince et dont on a trop vite fait le tour.

« Maorino de Finlande », par le simple fait qu'il traite de pays lointains aux mœurs étranges, accroche plus aisément l'intérêt. L'histoire en est curieuse et mérite qu'on la raconte : Un jeune garçon est élevé à Helsinki par une charmante vieille dame, qui l'a trouvé, quand il était tout petit, abandonné dans un parc. Elle le chérit comme son fils et l'entoure des plus tendres soins. Mais dans l'âme de Vaino — tel est le nom du garçon — il y a un vide immense et d'étranges aspirations. Tous les soirs, il ressent un puissant appel vers les contrées de l'extrême-nord. Il lui semble qu'il connaîtra seulement la paix « quand l'étoile polaire sera juste au-dessus de sa tête ». Et, un beau jour il part dans cette direction et, après plusieurs jours de voyage, arrive dans un village habité par des Lapons. En cours de route, il a trouvé un compagnon : le renne Maono, auquel il a sauvé la vie et qui, dorénavant, sera inséparablement lié à son destin. Longtemps il habitera chez les Lapons, jusqu'à finir par paraître un des leurs. Mais son sang n'est pas purement primitif et la civilisation mécanique l'a marqué de son sceau. Il finira par sentir qu'il est différent de ses hôtes, et que, pour lui, il n'y a pas de lieu sur terre où il puisse vaincre le dualisme de son être. Et son fidèle ami Maono, le renne, est tué par les loups. Seul dorénavant, Vaino retournera dans le Sud, sans avoir pu réaliser son rêve.

Histoire assez artificielle, qui sert de prétexte à une série d'anecdotes sur le genre de vie et la mentalité des habitants de l'extrême-nord. Il y a beaucoup de grandeur dans ces primitifs, qui ont appris à accepter tout, et, en particulier, la mort, comme une réalité simple contre laquelle toute révolte ou défense est ridicule. Dans cette attitude résignée et humble, il y a une grande dignité. Et c'est sans doute par une ironie du sort que ces êtres, si éloignés de nos soucis et de nos querelles, furent mêlés à des conflits qui devaient leur sembler absurdes. Car, l'endroit dont parle Robert Crottet est Petsamo, à quelques kilomètres de la frontière russe, et ce calme et pacifique pays dut connaître l'inattendu destin de devenir champ de bataille. « Peut-être, avaient-ils (les habitants) désiré, avant de s'abandonneer à la tourmente, laisser une vieux monde dont ils sont les plus anciens habitants, cet appel vers une vie plus proche de la nature et du cœur. » Dans cette phrase se montre l'intention de l'auteur de servir de porte-parole à un naturisme qui lui est cher. Malgré tout ce qu'il a de conventionnel, « Maorno dé Finlande » atteint son but et parvient à une certaine force persuasive.

* * *

Voici donc deux romans qui marquent le retour du sentiment de la nature dans les lettres françaises. Ils sont écrits avec talent et avec ferveur, et cependant nous n'avons pu en dire grand bien. C'est que ce thème ne peut malgré tout qu'être accessoire et ne suffit pas, à lui seul, à constituer un sujet. Saluons avec joie ce retour du plein-air dans l'atmosphère renfermé que nous connaissons, mais gardons-nous bien de croire que c'est là une innovation définitive et féconde. Giono et Ramus, parce qu'ils étaient les premiers ont pu paraître comme des rénovateurs sensationnels. En réalité, ils ont épuisé la matière disponible, et leurs disciples devront chercher ailleurs s'ils veulent contribuer à créer un nouveau roman français qui soit digne de la grande tradition.

Paul de MAN.

---

(1) Bernard Grasset.
(2) Gallimard.

En marge du dialecte liégeois

On a l'habitude de considérer la frontière linguistique dans notre pays comme étant une barrière nette et infranchissable qui coupe la Belgique en deux, selon une ligne très précise. Une telle conception est infiniment trop simpliste pour correspondre à la réalité. Il n'y aurait aucun mal à ce qu'elle persiste dans les esprits, si ce n'est que des éléments séparatistes ont voulu en faire usage pour soutenir leurs buts politiques. Se basant sur le fait que le peuple belge est scindé, du point de vue linguistique, en deux camps qui restent absolument étrangers l'un à l'autre, ils en ont conclu qu'il y avait là une preuve tangible de la profonde différence de caractère qui sépare les Flamands des Wallons. Si deux peuples ont si longtemps pu vivre côte à côte sans que leurs langues réciproques ne se soient influencées, il faut bien qu'il y ait entre eux une divergence de mentalité irréductible.

Il est vrai que le flamand et le wallon sont des langages d'origine fort différente. Le flamand appartient au groupe bas-allemand et s'apparente aux dialectes parlés dans les plaines du nord de l'Allemagne. Le wallon est un dialecte roman qui descend donc du latin. Le latin vulgaire s'était transformé différemment dans les diverses parties de la Gaule, formant, au nord de la Loire, les groupes désignés par le nom de langue d'oïl. A cette catégorie appartiennent, en plus du wallon, le picard, le normand, le bourguignon, le champenois, le poitevin et le dialecte de l'Isle de France ou français. Pour un ensemble de raisons historiques, ce dernier finit par supplanter tous les autres et par devenir la langue officielle. Le wallon actuel n'est donc pas du français altéré, mais un dialecte roman au même titre que celui-ci.

Entre le flamand officiel et le français, il y a donc bien une intégrale différence. Mais ce n'est pas en considérant les langues écrites qu'on peut se faire une idée de l'âme populaire. Le langage littéraire est une norme conventionnelle, parfois — comme en France — née d'un dialecte, mais qui est à cent lieues de correspondre au mode d'expression de l'homme du peuple. Celui-ci ne se traduit fidèlement que dans la langue parlée et le philologue qui désire acquérir des lumières sur l'état d'esprit d'une population devra tout d'abord s'attacher à l'étude du dialecte vulgaire. Cette étude est difficile, car les dialectes sont en continuelle évolution et il est extrêmement malaisé de fixer dans des dictionnaires des mots qui ne vivent que dans la bouche des ouvriers et des paysans. Néanmoins, de telles tentatives ont été faites et, grâce à de patients efforts, on est parvenu à obtenir des résultats. C'est ainsi que le professeur Haust a pu publier en 1929 un dictionnaire liégeois, comprenant toutes les expressions et locutions carectéristiques des environs de Liége.

C'est en se basant sur cet important ouvrage que M. J. Grauls, l'actuel gouverneur de la province d'Anvers, a pu faire des observations du plus grand intérêt scientifique. M. Grauls est Limbourgeois et, comme on sait, le Limbourg est la province adjacente à celle de Liége. En lisant ce « dictionnaire liégeois » il s'est aperçu qu'il y avait des analogies frappantes entre le dialecte flamand de son pays natal et le dialecte wallon de Liége. Il y a bon nombre de mots flamands utilisés en province de Liége et inversement, le limbourgeois fourmille de paroles toutes romanes d'origine.

Des mots appartenant à tous les domaines de la vie ont ainsi franchi la frontière : il y en a qui désignent des jeux d'enfants, des outils d'artisans, des coutumes, des traditions. En outre, on retrouve des expressions entières qui sont absolument identiques dans les deux contrées. Au point de vue sémantique — c'est-à-dire au point de vue de l'évolution du sens d'un certain mot — on peut également indiquer des parallélismes remarquables. M. Grauls a extrait du dictionnaire du professeur Haust, tout ce qui est commun aux deux groupes linguistiques et a pu en dresser une longue liste de près de 1750 mots. On voit donc qu'il y a là une véritable interpénétration du germanique et du roman. L'étude n'est qu'amorcée puisqu'elle n'est faite que pour une petite partie de la zone de démarcation. Mais la région Liége-Limbourg était particulièrement propice à un tel travail. Ces deux provinces ont eu des destinées historiques très voisines. Maintenant encore elles ont un évêché commun et, pour les Limbourgeois, Liége est la grande ville qu'ils préfèrent et où ils se rendent pour faire leurs achats ou pour se distraire. Mais cela ne veut pas dire qu'en d'autres endroits on ne pourrait constater un phénomène analogue et que, par exemple, une étude comparée dans le Brabant ou dans le Hainaut, ne donnerait pas les mêmes résultats.

Il ressort de tout ceci qu'il est faux de croire que Flamands et Wallons se sont, au cours des temps, toujours considérés comme des étrangers ou même comme des ennemis. Aux endroits où ils vivaient l'un près de l'autre ils ont enduré les mêmes souffrances, subi les mêmes guerres et savouré les mêmes joies. Il en est résulté une grande solidarité. Et, en même temps que le spécifique flamand se mélangeait avec le spécifique wallon, la langue, élément sensible entre tous, a pris l'empreinte de cette fraternité.

Paul DE MAN.

L'ACTUALITÉ LITTERAIRE

Etudes françaises

Laissons la parole à M. Delaunois, qui présente une série d'ouvrages (dont nous avons signalé le premier, Définitions de la France) sous le titre générique d'études françaises.

« Cette série cherchera à répondre au besoin de vérité qu'éprouve notre pays après la défaite la plus complète et la plus humiliante de ses annales. Il veut d'abord connaître la cause de sa ruine, ensuite compter et évaluer ses espoirs.

» L'enquête indispensable est infiniment étendue et complexe, car la catastrophe ne se laisse pas déduire de fautes individuelles ou d'accidents techniques. La santé de la France était minée dans tous ses organes.

» Nous sommes placés entre deux dangers, celui de nous crisper dans des susceptibilités d'épiderme, d'humeur, de vanité — et celui de nous jeter dans une contrition extrême où nous perdrions le sens de notre mission. Définir cette mission et ses conditions, là est la difficulté pour nous comme pour les autres pays qui nous jugent. Leur plan et méthode préconçus, la série que nous inaugurons apportera sa modeste part à ce grand travail de sincérité et de clairvoyance qui est demandé à notre pays. »

Les éditions Stock, qui publient ces études françaises, ont sous presse « Le Paysan français à travers la Littérature », textes choisis, préfacés par Marcel Arland et en préparation « Idées sociales et politiques de Balzac », choisies et préfacées par Lucien Maury, « La Continuité française », de Jean Loubes et « Le Socialisme universitaire », par Hubert Bourgin.

P. de M.

Musique de chambre par le trio de Groote

Dans la série de concerts de musique de chambre que la marquise d'Assche offre dans sa demeure — cadre idéal entre tous pour une telle manifestation artistique — le trio à cordes de Groote, composé de MM. P. De Groote, Courte et J. De Groote, a fait entendre un programme harmonieusement composé.

Deux ouvrages d'allure classique, une partie d'un trio de Schubert et le trio opus 9 n° 1 de Beethoven, encadraient le trio opus 58, de Roussel.

On peut dire beaucoup de bien de Roussel. Sous les dehors austères d'un style sévère, extrêmement condensé, il cache une très riche musicalité, qui rejette tout ce qui est effet facile pour ne conserver que des éléments essentiels. Ce trio est caractéristique de sa manière, avec ces deux parties rapides, brèves et incisives, entourant une pièce lente chantante et mélodieuse.

Le trio de Groote montra qu'il est capable de s'adapter à des œuvres d'une esthétique très différente. Roussel fut interprété avec tout le sérieux et le soin des détails que la composition réclame.

Quant au trio de Beethoven, il fut joué avec beaucoup d'allant, mettant en valeur l'allure brillante qui le caractérise.

P. d. M.

L'ACTUALITE LITTERAIRE

Echos d'U.R.S.S.

Des informations récentes indiquent qu'une grande activité littéraire continue à régner en Russie Soviétique. Indépendamment de la création pure, un certain nombre de travaux de traduction sont entrepris.

C'est ainsi qu'un concours pour la meilleure traduction de Balzac a pris fin. Le jury du concours, composé des écrivains et des traducteurs soviétiques bien connus a décerné le prix à V. Stanévitch et N. Yakovleva.

Une autre entreprise de traductions vise à faire connaître au public russe des exemplaires du folklore lituanien. L'analogie de destin historique, qui unit les deux peuples s'est transmise au domaine de l'art populaire. Il y a de nombreuses analogies entre les contes lithuaniens et russes. C'est un écrivain lithuanien connu, Petras Tsvirka, qui a été chargé de choisir et de remanier ces œuvres littéraires. P. d. M.

AU CONSERVATOIRE

PREMIER CONCERT DU NOUVEL ORCHESTRE SYMPHONIQUE DE BRUXELLES

Il y a, dans l'œuvre des plus grands compositeurs des faiblesses, des pages qui frisent la vulgarité, ne font guère honneur à leur créateur. Par un curieux phénomène de sélection à rebours, ce sont surtout ces ouvrages qui reviennent aux programmes des concerts. On a expliqué ceci, en prétendant que ce succès immérité était dû à une faveur populaire, qui préfère leur facilité à l'aridité des chefs-d'œuvre. Rien n'est plus faux cependant. Ce n'est pas le peuple qui a imposé son choix, mais une fausse élite, qui se prétend musicienne, mais qui est incapable de s'élever au-dessus de la médiocrité. Que ce mythe de la popularité à la vie dure le démontre clairement ce concert, organisé par la communauté nationale des artistes et placé sous l'égide de la devise « Art et Peuple ». On a cru nécessaire, pour faire « peuple », d'y jouer des œuvres telles que « Le Chasseur Maudit » de César Franck; « Ah Perfido » de Beethoven et « Les Préludes » de Liszt.

C'est une nette erreur, car de deux choses l'une : ou bien le peuple est incapable de goûter la vraie musique et dès lors il faut renoncer à la lui offrir, ou bien il peut y parvenir et alors il n'y a aucune raison de ne pas lui présenter d'authentiques chefs-d'œuvre. Libérons-le une fois pour toutes de ce répertoire, répandu par la radio et les mille exécutions successives, qui ne peuvent que lui donner une fausse vision des maîtres et de leur art.

C'est un premier reproche à faire aux organisateurs du concert en question. En second lieu, nous ne pouvons nous montrer satisfait d'une interprétation par un orchestre qui n'est visiblement pas encore formé, qui n'a aucune souplesse, ni aucune homogénéité. Malgré des efforts du chef d'orchestre, M. Theisen, l'impression d'ensemble est imprécise, les divers plans sonores ne se détachent pas, les intentions se perdent dans la confusion.

Qu'on ne veuille pas voir dans cette sévère appréciation une marque d'antipathie pour l'œuvre de la communauté des artistes, dont les projets sont hautement louables. Mais nous croyons qu'elle fait fausse route et que les moyens employés sont la plus sûre méthode pour manquer le but.

La cantatrice Mme S. Geoga, prêtait son concours. Elle fit valoir les qualités qu'on lui connaît dans « Ah Perfido », de Beethoven, déjà cité, et dans « La Mort d'Isolde », de Wagner.

P. d. M.

A L'ATELIER

Récital de chant

Mmes G. Closson et Jeanne S'Heeren ont chanté, en duo et en soliste, quelques-unes des plus belles chansons de Schumann, Schubert et Duparc. On sait que les lieds de Schumann et de Schubert sont des réussites musicales, au même titre que, par exemple, les symphonies de Beethoven, c'est-à-dire des œuvres qui, dans leur domaine, constituent un sommet. La beauté de l'invention mélodique, traduisant une profonde émotion, permet de les considérer comme d'authentiques chefs-d'œuvre. En France, c'est Duparc qui, utilisant de préférence la poésie de Baudelaire, créa des mélodies de grande valeur.

Le programme de ce récital était donc bien de première qualité. La séance se terminait d'ailleurs par des chansons de Jean Absil, dont le bon goût délicat et le raffinement se montrent clairement dans ces petites compositions, fines et humoristiques.

Mmes Closson et S'Heeren firent preuve d'une très exacte compréhension des styles. La voix fraîche de Mme Closson fait merveille dans Schubert, tandis que le timbre plus voilé de Mme S'Heeren convient parfaitement au mélancolique impressionnisme de Duparc.

Au piano d'accompagnement, Mme Michel Zovianoff seconda avec talent les deux cantatrices.

P. d. M.

Le Théâtre lyrique

Vers les années 1700, le centre de Bruxelles où s'élève actuellement le Théâtre de la Monnaie était loin de présenter la même physionomie qu'actuellement. Il y avait un théâtre à cet endroit, le Grand-Opéra, mais la façade se trouvait beaucoup plus en dehors et était flanquée de maisons. La place de la Monnaie n'était qu'un simple passage de la rue des Fripiers à la rue Neuve. L'emplacement, où s'élève l'actuel bâtiment, était un vaste terrain, où paissaient les chèvres et les ânes et où les ménagères étendaient leur linge. Dans cet idyllique décor, le Grand Théâtre, construit par l'Italien Paul de Bombarda, fonctionnait à plein rendement. On y jouait surtout Lully. Mais c'étaient en général des troupes de passage qui donnaient les représentations et, ensuite, la présence d'acteurs étrangers n'étant plus tolérée, ce furent des interprètes de chez nous qui eurent à présenter les opéras au public bruxellois.

Ce genre musical, le théâtre lyrique, était d'importation assez récente. En France, il était connu et goûté depuis 1645. Mais dans notre pays, contrée de traditions populaires légendaires, les spectacles se donnaient le plus souvent dans la rue. Les mœurs médiévales continuaient à avoir cours : on jouait des mystères, les chambres de rhétorique écrivaient des farces, le jour de la sortie de l'Ommegang voyait se dérouler des fêtes bruyantes et colorées. Mais la curiosité publique fut mise en éveil par des représentations théâtrales qui se donnaient à la Cour. On disait monts et merveilles des splendides décors, des costumes chatoyants, des magnificences orchestrales qu'on pouvait y admirer et ce luxe devint d'autant plus légendaire qu'on n'en entendit parler qu'au travers de vagues récits.

Ce furent les Jésuites qui, les premiers, donnèrent une extension plus populaire au théâtre lyrique. Sous leur impulsion, deux étrangers, J.-B. Petrucci et Pierre Fariseau, firent construire une Académie de Musique où on joua l'opéra italien, fort en vogue alors. Cette entreprise tourna court, ainsi que diverses autres, tentées à la même époque. Finalement, ce fut sur la scène construite par de Bombarda que le genre s'établit définitivement et, jusqu'à l'heure présente, l'histoire du théâtre lyrique en Belgique reste intimement mélangée à l'histoire du théâtre de la Monnaie.

Celui-ci se développa très brillamment et connut des journées glorieuses. Ainsi vit-on de véritables apothéoses, telles que celle du 26 octobre 1816, où une grande représentation donnée en l'honneur de l'impératrice douairière de Russie, remplit à craquer la salle, qui ne pouvait contenir plus de 1.500 personnes. Et tout cela pour écouter une pièce de circonstance, « Une journée du Czar », par H. Breton, qui avait d'ailleurs, déjà été jouée à Paris, onze jours auparavant, mais sous un autre titre. Devant de tels succès, il fut décidé d'agrandir. En 1819, le Théâtre Royal, ouvrit avec un opéra de Grétry. Mais son destin fut tragique, car il fut détruit par un terrible incendie, en 1855. La troisième salle, celle que nous connaissons actuellement, eut pour architecte M. Poelaert. Elle constitue le Théâtre de la Monnaie proprement dit.

Par la suite, celui-ci prit une part active dans la diffusion des œuvres théâtrales, si abondamment créées au cours du XIXe siècle. Des premières importantes sont à inscrire à son actif : il fut le premier à jouer l'Ecole russe, avant que ses chefs-d'œuvre aient été donnés en concert, le premier à représenter Wagner en français. Le théâtre acquit une grande célébrité et se plaça parmi les plus célèbres scènes d'Europe.

Un fait attristant est à constater : durant ces dernières années, on peut observer une décadence. Les programmes se font de plus en plus conventionnels, soumis au mauvais goût du public, la décoration et la présentation est vieillie. Le double but d'un grand opéra, qui est de soutenir les compositeurs modernes et nationaux d'une part et de mettre les œuvres classiques à la portée du grand public d'autre part, est entièrement perdu.

Et cependant, il y avait quelque chose à faire dans ce domaine. De tous les arts, l'opéra est peut-être celui qui rebute le moins le peuple, qui est le plus entré dans ses traditions. Il est plus facile d'amener une foule à la Monnaie que dans une salle de concert; le pittoresque même d'une représentation scénique rend celle-ci plus assimilable. Et à cette faveur populaire, l'opéra joint sa renommée mondaine.

Dans une même salle, on peut réunir ainsi, une société cultivée — propice à encourager des œuvres nouvelles — et des représentants des classes populaires, à qui plaît la splendeur des vastes mises en scène. C'est en pratiquant cette politique que les plus grands théâtres lyriques — Scala de Milan, Opéra de Berlin, etc. — ont acquis leur renommée.

Mais gardons-nous bien de rendre les dirigeants de la Monnaie responsables de ces défaillances. Une fois de plus, le problème est avant tout une simple question d'argent.

Pour attirer le public, il faut consentir à de grandes dépenses, mais pour avoir de l'argent il faut vendre des places — c'est-à-dire faire des concessions au goût du jour. Et ce goût est, sans le moindre doute, détestable et préfère un répertoire antique à toute innovation. Pour rompre ce cercle vicieux, il n'y a qu'une seule méthode : l'intervention financière de l'Etat. Chacun le sait bien, et à chaque occasion, les dirigeants responsables reçoivent des rapports détaillés, leur démontrant que la Monnaie — et, partant, le théâtre lyrique en Belgique — ne peut ni se renouveler, ni soutenir l'art national, s'il ne reçoit pas un subside considérable. Aucune suite n'a encore été donnée à ces demandes. Cependant, il y a ici une tâche urgente et qui en vaut la peine. Ce que d'autres pays ont pu réaliser avec un rare bonheur — établissement d'un théâtre à la fois capable de lancer des ouvrages de valeur et d'éduquer la masse — est également possible chez nous, pourvu que les pouvoirs publics veuillent bien apporter l'aide indispensable.

Paul de MAN.

HOMMAGE A OSCAR ESPLA

Un important concert de musique espagnole

Sous la direction d'Oscar Espla, l'orchestre de Radio-Bruxelles, donnera vendredi, un important concert de musique espagnole.

C'est là une occasion d'entendre dans les meilleures conditions possibles quelques-unes des œuvres représentatives des compositeurs d'Espagne et de prendre contact avec une des plus remarquables écoles de la musique moderne. Car nul ne peut mettre en doute que, dans la production musicale actuelle, l'Espagne occupe une place de tout premier plan. On sait que cette école nationale dut son développement à l'incorporation d'éléments populaires dans la musique dite de culture. Le folklore national était particulièrement riche et fut à même de fournir des bases rythmiques et modales à l'imagination constructive des auteurs. Sur cette trame, ils purent imposer leur personnalité propre, tout en conservant le caractère national. Ce furent surtout Albeniz et Granados, qui réussirent dans cette entreprise.

Mais ce n'était là qu'un premier stade évolutif, et la formule trouvée devait encore s'élargir pour s'avérer durable et féconde. Sinon, à force de faire usage de données rythmiques toutes faites, on tombe dans un certain formalisme qui ne manque pas d'étroitesse. Aussi, les compositeurs modernes, ont-ils réagi contre une localisation excessive et tenté d'introduire des innovations afin de permettre à la musique espagnole d'atteindre à l'universalité d'expression, mais sans trahir ses origines.

C'est ici qu'apparait l'importance d'Oscar Espla, en tant que fondateur de l'école levantine. Cette école se caractérise par l'utilisation fréquente — mais non indispensable — de la gamme particulière du Levant espagnol. Mais ce n'est pas là, le seul apport. Ce qui donne à ses œuvres une portée plus générale, c'est qu'elles sont construites selon des procédés symphoniques. Voyons les titres des principales créations d'Espla : la veillée d'arme de Don Quichotte, poème symphonique, la Sonate du Sud, la Symphonie chorale; nous sommes loin des simples suites de danses qu'imaginaient Albeniz ou Granados. Il y a ici utilisation des grandes formes symphoniques, donc introduction d'une technique universelle. Mais néanmoins, à la base, dans l'esprit même des œuvres, le spécifique espagnol continue à vivre. En s'émancipant d'un régionalisme qui avait épuisé ses ressources, Oscar Espla et les jeunes musiciens espagnols qui suivent ses traces, se montrent donc comme représentant un degré d'évolution plus poussé que leurs prédécesseurs, comme menant au but ultime de toute école nationale: atteindre l'universel tout en respectant le sens du terroir natal.

Cette brève esquisse aura servi à mieux faire comprendre la signification des deux œuvres d'Oscar Espla, inscrites au programme: la veillée d'armées de Don Quichote — déjà jouée en Belgique par D. Defauw et F. André — et la Nuit de Noël du Diable. En outre figurent au programme L'Amour Sorcier de de Falla et Iberia d'Albeniz.

Mmes Mina Bolotine et Marguerite Thys, prêteront leur concours à ce concert, qui aura lieu vendredi 2 mai, à 18 heures, dans le grand auditorium de Radio Bruxelles.

Paul DE MAN.

L'actualité littéraire

Vient de paraître :

— Un nouveau roman de Pierre Benoit, *Le désert de Gobi*, édité chez Albin Michel.

— *Mystiques de France*, par Daniel Rops (Corréa, éditeur), une anthologie raisonnée de l'histoire spirituelle de la France.

— *Les amantes*, par Marcel Brion, l'histoire romancée de cinq célèbres amoureuses (Albin Michel, éditeur).

— Un roman d'aventures de Piérre Véry, *Mort depuis 100,000 ans* (Gallimard).

— Un roman de Gilberte Chimmer, Croissance (Corréa).

— Un nouveau Cronin, l'auteur de la Citadelle, intitulé *Trois Amours* (Albin Michel).

— Un recueil de *Pages d'Histoire*, par François-L. Ganshof, professeur à l'Université de Gand. (La Grande Librairie Belge).

— *Autour de Mme d'Agoult et de Lisst*, des témoignages d'A. de Vigny, d'Emile Ollivier et de la Princesse de Belgiojoso sur ce romantique amour. (Grasset, éditeur).

— Une plaquette de vers de Géo Libbrècht, *A la rencontre de Dieu*.

— A la collection les Ecrits, un roman de F. Weyergans, *Raisons de vivre*.

Nous reparlerons plus longuement de plusieurs de ces ouvrages. P. d. M.

A RADIO-BRUXELLES

CONCERT OSCAR ESPLA

Il est sans doute superflu d'insister sur la grande valeur de la musique espagnole moderne. Dans une brève notice introductive parue ici même, il y a deux jours, nous avons esquissé l'évolution de l'école espagnole et montré comment, en partant de données du folklore national, elle était parvenue à un stade d'universalité qui porte son renom dans le monde entier. Développement inauguré par Albeniz et Granados, continué par M. de Falla et Oscar Espla, les deux chefs de file du groupe de compositeurs espagnols contemporains. Le programme du concert donné à Radio Bruxelles, comprenant les noms d'Albeniz, de Falla et Espla — qui dirigeait l'orchestre à cette occasion — offrait donc des œuvres parmi les plus représentatives. On comprendra que l'attention allât particulièrement vers les ouvrages d'Oscar Espla. Car celui-ci, quoique jouissant d'une haute réputation, est moins joué ici que de Falla. Disons tout de suite l'enthousiasme que suscita la musique d'Oscar Espla, qui se fit connaître comme un musicien de tout premier plan, se plaçant parmi les plus remarquables compositeurs de notre temps.

Nous possédons maintenant les bases nécessaires pour formuler ce jugement. Jusqu'ici, on n'avait, durant cette saison, joué que ses suites de caractères folkloriques, qui, malgré leurs évidentes qualités, ne donnèrent qu'un sommaire aperçu de

Le compositeur Oscar ESPLA
(Photo Alban)

son talent. « La veillée d'armes de Don Quichotte » a une toute autre allure. C'est un vaste poème symphonique, admirablement construit, malgré sa complexité. D'un modernisme très évolué, l'œuvre possède au plus haut degré les qualités requises par les lois de l'esthétique actuelle : avant tout celle d'être prodigieusement orchestrée, avec une variété de timbres et de coloris étonnante.

Les deux extraits de « La Nuit de Noël du Diable » semblent être d'une conception plus directe, plus folklorique, plus simplement harmonisée aussi. C'est que cette cantate fut écrite par Espla avec le dessein de contredire un reproche qu'on lui faisait souvent. On prétendait qu'à force de donner à ses œuvres un caractère symphonique, il trahissait ses origines et l'égarait dans un savant mélange de dissonances. Pour répondre à ces critiques, il écrivit « La Nuit de Noël du Diable », bâti sur des thèmes d'aspect populaire — quoique originaux — et d'une harmonisation strictement consonnante. Ce qui n'empêcha pas à la composition d'être d'une beauté très personnelle.

Il semble que le principal mérite d'Espla est dans l'équilibre parfait qu'il maintient entre des moyens d'expression d'une extrême subtilité, d'une part, et une émotion artistique délicate et profonde, d'autre part. On peut reprocher à juste titre à plusieurs compositeurs modernes d'être victimes de leur raffinement et de tuer toute spontanéité à force de creuser des formules. Il n'en est pas ainsi chez Espla : ses œuvres gardent un aspect très inspiré. On sent qu'à leur origine il y a une émotion d'une noblesse et d'une pureté extrêmes. C'est cette précieuse qualité qui permettra sans doute à sa musique de survivre, car elle est en plus d'une construction admirable de l'esprit, l'expression d'une sensibilité qui touchera éternellement les âmes ouvertes à la beauté.

Ce grand compositeur se double d'un chef d'orchestre exceptionnel. Sous sa direction, Albeniz et de Falla prennent un relief et une vigueur rythmique prodigieux. Dans ces conditions, l'orchestre symphonique de Radio Bruxelles se découvre d'ailleurs des qualités insoupçonnées et fait preuve d'une souplesse et d'une discipline admirables. Comprenons Mmes Mina Bolotine et M. Thys, cantatrices, dans cet éloge unanime.

Il nous fut rarement donné, au cours de cette saison, d'assister à un concert de cette valeur, tant au point de vue de l'interprétation, que des œuvres exécutées.

Paul de MAN.

NOTRE CHRONIQUE LITTÉRAIRE

Charles Péguy

Deux ouvrages récemment parus nous ramènent à Charles Péguy. Des extraits réunis par son fils, Pierre Péguy, intitulés « Saints de France » (1), et une étude de Daniel Halévy), « Péguy et les Cahiers de la Quinzaine » (2). Retour d'actualité qui n'a rien d'étonnant; Péguy, inconnu de son vivant, sauf de quelques fidèles amis, fut découvert ces dernières années par toute une génération. Son influence est déjà manifeste dans un grand nombre d'écrits, surtout parmi les derniers venus à la littérature, et il apparaît comme une des plus attrayantes et importantes figures que la France ait connu durant ce quart de siècle. Cette célébrité ne le surprendrait pas : toujours, il fut convaincu de son génie et certain d'être écouté un jour. Espoir à longue échéance, qui dut lui être d'un grand soutien dans une existence où les épreuves abondent et où il y a plus de place pour des luttes obscures et épuisantes que pour la douceur d'une gloire tranquille.

Car la vie de Péguy ne fut pas une sinécure. Essayons de nous la représenter, en fixant d'abord le climat spirituel si particulier dans lequel baignait la France, au moment ou Péguy commença son activité, vers 1895.

La pensée française se mouvait dans une curieuse atmosphère, très éloignée de l'espèce de fatalisme contemplatif que nous avons connu récemment. Le pays est déchiré en deux, se passionnant pour l'affaire Dreyfus, qui joua un rôle presque disproportionné dans son histoire. Au fond, il ne s'agit pas de grand'chose : un obscur officier de l'état-major est accusé d'avoir livré des documents secrets à l'ennemi. Dégradé et emprisonné, le silence le plus complet aurait pu se faire sur son cas. Mais, sur l'insistance de sa famille, soutenue par quelques personnalités, on veut faire revoir son procès. Après de longues discussions la Cour de Cassation consent à faire une enquête. L'innocence de l'inculpé étant démontrée, on le répare dans ses droits. Il y a là tout au plus un grand fait divers, de quoi émouvoir une âme sensible. Mais autour de l'affaire, tout ce que la France compte comme élite intellectuelle — et surtout littéraire — est mis en branle. C'est Zola qui, avec le pamphlet « J'accuse », déclenché un vaste mouvement pour la libération de l'inculpé. Une Ligue des droits de l'homme et du citoyen, dont firent partie de grands savants et des artistes fut constituée. Ils défendaient Dreyfus, certes, mais par-dessus lui les revendications républicaines et révolutionnaires : séparation de l'Eglise et de l'Etat, exigences socialistes. Dans l'autre camp, nationaliste et conservateur, militent Barrès, Maurras et d'autres de moindre renom. Jamais deux tendances ne s'étaient heurtées si directement et n'avaient été si brillamment défendues.

On le voit, nous sommes loin de la sérénité pacifique d'une vie intellectuelle qui ne participe pas à l'action. Plus qu'un conflit de partis, l'affaire Dreyfus est un conflit d'idées, auquel sont mêlés les plus séculaires écrivains, tel Anatole France. A ce moment, Péguy est élève à l'Ecole normale supérieure. Pour ses camarades, il n'y a pas de doute sur l'attitude que prendra ce passionné, imbu d'idées socialistes et de justice égalitaire : il sera dreyfusard jusqu'au bout. La victoire de sa cause lui apporte le titre de délégué à l'édition, dans la Société nouvelle de Librairie et d'Edition, centre culturel du mouvement socialiste. Mais ce jeune membre du parti fait preuve d'une indépendance et d'une indiscipline si notoire qu'il a tôt fait de se brouiller avec ses chefs. Il doit quitter son poste d'éditeur. Geste dangereux pour quelqu'un qui a abandonné ses études afin d'embrasser une carrière, qui, en surcroit, est marié et père d'un enfant. Le voilà sans argent, sans amis, sans emploi. Pas tout à fait sans amis, cependant, car il pourra s'entourer de quelques fidèles et les mettre au courant du projet qu'il médite. Il veut faire une revue, non plus inféodée à un parti, mais qui paraîtrait librement, défendant encore des idées socialisantes, mais sans aucun contrôle. Le titre? Les Cahiers, un souvenir, dit Halévy, de ses cahiers d'école, si propres, si bien tenus.

Voici ce que sera dorénavant son existence : faire vivre, faire prospérer ses Cahiers, dont il assure, dans une boutique située près de la Sorbonne, la direction, l'impression et la vente. Grâce à l'énergie de Péguy, quêtant de porte en porte, grâce à la valeur de la collaboration — Romain Rolland, Halévy, Sorel, Benda — les Cahiers recrutent des abonnés et assurent leur avenir. Mais ils ne partent pas pour un voyage sans encombre. De 1910 à 1914, leur dirigeant devra rester sur un incertain qui-vive, combattant des ennemis, évitant les écueils. Pas un moment de répit ne lui est laissé : jamais il ne pourra souffler, continuel combattant pour sa sécurité matérielle en péril. Père de famille vigilant, possédant un métier instable entre tous, il luttera sans relâche, avec sa ténacité de paysan pour maintenir son gagne-pain. Il n'en manque pas qui veulent sa chute. D'abord les anciens alliés, les socialistes, qui ne lui pardonnent pas de leur avoir tenu tête et qui ont juré, par la bouche du terrible Herr, « de marcher contre lui de toutes leurs forces ». Ensuite, les hommes de droite, irrités par son non-conformisme, regardant toujours d'un mauvais œil ce nouveau chrétien déconcertant. Pris entre ces deux hostilités, Péguy continuera à marcher tête haute, défendant son œuvre, réunissant dans ses Cahiers la plus remarquable partie de la littérature française de son temps. La guerre de 14 le trouve à ce poste, elle le déplace à celui de lieutenant d'infanterie. Il n'y restera pas longtemps : au début de la bataille de la Marne, une salve de mitrailleuse anéantit la section entière, tuant le lieutenant Péguy, qui menait ses hommes à l'assaut.

* * *

La façon d'écrire de Péguy a été âprement discutée. D'aucuns virent dans ses continuelles énumérations (il y a, dans « Eve », cent vingt-deux strophes qui commencent par « Vous n'avez plus connu ») un procédé quasi-artificiel. Trouvons-y plutôt le rythme même de la pensée de Péguy, qui procède par à-coups, revenant chaque fois en arrière pour rajouter ensuite quelques centimètres au chemin parcouru. Gide a magnifiquement défini ce style « semblable aux cailloux du désert, qui se suivent et se ressemblent, où chacun est pareil à l'autre, mais un tout petit peu différent ». Halévy dira « qu'il avance à la manière du flot, poussant sa pensée par « longues vagues, chacune recouvrant la précédente et la dépassant d'une ligne ». C'est bien là l'image la plus exacte : une marée montante, qui pousse lentement, progressivement, jusqu'à atteindre les plus sublimes sommets. La langue obtient une intensité d'expression qu'on croyait l'apanage exclusif de la musique. Ici également, l'apport de Péguy est considérable et nul ne saurait lui disputer le titre d'avoir été l'écrivain français récent portant le plus nettement la marque du génie.

Sans doute, s'est-il parfois laissé prendre au jeu de sa propre virtuosité et n'a-t-il pas évité certains excès. Mais ce trait existe chez les plus remarquables, et surtout chez des natures débordantes qui répugnent avant tout à freiner leur inspiration par un souci de mesure. Ce qui leur permet de réaliser des miracles.

Ainsi nous apparait Péguy, grand par son âme, qui ne transige jamais et ne peut renoncer à la ultte par sa pensée, renouvelant et rafraichissant le catholicisme, grand, enfin, par ses étonnants dons d'artiste, créateur d'une beauté éternelle. La postérité retient de préférence, de tels tempéraments qui s'élèvent au-dessus des normes de leur époque, porteurs d'un message qui touche les hommes dans leurs plus profondes régions.

Paul de MAN.

---

(1) A la collection catholique de la N.R.F.
(2) Chez Grasset.

NOTRE CHRONIQUE LITTÉRAIRE

Tour d'Horizon

Rien que ces derniers huit jours m'ont apporté près de trente nouveaux volumes. Il y en a de toutes les sortes : depuis des essais philosophiques jusqu'à des romans policiers, depuis des recueils de vers jusqu'à des recettes de cuisine économique. Devant une telle abondance de matières, on réalise que de temps en temps, il faut renoncer à des comptes rendus un peu approfondis et modestement se borner à énumérer des titres, afin de tenir le lecteur au courant de l'actualité. Le besoin de lire est grand, les chiffres de vente des éditeurs atteignent des plafonds impressionnants. Pour encourager ce louable engouement autour des livres, il est nécessaire de faire savoir au public ce qui se produit dans tous les domaines, et de suppléer périodiquement l'information à la critique. Aussi cette chronique ne vise-t-elle qu'à être un tour d'horizon, une classification sommaire de ce que l'actualité fournit, pouvant servir de table d'orientation à ceux qui veulent s'approvisionner en lecture.

A plusieurs reprises, nous avons dû rendre compte de livres inspirés par la guerre. Les événements ont, déjà à présent, suscité une éclosion littéraire considérable, surtout en France. Témoignages sur les événements, essais politiques, recherches des responsabilités — surtout de thèmes qui furent abondamment traités. Souvent avec talent d'ailleurs car, si cette floraison n'a pas encore produit un chef-d'œuvre véritable, il en est néanmoins sorti des ouvrages de bonne classe, comme ce « Journal de la France », de Fabre-Luce ou la « Moisson de Quarante » de Neuvist-Méchin. La série continue, et il semble que le public n'est pas encore las de ces récits. Dans le genre témoignages, Grasset a publié un roman de Jean de Baroncelli, « Vingt-six hommes » et Albin Michel « Le sang de nos fautes » de René Roques, l'histoire de quelques aviateurs. Dans les deux romans on trouve la même atmosphère et les mêmes émotions, adaptation à l'étrange vie mi-pacifique depuis septembre 39 jusqu'en mai 40, puis le brusque sursaut devant l'attaque et le désarroi dans la défaite. La narration vivante, le pittoresque des personnages, joints à l'intérêt considérable du sujet, donnent aux deux volumes leur attrait.

Le même éditeur, Bernard Grasset, a établi une série de publications dans une collection qu'il nomme « A la recherche de la France ». C'est la première tentative d'effectuer un regroupement des forces spirituelles de la France après que celles-ci eussent été dispersées par la catastrophe. Il y a, dans ce pays, un certain nombre d'hommes qui ont compris qu'il fallait définitivement rompre avec le passé si on voulait que la France joue encore un certain rôle en Europe. Semblable en cela aux révolutionnaires du 18e siècle, ils tentent de formuler des principes politiques nouveaux et d'établir, en se basant sur les qualités héréditaires de la race française, quel sera le rôle et le régime de leur pays lorsqu'il s'agira de se partager les charges après la guerre. Ces tentatives n'en sont qu'à leur début, et les brochures que Grasset publie ne constituent encore qu'un premier déblaiement du terrain. Mais l'observateur attentif peut trouver dans ces textes les éléments d'une œuvre plus considérable. Bernard Grasset, Jacques Doriot et Drieu la Rochelle ont inauguré la collection. Georges Marez, le biographe de Briand, vient de la continuer par un grand essai « Pétain ou la démocratie? Il faut choisir. » Parmi toutes les tentatives sporadiques de dégager les leçons des événements et d'organiser le terrain pour l'action future, ces publications semblent être une des plus cohérentes et unifiées.

En dehors de ces créations, inspirées par les soucis majeurs de l'époque, une production purement littéraire, comportant des romans sans prétentions politiques, continue à vivre comme si rien ne s'était passé. A ceux qui croyaient que la guerre mettrait définitivement fin à un certain genre de littérature à bon marché, il faudra déchanter. Je ne sais pas s'il faut trop s'en plaindre. Un roman comme « Le désert de Gobi » que vient de faire paraître Pierre Benoit, n'est pas une catastrophe. Du moment qu'on n'accorde pas d'autres prétentions à son auteur que de vouloir divertir par une histoire aux péripéties variées.

M. Pierre Benoit continue à très bien faire son métier et lire « Le désert de Gobi » correspond à aller voir un excellent film, habilement construit, selon un schéma consacré mais qui ne rate jamais son effet.

Bornons-nous à signaler les titres de divers autres romans, dont plusieurs mériteraient une étude plus étendue, mais qui ne peuvent qu'être cités, faute de place. Ainsi chez Flammarion «Gai-Savoir » de Marie Gasquet, suite à un premier livre « Une enfance provençale » et « C'était en Floréal » un nouveau roman qui se joue durant la révolution française, d'Albéric Cahuet. Jean de la Varende, dont le livre « Le Centaure de Dieu » obtint le Grand-Prix du roman en 1938 fait paraître « Le Roi d'Ecosse » chez B. Grasset. Un excellent disciple de Giono, très personnel cependant, C. F. Landry est l'auteur de « Baragne », paru il y a déjà un certain temps chez Corrêa, mais que nous n'avions pas encore eu l'occasion de mentionner. Enfin, notre compatriote, Franz Weyergans nous livre sa profession de foi dans « Raisons de vivre » (les Ecrits à Bruxelles, éditeur). Nous reviendrons sur cet intéressant volume.

Paul Valéry a préfacé une série d'études groupées sous le titre assez prétentieux de « La France et la civilisation contemporaine » (1). On a demandé à un certain nombre de célébrités du monde de la pensée et des arts de faire, en un court article, le bilan de la contribution française à la littérature, la philosophie, la physique, la musique, etc., durant ces dernières années. Le résultat est fort décevant. Dans l'impossibilité pratique de donner une vue synthétique, en si peu de pages, les collaborateurs se sont, en général, bornés à une énumération plus ou moins complète, à la fois fastidieuse et inutile. La faute en est avant tout au plan général de l'ouvrage, qui veut résumer une matière qui ne se prête pas à être traitée dans de si étroites limites.

Dans le domaine de la critique et de l'histoire littéraire, nous avons parlé, la semaine dernière, du Péguy de Daniel Halévy. Voici à présent chez Gallimard, le tome II des « Réflexions sur la littérature » du regretté Albert Thibaudet, qui fut sans conteste le plus profond esprit critique de ces derniers temps. Enfin, pour terminer ce tour d'horizon, je ne puis m'empêcher de m'arrêter un instant aux deux gros volumes que M. Maurice Lecat consacre à Maeterlinck. Il ne lui a pas fallu moins de 900 pages pour rassembler toutes les bourdes dont l'auteur de « L'Oiseau bleu » s'est rendu coupable, lorsqu'il osait s'aventurer dans le domaine de la science et de la philosophie. Quand il était parvenu à mettre ensemble quelques mots à signification vaguement poétique, il pensait avoir créé une pensée profonde. M. Lecat, qui est docteur en sciences, juge cette prose avec rigueur scientifique. Le résultat est une immense anthologie de stupidités, ensemble extraordinaire que nous recommandons chaudement. Par exemple, ces vérités premières : « Il est moins surprenant de voir s'animer le pied d'un cheval que le pied d'un meuble. » « Avec un peu d'expérience, d'attention, d'imagination, nous finirons par discerner assez nettement nos ancêtres de nos descendants. » « Nul n'a souffert tant qu'il n'était pas né. » ou « Puisque les morts ne sortent pas de leurs cimetières, c'est qu'ils sont satisfaits. »

Et cette déclaration, de caractère hautement scientifique « Les êtres extraplats, que nous fûmes, êtres à deux dimensions, aspirons à en posséder quatre. »

Ce travail de démolition n'est pas superflu, quand on songe que Maeterlinck fut honoré comme vulgarisateur scientifique et esprit profond. Réduit ainsi à ses exactes proportions, il ne reste que le dramaturge symboliste, dont le talent est incontestable. Ainsi est mis fin à une réputation surfaite. C'est un service rendu à tous ceux qui croyaient, sans l'avoir lu en entier, que Maeterlinck était la plus grande gloire littéraire de notre pays.

Paul DE MAN.

---

(1) Flammarion.

LA VIE LITTÉRAIRE

APRÈS QU'ILS AIENT ÉTÉ IGNORÉS PENDANT DEUX CENTS ANS...

Bernard Grasset publie dés textes de Montesquieu

Le 25 février 1939, le journal « Le Figaro » publiait une série de pensées et maximes de Montesquieu et les déclarait inédites. Il y a là de quoi ahurir un lettré : des textes d'un si important écrivain et des textes qui, manifestement, avaient une grande valeur, étaient restés enterrés durant près de deux siècles, sans raison apparente. Oubli incompréhensible, car il ne s'agissait pas d'un manuscrit trouvé parmi de vieux papiers ou acheté par hasard — comme on découvre encore maintenant un Rubens ou un Rem-

LES TROIS CAHIERS MANUSCRITS
(Archives « Le Soir ».)

brandt. Les extraits provenaient de trois cahiers manuscrits que la ville de Bordeaux venait d'acquérir dans les enchères de la rue Drouot, cahiers qui avaient passé en diverses mains et auraient pu être rendus publics à maintes occasions.

On comprend qu'un éditeur-né comme Bernard Grasset, dont le but et l'ambition sont précisément de toucher le plus grand nombre de lecteurs possible, ait sauté sur l'occasion. Sans perdre un instant, il s'est mis en rapport avec le conservateur de la bibliothèque de Bordeaux, M. André Masson, pour savoir si rien ne s'opposait à une publication. Devant la réponse affirmative de ce dernier, il entreprit immédiatement le travail, choisissant dans le texte original ce qui présentait un intérêt, classant les notations de Montesquieu — il s'agissait d'un cahier de travail dans lequel celui-ci inscrivait ses idées, au hasard de l'inspiration — établissant le volume qui est actuellement mis en vente sous le titre de « Cahiers », de Montesquieu.

A vrai dire, ce n'est pas là la toute première édition. En 1899, trois membres d'une société des bibliophiles de Guyenne, s'avisèrent d'imprimer, sous forme de deux gros livres in-4°, le contenu des trois cahiers. Mais un bibliophile est, par définition, quelqu'un qui tient plus à la rareté d'un livre qu'à sa diffusion — l'opposé même de l'éditeur. Aussi, les trois comparses, non contents d'avoir donné à leur publication une forme qui le rendait impropre à la lecture, ne tirèrent qu'à un nombre très réduit d'exemplaires et en ayant soin de les vendre parcimonieusement. On ignora donc complètement cet écrit, qui était fondamental pour l'étude de l'auteur, et aucun des grands historiens de la littérature n'en fit usage — faute d'en avoir pris connaissance. Curieux exemple de l'activité néfaste de l'esprit bibliophile, capable de cacher complètement un trésor littéraire. Et encore plus curieux est la passivité dont firent preuve ceux qui, par hasard, apprirent l'existence de l'ouvrage, mais ne purent en tirer profit.

L'édition Gallimard voulut charger quelqu'un du travail de sélection indispensable afin de pouvoir mettre le livre sur le marché, mais on se récusa devant l'importance de la besogne. Si le hasard n'avait pas voulu que, pour des raisons de succession, la famille de Montesquieu avait dû vendre les manuscrits, il n'y aurait jamais eu d'article dans le « Figaro » et Bernard Grasset serait resté dans l'absolue ignorance d'une partie de l'œuvre de Montesquieu demeurée pratiquement inédite. Et nous n'aurions jamais pu prendre contact avec ces spécimens de la pensée extraordinairement pénétrante d'un des plus grands auteurs français du XVIIIe siècle.

Importance de la publication

Dans ces trois gros cahiers, dont l'un portait sur un petit carré de maroquin l'inscription « Mes pensées », Montesquieu avait accumulé les réflexions les plus diverses sur lui-même, sur les femmes, sur les lois, sur la politique, sur l'humanité, en vue d'utiliser ces rapides notations dans ses ouvrages. On conçoit combien des pages de ce genre, dans lesquelles l'auteur se livre tout entier, sans souci d'ordre et de méthode, mais sans souci également de ne rien retrancher de sa méditation, contribuent à faire saisir le mécanisme de son activité mentale. Et, précisément, chez Montesquieu, cet observateur touche-à-tout, pour qui tout est matière à utilisation, un tel travail est de première importance. C'est ici qu'il se fait connaître le plus à son avantage. Ses grands ouvrages, « Considérations sur la grandeur et la décadence des Romains » et « L'Esprit des Lois », apparaissent souvent diffus, sans plan systématique, incohérents. Cet historien et juriste était avant tout un brillant essayiste, capable de formuler dans quelques lignes une pensée pénétrante, mais non pas de composer le schéma logique d'une importante argumentation doctrinale.

Où pouvait-il donc mettre, plutôt que dans ce journal, le meilleur de lui-même ? Selon Faguet, l'Esprit des lois « est moins un livre qu'une existence » c'est-à-dire, le reflet, au jour le jour, d'une attention toujours en éveil et toujours différemment orientée. C'est là un défaut dans une étude qui vise à la synthèse, un charme au contraire, dans une mise de réflexions, dirigées dans des secteurs si variés et si divers. C'est pourquoi ces « Cahiers », intelligemment et clairement ordonnés par Bernard Grasset, ont un attrait considérable. Le théoricien y trouvera des aspects nouveaux, des éléments inconnus du travail d'un auteur dont l'importance est indiscutable. Mais le simple lecteur non prévenu se laissera attirer par l'élégance et la profondeur de certaines maximes, par la pénétrante exactitude de certaines réflexions. Par leur étonnante actualité également, car plusieurs paragraphes ont, à nos yeux, une saveur particulière. Citons ces deux, ayant trait à l'Angleterre : « Il n'est point de l'intérêt de la France de faire une alliance offensive et défensive avec l'Angleterre. Le secours de la France est prompt; mais celui de l'Angleterre est long et incertain à cause des délibérations. Il est vrai que la France est plus exposée que l'Angleterre, et qu'ainsi elle a plus souvent besoin de secours. » « Grande maxime pour la France d'obliger l'Angleterre d'avoir toujours une armée de terre. Cela lui coûte beaucoup d'argent, l'embarrasse par la méfiance qu'elle a contre cette armée, diminue d'autant les fonds pour la marine. »

D'autres notations, trop longues à reprendre ici, ont également une valeur d'actualité, telles que celles où Montesquieu prévoit le principe de l'organisation autarchique des économies fermées ou parle du danger de la dénatalité.

Apport à la critique de Montesquieu

A la lumière de cette publication, le jugement critique de Montesquieu se renouvelle et se précise. En lisant les notes sur lui-même et sur le bonheur — Grasset souligne la chose dans sa préface — la psychologie de l'écrivain devient fort claire. Nous nous trouvons devant le cas opposé du génie sombre et envoûté par son œuvre, obsédé par la nécessité de créer. Cet homme, au contraire, a avant tout voulu être heureux et jouir de ses facultés — et une des façons de le faire était d'écrire. A juste titre, Grasset dira donc que ce fut un amateur de génie. Dès lors, beaucoup de défauts de Montesquieu s'expliquent aisément: son incohérence, son manque d'ordre logique sont conséquences de son dilettantisme, plus que d'une insuffisance de son esprit. On peut regretter que étant si doué et possédant une telle facilité il n'ait pas considéré les lettres comme un métier auquel il devait se donner complètement. Mais les imperfections d'une œuvre sont compensées par la réalisation d'une existence harmonieuse. Ce n'est pas le moindre intérêt de ces « Cahiers » que de nous apporter le témoignage de cette réussite, et d'éclairer d'une lumière nouvelle la personne de celui qui, tout en étant grand écrivain, sut être un individu parfaitement équilibré.

Paul de MAN.

Le portrait de Montesquieu en toge de magistrat.
(Archives « Le Soir ».)

NOTRE CHRONIQUE LITTÉRAIRE

Religion et romanesque

Il y a deux sortes de romans religieux. Les premiers, ceux dans lesquels l'auteur s'intéresse aux choses de l'Eglise pour des raisons objectives : le pittoresque qu'elles présentent, les thèmes psychologiques qu'elles peuvent fournir.

Ensuite, ceux qui constituent des expressions directes, lyriques, d'une foi qui s'affirme ou d'une conversion qui se dessine. Deux excellents exemples nous sont fournis par l'actualité : le « Roi d'Ecosse », de La Varende (1), s'apparente à la première catégorie, et « Raisons de vivre » (2), de Franz Weyergans, qui appartient à la deuxième. La Varende est le romancier que le hasard de son inspiration a fait choisir une intrigue centrée sur la vie d'un prêtre. Quant à Weyergans, c'est le chrétien qui tente d'exprimer sa foi en une forme artistique. Un monde sépare donc les deux ouvrages, et si nous les traitons dans une seule chronique, ce ne sera pas pour les juger selon les mêmes critères. Mais cela nous permet d'indiquer qu'il y a un renouveau d'intérêt pour des sujets ayant trait à la religion. Renouveau, car depuis longtemps, on n'a plus entendu le son des cloches ni le murmure des prières dans la littérature française. A l'exception de quelques isolés — Péguy, Claudel — on se tourna plus volontiers vers le psychologique que vers l'éthique, c'est-à-dire qu'on préférait analyser le mécanisme des actes que d'exalter leur grandeur. Le religieux, avec son caractère surnaturel, irrationnel se prête plus à être lyriquement glorifié qu'à être disséqué par une lucide raison. D'où la défaveur des grands problèmes de la croyance, rarement abordés par les écrivains contemporains. Mais ce n'est pas une pure coïncidence, si deux récents romans traitent de ces questions. Changement de sujets signifie changement d'état d'esprit, donc possibilité d'un développement inédit. Parmi toutes les tendances actuellement vivantes dans la littérature française, le courant religieux est peut-être le plus fécond et le plus apte à mener dans des voies nouvelles.

* * *

Jusqu'aux derniers chapitres, le « Roi d'Ecosse », de La Varende, m'a beaucoup plu. On y respire une atmosphère curieusement délicate, au milieu de personnages un peu fous mais charmants, dans le cadre d'une admirable petite ville de la province française. On n'avait plus retrouvé ce ton depuis « Bella, ou « Eglantine », de Giraudoux, ce climat d'irresponsabilité, de gratuité, dans lequel ne s'agitent pas de passions destructrices, mais uniquement certaines actions doucement poétiques, sans aucune lourdeur. Dans ces chapitres ne vivent que des hommes qu'une longue tradition et une culture ancestrale ont mis à l'abri des coups d'éclat et des drames bruyants. Le vieux curé Delmas, pieux érudit, habite sa belle maison en style Louis XV, en compagnie de son valet, au caractère un peu bizarre, qui, à cause de son nom, Robert Breuce, se croit descendant du roi d'Ecosse et ne résiste pas à la satisfaction de revêtir de temps en temps le kilt à carreaux que son illustre ascendance lui impose. Dans leur entourage, rien que des figures amies et dévouées, quelques purs aristocrates aux préjugés stables, qu'une existence aux rites immuables éloigne de toute aventure. Voilà ce qui constitue les deux tiers de ce livre, ces quelques tableaux et caractères, minutieusement décrits avec une grande abondance de détails et un peu d'ironie. Malgré quelques longueurs, quelques passages qui attachent trop d'importance à des futilités, l'évocation du calme provincial nous emporte et nous ravit. Il faudra attendre la page 355 pour apprendre que cette sérénité n'était que feinte et cache de tragiques secrets, que le valet un peu fou est, en réalité, le fils illégitime de l'abbé et que, par suite de diverses circonstances malheureuses, le scandale va éclater. Tout cela se termine tristement par un interdit et une mort isolée et désespérée. Ce brusque rappel du monde du badinage aux réalités brutales, fait tomber le roman de plusieurs degrés.

Tout le charme en est rompu et la belle impression de pur détachement détruite à jamais. Jean de la Varende, cédant soudainement à un besoin de mettre dans les dix dernières pages une accumulation d'événements, alors qu'il a retenu notre attention presque sans intrigue durant les précédentes, détruit l'équilibre et manque, à la dernière minute, l'occasion d'écrire un de ses meilleurs romans.

* * *

Dans « Raisons de vivre », de Frans Weyergans, on peut distinguer nettement entre deux formes d'inspiration. Une trame descriptive et narrative très lâche, soudainement interrompue par des méditations religieuses et morales. Il ne faut pas reprocher à l'auteur sa construction hétérogène, où les deux éléments interfèrent et se superposent continuellement, sans aucun souci d'architecture générale. Le caractère mélangé du livre est voulu et lui donne un aspect de journal, qui correspond bien à sa nature purement intérieure.

Les méditations religieuses ne constituent

pas la meilleure partie de l'ouvrage. La langue en est à la fois trop chargée de métaphores, trop travaillée pour être directe. Elles manquent, semble-t-il, de spontanéité expressive et frisent la grandiloquence, dans leur obstiné désir de donner à toute chose une signification éternelle. Franz Weyergans est, en fait, un excellent romancier et un médiocre poète lyrique. Dès qu'il aborde des passages descriptifs, qu'il fait le portrait d'un personnage ou qu'il se livre à de l'analyse psychologique, les qualités de l'écrivain apparaissent. Il y a, vers la fin du volume, trois ou quatre esquisses, pas même des nouvelles d'incontestable valeur seulement. Quelques traits, quelques paroles échangées et émotions ressenties, et cependant, ces pages vivent d'une vie intense. « Tout est demandé, en définitive, au lecteur. Derrière les mots, il doit rechercher le vrai drame. Il doit apercevoir, derrière ces branchages obscurs agités par le vent, un visage blafard, la vérité qui l'épie ». Le but est atteint : ces évocations apparemment schématiques et sommaires frappent plus notre imagination et entrent plus dans notre mémoire qu'une abondance de détails qui finit par noyer l'essentiel. Et cependant, Weyergans s'attache à un sujet difficile et ingrat : l'histoire du mariage. Non pas à des à-côtés romanesques — adultère, divorce — mais à l'essence même des bonheurs et conflits de la vie conjugale, ceux qui ne sont même pas exprimés, mais n'en existent pas moins dans l'âme des époux. Ce qui vit dans ces notes est une réalité journalière, le continuel compromis exigé par la présence à ses côtés d'une compagne avec laquelle tout est partagé, les renoncements intimes que cette union implique, mais les grandioses compensations qu'elle offre non pas sous forme d'exaltants triomphes, mais d'un certain subtil équilibre qui est l'image même du bonheur. « A ce prix est notre joie et notre raison de vivre ».

Je ne sais pas si le prochain roman de Weyergans, « Notre Conversation est dans le Ciel », actuellement en préparation, abandonne définitivement la digression lyrique pour se consacrer uniquement à la fiction et au récit. S'il en est ainsi, j'ose prédire, dès à présent, une complète réussite.

Paul de MAN.

(1) Chez Grasset.
(2) Collection « Les Ecrits » à Bruxelles.

AUX CONCERTS-EXPOSITIONS DE LA TOISON D'OR

Commémoration Eugène Ysaye

Bruxelles

Parmi les diverses manifestations qui ont marqué le dixième anniversaire de la mort d'E. Ysaye, celle donnée à la Toison d'Or fut des plus intéressante puisqu'elle présentait diverses œuvres données en première audition. A propos du concert donné à Radio-Bruxelles, les grandes qualités d'Ysaye comme compositeur, ont été dites ici : son originalité, la solidité de construction de ses ouvrages. Cette nouvelle audition ne peut que confirmer ce jugement. Nous retiendrons surtout la sonate pour violon seul, qui, tout en étant extrêmement brillante et exploitant à fond les ressources techniques de l'instrument, demeure toujours inspirée et ne retombe jamais au rang d'une acrobatie vide de sens. Le quintette à cordes (nachevé), deux mélodies et un arrangement d'une sonate de Vivaldi pour violon et piano, constituaient les autres inédits, inscrits au programme.

Tous les interprètes, sans exception, sont à louer pour l'excellence de leur collaboration. M. Frans Wigy donna une version particulièrement émouvante du touchant « Rêve d'Enfant » et joua la sonate avec la maîtrise qu'on lui connaît. Mad. Lydia Levre fit valoir de belles qualités vocales dans les deux mélodies. MM. Guller et de Burbure de Wesenbeek, dans la sonate de Vivaldi et Lagarde, Fonton, Luffin, Heirweigh, Beauvais, interprètes du quintette, remplirent très correctement leur tâche.

Dans une causerie instructive et animée, Antoine Ysaye, retraça l'existence de son père et contribua, par plusieurs anecdotes, à mieux faire connaître l'attachante figure du grand musicien. P. de M.

NOTRE CHRONIQUE LITTÉRAIRE

« Le Cœur Intraitable »
Une traduction de l'anglais

La lecture d'un roman anglais moderne procure toujours une impression de grande perfection. Voici par exemple « Le Cœur intraitable» (1) de Robert Speaight que Jean Talva vient de traduire. Il ne s'agit pas d'une œuvre de premier plan, mais d'un travail bien fait, soigneusement achevé, contrastant avec un certain débraillé qui est fréquent en France. Le fait est que le romancier anglais a derrière lui une tradition du genre à ce point évoluée qu'il ne peut plus — noblesse oblige — se permettre de travailler négligemment. Il dispose d'une quantité de procédés littéraires éprouvés et raffinés, d'une science du roman explorée jusque dans ses moindres recoins. Les grands auteurs de l'époque victorienne, et leurs continuateurs au XXe siècle — James, Hardy, Galsworthy, Kipling, Conrad, Wells — avaient développé leur technique à l'extrême, et atteint une maîtrise qui n'eut pas son égal en France. C'est de leur expérience que bénéficient encore, consciemment ou non, les écrivains de nos jours.

Cette habileté prodigieuse dans l'art du récit fut d'ailleurs le seul élément qui fut pris par les contemporains dans la tradition nationale. Le restant de leur art était article d'importation et venait en droite ligne de Paris. Bien peu de choses rattachent les romans de Huxley, Joyce ou Lawrence à ceux de la génération anglaise précédente, tandis que leur parenté avec des modèles français est manifeste. En ce sens, il est juste de reconnaître la supériorité d'originalité de la littérature française actuelle : les parents spirituels du roman anglais s'appellent Gide et Proust et non Galsworthy ou Hardy. C'est en prenant contact avec l'Outre-Manche que tout un groupe d'écrivains se libéra de la contrainte imposée par une école qui avait atteint son maximum de perfection. Le souffle nouveau qu'ils sentaient dans « A la recherche du temps perdu » ou les « Faux Monnayeurs » fut pour eux un appel irrésistible. Analyse lucide et objective, respect de l'entière vérité, intérêt pour des problèmes de l'âme plus que pour des intrigues savantes, toutes les caractéristiques qui se groupent dans le roman psychologique actuel passèrent en bloc dans l'œuvre de la génération d'après-guerre. Mais cela ne se fit pas aux dépens des disciplines acquises et, comme nous l'avons dit, cette esthétique nouvelle continua à faire usage d'une technique établie précédemment dans l'art d'écrire.

Cette union du traditionnel et du révolutionnaire, qui procure au roman anglais contemporain son aspect particulier, donne d'excellents résultats. Elle nous fournit ce genre de livres auquel appartient celui de Robert Speaight, des études en profondeur d'une évolution intérieure, construites selon des plans harmonieux, écrites avec un souci constant de la forme. Le modèle du genre reste « Fontaine » de Charles Morgan. On ne peut s'empêcher d'y comparer un roman comme « Le Cœur intraitable », quoique certaines ressemblances ne soient peut-être que pure coïncidence.

Ce que les deux ouvrages ont en tout cas en commun — et ont d'ailleurs en commun avec une immense quantité de romans psychologiques — c'est qu'ils retracent la lutte d'un individu à la recherche de son équilibre. On s'est beaucoup intéressé à des tentatives que doit faire tout homme afin de trouver sa norme, aux tâtonnements et expériences multiples qu'il exécute avant de découvrir la ligne de conduite ou le genre de vie qui lui convient le mieux. Le roman transpose cette recherche du domaine de l'abstrait dans celui de la vie pratique et dépeint les effets que ces bouleversements intérieurs ont sur la conduite du héros. Et en particulier sur les rapports qu'il entretient avec ses prochains. Car, lorsqu'un personnage subit une crise morale qui change quelque chose dans sa conformation interne, l'effet le plus tangible de cette transmutation est que ses rapports avec ses proches seront modifiés : ceux qui étaient des amis deviennent des étrangers et d'autres, qu'il ignorait, intéressent soudain son esprit. Mais comme ce jeu d'attache et de rupture ne peut se faire sans heurt, puisqu'il y a des éléments sentimentaux qui interviennent, il y a là matière à d'infinies combinaisons d'intrigues et d'aventures, de quoi alimenter autant de récits qu'on veut.

Dans le cas particulier qui nous occupe, le héros de Robert Speaight dans « Le Cœur intraitable » se trouve par suite d'un concours de circonstances, dans l'impossibilité de développer son tempérament véritable. Il s'agit du fils d'un militant nationaliste irlandais, qui est élevé par sa tante, dans une ambiance aussi éloignée que possible de la mentalité de son père. Le livre décrit la lutte qu'il devra soutenir, systématiquement, contre son entourage et contre soi-même, jusqu'à ce qu'il parvienne à rejoindre la route que lui indique le souvenir paternel. Alors seulement il sera devenu un homme normal dans toute l'acceptation du terme, quelqu'un qui a trouvé les préceptes moraux et l'orientation spirituelle qui lui procurent la paix intérieure et le bonheur.

Lorsqu'un romancier aborde un tel thème, on est en droit d'exiger de lui une analyse fouillée, permettant de suivre clairement le drame psychologique qui est à la base de l'action. Speaight ne réussit pas toujours dans cette entreprise. Ses personnages restent assez frustes, assez opaques. Nous distinguons leur aspect extérieur, quelques traits saillants de leur être intime, mais le mécanisme même de leurs passions reste enveloppé dans une brumeuse imprécision. Visiblement, l'auteur s'attache trop au romanesque extérieur, préfère créer des entrevues tragiques ou touchantes, plutôt que d'étudier les caractères. De même, il tient à nous faire voir du pays et à s'attarder à des descriptions de monuments historiques, par simple souci du pittoresque, sans qu'il y ait un lien entre les sentiments des personnages et le décor dans lequel ils se meuvent. De tels artifices donnent sans doute du charme et de la variété, mais ils sont déplacés dans le genre dépouillé et rigoureux qu'est le roman psychologique. Ils éloignent l'attention du noyau essentiel et ralentissent inutilement le développement du récit. C'est une rançon qu'il faut payer, lorsqu'on s'adonne à l'analyse : tout ce qui était le bienvenu dans les romans de l'époque romantique: les descriptions colorées, les péripéties palpitantes, est exclu. Vouloir le conserver, comme le fait, dans une certaine mesure, R. Speaight, est une erreur.

C'est pour cette raison que nous pouvions dire, au début de cette chronique, que « Le Cœur intraitable » était, somme toute, une œuvre de second plan. Elle n'en possède pas moins suffisamment de qualités pour trancher favorablement sur une actualité qui, dans l'ensemble, demeure fort terne.

Paul de MAN.

---

(1) Editions Stork.

L'actualité littéraire

Aux Editions Payot

— Un nouveau livre sur la Malaisie vient de paraître aux Editions Payot : « Pahang », par Willard C. Bush.

Willard Bush a passé quatre ans dans la province la plus sauvage de la péninsule malaise, celle de Pahang, comme planteur de caoutchouc. C'est une vie extraordinaire que mènent là-bas les rares hommes blancs isolés parmi les dizaines de milliers d'indigènes et entourés d'une faune où toutes les espèces féroces se rencontrent. Mais ce ne sont pas seulement des histoires de luttes contre les bêtes sauvages ou contre les indigènes, souvent révoltés, que nous conte l'auteur. Son livre évoque ce pays étrange avec une puissance qui ensorcelle le lecteur, comme W. Bush est resté ensorcelé pendant les quatre années qu'il y a passées.

— « Les Astres et la Destinée » de Philippe Metman, traduit de l'allemand par J. Leguèbe. Cet ouvrage traite des mythes grecs qui ont donné naissance au monde de représentation astrologique, et intéressera donc également les amateurs d'astronomie et de mythologie. P. d. M.

Au Conservatoire

L'Art de dire et l'Art d'écouter

La première d'une série de trois soirées artistiques organisées au Conservatoire de Bruxelles, comportait, outre une causerie introductive par Mlle Nadine Hollevoet, la lecture de plusieurs poèmes et l'exécution de quelques mélodies.

« L'Art de dire et l'Art d'écouter »; sur ce sujet, Mlle Hollevoet résuma les principales qualités qui permettent à un diseur de communiquer à son public l'émotion contenue dans un texte, et, d'autre part , les déformations qui empêchent l'auditeur de se laisser emporter par une bonne lecture ou un concert de classe. Thème intéressant, traité avec beaucoup d'élégance par la conférencière, qui se montra en possession de toutes les vertus, qui, conformément à ses propres théories, font un parfait lecteur.

Des poèmes, de diverses époques, depuis La Fontaine jusqu'à Francis Jammes, récités par Mlles N. Hollevoet et M. Dieudonné, ainsi que par M. Ducoffre. Ce dernier surtout fit preuve de beaucoup de talent. Mlle Dieudonné a une façon de dire très scénique, un peu gênante dans Victor Hugo, mais qui fit merveille dans le poème de Jammes, au titre suggestif « Je m'embête ».

Enfin, des mélodies de Hugo Wolff, Schubert et Brahms furent chantées par Mlle Simone de Reyghere. Interprétation soignée, démontrant un sens musical très pur, qui convient surtout dans les pièces de caractère léger, moins dans celles qui visent à une émotion plus grave. Mlle Marthe Crickboom accompagna parfaitement au piano.

Une prochaine soirée, suivant la même formule, aura lieu le lundi 9 juin, à 20 heures, avec comme titre : « Poètes, poèmes et poésie ». P. d. M.

L'actualité littéraire

Antoon Herkenrath, graveur sur bois

Le livre sur Antoon Herkenrath qui était annoncé aux Editions Pro Arte, de Diest, vient de paraître. Il contient de nombreuses reproductions permettant une vue générale de l'œuvre du meilleur graveur sur bois flamand, précédées d'une excellente étude analytique et critique de la main de Karel Horemans.

L'histoire de cet art si peu usuel est curieuse : d'abord l'apanage artisan, il est passé au rang art plastique et certains créateurs très doués — citons par exemple Frans Mazereel — n'hésitèrent pas d'en faire usage. Les reproductions de Horomans confirment que la xylographie permet une richesse d'expression et une puissance d'évocation singulières, malgré la simplicité d'un exclusif noir-sur-blanc. Une technique extrêmement développée, jointe à une vision très personnelle des sujets, ont permis à l'artiste de réussir admirablement dans ce genre ingrat et difficile.

Guidé par le texte de Horemans, le lecteur pourra suivre toute l'évolution de cette technique et observer comment Herckenrath a pu atteindre, progressivement, à une réelle et profonde beauté.

P. de M.

Dans la constitution d'une élite, le rôle de la jeunesse sera considérable

nous dit M. Abel Bonnard

Avant d'assister à la conférence que M. Abel Bonnard donnera au Théâtre des Galeries, nous avons tenu à lui poser quelques questions afin d'obtenir des précisions sur la façon dont il entend traiter cet ample et intéressant sujet : « La constitution d'une élite dans l'Europe nouvelle ».

— La question de la constitution d'une élite n'est pas neuve, nous dit M. Bonnard. La preuve, c'est qu'on en parlait déjà beaucoup avant la guerre. C'est

M. ABEL BONNARD
(Archives « Soir ».)

d'ailleurs chose normale dans un monde qui, comme je le crois, était en décadence. Même si l'événement militaire ne s'était pas produit, je pense que nous allions vers une certaine et progressive désagrégation de la société et des institutions. La nécessité de retrouver une élite, capable de redresser une évolution si catastrophique, se serait donc imposée de toute façon. Mais la situation actuelle lui donne un caractère plus impérieux et plus urgent.

— Quelle est la mission qui incombera à l'élite créée?

— Elle aura avant tout le devoir, puisque nous sortons d'une époque inférieure, de préparer un changement. Changement veut dire établissement de valeurs nouvelles. Mais ces valeurs ne sont en réalité que les anciennes qui doivent être redécouvertes. On peut concevoir des structures sociales inédites mais il est entièrement chimérique de vouloir inventer des valeurs humaines originales. Il s'agit de remettre en évidence ce qui a éternellement constitué la meilleure partie de la personne humaine.

— L'élite précédente avait donc failli à sa tâche?

— Bien plus, elle n'existait pas. Ceux qui prétendaient la constituer n'étaient que de faux grands hommes. Et puis, le mal était plus profond. Il consistait dans une erreur générale, qui faisait juger le mérite de quelqu'un uniquement en fonction de son intelligence. C'est une aberration, d'abord parce que l'intelligence à elle seule ne suffit pas à établir la grandeur, ensuite parce que ce qu'on entendait par intelligence n'était qu'un verbiage douteux qui n'allait jamais au fond des choses.

— Il y avait cependant en France des individus de valeur.

— Bien entendu. Il y avait quantité de « gens bien ». Mais il y en a à chaque époque. Seulement, c'étaient des « gens bien » qui vivaient sur un navire qui faisait naufrage. Une élite est autre chose qu'une simple assemblée de valeurs exceptionnelles. C'est un groupement constitué pour exister au profit de la collectivité, et qui vit en entière dépendance des vertus de celle-ci. Il n'y a aucune disjonction entre la notion « élite » et la notion « collectivité », bien au contraire. L'élite rassemble et concentre des vertus que la collectivité possède de façon moins intense et moins précise, les amène un jour et jouit de leur développement. Elle a donc rapport à des vertus communes et non exceptionnelles ou détachées de celles de la masse.

— Voyez-vous des symptômes de la naissance de cette élite?

— Je vois surtout qu'au besoin de sa naissance, s'est ajouté le désir de la voir se former. Le climat politique s'avère favorable à l'éclosion de cette aspiration : on a retrouvé le besoin d'admirer, de se trouver des supérieurs dont il fait bon suivre les conseils et les ordres. Sans doute, l'effondrement de la démocratie n'est-elle pas étrangère à ce revirement des esprits. Les principes nouveaux encouragent l'admiration, tandis que la démocratie, au contraire, en exagérant l'importance d'un certain esprit critique, trouvait plaisir à abaisser et à amoindrir.

— Pensez-vous que cette élite sortira de la nouvelle génération ?

— Le rôle de la jeunesse dans ce problème peut être considérable, à condition qu'elle prenne clairement conscience de ses devoirs.

C'est d'ailleurs un principe général. Si vous désirez résumer ma pensée en peu de mots : « Un homme d'élite est celui qui a le courage de s'imposer des devoirs multiples ».

Sur ces mots, notre entretien a pris fin. Ainsi se trouvent posés quelques-uns des principes qui doivent mener à ce regroupement des forces qui, tant en Belgique qu'en France, est une condition nécessaire pour que la nation puisse revivre.

PAUL DE MAN

L'actualité littéraire

« Précis de zoologie »

Ce titre est le début d'une aimable mystification qui se prolonge durant une centaine de pages. On sera sans doute surpris par les vues, pour le moins originales, que les deux savants, le professeur Claudio et le docteur Julius, portent sur la classification et la description du genre animal.

Les deux humoristes Jacques Gevers et Freddy Seriez de Muers, qui sont responsables de cette science de fantaisie, veulent parvenir à « faire marcher » le lecteur. Reconnaissons, en beau joueur, qu'ils y réussissent en général et que, presque à chaque page, on est forcé d'avouer qu'on vous a eu. Ce genre de plaisanterie, surtout quand il tourne à la parodie du style des ouvrages scientifiques, me rappelle un peu Stephen Leacock, le fameux humoriste canadien, — ce qui n'est pas un mince compliment pour les auteurs.

Un troisième compère, Jac Dix, n'a pas moins de mérite. Les dessins au trait qui illustrent les visions loufoques des zoologistes de fortune sont tout à fait excellents. Le tout est édité avec tout le soin souhaitable par les Editions Duo.

P. d. M.

NOTRE CHRONIQUE LITTÉRAIRE

« Mariage sans enfants » un roman flamand

Trois récents ouvrages nous décrivent différents aspects que peut revêtir le sentiment de l'amour : depuis la forme conjugale, dans « Mariage sans enfants », de J. Hendriks, paru au Sikkel, à Anvers, jusqu'à la dévotion religieuse, dans « Mystiques de France », de Daniel Rops (1), en passant par les divers stades intermédiaires dont parle Georges Rency, dans une suite de nouvelles intitulées « Les Visages de l'Amour » (2).

* * *

Il n'y a pas longtemps que le mariage a fait son apparition comme thème littéraire. Dans les ouvrages romantiques, une intrigue amoureuse n'est considérée comme intéressante que durant la période pré-nuptiale. Ensuite, une fois que le héros et l'héroïne se sont trouvés, le restant de leur histoire reste dans le vague : « ils vécurent heureux, et eurent beaucoup d'enfants ». En réalité, ce n'est qu'alors que l'aventure commence et devient intéressante pour le romancier-psychologue. Celui-ci s'attache moins aux intrigues extérieures qui précèdent l'union qu'au subtil jeu des adaptations que comporte la vie en commun. D'où la naissance d'un grand nombre de livres centrés sur ce sujet, analysant les mobiles qui déterminent le bonheur ou le malheur d'un mariage.

La littérature flamande actuelle n'a pas échappé à cette influence. Mais, cette question du sujet mise à part, le présent livre de Hendriks a plutôt des ressemblances avec le genre littéraire qui appartenait à la génération précédente.

Le cas n'est d'ailleurs pas unique, car une partie de la production flamande contemporaine continue à porter nettement l'empreinte laissée par les prédécesseurs. Certains, comme Maurits Roelants, ont repris des modèles français et se sont lancés délibérément dans le roman psychologique; dans l'histoire évolutive des genres, ils paraissent donc être à la pointe du progrès. Mais d'autres, par contre, n'ont jamais dépassé le stade de la description pure, du récit extérieur, qui enregistre les conflits nés des chocs des caractères, sans pénétrer dans leur mécanisme intime. Le naturalisme a si profondément marqué les romanciers flamands que, alors qu'il est depuis longtemps dépassé dans d'autres pays, il continue à imposer ses lois en Flandre. Peut-être est-ce dû au fait que ce fut à travers lui que le roman flamand, à l'époque de « Van Nu en Straks », prit enfin une forme capable de se développer. C'est une espèce de dette de reconnaissance que payent les auteurs de nos jours, quand ils respectent une esthétique qui permit le renouveau littéraire de leur pays. Ou bien, la chose provient d'une caractéristique innée du tempérament artistique flamand, plus pictural qu'analytique et, indubitablement, plus à l'aise dans le domaine de la description que de la réflexion abstraite. Quoi qu'il en soit, le réalisme et le naturalisme trouvèrent dans ce pays un terrain particulièrement propice à leur croissance. Ils connurent de beaux jours avec Buysse et Streuvels, et continuent à ranimer l'art d'un Walschap, d'un Elsschot ou, dans le cas présent, d'un Hendriks.

En déterminant ainsi la place de Hendriks parmi les continuateurs, nous ne visons nullement à le diminuer. Je vois bien plutôt dans « Mariage sans enfants » la preuve de ce que les disciplines réalistes sont encore à même de fournir de la matière intéressante. Il est vrai que, du point de vue forme, le livre emprunte son écriture serrée et dépouillée, qui ne s'attarde pas qu'il s'agisse de situation extraordinaidescriptions, au style des psychologues à la Roelants et non des naturalistes à la Streuvels. Le résultat est excellent : il reste un récit sans relief et sans heurts, qui se déroule linéairement, mais qui accroche l'intérêt et tient en haleine. Ce n'est pas qu'il s'agit de situations extraordinaires et passionnantes. Voici l'histoire : un petit fonctionnaire s'est marié, jeune et pauvre, et vit heureux dans un modeste appartement meublé. Mais sa femme est prise par la folie des grandeurs et veut absolument posséder une maison. Comme il est influençable, il finit par être gagné à la même cause. Et bientôt, tout est soumis à cette tyrannique exigence : épargner assez d'argent pour pouvoir bâtir. Ils n'iront ni au théâtre, ni au café, n'auront ni enfants, ni distractions, parce qu'il ne faut pas charger le budget. Ils essaient les plus folles méthodes afin de multiplier leur avoir : emprunt à des usuriers, spéculation à la Bourse, mais toujours sans succès. Finalement, à force de se priver, la somme est réunie, de meilleurs jours s'annoncent, la maison est achevée. Mais au lieu d'apporter le bonheur tant attendu, elle ne fait que consacrer l'échec d'une existence. C'est très mauvais pour le caractère de vivre sous l'emprise d'une idée fixe : la femme est devenue une mégère revêche et acariâtre. Et, comme il n'y a pas d'enfants, rien ne met une note de tendresse dans une vie sans amour. Tout ce qui demeure est un amer regret : « Nous avons lourdement péché contre l'existence. La froide, pénible solitude sera notre punition. »

On le voit, rien ne peut être plus banal que cette sordide image d'un amour conjugal détruit. Si cependant, elle parvient à nous captiver, c'est grâce à la faculté de l'auteur de donner une impression quasi-photographique de réalité. Tout cela est si extraordinairement vrai, jusque dans les moindres détails, qu'on en oublie qu'il s'agit d'une fiction. L'effet est obtenu par une profonde impassibilité, une façon froide, presque cynique, de raconter en s'abstenant de tout commentaire et de tout artifice. C'est la réalité toute nue qui nous est offerte. Parvenir à la suggérer si fidèlement est une réussite, qui compte autant d'efforts que d'improviser de brillantes péripéties ou de scruter de subtiles évolutions psychologiques. Le roman purement réaliste est sans doute un genre assez limité, mais un aussi bon spécimen que celui-ci possède une incontestable valeur artistique.

* * *

Daniel Rops s'est indigné de ce qu'on prétend que la France ne possède pas de mystiques. C'est, dit-il, parce qu'on a artificiellement changé le sens de ce mot : on croit qu'un mystique veut dire un exalté, un excessif, alors qu'il peut être le plus pondéré et le plus raisonnable des hommes. Les caractéristiques véritables sont autres et découlent de cette définition : « le mystique est un chrétien qui s'est approché davantage du foyer brûlant de l'amour ». Les bizarreries, qu'on a prises par erreur comme la particularité première, ne résultent que d'une difficulté à exprimer le surnaturel par le langage de tous les jours.

Une fois ceci admis, il est certain que la France peut désigner bon nombre d'authentiques mystiques, reliés par un trait que tous ont en commun, qui est « le bon sens dans l'exaltation ». Le conteur de cette utile anthologie le prouve : on pourra y suivre, à travers l'intelligent commentaire de Daniel Rops, l'évolution de la pensée religieuse française. Quelques sonnets : le XIIe siècle, avec saint Bernard, le XVIe, avec Bérulle, saint François de Sales, Pascal et à toutes les périodes, également à la nôtre, une activité qui assure la continuité. Pour plusieurs, cette production sera une révélation; de toute façon, l'ouvrage met fin à une erreur répandue, et réhabilite l'âme croyante d'un pays qui, à ce point de vue, joue un rôle considérable.

* * *

On ne peut contester à M. Georges Rency une certaine habileté dans l'art d'imaginer les nouvelles qui constituent « Les Visages de l'Amour ». Sans viser à une psychologie profonde ou à une grande perfection d'expression, la narration vivante et animée confère à cette prose une indéniable faculté de plaire.

Paul de MAN.

---

(1) Corrêa, éditeur.
(2) Aux éditions Labor, à Bruxelles.

L'actualité littéraire

« Le Disque Vert »

La note que nous avons fait paraître dans notre édition de hier soir au sujet du « Disque Vert », était un peu prématurée, en ce sens que le directeur de cette revue n'a pas encore constitué complètement la liste de ses collaborateurs; quelques-uns des noms cités n'ayant pas encore été sollicités. Nous tiendrons nos lecteurs au courant de cet événement littéraire.

Rappelons que la revue « Le Disque Vert » doit paraître le 15 juillet, sur un minimum de 64 pages, et sera vendue dans toutes les librairies au prix de 10 fr.

Du canal Albert au Stalag

Voici un nouveau témoignage sur la guerre en Belgique. Victor Meulenyzer a participé aux opérations derrière Beeringen, où il a été fait prisonnier le quatrième jour des hostilités. Ensuite il a connu durant quatre mois la captivité dans un camp de prisonniers en Prusse orientale. Ce sont des notes, écrites au jour le jour, qui sont publiées aux éditions Ignis et illustrées avec talent par Paul Daemen.

Ce récit, pris sur le vif, est extrêmement intéressant. Tout d'abord par l'atmosphère qu'il évoque, tant lorsqu'il dépeint l'angoisse et le désarroi qui régnèrent durant les jours tragiques du mois de mai que quand il traite de la monotonie et des menus incidents qui constituèrent l'existence des prisonniers de guerre. La façon d'écrire vivante et animée de Victor Meulenyzer, les descriptions détaillées et pittoresques qui émaillent la narration, font de ce petit livre un reportage d'incontestable valeur.

Mais ce ne sont pas seulement de simples faits qui nous sont offerts : les quelques commentaires qui entourent les aventures décrites sont du plus haut intérêt. Ainsi, le procès des méthodes militaires belges est-il fait une fois de plus, mais avec une précision particulière. Et, en particulier, du système bourrage de crânes qui, à force de vouloir artificiellement forger un moral, finit par aboutir au but opposé.

De même lira-t-on avec intérêt le rapport de Meulenyzer sur la façon dont il fut traité comme prisonnier. Ses observations coïncident d'ailleurs avec celles de Benoist-Méchin, dans la « Moisson de Quarante », où celui-ci aborde la même question. Ils n'eurent à se plaindre, ni de l'attitude des gardiens, ni de l'organisation générale du camp.

L'impression qui se dégage de ces observations est le manque de discipline et d'esprit civique dont firent preuve les soldats des démocraties, par contraste avec la mentalité de leurs vainqueurs. Un sérieux effort de rééducation s'impose, si ces pays veulent jouer un rôle constructif dans l'Europe future. P. d. M.

« La Maladie dans la Tour »

de Remy MAGERMANS

Un son nouveau dans les lettres belges

Il y a des livres qui échappent à l'analyse abstraite d'une critique objective. C'est le cas de « La Maladie dans la Tour », de Remy Magermans, qui va être publié aux Editions de la Toison d'Or, à Bruxelles. Ce récit a quelque chose de si direct, de si intensément vivant, qu'on le sent basé sur une expérience personnelle, sur un attachement réel de l'écrivain aux choses et gens décrites. On ne peut donc pas, de peur de fausser son jugement, séparer la personne du romancier de son œuvre. Ses aventures et son genre de vie ont à tel point imprégné sa production qu'il est impossible de parler de l'une en ignorant les autres. Quiconque traitera de Remy Magermans d'une façon purement théorique, sans le connaître, s'exposera à interpréter faussement ses intentions. J'ai donc tenu à le voir et à lui parler, afin de confirmer les impressions que la lecture de son manuscrit avaient fait naître en moi. De cette entrevue, je veux surtout dégager le trait dominant, qui sert de base à l'opinion qu'on doit avoir de « La Maladie dans la Tour », c'est qu'il s'agit d'un homme pour qui ce

REMY MAGERMANS
(Archives « Le Soir »).

qu'il vit importe beaucoup plus que ce qu'il écrit, plus attaché à ses goûts et ses passions qu'à ses livres, puisque ceux-ci ne peuvent, malgré tout, qu'être un pâle reflet d'une réalité captivante. Le contraire d'un écrivain professionnel donc, quelqu'un pour qui écrire n'est ni une obligation, ni une vocation devant laquelle tout s'éclipse, mais un simple délassement au milieu de quantité d'autres occupations qui sont, au fond, plus importantes pour lui.

* * *

Car Remy Magermans est, avant tout, un homme de la campagne, qui a toujours connu le labeur harassant de la vie agricole dans les grandes fermes du pays de Herve. En outre, comme il est le fils d'un entrepreneur de transports par camion, il a appris l'art délicat de conduire de lourdes charges le long des routes. Toute la famille, père, frères et sœurs en fait d'ailleurs autant, mais Remy semble le plus doué pour cette besogne. Charger les véhicules, équilibrer subtilement la marchandise, vérifier les freins, la tension des pneus, conduire par tous les temps, sur les chemins dangereux, c'est là sa véritable activité. Et comme si cette besogne ne suffisait pas encore, il va à l'Université apprendre la philologie romane. Le plus étonnant, c'est qu'il s'en tire avec honneur. Il mène de front les trois occupations : la ferme, les études et le camionnage.

Comment, dans ces conditions, trouverait-il encore le temps de faire des romans? Mais un jour, on ne sait pas très bien pourquoi, le fils du châtelain du village, qui est son ami, décide de l'installer confortablement dans une chambre de sa demeure. Par la fenêtre, Remy voit se dérouler la scène classique que tous les printemps apportent dans la vie de la campagne. Les bêtes s'agitent, il y a un irrésistible appel dans l'air. Il écrit une dizaine de pages, inspirées par ce paysage. Mais, le lendemain, comme il retourne pour continuer sa besogne, il trouve la porte close et son ami disparu, parti à l'improviste pour Bruxelles. Quelques jours plus tard, il reçoit par la poste, cinq exemplaires de la « Revue générale », avec son nom inscrit au sommaire. Les dix pages ont été imprimées dans une importante revue. Comme coup d'essai, le résultat est inespéré. Bientôt, une seconde nouvelle, de plus grande envergure, paraît au même endroit.

« Je croyais, dit Magermans, que le reste irait tout seul ». Mais il n'en est rien, car pendant longtemps, il sera incapable de rédiger une ligne. Il semble que, pour écrire, il lui faut une atmosphère très spéciale, qui n'est pas, comme on pourrait le croire, le calme et la tranquillité. Au contraire, c'est lorsque les besognes s'accumulent, lorsqu'il est pris des premières heures du jour jusque tard dans la nuit par ses multiples occupations que, par une sorte de nécessité de délassement, il peut élaborer ses livres. Ainsi naquit « La Maladie dans la Tour ». Il fallait à la fois aider à la ferme, conduire les camions, préparer des examens et, en plus, terminer le récit pour une date fixe — le 15 août — car il désirait participer au prix littéraire qu'organisait alors « Le Soir », sous le nom de prix Rossel. Pour comble, le roman a été commencé à Marseille et un fragment de manuscrit se trouve là-bas. Il doit lui être expédié avant la date d'échéance. Mais le 13 août, il n'a toujours rien reçu, et comme le lendemain est un dimanche, et que le facteur, au village, ne se donne pas la peine de distribuer le courrier ce jour-là, Remy abandonne tout espoir d'être prêt à temps. C'est bien dommage, car il a travaillé d'arrache-pied, dictant son texte entre deux convois, à un ami dévoué qui le poursuit avec une machine à écrire. Tous ces efforts semblent perdus, puisque la moitié du manuscrit s'est égaré dans le sud de la France. Mais le lendemain — le 14 — le facteur rencontre par hasard Magermans. « J'ai reçu quelque chose pour toi », lui dit-il, de France ». On a juste le temps de réunir le tout, de courir jusqu'à Bruxelles, de remettre le roman achevé, quelques instants avant l'échéance.

On sait le reste, « La Maladie dans la Tour » manque de peu d'avoir le premier prix.

* * *

La place très spéciale que prend un ouvrage comme « La Maladie dans la Tour » dans la production actuelle, est due à la prépondérance d'éléments poétiques sur les soucis psychologiques.

La plupart des contemporains n'ont pas attaché grande importance au poétique étant trop préoccupés à définir nettement la structure interne de leurs personnages. Le psychologique, envahissant totalement le roman, permit des études très fouillées et l'exploration des individus jusque dans leurs détails les plus intimes. Tandis que les êtres qui apparaissent dans « La Maladie dans la Tour » ont à peine un visage humain. Ils vivent entourés d'un halo magique qui estompe leur caractère en les réduisant à de mystérieux symboles. Ils n'ont pas plus d'individualité que les aveugles forces de la nature. Mais en revanche, une intense fascination s'en dégage. Débarrassé de la tension cérébrale qué réclame inévitablement toute analyse, le lecteur pénètre directement dans un climat intensément poétique, se laisse emporter par les obscures puissances qui émanent de ces créatures.

Ainsi se marque en lui l'évocation du Russe sinistre, dont la seule présence dans le village apporte à tous la maladie et la misère. Ou de la figure étonnamment pure et belle de la jeune fille Anette, qui oppose aux malheurs le pouvoir d'une âme sans tache.

En dehors de cette émotion pure et lumineuse que « La Maladie dans la Tour » apporte, le livre a une signification dans l'évolution littéraire du moment. J'en ai assez dit pour qu'on sente le profond contraste qui existe entre cette prose vécue, subjective, lyrique et le détachement empreint de cérébralité qui s'observe dans les ouvrages de la génération précédente. La chose est significative : voici un jeune, entièrement libre, détaché de tout souci théorique ou même simplement littéraire, qui parle un langage totalement différent de celui de ses aînés. Il y a quelque chose de changé dans le royaume des lettres. On sent un besoin de se détacher de la rigueur analytique et des spéculations psychologiques. Le pittoresque, l'aventure, l'action reprennent leurs droits. Chez un Remy Magermans, il n'y a sans doute pas une volonté consciente de rénovation ou de réaction. S'il avait écrit quinze ans plus tôt, il est plus que probable qu'il aurait adopté le même ton. Mais c'est la sensibilité du lecteur qui a évolué, et ce genre de littérature de plein air, qui aurait semblé peu intéressant vers les années 1925, réveille actuellement en nous des échos profonds. C'est que la mentalité générale s'est modifiée, en fonction de certaines considérations d'ordre éthique et social, et cherche un reflet de sa nouvelle orientation dans l'art.

Mais en parlant de cette façon de « La Maladie dans la Tour », on créerait l'impression qu'il y a, dans ce roman, des intentions philosophiques qui sont profondément étrangères à son auteur. Ce qui fait le mérite et l'originalité de l'œuvre de Magermans, c'est son authentique spontanéité, libre de toute prétention didactique. Il perpétue un certain type, qui surgit périodiquement dans toutes les époques littéraires, de ceux qui fixent un climat d'aventure et d'action et apportent à leur lecteur des témoignages d'une expérience captivante. Ce ne sont jamais, ni des disciples, ni des chefs d'école, mais des cas isolés gouvernés par leur propre personnalité et non par des jeux d'influence et de parenté spirituelle. Celui qui se risquerait à imiter Magermans tomberait dans le pire des snobismes; de même ne peut-on simplement le rattacher à quelques mentalités analogues, et lui assigner une étiquette d'école en vogue. Magermans s'élève loin au-dessus de toute mode opportuniste à la fois par la poésie de ses moyens d'expressions et par ce souffle de vitalité qui donne à ses écrits une magie et une vigueur qui ne retombent jamais.

Paul de MAN.

« La Maladie dans la Tour » paraîtra probablement en librairie, aux « Editions de la Toison d'Or ».

NOTRE CHRONIQUE LITTÉRAIRE

« La Servante au Miroir »
par Marcel LECOMTE (1)

Un des quatre récits qui composent ce ce nouveau volume de Marcel Lecomte se nomme « Plus grave que l'on ne croit ». Si l'on entend grave dans le sens d'important, de sérieux, c'est ce titre, plutôt que celui de la nouvelle « La Servante au miroir », que j'aurais choisi pour désigner l'ensemble, car il caractérise nettement la manière de Marcel Lecomte. On ne croit pas, en effet, que le spectacle d'un homme jouant aux cartes, d'une servante rectifiant sa toilette, d'un inconnu fumant une pipe ou d'une épicière mystifiée par un passant, comporte de la gravité. Lecomte trouve cependant suffisamment de matière dans ces insignifiantes péripéties pour s'attarder à leur minutieuse description, puisque sous leur apparente banalité, il découvre une infinité de suggestions, qui remuent jusqu'aux sentiments les plus fondamentaux et les plus graves. Il y a là une tournure d'esprit semblable à celle de Marcel Proust, lorsque celui-ci fait découler le panorama de toute une enfance en partant d'une seule association d'idées : le souvenir réveillé par la dégustation d'un certain gâteau. Mais tandis que Proust traite cette donnée d'une manière analytique, poursuivant l'évolution graduelle de la pensée, Lecomte laisse cette besogne au lecteur et se borne à la description externe, indiquant seulement ce qui, dans le comportement ou la physionomie d'un personnage, se trouve bouleversé par le petit fait qui a déclenché l'émotion. Son art est donc plutôt pictural qu'analytique, c'est-à-dire qu'il fixe jusque dans ses moindres détails, un instant (ou une scène) remarquable et qu'il ne tente pas d'expliquer, ou de démontrer, partie par partie, ce qu'en est le contenu. On devra donc juger cette prose selon des critères qui appartiennent au domaine de la peinture plutôt que de la littérature. De même qu'un tableau, quelque insignifiant que soit l'objet représenté, sera réussi lorsqu'il dégagera une puissance capable de provoquer ce tressaillement intérieur qu'est l'émotion artistique, Lecomte aura atteint son but si le lecteur a subi la fascination que ses récits veulent apporter. Ce critère peut sembler vague et par trop subjectif; ce sera cependant le seul qui puisse être utilisé. Pour ma part, j'ai beaucoup aimé le dernier récit (Plus grave que l'on ne croit), ainsi que « La Rencontre quotidienne », moins cependant « La Servante au miroir ». Parfois, le dessin de Lecomte manque un peu de netteté et ne choisit pas, parmi les différents traits qui doivent constituer la composition, celui qui sera le plus frappant ou le plus suggestif. Il en résulte un aspect un peu estompé des différentes visions, qui en perdent leur pouvoir incisif, leur faculté de pénétrer dans notre conscience pour y réveiller des songes et des méditations.

Cette réserve, et qui ne peut se faire que pour quelques rares passages, n'attaque en rien la valeur de la formule utilisée. Bien entendu, cet art restera toujours l'apanage de quelques initiés, d'un cénacle. Mais c'est le destin de toutes les formes évoluées, qui ont atteint un stade ultime de raffinement et de perfection. Lecomte pousse à son plus haut point ce rétrécissement progressif du sujet, qui se continue tout le long de l'histoire littéraire du dernier siècle, où l'on voit l'ampleur des thèmes s'amoindrir au profit de la profondeur de leur étude. Il fallait, à Victor Hugo, la bataille de Waterloo pour alimenter son inspiration. L'histoire d'une famille suffit à Zola, celle d'une abstraite crise morale à Gide, d'une banale journée du premier venu à James Joyce, d'un homme assis dans un café, enfin, à Marcel Lecomte. Sans doute, le cycle semble-t-il atteindre à sa fin et pouvons-nous croire à l'apogée de cette esthétique. La génération de Lecomte est probablement la dernière à lui demeurer fidèle. Mais ce n'est pas parce que quelque chose de neuf est dans l'air qu'il faut reprocher à ces écrivains d'avoir mis le point final au développement d'un mouvement littéraire, dont l'origine se situe au milieu du siècle dernier. Il n'y a là ni décadence, ni affectation, mais la continuation logique d'une [illegible] tous ses fruits.

Un livre si évolué que celui de Lecomte n'est certes plus capable de fournir des méthodes ou des genres nouveaux. Mais ce n'est pas là, que je sache, un devoir qu'on impose au littérateur. « La Servante au miroir » est un produit d'indéniable valeur d'une période qui se termine, et tout jugement qui condamne la conception artistique de son auteur, n'est motivé que par les préjugés de l'heure et devra être revisé, lorsque le recul nécessaire sera intervenu.

« Tibère »
par Gregorio MARANON (2)

Grégorio Maranon est un médecin espagnol, célèbre par ses ouvrages scientifiques sur quelques grands problèmes psychologiques. Si le nouveau volume, traduit de l'espagnol par Louis Parrot, donne, par son titre, l'impression d'être une étude historique, ce n'est là qu'une apparence. La figure de l'empereur romain, qui joua si tragiquement le rôle de tyran, à l'instant même où la parole du Christ apporta à l'humanité un message d'amour et de fraternité, sert comme exemple d'un type psychologique,

que Maranon tente de définir: l'homme du ressentiment. Cette façon d'utiliser l'histoire comme source de théories psychologiques est une méthode relativement nouvelle et qui s'avère extrêmement féconde. Certains destins historiques placent les individus devant des circonstances tout à fait exceptionnelles, qui ne se présentent jamais avec une telle netteté dans la vie courante. Les réactions de ces hommes auront donc également un aspect particulièrement intense, presque excessif comparé à ceux qu'on peut observer tous les jours, ce qui permettra de dégager avec une précision particulière les phénomènes qui, sinon, sont noyés par la complexité des influences. C'est ainsi qu'on procède, dans les laboratoires de physique ou de chimie : on « isole » les phénomènes, quitte à déterminer par la suite la résultante des diverses actions qu'on a observées séparément. L'histoire permet de produire, dans le domaine de la psychologie humaine, de semblables « isolements ». Ainsi, pour analyser, par exemple, l'effet que produit sur l'individu la possession du pouvoir (événement qui influencera très fortement son comportement), rien n'est plus commode que d'observer la vie d'un de ces dictateurs de l'Antiquité, qui étaient nantis d'un pouvoir absolu. Le commun des mortels ne se trouve, au courant de son existence, jamais en possession d'une telle puissance : il est toujours plus ou moins soumis à une hiérarchie. Son cas ne permettra donc pas de déterminer comme il faut les lois du problème en question, puisque les causes déterminantes demeurent obscures. Tandis que l'empereur romain réalise l'état idéal qui pourra servir d'expérience cruciale. Et quand on aura pu déduire de la comparaison de plusieurs cas historiques semblables une théorie complète, celle-ci pourra servir, tout d'abord à prévoir des situations semblables qui se reproduiraient pour les dictateurs d'une autre époque, ensuite de constituer un nouveau chapitre de la psychologie générale.

Maranon ne s'attache pas au problème du pouvoir, mais à celui du ressentiment. Tibère connut une série de déboires d'ordre politique, sentimental et physique qui déterminèrent en lui un sentiment particulier, qui n'est ni la haine, ni la rancune, mais une certaine hostilité vis-à-vis de l'humanité entière, et qu'on appelle ressentiment. Il se caractérise par des symptômes tels que l'amour anormal de la solitude, la timidité, l'hypocrisie et l'impitoyable dureté en cas de vengeance ou de punition. Suivant le schéma déductif que nous avons rapidement indiqué, Maranon commence par noter ses divers symptômes le long de l'histoire de Tibère, pour aboutir à un exposé qui consigne clairement la psychologie du ressentiment.

Malgré ce que ce bref compte rendu peut sembler suggérer d'abstrait et de spécialisé, ce livre est d'une clarté lumineuse, abordable à chacun et d'un intérêt considérable. Point n'est besoin, d'ailleurs, de faire à nouveau l'éloge d'un homme comme Maranon, qui se fit valoir, tant par son œuvre scientifique que par ses qualités morales et politiques. Ce fut grâce à son influence bienfaisante, en effet, que la révolution espagnole de 1932 se fit sans effusion de sang.

Paul de MAN.

---

(1) Editions des Artistes, à Bruxelles.
(2) Editions Gallimard.

L'actualité littéraire

Le Paysan français à travers la littérature (3)

Marcel Arland semble vouloir se spécialiser dans la confection d'anthologies. Après « l'anthologie de la Poésie française », voici, à présent, qu'il a choisi et préfacé des textes qui, au courant des âges, ont parlé du paysan dans la littérature française. Depuis Froissart jusqu'à Ramuz et Giono, en passant par tous les grands noms, chacun a au moins consacré quelques pages à décrire le paysan, à déterminer le climat dans lequel il vit, à en dépeindre le pittoresque ou à tirer profit de la leçon de simplicité et d'authentique grandeur que son existence comporte.

Cette rétrospective du sujet est actuelle, à un moment où on fait si volontiers appel aux vertus paysannes pour relever une France qui a connu la plus complète des défaites. Mais sous un angle strictement littéraire, l'intérêt de cette anthologie n'échappe à personne. Ce n'est pas par hasard que Marcel Arland a dû insérer tant de noms modernes parmi les auteurs choisis: le renouveau d'intérêt des écrivains pour les sujets de la terre et de la campagne est une réalité de l'heure. Pour cette raison également, il est donc important de relire ceux qui, dans le passé, ont eu le même souci, et d'observer comment s'est constituée, en France, cette tradition du genre paysan, qui nous a progressivement mené à la floraison actuelle.

P. d. M.

(3) Edité chez Stock, dans la série d'Etudes françaises.

NOTRE CHRONIQUE LITTÉRAIRE

L'art du conteur

Une opinion courante attribue plus de mérite au penseur qu'au conteur. Celui qui expose des idées et défend des thèses est plus considéré que celui qui se borne à raconter une histoire. De là résulte que le roman d'idées jouit d'une plus grande estime que le simple récit.

Cette faveur s'explique, puisque, dès qu'une notion cérébrale s'incorpore dans une œuvre littéraire, celle-ci augmente considérablement en importance. Et la création spirituelle, la naissance même de la pensée, semble bien être une activité de la région la plus profonde et la plus respectable de l'homme. Mais si nous nous bornons à analyser les difficultés qui se présentent dans l'expression des idées comparées à celles que rencontre un narrateur, on constate qu'il est bien souvent infiniment plus délicat de construire harmonieusement un conte que de disserter sur des problèmes abstraits. L'argumentation est soumise à certaines règles logiques, établies à l'avance, qui fixent la voie à suivre. Tandis que le récit qui se développe au gré d'une fantaisie arbitraire ne semble se plier à aucune discipline. Mais il n'acquiert son charme et son intérêt que lorsqu'il est bâti selon des schémas subtils que seule la conscience artistique innée peut découvrir. Il faudra donc un talent plus rare et plus précieux pour réussir à exprimer l'anecdotique que le cérébral.

Une telle affirmation aurait semblé tautologique à un moment où le roman se bornait à être une combinaison de circonstances, d'intrigues et de caractères. Mais on assiste à une introduction de plus en plus intensive d'éléments abstraits dans la littérature, et au succès croissant de ceux qui favorisent cette action. Certes, on a pu, de cette façon, considérablement approfondir le genre, et lui donner une ampleur et une universalité qu'il ne connut pas à d'autres époques. Il y a cependant un danger à cette évolution. A force de se sentir obligés de glisser dans chacune de leurs œuvres une signification profonde ou une théorie créatrice, les romanciers risquent de déformer sérieusement les lois esthétiques que leur branche littéraire impose. Par définition, le roman reste avant tout narratif, et vouloir réunir, dans son cadre, de l'action et de la spéculation, est chose fort difficile. On peut tenter d'y parvenir en assimilant les personnages aux idées qu'ils défendent. Un spécialiste du roman d'idées, Aldons Huxley, préconise cette méthode : « Le caractère de chacun des personnages doit se trouver, autant que possible indiqué dans les idées dont il est le porte-parole. » Mais en appliquant cette recette, on aboutit à une inévitable déformation. Les idées sont choses cohérentes et rigoureuses, ce que les réactions humaines ne sont pas. De là provient cette artificielle cérébralisation qui, précisément chez la plupart des personnages huxleyiens, est si gênante.

Une autre façon de procéder — et qui est sans doute la seule possible — consiste à donner aux idées un semblant d'existence indépendante, à faire ressentir leur présence comme celle d'une force, et à observer comment les actes de ceux qui la côtoient seront influencés. Un excellent exemple de cette façon de faire est fourni par l'actualité. Le livre d'Henri Pourrat, *Georges, ou les Journées d'avril*, est une tentative de faire du roman d'idées, en traitant les réactions de quelques hommes devant ces fantômes envahissants que sont les pensées et les systèmes. Ce n'est d'ailleurs que progressivement que l'ouvrage a pris cet aspect. Il existait en 1917 sous le nom de *La Machine à remonter le moral*. Mais cette version, ainsi qu'une douzaine de versions remaniées qui suivirent, ne donnèrent pas satisfaction à Henri Pourrat. « Chaque fois, dit-il, en relisant, il fallait bien voir que le problème devait être pris de facon plus vivante encore ». Il fallait de plus en plus tenter d'incorporer le théorique au vivant, de ramener la pensée à cet[illegible] forme vague, obsédante et instable qu[illegible] a dans la réalité. « On tente ici, non pas [illegible]nt de résoudre un certain problème qu[illegible] s'en saisir... Il ne s'agit pas d'apporter [illegible]e solution, mais de faire sentir en quel [illegible]ir le problème, bien posé, ne se pose plus. » En l'occurrence, il s'agit d'un certain code du moral, que l'on doit inventer pour donner aux hommes la possibilité de résister à la formidable tension qui leur est imposée par une guerre meurtrière (imaginée anticipativement). Cette nécessité de créer ce code est dans l'air, elle poursuit et pourchasse les personnages, apparait et disparait comme si elle participait d'une façon vivante au drame, pour finalement sombrer dans une fin sans gloire, dépassée par les événements. Ce n'est pas arbitrairement que Pourrat a donné à ce code abstrait le nom de Georges, celui d'un être humain. Mais c'est parce que Georges a, comme un personnage, un commencement et une fin, une vie déterminée et presqu'une réalité physique.

L'expérience était intéressante. Disons tout de suite que le résultat en est décevant. *Georges* reste un livre diffus, obscur, incohérent, rempli de longueurs et de pages difformes. Ce qui y est réussi est tout d'abord une savante gradation dans l'angoisse, une progressive augmentation de la tension nerveuse jusqu'à l'éclatement final qui, lui, par contre, est bien peu impressionnant. Ensuite certaines trouvailles de style, quelques évocations descriptives qui sont d'une indéniable beauté poétique. Mais le fond même du récit, qui veut être si particulièrement aventureux et attachant, demeure dans une ambiance embrouillée, qui empêche d'en saisir le déroulement et de se laisser emporter dans cette vie haletante et passionnée qu'on veut nous faire partager jour par jour, heure par heure. Je crois que la faute en est surtout à certains tics de l'auteur : à sa façon de mêler continuellement les descriptions qui doivent créer l'atmosphère aux conversations et aux péripéties, et surtout à sa manière de se placer tout à tour, dans la peau de chacun des personnages, et cela, sans en prévenir le lecteur qui ne sait pas toujours démêler aux travers de quels yeux il assiste à la scène. Ce sont là des défauts inhérents à la manière d'Henri Pourrat, et non pas à ce genre de conte philosophique qu'il pratique. Cette formule semble, malgré tout, être très féconde et pourrait être exploitée d'une manière productive.

Par contre, plusieurs romanciers modernes, et précisément des membres d'une génération plus récente, ont passé outre aux difficultés qu'entraînait la présence des idées dans leurs créations, et se retournent vers le récit pur. Voici par exemple la *Grâce*, de Marcel Arland, une suite de nouvelles dont quelques-unes sont de tout premier ordre. Il s'agit uniquement de faire vivre un moment d'une existence, de nous faire assister à quelques instants intimes ou touchants, sans que la moindre intention de démontrer quoi que ce soit soit présente dans l'esprit du conteur. Et il se dégage néanmoins une captivante émotion de ces brefs récits. C'est que Marcel Arland possède ce rare don de rendre vivante et attachante la simple narration, en traçant soigneusement les traits appuyant adroitement ceux qui doivent marquer et en respectant toujours les proportions exactes dans la suite des différentes scènes. Certes, il n'y a pas ici des vues nouvelles sur telle question qui hante notre cerveau. Mais cet art délicat, l'art du conteur, mérite autant notre respect que n'importe quel autre.

Ce n'est certes pas un symptôme de décadence que de voir plusieurs contemporains retourner à cette tournure narrative qui est à la base de la tradition même du roman.

Paul de MAN.

L'actualité littéraire

CHEZ STOCK

Trois nouveaux volumes viennent de paraitre aux éditions Stock.

— Tout d'abord « L'amour, c'est beaucoup plus que l'amour » de Jacques Chardonne, préfacé par Maurice Delamain. Ce sont des extraits de son œuvre, des pensées ayant trait à ce thème de l'amour, dont Chardonne sait parler avec beaucoup de finesse et de sensibilité. Plusieurs nouvelles pensées que les connaisseurs des romans de Chardonne s'amuseront à découvrir, figurent également dans ce volume.

— Un essai de Marcel Arland « Sur cette terre menacée » dont il nous faudra parler plus longuement.

— Un nouvel ouvrage dans la série des « Etudes françaises », cette série qui tente de fournir une synthèse de la pensée française. Cette fois, c'est Lucien Maury qui a recherché dans l'œuvre de Balzac, les opinions sociales et politiques du grand romancier. C'est le témoignage d'un esprit, certes non objectif mais extraordinairement actif et scrutateur, sur une époque historique particulièrement curieuse, où la puissance de cette bourgeoisie, dont il s'est fait le chroniqueur féroce, mais véridique, se développe et établit définitivement son pouvoir. Cette anthologie des observations balzaciennes, œuvre considérable, rendra donc de grands services, tant aux amateurs de littérature qu'à ceux d'histoire et de sociologie.

P. de M.

NOTRE CHRONIQUE LITTÉRAIRE

L'Arbre de Visages, par Macel Jouhaudeau (1)

« L'arbre de visages » se rattache à cette partie de l'œuvre de Jouhaudeau où il tente de fixer, dans des contes de quelques lignes qu'il dénomma joliment des « opéras-minute », des aspects insolites des existences, des instants où des hommes et des femmes se débarrassent de tout masque conventionnel pour ne plus montrer que les replis les plus intimes de leur âme.

« Ce n'est pas la nature qui m'intéresse au premier chef, mais l'homme », écrit-il, et l'intérêt qu'il porte aux choses humaines se tourne volontiers vers des reflets inattendus de la personnalité. C'est pour ce qu'ils contiennent d'émouvant et de magique que des actes spontanés et brutaux le séduisent, ou ce qu'ils semblent laisser paraître d'une force intérieure mystérieuse, dont on ne saurait jamais prévoir les effets. Et dans les éclats d'humanité qu'il nous montre, les hommes livrent soudainement plus qu'ils ne semblaient porter en eux. L'énumération d'un grand nombre de ces moments frappants, quoiqu'elle ne soit pas ordonnée, dans ce livre, autour d'une intrigue ou même d'un personnage central, prouve une impression unifiée curieusement poétique, appartenant à un monde où tout est possible et où les passions ne connaissent pas de frein. Il est certain qu'il y a là une certaine déformation de la réalité, quelque chose d'un peu excessif et outré; non pas que chacun de ces croquis en soi raconte un événement invraisemblable, mais parce que l'accumulation de visages dépourvus de banalité finit par ressembler à une grimace. Cependant, la faute en est avant tout à une certaine déformation de notre goût qui, habitué aux exigences des disciplines réalistes, n'admet plus facilement l'exceptionnel. Les romanciers actuels nous ont, à tel point habitués à rechercher de la profondeur et de l'intérêt dans les choses et les êtres usuels que nous ne voulons plus les voir, là où ils éclatent au grand jour, dans des destins moins journaliers. En vérité, le souci de Jouhaudeau est purement esthétique, et ce n'est pas pour des motifs moraux qu'il est attiré par l'exceptionnel. Mais bien parce que celui-ci fournit des thèmes, sur lesquels il peut hardiment bâtir son art à la fois ironique, visionnaire et brutal. Mais ce n'est pas là la seule face du talent de cet auteur. Surprendre l'âme la plus simple en flagrant délit d'humanité ou d'inhumanité, c'est un tout autre Jouhaudeau qui tient dans cette phrase, introduisant le nouveau volume. Cette simplicité, le fait de choisir ses personnages parmi les humbles et de raconter leurs aventures sordides, est dans la meilleure tradition naturaliste. La femme Agnès, à laquelle sont consacrés plusieurs de ces contes, est bouchère, fille de boulanger, et « elle n'a jamais quitté son tablier de coton à carreaux bleus et blancs », mais, néanmoins, ses paroles et ses actes sont ceux d'une sainte. Cette façon de soutirer au plus nul et au plus insignifiant de la grandeur et même du divin, est ce que Jouhaudeau peut réussir de plus émouvant.

Le principal charme réside dans le fait que ce résultat est obtenu sans recourir une seule fois à l'exposé abstrait de l'habituelle analyse psychologique.

Dans ses premiers livres, Jouhaudeau ne résistait pas au désir d'expliquer ses personnages, de les laisser s'expliquer eux-mêmes, ou, ce qui était plus dangereux, de nous livrer le fruit de leurs méditations. Le résultat n'était pas toujours heureux, car cet excellent romancier n'est pas un penseur de premier ordre. Il semble en être venu à une manière d'écrire plus directe, où les idées générales sont suggérées par la narration même. Comme dans ce domaine, il a tous les dons que l'on peut exiger, une œuvre de cette veine — tel « L'Arbre de Visages » — justifie le renom considérable que certains n'hésitent pas à conférer à Marcel Jouhaudeau.

La Surprise, par Anne-Marie Comnène (2)

On pourrait parfaitement s'abstenir de parler de ce roman passablement banal, si ce n'est qu'il appartient à une catégorie assez particulière d'œuvres qui mérite l'attention, ne fût-ce que pour le succès qu'elle obtient chez le lecteur moyen. C'est ce genre d'ouvrages où les auteurs idéalisent habilement une certaine réalité, de façon à prouver une impression d'aimable aisance, d'un monde agréablement irresponsable, où les actes n'entraînent pas de conséquences très graves et où la souffrance garde toujours un aspect si décent qu'on ne peut vraiment pas la prendre très au sérieux.

Ce sont souvent des écrivains féminins qui s'adonnent à ce genre de littérature. Mais si, dans un livre comme « La Surprise », la déformation est si manifeste qu'il serait trop facile de se moquer de cette touchante histoire, elle se glisse souvent jusque dans la production de romanciers de classe, mais un livre comme « La Surprise » ne le cède en rien aux plus complaisantes concessions cinématographiques, au mauvais goût. Même fausseté de sentiments conventionnels, même souci de placer l'action dans un cadre tape-à-l'œil. Le danger est de prendre cette fadeur pour de l'authentique délicatesse et de croire qu'il y a de la finesse dans cette sensibilité à bon marché Car quand cette mentalité est servie par une indéniable facilité et une certaine adresse à construire l'intrigue, la plus fausse littérature acquiert un accent de vérité. Et nombreux sont ceux qui se laissent prendre au jeu. Le mal n'est pas grand d'ailleurs, car on aurait mauvaise grâce à vouloir refuser ces quelques moments d'évasion imaginaire au lecteur. Ce n'est que lorsque ce genre de romans prétend être de la véritable création artistique qu'il convient de mettre les choses au point.

Paul de MAN.

---

(1) Gallimard, éditeur.
(2) Gallimard, éditeur.

UNE NOUVELLE REVUE LITTÉRAIRE

Franz Hellens nous parle du « Disque Vert »

Les grands mouvements littéraires se meuvent le plus souvent autour de la rédaction d'une revue. Ce qui donne à un livre l'accent particulier qui le rattache à une certaine école, provient d'une tendance qu'un groupe d'écrivains a en commun. Et ce sera dans les revues, où les différentes idées se côtoient et s'influencent, où les nouvelles expériences subissent les premières épreuves et où les théories littéraires inédites sont établies, que ce lien spirituel prendra naissance. Il suffit de penser au rôle considérable que joue dans les lettres une publication comme la nouvelle « Revue française », où la plupart des grands auteurs français contemporains ont donné la partie la plus militante et la plus caractéristique de leur œuvre. Ou a l'importance du « Nieuwe Gids » en Hollande, lorsqu'il bouleversa, vers 1880, les vues étroitement traditionalistes de la génération précédente, ainsi que de « Van Nu en Straks » en Flandre, autour duquel toute la littérature flamande connut une renaissance glorieuse. Ce sera toujours par la lecture des revues que l'on pourra diagnostiquer de la vitalité d'une période et observer le développement d'une de ses vagues créatrices qui, périodiquement, rénovent la littérature d'un pays.

Le fait que, en Belgique, il n'existait plus aucune revue littéraire depuis la guerre aurait donc créé l'impression que les événements avaient brisé net la production et l'activité de nos écrivains. C'eut été chose particulièrement regrettable, car de telles ruptures risquent souvent d'être mortelles dans la vie d'une culture. Les périodes révolutionnaires, comme celle que nous vivons à l'instant, peuvent être un stimulant puissant et contribuer à l'éclosion de formes artistiques nouvelles. Mais si on laisse passer l'occasion en se réfugiant dans une attitude stérile, sous prétexte qu'il faut attendre une stabilisation des remous avant de se remettre à la besogne, on démontre par là l'absence de toute force créatrice. Les lettres belges auraient fait l'aveu d'une faiblesse attristante, s'il ne s'était trouvé personne pour leur faire reprendre vie. Et cela ne pouvait se faire que par l'intermédiaire d'une revue comme ce « Disque Vert », qui, sous la direction de Franz Hellens, va bientôt sortir son premier numéro.

Le « Disque Vert » a d'ailleurs un passé historique, puisqu'il existait, de 1921 à 1924, une revue de ce nom, également dirigée par Franz Hellens, et à laquelle A. Michaux, Eric de Haulleville, Odilon-Jean Périer et beaucoup d'autres collaborèrent. A ce moment, le but était d'établir un trait d'union entre les écrivains français et belges. Mais depuis lors, les problèmes ont changé et la mission qui incombe à la nouvelle rédaction a pris une autre tournure. Tout d'abord, cette question de savoir quels doivent être les rapports entre la littérature belge et française, qui a si fort préoccupé l'entre-deux-guerre, n'est plus de première importance. Nous sommes actuellement, au point de vue littéraire également, dans une période de crise. Les disciplines esthétiques qui ont eu cours durant les derniers lustres ont terminé leur emprise et sont en voie de disparaître. Tandis que les formes nouvelles qui sont appelées à les remplacer n'existent encore qu'à l'état embryonnaire. Il importe donc peu de savoir s'il faut, oui ou non, imiter les Français, puisque la nécessité d'une orientation originale existe dans chaque pays, et que les modèles sont loin d'être établis et consacrés.

Comme conséquence de ceci, on voit quel rôle considérable les jeunes ont à jouer, puisqu'ils auront à accomplir cette rupture partielle avec leurs aînés en faveur d'une matière qu'ils ont à créer de toutes pièces. Rien n'exclut « a priori » que les écrivains belges de la nouvelle génération ne puissent apporter une contribution à cette œuvre. Sous cet angle également, l'état d'esprit du « Disque Vert » de 1941 ne peut être le même qu'en 1921.

Tout ceci a été parfaitement compris par les dirigeants de la revue. Ce n'est pas parce que le titre (qui signifie d'ailleurs : la voie est ouverte) et certains collaborateurs sont restés les mêmes, que l'entreprise reste centrée sur le passé où la tradition. L'entretien que nous avons eu avec M. Hellens n'a fait que confirmer que le « Disque Vert » a les intentions les plus progressistes et les plus favorables au renouveau que nous préconisons. Il nous a dit, à ce sujet :

« Nous ferons tout notre possible pour faire venir à nous des talents nouveaux encore inconnus. Nous les solliciterons au besoin. Mais nous éviterons le travers de tomber dans une camaraderie facile qui nous ferait tout accepter, du moment que cela provient d'un jeune à bonnes intentions. Notre devise restera : « Ouvert à tous, difficile cependant à ouvrir. »

Et comme nous lui parlons de l'opportunité de cette publication : « J'estime que le moment n'est pas venu de baisser les bras et de se laisser porter passivement par les événements. La culture se doit, au risque de mourir, de se défendre activement à un moment où les organismes sociaux et politiques se modifient. Ces époques n'excluent pas une grande production littéraire, au contraire. Il est un devoir pour l'esprit de vaincre les obstacles qui lui sont opposés par les circonstances et d'assurer sa continuité à travers les bouleversements les plus contradictoires. Ce qui ne signifie nullement que nous nous assignions des buts extra-littéraires. Des considérations politiques ne trouveront aucune place dans le nouveau « Disque Vert » et nous ne défendrons que des idées littéraires.

» Pratiquement, il est projeté, dès à présent, de publier au cours de l'hiver prochain deux numéros spéciaux. Le premier sera consacré plus particulièrement aux jeunes, à leurs aspirations et à leurs premières réalisations. Le second, par contre, parlera des anciennes générations d'écrivains belges d'expression française, de celle de Maeterlinck et de celles qui l'entourent. Il est nécessaire de remettre au point certains jugements portés sur ces auteurs qu'on connait en général assez mal et qu'on admet ou rejette en bloc sans faire les distinctions nécessaires.

» Dans un avenir plus proche, nous comptons d'abord publier des études sur le regretté Eric de Haulleville, ainsi que quelques inédits de son œuvre. Je voudrais introduire une personnalité très attachante et complètement ignorée dans notre littérature, celle de Raoul Grimard. Il existe de cet ami d'Odilon-Jean Périer, qui fut constructeur de bateau émérite de son métier, une correspondance avec ce dernier dans laquelle il y a des pages admirables. Des textes d'écrivains flamands en traduction, ainsi que des études sur certains d'entre eux sont également envisagés.

» Ce n'est là que le cadre général de l'activité future. On ne pourrait à l'avance, fixer irrévocablement le contenu de chaque exemplaire puisque ce serait exclure les découvertes faites par hasard et les révélations ultérieures. Mais dès à présent, la collaboration d'un grand nombre d'écrivains, de tout âge et de toute tendance est assurée. Aussi y aura-t-il des proses, poésies ou critiques de Fernand Crommelynck, Michel de Ghelderode, Ayguesparse, Marcel de Corte, René Baert, Hubert Colleye, Hermann Closson, Marcel Lecomte, Marie Gevers, Jean Libert, Ch.-L. Paron, Pierre Nothomb, Robert Poulet, Gaston Pulings, Remy Magermans, Dominique Rolin, René Verboom, Paul Willems, etc. »

Ainsi se trouvent fixés les principes directeurs du « Disque Vert ». Ce ne sera donc pas la revue d'un clan, d'une petite assemblée d'auteurs avec un programme nettement défini et placés sous l'égide d'un manifeste révolutionnaire. Ce sera plutôt une tribune à laquelle toute parole, du moment qu'elle a de la valeur, sera admise. Mais il vaut mieux qu'il en soit ainsi, pour le moment, puisqu'il n'y a pas encore de groupe suffisamment cohérent pour prendre la tête d'un mouvement proprement dit. Peut-être verra-t-on une équipe se constituer, des auteurs qui ne se connaissent pas se découvrir des affinités et dégager une tendance unifiée. Ce ne serait pas le moindre mérite du « Disque Vert » que de permettre un tel regroupement. De toute façon, les conditions nécessaires pour permettre d'atteindre ce but sont remplies. S'il se trouve, en Belgique, des éléments capables de saisir l'occasion, cette revue pourrait jouer un rôle considérable dans la vie littéraire de ce pays.

Paul de MAN.

Le premier numéro du « Disque Vert » qui sera édité par « Les Ecrits », paraitra vers le 15 juillet.

NOTRE CHRONIQUE LITTÉRAIRE

Productions de la nouvelle génération, en Belgique

Nous avons parlé ici-même du roman de Remy Magermans, « la Maladie dans la Tour », (1) bientôt paraîtra le livre d'un autre jeune, Paul Willems « Tout est réel ici » (2) enfin voici « Filles et garçons » (3) de Jean Libert. Trois œuvres d'écrivains du même âge, mais distincts les uns des autres par le sujet, et par la personnalité des auteurs. Et cependant, entre ces romans, il semble exister un lien, une caractéristique commune qui les unit, ne fût-ce que par le contraste qu'ils présentent avec la production de leurs aînés.

Cette opposition est sensible dans l'impression que le lecteur emporte. La vision qu'il portera en lui, après « la Maladie dans la Tour » ou « Filles et garçons » n'a rien de commun avec l'effet produit par un roman d'il y a dix ans. Ce dernier lui laissera surtout le souvenir d'une savante étude mentale, d'un intense effort d'analyse, dans lequel l'auteur demeure impersonnellement caché derrière les personnages qu'il anime suivant les principes rigoureux de la psychologie. Le précepte de Flaubert, selon lequel l'auteur devait être présent à toutes les phrases sans se montrer jamais, a été respecté jusqu'à nos jours à quelques rares exceptions près. Le romancier demeure le grand maître omnipotent qui tire les ficelles, mais en restant soigneusement caché dans les coulisses. Il parvient à oublier sa propre vie intérieure pour ne plus prêter qu'une attention objective aux êtres qu'il a créés. De là, qu'un de ses romans modernes ne nous apprend absolument rien sur la personne même de celui qui l'a conçu. Nous ne savons rien de plus sur Roger Martin du Gard après la lecture des Thibault ou sur Jules Romains après celle des « Hommes de bonne Volonté ». Aucun aspect de leur intimité, de leurs goûts, de leur genre de vie n'a passé dans leur œuvre.

Il en est tout différemment chez Magermans et Libert. C'est au contraire une expérience et une émotion nettement personnelle qui nous est livrée. Il ne s'agit plus de s'exercer à de subtiles spéculations, mais d'exprimer directement une expérience profonde et vécue. Après « la Maladie dans la Tour » on se figure très bien ce Magermans paysan et camionneur débordant de force physique et de vitalité, amoureux de la terre et de la rude vie de la campagne. Et « Filles et garçons » suggère un Jean Libert plein de pureté et d'ingénuité, regardant le monde avec un continuel émerveillement, sans une pointe de méchanceté ou d'amertume — et c'est bien ainsi qu'il est. Nous prenons donc directement contact avec les caractères de ces écrivains, puisque c'est ce qu'ils portent en eux de plus personnel qu'ils nous décrivent. Au lieu de retrancher leur individualité derrière cette attitude détachée et impersonnelle, elle devient la source unique de leur inspiration. Cette tournure d'esprit est aussi subjective et directe que l'autre était cérébrale et préméditée.

Mais il n'est pas si aisé d'entrer d'emblée dans une atmosphère fort peu semblable à celle que nous avions connue depuis longtemps. On est dépaysé de ne plus assister au démontage, pièce par pièce, de la structure interne d'un être et de ne plus côtoyer des hommes tournés vers les secrets de leurs âmes instables. Au lieu de cela, on nous parle d'adolescents joyeux et bruyants, qui vivent dans l'aventure et dans la joie, chez qui le bonheur et la souffrance ont une saveur violente à force d'être exemptes d'arrière-pensées et gonflées de spontanéité. Comme quelqu'un qui serait trop longtemps resté dans une pièce obscure et qu'on amène brusquement à l'extérieur dans la lumière brillante du jour, nous ne pouvons pas, sans transition, nous orienter dans ce monde nouveau. Les critères critiques qui s'appliquaient au roman d'analyse n'ont plus cours ici. On ne peut plus s'attacher à vérifier l'exactitude de telle évolution psychologique, puisque ce ne sont que des instants d'illumination exaltée — où la psychologie pure est dépassée par la passion — qui sont décrits; on ne peut plus étudier la savante construction d'une intrigue complexe, puisqu'il s'agit en général d'une histoire qui se laisse porter par le déroulement naturel de ses péripéties. Et comme la longue habitude des disciplines passées nous a habitués à des modes de pensée et d'expressions relativement compliqués, cette soudaine simplicité fait, au premier abord, une impression d'artificiel — comme tout ce qu'on n'a pas l'habitude de rencontrer journellement. Il faut un certain temps avant de pouvoir vibrer à l'unisson avec l'auteur. Mais une fois ce résultat atteint, l'effet produit est peut-être plus durable et plus profond, puisque, au lieu d'une abstraite construction de l'esprit, c'est une directe participation à l'action que cette littérature nous apporte. Par contre, la partie extra-artistique, la contribution à l'enrichissement de notre connaissance est minime. Mais ceci, sans doute, est compensé par cela.

Entreprendre une critique, dans le sens habituel du terme, de « la Maladie dans la Tour » ou de « Filles et Garçons » n'est pas chose aisée. Nous l'avons dit, les anciens critères n'ont plus de raison d'être ici. Il est toujours possible de s'attarder à l'examen de certains procédés de construction qui visent à capter l'intérêt. Ainsi peut-on reprocher à Magermans de nous livrer trop rapidement la clef de son intrigue, de lever trop vite le voile de mystère qui donne aux premiers chapitres un accent si prenant. Mais ce sont là des imperfections secondaires, peu intéressantes à relever. La valeur fondamentale de ces ouvrages ne dépend pas de semblables tours d'adresse purement techniques. Ce qui importe, c'est leur pouvoir à mettre en action l'imagination et la sensiblité de celui qui les lit — et cela dépend, en grande partie, d'affinités entre le lecteur et l'auteur. S'ils ont en commun certains goûts et certaines sympathies, il sera possible de créer l'espèce d'envoûtement que toute expression lyrique vise à atteindre. Mais sinon, ils peuvent laisser froid et impassible, même s'ils ont été écrits avec ferveur. Tout jugement critique sera donc, bien plus que dans le cas des romans à l'ancienne mode, basé sur une opinion subjective. Certains trouveront Magermans excessif et artificiel, d'autres — et j'en suis — auront été emportés par le charme poétique de cet étrange récit. Quant aux contes qui composent « Filles et garçons », ma préférence va, en général, à ceux qui se bornent à raconter directement un de ces petits événements dans lesquels Libert peut faire tenir des trésors de délicate finesse. J'aime moins ceux qui s'aventurent sur le terrain de la méditation intérieure ou de la symbolisation. D'ailleurs, dans cette dernière variété de nouvelles, l'écriture s'alourdit quelque peu et au lieu d'avoir cette tournure limpide, qui fait vivre les silhouettes et les paysages par quelques touches rapides, elle s'attarde à une énumération trop chargée ou à une description trop fouillée. Par contre, l'évocation de quelques heureux jours de plein air (Vacances), d'un amour malchanceux (Peu de chose...), d'un suicide sans grandeur (la Mort de Fritz), de l'angoisse d'une jeune mariée devant la solitude (la Vie nouvelle) ou de la criminelle nonchalance d'un lymphatique (Crime sans Crime), atteint chaque fois à un haut degré de perfection. Ces pages comptent parmi les meilleurs spécimens d'un art fait de fraîcheur et de luminosité que Jean Libert a pu créer.

Paul de MAN.

P. S. Dans la précédente chronique littéraire, plusieurs paragraphes avaient été accidentellement intervertis et supprimés, de sorte que l'ensemble du texte était devenu incompréhensible. Je m'en excuse ici auprès des lecteurs.

---

(1) Edité à la Toison d'Or.
(2) Edité à la Toison d'Or.
(3) Edité aux Ecrits.

AU PALAIS DES BEAUX-ARTS

Commémoration de la Bataille des Eperons d'Or

La partie musicale

Comme nous l'avons signalé plus haut, la fête nationale flamande a été célébrée avec un faste particulier, par un programme artistique, à la fois musical et littéraire. Celui-ci comprenait, en effet, un concert donné par l'orchestre symphonique de Radio-Bruxelles, sous la direction de Jef van Hoof et un texte de Bert Peleman : « Brussel : den Vlaming ! », jeu de grandeur populaire.

On ne pourrait porter un jugement sain sur la musique exécutée, si on ne définit pas exactement l'intention des compositeurs qui la créèrent. Il s'agit ici d'un art populaire qui veut avant tout émouvoir directement les foules et qui, dans ce but, conserve un caractère de simplicité qui doit le rendre aisément assimilable. Les qualités d'une telle musique sont une certaine fraîcheur et spontanéité, grâce à laquelle il sera possible d'entraîner les auditeurs dans un élan commun. La « fête populaire » de la « Pacification de Gand » de Peter Benoit, qui fut exécutée au cours de ce concert, atteint, semble-t-il, assez pleinement ce but. Les tentatives ultérieures n'ont pas toujours aussi bien réussi. Hier, nous entendîmes deux ouvertures de Jef van Hoof et une cantate d'Auguste de Boeck, qui, malgré certaines qualités, ne réussissent ni à être entièrement populaires, ni à rester dans le domaine habituel de la musique. Ce genre de création artistique est beaucoup moins aisé à pratiquer qu'on ne pourrait le croire.

Le jeu de Bert Peleman se situe dans un climat analogue. Il tente d'évoquer, dans une série de scènes reliées par des fragments musicaux, la grandeur flamande de Bruxelles. Tour à tour, Ruysbroec, le Taciturne et Anneessens rappellent que des mouvements fondamentaux de la pensée et de l'esprit national flamand ont eu leur centre dans Bruxelles. Contrastant avec la décadence actuelle, c'est en se basant sur cette gloire passée, qu'un appel à la résurrection et à la libération définitive clôture le jeu. Malgré une présentation colorée et vivante, ce texte apparut un peu décousu, les diverses parties se succédant sans transition et ne servant souvent que comme un prétexte trop peu motivé à animer tel chant ou telle déclaration de circonstance.

Tous les interprètes, ainsi que l'orchestre de Radio-Bruxelles, sont à louer pour leur contribution au grand succès obtenu.

P. d. M.

NOTRE CHRONIQUE LITTÉRAIRE

« TOUT EST REEL ICI »
de Paul Willems

La vie et les aventures de quelques adolescents, dans le décor illimité des Polders anversois, au bord de l'Escaut, ont inspiré à Paul Willems le roman « Tout est réel ici » (1). Les premières réactions provoquées par ce livre sont contradictoires: on garde une impression d'avoir vu défiler des scènes et des paysages d'une grande beauté poétique dont plusieurs s'accrochent définitivement dans la mémoire, à côté de passages déconcertants, qui s'insèrent peu harmonieusement dans l'ensemble et déroutent le lecteur. Ces pages moins heureuses sont d'ailleurs en minorité et s'effacent finalement devant les qualités très réelles de l'ensemble; mais il est néanmoins intéressant de rechercher les causes de ce déséquilibre, parce qu'il résulte d'une tournure d'esprit particulière de l'auteur qui mérite d'être définie.

Car Willems a écrit ce livre avec une intention esthétique déterminée. La chose est visible, dès le titre, qui lance une affirmation catégorique. Tout est réel ici, c'est-à-dire même les visions les plus fantasques et les hallucinations les plus extravagantes, du moment qu'elles jaillissent des profondeurs de la vie subconsciente. La citation d'Hubert Dubois, qui sert d'exergue au récit :

> *Tout est réel à qui se lie*
> *Ainsi par le rêve à la vie*

exprime clairement cette vérité, que la réalité humaine se perpétue même au-delà des limites imposées par la réflexion consciente. Si on désigne par le mot réel tout ce qui se passe dans l'homme, on peut considérer comme tel des parties extra-rationnelles de son être. Ne sera plus seulement nommé ainsi ce que tout le monde peut voir et comprendre — comme dans les romans réalistes et psychologiques — mais tout ce qu'il aura plu à l'auteur de bien vouloir découvrir dans les tréfonds les plus intimes de sa propre personnalité. Et, en particulier, les rêveries brumeuses qui flottent dans son cerveau, qu'il tentera de fixer et de matérialiser dans ses écrits.

Il ne s'agit donc pas de donner à ces extériorisations une signification raisonnable, ni de vouloir les transposer dans le monde des choses tangibles, comme on en a instinctivement le désir. Un des personnages de Willems déclare : « J'avais compris qu'il ne s'agissait pas de symboles, mais bien d'une autre réalité ». C'est bien là la manière de voir exacte. Le symbole n'est qu'une traduction en langage imagé, d'une situation concrète et qui peut être déchiffré par n'importe qui connaît la formule-clef. Mais il en est autrement du fantastique que Willems introduit. Celui-ci se situe sur un autre plan, n'ayant rien en commun avec des notions terrestres, mais se mouvant uniquement dans des régions situées au-delà de la simple conscience.

Considérer ce domaine mystérieux comme faisant partie des terrains d'action de la littérature est, en soi, une idée artistique très féconde. Ce n'est d'ailleurs pas une innovation. Il suffit de se souvenir de Novalis, lorsque celui-ci voulait que « Die Welt wird Traum, der Traum wird Welt » (2), pour voir combien cette veine a été exploitée par les romantiques allemands. Mais reprendre actuellement cette donnée, alors que le rêve a été banni pendant si longtemps des lettres au profit de l'analyse rationnelle, correspond à introduire un élément nouveau, dont on pourrait tirer un grand parti et qui est apte à jouer un rôle prépondérant dans un éventuel renouveau des formes littéraires. A l'exception des surréalistes, aucun moderne n'avait encore exploré l'homme au-delà de cette limite ultime du conscient que constitue le monologue intérieur. C'était là le point extrême que le pouvoir scrutateur de la psychologie avait atteint, dans la littérature.

Il est certain que Willems veut aller plus loin, et rejoindre le pays de rêve que nous portons en nous, en une région plus profonde que celle où se déroule cette continuelle conversation avec nous-même que Joyce a tenté de transcrire.

C'était donc bien une louable intention que celle qui a dicté les passages surnaturels de « Tout est réel ici ». Par contre, si le but de l'auteur est digne de tous les éloges, il semble que le résultat obtenu ne répond pas toujours à ses intentions esthétiques. Car les meilleures pages du livre sont précisément celles qui demeurent dans un monde matériel. La scène du début, où quelques garçons bombardent joyeusement leur sœur avec des cerises; la traversée de l'Escaut à la nage par Jacques rejoignant une amoureuse inconnue qui lui lance, de l'autre rive du fleuve, un appel mystérieux et prenant; la détresse intérieure du boiteux qui cherche inlassablement dans la vie des autres une faiblesse comparable à son infirmité; la construction du bonhomme de neige et l'incendie de la maison; autant de visions qui sont décrites avec une puissance évocatrice singulière, dans une langue qui entoure chacune de ces péripéties d'un halo poétique inoubliable. Mais, on le remarquera, il s'agit chaque fois de choses coutumières, de faits banals en soi, auxquels seulement l'esprit visionnaire et pictural de l'écrivain parvient à insuffler de la beauté et de l'émotion. Par contre, deux personnages — Jacques et sa mère — sont chargés d'introduire, par leurs actes et surtout par leurs paroles, l'élément surnaturel, situé « au-delà » de la réalité première. Et les paragraphes qui ont trait à ces deux créatures sont beaucoup moins réussis. Pour s'aventurer sur le terrain du rêve et de l'évocation supra-réelle, il faut une certaine ingénuité, une sincérité artistique profonde, que Willems n'atteint que par instants. On sent trop souvent, chez lui, l'attitude « à priori », l'intention consciente — et louable en soi, nous l'avons dit — d'intercaler des éléments de cette nature dans son roman. Et, dès lors, comme, dans ce domaine, la sensibilité réceptive du lecteur, distingue aisément entre une création voulue et composée, et une expression spontanée, les contes de Jacques, par exemple, apparaissent artificiels et sonnent faux. L'histoire de sa mère parait meilleure parce qu'elle mélange assez adroitement des données sentimentales et burlesques. Il n'en reste pas moins que ces chapitres, demeurent en-dessous de ceux qui sont simplement descriptifs ou narratifs.

Mais il serait regrettable de voir Willems abandonner l'expérience qu'il a commencée dans son premier roman. J'ai l'impression que l'imperfection relevée provient de ce qu'il sépare trop nettement les données naturelles des données fantastiques, au point d'avoir des personnages entièrement situés dans le normal et d'autres qui demeurent toujours au-delà de celui-ci. Rarement les deux éléments se superposent et s'entremêlent, et c'est cependant alors que le but visé est le mieux atteint. Il faudrait, me semble-t-il, doser plus subtilement la composition de chacune des scènes, de façon à y voir constamment côte-à-côte, la tangible et l'insaisissable qui donne, à la plus triviale circonstance, une perspective d'infinie grandeur. Ainsi serait obtenu, de manière continue, une fascination qui s'exerce par moments seulement. Mais le fait que Willems a pu atteindre, même d'une façon intermittente, à cette émotion poétique, prouve qu'il possède une variété de talent précieuse, dont on peut espérer le meilleur.

Paul de MAN.

---

(1) Edité à la Toison d'Or, à Bruxelles.

(2) Le monde devient rêve, le rêve devient monde.

Un concert de l'Orchestre de la Chapelle musicale de la reine Elisabeth

Sous la direction de son chef, M. Charles Houdret, l'Orchestre de la Chapelle musicale de la reine Elisabeth a donné, à Anvers, un important concert symphonique. Outre la « Symphonie », de César Frank, le programme comportait l'ouverture de la « Pacification de Gand », de Peter Benoit, et le concerto pour violoncelle de Joseph Haydn.

Le hasard voulut que nous ayons entendu les deux mêmes fragments de la « Pacification de Gand » à la fête commémorative des Eperons d'or, le jour avant ce concert, à Bruxelles. Dans ce décor de réjouissance populaire, parmi les drapeaux déployés et devant une foule qui ne demande qu'à vibrer, la musique de Peter Benoit était ramenée à son véritable cadre qui est celui des grandes places publiques des villes flamandes. Mais dans une salle de concert, il est impossible de ne pas en remarquer le caractère fruste et la pauvreté de contenu musical. Abstraction faite de cet élément communicatif, qui permet parfois à ces compositions d'émouvoir les foules, il n'y a là que des procédés d'expression empreints d'un wagnerisme simplifié, totalement dépourvu d'originalité. Si cet art a une réelle et louable signification dans l'évolution historique de la musique flamande, il convient cependant de ne pas en cacher les défauts, de même qu'il ne viendrait à l'idée de personne de considérer Henri Conscience comme un génie, malgré le mérite d'opportunité de sa production littéraire.

L'interprétation des différentes œuvres fut chaque fois de tout premier ordre. Grâce au talent et à l'inlassable volonté de travail de son chef, l'orchestre de la Chapelle a pu atteindre à une réelle maîtrise. Et M. Houdret semble être un des rares chefs qui possèdent cette qualité précieuse : une personnalité. Tout en respectant très scrupuleusement les partitions, il tente d'introduire dans leur exécution, certaines trouvailles expressives originales. Il y réussit en général fort bien, et dans tout le programme on ne pourrait indiquer — dans le finale de la Symphonie de Franck — qu'un seul passage discutable.

Il faut également citer le soliste, M. Bayens, qui fit preuve, dans le concerto de Haydn, d'une compréhension musicale et de vertus techniques qui n'appartiennent qu'aux interprètes de classe. P.d.M.

NOTRE CHRONIQUE LITTÉRAIRE

Poésie et Erudition

Après avoir consacré cette chronique durant ces deux dernières semaines aux œuvres d'écrivains belges, éditées en Belgique, il convient de parler de deux livres d'auteurs français qui ont, chacun dans son domaine, joué un rôle considérable dans la vie littéraire des dernières années. Il s'agit de Léon-Paul Fargue et de Valéry Larbaud.

De Léon-Paul Fargue, c'est un recueil de contes, groupés sous le titre de *Haute Solitude* (1), qui vient de paraître. Bien entendu, cette dénomination de « conte » est purement conventionnelle. Il s'agit de courts morceaux, la plupart du temps plus descriptifs et visionnaires que narratifs, qui appartiennent entièrement au domaine de la poésie.

Lorsque Thibaudet écrivait que, sur une imaginaire carte poétique de l'époque, les indications de poésie n'impliqueraient pas du tout, comporteraient moins que jamais des écritures en vers, il pensait sans doute avant tout aux compositions de Fargue. Car, quoique celles-ci soient souvent écrites en prose, toutes leurs caractéristiques les font ranger dans la catégorie de la poésie pure.

Cette frontière entre la poésie et la prose ne dépend, en effet, nullement de la forme extérieure. Elle résulte bien plutôt du mode d'inspiration de l'écrivain. Dès que celui-ci se laisse guider non plus par des directives de l'esprit, mais par le contenu musical et plastique des mots, on peut qualifier sa production de poétique. Chez le prosateur, l'expression verbale se plie à certaines exigences de la pensée et de l'imagination, tandis que le poète, au contraire, voit naître sa vision créatrice de la langue elle-même. De simple mode d'expression, celle-ci passe au rang de force d'inspiration, en ce sens que c'est par amour du mot et ses possibilités d'harmonie et de dissonance que l'écrivain créera son art. Telle était, du moins, la mentalité des symbolistes, auxquels Fargue se rattache très nettement.

Cette position pro-poétique prend même chez lui l'allure d'une doctrine. On trouvera dans *Haute Solitude* cette phrase qui définit sa position : « Les chimies, les tractations, les trocs des cerveaux les plus frisés sont secs, circonscrits, manquent de suc auprès de certains raccourcis, de certaines ellipses d'images, de certains échos lointains de musique. » Véritable plaidoyer pour la poésie, qui prend ensuite l'allure d'un réquisitoire contre la pensée abstraite: « Et puis, nous avons si peu d'idées en-deçà de nous, à peine plus en nombre que les générations. Pas plus de variété, pas plus de richesse que dans les multiples combinaisons de mécano, que l'on peut faire avec un petit nombre de lettres, avec les dés ou les allumettes de la boîte, et qui peuvent se ramener toutes à des tables, à des logarithmes, à des polynômes. » Philosophiquement, cette attitude est indéfendable, mais elle est des plus normale comme orientation esthétique. Il est parfaitement légitime, pour quelqu'un qui est aussi intégralement poète que Fargue, pour qui les mots sont comme des pierres précieuses qu'on peut arranger dans de chatoyantes combinaisons, qu'il marque sa préférence pour ce qui, grâce à ses dons, est devenu son terrain d'action. Et ce dédain pour l'abstraction est celui d'un spécialiste, qui se sent si maître de son domaine qu'il peut se permettre de regarder avec quelque pitié ceux qui s'efforcent d'en obtenir autant en travaillant sur un autre plan.

De toute façon, il est suffisamment indiqué ainsi que *Haute Solitude* est une œuvre poétique dans laquelle, d'ailleurs, la richesse des trouvailles prend, par moments, l'allure d'un véritable délire verbal. C'est alors qu'on obtient ces passages dans lesquels une avalanche de mots s'entrechoquent et s'entremêlent, unissant la vision sordide à l'apothéose et la mélancolique rêverie à la plaisanterie bouffonne. Les thèmes chers à Fargue, tels que sa façon particulière de percevoir la ville de Paris, son goût pour de curieuses évocations préhistoriques dépeintes à grand renfort de termes savants, son humour en boutades, sa rêverie visionnaire y apparaissent toujours portés par une abondance extraordinaire d'images, de comparaisons et de raccourcis énumératifs dont il a le secret.

Mais, malgré tout, s'il n'y avait en lui que cette étonnante abondance expressive, on ne pourrait apprécier qu'un poète extrêmement doué, mais un peu victime de sa propre facilité. Il y aurait, en effet, quelque complaisance à accumuler ainsi les preuves de sa propre maîtrise. Mais, sous ce feu d'artifice incessant, perce souvent une à titre d'exemple, dans le conte intitulé « Accoudé », un passage lyrique, dialogue entre l'auteur et son âme, qui est d'une grande beauté. « On nous a laissé croire qu'on souriait, qu'on nous aimait, que les mains qui se glissaient dans nos mains étaient propres et sans épines... Il n'y eut jamais, pour nous, ni justes effusions, ni parures sincères. Rien, on ne nous a rien laissé, mon âme. Nous n'avons plus que la rue sous les yeux et le cimetière sous les pieds... Nous entendons qu'on arrive avec des faux de sang et de fiel pour nous couper sous les pieds la dernière herbe afin de nous mieux montrer le sentier de la fosse. » Des pages de ce genre sont animées par un souffle qui n'appartient qu'aux plus purs et plus émouvants poètes de la littérature française.

* * *

La transition de Léon-Paul Fargue à Valéry Larbaud n'est pas trop brusque puisqu'il s'agit ici non seulement de deux amis, mais d'écrivains qui ont joué un rôle dans l'œuvre l'un de l'autre : dans la *Conversation* (avec Larbaud), de Fargue, et la *Farguiana*, de Larbaud, qui termine le recueil d'études dénommées *Domaine français* (2). Ce volume fait suite à une série dite *Domaine anglais* et porte le même titre général : *Ce vice impuni, la lecture...*

On sait que Larbaud est un des plus grands lecteurs de l'époque et qu'il connait de façon approfondie à la fois la littérature française, anglaise et espagnole. Ce sont des fruits de cette érudition qui nous sont livrés ici, dans une série d'articles qui se mettent au service d'une cause intéressante, celle des écrivains ignorés.

Il y a ainsi, dans chacune des époques, une zone de l'activité littéraire où quelques hommes que personne ne connait construisent avec amour et talent une œuvre souvent remarquable. Leur timidité, leur horreur de toute publicité, une certaine pudeur les ont empêchés de se lancer sur la voie de la grande publication. Ils se sont bornés à écrire pour quelques amis et pour eux-mêmes. Mais cet effacement garantit une grande pureté et met à l'abri de toutes les compromissions et concessions. Il est heureux que, de temps en temps, un esprit lettré s'attache à rechercher ces productions et à les mettre en lumière, afin que des trésors cachés soient révélés à ceux qui sont capables de les apprécier.

Valéry Larbaud entreprend cette utile besogne pour Antoine Heroët, Maurice Stève, Doudey de Sauteny et, plus près de nous, pour Edouard Dujardin — qui inaugura la formule du monologue intérieur appelée à connaître, par la suite, une telle vogue — et Charles-Louis Philippe. Et dans ces quelques notes, il parvient à esquisser des vues d'ensemble, à défendre des opinions personnelles et à livrer quelques-unes de ses méditations sur des problèmes littéraires.

Domaine français s'élève donc au-dessus d'une simple critique informative puisque, malgré la modestie qui pousse Larbaud à s'effacer devant la figure qu'il présente, il laisse percevoir des aspects de sa pensée empreinte de finesse et de bon goût.

Paul DE MAN.

(1) Edité chez Emile Paul, frères.
(2) Edité chez Gallimard.

NOTRE CHRONIQUE LITTÉRAIRE

« Paix sur les champs » (1)

de Marie Gevers

Qu'on ne s'y trompe pas : Marie Gevers a beau écrire en français, les caractéristiques de sa manière la rangent dans la catégorie des romancières flamandes. Plutôt que de vouloir rechercher des parentés subtiles qu'elle pourrait avoir avec l'un ou l'autre contemporain de France, il convient de placer ses origines là où elles se trouvent : dans cette terre flamande dont elle a su parler avec tant d'authentique ferveur.

Le régionalisme de son œuvre, en effet, est une tendance aussi fréquente et répandue dans les littératures nordiques — scandinaves, allemandes, hollandaises et flamandes — que rare parmi les auteurs français. Dans une anthologie que Marcel Arland vient de réunir e tqu'il intitule : « Le Paysan français à travers la littérature française » il ne parvient à citer les grands noms que par des à-côtés de leur production. Très rares sont ceux qui ont laissé porter leur art par un attachement profond à leur terre natale. L'universalité des lettres françaises, acquise parce qu'elles se sont si volontiers occupées des éternels problèmes humains, n'a pu être obtenue qu'aux dépens du sens du terroir qui en attirant par trop l'attention sur des détails pittoresques, aurait détourné l'esprit des éléments primordiaux.

Il en est tout autrement chez les écrivains du Nord. Ceux-ci semblent procéder, en général, en sens inverse. Ils aiment raconter une histoire aussi particulière que possible, farcie de paysages et de coutumes régionales, qui ne pouvait se dérouler qu'à un endroit déterminé du monde et rien qu'avec les habitants d'un village bien défini. Et cependant, cette littérature régionaliste parvient à exercer son attrait sur celui qui est aussi éloigné que possible du lieu et du genre de vie décrit. Quels romans sont plus étroitement locaux et néanmoins plus généralement humains que ceux de Knut Hoursun ? C'est qu'ils ont pu réunir le charme évocatif d'une contrée lointaine et la force communicative émanant de sentiments qui appartiennent à tous les hommes, sous n'importe quelle latitude Réussite rare, qui, si on l'atteint, constitue un sommet dans la création littéraire. Mais pour une tentative couronnée de succès, beaucoup d'autres seront demeurées dans une médiocre fadeur. Car rien ne risque si rapidement de devenir laissant et ennuyeux que la « couleur locale », si elle n'est pas animée par ce souffle qui l'élève au-dessus de simple curiosité pour touriste en chambre. Il faut qu'il y ait une étroite communion entre l'écrivain et la chose décrite, que les personnages s'intègrent harmonieusement dans ce cadre de pittoresque, sans perdre pour cela l'humanité, grâce à laquelle on s'intéresse à eux autrement qu'à un animal curieux. Tout cela exige des trésors de saine psychologie et de sens de la mesure. De tous les genres existants, le roman régionaliste est sans doute un des plus délicats à pratiquer

« Paix sur les Champs », de Marie Gevers, se rattache assez fidèlement à la tradition du genre qui s'est établie en Flandre avec des auteurs comme Buysse, Streuvels ou Walschap Comme chez ces derniers, c'est aux paysans et aux drames de village qu'il est consacré, tout particulièrement. Cette intrigue assez sombre, où deux jeunes gens ne pourront s'aimer librement que lorsque leurs parents respectifs auront réglé une ancienne querelle, n'aurait pas déplu au naturalisme des romanciers flamands. Et, comme eux, Marie Gevers ne ménage pas les détails sordides : l'âpreté au gain, qui fait que les mariages sont un acte commercial autant qu'une affaire de sentiment, l'aspect rude de la vie paysanne où il n'y a pas de temps pour le repos et le bien-être et où tout est gouverné par les lois implacables d'un travail incessant. Mais quelque chose élève ce roman au-dessus de cette atmosphère grise et brumeuse. Dans sa vision de la nature et les êtres, Marie Gevers introduit un élément surnaturel, qui amène les circonstances les plus matérielles sur un plan moins terre-à-terre. Je m'imagine un Buysse racontant la même histoire sur un ton ironique et impassible en y glissant des sentiments perfides et hypocrites et en ramenant tout à une question de gros sous; un Streuvels appuyant lourdement les traits morbides et introduisant partout une brutalité bestiale. Marie Gevers garde son récit dans un climat plus aéré, parce qu'elle entoure ses personnages d'une poésie qui les empêche de sombrer dans des abîmes de méchanceté ou de grossièreté. Ce n'est pas une idéalisation — qui serait des plus blâmables — mais le reflet d'un tempérament qui communique à ses créatures romanesques sa tournure particulière, orientée vers le côté magique de la nature, vers ce pouvoir qui donne aux vastes espaces une telle emprise sur les cœurs humains. On sent que tout n'est pas gouverné par un destin aveugle et sans pitié, mais par une présence qui règle les rapports entre les hommes avec autant de finesse qu'elle gouverne le spectacle de la nature.

Il fallait, pour faire sentir celà, des qualités considérables. Marie Gevers y réussit parce qu'elle possède la maîtrise de la langue et construit son intrigue assez complexe cependant, avec beaucoup d'adresse Et son sentiment de la nature, toujours à l'affût de ces moments où quelque subtile nuance de l'atmosphère confère à toute chose une signification unique, lui permet d'écrire des pages d'une grande beauté. Néanmoins, l'impression d'ensemble demeure un peu monotone. Il semble qu'aux instants où le lecteur devrait être entraîné par la tension du récit, l'intérêt n'est pas accroché comme il le faudrait. Quoiqu'il s'agisse d'une intrigue relativement animée, aux péripéties changeantes, l'auteur ne parvient pas à nous passionner pour le destin de ses personnages. La faute en est, me semble-t-il, à la façon de décrire les caractères. Ceux-ci ne sont présentés que par quelques traits, mais précisément par ceux qui révèlent, dès le premier abord, toute leur conduite ultérieure. Ce qu'on nous a dit de leur nature intérieure nous permet de prévoir leur façon d'agir dans toute circonstance : on sait que cette femme se résignera, parce qu'il a été dit qu'elle est molle et sans courage; que celle-là, par contre, luttera jusqu'au bout, puisqu'il a été souvent fait allusion à son obstinat' ı, et ainsi de suite. De sorte que, dans une des situations créées, nous pouvons prédire à peu près infailliblement comment les choses se passeront. Marie Gevers nous annonce d'avance ce qui va se produire, ce qui fait perdre l'attrait de l'imprévu.

C'est là un défaut fréquent, mais que les romanciers devraient tout particulièrement éviter. Car la base même du roman est de marcher, comme la vie même, dans l'obscurité entière, sans que l'on puisse jamais être certain de ce que le lendemain apportera. Un caractère ne peut être chose si fixe et si unilatérale qu'il contienne en soi tout le comportement d'un homme. Il est, tout au plus, un élément parmi beaucoup d'autres, qui le dirige dans une certaine direction et cela, sans qu'il s'en rende compte lui-même. Cette simplification que nous trouvons dans « Paix sur les champs » n'est donc ni conforme à la réalité, ni souhaitable pour des raisons esthétiques. Au contraire, elle empêche ce livre, qui marque, cependant, par tant de rares qualités, de prendre place parmi les meilleurs.

Paul de MAN.

---

(1) Plon, éditeur.

NOTRE CHRONIQUE LITTÉRAIRE

Regards sur l'Allemagne

L'ignorance relative, que le public — et même l'élite — d'expression française avait des littératures étrangères, était en grande partie due à l'imperfection et à la rareté des traductions. Quand on songe qu'il ne peut paraître un livre de quelque valeur en flamand, danois ou norvégien, sans qu'il soit aussitôt parfaitement traduit en allemand, on comprendra pourquoi le lecteur de ce pays est beaucoup plus averti de ce qui se produit au-delà des frontières que ne l'est un Français. Ce dernier vient seulement d'apprendre, par des collections instaurées récemment, qu'il existe une littérature vivante dans les divers pays du Nord, et les noms des romanciers allemands, flamands ou hollandais lui sont encore entièrement inconnus.

Et cependant, si l'on observe l'activité de l'édition allemande, même durant cette période de guerre, il faut bien constater qu'il y a là une vitalité qui ne le cède en rien à celle qui règne à Paris. Ouvrages littéraires, scientifiques, historiques, romans, poésies, études et traductions, dans tous les domaines, chaque semaine apporte sur le marché une quantité considérable de livres dignes d'intérêt. Malgré cette abondance, peu d'auteurs, demeurés en Allemagne après 1933, ont déjà été présentés au public français. De Hans Carossa, qui vient de publier un nouveau roman : « Das Jahr der schönen Taüschungen » (L'année des belles illusions), a été traduit son « Journal de guerre », le « Docteur Gion » et les « Secrets de la Maturité ». Voici à présent que paraît chez Stock, la « Servante du passeur », d'Ernest Wiechert, dont on nous annonce encore trois autres romans à paraître prochainement et dont « Le Revenant » a déjà été édité. Ainsi semble se dessiner une tendance des plus heureuse à mettre à la portée de ceux qui ignorent la langue allemande, une littérature d'une authentique et prenante beauté.

On est tenté d'établir un parallèle entre ces productions et les œuvres françaises de la même période. La « Servante du passeur » est suffisamment caractéristique pour que les traits ainsi dégagés puissent désigner des aspects généraux des lettres allemandes de ce jour. Car l'atmosphère de ce récit nous plonge dans un climat entièrement différent de celui que nous avons connu chez les écrivains de France. Contraste dans l'esprit, qui préfère la méditation poétique à la lucide clarté de l'analyse et dans l'expression, plus à la recherche de formes métaphoriques et symboliques que de précision dans l'exposé. Mais la foncière différence, qui fait qu'une telle œuvre s'adresse à une tout autre partie de notre sensibilité que celle que touchent un Proust, un Gide ou un Valéry est que, au lieu d'être poussé par des soucis psychologiques, l'auteur met avant tout en scène des mobiles éthiques. Le roman français étudie et observe la manière dont se développent, dans ses personnages, des appétits ou des tendances, sans se préoccuper de porter un jugement sur la valeur morale de ces instincts. Poussé en cela par un louable souci d'objectivité, il évitera toujours soigneusement de marquer la moindre préférence pour le caractère d'une de ses créatures, ou de les condamner pour un de leurs actes. Ce qui importe pour lui, c'est de bien poser le problème — purement psychologique — né du choc entre diverses personnalités opposées, ou d'analyser les conséquences qu'ont les bouleversements et les évolutions qui se produisent dans l'âme de son héros. Si des facteurs éthiques interviennent donc, ce n'est qu'en tant qu'éléments objectifs, qui prennent place, parmi d'autres, dans ce panorama complet de la personne humaine qu'on veut nous montrer.

Mais en agissant de la sorte, on presuppose, soit chez l'auteur, soit chez le personnage, une capacité assez exceptionnelle d'introspection. En effet, dans la vie courante, un individu ne prend pas nettement conscience des mécanismes qui se meuvent à l'intérieur de son être. Il se contente de se laisser porter par ses habitudes et ses besoins, sans se poser de questions sur les mouvements profonds qui déterminent ses actions. Quand le roman se propose donc d'augmenter considérablement la connaissance que nous avons de nous-même, l'auteur ne pourra que doter les hommes qu'il met en scène d'une intelligence supérieure, apte à se comprendre soi-même, à moins de nous dévoiler lui-même, comme un dieu omnipotent, tous les ressorts de leur structure intime. Quelle que soit la méthode employée, on voit qu'il faudra faire appel à des facultés d'intelligence pure, à des capacités d'analyse abstraite qui ne sont pas courantes. Le roman francais moderne n'est donc pas simple, puisqu'il se lance dans une spéculation souvent complexe, et il fait vivre, en général, des figures exceptionnelles, dont les actions et les sentiments sont éloignés de la norme commune.

Il en va tout autrement dans un livre comme. « La Servante du pasteur ». Ce n'est, nous l'avons dit, pas un drame psychologique, mais un conflit entre le bien et le mal. La lutte que mènent le passeur et sa femme contre la méchanceté sournoise de toute la population d'un village, prend, à tout moment, la signification d'une bataille entre les forces pures et nobles et les instincts les plus vils et les plus bas. Tout est sublimé par cette vision symbolique des choses, qui élève l'intrigue au-dessus de la réalité pour la mener dans des sphères où les lois de la psychologie n'ont plus cours. Il ne faut donc pas s'étonner que ces hommes et ces femmes, contrairement à ceux que l'on rencontre dans les productions françaises, sont d'une extrême simplicité, tout d'une pièce et toujours égaux à eux-mêmes. Ils sont comme les forces de la nature au milieu desquelles se déroule leur existence, doués d'une puissance qui fait tout céder sous la pression de leur volonté jamais hésitante.

Il n'y a pas de problème à résoudre, puisque ce qu'on nous raconte n'est pas la difficile adaptation de deux tempéraments, mais le combat tout extérieur qu'ils ne cessent de mener pour leur bonheur, animés par la force et la grandeur de leur amour sans tache.

Ce que cet art rude et élémentaire perd en rigueur, il le regagne en poésie. Les qualités de l'écrivain seront donc des qualités de poésie : originalité de vision, profondeur d'émotion et vertus musicales de la langue. La principale difficulté est de ne pas choquer le lecteur, qui doit être entraîné dans une sphère qui n'a que peu en commun avec la réalité qui l'entoure. Ernst Wiechert y parvient, malgré une certaine naïveté dans les passages surnaturels dont les intentions sont par trop transparentes. Mais là où il se montre un très remarquable écrivain, c'est dans ses descriptions qui font surgir dans notre imagination des images d'une grande beauté, ainsi que dans le rythme progressif qu'il parvient à introduire dans le déroulement de son récit, de façon à ne jamais laisser retomber l'intérêt.

Cette tendance à la profondeur, qui aime à rechercher, sous les apparences extérieures, un sens caché et le révèle en entourant les objets matériels d'un climat de brumeuse rêverie, est d'ailleurs une des éternelles constantes de la mentalité artistique germanique. En les retrouvant chez Ernst Wiechert, nous n'avons fait que rattacher celui-ci au groupe de ceux qui ont donné à son pays la partie la plus originale et la plus importante de son patrimoine littéraire.

Paul de MAN.

L'actualité littéraire

Un nouveau roman de Hans Carossa

Le principal événement littéraire de ces dernières semaines en Allemagne est la parution d'un nouveau roman de Hans Carossa, l'écrivain considéré comme le plus remarquable actuellement vivant dans ce pays. Le nouvel ouvrage s'intitule : « Das Jahr des schönen Tauschungen » (L'année des belles illusions) et se rattache à la série des œuvres purement autobiographiques, telles que « Enfance », qui date de 1922, et les « Métamorphoses d'une Jeunesse », écrites en 1928.

La capacité de Carossa de réunir dans une même méditation les problèmes les plus universels et les visions poétiques les plus personnelles se fait ici jour dans un thème particulièrement propice : une année de la vie d'un jeune étudiant en médecine à la fin du dix-neuvième siècle. L'élément personnel est représenté par la lente évolution intérieure du héros, que nous pouvons suivre avec une grande netteté, tandis que tout l'esprit d'une époque revit dans les passages où les courants spirituels de ces années sont montrés dans de saisissants raccourcis. Nulle part mieux que dans ce genre de récit autobiographique, l'art profond et intensément poétique de Hans Carossa ne peut exercer son pouvoir captivant. « Das Jahr der schönen Tauschungen » nous transporte dans une atmosphère de fin de siècle, mélange de mélancolie rêveuse et de forces révolutionnaires naissantes, que l'auteur évoque dans cette admirable langue que, même dans les traductions, les lecteurs d'expression française ont pu apprécier.

P. d. M.

L'actualité littéraire

En Allemagne

— Parmi les ouvrages historiques récemment parus en Allemagne, un des plus importants est, sans doute, le volume « Germanisme et Moyen Age », paru dans la série des Propyläen-Weltgeschichte. Dans une série d'études, signées par des autorités du monde scientifique, les différentes phases de l'évolution historique des races germaniques durant le moyen âge se trouvent retracées.

— Karl Kerényi a consacré un volume à l'étude des différents styles religieux dans l'Antiquité (Die Antike Religion).

— Les problèmes techniques posés par le nombre sans cesse grandissant des livres qui doivent être réunis dans des bibliothèques, ont donné naissance à une véritable science bibliophile. C'est à l'historique de cette science que Fritz Milkau et Georg Levh ont consacré une « Histoire des Bibliothèques ».

— « Das Renntier Manonno », de Robert Crottet, qui fut publié en français sous le titre de « Maonno de Finlande », a paru en allemand. C'est un récit captivant qui se déroule dans le décor désolé du lac de Petsamo.

— Une traduction de l'Américain Nyck Mason, intitulée « Drei Häfen » (Trois Ports), a été publiée. Il s'agit d'un grand roman pseudo-historique, de la même veine que « Le Grand Passage », de Kenneth Roberts.

— Un épisode de la guerre, actuellement relégué au second plan par d'autres événements, est celui qui s'est déroulé sur la ligne de défense allemande de l'Ouest. La construction extrêmement rapide et la défense de la ligne Siegfried constitue cependant un élément important parmi les opérations militaires. Le livre de Sigmund Graff, « Wall der Herzen » (Rempart de Cœurs), évoque cet épisode d'une façon particulièrement vivante.

P. d. M.

NOTRE CHRONIQUE LITTERAIRE

NOTRE AVANT-GUERRE
de Robert Brasillach

Il y a quelques mois, Bertrand de Jouvenel publiait un essai : « Après la défaite », dans lequel il alignait les diverses erreurs commises durant l'entre-deux-guerres et qui ont mené la France à son triste destin actuel. L'étude était conçue d'une façon strictement objective et visait à la rigueur de l'exposé historique. Voici que Robert Brasillach reprend le même thème, mais en l'examinant en fonction de sa propre expérience. Un amas de souvenirs, où les considérations générales, les aventures personnelles et les portraits de célébrités se mêlent dans un ensemble pittoresque et vivant constituent le volume « Notre avant-guerre », publié chez Plon.

Une des plus grandes qualités de ce livre, qui le fait contraster avec plusieurs autres versions du même sujet, c'est qu'il ne prend pas une attitude systématiquement « contre ». La chose est due, sans doute, au fait qu'il fut écrit entre septembre et mai 40, à un moment où tous les espoirs n'étaient pas perdus pour la France. Et, en outre, à cette circonstance que Brasillach fit toujours partie, à l'Action française et à « Je suis partout », d'une équipe qui ne cessa de combattre la guerre, et qu'il n'a donc pas cette mauvaise conscience qui inspire tant de revisions de valeurs plus ou moins sincères à d'anciens bellicistes devenus repentants. Il évite donc cette destruction rageuse de tout ce qui s'est fait durant les années 1920 à 1940, cette incompréhension souvent hypocrite vis-à-vis d'une littérature qui fut remarquable, d'une vie intellectuelle qui ne manqua ni d'originalité, ni de grandeur. Brasillach sait parfaitement qu'il a vécu des jours heureux et lumineux, brassant des idées vivantes et se liant d'amitié avec des personnalités de grande valeur, et il n'a rien à regretter dans cette période qui se termina cependant par une catastrophe pour son pays.

L'explication de ce paradoxe se trouve dans le fait que lorsqu'il s'agit de porter un jugement sur les années qui précédèrent la guerre actuelle, il faut séparer nettement ses aspects politiques et ses aspects artistiques, ou culturels. Alors que les entreprises politiques sombraient de plus en plus dans l'incohérence et la corruption organisée,— et ce surtout en France, dont il est plus particulièrement question ici — la vie des arts et des lettres continua un développement, en parfaite concordance avec les périodes précédentes, et qui constitue plutôt un enrichissement qu'une décadence. Et ceci est surtout exact pour les années de 1928 à 1935, durant lesquelles se placent les premiers chapitres de « Notre avant-guerre ». Les excès de la prospérité excessive, qui avait donné naissance à tant de manifestations de vulgarité et de mauvais goût, avaient disparu devant les premiers effets de la crise économique et fait place, toujours dans le monde intellectuel, à un climat plus pur. On vit apparaître alors un certain type d'homme hardi et entreprenant, suffisamment doué pour pouvoir aborder les grands problèmes sans cependant supporter les intransigeantes exigences imposées par le vrai génie, type humain qui affectionnait l'amitié, l'ironie, l'exaltation momentanée devant quelque beau paysage ou quelque belle pièce de théâtre, qui aimait courir le monde et voir du pays, tout cela sans se soumettre aux tyranniques conventions d'une morale bourgeoise trop guindée. Un personnage en somme très sympathique et qui n'a rien d'égoïste ni de haïssable, mais qui demeurait très en marge des courants sociaux et économiques qui allaient bientôt bouleverser sa quiétude. On s'en aperçoit très clairement dans un témoignage comme celui-ci. Tant qu'il s'agit de décrire le genre de vie délicieusement libre des étudiants de l'Ecole Normale supérieure de Paris, d'évoquer le talent des Pitoëf ou l'atmosphère de franche camaraderie qui était le pilier solide sur lequel se basait toute son activité, Brasillach écrit des pages excellentes, remplies de poésie et de fraîcheur. Mais lorsqu'il en arrive à des circonstances ayant trait aux bouleversements politiques (échec du Front populaire en France, guerre d'Espagne, triomphe du national-socialisme en Allemagne), on sent qu'il s'égare dans un domaine qui n'est pas le sien. Cette énumération d'anecdotes et de mots d'esprit, toujours amusante, mais partiale et superficielle, dont l'auteur ose cependant dire que « ce n'est pas de la polémique, mais de l'histoire », passe à côté du fond des choses et indique d'une façon significative combien les membres de cette génération ont manqué de sens politique. Leur sphère d'action était ailleurs, dans cette vie artistique française qui, non pas parce qu'elle était déliquescente et factice, mais au contraire parce qu'elle était si riche, a absorbé toute une partie de la jeunesse d'alors, qui aurait dû constituer l'élite dirigeante du pays. Phénomène curieux, non dénué d'importance et dont nous trouvons le reflet tangible dans ce livre. Car la réaction de Brasillach devant un spectacle comme celui du Congrès du parti nazi à Nuremberg, lorsqu'il marque quelque effroi devant la nature « étrange » de cette manifestation, est celle de quelqu'un pour qui cette importance soudaine du politique dans la vie d'un peuple est un phénomène inexplicable.

Mais une chose demeure certaine. Cette nouvelle avant-guerre fut pour Brasillach et ses amis une incontestable réussite humaine, c'est-à-dire une période dans laquelle ils ont pu donner le meilleur d'eux-mêmes et réaliser le plus pleinement les facultés qu'ils portaient en eux. Sans vouloir se lancer dans des généralisations par trop hasardeuses, on peut néanmoins souligner que ce genre de vie apolitique, tourné vers des joies esthétiques et poétiques, convient particulièrement à la mentalité française. Malheureusement pour les Français, les exigences actuelles sont dans un sens entièrement opposé. Depuis 1935, les jeunes sortis de leur adolescence n'ont plus connu cette douceur. Ils se sont trouvés, dès leur premier contact avec une vie indépendante, face à face avec les réalités politiques — sous forme d'une guerre menaçante — et sociales — sous forme d'un avenir presque toujours matériellement incertain. C'est pourquoi leur mentalité s'est orientée dans une voie toute différente. Et la chose sera encore plus nette pour ceux qui viendront immédiatement après eux. Au lieu de voir dans l'activité politique un simple jeu passionnant et animé, ils la sentiront comme une nécessité inévitable qui réclame toute leur attention et leur dévouement. Car les tâches qui s'imposeront seront à tel point urgentes que nul ne pourra les ignorer. Ce qui ne signifie nullement que la création artistique sera suspendue, mais bien que la littérature ne prendra plus une telle place dans la vie de ceux qu'on appelle les intellectuels. Tournure d'esprit qui conviendra plus spécialement aux peuples ayant un sens du collectif très développé et qui en sont venus spontanémenlt à des modes de vie moins individualistes. Mais on se demande, en voyant un Brasillach à tel point attaché à des valeurs radicalement opposées, si l'élite française pourra achever la volte-face que les circonstances exigent et s'adapter à des disciplines entièrement opposées à ses vertus traditionnelles. Je m'imagine que, pour un Français cultivé, « Notre avant-guerre » évoque encore un paradis perdu. Mais il faudra bien qu'il se résigne à parachever une révolution politique et sociale avant de pouvoir espérer retrouver un paradis semblable, mais basé sur des fondements plus solides et, partant, moins éphémère.

Paul DE MAN.

Rabindranath Tagore et l'Occident

Le fait que R. Tagore obtint, en 1913, le prix Nobel de littérature, démontre que la figure du poète hindou, qui vient de mourir à l'âge de 80 ans, était universellement connue en Europe occidentale. En traduisant, dès 1914, son « Offrande lyrique », André Gide fut un des premiers à faire connaitre au monde occidental ce message d'adoration poétique sereine et contemplative qui devait sonner un appel de délivrance aux âmes tourmentées d'inquiétude. Mais, malgré le zèle des traducteurs, ce n'est qu'une infime partie de l'œuvre que l'on peut actuellement lire en français ou en anglais. La fécondité de Tagore, comme poète, auteur dramatique, philosophe, essayiste et conteur fut telle qu'il faudrait près d'une bibliothèque entière pour réunir l'ensemble de ses ouvrages. Ce n'est donc qu'un choix, plus ou moins arbitraire, qui a été offert au lecteur d'Europe, et celui-ci ne peut que se faire une idée imparfaite de l'étonnante universalité d'esprit de cet écrivain qui put aborder tous les domaines avec un égal succès.

L'admiration née pour ce représentant d'une culture fort éloignée de la nôtre, n'eut pas toujours un caractère très sincère. Il y a eu, dans l'orientalisme des salons de l'après-guerre, une bonne dose de snobisme et d'affectation. Mais la responsabilité n'en revient d'aucune façon à Tagore. Celui-ci fut un homme très pur qui, malgré son contact fréquent avec la civilisation de nos contrées, demeura fidèle aux modes de pensée de son pays d'origine. Si l'on s'est évertué à trouver des analogies entre tel philosophe français ou allemand et la métaphysique hindoue du poète, ce n'est là qu'une pure coïncidence. En réalité, la mentalité d'un Tagore reste assez éloignée de la nôtre et, si nous pouvons par moments communier véritablement avec certaines de ses créations, ce sera plus pour des raisons purement esthétiques que parce que nous nous sommes laissé imprégner totalement par leur contenu moral et philosophique.

L'idée centrale de la pensée de Tagore se trouve, en effet, dans cette notion de communion avec toutes choses, parce que « l'âme est constamment inspirée par l'habitude, par la pratique de concevoir et d'affirmer la présence de l'infini en toutes choses et il nous est prescrit de voir tout ce qui est visible en ce monde comme enveloppé de Dieu ». Cette idée n'a rien d'inhabituel pour nous, qui avons souvent entendu affirmer la même chose par la voix des poètes romantiques d'Allemagne, de France et d'Angleterre. Ceux-ci également se plaisaient à cette recherche de l'infini dans les objets les plus simples et se perdaient en rêveries sur l'Univers au spectacle d'une feuille ou d'un brin d'herbe. Et ils puisèrent dans cette émotion particulière de la matière pour leurs plus beaux poèmes lyriques. Mais ce fut là la seule portée que l'on songea jamais à donner à ce trouble de l'âme devant le spectacle de la nature. A l'exception de quelques appels à un déisme vague et sentimental, ce sentiment romantique, qui est d'ailleurs une des constantes qui se retrouvent dans toutes les écoles artistiques, demeura, en Europe, cantonné dans le domaine de l'esthétique pure et ne prit jamais l'allure d'une doctrine religieuse ou d'une discipline éthique. Mais il en va tout autrement chez les Hindous, et en particulier chez cet interprète de la pensée hindoue qu'est Rabindranath Tagore. Celui-ci écrit : « Je me prosterne devant Dieu toujours à nouveau, lui qui est dans le feu et dans l'eau, lui qui pénètre le monde entier, lui qui est dans la moisson qui se renouvelle chaque année aussi bien que dans les arbres qui perdurent... Cet idéal n'est pas uniquement intellectuel ou émotif, il a une base éthique et il doit être traduit en action... Connaitre notre âme en dehors du moi universel, c'est là le premier pas vers la réalisation de la délivrance suprême. Nous devons savoir, avec une absolue certitude que nous sommes essentiellement esprit. Nous pouvons y parvenir en gagnant la maitrise sur nous-mêmes, en nous élevant au-dessus de l'orgueil, de la cupidité, de la crainte, en sachant que des pertes terrestres et la mort physique ne peuvent rien enlever de la vérité et de la grandeur de notre âme. » Cette profession de foi indique clairement la marche suivie pour en aboutir à des préceptes moraux assez différents de ceux que nous enseignent des doctrines chrétiennes et humanitaires. De cette communion avec toutes les créatures nait un sentiment religieux qui pousse l'homme à se laisser dissoudre dans la création et à acquérir une maitrise de soi qui lui permet d'ignorer la souffrance et le tourment. Jamais, la pensée occidentale n'a suivi une voix analogue pour en venir à de semblables conclusions. Même les poètes chrétiens, qui semblent être les plus proches d'une exaltation analogue et qui ont chanté la gloire divine dans le spectacle humble d'un aspect ignoré de la vie, ne tirent pas leur adoration religieuse de ce spectacle même, mais d'une révélation ultérieure, grâce à laquelle la beauté de ce minime épisode leur est accessible. Ils ne découvriront pas leur Dieu au travers de la nature mais au travers d'une foi qu'ils ont acquise par un autre chemin. Cette différence fondamentale entre ces deux façons de concevoir la divinité est caractéristique de tout ce qui sépare la mentalité philosophique d'un Tagore de celle d'un occidental.

Il n'en reste pas moins que la vogue obtenue par le poète est due à des causes plus profondes qu'un simple goût du pittoresque superficiel. Pour une époque comme l'après-guerre, qui fut, du point de vue spirituel, une période de désarroi total, il y avait dans cette évocation de la paix contemplative un attrait particulier. Minés par un scepticisme qui avait détruit toutes les idoles et qui n'offrait aucun point d'appui à ceux qui désiraient trouver un mode de vie, on vit naître dans les esprits une inquiétude qui se manifesta comme une agitation perpétuelle, sans cesse à la recherche d'une activité nouvelle. Mais comme aucune valeur n'inspire suffisamment de respect pour pouvoir fournir un fondement solide, on finit par se lasser de cette recherche sans fin pour se tourner vers une attitude plus contemplative, qui tenta de capter le bonheur sans se fixer des buts concrets. Dans cet ordre d'idées, le message de Tagore, qui conseille aux hommes de se tourner vers eux-mêmes avant d'entreprendre les tâches communes, vint particulièrement à son heure. Et comme, en outre, les buts qu'il prescrit coïncidaient très précisément avec des idéaux humanitaires alors fort répandus, il trouva dans ce groupe également un auditoire bienveillant : « Je ne suis pas contre une nation en particulier, mais contre l'idée générale de toutes les nations. Je rêve d'une humanité faite de tous les peuples frères. Grâce à son pouvoir d'amour, l'homme atteindra un grand ajustement moral qui comprendra le monde entier, l'ensemble des hommes. » Les Romain Rolland, Georges Duhamel et leurs disciples devaient vibrer d'enthousiasme devant de telles phrases...

A l'heure actuelle, la situation a fort changé. Les nécessités historiques s'imposent avec une telle netteté que nul, le voudrait-il, qu'il ne pourrait pas se réfugier encore dans cette évasion contemplative et brumeuse. Par le fait même que des problèmes urgents et pratiques se trouvent posés dans la vie de chaque individu, cette fameuse inquiétude n'apparaît plus que comme une invention artificielle des oisifs. Et plutôt que de rechercher un remède contre un illusoire vague-à-l'âme, on tente d'établir des méthodes concrètes pour permettre aux hommes de vivre une vie normale et saine.

C'est pourquoi la parole de Rabindranath Tagore ne représente plus pour nous un message ou une doctrine à laquelle nous pouvons conformer notre existence. Il ne reste de lui que sa richesse poétique, la beauté de ses métaphores et de son langage. Un poème comme celui-ci demeurera beau pour toutes les époques, parce qu'il possède des qualités artistiques qui sont éternelles.

Si tu ne parles pas, je remplirai mon cœur de ton silence et je le subirai.

Tranquille je t'attendrai comme la nuit en sa vigile étoilée, la tête courbée et en patience.

Le jour viendra sûrement, l'obscurité s'effacera et ta voix, semblable à un fleuve d'or, ruissellera à travers le firmament.

Alors tes paroles s'envoleront en chansons, de tous les nids de mes oiseaux, et tes mélodies s'épanouiront en fleurs dans tous les bosquets de ma forêt.

Paul de MAN.

La première des journées culturelles germano - flamandes à Gand

Le programme des journées culturelles germano-flamandes, organisées à Gand, par de « Vlag », est conçu de façon à offrir aux invités allemands un aperçu aussi complet que possible de la vie culturelle flamande.

Mais plutôt que de montrer des fragments épars de la production artistique du passé et du présent, on a préféré grouper les diverses manifestations et mettre avant tout l'accent sur des aspects spécifiquement locaux de cette culture. En étudiant plus particulièrement la ville de Gand, son passé historique et artistique, ses industries et ses richesses, on aura pu donner une idée, en raccourci, de ce qu'est la Flandre entière.

Car aucune ville, mieux que Gand ne peut servir comme type de ce que fut et est la Flandre. Rien que la beauté des monuments qui s'élèvent au centre de la Cité, où d'un intérieur comme celui de la salle de la Pacification de l'hôtel de ville, évoque de manière grandiose la splendeur et la puissance de la ville, qui joua toujours un rôle d'avant-garde dans la lutte incessante que la Flandre eut à mener pour son existence. C'est ce que rappela M. G. Stuyck, dans son exposé introductif qui retraçait les phases dominantes de l'histoire de Gand. Et, prenant la parole ensuite, le bourgmestre-commissaire, M. Elias indiqua comment la guerre actuelle avait fait naitre un immense espoir d'émancipation définitive, espoir qui se réalisera lorsque ce peuple, qui vit de Dunkerque jusqu'au Dolart, avec son unité spirituelle, sa langue et sa culture propres, aura fixé sa colloboration avec le Reich allemand.

Dans le même esprit d'initiative aux problèmes régionaux, deux conférences révelèrent certains côtés de la vie économique : l'une consacrée à l'industrie textile, l'autre à la culture horticole. M. O. Pinselon retraça le développement de l'industrie qui fit la richesse de la ville. Il insista surtout sur les nombreuses crises qui marquèrent l'existence de la manufacture textile et en tira des conclusions importantes quant à des possibilités d'organisation plus systématiques.

M. Thiel parla de la technique de production et d'exportation de cette délicate science qu'est la culture des fleurs. Les chiffres qu'il cita montrent l'extrême vitalité de cette branche du commerce gantois.

P. D. M.

NOTRE CHRONIQUE LITTERAIRE

LE TESTAMENT POLITIQUE DE RICHELIEU

par Frédéric GRIMM (1)

Lorsqu'on se trouve placé au centre même des bouleversements historiques, il est généralement malaisé de pouvoir en saisir la signification profonde. Les changements introduits, par l'effet du temps, dans l'aspect extérieur des événements frappent à tel point notre imagination que nous parvenons difficilement à voir les ressemblances internes qui relient les phénomènes politiques. En comparant deux guerres, même à moins d'un siècle de distance, de telles modifications se sont produites dans les techniques militaires et le visage de ces conflits sont devenus à ce point dissemblables qu'ils ne semblent avoir ni but, ni cause commune.

Et cependant, l'histoire ignore les brutales ruptures de continuité. Il existe des idées maîtresses qu'on serait tenté d'appeler des constantes — quoique rien ne prouve qu'elles soient éternelles, au contraire — et autour desquelles on peut grouper, dans un chapitre homogène, des faits s'étendant sur plusieurs siècles. Parfois, ces idées restent à l'état dispersé, éparses dans les cerveaux et les écrits. Mais il arrive qu'on puisse désigner plus précisément un écrit ou un document où elles se cristallisent en une doctrine véritable. Sans être, de façon absolue, la seule source adéquate, on comprend parfaitement que le professeur Grimm ait choisi le testament politique de Richelieu comme une telle matérialisation concrète d'une idée qui devait gouverner la politique française pendant près de trois cents ans.

Car c'est ce testament, synthèse de ce que fut la politique de Richelieu de son vivant, qui donne la direction qui sera suivie par ses successeurs. Le but du Cardinal est de donner à la France une possibilité d'occuper une place prépondérante en Europe. Pour parvenir à celà, la première nécessité est d'écarter le rival le plus dangereux, qui est l'Allemagne. Une première action à mener est donc purement expansive et tente de conquérir du terrain. « La France tend toujours finalement à reculer sa frontière, aux dépens de l'Allemagne. C'est la marche ininterrompue vers l'Est, grâce à l'assimilation incessante des populations allemandes des frontières... ». Mais un autre moyen, plus important, vise à affaiblir intérieurement les Allemands et à les mettre dans l'impossibilité d'opposer un pouvoir cohérent à la force française. La voie à suivre dans ce but se trouve toute tracée : l'Allemagne porte en elle le germe le plus dangereux qui puisse miner un Etat, les particularismes des princes, qui maintiennent le Reich en état de division intense. Richelieu tâchera donc d'empêcher que l'Allemagne fasse son unité comme la France a fait la sienne ». Et cela pouvait se faire « en profitant du penchant à l'individualisme et au particularisme et surtout en tirant avantage des intérêts particuliers des nombreuses dynasties allemandes ». Pratiquement, Richelieu réalisera ceci en favorisant durant la guerre de Trente ans, les petits princes contre la grande Maison d'Autriche, seule capable de réunir les diverses parties de l'Empire sous un sceptre commun. Et le triomphe de ce dessein aura lieu en 1648, au Traité de Westphalie, où l'Allemagne est morcelée en deux mille enclaves dont deux cents formaient des Etats souverains. La France ne trouvera dorénavant plus devant elle qu'un ennemi déchiré, vaincu d'avance par son extrême division. Mazarin d'abord, Louis XIV ensuite pourront cueillir les fruits de cette politique.

On peut trouver beaucoup à redire à cette façon d'agir, qui empêche un grand peuple de vivre comme il le pourrait, mais dans les circonstances de l'époque c'était sans doute la manière la plus réaliste et la plus efficace de sauvegarder la souveraineté française. L'affaiblissement systématique d'un peuple n'est blâmable que s'il est obtenu au moyen de méthodes qui nuisent à son bien-être matériel et spirituel. Mais il arrive, à certaines périodes de son développement, qu'une nation se plait dans un état de division et de faiblesse où elle se fait volontiers guider et dominer par ses voisins. C'est là une réalité historique à laquelle on ne pourrait se soustraire. Et il est certain — et le professeur Grimm peut le regretter mais non le nier — que l'Allemagne se trouvait, aux XVIIe et XVIIIe siècles, dans un tel état de léthargie relative. S'il avait existé, à l'intérieur de ce pays, une volonté réelle d'unification, aucune intrigue diplomatique, ni aucun subside secret n'aurait pu empêcher celle-ci de croître et de prospérer. Mais il n'en était pas ainsi, au contraire, il n'y eut que peu de protestations contre le traité destructeur et Jacques Bainville a écrit à ce sujet : « Le chef-d'œuvre de la paix de Westphalie, ce fut peut-être que les Allemands s'en montrèrent les premiers satisfaits, tant elle répondait à leurs goûts et à leur nature ».

Mais, dès le jour où l'unité allemande a pu se réaliser, les directives de Richelieu n'ont plus la même raison d'être. Depuis que le peuple allemand est entré dans une phase de régénérescence, toute tentative de le détruire par l'intérieur est vaine, car lorsque une unité nationale veut vraiment se réaliser, nulle force militaire ou diplomatique ne peut s'y opposer. L'histoire contemporaine de l'Allemagne le prouve abondamment. Elle eut beau perdre complètement la guerre 14-18, il n'y eut pas de procédé pratique possible pour tuer à jamais sa volonté de reconstruction. Grimm cite ici les paroles révélatrices de Clemenceau lorsque, justifiant son traité de Versailles, il déclara : « Voyons ! Voilà une nation de 60 millions d'hommes qui étaient hier de 70 millions. Par une des contradictions que je ne suis par chargé d'expliquer, parce que c'est l'affaire de la Providence, les Allemands sont allés de l'extrémité du particularisme, à l'extrémité de la centralisation. Je n'y peux rien. C'est leur nature, c'est ainsi qu'ils sont faits... Il n'y a d'unité profonde que l'unité des consciences, et à celle-là aucune main humaine ne peut toucher. Voyez-vous, l'unité n'est pas dans les protocoles de la diplomatie. L'unité est dans le cœur des hommes. On aime qui on aime, on déteste qui on déteste, et au moment du danger on sait de quel côté aller, et au moment de la bataille on le sait aussi... ». Ce point de vue condamne définitivement l'idée de Richelieu. Celle-ci — et l'auteur n'avait jamais voulu y voir autre chose — était bonne en tant que doctrine opportuniste, à un moment où il était possible de maintenir l'Allemagne divisée. Dès que cette possibilité n'existait plus, il était dangereux, criminel même de s'en tenir à une telle ligne de conduite.

Et cependant, la France commit la grande erreur de s'obstiner et de ne pas comprendre les changements que la réussite de Bismarck — et plus tard de Hitler — devaient entraîner dans sa tradition politique. C'est cette erreur qu'elle expie actuellement, et les responsables sont, plus que de quelconques politiciens sans valeur, des théoriciens remarquables comme Jacques Bainville, qui ont continué à défendre la politique de Richelieu à un moment où celle-ci ne pouvait plus exister. Sans doute, la façon dont le professeur Grimm présente les choses, comme si la doctrine de Bainville avait continué à être une espèce de religion d'Etat, jusqu'en 1940, est-elle quelque peu excessive. En fait, il n'y a plus eu, en France, depuis 1920, aucun homme à la conduire, armée d'une pensée directrice rigoureuse et capable de maintenir une ligne politique fermement tracée. Toutes les questions extérieures : les relations avec l'Italie, avec l'Allemagne, avec l'Espagne républicaine, avec l'U. R. S. S. ont été traitées de la façon délabrée et contradictoire, qui dénonce l'absence de toute continuité dans les intentions. Bainville a prêché dans le désert, et le seul résultat de son action fut de maintenir dans les esprits assez de méfiance pour repousser toute collaboration avec l'Allemagne.

C'eût été cependant la seule attitude qu'en regard des exigences historiques, la France aurait pu accepter. Elle fut bien proche de le comprendre, à l'époque de Munich. Mais les influences contraires ont fini par triompher avec les résultats que l'on sait. Il ne reste plus aux Français d'accepter, dans des conditions infiniment moins favorables, la collaboration avec l'Allemagne ou de se soumettre passivement à l'Angleterre.

Il est un grand mérite d'un livre comme celui du professeur Grimm, de transposer sur un plan scientifiquement objectif ces problèmes qui ne sont abordés, en général, qu'avec un esprit partisan qui en déforme les aspects les plus fondamentaux.

Paul de MAN.

---

(1) Editeur Flammarion.

NOTRE CHRONIQUE LITTERAIRE

DANS NOS MURS

Un certain nombre de publications d'auteurs belges, œuvres, pour la plupart, d'assez petite envergure — au sens quantitatif du mot bien entendu, — ont vu le jour durant ces dernières semaines. Cette chronique en réunit trois, de natures assez dissemblables mais qui doivent être signalées, à cause de l'intérêt qu'elles présentent chacunes dans leur domaine. On excusera donc l'allure un peu mélangée de cet article qui groupe les noms de trois écrivains n'ayant que leur nationalité en commun.

* * *

La maison d'édition « les Ecrits » rédite un roman de Franz Weyergans « Par mes mains lapidée » qui, nous dit-on, n'eut pas le succès qu'il mérita lors de sa première parution. Nous connaissions de Weyergans son livre « Raisons de vivre » qui contenait, à côté de plusieurs pages assez inégales, quelques passages qui semblaient annoncer de sérieuses qualités. « Par mes mains lapidée » est antérieur à cet ouvrage mais, comme il s'agit d'un roman pur où les médidations lyriques qui constituaient la majeure partie de « Raisons de vivre », n'apparaissent plus, on peut s'en servir pour évaluer les mérites du romancier proprement dit.

Le thème du mariage malheureux qui fut tant de fois traité par les romanciers modernes est abordé ici sous la forme d'un récit relativement peu animé, qui se déroule la plupart du temps sur le plan psychologique. Le but est, visiblement, de nous faire pénétrer dans le secret d'une âme assez curieuse, celle de l'héroïne, femme sensible et intelligente, mais qu'une forme crispée d'orgueil a empêchée de saisir l'occasion de bonheur qui lui était offerte. Et on nous décrit les incessants retournements sur elle-même d'une inquiétude lucide, qui mesure l'étendue de la détresse dans laquelle l'a plongée une erreur irréparable — mariage avec un homme vulgaire et brutal — et qui cherche péniblement à se trouver une base, un fondement moral solide grâce auquel il sera possible d'obtenir la paix intérieure.

Tout cela est un peu du sous-Mauriac. Mais il y a cependant certains traits de l'analyse et certaines scènes dont se dégage une puissance de vérité indéniable. Je songe aux pages où on décrit les discussions âpres entre les deux époux qui se détestent, ou à celles qui évoquent l'enfance solitaire et sombre de la jeune femme. Il y a, dans ces lignes, une capacité de révéler des replis ignorés des êtres et de nous faire participer à des conflits violents, qui éclairent brutalement l'opposition absolue entre deux caractères. Weyergans s'avère, à ces instants, psychologue perspicace et narrateur adroit.

Mais il semble que le défaut par suite duquel ce roman rend, dans l'ensemble, un son un peu artificiel est faussé réside dans une question de forme. Il est difficile, quand ou s'adonne à l'analyse de trouver le ton exact pour présenter cette matière. Le fait qu'on doit souvent tomber dans l'exposé abstrait et dans la dissertation risque de faire prendre une expression trop solennelle et trop didactique. Afin de rendre plus vivante et plus naturelle cette série de raisonnements, les romanciers les ont souvent liés à un personnage et présenté les choses comme si c'était un des acteurs qui livrait ses réflexions sur le drame qui se déroule. Mais ils eurent soin, en général, de donner ce rôle à quelqu'un qui se trouve un peu en dehors de l'action, à un spectateur objectif et perspicace, mû par une curiosité quasi-scientifique. C'est à cela que servent des personnages tels l'Edouard des « Faux monnayeurs » et le Philip Quarles de « Contrepoint ». Mais si on demande au personnage central d'exposer lui-même tout ce qui lui arrive et de motiver ses actes jusque dans leurs mobiles les plus ignorés, il est difficile de donner à cette confession un ton vraisemblable. Weyergans y réussit en tout cas moins que quiconque. Il essaie en vain de nous faire admettre l'image de cette femme qui remplit un cahier entier d'une suite de souvenirs et d'impressions personnelles, tout cela dans un style emphatique et exalté qui est aussi peu naturel que possible. Il aurait fallu, ou bien choisir une narration qui ne laissait voir que l'aspect extérieur des passions ou bien présenter autrement les passages introspectifs. Alors seulement, les qualités de Frans Weyergans lui auraient permis de réussir un livre de classe.

* * *

C'est ce procédé de narration extérieure que Jean de Jaer a adopté dans la suite de nouvelles que constituent les « Nuits conjugales. » Ici, on se borne à nous présenter des anecdotes sans s'appesantir sur les mécanismes psychologiques intimes. De préférence, de Jaer se meut dans le climat de la bourgeoisie sordide, où l'esprit de gain domine les sentiments les plus nobles et les plus délicats. L'humour froid avec lequel ces tristes histoires sont décrites, constituent l'originalité et le mérite principal de ce petit volume. Par contre, lorsqu'il se risque dans un domaine plus subtil — comme dans le conte intitulé: « Nuit d'amour » — l'armature sommaire des personnages apparait par trop clairement. Et quand il essaie de nous mener dans des climats poétiques et magiques, il manque à l'auteur la finesse de vision et de style qui permet de captiver le lecteur. Les poèmes de de Jaer, parus ultérieurement, sont d'ailleurs médiocres. Il semble que sa voie est plutôt de se faire l'observateur féroce des mœurs bourgeoises que de faire défiler devant nos yeux des images empreintes de poésie. C'est du moins la conclusion qui s'impose après le premier essai de cet écrivain dans le domaine de la prose.

* * *

Pierre Daye édite chez Grasset une suite de « lettres d'un belge à un ami français » qui tentent de résumer la signification des événements actuels sur le plan intérieur et extérieur. La brochure semble être spécialement destinée à la France, où elle correspond à un réel besoin d'éclairement sur l'évolution actuelle de notre pays. Nombreux étaient en effet les Français qui s'imaginaient qu'en Belgique le régime démocratique fonctionnait encore d'une façon impeccable et que la corruption si répandue en France n'avait pas son équivalent dans ce pays. Les révélations tragicomiques de Pierre Daye sur la vie parlementaire les éclaireront suffisamment sur cette question. En outre, il était important et nécessaire de rappeler aux Français quel fut l'accueil fait à l'acte du Roi et de dissiper définitivement les malentendus que la campagne mensongère de Reynaud aurait pu laisser subsister. En dehors de ces deux chapitres principalement destinés à l'extérieur les réflexions de Pierre Daye paraîtront également pertinentes et judicieuses à un grand nombre de lecteurs belges. Et plus particulièrement les paragraphes qui démontrent que la guerre présente est, en dehors d'une lutte économique et nationale, le début d'une révolution qui vise à organiser la société européenne d'une manière plus équitable. C'est une vérité que ceux qui demeurent aveuglés par des passions nationalistes devraient souvent se répéter. A côté des questions de suprématie, qui sont en fait secondaires, la situation crée une certaine quantité de possibilités pratiques afin de mettre à la place d'un appareil politique, devenu néfaste un organisme qui assurerait une répartition des biens plus conforme à la justice. Pour celui qui a cru que de telles réalisations sont possibles et nécessaires, il est de son devoir de ne pas s'abstenir dans les conditions présentes. Car il ne trouvera sans doute plus jamais des circonstances si propices à un renouveau qu'en ce moment où toutes les institutions sont en voie d'être remplacées. Et même si ce nouveau programme ne se trouve pas encore fixé avec précision, les choses en étaient venues à un tel degré de décomposition et de dégénérescence que, avant tout, la volonté de modification doit exister.

« Guerre et révolution », de Pierre Daye rappele dans des termes clairs et simples de telles vérités fondamentales qui doivent gouverner l'action des hommes de bonne volonté.

Paul de MAN.

Après les journées culturelles germano-flamandes

Le destin de la Flandre

PARMI les critères grâce auxquels on peut déterminer si une certaine aire géographique mérite le nom de nation, un des plus importants est l'existence d'une culture propre ou, plus particulièrement, d'un art qui n'appartient qu'aux habitants de la contrée. C'est là un facteur primordial — résultant lui-même d'une foule de composantes historiques, raciques, etc. — parmi ceux qui permettent de désigner si un peuple a, oui ou non, une nationalité digne d'être respectée.

Nous disons intentionnellement d'un art spécifique plutôt que d'une culture, parce que ce dernier mot, par trop vaste, englobe des produits de la pensée dont le contenu ne pourrait, en aucun cas, porter une empreinte nationale. La science pure, par exemple, est par essence même universelle et ne possède de pays d'origine autre que le vaste monde.

Mais il en va autrement de la création artistique qui, parce qu'elle est fonction d'une émotion subjective, révèle des aspects plus personnels et plus intimes des êtres. Il est une vérité d'évidence que de dire qu'une œuvre artistique reflète des caractéristiques de la personnalité de celui qui l'a établie. Mais elle ne porte pas seulement la trace strictement individuelle de l'auteur, mais également certains traits qui appartiennent à des collectivités entières. C'est d'ailleurs chose normale si l'on a admis l'influence des conditions du milieu sur le comportement humain. Le fait d'avoir des ancêtres communs, de vivre dans le même climat, le même paysage, d'avoir à combattre les mêmes ennemis et connu des triomphes et des défaites semblables crée un lien profond qui se maintient durant toutes les générations. Et comme cette unité pénètre jusque dans des couches fondamentales de la personnalité, on les verra apparaître dans toute manifestation de la sensibilité profonde et, en premier lieu, dans les manifestations artistiques.

On ne pourrait nier que la Flandre s'est montrée en possession d'un spécifique qui apparait dans tous les produits de son génie. Tout Flamand qui a visité le musée de Florence ou de Madrid aura eu la révélation de cette âme particulière. Après avoir parcouru les salles où s'étalent les splendeurs de la peinture italienne, espagnole et française il aura senti, en pénétrant dans l'enceinte réservée aux peintres flamands, une inoubliable impression d'entrer dans un monde qui lui est familier, qui lui appartient, où il se sent chez lui. L'expression des visages, le rythme des compositions, la lumière des paysages ont une qualité indéfinissable qui fait qu'ils s'adressent directement à sa sensibilité, sans que le moindre effort d'adaptation soit nécessaire. Il se trouve sur un plan commun avec les représentants de l'art de son peuple. Pour lui, dans ce pays étranger, cette chambre sera comme un endroit privilégié où s'est enfermée toute l'atmosphère de sa contrée d'origine.

Indiquer précisément les éléments auxquels est dû cet effet particulier est chose fort malaisée. On s'en rend compte lorsqu'on tente d'analyser les causes de la parenté entre les artistes flamands de tous les âges. Au cours d'une conférence donnée à l'occasion des journées culturelles germano-flamandes, le poète Wies Moens tenta d'énumérer ces caractères. On peut retenir deux traits parmi ceux qu'il cita, les autres étant trop imprécis et trop généraux pour correspondre à quelque chose de tangible. Mais il est exact de dire, avec Moens, que ce qui distingue le sens esthétique de la Flandre est d'être avant tout pictural et réaliste.

Etre pictural ne veut pas dire que le mode d'expression ait été exclusivement la peinture. Mais cela signifie que la vision artistique a toujours été plus tournée vers le côté plastique et coloré des choses que vers leur contenu abstrait. C'est sans doute la principale opposition entre l'art français et flamand que cet attachement aux formes extérieures plutôt qu'à l'analyse cérébrale. Cette mentalité n'a rien de superficiel car l'enveloppe extérieure des êtres et des objets, lorsqu'elle est regardée avec l'œil attentif du génie qui en découvre toutes les ressources, peut révéler leur signification profonde. Et ce sens pictural spécialement développé peut également se retrouver dans la littérature. L'abondance des passages descriptifs, l'attachement aux thèmes inspirés par le spectacle de la nature comptent parmi les propriétés les plus marquantes des poètes et romanciers flamands. Par contre, on les verra se détourner de toute analyse psychologique, de toute cette cérébralité qui a triomphé dans les lettres françaises de l'époque actuelle.

Corrélativement à ceci se situe la tendance au réalisme. Comme on tente de voir le plus complètement possible le monde environnant, on respectera en général la réalité objective. Des constituants de l'imagination qui déforment le réel, telle la vision poétique qui entoure toute matière d'une brume de rêve et qu'on trouve fréquemment chez les Allemands, sont étrangers à la sensibilité picturale. L'art flamand demeure réaliste, en ce sens qu'il vise à évoquer la nature à son état brut, sans en saisir le mystère au moyen du symbole ou de l'explication raisonnée. Il tente de reproduire la réalité en ne cachant aucun de ses aspects les plus fugitifs ou les plus ignorés. A quelles réussites peut mener une telle discipline artistique est démonmontré par l'indiscutable grandeur de la peinture flamande.

Nous nous sommes quelque peu attardés à tenter de définir le spécifique de l'art flamand pour indiquer que ces traits sont des propriétés originales qui n'appartiennent, dans cette mesure, qu'à une nation déterminée. Et par là même ils constituent une valeur, une possibilité de développement qui ne doit être en aucun cas détruite. Même si de longues éclipses semblent maintenir à un état d'infériorité certaines productions nationales, on les verra rejaillir avec une force insoupçonnée lorsque les conditions environnantes redeviennent favorables. Aussi, on conçoit que les périodes romantiques seront peu propices à une vitalité brillante du tempérament artistique flamand puisqu'il est orienté dans un sens contraire. Mais cela ne signifie pas que le jour où l'évolution des courants esthétiques aura mené dans d'autres voies, on n'assistera pas à une renaissance grandiose, capable de produire des chefs-d'œuvre. Il y a donc là une puissance en potentiel, une capacité de produire qui est l'apanage d'une seule population et que les forces politiques doivent éviter d'écraser.

Pour une si petite surface de pays que la Flandre, trop peu étendue pour posséder une autonomie absolue, on ne peut poser la question de son destin politique qu'en fonction de ses qualités culturelles. C'est au nom de ces valeurs que l'on peut exiger que le tracé des frontières et les pouvoirs administratifs intérieurs soient ainsi conditionnés que la continuité de l'esprit national se trouve assurée. Sinon, les vertus électives qui n'appartiennent qu'aux Flamands seront éliminées. Et ce qui leur aurait permis de jouer un rôle de premier plan à certains moments de l'histoire de l'art — avec tout ce que cela comporte dans la vie d'un peuple — sera perdu à tout jamais. Le statut de la Flandre, de quelque façon que soit résolu son avenir, devra donc offrir des garanties de défense, constituer une sauvegarde de ce qui constitue le patrimoine national. C'est-à-dire avant tout de la langue et de cette forme de liberté qui permet aux créateurs de travailler conformément à leurs impulsions et non pas en imitateurs d'un voisin dont l'état d'esprit est dissemblable.

On n'ignore pas que la Flandre a déjà eu à mener une telle lutte défensive contre les influences françaises qui, par l'intermédiaire d'un Etat belge complice, se répandaient rapidement. Dans l'état actuel des choses, ce combat est bien proche d'être victorieusement terminé, à quelques disputes locales près. Les mesures fondamentales : existence d'un enseignement supérieur, d'une juridiction et d'une vie publique flamande sont telles que nul ne peut prétendre qu'il existe encore une dénationalisation artificielle et forcée. L'esprit antibelge qui continue à avoir cours dans certains milieux est plutôt un mythe, dû à une tradition établie, qu'une réalité politique. Depuis que l'équilibre a été réalisé entre les droits des deux groupes linguistiques, l'Etat belge offre un ensemble de garanties suffisantes à l'autonomie culturelle de la Flandre.

Mais la situation revisioniste née de la guerre actuelle fait rebondir à nouveau diverses questions qui avaient été plus ou moins adroitement réglées avant le conflit. Et comme la force organisatrice émane de l'Allemagne, la Flandre, pour qui ce pays constitue un point d'appui éternel, se trouve placée dans une position particulière. Le souvenir de l'activisme, quand l'Allemagne soutint les Flamands dans leurs revendications légitimes, est trop vivant encore pour ne pas provoquer certains remous dans une direction analogue. Mais cependant, il convient d'indiquer que, de ce côté également, le danger d'assimilation existe et d'autant plus nettement que des affinités relient les deux races. La tentation n'en est que plus forte pour les Flamands de se laisser dissoudre dans une communauté germanique qui risque d'effacer tout ce qui constitue leur originalité profonde. C'est pour cette raison que M. Elias, bourgmestre de Gand, a cru devoir réagir « contre ceux qui voudraient étendre l'idée d'Etat germanique jusqu'à une résorbtion des Pays-Bas (Nederlanden», dans une communauté germanique artificielle.... Il y a, sans doute, chez plusieurs la crainte que cela entraînerait la disparition des Flamands en tant que peuple et leur nivellement comme Allemands. Je n'hésite pas à proclamer qu'une telle conception pourrait mener, en Flandre, à des états catastrophiques... Nous ne pouvons devenir les dignes membres d'un Etat germanique qu'en tant que cet Etat nous permette d'être de dignes Néerlandais. »

« Etre de dignes Néerlandais » cela revient à maintenir, entre les deux blocs culturels que sont la France et l'Allemagne, ce noyau qui a pu donner à l'humanité des produits admirables d'un génie indépendant. C'est conformément à ce dessein que le statut politique de la Flandre doit être établi dans l'Europe nouvelle.

Paul de Man.

NOTRE CHRONIQUE LITTERAIRE

ESSAIS

INSPIRATIONS MEDITERRANEENNES
de J. Grenier (1)

IDEES DU TEMPS
d'Hubert Colleye (2)

L'essai est un genre littéraire, relativement peu défini à son origine, mais qui, à force d'être pratiqué de plus en plus souvent, en est arrivé à se constituer une esthétique propre. De sorte qu'on ne peut plus se borner à juger les productions des essayistes sur le fond seulement, mais qu'il faut également les examiner par rapport à une technique spéciale qui constitue, en fait, la loi du genre.

En effet, si l'essai se distingue du conte (ou du roman) par l'introduction de réflexions d'ordre abstrait, de considérations générales, voire même d'une thèse cohérente, il s'écarte du simple article (ou mémoire) parce qu'il continue à exiger certaines beautés formelles qui appartiennent à la littérature pure. On conçoit qu'en principe, cette union de la pensée et du style peut être très attrayante, puisqu'elle permet d'échapper à la fois à la futilité d'une simple narration et à la sécheresse d'un exposé théorique. Mais il s'avère que, en réalité, la faculté d'exprimer des idées d'une façon plastique et mélodieuse n'appartient qu'à un nombre d'élus très limité. De sorte que ce domaine devient peu accessible et que quelques écrivains très particulièrement doués seulement peuvent l'aborder. Au lieu de celà, on a l'habitude de le considérer comme un genre facile, propice aux débutants et pouvant servir de terrain d'apprentissage avant de se lancer dans des expériences plus vastes. Il est devenu une espèce de ressource ultime pour ceux qui, n'ayant pas assez de talent pour aborder les grandes constructions, peuvent néanmoins réussir à remplir quelques pages en livrant des pensées apprises dans une forme approximative.

Mais c'est là un destin commun à tous les modes d'expression de petite envergure, dans lesquels la plus parfaite médiocrité voisine avec la plus rare perfection. Il n'en est pas moins vrai que certains grands auteurs ont fait tenir la partie la plus précieuse de leur œuvre dans les quelques pages, finement travaillées, où ils inscrivaient leur méditations. Et particulièrement les esprits abstraits, férus de généralisations et bouillonnants d'idées, mais trop brillants pour s'attarder longtemps à un même sujet et le creuser en profondeur. On songe aux admirables « Essais espagnols » d'Ortega y Yasset, où chaque page apporte à la fois une foule de vues originales et intéressantes à côté de quelque métaphore ou description d'une haute poésie. Ou à « Music at Night » de Aldons Ausley qui, plus que des meilleurs romans, révèle le charme d'une tournure d'esprit capable de manier les paradoxes, les sophismes et les vérités profondes avec la même virtuosité. Des volumes de cette qualité ont droit à autant de respect que les œuvres littéraires les plus complexes et les plus touffues, car leur réussite nécessite un talent dissemblable, mais également précieux.

* * *

Les deux livres d'essais dont nous aurons à parler dans cette chronique ne peuvent se placer sur le même rang que les œuvres citées, mais ils constituent néanmoins des ouvrages qui, chacun dans leur domaine, possèdent des mérites incontestables. Si l'on veux leur adresser des reproches, par rapport à la définition de l'essai-modèle que nous avons formulée plus haut, il apparait que l'un — «Inspirations méditerranéennes» de Jean Grenier — pèche par défaut de qualités cérébrales, tandis que l'autre — « Idées du temps » d'Hubert Colleye — par défaut de qualités formelles. En effet, alors que Jean Grenier nous raconte des choses peu intéressantes dans un langage splendide, Hubert Colleye expose des points de vue dignes d'intérêt sous une forme assez peu attrayante. Certes, on comprend l'intention du poète Jean Grenier qui tente de fixer des moments d'une plénitude exaltante en évoquant le climat dans lequel ils sont nés. Et il faut reconnaitre que des pages de ses « Inspirations » parviennent à recréer ainsi des minutes fugitives et pleines de grandeur. Mais à côté de ces passages, plusieurs semblent fâcheusement tourner en rond et ne faire que répéter, avec moins de force, ce que les autres avaient suggéré. L'auteur s'en rend d'ailleurs compte avec une parfaite lucidité dans la « lettre à Cornelius » qui est, sans doute, le meilleur fragment du livre. On garde dans l'ensemble, l'impression d'un lyrique qu'un sens critique trop fin, un trop grand souci de la perfection expressive empêche de s'abandonner librement et de donner toute sa mesure.

Chez Hubert Colleye nous avons, disions-nous, l'excès contraire. Un style assez dur, monotone, procédant par phrases très brèves et sans construction, au service d'une pensée qui défend une thèse de valeur. Il convient de s'arrêter un moment à cette idée générale qui crée un lien entre les diverses études apparemment disparates. Le principe d'Hubert Colleye est qu'il ne peut exister un poète vraiment grand qui ne soit pas en même temps un chrétien parfait. S'il range Rainer Maria Rilke en dessous de Claudel, de Péguy ou de Léon Bloy c'est parce que « Rilke manquait de Dieu » et qu' « une aussi grave défiance fait tort à un poète. Elle l'empêche de s'élever dans la poésie, c'est-à-dire de lui échapper pour devenir libre, amour dans l'Amour. » Il est permis de trouver contestable une telle assimilation de la création artisitique à des exigences mystiques et religieuses auxquelles rien ne prouve qu'elle soit liée. Ce n'est pas parce que, sur le plan humain, la vie de Rilke ait été un échec et celle de Charles Peguy un triomphe, que l'art de ce dernier — indépendamment même de toute considération de l'ordre de la prefection technique — doit être nécessairement supérieur. La seule et unique différence qui intéresse la critique littéraire dans ces deux cas, est que cette divergence morale entre les deux hommes entraine comme résultat que leurs thèmes d'inspiration auront été dissemblables. Mais pour déterminer leur « grandeur » elle ne pourra qu'examiner le degré de sincérité et de profondeur des sentiments exprimés et lorsque — comme il en est le cas dans les exemples cités — cet examen se termine par une appréciation favorable, placer les deux poètes sur un même plan mais chacun dans son domaine propre. Le moraliste peut regretter que Rilke en soit resté « à mi-chemin de l'intelligence de Dieu » l'esthète ne pourra qu'admirer sans réserve la puissance avec laquelle sa poésie évoque l'inquiétude des hommes qui n'ont pas trouvé leur voie éthique.

Mais il se trouve que cette attitude quelque peu prosélytique de Hubert Colleye mène, sur le terrain de la littérature, à des observations exactes et opportunes concernant certains jugements actuels. C'est ainsi que, parce qu'il se pose en défenseur des valeurs de mysticisme et de religion, il prendra partie pour tout ce qui dans la production littéraire se rapproche de ces données. Des considérations de ce genre définissent sans aucun doute sa position « pour » dans la querelle des critiques autour du « Grand Meaulnes », d'Alain Fournier et ses protestations contre la destruction un peu trop catégorique de la poésie française par Thierry Maulnier. Or, il se trouve que le renouveau des lettres qui est en train de s'accomplir semble donner raison à Hubert Colleye, puisque ce sont plus que jamais les œuvres d'Alain Fournier, de Claudel, de Péguy qui servent comme exemples et comme modèle pour les écoles futures. En ce sens, il est incontestable que le retour du sentiment religieux dans la littérature, avec ses conséquences esthétiques : amour du surnaturel, du mystérieux, d'une réalité plus profonde aura une influence durable et fondamentale. Mais plutôt que de voir dans cette heureuse coopération entre la religion et la littérature une preuve de l'interdépendance de ces deux activités de l'esprit, il faut la considérer comme une pure coïncidence. Il y a une cinquantaine d'années, les lettres n'avaient que faire de la foi chrétienne. A présent elle apparait comme un thème d'inspiration des plus vivant. Il y a là deux choses qui évoluent indépendamment les unes des autres et Colleye se trompe s'il croit que leur union est indispensable, elle peut être, à certains moments — comme actuellement — féconde, mais il faut se garder de voir dans ce phénomène momentané l'expression d'une loi générale.

Paul de MAN.

(1) Edité chez Gallimard.

(2) Edité aux éditions Styx, à Louvain. **Nous avions oublié de signaler que la même maison a édité les « Nuits conjugales » de Jean de Jaer dont il fut question dans une précédente chronique.**

CHRONIQUE LITTÉRAIRE

POÈMES

« La poésie au bois dormant », d'Hubert Dubois

Lorsqu'une œuvre littéraire atteint à une véritable grandeur, la critique a un autre devoir que de pousser des cris d'enthousiasme. Le jugement élogieux n'est pas fort utile en soi. Devant le produit d'un talent exceptionnel, il convient plus que jamais de s'attacher à en dégager la signification et le caractère, plutôt que d'établir des hiérarchies arbitraires, fondées sur des préférences personnelles. Le cas se présente avec la « Poésie au bois dormant », d'Hubert Dubois. Car nous atteignons ici à une poésie de tout premier ordre, appelée à prendre une place prépondérante dans l'histoire de notre littérature.

* * *

Une tentative d'établir le rapport entre Hubert Dubois et les poésies de la génération antérieure, aboutit tout d'abord à une impression de contraste total entre son art et celui de ses précédesseurs immédiats. Et l'on songe surtout à ce qui semble le séparer des surréalistes, ces théoriciens de la poésie subconsciente à qui un appareil doctrinaire impressionnant permit d'exercer une influence peut-être plus considérable qu'un génie spontané et sans intentions préconçues comme celui de Péguy ou de Claudel. En effet, la brèche parait totale entre la forme ordonnée et soignée d'Hubert Dubois et l'anarchie débridée d'Apollinaire ou de Breton, entre la pensée tournee vers des thèmes éternels du Liégeois et la crispante particularité outrancière qui enleva aux poèmes surréalistes toute possibilité d'être communicables. Comparée à ce monde tordu et artificiel, l'atmosphère aérée et grandiose dans laquelle se meut Hubert Dubois est une réaction complète, une libération dans un espace trop longtemps tenu inaccessible.

Et cependant, il est révélateur que le premier volume de cet auteur (« Pour atteindre à la mort ») appartenait encore complètement à l'esthétique que le dernier paru renie. Faut-il croire à un retournement intégral ou plutôt à une évolution progressive, qui, en éliminant certains éléments et en développant certains autres en serait venu sur un autre plan, non pas opposé au premier, mais né, au contraire, d'une progression dans une direction semblable? Le surréalisme est-il une discipline à laquelle il a tourné le dos ou un premier stade par lequel il a dû passer pour en arriver à l'actuelle création? La deuxième hypothèse semble plus vraisemblable.

Car, il y a une indéniable étroitesse dans le jugement qui affirme que les surréalistes se sont bornés à un travail destructif. Il y a, dans les principes défendus par Breton, une foule d'éléments sains et propres à servir de base à une féconde orientation. On pense plus particulièrement à l'introduction délibérée d'un subjectivisme qui, au lieu de laisser l'auteur dans l'attitude analytique et dégagée — chère aux prosateurs de l'époque — lui permet de révéler des aspects de lui-même qui seraient toujours demeurés ignorés. Et cette idée du subconscient — qui allait ouvrir la porte à toutes les merveilles de la rêverie et de la vision — apportait un fond, une donnée stable dans la musicalité un peu vide des symbolistes. L'insuffisance de l'école, puisque, malgré tout, cette tendance n'a produit aucune figure vraiment considérable, est due à une simple question de forme, à l'idée erronée qu'un élargissement de l'inspiration jusque dans les régions obscures de l'être, ne pourrait réussir qu'en adoptant une forme décousue et exempte de logique.

Cette confusion de deux notions dissemblables, la gratuité du déroulement de la vie intérieure et l'incohérence de l'expression, a constitué le drame de ce mouvement, condamné à mourir sans produire un seul chef-d'œuvre. Mais une observation lucide de l'évolution actuelle — et je demeure convaincu que l'avenir confirmera cette impression — met en relief l'importance théorique fondamentale des intentions surréalistes qui, en renouant avec des traditions oubliées depuis l'époque romantique, ont été les premiers à mener la littérature sur la voie de la rénovation.

Je vois une confirmation de cette thèse dans un premier produit réellement neuf, comme « La Poésie au bois dormant ». Qui aurait risqué cette promenade dans le monde du fantastique, peuplé de fées et de symboles [illegible] l'esprit n'avait pas été ouv[illegible] créa[illegible]ion littéraire qui veut être autre chose qu'une harmonieuse musique ou une ana[illegible]ment du surréalisme en le débarrassant de ses allures de démolisseur irrespectueux et en élargissant les thèmes. Hubert Dubois parachève ce processus, en sortant également de l'impasse formelle dans laquelle on s'était enfoncé. Son œuvre dernière signifie une étape fondamentale dans la transformation, à laquelle nous assistons depuis une quinzaine d'années. Elle est une des premières productions qui n'est plus « de transition », mais dont la sûreté de style et la maîtrise permet d'affirmer qu'elle inaugure délibérément une époque nouvelle.

* * *

Si l'on recherche la caractéristique de cette poésie, il semble que ce qu'elle a, de plus exceptionnel est son extraordinaire densité. On voyait, en général, une pensée poétique adopter une fois pour toutes une tournure pour laquelle elle était particulièrement douée et s'en tenir strictement à ce mode d'inspiration. Hubert Dubois, au contraire, fait tenir dans un poème de peu d'étendue des vers des natures les plus diverses. Ainsi, dans la « Belle et la Bête », où se succèdent à la fois des vers musicaux :

Et les cris et les vents hurleurs, alourdis d'odeurs coupables.
des méditations abstraites,
Car la chair ne peut rester la nocturne, l'implacable
N'est plus la Bête en nous, n'est plus le feu, la mort pour nous,
Si là pénètre une âme qui soit vraiment une âme...
des passages dramatiques :
Eh non! Mais voyez donc... Mais c'est miracle! O jour, ô fête
En nous! Voici l'azur s'ouvrir, et l'or nous éblouir...
et des développements lyriques :
Car, il n'y a, sachez-le, pas de monstres, pas de pierres,
Ici-bas, ni de démons qui ne le soient malgré eux.
Il n'y a pas d'enfer qui ne souffre en son for de l'être.
Il n'y a que des corps enchantés qui appellent à l'aide.
Car, ils ne sont l'ennui, la mort que sur l'ordre de Dieu;
Il n'y a que des cœurs durcis dans l'attente de naitre.
Rien que des morts brûlant dans l'ardente soif de renaitre.
Rien que vivants irrités de tant ressembler aux morts;
Qu'une triste chair d'amour lasse d'attendre qu'on l'aime.

C'est à cette continuelle variation, à cette alternance incessante des tournures dans un espace si restreint que nous faisons allusion en parlant de la « densité » de ces poèmes. Dans les exemples, cités, on voit tour à tour le sens de l'harmonie, la pensée, le contenu narratif du sujet et la digression poétique guider l'élaboration, et tout cela dans l'espace de quelques pages. Tout en étant une richesse, on se demande si cette manière de tout enfermer dans un si petit cadre ne finit pas par limiter les possibilités. D'une part, elle oblige à une continuelle réadaptation, à un effort particulier chez le lecteur, qui ne peut jamais s'abandonner à un rythme ou une pensée sans être immédiatement poussé dans une autre direction. Et, elle force l'auteur à une condensation qui l'empêche de donner sa mesure. Quelqu'un comme Hugo, qui avait également cette universalité, développait toujours abondamment chacune de ses idées — ce qui donnait des poèmes interminables, mais souvent magnifiques. Mais vouloir concilier à la fois la multiplicité de fond et la concision de la forme ne pourrait se faire sans nuire, par endroits, à l'unité et à la puissance. C'est pourquoi, un poème comme la « Biche au Bois », d'une composition plus simple et plus plane, nous semble supérieur à ceux qu'une complexité considérable rend souvent hermétiques et embrouillés. Et, en formulant ce jugement, nous ne croyons pas céder à cet amour paresseux pour la clarté facile, que Thierry Maulnier a stigmatisé avec vigueur dans son « Introduction à la poésie française ». La clarté n'est haïssable que lorsqu'on y sacrifie la profondeur et l'audace. Mais la « Biche au Bois » est aussi riche en signification et en trouvailles que tout autre poème. Le souci qui nous pousse est une pure nécessité de composition, qui réclame un équilibre entre la pluralité du sujet et l'étendue de la construction. C'est là un principe esthétique éternel qui ne peut être contesté. En l'appliquant ici, il nous a permis de dégager un caractère fondamental de la poésie de Dubois et d'esquisser un point de vue qui permettrait d'en faire une critique constructive.

Paul DE MAN.

(1) Edité aux « Cahiers des poètes catholiques ».

NOTRE CHRONIQUE LITTERAIRE

Un roman allemand

Loups parmi les Loups, de Hans Fallada

La lecture du roman de Hans Fallada, dont Albin Michel offre une traduction due à Paul Genty, ramène à un climat littéraire familier à ceux qui ont suivi quelque peu la production d'après-guerre en Allemagne. Non pas seulement parce qu'il évoque la trouble époque de l'inflation qui a marqué si profondément dans les mentalités que plusieurs écrivains ont décrit le réveil des sentiments révolutionnaires et rénovateurs qui datent de cette époque. Mais l'écriture générale, le procédé narratif, accumulant les courtes scènes isolées qui se succèdent comme les images d'un film, sont inspirés par l'esthétique dite expressionniste qui eut cours durant plusieurs années en Europe centrale, alors que la littérature française ignora cette expérience qui visait à renouveler les modes d'expression en se basant sur certains procédés dérivés de la peinture. Aragon a un jour défini le surréalisme comme « un emploi déréglé et passionnel du stupéfiant image », définition qui semble imparfaite si l'on songe au caractère foncièrement abstrait de cette école poétique qui nia l'association simple et directe qui s'établit entre l'émotion et la métaphore. Mais, par contre, elle s'applique assez heureusement au mouvement qui se développait parallèlement et avec un but analogue en Allemagne et dans certains pays adjacents. En effet, c'est en accumulant les visions, en insistant par des énumérations et des répétitions sur des aspects des choses que les expressionnistes tentèrent de communiquer avec une force particulière le sens profond des objets et des personnages. En peinture, cette tendance se manifestera par une accentuation des traits caractéristiques qui sont seuls mis en évidence, afin de faire connaitre et de faire voir le spécifique et non pas la simple réalité. Celle-ci est comme composée de deux éléments indépendants : une partie impersonnelle sans intérêt et une partie qui contient toute l'individualité. Cette dernière devra être indiquée avec une puissance particulière, sans souci de la déformation inévitable qui se produit dans ces conditions. Cette technique a fourni, dans le domaine de la peinture, quelques résultats remarquables.

On en trouvera également le reflet dans les œuvres en vers et en prose datant de la même période. La déformation peut être obtenue par des moyens très semblables à ceux que les peintres utilisaient. Au lieu de décrire un personnage jusque dans ses moindres détails, on se bornera à rappeler chaque fois, jusqu'à l'obsession, le trait qui est comme la synthèse totale de tout son aspect physique. Le récit, au lieu de se dérouler selon les règles de la vraisemblance, bondit de péripétie en péripétie, ne laissant apercevoir de chacune d'elles qu'un côté violent et frappant, qui marque nettement dans l'imagination et la mémoire. Et la psychologie également se simplifiera pour ne plus laisser s'effriter la personnalité dans une décomposition analytique, mais pour mettre en lumière ce qui en constitue la partie la plus constante et la plus observable. Il est manifeste que ces principes sont en étroite corrélation avec des techniques inspirées du cinéma et qu'il y a là un jeu d'inter-influences qui mériterait d'être étudié de plus près.

Il est assez normal que de semblables formules n'aient pas pénétré dans l'art français. Elles sont trop inspirées par des soucis picturaux et plastiques pour plaire à la mentalité française, orientée davantage vers le spirituel et le rationnel. Mais dans les pays nordiques, cette base plastique constituait plutôt un motif favorable à l'utilisation. Il n'y a donc rien d'étonnant à ce que, alors qu'en France on tentait d'innover en scrutant des notions cérébrales, les pays du Nord adoptèrent l'expressionnisme comme esthétique « d'avant-garde ».

Mais, par sa nature même, celui-ci marque un déclin et indique la fin d'un développement qui épuise ses dernières ressources. Lorsqu'une théorie artistique atteint l'ultime phase de son développement, on voit naitre certains excès, certaines déformations, résultant des efforts vains pour insuffler une vie nouvelle à des disciplines qui ont donné tout ce qu'elles pouvaient offrir. C'est alors que se créent ces œuvres quelque peu monstrueuses, hypertrophiées, non nécessairement exemptes de valeur ou d'intérêt, mais néanmoins plus remarquables en tant que phénomènes qu'en tant que réussites artistiques proprement dites. L'expressionnisme constitue une véritable théorétisation de cette décadence, une cristallisation en doctrine des symptomes propres aux fins d'époque. Il est loin d'être un mouvement nouveau, un de ceux qui inaugurent dans l'histoire de l'art des périodes de grandeur et qui apportent un élément inédit, une façon de voir ou de penser ou de construire que les générations précédentes ignoraient. Ceux-là ne vivent pas d'un approfondissement d'une notion établie, encore moins de sa déformation en vue de modifier à tout prix son visage devenu trop familier — comme le fit l'expressionnisme lorsqu'il tenta de rajeunir ce concept de la réalité, autour duquel se groupait plus d'un demi-siècle de vie artistique.

Il est donc permis de dire que ce fut là un signe de dégénérescence, sans toutefois donner à ce terme un sens péjoratif. Avant de disparaitre, les formules esthétiques doivent passer par ce stade un peu morbide qui permet de diagnostiquer leur fin prochaine. Une loi impérieuse de l'évolution exige qu'il en soit ainsi et le fait d'appartenir à une telle génération ne pourrait constituer un prétexte pour porter sur un artiste un jugement définitif. On a vu des chefs-d'œuvre naitre en ces moments.

Mais dans le cas particulier qui nous occupe — la littérature expressionniste en Allemagne — il se trouve que la production ne fut pas de premier ordre. La cause en est peut-être une incompatibilité entre les principes expressionnistes et les constantes profondes qui marquent l'art allemand au cours des siècles. Le fait est qu'un relativement grand nombre d'écrivains sont demeurés entièrement détournés de la tendance en question et ont continué à travailler selon les traditions établies. Et leurs œuvres — celles des Stehr, Binding, Carossa, Seidel, etc. — apparaissent dès à présent comme beaucoup plus marquantes que les autres qui ont déjà maintenant pris une allure démodée.

A vrai dire, « Loup parmi les Loups » de Hans Fallada n'appartient pas entièrement à la tendance expressionniste. Un courant plus sain s'y fait jour, par exemple dans les passages se déroulant dans les campagnes, dans le cadre des champs et des vastes horizons. Mais l'influence reste sensible dans le rythme général du roman, dans sa façon d'entremêler plusieurs intrigues en découpant des scènes de courte durée et de forte puissance suggestive qui donnent d'ailleurs à l'ensemble une allure vivante et animée fort habilement soutenue.

Pour le lecteur français qui tente, à la faveur d'un ouvrage comme celui-ci de se rendre compte de la nature des lettres allemandes, il n'est pas sans importance de savoir qu'une grande partie de sa technique demeure gouvernée par une esthétique virtuellement périmée et qui n'est nullement caractéristique de la véritable manière allemande.

Paul DE MAN.

Chronique littéraire

Les « Nouvelles réalités fantastiques » de Franz Hellens (1)

Parlant de l'évolution progressive de l'art de Franz Hellens, Giuseppe Ungaretti déclare que : « les ressources les plus sûres du fantastique se trouvent, pour l'artiste, dans les profondeurs cachées de soi-même ». C'est en fonction de cette observation qu'il sera le plus aisé de schématiser l'approfondissement de la notion du fantastique tel qu'on peut la suivre dans la série de contes, écrits dans un espace de vingt ans, qui constituent les « Nouvelles réalités fantastiques ». Car ce schéma se dessine comme une spirale, dont les circonvolutions, tracées d'abord dans un monde impersonnel, sont de plus en plus étroitement centrées sur des perceptions strictement individuelles, qui ne vivent que dans les recoins ignorés du cerveau de l'auteur.

Cette distinction entre deux modes de récit fantastique, le premier se déroulant dans le monde extérieur et empruntant sa magie à certaines données surnaturelles, l'autre, issu des rêves de l'artiste, est particulièrement nette si on compare deux nouvelles comme « Tempête au Colisée » et « Ce lourd silence de pierre ». Dans le premier cas, il s'agit d'un véritable conte qui n'est au-delà du réel que parce qu'il introduit les éléments classiques de l'expérience occulte : talismans magiques, spiritisme, double vue, etc. Il s'agit du produit d'une imagination éprise du fantasque, mais qui s'appuie sur des procédés traditionnels, trouvés en dehors d'elle. Et l'accent principal tombe encore sur l'aventure proprement dite, sur les intrigues et péripéties qui se manifesteront jusqu'à ce qu'un dénouement définitif fasse tout rentrer dans l'ordre. Le côté anecdotique demeure amplement développé et, hormis quelques émotions impersonnelles, l'action reste purement extérieure

Il en est, tout autrement dans les fragments comme « Ce lourd silence de pierre ». Nous entrons ici dans un domaine situé plus profondément que celui des rites magiques et de la science infernale. C'est d'une région qui existe dans chaque homme, mais qui ne se montre que chez les rêveurs et les solitaires que sont issues ces créations. Chacun connait cet état qui se crée autour de nous, à certains moments isolés, quand les réalités se transfigurent, s'échappant dans une atmosphère de rêverie où tout est possible et où les lois inexorables de la vraisemblance n'ont plus de raison d'être. Chez certains, cette révélation a une durée plus grande et s'installe à tel point en eux qu'elle illumine toute leur existence. Leur vision des choses sera toujours éclairée par ce feu étrange qui transporte les données du réel sur un plan surnaturel. Nous dirons que ce sont des hallucinés, des visionnaires, Paul Méral parlera même de somnambules; en fait, ils ne font que révéler une faculté universelle de l'esprit humain et leur parole s'adresse à tous ceux dont les sens peuvent capter leur message. Par opposition au fantastique extérieur, on peut indiquer que cette évocation sera toujours profondément subjective. Nous n'aurons plus, dans ce domaine, d'histoires à écouter ou d'intrigues à comprendre, mais uniquement à suivre l'auteur dans une promenade libre et arbitraire en regardant les paysages environnants avec les yeux de notre guide.

Incontestablement, si on compare ces deux modes du fantastique du point de vue de leur valeur absolue, la supériorité du dernier ne fait pas de doute. Dans le premier cas, la réalisation demeure somme toute un caprice de l'esprit, captivant par son étrangeté et sa bizarrerie, mais qui n'est pas plus qu'un jeu plus ou moins habile. On songe à ces baraques foraines où le but est de provoquer l'épouvante par une série de machinations diaboliques. S'ils sont bien construits, les monstres artificiels parviendront à impressionner parce que, tant qu'ils sont là, on a pu croire à leur existence véritable. Mais une fois la représentation terminée, on se retire satisfait d'avoir tremblé, mais n'ignorant pas que tout cela était « pour rire » et que la frayeur n'était que superficielle. La même technique sur un plan moins grossier, est utilisée dans la « Tempête au Colisée », et dans tous les contes qu'on pourrait désigner comme empreints de fantastique externe ou primaire. Il n'y a rien dans leur contenu, du moins à première vue, qui s'adresse à la sensibilité profonde et qui dépasse en signification celle d'un divertissement intellectuel.

Mais, dans la manière subjective, on atteint à un thème d'inspiration qui est à la base d'une production artistique réellement universelle. Nous avons insisté sur le fait que l'émotion initiale est, dans ce cas, une constituante immuable de la nature humaine. En fait, on la verra apparaitre à toutes les époques et constituer la source de toute une catégorie d'œuvres, parmi les plus profondes et les plus originales. Cette évasion de la conscience au-delà de ses contingences usuelles prend place parmi les thèmes éternels, parce qu'elle touche quelque chose qui existe chez tous les hommes. Si Hellens pose donc la question, si l'évolution qu'il a parcourue depuis la première nouvelle du volume jusqu'à la dernière constitue un enrichissement ou une décadence, on peut répondre qu'il y a là une tendance vers une intention esthétique supérieure.

Mais il faut distinguer, dans un jugement, entre l'intention théorique et la réussite littéraire proprement dite. Il ne suffit pas que les projets d'un écrivain comportent des formules fécondes et capables de produire des créations magistrales. S'il n'y a pas concordance entre ses dons particuliers et ses buts abstraits, les meilleures disciplines ne pourront suffire à donner une valeur exceptionnelle à son travail. Tandis que, lorsqu'il agit dans des domaines moins élevés, mais mieux appropriés à ses qualités, il pourra obtenir des résultats de premier ordre. Dans une certaine mesure, le cas se présente ici. Car un des dons les plus frappants de Franz Hellens est son art de conteur, son indéniable faculté de dessiner harmonieusement la ligne d'un récit, sans avoir recours à des artifices pour accrocher l'intérêt. Je ne puis souscrire à l'opinion de Paul Méral quand celui-ci prétend que Hellens est médiocre narrateur et est incapable d'imaginer les faits qui font l'armature d'une intrigue. Il se peut qu'il ait besoin de recourir à des souvenirs personnels et que ses romans de plus grande envergure présentent des défauts techniques. Mais la gradation dramatique maintenue dans la plupart de ces « Nouvelles réalités fantastiques » est l'œuvre d'un conteur-né, qui relate avec une exceptionnelle facilité. C'est pourquoi on ne peut s'empêcher de considérer les premiers contes comme le mettant en mesure de mieux déployer ses facultés, puisque l'élément narratif y est plus abondant. D'ailleurs, même dans ces pages, le visionnaire perce et amène inconsciemment son art sur le plan qui, plus tard, sera abordé de propos délibéré. Citons un passage de cette nature : « Les yeux de l'artiste, du reste, je ne les apercevais pas; je ne faisais que les sentir et encore ne les sentais-je pas comme l'on sentirait deux pointes entrer en vous et vous déchirer, mais en quelque sorte comme l'envahissement progressif, la pénétration rapide et sûre d'une eau qui monte, s'étend, profitant de toutes les ouvertures, remplissant tous les trous et finit, après cette incursion terrible, par s'apaiser et paraître aussi maternelle qu'une épaisse couche de neige, quand elle a tout pris, tout recouvert ». C'est un exemple frappant de fantastique subjectif, né de la vision personnelle. Mais il alternera, dans le conte en question, avec des fragments purement extérieurs, offrant donc l'occasion à Hellens de dévoiler tour-à-tour ses talents épiques et de lyrique. Lorsque, intentionnellement, toute utilisation de points d'appui matériels est écartée — comme dans « Ce lourd silence de pierre », on a l'impression d'une réussite moins achevée et moins complète. C'est que le mélange harmonieux des deux variétés de fantastique constitue sans doute la réalisation la mieux appropriée au tempérament artistique de Franz Hellens.

Paul de MAN.

---

(1) Edité aux Ecrits. Le même éditeur publie trois études sur Franz Hellens, dues à Paul Méral, G. Ungaretti et Valéry Larbaud, sous le titre « Franz Hellens ou la transfiguration du Réel ».

Chrònique littéraire

BILAN D'UNE ANNÉE

Une première constatation, si nous observons la création artistique par rapport aux événements politiques, est l'influence extraordinairement minime de la guerre. Le public belge a pu croire que quelque chose avait été changé, mais cette illusion provient uniquement d'une modification du ton, non dans le travail des écrivains eux-mêmes, mais dans les idées et principes directeurs de la critique. Si celle-ci semble avoir adopté, dans l'ensemble, une allure plus révolutionnaire et avoir attaqué et dénigré certaines idoles solidement établies, il ne faut pas voir dans cette audace une suite des bouleversements de valeurs produits par les circonstances actuelles. Car cette réaction, qui est peut-être nouvelle en Belgique, n'a pas attendu le déclenchement des hostilités pour se manifester : on peut se rappeler que Marcel Arland médisait du « Grand Meaulnes » et que Jean-Paul Sartre malmenait François Mauriac bien avant que le premier coup de fusil ait été tiré en Europe. Mais à présent, que la mode en est aux jugements sévères sur l'entre-deux-guerres, il est assez normal que l'offensive soit menée avec plus d'ardeur et d'une façon plus générale. On constate soudainement que les écrivains des dernières années étaient des hommes très éloignés des réalités, qui tournaient en rond dans un monde étroit, issu de leur imagination, et qui ne contribuaient en aucune manière à la solution des problèmes urgents qui se posaient. Il est significatif que Bertrand de Jouvenel ait cru devoir consacrer un chapitre de son essai « Après la Défaite » à établir la responsabilité des hommes de lettres qui portent, selon lui, une partie de la faute qui mena la France à son état actuel. Et l'on a souvent repris ce thème en insistant abondamment sur les carences et les erreurs d'un passé détesté. Ce mouvement qui, répétons-le, ne date pas de mai 1940, mais qui s'est considérablement amplifié depuis lors, indique plus qu'une simple mauvaise humeur momentanée vis-à-vis d'une période dépassée par l'Histoire. Il y a, sans doute, une lassitude, un authentique besoin de se renouveler qui se fait jour et dont cette campagne destructive est un écho parmi plusieurs autres. La mentalité n'est plus tournée vers une admiration des gloires établies, mais réclame ardemment du neuf et de l'inédit.

Ce serait se faire de dangereuses illusions que de croire que, parce que quelques-uns le souhaitent, ce renouveau va surgir du jour au lendemain. Ou même de supposer que la guerre, bien qu'elle ait remué les esprits jusque dans leurs fondements, aura creusé un fossé si profond entre le passé et le présent que, nécessairement, tout écrivain digne de ce nom tentera de régénérer et de modifier son art. En réalité, ce jeu d'influences est plus complexe et les résultats, pour autant qu'il y en ait, sont moins tangibles et immédiats. On en trouvera la meilleure preuve dans l'activité littéraire de cette année : ce n'est qu'en l'analysant avec l'intention préconçue d'y trouver quelque chose d'original que des symptômes de cette nature apparaîtront. Mais ceux-ci ne sont encore qu'une timide minorité à côté de la grande quantité d'éléments qui, par-dessus les contingences, maintiennent la continuité de la littérature française.

Ce n'est en tout cas pas dans cette abondante série de considérations sur les responsabilités, de souvenirs de l'avant-guerre immédiate, de témoignages sur la campagne de France à l'avant et à l'arrière, qu'il faut voir un signe d'aube nouvelle. Le phénomène est trop normal pour ne pas être considéré comme purement temporaire. Et le sujet s'est avéré relativement pauvre. Les meilleurs livres de cette catégorie — ceux de Benoist-Méchin, Fabre Luce, de Jouvenel, Brasillach — traitent plutôt des à-côtés pittoresques que du cœur même de la question. Moins que celle de 1914-18, la guerre de 1940 aura été, pour les Français, une source d'inspiration. Son caractère fut trop soudain et trop aventureux. Personne n'a eu le temps de s'installer dans une vie particulière, avec des mœurs et des coutumes spécifiques, dans un de ces milieux qui peuvent être décrits et évoqués. Il n'est pas étonnant que la « littérature de guerre » 1940 ait été sans grande ampleur : vu la nature du sujet, il ne pouvait en être autrement.

A côté de ces témoignages, un certain nombre d'écrivains ont continué dans la ligne qu'ils s'étaient tracée depuis toujours, conformément à leur tempérament et à leur talent. C'est le cas de Mauriac, de Colette, de Paul Valéry, de tous les noms consacrés. Mais la « relève des générations » qui met au premier plan ceux qui, il y a une quinzaine d'années, étaient considérés comme des espoirs, s'est visiblement parachevée. Ce sont les Montherlant, Drieu la Rochelle, Marcel Arland, Julien Green, Robert Brasillach, etc., qui ont fourni la contribution la plus importante, au point de vue quantitatif. Cependant, dès à présent, il est manifeste que cette génération n'égalera pas la précédente en valeur : le hasard l'a placée dans une de ces époques de flottement où les formes ne sont encore ni entièrement stables, ni entièrement libres, où les modèles ont perdu de leur autorité et où rien ne les remplace. Cet état de crise perce à la fois dans le mépris affiché envers les aînés et l'obstiné désir de trouver parmi eux des personnalités qui pourraient servir de point de repère. En ce sens, le nombre particulièrement élevé d'études et d'essais sur Charles Péguy est révélateur. Cet engouement autour d'une figure jadis isolée et méconnue est bien dans la ligne d'une génération qui sent qu'elle doit rompre avec les traditions établies, mais qui n'est pas encore appelée à fixer elle-même les disciplines qui y succéderont.

Cette mission incombera à ceux qui débutent actuellement. Mais si cet effort doit prvenir de la France, on ne peut encore in-
provenir de la France, on ne peut encore in-

ble inaugurer. Les romans et poèmes de jeunes sont, à vrai dire, d'une médiocrité désespérante. Le dernier numéro de la « Nouvelle Revue Française » contenait des spécimens de la poésie que les nouveaux venus produisent : on peut difficilement concevoir un art plus banal et plus insignifiant. Quant aux romanciers, ils semblent en être restés à une imitation servile et inintéressante de Jean Giono, alors que ce dernier, remarquable en tant que phénomène isolé, est un détestable chef d'école. Car dès que le sentiment de la nature qui, déjà chez lui, prend parfois un aspect forcé et artificiel, n'est plus spontané, il inspire un genre de récits déplorablement faux et fades. On attend encore le Français qui sera le premier à se libérer et à devenir réellement indépendant et rénovateur.

Je ne crois pas que ce soit un manque d'objectivité que de prétendre que les jeunes sont plus proches de ce but en Belgique qu'en France. Non pas qu'on puisse crier au chef-d'œuvre ou prétendre qu'une époque glorieuse a été inaugurée par des chants immortels. Mais il y a, dans des romanciers comme Remy Magermans, Jean Libert ou Paul Willems, une indéniable vitalité qui, même si elle semble manquer de force et être incapable d'aborder des sujets ou des constructions de grande envergure, indique une recherche de l'expression inédite des plus louable. Bien entendu, il reste beaucoup d'imitation et d'imperfection dans « Capelle aux Champs », « La Maladie dans la Tour » ou « Tout est réel ici ». Ce qui n'empêche que ces livres sont plus voisins de la révolution désirée que ceux qu'écrivent actuellement les Français du même âge. Et parmi les poètes, c'est encore un Belge, Hubert Dubois, qui aura été le premier à se libérer entièrement des surréalistes et à mener l'évolution du genre dans des voies productives.

Paul de MAN.

Les livres de la semaine

Chez Flammarion, un roman sur la vie de famille de Mathilde Alouic : « Les Fuseaux d'Or ».

— Chez le même éditeur : « La Vérité sur les Instituteurs », de Serge Jeanneret.

Chronique littéraire

Rubens, par Pierre Daye (1)
L'Homme pressé, par Paul Morand (2)

Le livre de Pierre Daye sur Rubens se situe dans le domaine de la biographie pure. A aucun moment, l'auteur n'a interrompu le récit de l'existence du peintre pour digresser sur son art. Il s'est borné à suivre fidèlement la route parcourue par le diplomate, l'homme du monde et le courtisan, sans s'attarder à rechercher les répercussions que cette existence a eues sur la production artistique ou sans retracer la genèse plus profonde de celle-ci.

On ne pourrait lui en faire grief, car cette vue d'ensemble sur les multiples activités extra-picturales de Rubens demeure instructive et utile à celui qui veut définir la valeur du peintre et de l'homme. Non pas que ces deux jugements soient dépendants l'un de l'autre ou qu'ils se conditionnent mutuellement. Au contraire, il apparaît souvent une curieuse disproportion entre l'esprit d'une œuvre et la mentalité de celui qui l'a établie. Citons l'exemple de Mozart, que les biographes nous dépeignent comme terne et insignifiant, alors que sa musique éclate de transcendante finesse, ou de Brahms, célibataire renfrogné, qui trouva des accents riches d'une ardente sensibilité.

Cette anomalie n'a pu étonner que ceux qu'une fausse vision du génie a poussés vers une idéalisation factice, mais suffisamment puissante pour cacher les réalités les plus élémentaires. Ce n'est pas parce que certaines extériorisations d'un individu portent la marque d'une élévation grandiose que leur être tout entier demeure entièrement sublime et infaillible. La nature humaine est complexe et on trouve des mesquineries et des faiblesses dans la vie des plus grands. Bach se plaint parce que la ville où il habite a un climat trop salubre, de sorte que le taux de mortalité y est très peu élevé. Comme une de ses fonctions est de composer des chants pour les enterrements, il a tout intérêt à ce que les gens meurent en grand nombre. Ces faces moins reluisantes du caractère d'un homme de génie déroutent les admirateurs simplistes qui veulent retrouver dans les aspects familiers de leur idole le reflet de la perfection qui les éblouit. Et rien n'est plus crispant que ces biographies superficiellement romantiques qui visent à démontrer qu'à chaque instant, l'activité des élus portait l'empreinte de leur destin exceptionnel. Il n'en est pas ainsi, puisque les élans admirables se cachent le plus souvent sous une individualité normale, c'est-à-dire mélangeant le meilleur au pire. Le génie n'est qu'une façon momentanée et épisodique de se surpasser. Une fois l'éclair éteint, tout redevient usuel et médiocre. Ceux qui veulent en faire une règle de conduite, en se basant sur une soi-disant valeur morale des créateurs hors-pair, lui font perdre sa nature phénoménale et exceptionnelle. C'est pourquoi on a pu dire que leurs naïves déclarations étaient crispantes et même nuisibles.

C'est le mérite de l'ouvrage de M. Daye que d'avoir soigneusement évité ce travers. Son étude ne tourne jamais au panégyrique, ni à la dénigration. Il s'agit de nous montrer Pierre-Paul Rubens tel qu'il était : homme plein de force et d'enthousiasme, conscient de ses dons et de son mérite, mais soucieux de ses intérêts et désireux d'affirmer sa gloire. Impossible de nier qu'il agissait souvent par pure ambition et mu par le désir d'égaler ceux qui lui étaient supérieurs par leur naissance, sinon par leur esprit. Il y a en lui une assurance et une sobriété qui indiquent une nature d'élite à côté de concessions au snobisme et à la gloriole. C'est dire que Rubens était humain dans toute l'acception du terme et souvent contradictoire et déroutant. Mais cela n'a pu l'empêcher de produire un art qu'un souffle de grandeur anime et qui parle à la sensibilité de tous les hommes. Les circonstances de sa vie, qu'elles soient à son avantage ou en sa défaveur, n'ont que peu de signification à côté de ces témoignages permanents de son extraordinaire talent. Mais elles méritent néanmoins qu'un biographe scrupuleux nous en fasse le récit. Car elles contribueront à faciliter, sinon notre jugement, du moins notre compréhension d'une œuvre qui compte parmi les plus considérables qui soient issues de nos contrées.

* * *

Le nouveau roman de Paul Morand porte le titre suggestif de « L'Homme pressé ». Il s'agit du « cas » quasi-pathologique d'un homme possédé à tel point par le démon de l'activité et de l'impatience que tout est sacrifié à ce tyrannique besoin de s'agiter et de se presser.

Que Paul Morand connaît à fond son métier, on le sait depuis longtemps. Ce récit est construit par quelqu'un qui n'ignore aucun des procédés pour attacher l'attention du lecteur, en dosant adroitement l'émouvant et le pittoresque, l'action et la description. Bien entendu, il ne saurait être question de parler de psychologie ou d'analyse, alors qu'il s'agit uniquement de développer adroitement une donnée caricaturale et un peu fantastique. Ce qu'il y a de meilleur dans « L'Homme pressé » se situe en marge de toute visée profonde et se borne à être simplement ingénieux et divertissant. On peut aller jusqu'à dire que certains traits, par exemple ceux qui relatent le ménage bouleversé de l'homme-bolide et de sa placide épouse, sont d'une observation pittoresque.

Tout cela est fort inoffensif et il n'est pas opportun de pousser à cette occasion des soupirs désabusés sur la frivolité française qui se plaît encore dans de semblables médiocrités à un moment où il faudrait avoir des soucis plus sérieux. Mais quand l'éditeur nous parle « d'étude en profondeur » et semble insinuer qu'il faut chercher dans ce roman une signification générale et une définition d'un « mal du siècle », qui serait cause de nos infortunes, il faut ramener les choses à leur juste proportion. Et la déclaration vaut d'être relevée parce qu'elle reflète une mentalité répandue et qui n'est pas sans danger. Il y a toujours eu en France quantité d'esprits qui aimaient le bavardage superficiel, et la littérature porte la trace de cette prolixité qui ne manque parfois ni de grâce, ni de charme. Mais, quand Paul Valéry, par exemple, s'abandonne à ce jeu, il prend garde de nous avertir qu'il faut prendre cela pour des « amusements sans conséquence ». Si on veut donc puiser de la sagesse ou des directives dans des élucubrations de ce genre, on fait fausse route. C'est malheureusement ce qu'ont fait ceux qui tiennent Paul Morand pour un grand psychologue, et André Maurois pour un historien hors ligne. De semblables erreurs de perspective feraient formuler des jugements injustes sur la pensée française. Et l'éditeur de « L'Homme pressé » a tort d'encourager les lecteurs dans cette voie. Il faut espérer que les prétentions de Paul Morand ne sont pas égales à celles que lui assigne une publicité trop bienveillante. Sinon il n'aurait aucune raison de mériter l'indulgence.

Paul DE MAN.

---

(1) Edition illustrée, publiée chez Albin Michel.
(2) Edité chez Gallimard.

Les livres de la semaine :

— Une étude d'Arnold de Kerkhove sur Benjamin Constant. (Edité à la Renaissance du Livre, à Bruxelles.)

— Une traduction complète des conversations de Gœthe avec Eckermann, chez Gallimard.

— Un roman d'Yves de Constantin : « La Douleur et la Joie ». (Emile Paul Frères, éditeurs).

Chronique littéraire

« Trois épreuves » par Daniel Halévy (1)

Bon nombre de romanciers, d'essayistes, d'hommes politiques et d'économistes français ont amplement épilogué sur le désastre qui frappa leur pays au cours de l'année 1940. Le spécialiste de l'histoire de la Troisième République, Daniel Halévy, était particulièrement qualifié pour examiner la question sous un angle historique. Il entreprend cette étude dans un ouvrage relativement bref, qui retrace les réactions de la vie politique française lors des trois grandes épreuves que la France eut à endurer dans l'espace d'un siècle : après la défaite de Napoléon, en 1814, après la guerre franco-allemande de 1870 et enfin, après la débâcle de mai 1940.

Le but n'est donc pas d'intégrer l'événement dans l'évolution historique, d'analyser les liens de continuité qui rattachent les circonstances actuelles à des causes et à des mouvements antérieurs. Cette mise au point serait trop considérable pour être tentée dans un seul mince volume. L'intention d'Halévy est de déterminer, par comparaison avec des situations analogues, la portée exacte de l'écrasement et de rechercher les points d'appui grâce auxquels la nation peut espérer de se redresser.

Ce n'est pas là un vain jeu d'historien. La seule ressource d'un peuple, lorsque ses institutions sont ébranlées, son sol envahi, et que se pose le problème du choix entre la vie et la mort, est de se retourner vers son passé. C'est en tout cas ce que doivent faire ceux à qui incombe la charge de donner des directives et de rechercher des programmes d'action. Il faut examiner ce qui, à des époques précédentes, ont été les ressorts grâce auxquels l'unité nationale a pu être maintenue et se demander si les mêmes forces peuvent jouer à nouveau. Il ne suffit pas de frapper les coupables immédiats, ni d'adopter les mystiques dans lesquelles les vainqueurs ont puisé leur force et leur puissance. Mais de découvrir, parmi les lois, les mœurs et les aspirations qui constituent le patrimoine de la nation, celles qui doivent être annihilées ou favorisées, afin que la régénérescence puisse avoir lieu. Le rôle des historiens n'est pas négligeable dans cette méditation recueillie qui succède aux grands chocs et au cours de laquelle un pays doit parvenir à retrouver son équilibre.

Il ressort nettement de l'étude de Daniel Halévy que la France a pu trouver, en 1814 et en 1871, ces forces qui lui ont permis de garder sa place en Europe, malgré des guerres malheureuses. En 1814, la cause du redressement est à la fois externe et interne. Externe, parce que les puissances européennes, inspirées par la politique fédéraliste de Metternich, désiraient le statu quo et que la France est donc traitée avec une extrême mansuétude. Interne, parce que les guerres napoléoniennes n'avaient nullement entamé les vertus profondes du peuple et que les valeurs traditionnelles : autorité, religion et culture demeuraient intactes et inattaquées. Les défaites n'avaient qu'écorché superficiellement la puissance française, de même que le traité de paix n'avait amputé que légèrement le territoire. Disposant de ses forces propres et n'ayant pas de résistances intérieures à vaincre, la France n'eut pas grand'peine à conserver sa primauté. En 1871, la situation était plus complexe et plus délicate. Les problèmes sociaux et politiques se sont multipliés et des obstacles angoissants se dressent devant ceux qui doivent diriger une patrie blessée. Il s'agit de reconstituer l'armée, de réformer l'enseignement et de régler l'organisation politique d'un régime entièrement nouveau et qui ne fonctionne qu'imparfaitement. Mais certains facteurs restent favorables. A nouveau, le vainqueur est magnanime et n'impose que des charges surmontables. La situation financière est florissante. Et, ce qui plus est, un unanime élan de bonne volonté et de dévouement sincère anime les dirigeants. L'Assemblée nationale, nouvellement constituée, se lance, avec une ardeur désintéressée et courageuse à l'assaut d'une tâche écrasante et infiniment malaisée. Les résultats furent parfois heureux, parfois nuls. Mais ce qui importe, c'est qu'une force saine continua à animer ses tentatives, même lorsque, soit par incompétence, soit par maladresse, elles tournèrent mal. Cette belle prestance morale des gouvernants, indice d'une indéniable solidité des vertus profondes du peuple, fut cause de ce que la France ne vit pas son prestige diminué par ses déboires militaires.

Si on compare ces deux manières de réagir aux convulsions incohérentes qui agitent actuellement la France depuis la conclusion de l'armistice on ne peut que formuler des vues pessimistes sur les possibilités d'avenir. Tout d'abord, toute trace d'indépendance a disparu, puisque l'idée même de la guerre était basée, cette fois, non sur une nécessité de défense ou d'expansion personnelle, mais sur une union intime aux intérêts anglo-saxons. Union qui date bien avant 1914, qui vit sa consécration dans l'aide militaire anglaise et américaine grâce à laquelle l'Allemagne fut vaincue en 1918, et qui se termine en parodie avec un pseudo-gouvernement d'exilés à Londres. Drieu la Rochelle a fait remarquer, en 1922, que dès l'instant où elle a été « incapable de vaincre seule », la France prouvait sa déchéance. Il faut ajouter à cette faiblesse vis-à-vis de l'extérieur ce spectacle de corruption de l'avant-guerre, qui indique une nation viciée jusque dans ses racines. « En 1940, écrit Daniel Halévy, le peuple même, les êtres qui le composent, semblent abîmés dans un Etat détruit. » Comment trouver, dans ces conditions, une plate-forme pour appuyer les efforts de restauration. Ce qui a pu servir en 1814 ou en 1871, les vertus traditionnelles, l'esprit civique, n'existent plus à un moment où une chute plus profonde exigerait des énergies plus puissantes.

C'est pourquoi, tous les livres qui ont déjà été écrits sur la guerre de France rendent un ton si incertain et si hésitant quant aux possibilités d'action immédiate qu'ils proposent. « Trois épreuves » ne font pas exception à la règle générale. D'une lucidité et d'une intelligence parfaite tant qu'il s'agit d'analyser le passé, il ne peut que prendre une allure d'abdication devant les nécessités de l'heure. Il ne saurait d'ailleurs être question de le reprocher à M. Halévy. Car les actes qui peuvent sauver la France ne sont pas de ceux qu'on peut exposer dans des livres, sous la forme de programmes théoriques. A quoi bon proposer des réformes excellentes s'il ne se trouve personne pour vouloir leur réalisation. Et ce ne sont pas les événements des derniers mois qui permettent d'envisager une solution heureuse de cette crise.

Toutefois, il est trop tôt pour formuler un jugement définitif sur les possibilités de reconstruction de la France, et, par extension, de tous les pays vaincus d'Europe. Les circonstances nées de cet étrange état de demi-guerre que nous vivons pour l'instant sont telles que les efforts de rétablissement ne peuvent se développer. Il manque la concentration de la foule sur les tâches urgentes, qui est une nécessité première. L'attention des masses est détournée vers les combats qui continuent au-delà des frontières et dont dépend leur sort. La guerre absorbe toutes les énergies et laisse en suspens la solution des difficultés intérieures qui réclament une large adhésion des élites pour être écartées. On se trouve devant des problèmes de paix dans une atmosphère de guerre. D'où ce caractère sporadique et incertain des réformes entreprises, d'où également ce découragement qu'on sent envahir Halévy dans les dernières pages de son essai, et qui est un aveu d'impuissance devant l'inertie des masses. Mais il faudra patienter jusqu'à la fin de la guerre pour voir si ce pessimisme est justifié. En attendant, on se demande, avec une certaine angoisse, si ce stage d'inaction forcée est salutaire. Il crée un climat trouble, où le meilleur se mélange au pire, où les plus nobles dévouements côtoient les pires arrivismes. Et cependant, la nécessité d'action qui se présente sous la forme d'une collaboration immédiate, s'impose à tout esprit objectif. Même si cette activité ne peut prendre une allure directe et matérielle, que les loisirs forcés de cette époque de transition servent au moins à certaines méditations, fécondes et à certaines mises au point indispensables. Il est prématuré de baisser les bras devant l'incompréhension universelle et de se retirer dans sa tour d'ivoire. Mais certaines révisions doctrinales et certaines tentatives de tirer la leçon des événements par des considérations théoriques s'imposent. C'est dans cet ordre d'idées que « Trois épreuves », de Daniel Halévy apparaît comme un ouvrage instructif et utile.

Paul DE MAN.

---

(1) Editions Plon.

LES LIVRES DE LA SEMAINE

— Un roman de Jean-Alexis Néret « Les sillons de la mer », édité chez Plon.

— Une série d'essais historiques et littéraires d'André Bellesort, intitulés « XVIIIe siècle et romantisme » (A. Fayard, édit.)

— Un recueil de contes « Les tendresses meurtrières », de Victor Gouvain (Edité à la librairie Perrin).

— « Le destin de Charles Péguy » par son fils, Marcel Peguy (Perrin, éditeur).

— « Souvenirs d'un grognard belge », par le colonel Scheltjens. (Edité par Charles Dessart, à Bruxelles).

— Un « Journal de bord de Christophe Colomb », par R. Caddio, chez le même éditeur, Ch. Dessart, à Bruxelles.

Chronique littéraire

HOUTEKIET, PAR GÉRARD WALSCHAP

Le choix de Gérard Walschap comme un des premiers romanciers flamands à être traduits en français est particulièrement heureux. C'est mettre le public d'expression française en contact avec une figure significative dont l'œuvre est intéressante puisqu'elle marque une étape dans la vie des lettres flamandes et qu'elle réunit des éléments locaux à d'autres qui cadrent dans l'ensemble des littératures mondiales.

On ne peut comprendre l'importance d'une œuvre comme « Houtekiet » qu'en comparant les disciplines qui ont inspiré son auteur à celles qui régissaient la production de ses prédécesseurs immédiats. Ceux-ci étaient parvenus à faire sortir la littérature flamande d'un isolement stérile et néfaste en ouvrant largement la porte aux influences étrangères. Ce fut surtout le naturalisme, découvert par la Flandre à un moment où il était déjà dépassé ailleurs, qui devint l'esthétique la plus en faveur parce qu'il était le mouvement le mieux motivé, théoriquement, et parce qu'il offrait des possibilités qui convenaient au tempérament artistique de la nation.

Ce naturalisme flamand fut une véritable régénérescence et il continua à exercer son empire durant de longues années. De sorte qu'il se produisit un décalage notoire entre l'évolution littéraire de la Flandre et celle des pays environnants. A un moment où, en Allemagne, l'expressionnisme produisait des créations cérébrales et décadentes, et où la France et l'Angleterre découvraient les ressources infinies de l'analyse psychologique, on continuait, en Flandre, à narrer fidèlement des intrigues paysannes et rustiques, en mettant l'accent principal sur les détails pittoresques des personnages et des paysages. Ce retard, qui n'est d'ailleurs pas un phénomène d'infériorité, a des causes multiples. Une des plus importantes est certes la divergence entre les tendances particulières de l'âme flamande et les qualités exigées pour briller dans le roman tel qu'il était conçu par les grands écrivains de l'entre-deux guerres. Nous passons pour un peuple de peintres qui sont plutôt destinés à décrire plastiquement des formes et des couleurs qu'à se pencher sur les rouages subtils de la vie intérieure. Si l'on se détourna donc de ce qui aurait pu être de nouveaux modèles, ce fut en partie pour conserver une originalité spécifique.

Néanmoins, aucune culture ne tolère une stagnation complète ou une indifférence totale vis-à-vis des courants profonds qui remuent l'époque. Une littérature flamande se cantonnant dans certaines traditions locales et refusant obstinément d'en sortir aurait fini par mener à une décadence comparable à celle qu'elle connut au XIXe siècle. Il fallut à tout prix rénover. C'est la génération de Walschap qui dut fournir cet effort. Certains abandonnèrent complètement les formes consacrées, bannirent de leurs œuvres tout ce qui pouvait rappeler celles des prédécesseurs et adoptèrent la forme dépouillée et vigoureuse en vogue chez les romanciers français et anglais. Parfois, les résultats de cette métamorphose furent remarquables — et on songe, par exemple, à « Komen en Gaan », de Maurice Roelants, qui contient une des analyses psychologiques les plus perspicaces et les plus fouillées qu'on puisse concevoir. Mais, même en cas de réussite, de tels livres sont plus ou moins une trahison envers les vertus particulières qui constituent l'originalité réelle de l'art flamand.

Ce reproche ne pourrait être adressé à Gérard Walschap. A première vue, rien ne semble le différencier profondément du groupe de « Van Nu en Straks ». Les drames villageois qu'il nous décrit rappellent ceux de Cyriel Buysse, et l'atmosphère grise et lourde dans laquelle baignent la plupart de ces récits semble dériver de Stijn Streuvels. Mais cependant, une profonde transformation se cache sous des apparences semblables. Tout d'abord, Walschap a rompu avec cette fixité des caractères propres aux naturalistes pour qui les personnages sont des composés stables qui servent de pivot à une action sur laquelle porte l'accent principal de l'ouvrage. Il s'attache, au contraire, à étudier ce qu'il y a de dynamique, d'évolutif dans les êtres, de nous faire participer aux remous qui les agitent, les modifient et les tourmentent. Et ceci en choisissant, de préférence, les crises les plus profondes, celles qui se déclenchent pour des raisons morales. Tous ses romans — y compris « Houtekiet » — sont avant tout l'histoire d'une lutte entre le Bon et le Mal, du combat que mènent les hommes avec leurs passions et leur conscience. En outre, il préconise un renouveau de la forme. Guido Eeckels résume, dans l'introduction qu'il a écrite pour la présente édition de « Houtekiet », l'aspect de ce remaniement : abandon de toute fioriture, retour au discours direct, captant la narration sous sa forme brute, telle qu'elle pourrait surgir de la bouche d'un de ceux qui apparaissent dans l'histoire.

Ainsi peut-on donc situer Walschap : novateur par le fond et par la forme, mais qui conserve cependant ce qu'il y a de vraiment flamand chez les membres de la précédente génération et assure donc par là le lien de continuité entre les nouveaux venus et leurs aînés.

Ce double dessein se trouve réalisé dans ses romans en marquant une nette progression de livre en livre. Le premier, « Adelaïde », était maladroitement construit et rempli de pages tordues et outrées ; depuis lors, chaque ouvrage constitue un progrès sur le précédent, et le dernier venu, « Houtekiet », les domine de loin. Il semble que le principal mérite en soit l'allure dynamique, la façon extraordinairement suggestive selon laquelle il imprime, à toute l'histoire de la fondation d'un village flamand, le rythme qui anime les pionniers travaillant sous la direction de leur chef, Jan Houtekiet.

La manière selon laquelle l'agglomération se développe, depuis une hutte isolée née du hasard, jusqu'à un village complet, avec ses maisons, son église, son industrie, son commerce et ses mœurs, toute cette évolution ressort de ces pages comme une chose vivante, grandissante, qui emporte dans un mouvement large et puissant. Ce n'est plus là le résultat d'un procédé de style ou d'un artifice quelconque, mais d'une authentique imagination visionnaire qui insuffle sa force à ce qu'elle crée. C'est la première fois que cette ardeur parvient à s'exprimer dans un des livres de Walschap. Tout ce que les précédents avaient de grimaçant et de déformé se trouve résorbé ici par ce bienfaisant dynamisme qui fait accepter les pires extravagances comme les choses les plus normales du monde.

L'élément le plus discutable chez Walschap demeure le style. Renoncer à tout ornement et à toute élégance ne peut se faire qu'en sacrifiant certaines beautés. Sacrifice qui doit être compensé par une allure plus directe et plus réelle du ton. Mais il est incontestable que ce but n'a été qu'imparfaitement atteint : le style de Walschap devient, tout autant que celui contre lequel il réagit, une tournure stéréotypée, un procédé plus ou moins artificiel. La traduction française accuse encore ce caractère. Quoique le traducteur, Roger Verheyen, ait minutieusement et consciencieusement serré de près le texte original et soit parvenu à rendre la construction et le rythme si particuliers de la langue, le vocabulaire français, nécessairement éloigné de l'esprit du dialecte flamand qui doit régner dans « Houtekiet », donne à cette prose un aspect très inusuel et très littéraire. Ce qui est à l'antipode même de l'intention initiale de l'auteur. Mais la chose provient avant tout d'une déformation qui existe dans toute l'œuvre de Walschap. Il n'est pas si aisé de se libérer d'une forme consacrée, et il est plus malaisé encore de joindre cette chose mouvante et fugitive qui est le naturel de la langue parlée. Ce défaut, moins sensible d'ailleurs dans « Houtekiet » que dans nombre de ses autres romans n'empêche cependant pas un récit de s'élever dans la simple et robuste grandeur qui lui donne son entraînante puissance.

PAUL DE MAN.

---

(1) Edition de la Toison d'Or, traduction de Roger Verheyen avec une introduction de Guido Eeckels.

Les livres de la semaine

— Un livre d'art « In de stille stede », lithographies de Albert Goethals, avec un texte de Jean Schepens, édité chez Melsen, à Bruxelles, évoquant avec talent le charme particulier de la ville de Bruges.

— « Voir la figure », de Jacques Chardonne, chez Grasset.

— « Fachoda », souvenirs de la mission Marchand, par le général Baratier, chez le même éditeur.

— « Que votre volonté soit faite », un roman de Jacques Perrin (Gallimard, edit.).

— Un roman de Maurice Blanchot, « Thomas l'obscur » (Gallimard).

LES ROMANS POLICIERS

« Bonne chance, Mr Pick » de Paul Kinnet

La collection Le Jury vient de sortir un nouveau roman policier, œuvre de Paul Kinnet, intitulé « Bonne chance, M. Pick ».

Du point de vue purément policier — en ce qui concerne l'ingéniosité de l'intrigue — le roman reste dans les bonnes traditions du genre. Habilement agencé, il fait un usage heureux du « coup de théâtre », grâce auquel l'action rebondit soudainement, à un moment où tout semble être sur le point de s'éclaircir.

L'originalité de « Bonne chance, M. Pick » réside toutefois dans la vivacité d'écriture, qui campe habilement la silhouette des personnages en notant quelques détails pittoresques et qui émaille le récit de descriptions amusantes et animées. L'ensemble en prend un aspect de « pris sur le vif » du plus heureux effet. La même qualité perce dans la psychologie du personnage central M. Pick, qui, tout en ayant la candeur d'aspect de l'inégalable père Brown de Chesterton est loin d'avoir la perspicacité et l'astuce de ce dernier. Par contre, il remplace l'intelligence par une solide dose de chance. Et cette idée de substituer au détective malin le détective veinard ne manque pas d'humour.

Ce sont d'ailleurs l'humour et les traits caricaturaux qui font le charme de ce policier plutôt que l'angoisse, la passion et l'épouvante. Mais Paul Kinnet a eu raison de choisir le ton où il excelle. Cela lui a permis d'écrire un roman policier divertissant, amusant et bien agréable à lire.

P. d. M.

Chronique littéraire

« VOIR LA FIGURE », de Jacques Chardonne (1)

DEPUIS « Chronique privée de l'an 40 » on attendait de nouvelles déclarations de Jacques Chardonne. Cette chronique, ensemble de notes éparses, reflétait la réaction d'un esprit éclairé devant l'extraordinaire profusion de nouveaux problèmes qui étaient issus d'une situation révolutionnaire. Mais, malgré l'inévitable diversité de ces notes et l'impression de diffusion qui en résultait, on y percevait une ligne générale très claire et très précise. Il était manifeste que l'auteur se rangeait dans le clan des quelques écrivains qui osaient regarder en face la situation née de la victoire allemande. Il reconnaissait que le fait allemand avait été systématiquement et sciemment déformé par une propagande tendancieuse et qu'il n'était plus possible de continuer une politique basée sur l'incompréhension et le mensonge. Et il disait hautement son espoir de trouver chez le vainqueur des projets et des intentions capables de reconstruire une Europe qui serait mieux conditionnée politiquement et socialement. Tout cela était formulé soit sous une forme vivante et tangible, en évoquant des scènes vécues, soit sous forme de maximes abstraites. Puisque André Gide a cru devoir reprocher à ces dernières une certaine imprécision, il importait de lever définitivement toute équivoque et de prendre entièrement et catégoriquement parti sur les questions de l'heure. C'est ce que « Voir la figure » fait avec la plus grande précision. « Nous sommes à la merci de l'Allemagne, écrit Jacques Chardonne Elle dominera l'Europe. Mais le vainqueur épargnera le territoire des nations appelées à former l'Europe si elles consentent aux conditions de cette unité. De toute manière, le mode d'existence d'autrefois est fini, car les fondements de l'ordre ancien sont détruits, même chez les Anglo-Saxons. Seule l'Allemagne peut organiser le continent, et elle nous procure l'occasion d'une réfection interne qui était nécessaire et qu'il nous appartient de réussir. » Après de telles phrases, on pourra peut-être discuter les idées de Chardonne, mais certes pas leur reprocher de manquer de netteté.

L'originalité de ce nouvel écrit réside dans deux particularités qui lui donnent une signification spéciale parmi tant d'autres articles, essais et pamphlets, souvent écrits avec talent qui défendent la même thèse. Tout d'abord il est un des rares à parler directement de l'Allemagne — ce que seuls ceux de Benoist-Méchin et Bertrand de Jouvenel ont fait avant lui. Car il est absolument impossible de comprendre quelque chose à l'actuel bouleversement si on ne commence pas par essayer d'élucider quelque peu ce problème que l'Allemagne constitue pour la plupart d'entre nous. La solution paresseuse et universellement répandue était de supposer un dualisme intégral entre l'Allemagne d'une part et l'hitlérisme d'autre part. Ce dernier était considéré comme un phénomène étrange, sans rapport avec l'évolution historique du peuple allemand, né d'une aberration momentanée et appelé à disparaître comme un symptôme morbide qui n'aurait troublé que durant quelque temps la vie normale de la nation. Déjà bien avant le début de la guerre actuelle, Denis de Rougemont mettait le monde en garde contre cette dangereuse opinion et insistait sur le caractère profondément national de ce mouvement qui se dressait devant la France, non pas mû par une épisodique hallucination, mais lourd d'une foule d'aspirations, de valeurs et de revendications qui lui venaient d'une culture et d'une civilisation ancestrales. La guerre n'aura fait qu'unir plus étroitement ces deux choses si voisines qu'étaient dès l'origine l'âme hitlérienne et l'âme allemande, jusqu'à en faire une seule et unique puissance. C'est un phénomène important, car il signifie qu'on ne peut juger le fait hitlérien sans juger en même temps le fait allemand et que l'avenir de l'Europe ne peut être prévu que dans le cadre des possibilités et des besoins du génie allemand. Il ne s'agit pas seulement d'une série de réformes, mais de l'émancipation définitive d'un peuple qui se trouve, à son tour, appelé à exercer une hégémonie en Europe. A force de disserter sur les côtés sociaux et réformistes — sans doute très importants — de cette guerre on en est venu à oublier quelque peu son caractère national. Et cet aspect de la question ne pourra être éclairci qui si on se donne la peine d'en réunir les données élémentaires, à savoir les constantes historiques qui donnent au peuple allemand son unité et son caractère propre. Quelque fragmentaires que soient les lignes que J. Chardonne consacre à cette étude, le fait qu'il s'en occupe démontre cependant qu'il a compris l'importance de cette initiation.

La seconde particularité de « Voir la Figure » se révèle dans les pages où l'on pose sérieusement la question de l'après-guerre et ce sur les bases larges et générales sur lesquelles elle doit être posée. Il est en effet assez vain de se consacrer uniquement à la répétition des arguments qui plaident pour une collaboration immédiate. La chose fait sans doute plaisir à ceux qui sont déjà de cet avis et qui se sentent heureux de voir leurs rangs grossis d'une nouvelle adhésion. Mais quant à convaincre les autres, c'est une entreprise qui en bien des cas, s'avérera impossible. Un excellent passage du livre de Chardonne constate cette vérité, ce qui permet de passer à l'examen de quelques considérations plus éloignées, mais non moins importantes concernant la future après-guerre, et concernant plus spécialement le problème purement humain qui en résulte. Comment les hommes vont-ils réagir sur les conditions qui seront créées par une ère plus pacifique et plus ordonnée ? Comment va se passer cette transition qui se produira immanquablement entre une mentalité ascétique, dévouée, toute tendue vers un effort suprême et un mode de vie plus facile dans l'abondance retrouvée ou nouvellement découverte ? Et, plus généralement encore, quel type d'homme va naître de cette époque qui inaugure sans doute une nouvelle période de l'histoire ? Car une des plus considérables conséquences des grandes rénovations est la création d'un nouvel ensemble d'idéaux individuels qui définissent un certain type humain. Et les réalisations collectives sont en étroite corrélation avec ce groupe de règles et d'ambitions qu'on propose à chaque être séparément. Depuis longtemps il n'a plus existé de type quelque peu consistant et défini avec netteté. Une certaine forme d'individualisme prétendait que chacun avait à choisir soi-même le genre de personne qu'il désirait devenir et résoudre les difficultés qui naissent de cette tentative avec sa propre conscience. On voyait ainsi un curieux émiettement se produire, d'où résultait la formation de petits clans fermés les uns aux autres en même temps qu'un grand nombre de déséquilibrés incapables de s'adapter à aucune des normes en vogue et obligés de pourchasser en solitude la réalisation de leur équilibre et de leur bonheur. Ce n'est pas une des moindres innovations des régimes totalitaires que d'avoir substitué à cette imprécise anarchie un cadre d'obligations et de devoirs définis auxquels chacun doit adapter ses talents. La chose s'est d'ailleurs produite de façon inconsciente: parce qu'il était nécessaire de fournir un effort commun, devant des obstacles qui gênaient la nation entière, on a été obligé d'exalter certaines vertus et certaines activités. Et insensiblement, une personnalité-type s'est trouvée découpée. Toute une jeunesse en se conformant au modèle prescrit a trouvé d'abord un refuge à ses inquiétudes , ensuite un genre de vie satisfaisant. Ce qui ne veut pas dire que tous soient devenus identiques, mais simplement que, chacun à sa manière, tend à réaliser les mêmes desseins. Le style qui résultera de ce processus est loin d'être définitivement consacré. Il peut encore paraître fruste et un peu élémentaire: la chose est due avant tout au fait qu'il a été coulé dans ce moule rigide et relativement étroit qu'est la guerre. Mais une fois celle-ci terminée, il sera fort intéressant d'observer comment il évoluera et de quelle manière il tendra de se compléter et de se parfaire en vue d'une existence sans doute plus riche en possibilités mais non exempte de dangereuses tentations.

Ces problèmes, quelque abstraits et théoriques qu'ils puissent sembler, se poseront bientôt avec insistance. Il est un mérite d'un livre comme celui de Chardonne de pouvoir s'élever suffisamment au-dessus de la mêlée pour jeter un regard vers les horizons dont chaque jour nous rapproche.

Paul de MAN.

---

(1) Bernard Grasset, éditeur.

Les livres de la semaine. Chez Albin Michel : « Ita » un roman de René Roquès; « Huysmans inconnu » de Maurice Garçon et « Les dernières années de J. K. Huysmans » par Lucien Descaves. « La chasse à l'homme » roman de Jean Martet.

Au Mercure de France : « Les clés du désordre », roman de René Trintzius; «Belléphoron ou l'amour du destin », d'André Dubois de la Charte.

Chez Corrêa : « Le rire des dieux », de Charles Braibant.

Aux éditions de Belgique: « La sirène dans la vitrine » de Berthe Delépinne.

Chronique littéraire

«D'un jour à l'autre», de A. C. Ayguesparse

Les « Editions de la Maison du Poète » inaugurent la série de messages poétiques qu'ils ont l'intention de publier par « Le Travail du Temps », trois poèmes de A. C. Ayguesparse. En parlant de cette œuvre en même temps que du dernier roman de l'auteur d'« Un jour à l'autre », il sera possible de dégager les caractéristiques de cet écrivain qui prend place parmi les figures les plus intéressantes de notre pays.

La particularité première tant d'Ayguesparse romancier que d'Ayguesparse poète, est que l'inspiration est basée sur la richesse verbale peu commune dont il est doué. Un poète peut se faire guider par le déroulement lyrique de son sujet, par la musicalité des rythmes qu'il crée ou par l'enchaînement des mots et des images. Ayguesparse appartient sans conteste à la dernière catégorie. Sa poésie est la plus pure, la plus inspirée lorsqu'elle devient une cascade d'images, alignées un peu au hasard de la pensée vagabonde, mais baignant d'une lumière charmante une série de descriptions et d'évocations qui se succèdent rapidement. On ne pourrait citer un exemple plus frappant que ces quelques vers, tirés de « Le Travail du temps ».

« A midi grimpe le feu des hautes savanes
Sous l'épaisse lentille du soleil délirant,
Il gonfle les branchies roses des abattoirs
Et tendus sur leurs clairs ambauchoirs de safran
Les nuages enfoncent leurs belles jambes dorées
Dans les chemins brûlés au large de la ville
Où, dans les jardins secs, les fleurs peintes au [minium,
Le gravier fin qui bondit sous le pas des amants
Perpétuent le décor des anciennes passions. »

De tels passages, d'un impressionnisme délicat, ne sont pas si fréquents dans la poésie française, où on trouve souvent plus de pensées que d'images et plus d'ampleur rhytmique que de luminosité. Ils sont chargés d'une puissance picturale que la langue ne traduit pas facilement : rares sont ceux qui ont pu en faire un outil suffisamment souple et docile pour en tirer des effets semblables. Cela suppose chez le poète une faculté d'invention peu commune et d'autant plus appréciable qu'elle ne tourne jamais à une vaine virtuosité. Au contraire, cette richesse se cache sous une stricte sobriété et ce n'est qu'après un examen plus attentif qu'on découvre la précision et la plasticité de certains termes et expressions — tels ces images, citées plus haut, des nuages « enfonçant leurs... jambes dorées dans les chemins » ou du « gravier bondissant sous le pas ». Cet art vaut donc par une perfection des détails et ne se signale pas par de grandes charpentes architecturales qui lui donneraient de la grandeur ou de l'envolée. Les sujets restent modernes, des impressions fugitives, des atmosphères passagères et tout, l'émotion même, est comme noyée dans l'abondance des petites scènes descriptives. Cette remarque n'est pas un reproche : car cette dispersion n'est pas le résultat d'un manque de souffle mais l'image d'un tempérament poétique qui excelle à traduire ce qu'un regard attentif et sensible découvre autour de lui. Et ce n'est pas de sa faute s'il a tant à regarder qu'il ne peut que s'attarder un instant à chaque spectacle.

Tant on aurait mauvaise grâce de reprocher au poète le manque d'une trame constructive solide, tant dans le roman « D'un jour à l'autre » cette anarchie devient-elle un défaut. A première vue, le sujet semblait devoir permettre à Ayguesparse de donner l'entière mesure de son talent.

Grouper dans le cadre d'une petite ville de France, les destinées parfois divergentes, parfois entrecroisées des habitants d'une même rue était une idée heureuse. Et ses facultés de description, sa capacité de saisir une atmosphère auraient donné à ce thème une singulière et prenante poésie. Il aurait pu nous montrer en quelques tableaux comment se déroule l'existence de ces êtres appartenant à toutes les classes sociales, depuis les ouvriers qui travaillent dans une fabrique à chaussures jusqu'au riche banquier qui habite une villa entourée d'un parc immense. L'occasion était belle de faire un « roman d'atmosphère » qui n'aurait pas tiré son attrait des aventures et des intrigues qui y apparaissent, mais du spectacle de la vie journalière des personnages, sans faire appel à d'autres éléments que les menus incidents qui l'animent.

Mais Ayguesparse a sans doute craint la monotonie. C'est pourquoi il a cru nécessaire de faire le tableau de la rue à un moment de crise, lorsque le calme automatisme qui constitue sa réalité quotidienne est bouleversé par les passions et les colères. Grève, émeute, assassinat, suicide — autant d'événements violents se succèdent. Mais du moment qu'on crée de telles complications on est obligé de résoudre les intrigues qu'on a noué. Et il est visible que, dans le cas présent, l'auteur est dépassé par l'enchevêtrement des données, qui se déroulent en plus chacune sur un plan particulier, et qu'il ne peut donner qu'un semblant de dénouement quelque peu artificiel. Cela n'empêche que plusieurs pages « D'un jour à l'autre » gardent une valeur et un mérite considérables, soit qu'elles dénotent une observation juste — tels les passages concernant les ouvriers — soit qu'elles excellent par le coloris et la vigueur des descriptions.

Conformément à ce qui est presque devenu une tradition chez les romanciers belges d'expression française, la psychologie d'Ayguesparse reste fruste et élémentaire. C'est là un phénomène général : l'analyse est un genre qui réussit mal aux auteurs de ce pays. A un moment où le roman français se construit presque exclusivement avec des éléments psychologiques, où la place laissée à l'introspection et à l'observation lucide des sentiments devient de plus en plus importante, les Belges s'avèrent incapables de suivre dans cette voie. On les voit obligés d'en rester aux premiers stades de la littérature réaliste, d'exploiter à fond toutes les variétés possibles de « tranches de vie » qu'on puisse concevoir. Même ceux qui ont tenté de s'évader de cet étroit domaine n'ont pu le faire qu'au moyen de leurs facultés de poète. Tels Marie Gevers qui se rabat sur le sentiment de la nature, Robert Poulet qui fait appel au réalisme magique ou Franz Hellens qui introduit le fantastique. Il faut bien croire que le don sur lequel est basée la quasi-entiéreté de la littérature anglaise, française et allemande de l'entre-deux-guerres fait complètement défaut chez nous. La supériorité des poèmes d'Ayguesparse sur ses romans est symbolique dans les lettres belges d'expression française où les poètes ont toujours nettement primé les prosateurs. Ce n'est pas là une pauvreté mais le simple reflet d'une caractéristique nationale. Lors d'une époque comme celle que nous venons de traverser, la chose peut sembler une insuffisance, mais à d'autres moments, lorsque les courants esthétiques auront pris une orientation plus favorable à nos facultés on verra renaître une littérature belge capable de prendre place parmi les littératures mondiales. Toutes les nations sont soumises à de telles fluctuations en fonction de leur nature propre : à juste titre on a pu par exemple, affirmer que les Français étaient de bons classiques et de médiocres romantiques. Par rapport à l'évolution présente, cela signifie que la prose française vient de passer par un sommet et commence à décliner tandis qu'en Belgique on assiste au mouvement inverse.

Un roman comme celui d'Ayguesparse, malgré ses qualités, appartient à notre période de déclin. Il ne peut en être autrement pour quelqu'un de sa génération. Mais parmi les jeunes, on constate que certains continuent dans une voie analogue, tels Frans Weyergans dans « Par mes mains lapidées » ou Jean de Jaer dans les contes des « Nuits conjugales ». Là, il convient d'indiquer qu'ils s'engagent dans une impasse et que le réalisme extérieur que nous trouvons chez eux au même titre que chez Ayguesparse apparaîtra bientôt comme une chose surannée.

Paul de MAN.

Les livres de la semaine

« Le Solstice de Juin » par Henri de Montherlant, chez Grasset.

« La France des origines à la guerre de cent ans » par F. Lot. (Gallenars.)

« Hyménée », pièce en 4 actes d'Edouard Bourdet, chez Stock.

Chronique littéraire

Le *Solstice de juin*, par Henri de Montherlant (1)

Il y a, dans ce recueil d'essais de Montherlant, une phrase qu'approuveront tous ceux qui ont suivi les publications littéraires depuis août 1940. C'est le passage où il est dit : « Aux écrivains qui ont trop donné, depuis quelques mois, à l'actualité, je prédis, pour cette partie de leur œuvre, l'oubli le plus total. Les journaux, les revues d'aujourd'hui, quand je les ouvre, j'entends rouler sur eux l'indifférence de l'avenir, comme on entend le bruit de la mer quand on porte à l'oreille certains coquillages. » On ne pourrait mieux dire. Et cette sentence juste et sévère s'applique à tous les livres et essais où les écrivains nous ont offert leurs réflexions sur la guerre et sur ses conséquences, y compris le « Solstice de juin » lui-même.

C'est une curieuse déformation, propre à notre époque, d'exiger de la part des artistes et des écrivains, en particulier, des directives et des jugements sur les circonstances politiques et historiques. Parce que les littérateurs sont capables d'exprimer des lieux communs avec élégance, on en fait des oracles et on écoute leur parole comme un message providentiel. Et le crédit dont ils jouissent, dans ce domaine, est considérable. Les démêlés de Gide avec le communisme exercèrent plus d'influence sur les esprits que ne l'auraient fait de nombreux ouvrages documentés et approfondis traitant la même question.

Et cependant, il n'y a aucune raison de donner aux hommes de lettres une telle autorité dans un secteur du comportement humain qui, manifestement, échappe à leur compétence. On est étonné de la naïveté et de la nullité de certaines de leurs sentences lorsqu'on les dépouille du vernis brillant qu'une forme soignée leur confère. Toute une partie de la question — le côté économique, social, technique — leur est profondément étranger et lorsqu'ils se risquent sur ce terrain, avec cette désinvolture qui n'appartient qu'aux ignorants, on peut s'attendre au pire. Les dégâts sont moins grands quand ils se bornent aux questions psychologiques et morales, qui leur sont quand même plus familières. Mais, bien souvent, leurs remarques, même si elles sont pertinentes, demeurent en marge des réalités et ne font que détourner les esprits des tâches urgentes.

C'est ce qu'on peut dire de ce nouveau volume de Montherlant. L'auteur des « Jeunes filles » cède volontiers à son tempérament de moraliste. Là où ses préoccupations morales restent sous-jacentes et ne servent que comme aliment à une inspiration qui a pu en tirer d'éclatants effets, elles constituent une des richesses de l'art de Mntherlant. Par contre, là où elles sont à l'avant-plan, dans « Service inutile », l'« Equinoxe de septembre » ou le « Solstice de juin », ce ne sont que des notes, intéressantes pour le biographe qui cherche à définir la personnalité de l'auteur, mais qui n'occupent qu'une place secondaire dans l'ensemble de sa production. Elles résultent d'un besoin de s'expliquer et de se justifier, voire de prêcher, besoin louable en soi, mais qui, chez un vrai romancier tel que Montherlant, ne peut que passer après son travail créateur proprement dit. D'autant plus qu'il s'agit moins d'une éthique constructive qui cherche à se répandre et à influencer les hommes, que d'une attitude individuelle qui se sait et se veut exceptionnelle. Il n'y a pas de message en Montherlant — dans le sens où il y avait un message dans les « Nourritures terrestres » — et ceux qui chercheraient là un exemple à suivre ou un idéal à atteindre ne feront que singer maladroitement une figure particulière. On pourrait d'ailleurs reprocher à l'écrivain de laisser planer une équivoque à ce sujet lorsque, tout en prétendant qu'il ne veut être « la règle de personne », il se plaît à donner des leçons qui, sans le choisir comme modèle, laissent au lecteur toute latitude d'une semblable interprétation.

S'il nous a semblé nécessaire d'insister sur le caractère individuel de la mentalité morale de Montherlant, c'est pour indiquer que cette nouvelle série d'essais constituent la réaction d'un tempérament devant la guerre actuelle et non pas, vu très secondairement, des vues générales sur les problèmes qu'elle pose. C'est là une qualité — en ce sens qu'il est plus sincère de traduire fidèlement les mouvements de sa pensée et de ses sentiments que de faire écho aux déclarations officielles et de les commenter tout le long de quelques centaines de pages conventionnelles et insipides. Mais les méditations du « Solstice de juin » apparaissent néanmoins comme étant, à l'heure présente, inintéressantes et surtout inefficaces. Inintéressantes, car, alors que l'artiste aurait toute raison de retourner à sa véritable création, il ne fait, en pratiquant l'essai politique, que grossir les rangs de ceux qui parlent inutilement. Inefficace, parce que ses impressions et émotions personnelles ne visent pas le cœur des soucis que les exigences actuelles ont fait naître.

Car ce qui doit préoccuper les esprits désireux d'orienter une réforme ou une révolution n'est pas de trouver le moyen de s'adapter aux conditions nouvelles, mais de résoudre un certain nombre de problèmes qui se posent avec acuité. Tant dans le domaine de l'esprit que dans celui de la politique, on se trouve devant des lignes de conduite à remanier, des institutions à recréer, des programmes d'organisation à élaborer. Et on peut constater que rigoureusement aucun des essais qui ont été publiés en si grand nombre en France et en Belgique romane depuis la guerre ne comporte, ne fût-ce que le souci de tracer les données des différents problèmes.

La cause en est avant tout due au fait signalé au début de cette chronique que ces témoignages sont l'œuvre d'écrivains qui n'ont pas la compétence nécessaire pour voir les véritables carences et formuler les remèdes efficients. C'est là l'œuvre des spécialistes qualifiés et non pas de dilettantes touche-à-tout qui n'ont pour eux que leurs facilités oratoires ou la qualité de leur style. Ce qui ne veut pas dire que seuls les techniciens puissent participer au débat. L'après-guerre entraîne des problèmes philisophiques et psychologiques d'allure purement abstraite tout autant que des difficultés ayant trait à des réalités tangibles. Plus que cela, on peut même dire que les questions les plus importantes se situent sur un plan purement abstrait. Ainsi, pour ne citer que cet exemple, la question primordiale de l'unité européenne ne peut-elle être envisagée que sous un angle quasiment théorique. Ce qui unit les peuples européens sont précisément des facteurs qui échappent à toute matérialisation : un passé politique semblable, une pensée philosophique et religieuse commune, une organisation économique et sociale parcourant une évolution analogue dans tous les pays. Ce qui est matériel et direct (tel le langage, les coutumes, les mœurs populaires) apparaît, au contraire, comme disparate et variable. On voit donc que, dans ce cas, il s'agit de données spirituelles qui ne peuvent être traitées sous une forme générale et théorique. Et ces études ne pourraient être entreprises par des romanciers et des poètes — sauf quand il s'agit de littérature ou de poésie — mais par des spécialistes qui feront l'effort de les rendre compréhensibles et accessibles.

Cela ne signifie pas que l'artiste doive se retirer dans sa tour d'ivoire et perdre tout contact avec les perturbations du siècle. D'authentiques chefs-d'œuvre ont été écrits sous l'empire des bouleversements révolutionnaires, et les époques de crise furent souvent favorables aux éclosions artistiques. Mais ces ferments n'apparaissent pas dans des petites notes éparses, fruit d'une première réaction superficielle et passagère. Ils énerveront leur influence vivifiante dans des œuvres plus mûres, plus méditées et plus vastes, où elles apparaîtront comme une partie intégrante de l'âme et de l'esprit des auteurs.

Paul DE MAN.

(1) Bernard Grasset, éditeur.

Chronique littéraire

Quand l'auteur se transforme en critique

PARLANT de sa conception du roman lors d'une réunion intime à la Toison d'Or, Gérard Walschap a proclamé bien haut tout ce qu'il avait voulu réaliser et éviter au cours de sa carrière de romancier. Et après avoir lancé ces déclarations générales, il avoue : «Tandis que je formule ceci, je me dis subitement que je suis victime de ma fantaisie, car il est exact que j'ai toujours écrit uniquement et rien que sur moi-même. » J'imagine que les auditeurs d'expression française qui venaient, en lisant Houtekiet, de prendre leur premier contact avec la littérature flamande, ont trouvé dans cette phrase un meilleur résumé de leurs impressions que dans les considérations théoriques qui l'entouraient. Car c'est l'image d'un homme et le dynamisme d'un caractère qui les aura frappés, bien plus qu'une intention esthétique préméditée. Et que, chez plusieurs, cette lecture ait suscité de l'enthousiasme dénote bien qu'il y a là quelque chose qui fait défaut à la littérature française et qui correspond cependant à une aspiration universelle. Mais on cherchera en vain, parmi les explications que Walschap a fournies sur son œuvre, la formule rationnelle de cette attraction.

Qu'y a-t-il donc, dans ce sujet, qui captive à tel point celui qui a été formé à l'école du roman français? Nul doute que c'est la personne du héros, Jan Houtekiet, qui concentre l'attention. Son robuste bon sens, sa manière de n'agir que conformément à ses appétits, sans se laisser arrêter par des barrières morales et matérielles qu'il considère comme inconcevablement artificielles, rejoint un désir de puissance innée qui existe dans l'âme de tout homme. Et le rayonnement de cette personnalité prend une chaleur particulière, parce qu'elle n'est pas évoquée par une analyse abstraite ou une étude psychologique mais par une création vivante que nous voyons agir, sans qu'il soit besoin de commentaires pour justifier les mobiles qui sont à la base de ses actes. C'est là une première et fondamentale différence entre ce roman flamand et une œuvre française de la même veine. Il y a, chez le français quelque chose de profondément didactique, de rationalisateur qui lui empêche de révéler les choses sous un aspect immédiat et direct. Une opération de l'esprit s'interpose toujours entre l'observation et l'extériorisation de celle-ci — soit qu'on analyse les données pour en découvrir les rouages cachés, soit qu'on généralise les faits afin de leur donner une portée générale. Et les romanciers qui ont voulu rejoindre une expression plus directe ne sont, pour la plupart, Français que par la langue — tels Giono, originaire de Majorque ou Ramuz qui est Suisse. Quant à leurs imitateurs purement français, ils ne parviennent pas à sortir de la fadeur et du pédantisme. Mais voici que le Flamand Walschap, sans devoir avoir recours au moindre artifice cérébral, campe un Houtekiet dont la puissance fait naître un souffle d'épopée. Houtekiet parle, et nous sentons vibrer en nous une résonnance profonde. Il agit, et sous nos yeux un village grandit, d'abord limité à une cabane de bois, grandissant jusqu'à élever la haute tour de son église au-dessus de la campagne environnante. Et cette vaste fresque se déroule, imprimant un mouvement irrésistible à la suite des tableaux, entraînant dans ses vastes remous les existences et les figures d'une multitude d'hommes et de femmes. Nous sommes loin d'une couleur locale pittoresque dont le spectacle, minutieusement décrit, ne viserait qu'à charmer superficiellement. Bien entendu, le cadre de l'action continue à être celui du village flamand et les personnages sont des paysans. Mais Walschap n'a que du mépris pour « le folklorisme superficiel et l'amour des couleurs paysannes ». Et s'il a tenu à conserver cette atmosphère villageoise — qui fut cependant un des caractères marquants de l'époque littéraire contre laquelle il réagit — c'est parce qu'il ne prétend pas devoir quitter les gens simples et frustes pour donner à son œuvre la large signification humaine à laquelle il aspire, ni cacher ses origines et ignorer la Flandre pour atteindre un plan européen. Et cela, le lecteur français, le sentira, lorsque, au lieu de réveiller en lui cette froide curiosité qu'on ressent devant des mœurs et des coutumes étrangères, il aura pu participer sans réserve au drame qu'on lui décrit. C'est ce dynamisme, ce mode d'expression direct (les deux étant d'ailleurs en étroite corrélation) qui contraste si totalement avec la cérébralité statique des Français et qui place cet art dans un climat tellement plus aéré.

Il ne pourrait être question de déduire un jugement de valeur de cette comparaison et d'en conclure à une supériorité absolue de l'art de Walschap sur celui des romanciers français de la même époque. Si Walschap déclare : « Nous étions sans pitié pour les romans privés d'un contenu humain, ces romans pleins d'interminables descriptions de paysages et de temps et où l'homme n'a aucune importance », il bannit du coup un élément qui constitue une indéniable valeur littéraire. Et que deviennent « Ulysses », « A la recherche du temps perdu » ou « Les faux monnayeurs » si on croit que « le roman n'est qu'un récit d'où les considérations, les méditations et les descriptions sont exclues ». Doit-on les reléguer dans une catégorie inférieure qui ne mérite pas le titre de roman et qui ne pourrait que convenir à une minorité déséquilibrée? Les écrivains qui se sont écarté de la conception de Walschap ne l'ont pas uniquement fait pour « écrire des morceaux d'anthologie scolaire » ou pour « trouver des prétextes à des exercices de style ». Et leur hermétisme n'est pas nécessairement un « hermétisme pour mandarins » ni leur langue « en partie conçue par un professeur d'Université, en partie par un analphabète ».

La vérité est qu'il y a place pour d'autres conceptions du roman à côté de celles que Walschap a prônées. Et si la sienne était suivie et féconde, puisqu'elle était le produit d'un talent sain et fécond, et que, en plus, elle était opportune en Flandre, à un moment où la négation de ces principes avait mené à des excès intolérables, cela ne veut pas dire que, sous d'autres constellations, une conception diamétralement opposée n'ait pas eu des effets également salutaires. Il faut se garder d'élever de tels préceptes au rang de vérités générales. Elles ont une valeur indéniable en tant que documents reflétant la réaction d'un talent qui doit creuser son chemin à travers les oppositions établies par les traditions hostiles et les contemporains incompréhensifs. Mais elles gardent ce manque d'objectivité inévitable qui se fait jour chaque fois qu'un écrivain se mue en critique. Attaché à ses propres desseins et poursuivant obstinément le but auquel son tempérament l'a prédestiné, il ne pourra jamais parler qu'en son nom propre — de même que son œuvre ne fera jamais « qu'écrire uniquement et rien que sur lui-même ».

Mais pour nous Walschap est autre chose qu'un polémiste, quelque chose de bien plus rare et de bien plus précieux. Il est celui dont le message a pu renouer les liens qui nous unissent à certaines forces de l'instinct dont une artificielle froideur nous avait détaché. Il est celui qui a pu dépeindre ces forces avec tant de vigueur que nous avons profondément ressenti l'ampleur de leur déchainement. Rarement, un livre a pu devenir une chose vivante qui n'apporte pas à notre cerveau le vain contentement d'une belle opération de l'esprit, mais qui entraine tout notre être dans la course effrénée des passions qu'il décrit. Et c'est bien cela qui est réalisé dans Houtekiet lorsque, sous une apparence chaotique se crée ce rythme large et soutenu qui est celui de la vie, dépouillée de toutes ses complications factices, rejoignant son cours primitif.

La littérature européenne actuelle n'est pas si riche en réussites de cette envergure.

Paul DE MAN.

Chronique littéraire

« BORD DU MONDE », de C. F. LANDRY (1)

LE roman paysan est un genre peu pratiqué en France et qui n'a rallié ses adeptes qu'au cours de ces dernières années. C'est parmi les auteurs de la génération d'après-guerre qu'on trouvera une relativement grande quantité d'écrivains qui ont mis en scène des paysans et qui ont choisi comme cadre d'action la campagne française. A tel point qu'on devra sans doute considérer comme un phénomène général et important cette soudaine invasion du sentiment de la nature dans une littérature qui, jusqu'à présent, se complaisait bien plutôt dans une atmosphère renfermée de chambre close.

Le fait est que, jusqu'à présent, les nouveaux venus qui se rattachaient à ces tendances — et c'est la majeure partie de la génération débutante — n'ont produit qu'une œuvre de qualité médiocre. Décidément, chanter la nature avec ferveur et avec puissance n'est pas donné à tout le monde, et faire partager au lecteur les angoisses et les satisfactions que ses mouvements procurent à ceux qui demeurent sans cesse en contact avec elle, était une entreprise souvent tentée et rarement réussie. On n'échappait que rarement à une fadeur qui distillait un irrésistible ennui, ou à une pose d'autant plus crispante dans un genre où le naturel est la loi suprême. De sorte qu'on en venait à regretter l'époque du roman psychologique ou même les spécimens les plus médiocres restaient fidèles à certains préceptes de style et de construction qui, à présent, sont ignorés sous prétexte d'une négligence qui doit « faire nature ».

Il y a cependant, dans ce groupe, quelques écrivains qui méritent d'être suivis de plus près. Et parmi eux, C.-F. Landry figure en bonne place. Déjà dans « Baragne », on sentait un souffle et un accent de sincérité qui parvenaient à rendre supportable une intrigue confuse et rampante. « Bord du monde », qui a paru après « Baragne », est un roman beaucoup plus ferme et plus adroit que le précédent, auquel il ressemble peut-être un peu trop par certains détails. Mais il garde la marque d'un talent qui est plus à l'aise dans la description que dans la narration et qui n'est pas encore parvenu à établir entre ces deux éléments un équilibre indispensable. L'intrigue demeure sans cesse en marge des passages qui visent à décrire et à évoquer, passages auxquels l'auteur s'attarde visiblement parce qu'il est en mesure d'y donner la meilleure partie de son talent. Tandis qu'il ne semble s'occuper qu'avec regret des pages qui développent l'intrigue et qu'il ne peut étoffer qu'en y introduisant des artifices narratifs relativement grossiers. On songe, par exemple, à l'utilisation de certains ressorts d'intérêt qui seraient mieux à leur place dans un roman policier que dans un roman tout court. L'intérêt d'une intrigue ne doit pas résider dans des mystères et des artifices que le romancier a beau jeu d'introduire, mais dans la puissance què dégage le développement des passions et des sentiments qui constituent le sujet. Et cela est doublement vrai pour un roman de la nature. Quelqu'un comme Ramuz ou Giono, dans les littératures nordiques, Hamsun ou Walschap, n'a pas besoin d'introduire des crimes dont on ne connait pas l'auteur et un jeu de soupçons qui permet de le deviner, pour maintenir le lecteur en haleine. Notre compatriote Remy Magermans, s'est déjà vu qualifié, sans malice aucune d'ailleurs, d'auteur de roman policier par un critique qui n'y avait vu que du feu. Mais cette qualification s'appliquait plus heureusement à Landry, dont le « Bord du monde » sacrifie bien plus aux lois de ce genre que « La Maladie dans la Tour ». Et l'impression provient sans aucun doute d'un défaut de construction qui scinde le livre en deux tronçons : une partie descriptive et une partie narrative qui ne puise pas son intérêt, comme il devrait en être le cas, dans la capacité de l'auteur à faire vivre les êtres dont il nous parle, mais dans les péripéties plus ou moins habilement agencées de l'anecdote.

Ceci dit, empressons-nous de reconnaitre à « Bord du monde » des qualités qui le placent parmi les plus intéressantes œuvres qui aient vu le jour au cours de cette année. Tout d'abord grâce au réel talent poétique qui permet à Landry d'évoquer l'âme de ce pays de pierres et de montagnes, où de maigres villages s'accrochent péniblement au flanc rocailleux d'une terre aride et sèche. Et une réelle et pure émotion transperce dans les pages qui reprennent ce plaidoyer éternel des valeurs saines de la campagne contre la bassesse honteuse des villes cupides et viciées. Lorsque cette opposition est symbolisée dans des personnages, elle peut paraitre conventionnelle, mais à d'autres moments, elle est indiquée dans des personnifications visionnaires, elle atteint parfois à une indéniable force d'expression. On peut citer, à titre d'exemple, un passage comme celui-ci : « Ensuite, il y avait un haut bâtiment de briques, honteux et triste comme une léproserie. Il se voyait de loin, rose, d'un vilain rose de tripailles. On comprenait qu'il représentait une maladie nouvelle qui gâterait toute cette vallée. On avait construit, pour venir à lui, un canal de dérivation. La belle eau de rivière arrivait là, verte et bleue, belle comme une chevelure, et toute douce. Elle ressortait noircie, qui déposait une suie épaisse sur les berges de gravier; c'était une eau honteuse, éculée comme une savate. Il fallait des kilomètres de soleil et d'herbe pour lui faire oublier ce qu'elle avait dû faire, dans le bâtiment de briques rosâtres.»

Mais, ce qui manque et continuera à manquer aux livres de cette veine écrits par des Français, est un certain souffle épique, une ampleur qui ne s'obtient que par ce don mystérieux qui, décidément, semble être plus fréquemment l'apanage des auteurs germaniques. Du moment où il ne s'agit plus d'avoir des vues précises et subtiles sur la psychologie d'un personnage, mais de capter la vie même, à son état brut, sans interposition d'aucun souci intellectuel ou cérébral, il faut faire appel à des talents très rares et très exceptionnels. C'est pourquoi ce qui constitue l'honnête et même la bonne moyenne dans ce genre reste peu satisfaisant. Dans un roman psychologique moyen, du fait même qu'il se laisse partager en tranches, n'étant qu'une superposition d'opérations de l'esprit, on trouvera presque toujours certaines trouvailles détachées qui sauvent le livre de l'ennui. Mais un roman de la nature forme un tout organique, une construction dont les différentes parties ne valent que par leur contenu dynamique et par la contribution qu'ils apportent au mouvement de l'ensemble. Et quelques pages de bonne description ne suffiront pas pour insuffler de la vie à un thème qui ne parvient pas à amorcer l'intérêt.

C'est donc une tâche bien ingrate qu'entreprennent ceux qui ont choisi comme modèle Jean Giono ou Ramuz, ou que leur goût et leur caractère font écrire des livres comme ce « Bord du Monde ». Plus que jamais, il y aura lieu de parler de beaucoup d'appelés et peu d'élus. En tout cas, Landry fait preuve de qualités qui lui permettront peut-être d'atteindre au chef-d'œuvre qu'on attend dans ce genre littéraire. L'amélioration qu'on peut constater chez lui de livre en livre permet de formuler cet espoir.

* * *

Quoique ce ne soit peut-être pas le meilleur endroit pour le faire, je tiens à signaler la parution, au Sikkel à Anvers (2), du premier volume d'une nouvelle et importante histoire de l'art. Sous la rédaction de M. F.-W.-S. van Thienen, un groupe de spécialistes qualifiés de Flandre et de Hollande traitera des différentes périodes dans tous les pays. On voit donc que cet ouvrage, qui comptera cinq volumes, se propose d'être à la fois très complet et aussi universel que possible. C'est là une intention louable et qu'il convient de souligner: car on manquait, dans ce pays, d'une histoire de l'art qui soit à la fois suffisamment spécialisée pour pouvoir servir d'instrument de travail et suffisamment générale pour permettre ce coup d'œil d'ensemble qui, dans cette science, est indispensable. A en juger d'après le premier volume, qui englobe l'art paléolithique, et l'Antiquité, les auteurs semblent avoir trouvé le ton exact qui se situe entre la vulgarisation et l'étude approfondie. Sans sombrer dans un exposé trop élémentaire qui deviendrait inintéressant, ils ont gardé un style vivant et une terminologie abordable, ce qui permettra au profane de lire avec le plus grand profit cette initiation à une science fondamentale.

Paul de MAN.

---

(1) Editions Corrêa.

(2) Algemeene kunstgeschiedenis. Edition abondamment illustrée. Edition de Sikkel et de Haan.

Chronique littéraire

Sur les possibilités de la critique

Le critique n'est pas l'historien, déclare H. Davignon dans la préface qu'il a écrite pour l'ouvrage de Mlle Germaine Sneyers intitulé « Romancière d'entre deux guerres » (1). Par la suite, il préconise une critique moralisatrice qui évaluerait les œuvres en fonction des convictions éthiques et religieuses des juges. Et dans un récent article paru dans le « Nouveau Journal », M. Robert Poulet plaidait pour une critique créatrice, qui ne se servirait des ouvrages des autres que comme source d'inspiration à la création personnelle et rejetterait tout examen analytique et objectif.

Ces deux conceptions ont ceci en commun qu'elles assignent à la critique littéraire une mission qui se trouve en deçà de ses objectifs premiers. Dans les deux cas, elle ne servirait plus que de prétexte soit à une leçon de morale et de philosophie, soit à un envol artistique qui naitrait d'un processus à peu près analogue aux « Variations sur un thème de... » fréquentes chez les musiciens. Ce qui revient à dire qu'elle ne porte pas en soi suffisamment de possibilités pour constituer une discipline autonome. Exiger qu'elle soit une leçon de morale ou une œuvre d'art signifie qu'elle doit suppléer à sa pauvreté propre par l'introduction d'autres éléments qui lui donneront un sens et une portée plus grande.

Il est, en effet, parfaitement possible de se servir des réflexions qu'une lecture inspire ou des échos qu'elle provoque pour élaborer un système ou une création originale. Mais, dès ce moment, il n'est plus légitime de parler de critique, au sens strict du terme, ni surtout de prétendre qu'alors, et alors seulement, celle-ci emplit sa véritable fonction. Car elle conserve des objectifs et des devoirs qui lui appartiennent en propre et qui n'ont pas besoin d'autre justification.

Gardons-nous en à sa mission la plus fondamentale qui consiste à définir la valeur d'un ouvrage littéraire. Cette obligation, d'apparence relativement simple, nécessite en fait un travail préparatoire de la plus haute complexité. Car celui qui veut entreprendre cette tentative ferait preuve de légèreté et même, dans une certaine mesure, de manque de probité s'il n'entreprenait pas une mise au point vigoureuse des critères qu'il entend utiliser. Et cette recherche ne peut se faire en se basant sur des convictions préconçues mais exige, au contraire, une libération de tous les préjugés et de toutes les inclinations extralittéraires. La littérature est un domaine indépendant qui a une vie, des lois, des obligations qui n'appartiennent qu'à lui et qui ne dépendent en aucune manière des contingences philosophiques ou éthiques qui se meuvent à ses côtés. Le moins qu'on puisse dire est que les valeurs artistiques qui régissent le monde des lettres ne se confondent pas avec celles du Vrai et du Bien et que celui qui emprunterait ses critères à cette région de la conscience humaine se tromperait systématiquement dans ses jugements. C'est pourquoi la conception qui perce dans toutes les pages du livre de Mlle Sneyers lui confère, indépendamment des qualités et défauts de ces essais, un ton moralisateur qui devient souvent agaçant. On n'a pas le droit de condamner Gide en tant que romancier parce que sa vie morale a été discutable ou d'en vouloir à Henri de Montherland parce que son caractère ne vous plait pas. Un écrivain peut être attaqué pour des insuffisances de son style, pour des péchés contre les lois du genre qu'il pratique, mais jamais pour les faiblesses ou les manquements de sa personnalité morale. Les plus belles pages des littératures mondiales sont souvent celles qui expriment un échec, un abandon, une capitulation. Et on a écrit les pires platitudes pour exalter les plus nobles sentiments. Tout cela est bien évident et il serait inutile de le répéter si on n'entendait pas réaffirmer que la critique doit être « faite d'un ensemble de déductions, rattachées à une philosophie de large humanisme, ou mieux d'une responsabilité morale, liée à la fidélité surnaturelle de l'homme ».

Ainsi dépouillé de ses opinions et penchants individuels, il reste au critique à rechercher les lois des genres et à rédiger cette espèce de code qui sera sa pierre de touche. La difficulté de cette entreprise résulte de l'extrême mobilité des préceptes et des formules esthétiques. Il ne s'agit pas d'une Beauté éternelle et immuable, mais d'une série de mouvements qui se superposent et s'entrecroisent, s'influencent et se combattent et qui, tous, ont leur loi propre. Mais un examen attentif révélera sous cette apparence anarchique un certain ordre, et un esprit quelque peu synthétique pourra indiquer que ces remous se meuvent autour de quelques points de repère qui marquent les différentes étapes d'évolutions cycliques et cohérentes. A chacun des stades évolutifs correspond un ensemble de critères qui se modifieront lorsqu'un autre échelon de la progression sera atteint. Il sera donc nécessaire de continuellement revérifier les méthodes d'évaluation et de les adapter aux modalités de l'époque. Et cela ne pourra se faire qu'en appliquant des méthodes qui relèvent directement du domaine de l'histoire. C'est-à-dire qu'il convient de se baser sur cet ensemble d'expériences et de symptômes que l'examen du passé fournit. En se livrant à la comparaison dans le temps et dans l'espace de ces phénomènes, il sera possible d'en dégager la portée réelle. L'affirmation de M. Davignon comme quoi le critique n'est pas l'historien n'est donc vraie que dans une certaine mesure. Car avant d'être critique, il devra être l'historien de cette branche de l'activité humaine qu'est la littérature. Alors seulement il peut espérer acquérir un ensemble de critères établis avec une solidité suffisante et cependant assez souples pour s'adapter à l'évolution incessante. Et les jugements proprement dits n'apparaîtront que comme une opération presque secondaire, une application pratique qui se base sur un appareil théorique qui, en fait, la dépasse en intérêt — de même que certaines applications des mathématiques s'effacent devant la grandeur et la rigueur des déductions abstraites qui les ont rendues possibles. Il n'est, au fond, pas très important de savoir si M. X... a bien respecté toutes les règles du jeu lorsqu'il a écrit son dernier roman. Mais il peut être extrêmement instructif de formuler ces règles et d'observer la façon dont elles changent au cours des siècles. Car cet examen est aussi révélateur que celui du comportement politique des peuples auquel l'histoire fait une place si prépondérante. Il permet d'acquérir une vue d'ensemble sur la façon dont l'humanité se modifie et se développe, car une partie tout aussi révélatrice de sa mentalité se reflète dans l'œuvre de ses artistes que dans le déroulement de ses guerres et de ses conquêtes. Si cette conception de la critique peut donc paraître peu brillante et peu utile, et ressembler à première vue à un exercice stérile de l'esprit, elle n'en permettrait pas moins l'établissement d'une philosophie de l'histoire littéraire qui n'est pas moins féconde que la philosophie de l'histoire tout court.

Considérée sous cet angle, la critique n'est donc plus un prétexte pour écrire un morceau de bravoure ou pour placer un sermon. Quant à l'analyse des œuvres, elle ne sera pas sa fin ultime mais ne constituera qu'une partie secondaire et parfois superflue de l'examen. Ce qu'il importe avant tout, c'est de rechercher dans la tendance d'une œuvre ou d'un écrivain le côté par lequel il s'intègre aux tendances de son ère et l'apport que sa production apporte aux développements ultérieurs. Toute critique qui nierait une de ces études ne fera qu'œuvre fragmentaire et vaine. « Romanciers d'entre deux guerres » constitue une excellente démonstration par l'absurde de cette thèse. Mlle Germaine Sneyers semble, en effet, avoir sciemment banni de son œuvre toute discipline historique. L'entre-deux-guerres y est considéré comme un tout, qu'aucun lien ne rattache à une époque précédente, et dans laquelle s'entassent pêle-mêle un nombre d'écrivains des tendances les plus diverses. La seule tentative d'unification entreprise est de rattacher à la philosophie bergsonienne un certain culte de la sensation qui constitue, selon l'auteur, le trait dominant de cette période. A cette exception près, cette récapitulation demeure aussi désordonnée et anarchique que possible. Cette incohérence ne peut pas être uniquement attribuée à un manque de recul et à la construction fragmentaire de cet essai. Elle provient d'une conception de la critique qui dénie la possibilité la plus constructive et la plus profonde de celle-ci.

Paul DE MAN.

LES LIVRES DE LA SEMAINE :

La *Politique de Sainte-Beuve*, par Maxime Leroy. (Edition Gallimard.)

Sortilèges, de Michel de Ghelderode. (Edité à l'Essor.)

Notes pour comprendre le siècle, par Drieu la Rochelle. (Gallimard.)

(1) Edition Universelle, Bruxelles, Desclée-De Brouwer, Paris.

Chronique littéraire

« NOTES POUR COMPRENDRE LE SIÈCLE », par Drieu la Rochelle (1)

DES époques révolutionnaires aussi complexes et diffuses que celle-ci peuvent donner lieu aux interprétations et aux explications les plus diverses. Selon le point de vue auquel on se place, on trouvera toujours à y indiquer la fin d'un courant vital qui commence à faire place à une organisation ou à un mouvement nouveau. Celui qui tente de voir clair dans cet enchevêtrement de liquidations et de renaissances sera nécessairement enclin à ne considérer que le domaine qu'il connaît le mieux ou qui l'intéresse particulièrement. Un économiste caractérisera l'époque comme étant celle de la fin définitive des économies libérales; tel politicien y verra la réaffirmation des valeurs nationales s'opposant à un internationalisme stérile, tel autre une phase définitive de l'unification germanique commencée au siècle dernier, et ainsi de suite. Et chacun se verra tenté de mettre l'accent sur les possibilités conformes à ses doctrines et à ses convictions, car les tendances sont encore suffisamment lâches pour laisser place à plusieurs velléités différentes.

C'est ainsi que Drieu la Rochelle reprend dans les « Notes pour comprendre le siècle » un thème qui lui est cher et qui joue un rôle important dans son œuvre. Il s'agit de la thèse antirationaliste qui s'oppose à la primauté de l'esprit sur le corps et qui prône une unification des valeurs spirituelles et des valeurs purement physiques, unification qui serait la seule garantie de l'équilibre et de la grandeur humaine. L'homme a commencé à décliner et à s'effriter le jour où il a séparé consciemment les activités de l'esprit de celles du corps. Et ce ne sont que ces dernières années qui permettent de formuler l'espoir que la décadence qui a résulté de ce dualisme touche à sa fin.

Selon Drieu la Rochelle, les vertus sportives qu'on retrouve, sur le plan politique, dans les idéologies facistes constituent le symptôme bienheureux annonciateur d'une régénérescence prochaine, car elles sont les premières à promettre une fusion du corps et de l'âme dans une unité harmonieuse.

Cette tendance n'est pas nouvelle dans la littérature, et Drieu la Rochelle est loin d'être le premier à plaider cette cause. Elle y était née d'une réunion avant tout esthétique, résultant d'une recherche de renouvellement des thèmes d'inspiration qui s'étaient épuisés dans une analyse psychologique poussée jusqu'aux limites de la dissolution. Ainsi s'explique l'influence d'un D.-H. Lawrence en Angleterre dont la parole prophétique atteignit même les tempéraments les plus opposés à son message. Ou d'un Giono en France qui ne tarda pas à entraîner dans son sillage une pléiade de disciples plus ou moins sincères et spontanés. Mais il est certain qu'il y a plus que des mobiles simplement littéraires dans cette attraction pour des théories qui marquent un dédain proche de la haine vis-à-vis de la cérébralité et se tournent davantage vers les vertus animales qui existent dans l'homme. On peut y voir un mouvement de défense contre certaines exigences de la vie moderne qui avaient modifié profondément l'individu, l'éloignant de plus en plus de sa nature première. Et la littérature à laquelle nous faisons allusion se compose d'autant de cris de détresse devant cet appauvrissement et fait largement appel aux forces contraires qui doivent empêcher une automatisation intégrale.

Le livre de Drieu la Rochelle tente de reprendre cette plaidoirie en la situant sur un plan historique. L'intention est d'esquisser le développement des deux mouvements : le courant rationaliste et le courant opposé, et de suivre depuis le moyen âge jusqu'à l'heure actuelle le déroulement de ce conflit. Et l'auteur veut suggérer une destruction progressive de l'individu qui, complet et fort au moyen âge, perd en consistance et en puissance au fur et à mesure qu'il s'éloigne des normes médiévales.

Je me demande si, en l'entourant de cet appareil démonstratif historique, la thèse en est devenue plus convaincante. Tout d'abord, il n'était pas très utile de vouloir absolument « fixer les idées » et de poser en exemple une époque historique déterminée. La pensée acquiert ainsi un caractère imitatif qui diminue sa portée et porte à l'imprécision. Car un concept comme celui de moyen âge est à ce point complexe que chacun peut y voir à peu près ce qu'il veut. Et si on le propose comme idéal à atteindre, on n'aura émis qu'une déclaration trop vague et trop imprécise pour être substantielle.

En outre, il semble que la façon qu'à Drieu la Rochelle de présenter l'histoire — et en particulier l'histoire littéraire — de ces six derniers siècles comme une suite de catastrophes provenant d'une erreur philosophique ne soit pas entièrement conforme à la réalité. Le rationalisme constitue un stade inévitable et nécessaire dans l'évolution philosophique qui, sans lui, n'aurait jamais pu se poursuivre. Quant à le rendre responsable des tares de ce siècle, c'est l'accuser bien faussement. Car si les hommes ont, selon l'expression de Drieu, perdu le sens du corps, la chose est due à des causes sociologiques plus qu'à des causes philosophiques. On ne peut pas considérer l'histoire comme l'image fidèle de la pensée abstraite des philosophes. D'autres éléments déterminent son cours et parmi ceux-ci les facteurs sociaux, résultant des actions des masses et des rapports entre les groupes jouent un rôle primordial. Ainsi peut-on bien plus justement accuser la manière d'utiliser les inventions techniques et les perturbations qui en ont résulté sur le plan social et économique — processus qui s'est déroulé indépendamment de toute pensée générale et qui n'a eu comme mobile qu'un jeu de rapports de caractère strictement sociologique — d'être à la base de la destruction de l'individu. Mécanisation des classes inférieures concentrées dans les grandes villes; avilissement des classes bourgeoises uniquement préoccupées de conserver leur supériorité matérielle: autant de diminutions qui ont éloigné l'homme de sa grandeur primitive et qui ne sont pas dues à l'une ou à l'autre erreur philosophique, mais au conflit épuisant provenant d'une organisation sociale défectueuse. Il est nécessaire d'y insister non pas tant pour défendre le rationalisme qui a été dépassé après avoir donné les résultats qu'il pouvait donner, que pour orienter les esprits vers des remèdes futurs qui devront plus se situer dans le domaine social et économique que dans celui de l'esprit. Une volte-face philosophique n'est pas la seule exigence de l'heure, et lorsqu'on parle de réforme de l'individu et, plus en particulier, de rappel de l'individu vers une norme de vie plus naturelle, on se trouve ramené à des problèmes sociaux avant d'en venir à des problèmes abstraits.

Dans le même ordre d'idées, la méthode de Drieu la Rochelle, qui tente de suivre dans l'histoire littéraire la ligne qu'il esquisse, contient-elle une bonne part d'argumentation arbitraire. Du moment qu'on ne considère plus la littérature sous l'angle de l'art, mais qu'on cherche à y voir le déroulement d'une évolution éthique, on peut lui faire démonter n'importe quoi. On peut donner aux termes qui ont une signification précise, tant qu'on les considère comme les dénominations de certains styles et de certaines disciplines littéraires, le sens le plus ambigu dès qu'on y introduit une interprétation d'une autre nature. En comparant les notions littéraires, comme romantisme, symbolisme, naturalisme avec des notions morales comme mysticisme et christianisme, on doit nécessairement s'exposer à des errements puisqu'on met sur le même plan des concepts essentiellement différents. C'est cependant ce que fait Drieu la Rochelle lorsqu'il veut se servir de la littérature pour défendre sa thèse. En fait, elle aurait tout au plus, et en faisant de prudentes réserves, pu en constituer une illustration, car jamais ces interprétations arbitraires des mouvements littéraires n'ont une valeur démonstrative.

Ces réserves faites, « Notes pour comprendre le siècle » conserve néanmoins un mérite et une valeur incontestables en tant que profession de foi. Il est intéressant de recueillir le témoignage d'une intelligence vive et éclairée qui n'hésite pas à englober dans un même système des vertus aussi disparates que celles des chrétiens, des mystiques, des héros et des sportifs. Bien plus que toutes les tentatives assez vaines faites pour démontrer l'inévitable et le mérite d'une telle attitude, importent l'élan et la conviction avec lesquels cet écrivain se lance à l'assaut de la création d'un type humain radicalement nouveau. Il y a là un indéniable signe de vitalité, d'autant plus prometteur dans un pays qui était tombé aussi bas que la France.

Paul DE MAN.

(1) Gallimard, éditeur.

Chronique littéraire

NOUS aurons à parler ici de trois ouvrages qui n'ont d'autre lien entre eux que d'être tous trois écrits par des compatriotes. Les hasards de l'actualité ne permettent pas toujours de grouper dans un article unifié les livres dignes d'intérêt.

« Chercheurs de Dieu », de Marcel Lobet (1)

C'est un symptôme intéressant et significatif du changement d'état d'esprit que de voir combien l'intérêt des lettrés se porte de plus en plus sur des auteurs dont l'œuvre contient un message, et plus en particulier, un message de foi. Une des causes de cette communion soudaine avec des hommes qui apparurent souvent comme des isolés et des incompris est certes un besoin de l'individu désaxé par des événements et des circonstances et qui cherche à se rattacher à une doctrine stable. Le drame intérieur qui ne se jouait que dans l'âme de quelques créatures particulièrement sensibles, déchirées par le tournement du doute avant d'atteindre à la sérénité de la foi ou de sombrer définitivement dans une abdication sceptique, est devenu plus universel et plus répandu. Et celui qui connait cette évolution et ce besoin se tournera volontiers vers la littérature pour lui venir en aide. Il lui demandera la certitude à laquelle il tente d'atteindre ou, à défaut de celle-ci, la description de la continuelle lutte qui s'est produite en lui et qui sera une image fidèle de son angoisse propre.

Il est certain que la plupart des romanciers et poètes français de ces dernières années ne fournissaient aucun appui à cette nécessité de fixation morale. Bien au contraire, leur œuvre était riche en éléments dissolvants qui éparpillaient et dispersaient les sentiments au lieu de les ramener à un pôle fixe, et qui créaient un climat de doute et de prudente réserve autour de toute passion ou idée capable d'entraîner les hommes. Ce n'est d'ailleurs pas à la suite d'un savant scepticisme ou d'une quelconque attitude préconçue que les auteurs en question exerçaient cette influence. Mais bien plutôt parce que les lois de leur école littéraire exigeaient qu'il en fût ainsi. Et comme ils étaient artistes avant d'être moralistes et plus préoccupés de créer le Beau que de faire office de guides et d'éducateurs, les lecteurs se sont insensiblement détachés d'eux jusqu'à ce que la crise actuelle eût définitivement consommé cette rupture. Les œuvres de Proust, de Gide, de Paul Valéry ne sont plus les livres de chevet des jeunes gens. Ces derniers s'orientent bien plus vers ceux qui, avant d'offrir une composition subtile et une analyse raffinée, leur apportent le dynamisme d'une conviction solidement ancrée et leur proposent des bases solides sur lesquelles ils puissent fonder leur équilibre et leur action.

Celui qui a suivi les nombreux essais qui furent publiés récemment en France et plus spécialement ceux qui touchent directement ou indirectement à des problèmes littéraires, ne peut manquer d'être frappé par un changement de ton très net dans les opinions critiques. Alors qu'on juge les écrivains qui furent des esthètes purs avec une sévérité presque excessive, on parle avec une affection croissante de tous ceux dont l'œuvre contient un appel à un nouveau mode de vie et de pensée. Par opposition à la stérilité de l'analyse pure se dessine un large mouvement en faveur de ceux qui apportent une conviction, indépendamment de la nature même de l'opinion défendue. Et il est compréhensible que cette admiration se tourne parfois vers des écrivains catholiques puisque ceux-ci s'estiment plus particulièrement porteurs d'une mission morale. Ainsi s'explique l'opinion d'un Drieu la Rochelle, d'un Jacques Chardonne, d'un Montherlant même, qui n'hésitent pas à placer sur le même plan des écrivains de tendance aussi différente que Giono ou Péguy et de les ranger parmi ceux qui doivent servir d'éléments moteurs dans une rénovation des lettres françaises, C'est parce que tous deux ont en commun leur nature messianique qu'on les estime capables de remplir ce rôle. Et ces témoignages d'attachement qui continuent à se manifester pour des écrivains catholiques n'est donc qu'un des aspects multiples d'un mouvement plus large qui ne se borne pas à la littérature mais qui, dans le monde des lettres également, aura des conséquences incalculables.

Le caractère extra-littéraire de ce mouvement est clairement visible dans un recueil d'essais comme celui que Marcel Lobet vient de publier sous le titre de « Chercheurs de Dieu ». Il ne s'agit pas ici de formuler des théories sur l'apport que chacun des écrivains traités a apporté au développement des genres ni de formuler un jugement sur la valeur littéraire de leur production. Le but est de dégager ce qui, dans leur œuvre, peut servir à enrichir la vie spirituelle de celui qui les lit. Et il est sans doute un mérite de ce livre que d'avoir complètement renoncé à être un ouvrage de critique littéraire pour ne plus être qu'un ensemble d'essais de nature philosophique. C'est ce qui lui permet d'échapper à cette crispante confusion que nous avons dû signaler à propos de « Romanciers d'entre-deux-guerres », de Mlle Germaine Smeyers et, dans une mesure moindre, il est vrai, pour les dernières « Idées du temps », d'Hubert Colleye, où les jugements purement littéraires se mêlent sans discrimination aux jugements éthiques. Le travers est soigneusement évité par Marcel Lobet qui s'abstient rigoureusement de parler de la question

(1) Edition « Les Ecrits », Bruxelles.

« form● » pour n'accorder son attention qu'à la signification qu'ont les écrivains dont il parle, sur le plan de la vie religieuse.

Ceci dit, regrettons que cette évocation souffre parfois d'un certain manque de clarté dans les idées. Loin de moi de vouloir reprocher à Marcel Lobet d'avoir préféré un style imagé, où se trouvent de réelles beautés poétiques, à un exposé sec qui aurait tout sacrifié à la logique. Mais il semble bien que l'impression de monotonie qui se dégage de certaines de ces pages est due à l'absence d'une pensée directrice cohérente. A preuve que les passages où cette pensée est présente, et où les phrases se groupent autour d'une opinion nettement formulée — ainsi l'essai sur Rimbaud, celui sur Rivière et un passage, purement littéraire par exception, sur Racine, précurseur du roman intimiste — vibrent d'une vie beaucoup plus intense que celles qui ne sont qu'une suite de notes sans grand lien. On garde l'impression que Marcel Lobet est meilleur essayiste que poète et qu'il est plus apte à défendre une thèse qu'à simplement évoquer et suggérer.

« La petite étoile », conte de Marie Gevers (1)

Point n'est besoin de signaler à nouveau combien le talent de Marie Gevers se manifeste heureusement dans certains de ses contes. C'est là que toute la délicatesse de son sentiment de la nature, joint à une sensibilité qui jette sur ses créations une lumière chaude et douce, peut s'épanouir librement. Ce mélange subtil de réalisme rustique et d'une finesse de perception et d'expression sans pareille qui est une des caractéristiques de l'auteur de « Paix sur les Champs », se retrouve sous une forme plus concentrée dans ses contes et leur confère un attrait considérable.

« La petite étoile » penche résolument vers le fantastique et évoque la splendeur des nuits de Noël et l'existence magique des étoiles scintillantes. Marie Gevers garde le contraste entre le haut fantastique de la donnée et la simplicité du ton qui reste robuste et dépouillé. Il y a là quelque chose qui rappelle la peinture flamande, qui traitait également le merveilleux et le mystère sans abandonner un fond de bon sens réaliste et puisait sa grandeur et son originalité dans la synthèse de ces deux éléments.

On a chargé Mme A. Deletaille de l'illustration du conte, qui s'y prête admirablement bien. Ses dessins sont d'une composition ingénieuse et situent très bien l'atmosphère de chaque paysage qu'ils doivent évoquer.

« Mozart dans nos contrées », par Jan Hadermann (2)

Cette étude de M. J. Hadermann, publiée en flamand sous le titre de « Mozart in onze gewesten als wonderkind op koncertreis », dépeint les voyages que la famille Mozart entreprit dans nos contrées pour y faire entendre le petit prodige qui devait devenir, par la suite, un des plus extraordinaires génies de l'humanité.

Mais l'ouvrage de M. Hadermann déborde largement ce cadre relativement étroit. Car il entoure le récit anecdotique du voyage de considérations plus générales sur la personnalité de Mozart, et donne, en outre, un tableau très complet de l'activité musicale qui se manifestait dans ces régions au cours du XVIIIe siècle. Cette vue d'ensemble sur la vie musicale dans la partie flamande et wallonne du pays est sans doute la partie la plus instructive du livre.

Le mérite principal de « Mozart dans nos contrées » est d'avoir réuni et synthétisé une documentation éparse et de l'avoir présentée d'une façon vivante et non dénuée de mérites littéraires. Ainsi l'étude devient-elle plus qu'une contribution à la connaissance de Mozart et de l'histoire musicale de ce pays : elle est avant tout l'image colorée et véridique d'une époque captivante.

Paul de MAN.

---

(1) Ed. des Artistes, Bruxelles.
(2) Ignis, Bruxelles.

Chronique littéraire

RECITS DE GUERRE

La campagne de France et ses péripéties tour à tour brutales et lamentables appartiennent désormais à l'histoire. Et il n'aura pas fallu attendre longtemps pour qu'apparaissent les premières chroniques qui visent à fixer définitivement les aspects et le climat de cet événement. C'est un sujet trop tentant et trop riche pour que les écrivains ne l'exploitent pas aussitôt: il y a là des données pour servir de cadre à une intrigue d'autant plus vivante qu'elle s'adresse à un lecteur compréhensif, qui a vécu les scènes décrites. Comme, en outre, les grandes émotions et les épreuves cruciales influencent le comportement humain en le libérant de tout le conventionnel qui l'entoure généralement pour ne plus en laisser paraître que la plus sincère et plus profonde substance, il y a là une tentation irrésistible pour les romanciers. C'était le principal mobile d'intérêt des classiques du genre (« Le Feu », de Barbusse, « Vie des Martyrs », de Duhamel, ou « Croix de Bois », de Dorgelès), que cet élément de vraie humanité qui perçait à travers toutes les horreurs et les souffrances et qui élargissait la portée du sujet. Car, celui-ci en prenait du coup une signification éternelle et grandiose : ce n'était plus le simple spectacle du pittoresque et du monstrueux de la vie au front, ni une description objective d'une circonstance historique, mais avant tout un grand témoignage sur le contenu authentique de l'âme humaine. C'est le fait d'avoir trouvé sous une apparence rude et souvent hostile des sentiments de réelle fraternité, de pur courage et d'ardente sensibilité, qui donnaient aux auteurs de ces livres un ton si grave et si ému. Leur œuvre en acquit un rayonnement qui apportait une confiance renouvelée dans le destin du monde.

Mais l'aspect de la guerre actuelle est différent. Avant le 10 mai, elle traîna une vie morne, d'où toute trace d'héroïsme était exclue. Ensuite, les choses se précipitèrent à une telle allure que tous, soldats et civils, eurent l'impression d'être entraînés dans un tourbillon dont ils ne comprenaient pas la signification. Dépassés par des événements qui n'étaient pas faits à leur mesure et qui ne correspondaient nullement à ce qu'ils attendaient, ils se laissèrent balloter aux quatre coins du pays, sans pouvoir se recueillir un instant. Les actes de courage et de sacrifice qu'accomplissaient ceux qui tentaient de s'opposer à la ruée ennemie, furent noyés dans le désordre chaotique d'une fuite éperdue et lamentable.

Il n'y eut donc, à aucun moment, au cours de ce conflit, cette installation dans la souffrance, cette accoutumance à la présence de la mort, qui donna à la guerre de 1914 son aspect psychologique si particulier. Les combattants n'eurent pas l'occasion de s'acclimater et d'acquérir cette connaissance du danger qui modifia si profondément le caractère des soldats de '14. Et leurs exploits ou leurs défaillances individuels ne comptèrent que peu devant la puissance irrésistible qui déferla sur eux et les anéantit sans leur laisser le temps de respirer.

Cette belle étude psychologique, qui pourrait être déduite de la guerre précédente, ne peut donc pas être entreprise à propos de celle-ci. Les traits individuels étaient estompés dans un milieu où chacun n'obéissait plus qu'aux instincts élémentaires du groupe. Et là un écrivain ne peut espérer suggérer que cette curieuse impression qu'eurent tous ceux qui se sentirent dépassés par le mouvement dans lequel ils étaient emportés. C'est ce que Guy de Cars est parvenu à faire très exactement dans « L'Officier sans Nom » (1). Car ce livre apparaît bien en premier lieu comme un reportage — le mot étant employé dans son meilleur sens, le reportage pouvant constituer un genre littéraire éminemment délicat, et, de ce fait, parfaitement respectable, — qui vise à capter sur le vif l'existence d'un quelconque lieutenant d'infanterie ayant fait la guerre en Ardenne, dans la Sarre, puis sur l'Aillette, la Somme et la Loire. Il semble même que les quelques pages finales qui, en guise de conclusion, reprennent les mots d'ordre politiques de la France nouvelle, déparent dans une narration où tout est action et mouvement. L'« Officier sans Nom » contient sans doute une leçon politique, puisqu'il touche nécessairement aux graves questions de l'heure, mais elles s'en dégage si clairement et d'une manière si vivante qu'il était inutile de la formuler.

Reportage, disons-nous. Ce sont bien les qualités du reportage que nous retrouvons ici : rapidité et précision du dessin des personnages qui sont campés en quelques traits, fidélité dans l'évocation des détails, dépouillement d'un style qui vise avant tout à être vrai et naturel et qui y parvient fort bien. Et avant tout, dynamisme entraînant qui fait que le lecteur vit vraiment le livre et se sent gagné par le rythme étourdissant des événements décrits.

Mais le seul aspect de la campagne de France n'est pas son déroulement extérieur. Son issue a aussitôt fait naître une foule de méditations sur la cause de l'échec et sur la responsabilité d'une nation qui en porte le poids. Ainsi, s'est-on plu à rechercher les raisons profondes et anciennes qui rendirent inévitable la débâcle. Et là également se trouve un beau sujet pour un romancier : montrer concrètement, sans avoir recours à l'exposé théorique et à la sécheresse des chiffres, où se trouve la carence de ce pays et quelle défaillance fut à la base de sa désorganisation interne.

La faute principale — on l'a dit assez souvent — fut un abandon des valeurs qu'on a groupées sous le mot de « paysannes » en faveur des créations de la ville. Il ne s'agit pas ici d'un naïf retour à la terre, mais d'une certaine attitude morale qu'on peut assez exactement symboliser dans l'opposition entre les mœurs de la ville et celles de la campagne. Tout cet ensemble de plaisirs vulgaires et plats, de laisser-aller et de négligences, contre lesquels Montherlant a si vivement protesté dans ses derniers essais, étaient apportés par la ville et florissaient dans les banlieues citadines. Et ce n'est que chez quelques paysans, demeurés entièrement en marge des influences de la vie moderne avilissante, que continuaient à exister les vertus viriles et fortes qui font la santé d'un pays. La guerre vint confirmer cette rupture, puisque, partout, ce fut la ville qui trahit la première et qui força la campagne à la suivre dans sa panique incohérente.

« La mort de Mindrois » (2) du peintre-écrivain Vlaminck, s'attache à ce sujet. Le roman est nettement scindé en deux parts : la première prend l'allure d'un roman paysan, un peu à la manière des « Chaminadour », de Marcel Jouhandeau. Une succession d'anecdotes, ayant trait aux familles et aux habitudes du bourg dénommé Mindrois, établissent un décor adéquat pour le drame prochain. On sent que l'auteur s'est attardé avec amour à cette partie de son livre où son âme paysanne se complait et s'épanouit. Et, au-delà de l'anecdote se dessine le puissant drame social du paysan français, le complet abandon dans lequel il vit, soi-disant protégé par des règlements inefficaces, à peine capable de produire suffisamment pour vivre, et méprisé par les citadins qui daignent de temps en temps lui rendre visite. C'est une chose qu'aucun des si nombreux romanciers français actuels qui puisent leur inspiration dans la vie campagnarde, avait déjà évoqué avec tant de justesse, que cet aspect social d'une existence qu'on idéalise parfois un peu trop. Il faut en savoir gré à Vlaminck d'avoir soulevé ce problème et d'en parler avec une si exacte compréhension. Plus que des discours et des proclamations, ces quelques lignes sobres entourées d'une demi-douzaine de petits récits, auront contribué à faire saisir le cœur de la question et à soulever l'intérêt qu'elle mérite.

Le roman aurait pu se terminer sur ce tableau de la condition paysanne. Mais l'auteur a tenu à y ajouter la conclusion logique que l'histoire contemporaine lui a donnée. L'exode des habitants devant les troupes allemandes et la destruction du village sous les bombes, si elles ne constituent pas, du point de vue purement littéraire, les meilleures pages du livre, forment néanmoins un épisode indispensable dans ce roman. Il lui donne cet accent d'actualité qui le place dans la réalité immédiate et qui fait envisager non sans angoisse, l'avenir de ces paysans, qui furent les principales victimes de la guerre.

Voici donc deux récits inspirés par cette guerre, dont nous avons pu dire du bien. Il faut donc bien croire que ce sujet peut produire des ouvrages de valeur. On peut espérer que le concours littéraire organisé par ce journal et qui est, comme on sait, réservé à des récits de guerre, verra apparaître, dans notre pays également, des romans qui décrivent avec talent cet épisode important d'un événement historique sans pareil.

Paul de MAN.

(1) Fayard, éditeur.
(2) Corrêa, éditeur.

LE NOUVEAU PRIX GONCOURT

Par six voix contre quatre, le jury du Prix Goncourt a décerné sa distinction annuelle à M. Henry Pourrat pour son livre « Vent de Mars ».

D'autre part, le prix Théophaste Renaudot a été décerné à M. Paul Mousset pour son livre « Quand le temps travaillait pour nous ».

* * *

Il est de tradition que le prix Goncourt soit décerné à un jeune auteur. En choisissant cette année M. Henri Pourrat, l'académie des « Dix » aura fait quelque peu exception à son habitude. Henri Pourrat n'est, en effet, pas un nouveau venu dans les lettres, et il a déjà produit une œuvre considérable. Mais il semble bien que cette distinction vient à point pour récompenser un homme d'une rare modestie dont les livres contiennent une si belle et si pure image de la terre française.

Car c'est par l'amour de la terre qu'est inspiré Henri Pourrat, et plus particulièrement par l'amour de la terre d'Auvergne, province qui sert de décor à la majeure partie de ses romans. Il appartient à cette solide lignée d'écrivains régionalistes qui occupent une place importante dans la littérature française. Avant que les appels tumultueux de Giono aient mis en lumière l'attachement à la vie naturelle, il y avait quelques romanciers, moins brillants, certes, mais tout aussi sincèrement liés à la grandeur de leur sujet, qui parlaient éloquemment de la beauté de la campagne française et qui basaient cette indéracinable fidélité sur un patriotisme très profond. C'est dans ce groupe que Pourrat occupe une place de tout premier plan. René Boylesve l'a nommé à juste titre « le prince incontesté des écrivains régionalistes ».

Depuis la fin de la guerre en France, Henri Pourrat avait publié plusieurs livres. Et, récemment encore, Daniel Halévy avait porté l'attention sur lui dans une lettre ouverte au ministre de l'Instruction.

« Voici des hommes, quelques-uns d'entre eux, au moins, écrivait Halévy. Ils appartiennent à cette race des Immobiles de la terre, qui traverse rarement la scène parisiennes, ce théâtre national, et que les Français, pour cette raison, ne connaissent jamais assez. Premier d'entre eux, Henri Pourrat, le grand conteur de « Gaspard des Montagnes », le Mistral de ce Livradois où il demeure en féconde retraite. Tirez-le de sa solitude, le temps l'ordonne. Faites-le quérir pour une heure ou deux, le temps d'un repas; ce sera pour vous un délassement utile, joie et source de force. Je l'ai vu, il y a juste un an, à la veille de la guerre, achevant un livre sur la paysannerie française. Dans la tempête, qu'est devenu ce livre ? Ecoutez l'homme, sauvez le livre ; c'est aujourd'hui qu'il doit paraître, noble signal de notre édition renaissante. Quant à l'homme, faites-lui place dans sa nouvelle école des maîtres auvergnats; que lui-même y soit maître, que vos jeunes gens participent à son beau savoir, qu'ils entendent cette voix attentive, délicate et frémissante, familière à si peu. Ainsi connaîtront-ils l'inspiration de leur terre et de leur race, ainsi entendront-ils la poésie secrète de leur âme, richesse dont, depuis tant d'années, on leur refuse les bienfaits. Tous en seront touchés, j'en suis sûr. Plus d'un en aura sa vie ennoblie pour toujours. »

Le prix Goncourt, attribué au roman « Vent de mars » était la meilleure réponse à donner à ce vibrant appel.

Quant au prix Théophraste Renaudot, il a été attribué au livre de M. Paul Mousset, « Quand le temps travaillait pour nous ». C'est un juste hommage rendu à l'un des plus pénétrants essais parus sur la guerre en France. L'intérêt historique de cet ouvrage est de contenir un témoignage vécu sur l'attitude des troupes anglaises sur le sol de France et durant les opérations de l'évacuation de Dunkerque. Parmi les nombreux romans consacrés à la campagne de France, celui-ci se signale par son ton direct et simple. Son choix apparaît donc comme particulièrement heureux.

P. d. M.

Chronique littéraire

REGARD SUR LA FLANDRE

Ernest Staas, avocat, de Tony Bergmann, traduit en français par X. de Reul et quelques éditions populaires flamandes

La littérature flamande, depuis le dernier quart du XIXe siècle jusqu'à nos jours, constitue un matériel d'élite pour l'historien. Repartie du néant absolu, n'ayant que le souvenir d'un grand passé comme base, elle parvint à se hausser en une cinquantaine d'années à un niveau des plus honorable dans l'ensemble de la production européenne. Cette évolution fut possible grâce au réveil du sentiment national qui ramena le respect de la langue natale et grâce à l'idéalisme d'une génération qui s'indigna de la décadence d'une nation jadis importante. Mais une fois que ce sentiment moteur eut porté ses fruits — c'est-à-dire dès qu'il y eut en Flandre des hommes à faire de la poésie et de la prose en flamand — le développement ultérieur se fit en prenant des points d'appuis à l'étranger. Car la longue période de léthargie avait entraîné comme conséquence inévitable que tout contact était rompu avec les courants qui s'étaient produits en France, en Allemagne, en Angleterre, et même aux Pays-Bas, au cours de ce XIXe siècle si mouvementé. Il fallait brûler les étapes pour combler ce retard, et le Flamand qui portait ses regards au delà des frontières y trouvait une abondance de formules fécondes et de procédés éprouvés qui allaient alimenter son inspiration. Les lettres flamandes concentrent ainsi sur un laps de temps relativement court une évolution qui, ailleurs, prend des décades nombreuses pour s'accomplir. C'est ce qui fait l'intérêt historique de ce phénomène d'éclosion dans lequel se reflètent en raccourci bon nombre des tendances et des écoles qui animèrent la vie littéraire européenne.

On peut ainsi, mieux que dans n'importe quelle autre littérature, indiquer les jalons qui marquent la progression d'un art qui se dépouille de plus en plus de la gangue épaisse que l'a entouré au cours de sa trop longue stagnation. Les premières œuvres sont encore embourbées dans un amas de conventions, parmi lesquelles on découvre déjà parfois un trait plus pur et plus libre. Chaque auteur — même ceux qui sont devenus entièrement illisibles pour nous — a apporté sa contribution à cette œuvre d'émancipation. C'est ce qui explique le respect dont on entoure des écrivains et des ouvrages qui paraissent souvent loin d'être parfaits. Cependant, ils forcent l'admiration non pas par leur valeur absolue, mais par les possibilités qu'ils ouvrent aux générations suivantes. La critique actuelle aurait beau jeu d'indiquer dans les romans d'avant « Van Nu en Straks » les longueurs et les faiblesses. Mais ce n'est pas une besogne utile. Mieux vaut tenter de découvrir ce qu'il y a de positif dans ces œuvres qui ne peuvent, certes, être invoquées comme modèles, mais qui restent les témoignages vivants d'un effort historique.

C'est ainsi qu'une récente traduction française d'« Ernest Staas, avocat » (1), de Tony Bergmann, nous rappelle ce classique des lettres flamandes dont tous les écoliers ont lu des extraits dès leurs premiers séjours sur les bancs de l'école. Ces quelques croquis et anecdotes qui relatent la vie d'un jeune avocat sont en réalité une des premières tentatives à faire de la psychologie qu'on rencontre dans un roman néerlandais. Certes, elle s'entoure encore d'un vaste bavardage, de cette forme de bavardage qui fut élevée au rang d'un véritable genre littéraire — Dieu nous en préserve d'ailleurs ! — par certains Hollandais. Mais il y a dans « Ernest Staas », à côté des passages pittoresques et anecdotiques qui sont d'un humour et d'une sentimentalité assez vulgaire, un attachement au psychologique qui ne se manifeste pas seulement dans d'excellence des types qui y apparaissent, mais dans l'attentive description des états d'âme. Il y a là quelque chose de rêveur et d'introspectif qui n'est pas fréquent en Flandre et qui donne à cette œuvre une place très particulière.

Il n'est pas nécessaire, vis-à-vis d'un public français, de pousser plus loin la critique de cet ouvrage qui tient par toutes ses fibres à des mœurs et à des circonstances locales, peu compréhensibles pour celui qui ne connaît pas la vie d'une petite ville de province comme Lierre. C'est pourquoi sa traduction ne nous semble pas particulièrement indiquée. Tout d'abord, elle risque de donner une idée peu flatteuse — et fausse — du mérite littéraire de Tony Bergmann. Nous nous sommes assez longuement étendus sur les raisons qui expliquent les faiblesses de tous les romans écrits à cette époque et qui sont dues à des conditions propres au milieu. Un public d'expression française qui ignore ces circonstances risquerait d'avoir un jugement inutilement sévère sur le livre.

En outre, la traduction de M. X. de Reul, est franchement médiocre. Une fois de plus, elle permet de vérifier ce principe immuable qui exige comme première qualité du traducteur une connaissance approfondie de la langue dans laquelle il traduit. Une bonne traduction est celle qui parvient à faire oublier la langue originale. Que cela ne puisse être obtenu qu'en sacrifiant une partie des richesses propres à l'idiome primitif, c'est bien évident. Mais il est préférable de perdre quelques subtilités au bénéfice d'une forme coulante et naturelle. Dans le cas présent, M. de Reul n'est pas parvenu à se libérer d'une tournure flamande ni même d'éviter certains germanismes flagrants de ce genre-ci : « Je prends place vis-à-vis de mon juge qui ne me regarde seulement pas. » ou « Si vous racontiez plutôt quelque chose de votre jeune temps, vous aimez bien à en parler. »

On a entrepris, au cours de ces derniers mois, de nombreuses traductions du flamand. C'est une chose heureuse et qui répare une ignorance totale du lecteur wallon ou français à l'égard d'une production de la plus grande valeur. Mais de cette dernière publication. Ernest. Staas, il convient de tirer un double avertissement. En premier lieu qu'il ne suffit pas qu'un livre ait atteint à un degré de popularité considérable et méritée en pays flamand pour qu'il soit apte à être présenté à un public dont la mentalité diffère du tout au tout. En second lieu, que les traducteurs doivent connaître le français au moins aussi bien, et de préférence mieux qu'ils ne connaissent le flamand.

C'est une image concrète et saisissante de l'essor de la littérature flamande qu'une édition populaire des œuvres des meilleurs écrivains puisse atteindre les 100.000 exemplaires. Ce chiffre prouve en faveur d'un public qu'on a sous-estimé en le croyant incapable de se hausser un niveau supérieur. Mais il souligne également qu'il est demeuré un fond populaire jusque dans les romans qui appartiennent aux classes dites cultivées.

Un des bons auteurs flamands remarquait récemment qu'il n'existe pas d'équivalent français du mot flamand « volksch » ou allemand « völkish ». Il s'agit de l'ensemble des qualités qui font qu'une œuvre d'art n'est pas seulement le produit d'une imagination individuelle mais possède également des vertus qui appartiennent à un peuple tout entier. En fait, le problème est plus complexe et plus profond. L'art s'inspire de certaines valeurs, qu'il choisit au hasard des tempéraments. Il se peut que ces valeurs soient proches de celles que le peuple honore. On distingue assez clairement des nations qui élisent des thèmes et honorent des formes qui sont populaires tandis que d'autres s'éloignent volontiers de ces normes. Grosso modo, on peut dire que les nations germaniques pratiquent ainsi un art plus « völkish » que les nations latines, que la France en particulier. C'est là un caractère inhérent, qui n'est pas qualitatif. On aurait tort d'en faire un argument en faveur d'une prétendue supériorité. Il s'agit d'une différence, sans plus, qui fixe à la majorité des artistes ressortissant de ces deux contrées des buts et des intentions différents mais qui n'établit aucune hiérarchie entre eux. Les deux mentalités ouvrent des perspectives grandioses, chacune dans leur domaine.

Une des heureuses conséquences, découlant directement de cette particularité des germaniques, est la possibilité de répandre des livres dans toutes les classes de la population. En Allemagne, en Scandinavie, en Hollande, on trouve des livres dans toutes les maisons. On n'avait jamais cru qu'un résultat semblable eût été possible en Flandre. L'initiative de l'Agence Dechenne, qui lance sur le marché des éditions populaires à bon marché, a permis de constater qu'il existe un réel besoin de lecture et que même des auteurs comme Stijn Streuvels — dont on vient de publier « de Vlaschaard » — ou Filip de Pillecyn — dont on édite « De Soldaat Johan » — peuvent apporter au peuple la richesse de leur imagination. La littérature flamande ne pourra que puiser une vigueur renouvelée dans ce contact avec ses sources.

Paul DE MAN.

---

(1) Edition Traducta.

LES ROMANS POLICIERS

Défense de fumer, par Paul Kinnet

C'est le second roman policier de Paul Kinnet qui paraît dans la Collection du Jury. Le premier « Bonne chance, Mr Pick » se signalait par un genre d'humour très particulier. « Défense de fumer » entre plus dans la tradition du policier : tant le décor que les péripéties de l'action correspondent entièrement aux lois classiques du genre. L'intrigue nous semble supérieure à celle du premier fascicule. Elle est ingénieuse à souhait et la conclusion, d'une logique implacable, est surprenante et fort bien amenée. Par contre, l'écriture est moins originale que dans Mr Pick. C'est que Paul Kinnet a sans doute voulu montrer qu'il était capable de faire un policier pur, sans autre ressort d'intérêt que l'action proprement dite. Il y a parfaitement réussi. P. d. M.

Chronique littéraire

PROPOS SUR LA VULGARITÉ ARTISTIQUE

« *La Dernière journée* », *de Charles Plisnier* (1), « *L'Esclave nue* », *par Emile Bernard* (2), *et le dernier prix Goncourt.*

La vulgarité artistique du siècle est un phénomène qui intéressera les historiens futurs désireux de caractériser notre époque. La radio, le cinéma, l'édition, la presse se chargent de déverser sur nous, de jour en jour, une production qui se dit artistique et qui offre, en réalité, le plus navrant spectacle de la dépravation du goût qu'on puisse concevoir. Nous ne nous attacherons pas à analyser ici les causes de cet abaissement général du niveau critique, étude qui ressortit à la sociologie, puisqu'elle est due à certaines caractéristiques de l'évolution sociale et économique. Mais il peut être intéressant, à propos de quelques romans récemment parus, de parler d'une autre face du même problème, de la partie qui a trait non pas à la mauvaise influence des faux artistes sur la foule, mais de l'effet inverse, exercé par la foule sur les créateurs. Car il y a là un jeu d'influences réciproques: une hausse des conditions de vie entraine une augmentation de besoins dits culturels. Et pour pallier à ces désirs nombreux, il faudra faire appel à une quantité de petits talents qui, à d'autres moments, n'auraient jamais songé à exercer leurs minces dons. Augmentation quantitative qui ne peut qu'avoir une diminution qualitative comme conséquence. D'où un nivellement général et la création d'un ensemble de normes, d'un groupe de critères d'une vulgarité parfaite qu'on appelle communément le « goût du jour ». La tentation est grande, même pour celui qui, par son tempérament et sa nature, se trouve au-dessus de ce plan, de descendre un cran plus bas et de jouir des avantages que procure la popularité. C'est une évolution que de nombreux écrivains ont parcourue.

La vulgarité n'est pas un caractère propre aux âmes peu formées et frustes, mais ne peut exister qu'à la suite d'une certaine perfection technique. Elle ne nait que lorsqu'un raffinement des moyens d'expression, indice d'une civilisation évoluée, rend accessible à tous l'exercice d'un art qui ne devrait être réservé qu'à quelques élus. Dans son essence même, elle est un manque de tenue, un manque de mesure, un déséquilibre entre les procédés d'expression utilisés et les choses à exprimer. Tout sujet, qu'il soit littéraire ou plastique, possède un climat d'expression déterminé et ne se laisse traduire que par un « style » qui lui est propre. Style qui dépend lui-même de certains matériaux et de certains moyens techniques mis en œuvre. L'artiste véritable possède une sorte d'intuition supérieure qui lui fait choisir instinctivement le « ton » qui convient au sujet qu'il traite. Tandis que le vulgaire se contente d'utiliser sans discernement des formules mécanisées qui garantissent le succès auprès des masses. Formules qui peuvent être très perfectionnées, qui ne sont, la plupart du temps, que des fixations de trouvailles originales faites par des hommes de génie, fixation obtenue grâce à l'efficacité des techniques nouvelles. Mais en s'automatisant, elles ont perdu toute valeur et toute signification et celui qui les utilise, en les appliquant à des motifs qu'il choisit ou invente, rompt nécessairement cette unité du fond et de la forme qui est le propre de l'œuvre d'art. Ce désaccord, résultant de l'utilisation des moyens purement extérieurs pour révéler des choses qui devraient être issues de la spontanéité de l'inspiration, constitue la véritable vulgarité.

L'exemple type, qui illustre parfaitement cette notion est cet inénarrable « Verlaine » que Charles Trenet nous chante. En ce cas, on voit d'autant mieux ce mécanisme, puisqu'il s'agit, d'un sujet qui n'est pas vulgaire, mais qui, habillé d'une forme stéréotype, le devient à outrance. De sorte que ce n'est pas Charles Trenet qui fait les frais de l'affaire — puisqu'il a composé, somme toute, une chansonnette bien inoffensive — mais ce malheureux Verlaine que cette aventure transforme en un auteur de « lyrics » de peu de valeur. Le déséquilibre sujet-expression ou, fond-forme, comme on voudra l'appeler — est tel que la médiocrité envahissante du procédé expressif pollue entièrement la délicatesse du sentiment de base.

« Meurtres », la série de romans de Charles Plisnier, qui vient de se terminer par « La Dernière Journée », nous apporte un autre exemple du même phénomène. A tout prendre, le thème de ce dernier volume avait une certaine grandeur; il est question de sacrifice, de renoncement, de rebellion sacrée. Nous n'irons pas jusqu'à dire qu'il s'agissait d'une trouvaille particulièrement neuve et que ce personnage de Noël autour duquel gravite le drame que ce livre vous dépeint soit une création originale, un homme dont le conflit intérieur éclaire d'une lumière crue les profondeurs de l'âme. Mais, il eût été possible de faire quelque chose de bien même avec cette donnée un peu usée. Pourquoi avoir alors transformé cette histoire honorable en un roman feuilleton prétentieux? On en est un peu, avec Charles Plisnier, à rechercher des excuses et à dire que « ce n'est pas si mal que ça ». C'est entendu, ce dernier volume est moins mauvais que les précédents: il y a une certaine épuration de l'écriture, moins de complaisance à se laisser aller à une rhétorique informe et grandiloquente. Mais la cause fondamentale de la vulgarité demeure: fausseté de ton incessante, manière crispante d'insérer des scènes et des phrases d'une grossièreté extraordinaire dans un récit qui se veut tout élévation et tout sublime. En plus, aux moments où ce sublime doit être atteint, Plisnier tombe dans une démesure qui rend ces passages plus vulgaires encore que ceux qui évoquent des sentiments bas.

Comme antithèse à « La Dernière Journée », je voudrais citer le petit roman de M. Emile Bernard, qui s'intitule « L'Esclave nue ». Malgré ce titre prometteur et malgré le caractère de l'intrigue — il s'agit des souffrances morales d'un homme amoureux d'une prostituée — le livre parvient à éviter toute concession au mauvais goût. Non pas qu'il s'agisse d'un chef-d'œuvre, loin de là. « L'Esclave nue » est tout au plus un ouvrage honnête, dont nous ne faisons qu'indiquer ici une vertu négative. Mais elle souligne nettement ce fait, qu'une concordance entre le thème traité et la manière d'en parler, visible ici dans une phrase qui demeure abstraite et réservée, — comme il sied dans un plaidoyer moral — met les sujets les plus scabreux à l'abri de la platitude. Tandis que le fait contraire se produit chez Plisnier, où une trop grande facilité des discours gâche une narration digne d'un meilleur sort.

* * *

Il semble qu'on commet une incontestable injustice en entourant le dernier prix Goncourt, « Vent de Mars » (3), de Henri Pourrat, d'un silence plein de réserves. Ce jugement provient, je crois, d'un malentendu sur la valeur du livre couronné. Il est certain que l'Académie Goncourt a voulu rendre hommage non pas à ce volume en particulier, mais à une œuvre dans son ensemble. Mais comme le règlement veut qu'on ne décerne pas le prix à un nom, mais à un seul livre, on a simplement choisi le dernier paru. Malheureusement, ce n'est pas le meilleur de l'écrivain en question et celui qui abordera Henri Pourrat par ce volume risque de se laisser rebuter par quelques longueurs et quelques faiblesses. D'autres romans récents d'Henri Pourrat, qu'il s'agisse de « L'Homme à la Bêche », ou de « Georges », ou les « Journées d'Avril », un livre étrange et inégal, mais fort curieux, donneront de son talent une idée bien plus flatteuse. Tandis que des œuvres plus anciennes, comme « Gaspard des Montagnes », révèlent une finesse de sentiments et un don de conteur peu communs. Henri Pourrat représente quelque chose de très pur et de très précieux dans les lettres françaises : ce régionalisme fait d'un noble attachement à la terre natale qui est l'indice d'une authentique aristocratie littéraire.

Paul de MAN.

---

(1) Edition Corrêa.
(2) Edition de la Nouvelle Revue Belgique.
(3) Edition Gallimard.

Paul Valéry et la poésie symboliste

Au travers des œuvres d'un écrivain, le lecteur se forme une image de la personne et du caractère de l'auteur. Il est souvent déroutant de confronter cette vision fictive avec la réalité et de constater que la création de notre imagination ne coïncide en rien avec le véritable aspect de celui que nous ne connaissons que par ses écrits. D'autres fois, par contre, cette apparence est une confirmation de l'impression reçue et elle se charge de matérialiser une sympathie et une compréhension qui s'était établie de manière abstraite. C'est ce qu'ont dû ressentir ceux qui ont entendu Paul Valéry évoquer ses souvenirs poétiques, au cours de la conférence qu'il vient de donner aux Beaux-Arts. C'est, à plus forte raison, l'impression de l'auteur de ces lignes, qui, en cette circonstance, a eu l'occasion d'approcher le poète et qui, sous le fallacieux prétexte d'une interview, a pu assister longuement à cette conversation riche, abondante et bondissante d'un homme dont le charme personnel est extraordinaire.

De cette conférence et de cette conversation, l'auditeur garde cette impression curieuse que donnent les intelligences ouvertes et claires, de se trouver confronté avec une multitude de problèmes qui surgissent même aux endroits les plus inattendus. Tout est sujet à réflexion pour un esprit attentif qui se refuse à admettre sans vérification aucune les formules toutes faites que le langage met à sa disposition. Cette continuelle nécessité de revérifier, de mettre en doute, de faire des réserves, est une caractéristique inévitable de toute pensée qui se veut rigoureuse. Et elle se manifeste chez Valéry par un extrême souci de l'exactitude et une préoccupation constante, sensible dans son œuvre et dans son éloquence, de préciser et de circonscrire le sens des mots utilisés. Ce n'est pas là un vrai souci d'esthète pointilleux, mais un besoin inhérent à toute probité intellectuelle.

Rien n'est plus injuste que cette accusation formulée contre Valéry — et, par extension, contre tous les symbolistes — d'avoir limité la portée de l'œuvre d'art en n'y voyant qu'un acte purement esthétique. Le symbolisme était, bien au contraire, un élargissement extraordinaire de la fonction artistique qui était appelée à embrasser toutes les branches et tous les secteurs de l'activité humaine. Qu'il n'ait, en général, pas réussi à évoquer cette image gigantesque ne met pas en cause la grandeur de ses intentions primitives. Il est particulièrement significatif d'entendre Valéry affirmer qu'il voulait faire passer dans son œuvre toute une connaissance du monde. « Si j'avais la possibilité de recommencer mon travail créateur, m'a-t-il dit, je crois que je tenterais ceci : inclore dans mes écrits un aspect global de ce que peut produire un esprit et donner ainsi une vision complète des possibilités de la connaissance. Mais l'outil dont nous disposons — le langage — est impropre à atteindre ce but. » Tout le drame symboliste tient dans cette phrase. Il y a impossibilité pratique à mener à bien une entreprise si considérable, qui assigne à l'œuvre d'art une importance extrême, à l'aide d'un procédé d'expression, qui est à la fois moins pur et moins souple que celui qu'utilisent le peintre ou le musicien.

Les produits de l'art symboliste apparaissent comme une lutte incessante, un combat sans issue, pour découvrir des possibilités nouvelles et des richesses non encore exploitées dans cet instrument capricieux qu'est le langage. On a d'abord découvert ses ressources musicales qui demeuraient cependant loin en dessous de celles que la musique pure pouvait offrir. Un symboliste plus évolué comme Valéry s'est efforcé à creuser le contenu logique des mots et de rechercher chaque fois la profondeur du concept qui se trouvait inclus dans chaque parole — ou inversement — de donner à chaque concept naissant dans l'esprit, une appellation correspondante. Le résultat n'a jamais pu répondre aux buts assignés et l'expression obtenue n'atteignait pas les objectifs si considérables qu'on lui fixait. Et ce non pas à cause d'un manque de talent de la part du poète, mais à la suite des difficultés insurmontables contenues dans la tâche entreprise. Le résultat assez paradoxal de tous ces efforts fut qu'on accusa les symbolistes d'être uniquement préoccupés d'une question de forme. Comme si tout problème artistique n'était pas exclusivement un problème de forme. Et celui-ci était particulièrement angoissant et difficile puisqu'il s'agissait de trouver un récipient digne d'un contenu infiniment précieux.

A l'heure actuelle, l'expérience symboliste est terminée et le témoignage de Valéry était donc un aperçu sur une chose du passé. Mais il n'en contient pas moins une pensée qui garde pour nous une importance directe.

C'est que, et ce surtout dans sa conversation privée, on sent chez l'écrivain un souci, non dépourvu d'angoisse, de sauvegarder ce qu'on appelle les valeurs de l'esprit. Sa génération, a-t-il expliqué, connut une crise au moment où elle se vit retirer les principaux points d'appui sur lesquels elle avait eu coutume de se baser : science, religion, etc. Mais elle parvint à faire son salut, parce qu'elle trouva une valeur qui lui permettait de concentrer ses appétits spirituels. Cette valeur était l'art. Pour nous, le même problème se pose, mais d'une façon plus angoissante. Car au lieu de choisir des valeurs, nous avons préféré marquer ce vide intérieur derrière une façade de satisfactions factices et d'occupations stériles que la civilisation mécanisée se charge de nous fournir en abondance. De là est née cette crispation du monde moderne, ce caractère grimaçant et tordu de notre vie qui n'a plus d'autre dynamisme qu'une automatique agitation. On ne peut pas sans conséquences néfastes, perdre tout respect pour certaines formes de l'intelligence humaine qui ne peuvent s'exercer que dans le calme et la sérénité. Ce respect, Paul Valéry l'a conservé et il reste l'élément principal de ses préoccupations et de ses actes. Et cela suffit à donner à cet homme qu'on a voulu dépeindre comme frivole et léger, une gravité sans bornes lorsqu'il parle de certains aspects de la vie présente. C'est la preuve qu'il reste au service de ce qu'il y a de meilleur en l'homme. C'est également ce qui donne à sa personnalité un attrait irrésistible et captivant.

Paul de MAN.

Chronique littéraire

«Moi, Philomène»(1), de Marcel Matthys, traduit du flamand par Marie Gevers, et « Sortilèges » (2), de Michel de Ghelderode.

L'EVOLUTION de l'école réaliste, à laquelle les romanciers actuels sont encore nettement rattachés, s'est développée, grâce à l'extensibilité de la notion de base. Depuis l'introduction de la psychologie dans le roman, le principe même du réel s'est élargi et approfondi jusqu'à constituer un domaine immense, aux ressources infinies, dans lequel l'imagination de l'écrivain peut creuser une multitude de sentiers qui montreront chaque fois des perspectives nouvelles et des échappées inattendues. Nous sommes loin de la monotonie et de la grisaille qui paraissaient être contenues dans les premières théories réalistes. Nous sommes loin, surtout, de ce qu'il semblait y avoir de terre-à-terre et de lourdement matériel dans cette discipline qui soumettait toute création à la loi tyrannique de la réalité. Car cette espèce de double vue, qui permet au romancier de plonger ses regards jusque dans l'âme de ses personnages, crée une atmosphère de mystère et de phantasme autour de la plus banale circonstance. Aucun sujet n'est trop mince ou trop vulgaire pour celui qui sait percevoir la profondeur des mobiles et le mécanisme des passions.

« Moi, Philomène », œuvre du romancier flamand Marcel Matthys, que Marie Gevers vient de traduire en un français fluide rendant parfaitement l'original, illustre fort bien cette remarque. Rien de plus sordide que cette triste histoire d'une fille, pas méchante dans le fond, mais orgueilleuse jusqu'à la démence, qui va jusqu'à commettre un crime horrible, mue uniquement pas sa stupide vanité. L'intrigue relève donc de la pathologie, et on s'imagine non sans horreur ce que les naturalistes orthodoxes auraient pu en faire. Mais le procédé narratif de Matthys est à la fois beaucoup plus saisissant et plus littéraire que la description scientifique et précise des événements. Il s'enferme en quelque sorte dans son personnage et ne nous livre que l'énumération des réflexions et des sentiments qui naissent dans le cerveau de l'infortunée Philomène. La méthode, bien entendu, n'est pas nouvelle, mais elle s'applique ici d'une manière curieuse, à l'étude d'un caractère très particulier. Toute la vision du monde de Philomène, en effet, est fonction de son défaut fondamental. Tout est transformé, déformé, tordu, par cette mégalomanie morbide. Mais puisque le lecteur voit les actions avec les mêmes yeux que l'actrice principale, l'orgueil tend comme un miroir déformant entre la réalité et la perception. Il en résulte une transplantation étrange et attachante, qui nous transporte totalement dans l'activité d'un esprit déséquilibré et qui nous fait participer, avec une acuité particulière, à ses tourments. L'amère tristesse qui s'en dégage, et qui éveille à la fois la pitié et la curiosité, donne à ce livre une note particulière et pénétrante. On voit comment, grâce à un procédé emprunté à la psychologie, une aventure sans relief peut prendre une allure transcendante

Ce mode narratif n'est cependant pas exempt d'un danger, à cause même de son efficacité. Il est à tel point commode pour indiquer les traits déterminants d'un caractère que la tentation de surcharger et d'outrer est grande. C'est ce qui se produit parfois en ce cas. Le dessin de l'âme du personnage central demeure simple : le schéma est basé sur un contraste entre le comportement odieux de Philomène et ses sentiments véritables, qui ne manquent pas de bonne volonté. Pour accentuer le tragique du cas, il faut donc mettre l'accent sur ce fond de bonté. Cette opposition est assez facile et Matthys l'exploite avec une complaisance excessive. Afin qu'elle se dégage en pleine lumière, toute complication ou complexité est soigneusement évitée. Le résultat inévitable est que la figure de Philomène soit assez peu vivante de cette analyse : l'éternel défaut du roman de caractères n'est pas évité, puisque la vraisemblance est poussée au bénéfice de la continuité et de l'homogénéité du caractère décrit. Les êtres vivants ne sont jamais si unilatéraux, même si ce sont des maniaques Et le but de ce livre n'est pas de dépeindre une figure symbolique, qui constituerait en quelque sorte le prototype de l'orgueil — seul cas dans lequel la vérité psychologique peut être quelque peu malmenée en faveur de la clarté. L'intention est au contraire de montrer un cas très particulier, qui doit avoir un maximum de réalité tangible. Cependant, le récit de Marcel Matthys évoque plutôt un schéma cérébral qu'un individu en chair et en os. Le roman garde cependant la vertu de sa sobriété et de son dépouillement qui n'est pas sans rappeler le style direct et impassible de certains romanciers américains de grand mérite.

La série de contes de Michel de Ghelderode, groupée sous le titre de « Sortilèges » éclaire une autre partie du problème que nous posions au début de cette chronique. On peut y voir la preuve que la description du réel n'exclut pas la vision poétique, puisqu'elle permet jusqu'à cette forme extrême de la fantaisie qui est le fantastique. Les récits de de Ghelderode restent ancrés dans des faits matériellement vrais et les fragments les plus réussis sont incontestablement ceux qui ne font intervenir aucun procédé ou artifice purement fictif. C'est un très captivant et très remarquable don poétique que celui qui parvient à faire sentir le mystère des choses sans quitter le terrain du possible.

Cette forme d'inspiration se distingue fondamentalement de la mentalité romantique qui, elle, part consciemment du rêve ou du songe et qui ne se préoccupe nullement de la substance consistante qui se trouve au départ de ces émanations. Ici, c'est un processus essentiellement différent qui se produit. Si l'on considère, par exemple, le conte le plus réussi du volume « Le jardin malade », on n'y trouvera que des faits et des événements qui sont peut-être bizarres, mais qui n'appartiennent pas au monde de l'imaginaire. Cette base réaliste n'empêche pas à l'histoire de s'élever dans un climat lourd de mystère et d'atteindre des régions toutes imprégnées d'angoisse. Le résultat ne provient pas uniquement de l'introduction de certains détails pittoresques et fantasmagoriques qui servent à créer l'atmosphère. Mais il est dû à une caractéristique générale de la vision de l'auteur, qui sait insuffler à des objets sans histoire une âme portant en elle une mise interminable de possibilités menaçantes et effrayantes. Nous avons déjà signalé, à propos des « Réalités fantastiques » de Franz Hellens, que cette manière d'atteindre à l'épouvante dénote un talent artistique infiniment supérieur à celui qui se borne à un agencement plus ou moins adroit de divers accessoires magiques. Là où Michel de Ghelderode renonce entièrement à l'utilisation de ses artifices scéniques, il parvient à une très méritoire et très précieuse réussite.

De ce bref examen de deux livres aussi différents que possible, on peut tirer une conclusion qui ne manque pas d'intérêt. C'est que cette distance considérable qui sépare la narration psychologique et le conte fantastique n'empêche pas une règle critique commune d'être applicable à chacun d'eux. Cette règle est le respect de la réalité, c'est-à-dire l'obligation pour chacun des auteurs de rester dans un domaine vérifiable par l'expérience pratique. Dès qu'ils ont franchi la limite de cette enceinte, nous avons pu parler, dans le premier cas, de caricaturisation, et dans le second cas, de mise en scène. Communauté des disciplines fondamentales qui indique bien que nous nous trouvons en présence de deux éléments appartenant à une même tendance littéraire, tendance dont la caractéristique est précisément l'exigence formulée. Mais celle-ci est à tel point devenue familière que nous y faisons souvent appel nous-même sans nous en rendre compte. Il est nécessaire, cependant, de revérifier de temps en temps ses critères, afin de se rendre compte s'ils continuent à avoir cours. Dans l'affirmative, on peut en conclure que l'école qui donna naissance aux formules en question n'a pas cessé de vivre. Ce qui revient à dire, en ce cas, que ces écrivains appartiennent toujours au réalisme, à un réalisme très évolué, sans doute, mais qui n'a cependant pas encore abandonné ses préceptes initiaux. De telles observations sont importantes pour celui qui veut avoir une vue objective sur les origines du genre littéraire actuellement vivant — question fondamentale pour l'exacte compréhension des œuvres qu'il commente.

Paul de MAN.

---

(1) Editions de la Toison d'Or.
(2) Editions l'Essor.

LES INITIATIVES DE L'AGENCE DECHENNE

Pour que le peuple lise

JUSQU'A présent, on ne ressentait pas, en Belgique, la nécessité d'une édition populaire. L'immense majorité de la population considérait la littérature comme un domaine rébarbatif dont l'accès est uniquement réservé à quelques rares initiés. C'est une chose regrettable. Car ce n'est qu'à la suite d'un malentendu que la grande masse se prive ainsi d'un divertissement capable de remplir un rôle éducatif considérable. Elle croit, à tort, qu'un abime infranchissable sépare à tout jamais le travail créateur de l'artiste de la sensibilité populaire. Cette idée est erronée: il est certain qu'une partie de l'œuvre littéraire demeurera toujours inaccessible au grand nombre, mais le préjugé qu'il s'agit de vaincre est que tout roman, quel qu'il soit, serait, par définition, en dehors de la portée du public moyen. La meilleure preuve qu'il n'en est pas ainsi est que, dans d'autres pays, en Hollande, en Scandinavie, en Allemagne, toutes les couches de la population considèrent la lecture comme une occupation normale et distrayante. Pourquoi n'en serait-il pas de même ici?

La principale cause de l'éloignement entre le romancier et le peuple est l'ignorance. On ignore que la lecture peut être une source de joies et de plaisirs parce que le simple geste de lire est resté étranger et inhabituel. On ignore que les écrivains peuvent émouvoir et ravir, parce que l'on n'a jamais tenté d'établir un contact avec leur production. Le cinéma n'a pas connu cette artificielle séparation entre un public intellectuel et un public usuel : il fut, dès l'origine, considéré comme une distraction, non pas populaire, mais accessible à tous. Ce qui n'a pas empêché certains films d'être de réelles œuvres d'art, ni les spectateurs de préférer, en général, les films de bonne qualité artistique aux mauvais, montrant par là que les goûts fondamentaux ne diffèrent pas tant en fonction de la classe sociale ou de l'éducation reçue.

Les circonstances présentes étaient favorables à une campagne en faveur d'une plus large diffusion de la littérature. Un ensemble de causes, purement matérielles pour la plupart et nées des conditions de vie en temps de guerre, fait qu'un authentique besoin de lire se fait sentir. Le moment était donc venu de frapper un grand coup et d'aller au devant de ce nouveau désir. Ainsi se trouverait enfin réalisé le contact entre le peuple et l'écrivain et mis fin à cette méfiance paralysante. Mais l'expérience ne pouvait être tentée qu'en se basant sur un organisme commercial qui pouvait réaliser les conditions nécessaires au succès de l'entreprise et capable d'assurer une bonne distribution, de manière à ce que toutes les localités du pays soient alimentées. L'Agence Dechenne, qui assurait le service de distribution des journaux, possédait une organisation appropriée à cette tâche et ce fut elle qui prit l'initiative désirée. On peut, dès à présent, affirmer que les résultats dépassent tous les espoirs.

Il est normal que les premiers efforts aient porté sur la partie flamande du pays. Non seulement parce que le patrimoine littéraire y est infiniment plus riche en ouvrages capables de plaire à chacun, mais surtout parce que, contrairement à ce qui existait pour les ouvrages littéraires d'expression française, les éditions populaires de grandes œuvres y étaient inconnues jusqu'à présent. Nous ne pouvons nous attarder ici à indiquer les origines de cette particularité. Mais le résultat en est visible: il y a, dans la littérature flamande actuelle, un certain nombre de romans qui se prêtent admirablement bien à devenir l'apanage du peuple entier, parce qu'on y décrit des sentiments, et des sentiments qui sont chers à la foule. Il y avait « De Witte », d'Ernest Claes, « Pallieter », de Félix Timmermans, « De Leeuw van Vlaanderen », d'Henri Conscience, tant d'ouvrages qui parlent au cœur de l'être le plus fruste et le plus simple. Mais ce qu'il est intéressant de constater, c'est que ces livres-là servent comme tremplin à d'autres qui sont moins faciles à assimiler. Que le « Leeuw van Vlaanderen » se tire à 200.000 exemplaires, c'est un résultat extraordinaire, mais que l'on puisse se permettre de publier une œuvre comme de « Vlaschaard », de Styn Streuvels, en 100.000 exemplaires est plus remarquable encore. Car cela prouve l'exactitude de la thèse selon laquelle la cause de la désaffection du grand public vis-à-vis des lettres n'est pas due à une différence de niveau, mais à une simple ignorance. Une fois la glace rompue, une fois que les gens se sont rendus compte que les livres ne leur apportaient pas l'ennui, mais une satisfaction aussi grande que, par exemple, le cinéma, ils se montrent capables de faire bon accueil à des auteurs plus difficiles et plus subtils.

Les résultats obtenus du côté flamand incitent à faire une tentative semblable pour la partie wallonne du pays. La chose serait déjà faite si l'on pouvait disposer d'un même choix de romans adéquats. Mais la difficulté est plus grande, car la littérature d'expression française est ou bien trop purement régionaliste pour présenter un intérêt général, ou bien influencée à tel point par les mouvements littéraires français qu'elle en a perdu tout contact avec sa souche populaire primitive. Néanmoins, il reste quelques ouvrages que le peuple entier pourrait lire avec profit : c'est ainsi qu'il a été décidé de lancer sur le marché une édition à bon marché du « Thyl Ulenspiegel », de de Coster. L'Agence Dechenne, en collaboration avec les

« Editions de la Toison d'Or », entreprendra donc cette tentative qui pourrait avoir une influence considérable sur la régénérescence d'un véritable sens culturel wallon

Le principe même de l'édition populaire n'est qu'un premier pas sur la voie d'un plus grand essor de la librairie en général. Nous l'avons dit : il ne s'agit que d'un moyen pour établir le premier contact et qui inaugure un développement ultérieur. C'est ainsi que lorsque parut l'édition populaire de « Een mensch van goeden Wil », de Gérard Walschap, on put constater une hausse dans la vente de toutes les autres œuvres du même écrivain. L'édition populaire apparait donc comme un moyen de propagande particulièrement efficace pour l'éclosion d'un large mouvement en faveur du livre.

C'est dans cet esprit qu'il faut signaler ici deux autres initiatives de l'Agence Dechenne, qui méritent d'être connues du public. Il s'agit tout d'abord d'une bulletin bibliographique mensuel dans lequel se trouvent cataloguées les publications flamandes, françaises et allemandes parues au cours du mois. Ce bulletin va être perfectionné et deviendra ainsi une véritable revue vivante de l'activité des maisons d'édition. Il intéresse à la fois les libraires et le public désireux d'être tenus au courant des nouvelles publications qui pourraient les intéresser — chose que les journaux ne peuvent faire qu'imparfaitement.

En outre, il a été créé, chez Dechenne, un service de documentation qui peut rendre des services considérables. Il fournit gratuitement des renseignements bibliographiques complets sur tous les sujets. Si un ingénieur, par exemple, désire se renseigner sur les dernières études parues sur tel ou tel problème technique, si un étudiant a besoin de connaître la bibliographie d'une question scientifique quelconque, ce service de documentation pourra le leur procurer. C'est là une commodité considérable dont un grand nombre de personnes peuvent faire un large usage.

* * *

S'il fallait résumer en quelques mots le sens général des trois initiatives dont nous avons parlé, on pourrait parler d'une tentative générale pour faciliter l'accès de la littérature à la communauté. Pour la première fois, on fait sortir le commerce du livre du domaine exigu où il s'enfermait avec une hauteur soi-disant aristocratique, pour lui assigner des objectifs plus sociaux. La réalisation est intéressante en soi et révèle un changement heureux dans les mentalités. Car c'est une mise en pratique d'un principe particulièrement fécond : développement d'une entreprise en se basant sur certaines exigences socialement louables. Et cette façon d'agir ne diminue en rien la grandeur et l'indépendance de la création artistique, bien au contraire. Elle se borne à donner aux produits de la pensée et de l'imagination des hommes de talent la sphère d'influence qu'ils méritent. En agissant ainsi, elle contribue à la fois à revigorer et à vivifier cette pensée et à élargir les horizons d'une masse qui trouvera dans l'art une source de perfectionnement et de joie.

Paul de MAN.

Chronique littéraire

La littérature française devant les événements

POUR se faire une idée de la secousse subie par l'esprit français après les événements de l'été 1940, il suffit de jeter un coup d'œil sur l'ensemble de la production littéraire qui a vu le jour au cours des mois écoulés. Rares sont ceux qui ont continué leur tranquille besogne de romanciers ou de poètes. De nombreux auteurs, au contraire, se sont transformés en essayistes, en chroniqueurs, voire même en historiens et s'efforcent d'ordonner quelque peu cet ensemble de réactions, souvent contradictoires, qui furent éveillées en eux par des circonstances d'une portée écrasante. Il en a résulté un foisonnement d'ouvrages inspirés par la défaite, parmi lesquels certains sont d'une valeur incontestable, et qui constituent l'examen de conscience d'un grand peuple vaincu. Il est dès à présent possible d'établir une classification dans l'ensemble de cette production et d'en tirer certaines conclusions quant aux changements d'orientation survenus dans l'esprit de l'élite française.

Une première remarque qui s'impose est qu'une grande partie de ces livres sont encore tournés vers le passé et que l'effort récapitulatif a été en général plus considérable que les tentatives constructives préludant à une ère nouvelle. Mais ce phénomène est normal. Les Français se sont trouvés brusquement plongés dans un climat tellement différent de celui dans lequel ils avaient coutume de vivre qu'ils ont d'abord eu à se libérer de leurs anciennes normes et de leurs habitudes révolues. D'où cette nécessité de passer en revue ce qui a été, d'évoquer une dernière fois l'atmosphère d'une période avec laquelle ils sentent bien que tous les liens sont désormais rompus. A trente ans, Robert Brasillach n'hésite pas à écrire ses mémoires et publie le captivant « Notre Avant-Guerre » (1). Bertrand de Jouvenel s'applique dans « Après la défaite » (2) à dresser le bilan des fautes commises depuis 1918. Alfred Fabre-Luce rédige, dans un style vigoureux et vivant comme celui d'un roman d'aventures, l'histoire des premiers mois du conflit — phase ultime de l'entre-deux-guerres « (Journal de la France) ». Que sont toutes ces analyses et descriptions des ultimes convulsions d'un régime en décomposition, sinon une tentative de se dégager entièrement d'une mentalité dépassée. C'est un spectacle curieux, un peu solennel même, que cette génération qui jette un dernier coup d'œil d'ensemble sur sa vie passée avant de se lancer définitivement dans d'autres mêlées et dans de nouveaux combats. Et la meilleure preuve que ce sentiment récapitulatif correspond à une véritable nécessité de l'heure — du moins pour nous, habitants d'un pays qui n'a pas encore fait sa révolution et pour qui ces années de guerre sont comme un recueillement devant les tâches futures — est le plaisir tout particulier qu'on ressent à lire ces livres dans lesquels une partie de notre expérience propre se trouve reflétée.

De-ci, de-là, timidement encore, on voit se dessiner des tendances plus progressistes et s'esquisser les éléments d'une doctrine morale. Quelque divergents que soient les principes défendus par des auteurs, appartenant aux tendances les plus diverses, elles ont cependant un souci fondamental en commun.

Paradoxalement, à un moment où toutes les énergies sont tendues vers des réalisations collectives, l'idée qui domine dans l'esprit des littérateurs français est la sauvegarde de l'individu. Ils ne se préoccupent qu'accessoirement des formes économiques et politiques qui régiront l'Europe, mais consacrent la majeure partie de leurs réflexions à la définition du nouveau type individuel humain qui se formera au contact de cette organisation. Henri de Montherlant (3) espère la création d'un petit noyau de natures élues qui formeront une aristocratie au sommet de la hiérarchie morale. Jacques Chardonne (4), Daniel Halévy (5) tentent d'adapter les classiques vertus françaises à des exigences présentes. Sous prétexte de prôner une conception du monde proche de celle du Moyen Age, Drieu la Rochelle (6) ne fait que formuler une vision du catholicisme qui lui est tout à fait personnelle. Voici donc un groupe d'auteurs qui, tous, se préoccupent de sauver l'homme avant de sauver le monde et qui tentent de formuler les règles que chaque individu devra respecter afin de ne pas se trouver écrasé par des remous qui dépassent son entendement.

On peut voir dans cette attitude une persistance de l'esprit individualiste français, plus analyste qu'organisateur, et qui ne parvient jamais à s'abandonner sans arrière-pensée à l'ivresse des efforts communs. Le seul changement qui se soit accompli — changement primordial, il est vrai — n'a pas été exprimé d'une façon consciente par aucun des écrivains cités, mais il est sensible dans la pensée fondamentale qui inspire chacun des essais en question. L'individualisme survit, mais il n'entend plus jouer un rôle directeur. Il n'entend pas s'imposer comme une puissance souveraine devant laquelle toutes les autres nécessités doivent s'incliner. On a fini par se rendre compte qu'en agissant de la sorte, on minait les bases et la cohérence de la société. On réalise enfin, en France, la nécessité d'un pouvoir organisateur et on reconnait implicitement que l'Etat futur devra passer outre aux préoccupations étroitement égoïstes. Le problème qu'on pose n'est plus de savoir quelles formes politiques les lois sacrées de l'individu dicteront au pouvoir régnant, mais bien d'élucider la question beaucoup plus modeste : comment insérer la personne humaine dans un ordre fortement centralisé et discipliné.

Les réflexions des hommes de lettres d'outre-Quiévrain cherchent à trouver une échappatoire inoffensive à un individualisme qui reste un précieux caractère national, mais — et c'est ceci qui est nouveau — qui ne peut plus se manifester comme un élément majeur et déterminant. La leçon des événements, a porté et un très important changement s'est fait dans les mentalités. On en voit une très symptomatique conséquence dans ce respect que manifestent des artistes pour un cadre politique strict et sévère — dont ils sont d'ailleurs incapables de concevoir la structure.

D'un point de vue purement artistique, cette attitude s'avère féconde et productive, puisqu'elle cantonne la littérature dans un domaine nettement limité dans lequel elle jouit d'une entière liberté. Elle n'entraine donc pas de changement dans les problèmes du style dont elle n'entrave pas les évolutions normales. En fait, il n'y a donc pas de rupture de continuité entre la littérature française d'avant et d'après la campagne de 1940, et le lecteur ne sera à aucun moment désorienté par une manière d'écrire qui ne lui est pas habituelle.

Si l'on tente de déterminer la valeur de cette littérature née de la guerre, on ne pourrait que porter un jugement mitigé. Il est certain qu'elle présente pour nous un intérêt plus grand que n'importe quel roman ou fiction, puisque nous y retrouvons la majeure partie de nos soucis et de nos préoccupations propres. Ce fait donne à tous ces livres une actualité particulièrement attrayante et nous oblige presque à les lire et à réfléchir à leur contenu. Mais si l'on se place sur un plan moins immédiat et qu'on tente de fixer l'importance de cette production dans l'ensemble de l'œuvre de chacun des auteurs, on constate que, pour la plupart, il s'agit d'un écart accidentel, qui les éloigne de leur ligne artistique réellement productive. Ceci est surtout vrai pour les essais que nous avons baptisés de constructifs, car les mémoires et rétrospectives, au contraire, ont fourni à des auteurs comme Robert Brasillach et Fabre-Luce l'occasion d'écrire leurs meilleurs livres. Mais le talent d'un Montherlant, d'un Chardonne, d'un Marcel Arland, d'un Drieu la Rochelle est bien plus à sa place dans un roman pur que dans ces suites de notes et d'aphorismes à l'aide desquels ils tentent de remettre un peu d'ordre dans leur esprit troublé. Il n'empêche que nous les aurons rarement sentis plus proches de nous et lus avec plus d'attention compréhensive que dans ces confessions angoissées et frémissantes.

Paul de MAN.

---

(1) Plon, éditeur.
(2) Plon, éditeur.
(3) Le « Solstice de juin », édité chez Grasset.
(4) « Chronique privée de l'an 40 », chez Stock, et « Voir la figure », publié chez Grasset.
(5). « Trois épreuves », édité chez Plon.
(6) « Notes pour comprendre le siècle », édité chez Gallimard.

M. DANIEL ROPS au Palais des Beaux-Arts

MYSTIQUES DE FRANCE

Ceux qui ont lu la substantielle préface que M. Daniel Rops a écrite à son anthologie des « Mystiques de France » savent l'intérêt des thèses que cet écrivain défend dans cette question. La conférence qu'il vient de donner au Palais des Beaux-Arts n'apporte pas d'éléments nouveaux mais elle constitue une vivante illustration de l'étude entreprise sur un des plus curieux aspects de l'histoire culturelle française.

Les idées de M. Rops gravissent autour d'une tentative d'inclure les phénomènes mystiques dans la tradition de la civilisation française. Dans ce but, la première chose à faire est de dépouiller la notion de l'ensemble de préjugés et de déformations qui l'entourent. Il n'est pas exact que le mysticisme suppose une exaltation voisine de la folie et qu'il ne peut se concevoir qu'accompagné d'un ensemble de manifestations bizarres et déconcertantes. Au contraire, un élément de bon sens et de solide attachement aux vertus traditionnelles se trouve à la base du comportement de tous les hommes qui connurent cette expérience. Leur attitude est donc en tous points compatible avec les normes de la pensée française, qui se distingue précisément par son réalisme. C'est en se tournant vers la littérature qu'on voit le mieux le parallélisme entre l'esprit français, tel qu'il s'est manifesté dans les arts et tel qu'il vit dans la pensée religieuse.

Mais en soulignant que le mysticisme français est animé par les mêmes mobiles que, par exemple, l'art français, il aura uniquement montré la continuité de quelques facteurs qu'on retrouve dans toutes les activités spirituelles de la France. Rien dans les propos tenus par Daniel Rops au cours de cette conférence n'incline d'ailleurs à croire qu'il se soit fait des illusions sur la portée démonstrative de ses observations. Dans la conférence de Daniel Rops, l'auditeur pointilleux ne pourrait indiquer qu'une seule erreur de perspective : c'est lorsque l'auteur de « L'Ombre de la Douleur » prétend que les armées révolutionnaires de 1789 portaient, sans le savoir, le flambeau de la foi chrétienne comme étendard de combat. Cette affirmation mise à part, on ne peut qu'applaudir à la carté et à l'objectivité avec lesquelles l'orateur a traité ce sujet complexe et délicat.

P. d. M.

Chronique littéraire

LE RENOUVEAU DU ROMAN

Que votre Volonté soit faite... (1), de Jacques Perrin et *Les Copains de la belle étoile* (2), de Marc Augier

De nombreux romans ont récemment paru en France. L'ensemble de cette production est relativement médiocre et, en outre, elle ne se signale pas par une originalité remarquable. Et cependant, le climat du moment est tel que jamais, sans doute, on n'aurait accueilli avec tant d'enthousiasme un renouvellement des formules et des procédés. Malgré lui, emporté par le désir de son époque, le critique est posté à l'affût de tout ce qui semble consommer la rupture avec le passé et est prêt à entourer avec une bienveillante sollicitude toute tentative faite en ce sens. Les faits ont prouvé que tous ces efforts théoriques, joints aux plus imposants bouleversements historiques ne suffisent pas à influencer l'évolution normale des styles, ni même à la hâter de beaucoup. Ce qui s'est modifié, c'est la sensibilité réceptive de certains lecteurs qui posent à la littérature d'autres exigences et lui demandent d'autres émotions. Le même phénomène s'est produit dans l'esprit des auteurs qui sont tentés de s'orienter vers des horizons inexplorés. Mais on commettrait une grossière erreur de perspective en supposant que cette modification qui se manifeste, pratiquement, par l'introduction de sujets différents de ceux qu'on avait coutume de traiter dans les années précédentes, marque la fin d'une période dans l'histoire littéraire. Cette introduction de quelques sujets inédits n'apparaîtra que comme une circonstance bien passagère et bien superficielle, si elle n'est accompagnée d'une réforme profonde du ton et des disciplines de base. Il se peut que ce changement est en train de s'accomplir, et qu'un observateur attentif soit même capable d'en indiquer approximativement le déroulement, malgré la grande difficulté qu'il y a à démêler les véritables tendances fondamentales dans l'amas informe fourni par l'actualité. Mais ce mouvement est indépendant des circonstances politiques, et il faut en chercher l'origine dans des œuvres nettement antérieures à la guerre.

C'est ainsi que le curieux roman de Jacques Perrin « Que votre Volonté soit faite... » se caractérise par certains traits qui appartiennent à une importante expérience, appelée à donner au roman une base qui, certes, n'est pas complètement inédite, mais qui, dans le déroulement actuel du genre, apparaît comme révolutionnaire. On ne pourrait mieux en fixer concrètement l'origine qu'en se reportant à un article publié par Jean-Paul Sartre dans la « Nouvelle Revue française » de février 1939. L'article s'intitulait : « M. François Mauriac et la liberté » et la critique qui y était formulée envers cet écrivain, atteint en fait toute l'école du roman français qui date de Balzac et qui, par Flaubert et Maupassant, aboutit à André Gide et à François Mauriac. Sartre se révolte contre l'attitude du romancier qui trône comme un Dieu omnipotent audessus de ses personnages dont il comprend les rouages et les mobiles les plus subtils. L'écrivain est maître à la fois de leur passé, de leur présent et de leur avenir. « Eh bien, non! déclare Sartre. Il est temps de le dire: le romancier n'est point Dieu... Un roman est une action racontée de différents points de vue. Et M. Mauriac le sait bien, qui écrit justement : ...les jugements les plus opposés sur une même créature sont justes, c'est une affaire d'éclairage, aucun éclairage n'est plus révélateur qu'un autre... En un mot, c'est le témoignage d'un acteur et elle doit révéler l'homme qui témoigne aussi bien que l'événement dont il est témoigné...» Langage révolutionnaire, s'il en fut. Le jugement de valeur qui y est inclus est peu légitime car les doctrines esthétiques n'ont pas de valeur absolue et on ne peut discuter de leur mérite respectif. Mais il est normal que lorsque l'une d'elles a fait son temps et se prépare à céder la place à une autre, on remarque une certaine mauvaise humeur dans les jugements portés sur la norme déclinante. C'est un indice significatif des remous qui agitent l'atmosphère. Et, en effet, la théorie de Sartre rompt avec une tradition solidement établie depuis près d'un siècle, et, d'un point de vue constructif, elle ouvre largement la porte à un développement basé sur d'autres préceptes.

Peu d'œuvres ont déjà été écrites, en France, qui obéissent à la règle formulée par Sartre. Le premier roman de Jacques Perrin est un des ouvrages qui, consciemment ou non, s'inspirent le plus nettement de cette doctrine. On n'assiste pas à l'événement décrit, en en observant clairement et logiquement toutes les phases, mais on le voit naître et palpiter à travers le tempérament d'un des intéressés. Il en apparaît d'ailleurs, curieusement déformé, car ce héros est un homme partagé entre deux tendances psychologiques divergentes en fonction desquelles le monde environnant prend une teinte distincte. Mais ce dualisme n'est pas montré comme une propriété abstraite qu'on peut découvrir au moyen de l'analyse. C'est subjectivement avec tous les tâtonnements et les hésitations qui se manifestent en ces cas, que l'on nous fait passer d'une sphère de pensée à l'autre. Ce qui se perd ainsi en clarté est amplement regagné en réelle chaleur, en vérité, en réalité profonde.

Ceci ne veut pas dire que « Que votre Volonté soit faite... » soit un chef-d'œuvre ou même, plus modestement, un roman réussi. L'écriture en abonde en tics et en manies agaçantes et gênantes. Souvent il tourne au verbiage; des passages entiers sont inutilement obscurs et incohérents. Il n'en reste pas moins qu'on sent bouillonner dans ce livre une puissance qui n'est pas usuelle. C'est un spécimen imparfait, mais qui contient plus que des promesses d'un roman écrit selon une formule intéressante et féconde qui, selon toute probabilité, va régner durant longtemps dans le monde des lettres.

Par opposition à cet ouvrage, qui appartient donc à un renouveau profond et durable, je voudrais citer ici « Les Copains de la belle étoile », de Marc Augier. A plusieurs, ce livre aura semblé infiniment plus neuf que le précédent, puisqu'il baigne entièrement dans l'ambiance de nos soucis et de nos idéaux actuels. Mais ce serait lui assigner des prétentions bien excessives et l'auteur n'a certes jamais exprimé que d'y voir plus qu'un excellent reportage animé et vivant à souhait sur les auberges de jeunesse françaises. Il ne s'agit donc plus ici d'une œuvre d'art mais d'un exemplaire de cette production qui, inévitablement, naît lorsqu'une secousse politique considérable a ébranlé la vie des hommes. Nous connaissons ainsi les récits de guerre, les essais sur l'avant-guerre, les diverses récapitulations. Tant de réactions spontanées devant les circonstances, mais qui se situent toutes en marge de la véritable littérature puisqu'il s'agit de rapides mises au point dont le souci de la forme est exclu. Je ne veux pas, en parlant ainsi, exprimer un mépris quelconque pour ce genre de livres ni masquer hypocritement le plaisir qu'on prend à les lire sous un dédain feint. « Les copains de la belle étoile », par exemple, ne manque pas d'importance et pose, avec beaucoup de tact et de sobriété, un grand nombre de problèmes très sérieux sur la crise morale de la jeunesse moderne. Seulement, ce sont là des soucis de politicien et de moraliste et ce n'est pas parce que l'auteur les présente sous une forme romancée — d'ailleurs très adroitement agencée — qu'elles entrent dans le domaine de l'art pur ou, moins encore, qu'elles pourraient servir comme prototype des disciplines littéraires actuellement régnantes. Cette intrusion du politique et du social dans les lettres est un épiphénomène passager qui n'entrave pas la continuité évolutive des genres. Celui qui y verrait l'indice d'une ère nouvelle ne tarderait pas à s'apercevoir de son erreur lorsque les années à venir auront ramené la littérature à des objectifs différents.

Paul DE MAN.

---

(1) Editions Gallimard. (2) Editions Denoël.

Chronique littéraire

RECIT ET TEMOIGNAGES

« Philippe Doriot » (1) par Camille Melloy et « Par le monde qui change » (2) de Pierre Daye

Il faut séparer nettement l'œuvre de Camille Melloy poète de celle du romancier, qui ne s'est fait connaitre à nous que par ce seul livre, paru peu après sa mort. Ceci pour dire que les réserves qu'il convient de faire à propos de ce volume ne s'adressent nullement au poète. Ce dernier demeure une des plus émouvantes et attachantes figures de notre littérature. Malgré les qualités de ce « Philippe Doriot », la place prise par le romancier n'est point aussi prépondérante.

« Philippe Doriot » s'aventure sur ce terrain infiniment délicat et subtil de la vie intérieure. En disant vie intérieure, on ne veut nullement suggérer un climat analogue à celui de l'analyse psychologique. La majeure partie de notre littérature actuelle est intérieure, en ce sens qu'elle s'occupe plus des réalités profondes que des apparences superficielles et qu'elle vise la plupart du temps à nous éclairer sur des sentiments et des mobiles, plus qu'à nous conter des actions. Mais c'est là un souci plus intellectuel qu'émotif et qui fait le plus souvent appel à des qualités d'analyse et de réflexion. Il fut réalisé le plus souvent par l'intermédiaire d'une objectivisation intense, par un détachement que le romancier s'imposait et qui faisait de lui l'observateur attentif et parfois indifférent de ses personnages.

Ce n'est nullement à cette mentalité que l'œuvre de Camille Melloy se rattache. Elle est plutôt imprégnée de l'esprit qu'on a dès à présent baptisé comme étant celui des Grand Meaulnes. Entre le célèbre roman d'Alain-Fournier et plusieurs livres modernes, écrits par des auteurs appartenant à des nationalités diverses, il existe une indéniable et proche parenté. Il ne s'agit pas seulement d'influence et ce ne sont pas uniquement des imitations qui portent l'empreinte de ce modèle. Je songe par exemple à « Elias of het gevecht met de nachtegalen » du flamand M. Gillianus ou au roman un peu fade de Rosamond Lehmann « Dusty auswer » qui sont des œuvres originales. Mais toutes gravitent autour d'un même être central qui en forme le pivot. Cet être demeure flou, vague, imprécis : il n'est pas question de comprendre l'entrainement logique de sa conformation interne.

Mais on sait avec certitude qu'il est foncièrement différent des autres et qu'il souffre souvent de cette particularité. C'est que pour la plupart des hommes, la vie se déroule sur un plan entièrement dirigé du dedans vers le dehors, c'est-à-dire que leur pensée, leur imagination et toutes leurs facultés abstraites ne travaillent que pour réaliser leurs desseins, leurs projets, leurs idéaux. Mais un petit groupe d'élus est doué d'une autre forme de force vitale. Leurs dons ne servent pas à agir sur le monde environnant, mais, au contraire, ce sont les divers aspects de cet entourage qui impriment sans cesse leur contenu subjectif sur une extraordinaire sensibilité réceptive. Métaphoriquement parlant, les yeux de ces êtres ne regardent pas seulement autour d'eux, mais sont capables d'entourer les contours aperçus d'une mystérieuse émanation de leur propre substance. Tout se transforme autour d'eux et s'entoure de cette enveloppe diaphane, tissée dans leur sensibilité. Et, à plus forte raison, lorsqu'ils se plongeront en euxmêmes, ils auront de leur personne cette image fuyante et mobile, que ne pourront comprendre ceux à qui toute parcelle de cette faculté merveilleuse fait défaut.

De là l'abime qui se creuse entre ce petit groupe exceptionnel et la masse incompréhensive. Différence qui ne repose pas nécessairement sur une supériorité morale ou sur un plus grand raffinement : elle est simplement une de ces divergences foncières qui distinguent certaines individualités, et qui ne coïncide d'ailleurs pas entièrement avec le simple don poétique. « Le grand Meaulnes » et les livres qui lui sont apparentés constituent l'expression d'un tel tempérament. Ils sont donc issus d'une éternelle propriété humaine. Mais, à notre époque, ces ouvrages forment le contraste vivant qui accompagne toujours les styles en vigueur. L'un volet du dyptique est constitué par l'analyse rationnelle — actuellement triomphante, sur laquelle tombe toute la lumière de la prédominance momentanée — l'autre par cette obscure et vague « vision intérieure » qui en constitue l'opposé. Les cultures artistiques vivent de telles tensions latentes qui garantissent leur équilibre.

Dans « Philippe Doriot », la parenté est consciemment reconnue, puisque le héros se charge de nous avertir lui-même de son admiration pour le livre d'Alain Fournier dans lequel il se trouve réflété. En fait, toute la première partie du roman, et qui est de loin la meilleure, se meut dans l'esprit que nous avons tenté de définir. Il le fait avec une simplicité directe très rare dans ce genre de pages, indiquant par là que le fait d'être obscur n'est pas nécessairement lié à une vie intérieure intense. Cette partie est de tout premier ordre, par sa composition apparemment erratique, et par l'exacte traduction qu'elle donne d'une mentalité particulièrement difficile à fixer. Mais l'auteur n'a sans doute pas pu s'imposer la tension exceptionnelle que ce procédé expressif exige. Aussi se hâte-t-il d'abandonner la confession sous forme de journal, seule mode narratif qui convient au sujet traité, pour aborder l'écriture infiniment plus facile — mais infiniment moins riche — de la simple narration.

Dès lors, l'intérêt tombe de plusieurs degrés. Car ce qu'il est important de connaitre ce n'est pas la suite d'événements et de circonstances qui résultent d'un certain caractère, mais bien plutôt la constitution ou le reflet de ce caractère luimême. Ce qui arrive à un homme n'est pas chose intéressante, d'autant plus que le romancier tranche arbitrairement la marche des destinées. Mais la compréhension profonde du pourquoi de ses actes, la clef de la psychologie qui les dicte, c'est cela que le romancier doit nous fournir, explicitement ou non.

Dans « Philippe Doriot » cette fonction est admirablement et complètement remplie par les 77 premières pages. Les 140 suivantes deviennent donc parfaitement inutiles.

* * *

M. Pierre Daye, dans « Par le monde qui change », revient aux récits de voyage qui constituaient le premier genre qu'il a pratiqué. Ce sont ses croquis pris durant des voyages en Europe, dont certains datent de plus de dix ans, qui ont été réunis en volume. L'unité d'un ensemble, disparate à première vue, est achevée à la lumière des circonstances politiques actuelles. Car les différents pays visités (Hongrie, Allemagne, Pays-Bas, Roumanie, etc.) ont tous été appelés à jouer un rôle plus ou moins prépondérant dans le conflit actuel. On s'étonne même, devant l'extrême généralisation d'intérêts née de la guerre, du caractère presque particulariste de certaines querelles qu'on trouve évoquées ici. Ce qui prouve que, sans le savoir, notre état d'esprit a déjà, au contact des réalités, fait un sérieux pas en avant.

Ce qui caractérise la manière de M. Daye et qui sert à donner à ses écrits cet aspect direct qui en fait le mérite, est son attention continuelle pour le contenu simplement humain des phénomènes politiques. On a trop souvent transformé la politique en une pure technique, un composé d'éléments abstraits n'ayant plus aucun rapport direct avec l'homme comme tel. Et cependant, elle n'est que le visage infiniment complexe d'un ensemble d'appétits et de drames tout à fait tangibles, et elle n'est fabriquée qu'avec le bonheur et la souffrance de nous tous. Faire réapparaître cette face humaine des problèmes est le don que possède M. Daye. C'est ce qui lui permet de comprendre avec plus de promptitude que certains spécialistes égarés dans de savantes formules, la portée exacte des événements auxquels il assiste. Tel ce congrès de Nuremberg dont il a très clairement saisi la signification. Son témoignage en devient donc une illustration précieuse d'une époque que nous commencons seulement à comprendre.

Je m'étais promis de parler dans cette chronique d'un méritoire livre d'histoire de G.-H. Dumont, intitulé « Marie de Bourgogne » (3). Le manque de place m'oblige à remettre ce commentaire à une prochaine occasion.

Paul de MAN.

---

(1). Edition « L'Essor ».
(2). Edition « Les Ecrits ».
(3). Charles Dessart, éditeur.

Chronique littéraire

ROMANS ALLEMANDS

« Léonore Griebel » (1) *de Hermann Stehr, et « Nous avions un enfant », de Hans Fallada.* (2)

Il existe un excellent moyen permettant de découvrir si une œuvre littéraire plonge, oui ou non, ses racines dans les profondeurs des sentiments nationaux : c'est de voir si elle résiste à la traduction. Lorsque le roman ou le poème porte en lui ces vertus un peu mystérieuses et indéfinissables qui composent le génie particulier d'un peuple, la plus attentive traduction ne parviendra jamais à rendre l'original. Au contraire, quand ces caractéristiques sont absentes et que l'ouvrage ne fait appel qu'à des éléments non localisés dans une nation particulière, il n'y a aucune raison pour que la transposition dans un autre langage fausse ou modifie le contenu. Car c'est dans l'instrument expressif, dans la langue, que se concentre la majeure partie de l'essence régionale.

Cette remarque trouve une très claire application dans les traductions de deux livres allemands modernes. A première vue, le roman de Stehr semble moins « régional » que l'autre, puisqu'il s'y agit d'un drame purement psychologique, alors que dans « Nous avions un enfant », de Hans Fallada, le paysage et le climat de la contrée jouent un rôle important. Mais ce n'est là qu'une apparence. Car, sous ses dehors universels, « Léonore Griebel » est tout imprégnée d'un esprit qui n'appartient qu'à l'Allemagne alors que, tant dans les procédés d'écriture que dans l'état d'esprit, le roman de l'auteur de « Loups parmi les loups » ne décèle aucune des constantes de l'esprit germanique. A propos d'une autre récente traduction de ce même auteur, nous avions déjà fait remarquer qu'il ne se rattache pas à la tradition littéraire allemande proprement dite, mais que son art dérive de l'école expressionniste. Il n'a cependant conservé de ce style que les aspects sains, rejetant complètement ce qu'il y avait de décadent et de morbide dans le mouvement.

Le cas de Hermann Stehr est différent, puisqu'il est demeuré très éloigné de toutes les influences étrangères. Ce solitaire est resté enfermé en soi et dans ses écrits ne résonnent que les échos d'une sensibilité profondément attachée à son terroir, intimement liée aux vertus de sa race. Il y aurait une très utile dissertation à faire qui se baserait sur une comparaison entre cette « Léonore Griebel » et « Madame Bovary », avec laquelle l'analogie est si flagrante que l'éditeur a pu s'en servir comme formule publicitaire, et qui déduirait de ce parallèle une analyse des différences entre la mentalité artistique allemande et la française. Il est manifeste que le français garde son personnage dans des limites beaucoup plus « raisonnables » et moins exaltées. Emma Bovary demeure une héroïne très expliquée, très logiquement construite, dont les actions sont motivées et prévisibles. De Léonore Griebel on ne comprend que la structure fondamentale : une femme qui porte, dans un recoin de son être, une zone où vivent des passions et des aspirations entièrement opposées à sa réalité physique et sociale. Un amour de tout ce qui est transcendant, chevaleresque, poétique — amour qui ne se manifeste que par un penchant à la rêverie mais qui, en fait, remplit toute son âme sommeille dans une créature appelée à la destinée la plus plate et la plus bourgeoise. Comme chez Flaubert, le roman est le récit de la réaction incessante et de la lutte sans issue menée par ce tempérament contre son entourage, incarné dans la personne du mari. Mais, en ce cas, le conflit ne prend nullement l'aspect d'un enchaînement cohérent de phases calculées, mais consiste dans une suite d'explosions, où alternent la violence, la folie, la simulation. En fait, après l'exposé des éléments du drame, il n'y a pour ainsi dire plus de roman, mais une suite de scènes brutales, se dépassant en tension et amenant une progression incessante, sans apporter un dénouement.

On perçoit très bien la divergence entre l'esprit constructif et rationnel français et la tendance allemande au visionnaire, qui ne s'arrête pas à un examen objectif, mais pénètre des régions où les lois de la raison n'ont pas cours. Ainsi se perdent des vertus de clarté et d'harmonie. Le roman est infiniment moins achevé, moins égal que l'œuvre de Flaubert. Mais il y a un gain en profondeur, visible dans ce qu'il y a de délicat et d'émouvant chez Eléonore Griebel. Quand Emma Bovary est, au fond, un être peu intéressant, artificiel, superficiel, cette fille d'une boulangère de Lübeck porte en elle un trésor de sensibilité frémissante, dont la présence élève l'intrigue en lui donnant un accent à la fois pitoyable et déchirant. Bien entendu, il ne s'agit pas ici de jugements absolus ou de supériorité de l'une mentalité artistique sur l'autre. Mais il est curieux de constater comment deux écrivains traitent un même thème et en développent les possibilités conformes aux qualités de leur nation — toute question de talent et d'originalité mise à part. Chez le latin c'est l'intelligence et le raisonnement rationnel qui priment chez le germain une intuition poétique émouvante. Et la traduction la plus consciencieuse et la plus fidèle ne pourrait rendre l'accent de l'œuvre originale.

Il n'en est nullement de même pour le roman de Hans Fallada, qui demeure aussi naturel en français qu'il l'est en allemand. C'est que, en ce cas l'attitude de l'auteur envers ses personnages est entièrement différente: nous sommes loin de cette subjectivité intense de Stehr qui s'incorpore aux créatures mises en scène. Fallada demeure en dehors de ses héros et continue à les considérer avec une attention parfois légèrement amusée. L'intérêt ne réside donc pas tant dans les mobiles cachés et les luttes intérieures que dans l'aventureux et le pittoresque des événements. Il n'est plus question de beauté expressive et de vertus poétiques. C'est l'habileté technique du bâtisseur de romans que nous aurons à juger, sa capacité de nous captiver tout en de-

meurant dans le vraisemblable et l'humain.
La méthode de Fallada consiste à conter une suite d'anecdotes et de ne s'arrêter qu'aux passages de la vie où « il se passe quelque chose ». Quand il s'agit d'évoquer un état d'âme, il préfère glisser rapidement. Mais lorsqu'il peut entrainer son lecteur dans une suite de péripéties mouvementées et animées, il s'avère un conteur de premier ordre, capable d'imprimer un rythme vigoureux à ses récits et saisissant avec bonheur les détails qui font image et qui s'incrustent dans la mémoire. C'est ce qui lui permet d'écrire, autour d'une donnée relativement fruste, — l'histoire d'un paysan des bords de la mer Baltique, dont le caractère est une version moins poignante et moins réelle du Heauthcliff des « Hauts de Hurle-Vent » — un livre extrêmement entrainant dont l'intérêt ne faiblit jamais. Ce n'est peut-être pas l'œuvre d'un grand artiste, mais c'est en tout cas du travail bien fait qui tranche favorablement sur l'ensemble des romans bâclés et maladroits que l'actualité fournit en abondance.

* * *

Le contraste très net que nous avons pu constater entre ces deux livres donne une image relativement véridique de l'état actuel de la prose allemande. D'une part un courant de fond, insensible aux modifications des styles, qui continue à honorer les traditions artistiques séculaires de ce pays; d'autre part, un style qui a subi des influences du dehors et qui s'écarte des normes consacrées. La synthèse entre les deux courants, qui donnerait à la littérature allemande un éclat considérable, n'est réalisée que très rarement (dans certaines pages de Hans Carona, par exemple). En général, les tendances contrastantes continuent leur route indépendamment l'une de l'autre, et gardent donc les insuffisances inhérentes à leur nature. Une des causes de cette divergence est sans conteste la disgrâce, provenant de certains malentendus nés de l'époque de l'entre-deux guerres, qui accable l'attitude plus internationale. C'est pourquoi nous soulignons avec plaisir le mérite réel d'un roman comme ce « Nous avions un enfant... » Sa réussite démontre que la voie suivie par ce livre n'est nullement inféconde pour les lettres allemandes.

Paul de MAN.

---

(1) Editions Stock.
(2) Editions Albin Michel.

Chronique littéraire

BIOGRAPHIES ET HISTOIRE

Ouvrages sur J. K. Huysmans, Marie de Bourgogne, par G. H. DUMONT (1)

L'INTERET de l'élément biographique pur dans le jugement critique d'un auteur est discutable, quoiqu'on continue à lui donner une importance considérable et sans doute excessive. La description brute des circonstances et des péripéties d'une existence d'artiste reste en général très éloignée de son œuvre et, même si on la croit capable d'en fournir la clef, ce n'est souvent qu'une paresse de l'esprit permettant de réduire le mystère d'une production artistique à une simple mise d'anecdotes. La conséquence fâcheuse de ce souci biographique est que plusieurs grands noms se sont réduits à un mythe romanesque et que leur mérite réel s'éclipse derrière cette évocation nébuleuse. Bon nombre de musiciens, plus encore que des littérateurs, ont souffert de cette déformation née de la gloire.

Par contre, une étude réellement approfondie ne pourrait se passer des éléments biographiques les plus complets et ne saurait négliger aucun détail. C'est pourquoi, à côté de la pensée synthétique qui définit l'exacte signification et la portée historique de tel ou tel écrivain, il existe un nécessaire labeur analytique, moins brillant, mais également utile, sans lequel il n'existerait pas de conclusions véritablement fondées. Le danger pour celui qui s'oriente dans cette voie, est que par suite d'une véritable déformation professionnelle, il finit par oublier que ces recherches n'ont qu'une valeur relative et qu'elles n'importent que pour autant qu'elles collaborent à une compréhension approfondie du thème étudié. Le simple étalage d'érudition n'a aucun mérite s'il ne s'accompagne pas de certaines généralisations.

Mais il existe un autre cas dans lequel l'investigation biographique présente un intérêt indéniable : c'est lorsque le cas en question possède un contenu humain pouvant servir à éclairer le déroulement d'un processus psychologique. Le but n'est plus alors de contribuer à la connaissance littéraire du poète ou du romancier, mais de s'en servir en quelque sorte comme d'un exemple-type, d'un échantillon humain exceptionnellement attachant. Puisque les tempéraments artistes possèdent souvent une sensibilité exceptionnelle et sont donc des réactifs psychologiques plus sensibles que le commun des mortels, on conçoit qu'il y a là un véritable matériel d'élite pour celui qui s'occupe des grandes questions concernant le comportement humain.

La figure du romancier français Joris-Karl Huysmans est un bon exemple d'un tel modèle, car sa vie est d'un intérêt suffisamment général pour qu'on s'y arrête longuement. Elle a d'ailleurs un rapport direct et apparent avec son œuvre, puisqu'elle aussi n'est que le reflet de cette longue et tumultueuse crise de conscience qui constitua le drame intérieur de l'auteur de « Là-bas ». On sait que cette crise finit par se résoudre dans une foi durement gagnée. Le déroulement de cette lutte avec des fortunes diverses, dans l'âme de Huysmans, a été scrupuleusement noté par deux de ses intimes, Maurice Garçon (dans « Huysmans inconnu » (2) et Lucien Descaves (« Les dernières années de J.-K. Huysmans » (3). Il ressort de ces deux études également méritoires que l'exposé schématique qu'on esquisse ordinairement de sa conversion, débutant par une phrase diabolique et s'élevant progressivement jusqu'à la sérénité, est par trop simpliste. La réalité est plus tragique puisque, jusqu'à la dernière minute, il n'y eut pas de réel dénouement et que l'écrivain resta tiraillé entre les exigences d'un tempérament charnel et une aptitude mystique très pure. Sa production littéraire des dernières années reflète en fait plus de certitude qu'il n'y en avait véritablement dans l'esprit de son auteur. Non pas que celui-ci ait continué à douter — la crise de foi proprement dite ayant été définitivement résolue depuis « En route » — mais parce qu'il a toujours eu une difficulté considérable à demeurer dans le nouveau cadre moral que sa croyance lui imposait. C'est en écrivant qu'il a sans doute le mieux atteint à une paix intérieure qui ne voulut jamais être stable. Son œuvre de romancier est donc plus un moyen qu'une fin, et c'est ce qui explique la divergence relative entre son contenu et la vie intérieure de celui qui l'a établie.

Il est pour le moins remarquable qu'à côté de ces deux ouvrages français nous puissions citer un livre d'une même importance et qui est dû cette fois à un Flamand. M. Herman Bossier, dans « de Geschiedenis van een Romanfiguur » (1) s'efforce de résoudre l'énigme qui s'attache à la figure du chanoine d'Ocre dans « Là-bas ». Ce personnage d'un prêtre dévergondé et hérétique aurait été copié par Huysmans d'après nature, en prenant comme modèle un prêtre brugeois du nom de van Haecke. Bossier a connu personnellement ce dernier et il est convaincu de l'inexactitude des accusations portées contre lui. Son essai établit d'une manière très convaincante la part de vérité et la part d'exagération formant la légende transcrite dans « Là-bas ».

Ce n'est donc que secondairement que cette thèse se préoccupe de la personnalité même de Huysmans. Mais son intérêt dépasse cependant largement la portée d'une simple chicanerie historique. Tout d'abord par la forme narrative agréable et habile dans laquelle elle est présentée, et qui met dans cette intrigue romanesque à souhait, une tension et une gradation captivantes. Ensuite parce qu'elle illustre le problème intéressant qu'est la création d'une légende monstrueuse au départ de certains faits parfaitement normaux, et ce sans qu'il y ait mauvaise foi de la part des témoins. Ayant compris le mécanisme de ce phénomène, Herman Bossier peut donner l'explication la plus vraisemblable de l'énigme quoiqu'il ne possède pas tous les documents nécessaires. C'est parce que l'esprit de J.-K. Huysmans était, à ce moment de son existance, tendu vers les questions de magie noire qu'il accueillit avec une complaisance particulière toute indication lui permettant de soupçonner quelqu'un de s'y adonner. Son imagination eut tôt fait de convertir en certitude ce qui n'était qu'apparence. Maurice Garçon rapporte un processus analogue dans un autre épisode de l'existence d'Huysmans, et ce parallèle semble avoir une valeur démonstrative frappante.

Il faut encore souligner, à propos de cet ouvrage, le mérite tout particulier qu'il y a pour un Flamand de s'occuper d'un problème appartenant aux lettres françaises. C'est là un symptôme heureux d'une mentalité qui a appris à regarder au delà de ses frontières et à se tourner vers des horizons plus étendus. Ce mouvement s'était déjà produit parmi les littérateurs flamands actuels. Il est heureux que les essayistes suivent dans ce domaine l'exemple des créateurs.

* * *

Comme le signale le professeur van Essen dans la préface qu'il a rédigée pour le « Marie de Bourgogne » de Georges-H. Dumont, cet ouvrage complète très heureusement celui de M. Paul Colin, consacré aux ducs de Bourgogne. Il est inutile de revenir ici sur l'intérêt de ce sujet qui est d'une portée exceptionnelle pour notre histoire nationale.

M. Dumont semble s'être attaché avant tout au déroulement extérieur de l'existence de son héroïne et il a formulé dans un style alerte et agréable la triste destinée de cette duchesse malheureuse. Les observations que nous avons pu faire, au début de cette chronique, au sujet de l'importance du travail biographique, peuvent être reprises ici. L'anecdote historique également n'est utile que lorsqu'elle sert à l'établissement de vues générales permettant de suivre clairement le déroulement des grands cycles évolutifs qui sont à la base des mouvements politiques. Cet essai — de même d'ailleurs que le livre de M. Colin — n'entreprend pas cette étude synthétique et se borne à constituer une mise au point énumérative. Ceci n'enlève rien à son mérite, car c'est un travail qui devait être entrepris, particulièrement dans ce domaine. Mais il reste à écrire un livre traitant de la même période et mettant l'accent sur les événements infrastructuraux qui se cachent derrière les intrigues et les luttes dynastiques. Les profondes modifications qui se produisent à ce moment dans le domaine économique et social, marquant l'origine de l'ordre politique moderne et constituant un véritable tournant de l'histoire mondiale, n'ont pas été étudiées par les deux auteurs. Mais, grâce à leur travail, la voie est libre pour une étude qui dévoilerait la signification fondamentale de cette époque décisive.

Paul DE MAN.

---

(1) Edition Dessart.
(2) Albin Michel, éditeur.
(3) Albin Michel, éditeur.
(1) Edition « de Lage Landen ».

Chronique littéraire

Sur les caractéristiques du roman belge d'expression française

« L'Enfant au Paradis », par Franz Hellens (1)

SI la littérature belge d'expression française n'est point encore parvenue à créer de vraiment grandes œuvres, elle a cependant pu établir un ton particulier, qui n'appartient qu'à elle, et qui constitue son style propre. C'est une réalisation importante, car une littérature ne devient réellement viable que lorsqu'elle est parvenue ainsi à se décanter, à constituer un ensemble de normes qui la distinguent de celles des nations environnantes. Dans le cas présent, ce processus était particulièrement difficile à s'accomplir. On ne pouvait se baser sur aucune tradition nationale, sur aucune cohérence profonde. Un mélange hétéroclite de Flamands et de Wallons se trouva confronté avec cette tâche délicate : inventer une littérature sans qu'il y eut même — comme en Flandre — un exemple établi par de glorieux aînés et capable d'exercer une action stimulante. Un autre facteur, qui représentait à la fois un danger et un point d'appui, était la proximité de Paris, foyer rayonnant, mais dont l'éclat risquait bien d'éliminer les forces étrangères qui vivaient trop rapprochées de lui. C'était un problème constant pour les Belges écrivant en français que de déterminer leur attitude vis-à-vis des lettres françaises; seraient de simples imitateurs ou étaient-ils capables d'apporter un élément original? Les réponses théoriques à cette question importent peu. Ce qui est important à constater est le fait que, malgré tout, il demeura toujours une certaine différence entre la production belge et la française, même chez ceux qui emboîtaient résolument le pas aux préceptes esthétiques d'outre-Quiévrain. Il semble bien qu'il y ait eu là une barrière infranchissable, une incompatibilité foncière qui empêcha les auteurs belges de se laisser assimiler complètement, même lorsque telle était leur volonté. Sans doute est-ce dû à une fondamentale différence d'origines d'autant plus flagrante que la majeure — et la meilleure — partie des poètes et romanciers belges d'expression française étaient d'authentiques Flamands.

Bien plus, on peut même affirmer que c'est dans cette instinctive défense contre l'assimilation, dans cette façon de transformer les formules issues de Paris jusqu'à les rendre conformes à la mentalité nationale, que se trouve le lien unissant les différents représentants de l'école littéraire en question. Le moyen le plus commode et le plus rigoureux permettant de synthétiser les caractéristiques de nos écrivains est de les considérer par rapport aux mouvements français et d'observer de quelle manière ils s'en écartent. Et l'on sera frappé de la similitude de réaction chez chacun d'eux et de la réelle unité qui se fait jour dans la façon d'accommoder à leur manière les styles des Français. Ce n'est peut-être pas une très haute forme d'originalité que d'agir ainsi, mais, dans ce cas, aucune autre solution n'était possible. Elle a permis la création de certaines œuvres qui sont loin d'être négligeables. Et elle a surtout fini par dégager avec plus de netteté les possibilités propres de cette littérature ascendante.

La comparaison entre un roman comme celui que vient de publier Frans Hellens, « L'Enfant au Paradis » et n'importe quelle œuvre française de la même veine illustre cette remarque. Elle permet d'établir un parallèle entre deux conceptions différentes du roman psychologique. Manifestement, « L'Enfant au Paradis » appartient à cette catégorie d'œuvres, puisqu'il s'agit véritablement d'un « cas » quasi pathologique. Dans les romans des dernières années, on trouvera fréquemment de semblables écarts de la normale. Les actes humains qu'on y décrit sont, le plus souvent, d'une nature exceptionnelle, choquante, violente ou loufoque. Mais, pour les Français, les chefs de file de la littérature psychologique, une telle action apparemment aberrante n'était que le point de départ d'une longue analyse justificative qui visait à expliquer et à éclairer les mobiles jusqu'à rendre le geste en question expliquable et même inévitable. La réaction initiale — qu'il s'agisse de Salavin posant son doigt sur l'oreille de son patron ou du crime de Lafcadio — finit par être l'aboutissement d'un mécanisme psychologique logique et clair. L'esprit d'abord désorienté par la bizarrerie et le fantasque a tôt fait de recevoir tous ses apaisements. C'est là le but essentiel de toute cette brillante pléiade d'études psychologiques qui jalonnent les lettres françaises et qui ont fini, au cours des dernières dizaines, par en accaparer la presque totalité. Le centre d'intérêt est donc d'ordre purement intellectuel et les lois du genre sont celles d'une rigoureuse et implacable psychologie.

Il en va tout différemment dans le cas de Hellens. Pour lui, la psychologie n'est plus une discipline impérieuse, un instrument de précision permettant d'explorer jusqu'aux moindres recoins de la personne humaine. En adoptant cet approfondissement de l'observation du réel qui renouvela de fond en comble le roman, parce qu'il y introduisit le monde illimité et inexploré du subconscient, le but de Hellens n'est nullement de clarifier et de justifier. Ce qui l'attire dans cette extension du réalisme est presque le contraire d'un tel souci cérébral. Car, depuis le jour où on ne s'est plus contenté de dépeindre fidèlement les faits et les gestes des personnages, mais où l'on a commencé à en rechercher le pourquoi et à s'attarder à la lente et obscure genèse intérieure qui se poursuit dans l'individu avant qu'il en vienne à poser réellement des actes, depuis ce jour un monde mystérieux s'est ouvert dans lequel on ne saurait s'aventurer sans y découvrir mainte énigme et mainte anomalie. Mais, contrairement aux Français dont les efforts visent avant tout à éclairer ces sombres recoins, Hellens se sent attiré par eux. Il s'installe dans leur entourage et ne se préoccupe nullement d'en troubler l'atmosphère fantastique par un trop clair faisceau de lumière.

La conséquence de cette attitude est, en tout premier lieu, une modification intégrale du ressort romanesque. Alors que le rationalisme d'un André Gide parvenait à rendre presque froid un thème aussi tragique que celui de l'« Immoraliste », la manière de Hellens mène, au contraire, à une tension et une gradation dramatique extraordinaires. Du moment où nous ne sommes plus dans le domaine de la réflexion, l'objectivité qui donne au roman psychologique pur un aspect quelque peu indifférent et insensible disparait entièrement. Puisqu'il s'agit ici de passions violentes, sourdes, inattendues, d'idées fixes, crispantes et obsédantes, et que l'auteur s'attache à nous montrer le climat dans lequel elles se déroulent, tout l'intérêt se tourne vers le contenu dramatique. Dans le cas de « L'Enfant au Paradis », la clef psychologique est d'ailleurs fournie et l'histoire demeure entièrement dans une sphère vraisemblable. Mais ce qu'il importe de souligner, c'est que cette explication prend une importance secondaire, qu'elle pourrait même ne pas être présente, tandis que tout l'accent porte sur les ressources surnaturelles, fantastiques du thème traité.

Il ne saurait être question d'établir une hiérarchie quelconque entre ces deux attitudes. Elles sont également fécondes et nécessitent des qualités divergentes. Dans le cas de Hellens, la narration dramatique lui convient admirablement. Son assurance technique et son habileté de conteur lui permettent de doser avec art la gradation de l'intrigue et de la mener avec assurance jusqu'au paroxysme final.

Je ne craindrais pas de généraliser et d'affirmer que la différence que nous avons tenté de formuler entre l'emploi de la psychologie par les Français et par les Belges d'expression française, peut s'appliquer à tous les auteurs de notre pays. Elle forme donc, actuellement, ce fossé qui reste creusé entre les deux littératures de même langue. On pourrait la résumer en disant que les Belges ne sont pas des psychologues proprement dits, mais qu'ils ont fait usage de la psychologie pour leur fournir des éléments dramatiques. Cet état d'esprit est très voisin de celui manifesté par les Flamands qui ont souvent suivi une voie analogue, mais avec plus de netteté encore. « L'Enfant au Paradis » est beaucoup plus proche d'« Adelaïde » de Walschap que de n'importe quelle œuvre française. Il n'a pas suffi de changer de langue pour changer de nationalité artistique.

La généralisation proposée peut se baser sur quelques exemples très nets. A côté de l'œuvre de Frans Hellens, il y a le réalisme magique de Robert Poulet, le théâtre de Crommelynck et de de Ghelderode, qui, tous, s'inspirent d'une mentalité semblable à celle que nous avons relevée à propos de ce livre. En se bornant donc à quelques figures de premier plan, il aura été possible de dégager une indéniable unité de style. C'est là une garantie de continuité que les réalisations de la jeune génération confirment dès à présent.

Paul de MAN.

---

(1) Edition Denoël.

En marge de l'Exposition du Livre allemand

Introduction à la littérature allemande contemporaine

UN des plus importants objectifs de la belle exposition du livre allemand qui se tient actuellement au Palais des Beaux-Arts de Bruxelles est, sans conteste, de présenter au public belge l'aspect véritable de la littérature allemande contemporaine. Il s'agit là d'un domaine qui, pour la plupart de nos compatriotes, Wallons et Flamands, constitue encore une vaste terre inconnue. Ou, ce qui est pire, une politique de traduction unilatérale leur aura donné une image incomplète et tendancieuse d'une production artistique dont nul ne pourrait ignorer la signification par rapport à l'ensemble des lettres européennes.

La tâche historique qui incombait aux écrivains allemands de ces dernières décades était particulièrement malaisée : il leur fallait trouver un style qui, tout en ne rompant pas entièrement avec une tradition nationale profonde, garderait cependant une universalité suffisante pour ne pas réduire la littérature allemande à une manifestation d'intérêt purement local. C'est là un moyen terme extrêmement délicat à établir, d'autant plus que les normes régnantes demeuraient très éloignées de ce que le tempérament artistique allemand a de plus significatif.

En effet, si l'on veut situer le centre de gravité de la création littéraire actuelle — du moins jusqu'à ces dernières années — on ne pourra que désigner la France comme chef de file. C'est en France qu'est née la formule du nouveau roman psychologique qui domine la prose européenne depuis plus de vingt ans. C'est en se basant sur les trouvailles françaises que les Anglo-Saxons ont pu arriver au développement littéraire que l'on sait. D'autres centres, telles la Flandre, la Hollande, ont fortement subi cette attraction. Il est impossible d'analyser ici avec précision le mécanisme de ce processus d'influence; il suffit que soit soulignée l'indéniable et remarquable réalisation de la littérature française qui a servi d'exemple et de modèle pour les écrivains de l'entre-deux-guerres.

Quelle pouvait être l'attitude des auteurs allemands vis-à-vis de cette primauté française? Devaient-ils se muer en imitateurs serviles ou, au contraire, était-il de leur devoir de se détourner entièrement d'une création qui leur était étrangère? La question se pose chaque fois que l'une des grandes entités nationales de l'Europe prend résolument la tête d'un mouvement artistique. Et la réponse est chaque fois la même : les autres foyers doivent suivre, dans une certaine mesure, le conducteur momentané, mais ils ne peuvent jamais se détacher d'un ensemble de valeurs qui constituent leur caractère propre. Ils doivent suivre, car l'Europe est suffisamment une, du point de vue culturel, pour qu'une modification ressentie en un point donné ne puisse laisser indifférente une autre nation importante. L'image si fréquemment utilisée des vases communicants s'impose ici : tout changement de niveau dans un des récipients se répercute aussitôt dans les autres. Il en va de même dans ce domaine. Car si, par ignorance ou par une fierté mal placée, un peuple s'isolait sciemment d'un de ces grands remous artistiques qui déferlent périodiquement sur l'Occident, il ne tarderait pas à sombrer dans une stérile et ridicule étroitesse. L'exemple de la littérature hollandaise durant la première moitié du XIXe siècle est un avertissement sérieux pour ceux qui seraient tentés d'adopter une telle attitude.

Ceci ne veut nullement dire que, dès qu'une zone dominante s'est établie, un pays doit copier simplement les procédés utilisés en cet endroit. La bonne voie est à la fois beaucoup plus subtile et beaucoup plus féconde. Toute formule artistique est susceptible d'être utilisée par toutes les nations occidentales, mais chacune d'elles l'accommodera d'une manière différente et selon un procédé qui révèle des constantes de l'esprit national. Souvent, ce fut en empruntant à des voisins leurs plus originales innovations et en les marquant de la personnalité régionale propre que les œuvres les plus grandioses ont été établies. On pourrait évoquer une foule d'exemples. Pour ne se borner qu'à deux manifestations qui sont proches de nous, citons le symbolisme français, qui puisa sa vigueur dans le romantisme allemand, ou le roman anglais d'après la guerre 14-18, qui se développa extraordinairement, sous la poussée des ingérences françaises.

C'était donc devant un réel dilemme

que se trouvèrent les romanciers allemands. Certains optèrent résolument pour l'abandon de la nationalité artistique, avec les fâcheuses conséquences que ce choix entraîne. D'autres, par contre, firent preuve d'un profond attachement à leurs vertus artistiques traditionnelles et cherchèrent la difficile synthèse entre le froid rationalisme de l'analyse psychologique et la mentalité plus passionnée qui caractérise l'esprit germanique. Chez Carossa, Kolbenheyer, Wiechert, Alverdes et beaucoup d'autres encore, la simple observation objective se double d'une émotion plus profonde, souvent basée sur un souci philosophique et éthique. C'est là une différence manifeste entre la littérature contemporaine française et celle d'outre-Rhin : alors que, chez les premiers, les drames humains ne sont étudiés que comme des mécanismes passionnants mais abstraits, il y a, chez les seconds, une participation plus intense au sort des personnages. A la base de l'œuvre se trouve une lutte entre le bien et le mal, ou une tentative de pensée introspective. Dès lors, le romancier ne peut plus être indifférent à la destinée des êtres qu'il a créés, car leur combat se livre pour une cause qui lui est chère et leurs réflexions recherchent la vérité qu'il poursuit. Ce fut en conservant ce constant souci moral que les auteurs allemands, appartenant à un peuple moraliste par excellence, gardèrent le contact avec la souche primitive et donnèrent un bel exemple de fidélité patriotique.

Cette attitude si sensée n'a pas encore mené à de véritables chefs-d'œuvre, mais nous nous trouvons devant une production qui est en pleine évolution et qui ne tardera pas à fixer définitivement ses normes véritables. Ce qui importe est que le principe esthétique sur lequel on se base soit sain et productif. Dès lors, un talent exceptionnel pourra s'y greffer aisément et en tirer des réalisations d'une valeur considérable. Plus tard, on s'apercevra que le grand mérite des écrivains allemands qui travaillent en ce moment aura été de maintenir une fondamentale continuité sur laquelle s'appuieront les exploits des générations à venir.

En attendant, en se plaçant au strict point de vue du lecteur français, on ne peut qu'insister sur ce fait qu'il n'y a aucune incompatibilité foncière entre l'esprit des lettres allemandes et celui des autres littératures européennes. Si nous avons mis en évidence qu'un élément spécifiquement national continuait à imprégner ses œuvres, nous n'avons nullement voulu insinuer que c'était là une distance ou une difficulté pour les ressortissants d'une autre culture. Bien au contraire, il y a quelque chose d'attrayant dans ce particularisme raisonnable, qui ne fait que concentrer avec plus de force un penchant répandu de manière diffuse à travers l'Europe entière. Le véritable nationalisme artistique n'est jamais synonyme de petitesse ou d'étroitesse d'esprit; les périodes les plus franchement nationales atteignirent, par une action qui ne paraîtra paradoxale qu'à l'observateur superficiel, à l'universalité la plus captivante. Ce n'est que lorsque ce nationalisme se mue en une obligation tyrannique, soumise à des buts purement politiques, que son influence devient néfaste et même mortelle. C'est ce qu'on a parfaitement compris en Allemagne. Et je voudrais citer les paroles prononcées à ce sujet par le Reichsleiter Baldur von Schirach, qui situent le problème avec la plus entière clairvoyance : « Le mouvement politique qui conduit l'Allemagne n'a jamais inscrit à son programme la création d'un art imposé afin de servir aux fins du parti. Ce serait contraire à l'idée même qu'il défend. Chaque véritable œuvre d'art vaut par elle-même et a une mission nationale. Elle témoigne de la vitalité du peuple à qui elle doit sa naissance. C'est là, si l'on veut, sa tendance. La valeur nationale d'un tableau contemporain ne s'évalue pas en fonction du nombre de S. A. qui y sont représentés, et la poésie nationale dans la ligne de notre mouvement n'est pas ce lyrisme standardisé et bruyant qui remplace le manque de forme et d'émotion par des paroles grandiloquentes.

» Celui qui traite Gœthe de franc-maçon et la « Flûte enchantée » d'un opéra franc-maçon n'est pas pris au sérieux par notre peuple. Le grand art de la nation prétend sauvegarder les traditions nationales... Chaque grande œuvre porte sa raison d'être en soi. Elle est toujours l'expression d'une personnalité isolée et, en même temps, de toute la nation. Mais la nation n'est pas seulement l'actuel et l'immédiat, mais l'éternelle communauté de langage et de sang qui se maintient au delà des évolutions du goût et des conceptions variables. C'est pourquoi il n'existe aucun art qui convient à une époque particulière. »

C'est parce que la littérature allemande a vécu conformément à ces sages préceptes qu'elle a pu réaliser ses buts et préparer le chemin de la grandeur future.

Paul DE MAN.

Chronique littéraire

« Les Chemins de l'écriture », par Bernard Grasset (1)

On ne saurait entreprendre le commentaire du dernier et important ouvrage de M. Bernard Grasset sans s'arrêter au préalable à l'esprit très particulier de son auteur. Car bien plus qu'un ensemble de vérités générales, ce livre contient une véritable confession, contribuant à donner une image du personnage central qu'est Bernard Grasset lui-même. C'est le mécanisme d'une pensée qui nous est révélé et il semble bien que c'est là le principal intérêt de l'œuvre.

Un mot revient sans cesse sous la plume de Grasset qui peut nous fournir la clef de ses écrits ; c'est le terme « naissant ». Les chimistes appellent ainsi un corps à l'instant de sa formation dans une réaction, et l'on sait qu'à ce moment la substance se trouve dans un état particulier qui lui confère une activité plus grande. Un phénomène semblable se produit dans le monde de la pensée. L'expression d'une vérité, sa définitive apparence, la formule qui la traduit, ne sont qu'un résultat ultime, précédé d'un ensemble d'opérations de nature diverse.

En remontant dans la série de ces transformations, on en arrive à un stade difficilement saisissable qui est celui où l'idée passe dans le monde de la conscience, stade qu'on peut exactement appeler celui de la naissance de la pensée. Elle s'y trouve encore dans un état proche de l'obscure genèse qui a précédé sa constitution avant même que les facultés du cerveau humain lui aient fait subir cette suite de modifications qui doivent aboutir à sa forme policée et évoluée.

La plupart des esprits n'expriment que cette forme ultime, à l'aide de laquelle il est possible de raisonner et de démontrer. Mais il en existe qui demeurent très proches de l'état primitif et qui transcrivent donc réellement une pensée « naissante ». Grasset appartient incontestablement à cette catégorie. C'est ce qui explique la construction particulière de son livre : on reste très éloigné d'une cristallisation qui apporterait l'ordonnance et la clarté. Un monde mouvant et sans cesse en formation nous apparaît, qui ne fait que des tentatives à peine perceptibles pour s'organiser. Certains pôles fixes émergent cependant qui servent de point de repère dans cette énumération de réflexions et de préoccupations. Autour de quelques mots — « parenté », « filiation », « sincérité » de l'œuvre d'art etc. — se crée un début de classification qui amorce une théorie. Mais la pensée de Grasset ne se lance jamais sur les voies de l'argumentation logique. Elle préfère demeurer dans cette zone mobile et subtile où naissent les idées et où elles vivent d'une existence fragile mais ardente.

Les conséquences de cette mentalité spéciale se ressentent dans le genre de sujets observés. Il ne se sent pas attiré vers les études qui font constamment appel à une suite d'opérations spirituelles et qui visent à de vastes synthèses. C'est là le souci d'intelligences autrement construites, telles celles pour qui les œuvres d'art ne sont qu'un matériel historique de choix, grâce auquel il sera possible de dégager quelques-uns des principes régissant l'évolution de l'humanité. De même qu'on interroge des archives en vue de retrouver des mœurs passées, non pas par simple curiosité, mais parce que cette connaissance pourra servir à éclairer des problèmes éternels, on peut interroger les monuments et les chefs-d'œuvre et leur demander des renseignements et des révélations sur l'âme et sur les aspirations des hommes. Il faudra, dans ce but, se livrer à une série d'observations, de comparaisons et de parallèles et faire un constant usage de formules cohérentes et rigoureuses. Le but de Grasset est tout différent. L'évolution des styles, la vision synthétique des mouvements ne l'intéressent guère. Il se penche sur l'origine des choses et s'attarde à découvrir le secret de la création elle-même. Comme de juste, c'est à la naissance des écritures, à la raison impérieuse qui préside à leur élaboration qu'il se consacre. Et c'est la raison d'être d'une pensée de ce genre que de pouvoir traiter ces sujets-là, devant lesquels les bâtisseurs de systèmes seront toujours quelque peu embarrassés, car elle aura sans conteste plus de profondeur. On en vient à regretter qu'à côté de sa capacité d'explorer les bases mêmes du don créateur et artistique, Grasset n'a pas la possibilité de réunir et d'unifier les éléments qu'il a découverts. Ce n'est pas là une paresse de lecteur, incapable de tirer lui-même les conclusions qui s'imposent, mais un impératif de la raison qui ne trouve que dans une vue d'ensemble la justification des efforts fournis.

Ce qui est plus grave, c'est que Grasset transpose son tempérament propre dans le domaine de l'esthétique générale, et en vient à poser ce qui n'est que sa très individuelle conformation. Il y a d'ailleurs chez lui un trait de caractère très significatif qui résulte de son intégral manque d'objectivité. Rarement, personnalité ne fut plus égocentrique. Le monde environnant est constamment vu à travers une déformante particularité, imposée par un esprit centré sur sa propre activité.

Un tel homme doit nécessairement être assez peu compréhensif et s'il est capable de dévoiler avec une acuité exceptionnelle tout ce qui touche à son domaine personnel, il s'avérera incapable de sortir de ce cercle de préoccupations. C'est ce qui se produit lorsqu'il plaide la cause de « l'état naissant » de l'œuvre d'art et prétend que la principale qualité de celle-ci est toujours sa fraicheur, c'est-à-dire qu'elle gagne à être un jaillissement incontrôlé et laissé dans sa primitive imperfection. Il s'agit peut-être là d'un conseil judicieux donné à un ami qui gâche son travail à force de fignoler et de réexaminer à outrance. Mais en tant que précepte général, cette affirmation est certainement déplacée. Elle résulte d'ailleurs d'une attitude qui pousse Grasset à ne pas se préoccuper du côté technique de la création et à négliger entièrement cet aspect de la question. Car, même si l'on admet avec lui que la volonté de créer est basée sur des mobiles tels l'admiration ou le besoin de se survivre. Il n'en est pas moins vrai que ce qu'on appelle l'inspiration se présente la plupart du temps comme un processus nettement technique. La conviction sans cesse répétée qu'à la base de l'œuvre artistique se trouverait une émotion, est reconnue fausse. C'est plutôt le contraire qui est vrai : l'émotion se trouve à la fin, est le résultat de l'expression. On a admis assez généralement ce fait en ce qui concerne la musique : l'ancienne image du compositeur travaillant sous l'empire d'une passion sentimentale est bien proche d'être oubliée. C'est un ensemble de possibilités techniques qui se présente d'abord à son esprit, un groupe de combinaisons et d'inventions sonores. Une fois celle-ci transcrites, il sera lui-même surpris de découvrir que, dans cette réalisation purement gratuite, il aura versé des trésors d'émotion et même d'expérience personnelle. La même chose est vraie en littérature : en poésie, le groupement de certains mots et images; dans le domaine du roman, la conception en imagination d'arrangements constructifs, est à l'origine de la création. Le fond, le contenu émotif et actif, se modèle sur cette trame et s'ébauche sous l'empire des lois extérieures du style, jusqu'à se fondre avec lui dans une unité parfaite. Dès lors, on voit que des conceptions comme celles de la fraicheur émotive n'ont plus beaucoup de sens. La facilité avec laquelle l'édification s'accomplit n'est plus fonction que d'une plus ou moins grande habileté et elle n'a rien à voir avec la valeur propre de l'œuvre. Et, selon la nature du don reçu, « celui-ci » travaillera lentement et en revisant sans cesse, et « celui-là » avec aisance. Mais cette distinction est si peu importante que l'ouvrage terminé ne portera même pas la trace du rythme auquel elle a été conçue. Le plus lent à s'achever aura même peut-être l'allure la plus coulante et l'apparence la plus spontanée.

Dans d'autres chapitres, par contre, il n'y a qu'à s'incliner devant la justesse des remarques émises par Bernard Grasset. Et je songe plus particulièrement aux pages consacrées à des notes sur des sujets plus particuliers : édition, journalisme, traduction, etc. Il y a là chaque fois une densité de pensée et une sûreté de jugement qui ont le don d'épuiser le sujet en quelques paragraphes. J'avoue avoir pris plus de plaisir à ces passages, apparemment plus superficiels, qu'aux fragments qui s'attaquent réellement aux grands problèmes.

Il y aurait encore un mot à dire sur l'actualité de ce livre. Sans qu'il ait été consciemment dans la volonté de l'auteur de le faire, on y trouve bon nombre de passages qui s'opposent à la norme littéraire française des dernières années. Plutôt que de pouvoir citer des textes concrets, on peut signaler l'attitude générale vis-à-vis des lettres. Il se manifeste dans cet essai un dont absolu à la littérature: une réelle dévotion, une chaleur enthousiaste qui contraste avec la froide objectivité qui imprégnait plusieurs auteurs, non seulement par rapport à leurs personnages, mais par rapport à la signification et à la raison d'être de la création littéraire. L'accent vibrant de Grasset, qui exalte la création, malgré la souffrance qu'elle comporte, qui plaide pour la spontanéité et l'admiration a quelque chose d'annonciateur et — disons le mot — de romantique. Dans quelques années, on verra peut-être dans « Les Chemins de l'écriture », une œuvre qui portait déjà en elle les éléments d'une école grandissante, mais non encore fixée. Grasset apparaitra alors comme quelqu'un qui aura été capable de pressentir l'avenir tout en servant le présent.

Paul de MAN.

---

(1) Bernard Grasset, éditeur.

Chronique littéraire

TEMOIGNAGES DE NOTRE TEMPS

Le *Péché de complication* (1), par Louis Carette

JE m'en voudrais de considérer le roman de Louis Carette uniquement par rapport à la production littéraire belge et de m'extasier longuement sur le fait que c'est la première œuvre de ce genre qui voit le jour dans notre pays. Ce serait un éloge trop facile à faire de quelqu'un qui, visiblement, s'est haussé sur un plan européen et doit donc être jugé en fonction des règles qui ont cours dans un domaine non-limité à des frontières exiguës. Bornons-nous donc à signaler ce fait heureux qu'un Belge ait songé à écrire un roman qui vise aux mêmes buts que les plus importantes œuvres parues en France, en Angleterre et en Allemagne, au cours de ces derniers vingt ans.

« Le Péché de complication » est une œuvre très dense et il semble bien que son principal mérite est d'offrir un contenu riche et touffu, tout en demeurant d'une construction naturelle et limpide. Elle contient à la fois un thème purement psychologique, une intrigue amoureuse et une idée sociale et politique. A première vue, c'est la première composante qui semble la plus importante, puisque l'accent porte avant tout sur un phénomène psychologique de caractère général : la fin de l'adolescence et la crise qui transforme l'individu en homme, en lui faisant subir les premiers contacts avec les lois inexorables d'une duré réalité. C'est là une des expériences les plus passionnantes et les plus déterminantes dans la vie d'un homme, et elle constitue un sujet particulièrement attirant pour un romancier. Dans le cas présent, elle est très habilement utilisée pour donner une unité à une narration qui risquait de s'égarer sur des voies de traverse, à force de faire intervenir des facteurs disparates. Car il a été très exactement observé par Carette, que ce qui caractérise cette époque délicate de l'adolescence n'est pas, comme on le croit souvent, un manque de concentration et de sérieux, mais une véritable dispersion de l'individualité qui, au lieu d'être orientée décisivement dans une direction, demeure tiraillée entre des désirs aussi violents qu'opposés. La maturité consiste avant tout dans une simplification interne, s'opérant chez celui qui a trouvé la règle de conduite conforme à ses dons et à son tempérament. Cela ne veut pas dire que dès lors tous les problèmes sont résolus, mais qu'à partir de ce moment, il sera capable d'affronter directement les difficultés qui s'offrent, sachant comment et pourquoi il veut les vaincre. Sous l'empire des circonstances, cette évolution se produit chez chacun. Mais elle sera incontestablement plus lente et plus malaisée chez des natures subtiles et complexes — qui sont aussi les plus sensibles et les plus aisément influençables.

Il résulte de ceci que l'adolescence n'est pas une période heureuse de l'existence. Puisque ce choix fondamental n'est pas encore fait entre les tâches et les personnes auxquelles on veut se consacrer et celles qui laissent indifférent, on se trouve constamment dans un état de tension et d'hésitation, répondant sans discernement au moindre appel, ne voulant renoncer à aucune aspiration, fût-elle passagère et fugitive, et menant ainsi à un désarroi qui peut atteindre aux pires détresses. Le terme trouvé par Carette pour désigner cet état — le péché de complication — est des plus exacts. Son héros s'avère incapable de saisir un bonheur qui s'offre à lui sous sa forme la plus fraiche et la plus tentante et préfère s'agiter dans une poursuite désordonnée d'idéaux changeants au lieu d'aimer simplement celle qui est digne de lui.

De ce thème à la dissertation politique, il n'y a qu'un pas, car on peut très légitimement se demander s'il n'appartient pas aux pouvoirs collectifs d'intervenir dans cette crise — dont les effets sont plus funestes que l'on pourrait le penser — en imposant un ensemble de valeurs de base qui, tout en laissant à chacun un libre choix d'activité, établirait un cadre moral dont l'effet serait bienfaisant. Il faciliterait cette orientation que la jeunesse demande inconsciemment. Le roman en question insiste sur ce point, que les effets obtenus par l'individualisme intégral ont été entièrement négatifs. L'attitude de l'Etat démocratique vis-à-vis du problème était aussi élémentaire que simple : il en ignorait l'existence. La seule contrainte qui s'exerçait était l'obligation de la vie familiale, pression qui, à la suite même du libéralisme moral en vogue, devenait de plus en plus inexistante. C'était un spectacle curieux que de voir les endroits où plusieurs jeunes se trouvaient réunis : leur souci de ne surtout pas ressembler l'un à l'autre les poussait à se singulariser dans des sous-groupes de plus en plus divisés, qui n'avaient plus aucun contact les uns avec les autres, et qui étaient inaccessibles à force d'être particularistes. Bref, on en venait à une situation telle que celui qui avait le moindre brin de personnalité se trouvait entièrement abandonné à lui-même dans la recherche de son équilibre. Il parvenait parfois à le réaliser, mais toujours en payant très cher ce résultat. Dans le cas du héros du « Péché de complication », il n'y a qu'un mal qu'on peut supposer réparable. Mais souvent, on a vu sombrer dans l'incohérence et dans un réel déséquilibre, des êtres ayant des possibilités excellentes. Le résultat est là : l'ensemble de la jeunesse démocratique ne vaut pas lourd. Prise individuellement ,elle n'est pas beaucoup plus intéressante. Les événements militaires de cette guerre ne sont qu'une manifestation particulière de cette décadence.

Si nous nous sommes quelque peu arrêté à ces considérations, c'est pour mettre en valeur l'importance et la portée des questions qui sont suggérées dans ce roman Et Carette a pu traiter ces problèmes abstraits sans lourdeur et sans devoir rompre la continuité de son récit par des digressions trop longues. L'arrière-pensée générale se trouve incluse dans l'étude d'un cas personnel, qui garde suffisamment d'universalité pour faire apercevoir sa profondeur et sa signification, sans toutefois perdre toute humanité. Car il ne figure pas dans cette histoire — à part peut-être la figure de Jacqueline — de ces personnages symboliques qui ne servent qu'à incarner une notion cérébrale ou à contribuer à la démonstration entreprise. L'auteur, grâce à beaucoup d'intelligence et de discernement, est parvenu à surmonter l'obstacle propre à tout roman d'idées : garder un exposé clair et net tout en ne transformant pas les créatures qu'il met en scène en formules et leur existence dans une simple opération de l'esprit.

Il y a cependant une réserve à faire qui s'adresse plus spécialement au côté artistique de l'œuvre. Elle concerne le mode narratif employé. Non pas que le style de Carette, volontairement dépouillé, ait quelque chose de choquant. Il s'agit bien plutôt d'un travers fréquent dans les romans d'analyse et qui n'a été évité que dans les toutes grandes réussites. La difficulté consiste en ceci : lorsqu'on fait de l'étude psychologique, on se livre à une occupation qui, normalement, n'est pas dans les habitudes d'un homme. Très rares sont ceux qui se livrent à de longues méditations sur les mobiles qui les poussent à agir et qui s'efforcent de déchiffrer complètement le mécanisme des passions qui s'agitent en eux. Or, c'est de cette matière qu'est fait le roman psychologique et, pour demeurer dans la vraisemblance, il devra parvenir à présenter cette introspection comme une chose naturelle. La manière de faire la plus logique est de s'incorporer entièrement à ses personnages et de ne plus voir, sentir et réfléchir qu'en fonction de leur personne. Le monologue intérieur est alors le seul mode d'expression qui convient. On sait que les tentatives de ce genre ont mené à de très grandes œuvres, « Ulysses », de Joyce, ou « Waves », de V. Woolf — mais qu'elles ne sont abordables qu'à des talents tout à fait particuliers. La plupart du temps, c'est l'attitude opposée qu'on a prise : l'écrivain se détache au contraire aussi complètement que possible de ses créations et devient un observateur objectif. Mais cette différence de plan entraine un grave danger : elle donne à l'auteur une puissance tout à fait exceptionnelle, qui fausse absolument la réalité. Au-dessus des hommes agissants plane cette présence froide mais omnipotente, qui en sait plus long qu'eux-mêmes sur ce qu'il y a en eux, espèce d'intelligence suprême à laquelle leur destin est soumis. C'est ce qui se produit dans ce roman. On sent continuellement le pouvoir du maitre qui tire les ficelles, d'une lucidité suprême qui comprend les faits et gestes des acteurs jusque dans leurs plus obscurs recoins. Ce procédé d'expression donne sans doute beaucoup de satisfaction à l'auteur et permet des passages brillants. Mais il n'en reste pas moins qu'il détruit la base même de l'esthétique du roman. Celui-ci doit être, par définition, comme une chose vivante, c'est-à-dire foncièrement mystérieuse, imprévisible, et avant tout indéterminée, capricieuse. Le propre des grands romanciers est de devenir prisonniers des destins qu'ils décrivent et de se laisser porter par eux, au lieu de les commander.

Comment ce but peut être atteint est une question qui sera résolue différemment par chaque talent particulier. La manière de Louis Carette s'oppose en tout cas complètement à l'intention que nous avons formulée. C'est ce qui empêche ce roman, qui vaut cependant par tant de mérites, de s'élever définitivement au-dessus du rang d'un témoignage de qualité supérieure, pour atteindre à celui de l'œuvre d'art proprement dite. Paul de MAN.

(1) Editions de la Toison d'Or.

AU PALAIS DES BEAUX-ARTS

M. A. DE KERCKHOVE PARLE DE J.-J. ROUSSEAU

La personnalité de J.-J. Rousseau est une des figures littéraires qui se prêtent le mieux à être étudiées du point de vue psychologique. Rares furent les écrivains dont l'œuvre, sous des apparences parfois impersonnelles et abstraites, est, à ce point, l'expression de leurs sentiments et de leurs souffrances intimes. C'est dire qu'on ne saurait la comprendre ou la juger sans avoir au préalable appris à connaître quelque peu la vie et le caractère de leur auteur. De ce point de vue, l'exposé de M. A. de Kerckhove s'avérait donc d'un intérêt particulier.

La thèse du conférencier est que le drame fondamental de l'existence de Jean-Jacques est un dualisme créé entre son individualité véritable et le rôle que lui firent jouer ses admirateurs et ses détracteurs. Une authentique opposition existait entre les goûts d'un homme timide, aimant la tranquillité et la paix et les exigences des amis (ou la haine des ennemis), qui voulaient sans cesse le mettre en vedette, pour défendre et affirmer ses pensées et ses théories. Toute sa vie se résume donc à ce combat entre l'individu méconnu et le personnage qui doit sans cesse simuler et feindre. Dans toutes ses pages, l'empreinte de cette lutte se trouve marquée et elle constitue donc la clef de son âme et de son œuvre.

L'argumentation claire et directe de M. de Kerckhove s'appliquant à nous présenter avec exactitude le mécanisme de ce conflit intérieur, parut à la fois convaincante et vivante.

P. d. M.

L'EXPOSITION « HISTOIRE D'ALLEMAGNE » AU CINQUANTENAIRE

L'exposition qui, sous le titre de « Grandeur de l'Allemagne », se tient au Cinquantenaire à Bruxelles, a été présentée, à la presse, au cours d'une réception suivie d'une visite guidée. Grâce à ces données, il est possible de dégager quelques traits d'ensemble qui éclairent l'importance de cette manifestation pour le public belge.

Le principe de l'exposition est de donner une vue d'ensemble de l'histoire d'Allemagne et de caractériser les aspects de chaque époque. On n'a pas voulu effectuer cette synthèse en se limitant à un secteur déterminé, en ne montrant par exemple que les perturbations politiques et territoriales. Ce sont tous les domaines de la vie humaine qui sont évoqués : tant les prestations culturelles et artistiques que les réalisations militaires et politiques. En montrant ainsi tous les aspects de l'histoire, on sera parvenu à faire comprendre plus clairement les liens qui se sont conservés, dans l'Etat allemand, à travers toutes les vicissitudes de son existence, et qui furent la garantie de son unité.

C'est là le premier élément qui pourra intéresser les visiteurs : avoir une vision plus nette de l'histoire très complexe d'un peuple dont l'importance est fondamentale pour le destin de l'Europe. Il pourront s'apercevoir que l'évolution historique de l'Allemagne est régie par un facteur fondamental: la volonté d'unifier un ensemble de régions qui ont une même structure raciale, mais que les adversaires s'efforcèrent sans cesse de diviser. Les époques de faiblesse coïncident toujours avec un morcellement territorial et chaque fois qu'il a été tenté de réagir contre un état d'infériorité, ce fut en cherchant à reconquérir et à assimiler des provinces perdues. Certaines dates précises marquent des étapes de mouvement incessant. C'est ainsi que l'année 1648, celle du traité de Westphalie, où l'Europe fut divisée en petites parties, est à l'origine d'une longue éclipse. Tous les efforts fournis par suite, jusqu'à et y compris la guerre actuelle, peuvent à juste titre être considérés comme des combats pour regagner le terrain perdu et pour effacer définitivement les traces de cette funeste impuissance. Parfois, ces tentatives furent très proches d'aboutir — sous Frédéric le Grand ou Bismarck par exemple — mais les menées combinées des adversaires éternels parvinrent chaque fois à faire échouer une stabilisation définitive. Mais cependant, la volonté qui sévit dans chaque génération, s'avère d'une puissance inébranlable. Et même les coups les plus durs — tel le Traité de Versailles — ne suffirent pas à annihiler l'élan d'une population qui veut affirmer sa cohésion et, partant, sa force. Ce sont là des facteurs historiques que chacun, désireux de comprendre la raison profonde des événements actuels, doit connaître. Il les verra comme une réalité concrète dans le schéma que cette exposition lui présente.

Il y a une autre raison pour laquelle le destin historique passé et futur de l'Allemagne ne peut nous laisser indifférents : c'est que nous en dépendons directement. Tout d'abord parce qu'il existe entre ce pays et le nôtre une interprétation profonde se manifestant le long des siècles par des contacts artistiques et politiques constants. En outre, parce que nul ne peut nier la signification fondamentale de l'Allemagne pour la vie de l'Occident tout entier. Il faut voir, dans cette obstination à ne pas vouloir se laisser subjuguer, plus qu'une simple preuve de constance nationale. Toute la continuité de la civilisation occidentale dépend de l'unité du peuple qui en est le centre. C'est pourquoi les faits qui déterminent le cours de son histoire nous touchent doublement : en tant que Belges, puisqu'ils agissent sur des valeurs que nous partageons avec lui, et en tant qu'Européens, puisque la force de l'Europe en dépend. L'ignorance factice des choses de l'Allemagne dans laquelle nous sommes restés durant ces dernières années nous a détournés d'une source vivante de notre civilisation : on peut espérer qu'une manifestation comme celle-ci orientera le regard de plusieurs de nos compatriotes vers des réalisations qui leur sont très proches.

Pour atteindre à ce but, on a fait appel à un procédé technique d'exposition d'une originalité et d'une efficacité extrêmes. On a soigneusement évité d'accumuler les détails et d'exiger du visiteur tout l'effort de synthèse mentale que réclame une vue d'ensemble sur des matières si diverses.

Au contraire, tout est basé sur l'intention de donner avant tout au spectateur une impression générale qui suggère en bloc les idées précises qu'on lui expose ensuite partie par partie. C'est pourquoi chacune des périodes se trouve traitée dans une chambre isolée dont la disposition générale, les motifs ornementatifs, l'éclairage, la teinte, se chargent de reconstituer le climat particulier de l'ère en question et y transplantent pour ainsi dire l'observateur. Ainsi préparé, celui-ci sera beaucoup mieux à même de voir en détail les différentes pièces qu'on lui montre et il n'aura aucun effort à faire pour tirer de cet examen les conclusions qui lui sont proposées. La puissance suggestive de cette méthode est considérable, surtout lorsqu'elle est appliquée avec autant d'adresse et de goût que dans le cas présent.

Il est évident que ce résultat ne pourrait être atteint qu'en faisant appel à une main-d'œuvre très adroite et très dévouée. Et il faut souligner que cette réussite parfaite fut obtenue en faisant presque exclusivement usage d'ouvriers belges qui eurent ainsi l'occasion de faire valoir tous leurs mérites, quoiqu'il s'agissait d'un travail entièrement neuf pour eux. Ils ne sont pas ceux qui ont le moins contribué à la parfaite mise au point de l'exposition, et l'hommage public qui leur fut adressé prouve que cet effort fut apprécié à sa juste valeur.

Les exposés introductifs furent faits par le major Gerhardus, chef de la section de propagande pour la Belgique, par l'organisateur de l'exposition, M. H. Hagemeyer, et par le Dr Petri. Tous insistèrent sur l'importance exceptionnelle de cette manifestation, tant en ce qui concerne son mérite artistique que sa portée culturelle. P.d.M.

Chronique littéraire

A LA RECHERCHE D'UN NOUVEAU MODE D'EXPRESSION

L'Emotion Sociale, par Charles Dekeukeleire (1)

CEUX qui ne voient dans les remous de l'époque qu'un simple conflit de puissances politiques montrent par là qu'ils n'en comprennent pas le sens profond. Les événements militaires, aussi gigantesques et lourds de conséquences qu'ils soient, ne peuvent faire oublier qu'en même temps se poursuit une crise d'ordre spirituel dont la portée historique est incalculable. A l'heure actuelle, nous n'avons plus qu'un souvenir imprécis des combats qui marquèrent les grands tournants de l'histoire, mais nous sentons comme une réalité concrète les modifications qui se sont produites à ces époques dans la manière de penser et de vivre. Pour celui qui, comme nous, se trouve plongé dans le tourbillon des faits et des actions, il est malaisé d'acquérir une vue suffisamment synthétique des choses pour saisir avec précision le sens de l'évolution qu'il est en train de parcourir. Cependant, dans l'ensemble des efforts de pensée qui se font jour, il est possible de retrouver une certaine unité qui révèle, dès à présent, les tendances futures. Autour de quelques pôles fixes on voit s'opérer des regroupements. Chez des individus n'ayant souvent aucun contact les uns avec les autres et travaillant dans des secteurs différents, on trouve des désirs, des soucis et des aspirations semblables. Les mêmes problèmes, ignorés à d'autres époques, hantent les esprits et les solutions proposées ne varient que par des détails extérieurs. C'est là une caractéristique des périodes révolutionnaires — c'est-à-dire de celles où se produit un bouleversement radical de l'ordre existant — que cette inquiétude, ces préoccupations communes qui assaillent les hommes et qui se trouvent reflétées dans leurs œuvres et leurs écrits.

Ce caractère particulier se retrouve nettement dans l'essai substantiel que vient de publier Charles Dekeukeleire. On y perçoit ce souci fondamental de définir un nouveau style de vie, en visant à modifier le rapport entre l'individu et ses occupations les plus usuelles. En ce cas, il s'agit plus particulièrement du problème du travail et d'une tentative de formuler un nouvel état d'esprit, grâce auquel le labeur quotidien s'accomplira dans des conditions moins nuisibles à l'équilibre humain. L'insuffisance présente résulte, selon Dekeukeleire, d'une ignorance systématique de la portée sociale de la tâche à accomplir. Ce ne sont pas les produits fabriqués qui sont nuisibles, ni même les procédés utilisés pour leur fabrication, mais la mentalité du travailleur est faussée à sa base. Il a complètement perdu la notion du collectif et ne se rend pas compte que, par son action, il collabore à une tâche dont toute la communauté tire profit. S'il parvenait à retrouver ce sentiment, il serait aussitôt ramené à un état d'esprit plus joyeux et plus harmonieux. S'unissant à ses semblables dans un même effort, il retrouvera la satisfaction primitive du geste, sans valeur si on le considère séparément, mais indispensable si on le conçoit placé dans cette infinie série de gestes grâce auxquels la société vit et respire. Cette question de la joie au travail est un des soucis prédominants des sociologues modernes. Mais Dekeukeleire en a parfaitement exprimé la portée profonde et l'a située dans le cadre philosophique général qui lui convient.

Si la partie de l'essai qui analyse la cause de nos maux est pertinente et exacte, il semble bien qu'il faut faire des réserves quant aux chapitres constructifs. Non pas qu'on voudrait exiger de l'auteur une solution à une question si délicate et si complexe. Mais la direction suggérée n'aborde pas le problème par le bon côté et détourne quelque peu des aspects essentiels. Ce qui préoccupe Dekeukeleire est de porter remède à la carence spirituelle du siècle en modifiant les moyens d'expression artistique. C'est là un phénomène de déformation professionnelle bien normal chez quelqu'un qui s'est toujours occupé d'art et qui sera immanquablement tenté de tout ramener à son domaine. Mais là où on ne peut plus le suivre, c'est lorsqu'il assigne à la production artistique une fonction sociale qui ne lui appartient pas. C'est une affirmation pour le moins discutable que de considérer l'émotion esthétique comme identifiable à l'émotion sociale et de croire que les deux puissent s'interinfluencer profondément. Incontestablement, tout style porte dans une certaine mesure l'empreinte de l'ordre social régnant au moment où il sévit. Mais ce n'est là qu'un constituant secondaire du sentiment créateur. A côté de ce facteur changeant, il se compose d'un nom[bre de] mobiles éternels basés sur des structures fixes. Si tel n'était pas le cas, il serait impossible de goûter et d'apprécier l'art d'un temps révolu : celui de l'antiquité, expression d'une société foncièrement différente de la nôtre, n'exercerait plus aucun effet sur notre sensibilité réceptive. Mais il reste vivant parce que nous retrouvons en lui, au-delà des particularités régionales et liées aux temps, des facteurs éternels qui forment sa plus importante partie.

Non pas qu'on doive complètement nier cette efficacité sociale de l'art. Certains exemples cités dans ce livre indiquent clairement comment il peut agir directement sur les sentiments collectifs et exercer une attraction stimulante et exaltante. Il est parfaitement normal de se préoccuper de ce moyen d'influence et de rechercher la formule qui pourra le mieux accomplir cette fonction. Mais ce qui n'est plus légitime c'est de la considérer comme le but ultime de l'art et de juger celui-ci en fonction de l'efficacité qu'il atteint dans ce domaine. Je songe plus particulièrement aux passages où Dekeukeleire adresse des reproches à la production artistique de ces derniers siècles et prétend que, en s'isolant dans une spécialisation individualistte, elle a manqué à ses devoirs essentiels. On peut aller jusqu'à exprimer ses regrets lorsque rien dans le style régnant ne se prête à une tâche organisatrice. Mais jamais on ne pourra conclure de ce fait à une infériorité de l'art et condamner celui-ci parce qu'il ne se plie pas aux exigences sociales. Les lois puissantes qui régissent l'évolution des genres ne se soucient guère de ces objectifs. Nous l'avons dit, la grandeur de l'art dépend en premier lieu de constituants éternels, et ce n'est qu'en fonction de ceux-ci qu'on pourra le juger. Toute tentative de le transformer en un moyen utilitaire, même dans un but grandiose et respectable, risque de mener aux pires déformations. Les théories de l'art pour l'art étaient funestes parce qu'elles limitaient arbitrairement le champ d'investigations et les sujets possibles. Mais il semble bien que l'excès contraire, tel qu'on le trouve dans l'essai en question, est une attitude également dangereuse, sinon plus.

Je n'ignore pas qu'il y a des exemples historiques où, dans une synthèse sublime, toutes les faces de l'activité humaine et tous les aspects du temps se trouvèrent reflétés dans une œuvre commune, à laquelle chacun participait. C'est le cas de la cathédrale médiévale, symbole qui paraît hanter l'esprit d'un grand nombre de penseurs contemporains. Mais, dans ce cas, on peut se demander si c'était réellement l'émotion esthétique qui étreignait tous les collaborateurs ou si celle-ci ne demeurait pas l'apanage exclusif des âmes d'élite dont la fonction fut d'ordre artistique. Quant aux autres, ils ressentirent sans doute l'ivresse de participer à une grande réalisation commune, mais cette sensation devait être proche de celle que ressentent des ouvriers techniciens qui, à l'heure actuelle, construisent un grand barrage ou un pont gigantesque. En tout cas, du point de vue artistique, on ne peut conclure de là à une supériorité du moyen âge sur la Renaissance et si nous avons tendance à vouloir nous rapprocher des normes spirituelles d'alors, ce serait un immense pas en arrière si cela devait se faire aux dépens des enseignements et des beautés qui furent créées par l'époque intermédiaire.

D'ailleurs, le choix du mode d'expression est de moindre importance, car il se trouvera fixé automatiquement lorsque les bases de la société nouvelle se seront stabilisées. Dans son essence même, le problème du nouveau collectivisme est un problème de foi. C'est lorsqu'une croyance impérieuse se sera imposée à tous les esprits avec une force irrésistible que renaitra l'unité et l'harmonie à laquelle nous aspirons. Il est possible qu'alors l'art deviendra l'expression de cette solidarité. Mais cela se fera d'une manière insensible et spontanée et on ne s'en rendra compte que lorsque le processus sera entièrement accompli. Que cette question préoccupe déjà tant d'esprits indique que nous sommes peut-être plus proche de ce stade que nous ne le croyons nous-mêmes.

Paul de MAN.

---

(1) Edition de la Maison du Poète.

LE RENOUVEAU DU ROMAN

Le «Péché de complication...»

Quelques mots avec Louis Carette

Au moment où la question d'un renouveau artistique et littéraire préoccupe les esprits, il est particulièrement instructif de s'enquérir des buts d'un nouveau romancier. Car tout autant que les résultats qu'il a pu obtenir et que le public apercevra aisément, ses intentions profondes — que même un examen attentif ne révèlera pas à tous — doivent être mises en lumière. Parfois celles-ci se cachent encore derrière des apparences trompeuses : on a vu des créations très hardies et originales passer pour conventionnelles parce que certains détails de forme portaient encore l'empreinte du passé. C'est pourquoi il est nécessaire de demander explicitement à l'auteur en quoi il veut se rattacher aux traditions du genre et en quoi il veut réagir contre elles. Et cette question est plus pertinente encore à un moment comme celui-ci, où l'effort de chacun est de se libérer des disciplines établies et de se lancer dans des voies nouvelles.

M. Louis Carette, qui vient d'attirer l'attention sur lui par un roman intitulé « Le Péché de complication » (1), s'avérait un sujet exceptionnellement adéquat à ce genre d'examen. Tout d'abord parce que la solidité de construction et la mise au point rigoureuse de son livre prouvent qu'il s'agit d'une œuvre mûrement pesée, dont l'orientation a certainement été très étudiée. En outre, dans son cas, le romancier se double souvent d'un essayiste. En nous contant l'histoire d'un jeune garçon et d'une jeune fille passant de l'âge de l'adolescence à celui de la maturité, il lui fut possible de toucher à un grand nombre de problèmes actuels et de montrer, par quelques digressions, qu'il était un esprit avide de vues générales. On pouvait donc supposer qu'il prenait nettement conscience des visées théoriques de son travail et qu'il pourrait fournir des précisions intéressantes à ce sujet.

En face des créatures qu'il suscite, nous dit Louis Carette, *le romancier a le choix entre trois attitudes. Il peut se mettre audessus d'eux, en dessous et au milieu. Je m'explique. Il peut se mettre en dessous d'eux comme font plusieurs romanciers américains qui se contentent de nous montrer les gestes de leurs héros et nous laissent le soin d'en trouver le sens. On peut se mettre au milieu de ses personnages en leur laissant la parole et en ne donnant d'explications que celles qu'ils pourraient donner eux-mêmes, notamment par le monologue intérieur. En général, on est fort féru de ce procédé au point qu'on en arrive presque à exclure tous les autres. Hors du monologue intérieur, point de salut. Grosse erreur, évidemment.*

Il n'y a rien de plus faux que cette proposition qu'on tend à ériger en canon. Le romancier ne peut pas en savoir plus long que ses héros. La proposition certes est défendable. Elle n'est pas prouvée et, au contraire, si tradition il y a, elle est plutôt dans l'autre sens. La tradition du roman français (Balzac, Standhal) est d'expliquer, de commenter, voire de juger. Pour ma part, je n'ai pas manqué de le faire. On commençait, en France, à faire un sort à cette conception saugrenue de l'écrivain dominé par ses personnages. C'est un peu niais et, en tout cas, c'est contraire à ce qui me paraît être la mission du roman français, mission qui, selon Proust, est avant tout une mission de traduction. Traduction des gestes et des paroles, déchiffrement de ce que révèle malgré nous notre comportement.

C'est dans ce même ordre de choses que je n'ai pas hésité à faire du « Péché de complication » un roman qui parfois frise l'essai. Là encore, il s'agit de revendiquer pour le romancier le droit d'user de son intelligence, c'est-à-dire d'avoir certaines vues sur le monde ou sur n'importe quoi et de les exprimer chemin faisant. Là encore la tradition est de mon côté. Je ne citerai que Balzac et les considérations dont il s'enrichit — et dont parfois il alourdit, il faut le reconnaître — ses romans.

Ce que j'ai surtout voulu faire en écrivant le « Péché de complication », c'est introduire à nouveau certains mobiles dramatiques des romans au cours des dernières années. Observez ces romans : le seul centre d'intérêt était toujours l'amour, l'amour considéré comme une fin, alors qu'il n'est qu'un moyen de s'affirmer. L'amour y était posé comme une valeur en soi destinée à triompher de toutes les autres. Il est bien évident qu'il y a là quelque chose de complètement faussé. Au moins dans l'immédiat, il ne peut y avoir de littérature valable si elle ne comporte pas une offensive contre l'amour ou au moins contre cette conception féminine de l'amour.

En fait, d'ailleurs, le roman français depuis trente ou quarante ans est dominé par ce qu'on pourrait appeler les valeurs faibles. D'Alphonse Daudet à Mauriac, on voit les romanciers animés d'une sorte de dolorisme qui les fait s'intéresser éperdûment à la souffrance et mépriser le bonheur. Nous avons assisté à une vaste entreprise de calomnie contre le bonheur qui a trouvé son mot de la fin dans cette phrase qu'on a pu lire il y a deux ou trois ans dans la « N. R. F. » sous la plume de je ne sais plus quel moraliste à la manque : « Il n'y a pas de bonheur intelligent. » Comme si l'intelligence ne nous avait pas été don-

née précisément pour atteindre au bonheur. Mais observez les romans français. Tous les forts y sont représentés comme des imbéciles ou des canailles.

Les héros, ceux que le romancier veut sympathiques, sont inquiets, tourmentés, malheureux. En fait, une littérature à la gloire des vaincus. Héros de Mauriac, de Gide, de Proust et même ceux de Martin du Gard, tous des vaincus.

Pour moi, j'espère avoir fait de mes héros des vainqueurs. Au moins les deux principaux. Au dernier chapitre, Paul-Jean et Edith savent ce qu'ils veulent et le veulent passionnément. C'est dire qu'ils sont heureux. Car ce n'est pas l'amour qui les rend heureux. Au contraire, leur amour meurt. S'ils sont heureux, c'est de sentir en eux une volonté sauvage et qui les tient debout. L'amour ici n'a été qu'une arme parmi d'autres, comme l'argent ou l'ambition. Mobiles généralement dédaignés par le roman français et auxquels j'ai essayé de rendre une place.

Tout ceci n'est pas nouveau, du reste, et de cette tendance vous trouverez déjà des signes ailleurs, notamment chez Malraux ou Montherlant ou même dans la bonne pièce de Salacrou, « Histoire de rire », que nous avons vue dernièrement. Voir aussi le livre de Denis de Rougemont, « L'Amour et l'Occident ». Notez qu'il ne s'agit pas de morale et de forces saines, etc., il s'agit avant tout d'une volonté tout entière tendue vers le bonheur, lequel réside dans l'affirmation de soi.

Ainsi se trouvent formulées clairement les intentions plus profondes qui se cachent derrière l'intrigue de ce roman. Ce sont plus que des projets purement personnels de Louis Carette. Car cette modification dans l'orientation des thèmes, cet élargissement du sujet romanesque à des aspects plus variés de la vie sociale, cet assainissement éthique du roman qui veut devenir plus viril, sont des traits qui se retrouvent chez plusieurs jeunes écrivains et qui permettent de parler dès à présent d'une nette rupture avec les générations précédentes. Et il est significatif que ce mouvement soit dirigé vers une mentalité plus généreuse. En dehors des réussites purement littéraires qu'on peut espérer un départ de ces données, il y a là un élément réconfortant dans l'ordre politique et social. Des intentions de cette nature, qu'elles se manifestent dans l'art ou dans n'importe quel autre secteur de l'activité humaine, sont des garanties pour une heureuse évolution des conditions historiques.

Paul DE MAN.

---

(1) Edité aux Editions de la Toison d'Or.

Chronique littéraire

« LE TRIOMPHE DE LA VIE », par Jean GIONO (1)

LE dernier livre de Jean Giono confirme une impression qu'ont dû avoir tous ceux qui suivent de près sa création littéraire : c'est qu'on a tort de faire de lui un romancier. Il y a dans sa pensée et dans sa sensibilité artistique des éléments qui ne concordent pas avec les lois de ce genre, bien plus, qui s'y opposent entièrement. Dans « Le triomphe de la vie » une sorte d'essai poétique, qui se laisse mener au gré de l'imagination, où se succèdent les méditations, les descriptions et les scènes symboliques, le meilleur Giono déploie ses dons merveilleux. Mais lorsqu'il doit se soumettre aux exigences du réel et transcrire des actes et des dialogues, cette exigence coupe les ailes à sa débordante inspiration.

La chose est fréquente chez des écrivains qui s'expriment sous la dictée d'une impérieuse exigence intérieure et qui veulent imposer une thèse. Par définition, le roman se prête mal à servir comme démonstration de vérités éternelles. L'idée comme telle est un facteur qui n'intervient pas dans la vie courante : celle-ci se compose d'un certain nombre de phénomènes psychologiques, régissant les rapports des individus avec leur moi propre et avec leurs semblables. Les théories et les notions abstraites n'y apparaissent pas comme des ressorts dramatiques visibles. Lorsqu'elles en viennent à déterminer le cours des existences, ce n'est que sous un aspect modifié, quand, au contact des hommes, elles se sont transformées en une matière sensible et vivante. Plus souvent encore, elles restent immuables dans la rigidité de leurs impératifs, et ce sont les êtres eux-mêmes qui s'adaptent à leurs exigences suprêmes. Mais jamais elles n'existent comme des entités homogènes, qu'on pourrait faire intervenir dans cette description de la réalité que le roman tente de parachever. On s'en est fort bien aperçu chaque fois qu'on risqua l'expérience du « roman d'idées ». Faire entrer des pensées et des théories dans la trame de vie des personnages s'avéra toujours un problème insoluble, et on n'y parvint qu'en faisant appel à des artifices plus ou moins grossiers et toujours gênants.

A vrai dire, la seule façon de concilier le roman avec la doctrine est de saisir celle-ci lorsqu'elle se présente comme une chose tangible, trouvant place dans nos préoccupations quotidiennes. C'est dire qu'on élimine d'emblée toutes les thèses qui ne se prêtent pas à subir cette transformation, toutes celles qui existent en dehors des contingences et des actes usuels. On conçoit parfaitement que Montherlant ait pu faire tenir dans un roman l'idée qui se trouve à la base de « Pitié pour les femmes ». Car il s'agit là d'un ensemble de préceptes régissant précisément les rapports mutuels entre personnes, d'une attitude morale ayant trait au comportement d'un homme parmi ses semblables — et qui peut donc parfaitement s'exposer en narrant les chocs qui se produisent dans la vie du héros qui se conduit conformément à ces préceptes, ce qui est une manière directe et saisissante de les faire vivre et de les faire comprendre. Mais le cas d'un Giono est entièrement différent : ses intentions débordent largement le cadre des rapports d'homme à homme, puisque, en vrai prophète, il veut nous apporter tout un mode de vie, toute une conception du monde qui est destinée à envelopper nos gestes et nos actions, comme le ferait une foi irrésistible. Immanquablement, on ne pourra que disperser la puissance de ce dynamisme, que freiner la force de cet élan en voulant transformer ce message brûlant en une réalité journalière. Une pensée d'une telle universalité ne se laisse révéler artistiquement qu'en s'appuyant sur les visions qu'elle suggère dans l'esprit où elle habite et dont celui-ci peut tenter de transcrire la fervente exaltation. Mais dès lors nous sommes dans le domaine ici supra-terrestre, du fugitif, de l'irréel, qui n'a rien de commun avec la vie usuelle. Le rôle du roman commencerait après, lorsqu'il faudrait nous montrer comment le héros a adapté son existence aux nouveaux devoirs qui lui ont été révélés. Problème purement psychologique et qui n'a aucune valeur démonstrative par rapport à la vérité en question. L'acte de foi lui-même, dans toute sa tranchante efficacité, ne pourra s'extérioriser que dans la vision — c'est-à-dire dans une forme littéraire d'ordre poétique, loin de la minutieuse complexité du roman, soumis aux lois de la réalité humaine.

On s'en apercevait fort bien dans les romans de Giono qui tous, s'échappaient de leur cadre pour tourner à l'incantation. Mais il semble être infiniment plus dans son élément lorsqu'il se borne à laisser sa pensée s'accrocher à quelques scènes isolées, à quelques actes primitifs, qu'elle charge de toute l'ardeur de sa conviction fervente. A ces moments — comme dans toute la première partie du « Triomphe de la Vie » — Giono atteint à une grandeur incontestable. Que ce soit dans cette prestigieuse évocation du destin de l'homme moderne, à la poursuite de son progrès qui est en réalité sa mort, évocation qui donne ce frémissement d'horreur que seuls les plus grands ont pu transmettre. Ou dans la description du geste artisanal, lorsque la richesse du style parvient à transcrire le rythme même du mouvement. Voyez ce cordonnier au travail : « Il prend l'alène; il prend le fil; il appuie le talon de l'alène contre le manicle, il pousse et il perce le premier trou. Il prend à sa bouche la pointe fine du ligneul raidie de soie de porc. Il retire l'alène. Il passe de droit à gauche la soie de porc dans le trou frais; il passe de gauche à droite l'autre soie de porc à l'autre bout du ligneul dans le trou frais. Il tire de chaque côté, entre-croisant le fil. Il s'entoure la manicle du ligneul et il serre en écartant les bras comme s'il nageait ou s'il était en train de vouloir écarter durement de grandes ailes, et ainsi il fait le premier point. Il repend l'alène, il appuie encore le talon contre la manicle; il pousse, il perce un autre trou, reprend la soie à ses lèvres, la passe encore dans le nouveau trou et il repasse l'autre soie; il tire; il s'entoure encore la manicle et il serre encore de toutes ses forces. Et ainsi, lentement, mais sur une cadence qui, maintenant, quoique lentement, va de plus vite en plus vite, il prend, il appuie, il pousse, il perce, il passe les soies croisées et il écarte les bras en serrant le point... ». On sent naitre un mouvement rythmé comme un chant. Ce chant vibre dans tout le livre, sans s'éteindre jamais, et son écho résonne longtemps dans notre mémoire.

*
* *

La thèse de Giono sur la primauté de l'artisanat est donc un admirable thème d'inspiration auquel nous devons ses meilleures pages. Ce qui n'empêche que cette thèse est fausse où, si l'on préfère, vaine. Elle est fausse parce qu'elle voit un mal décisif là où il n'y a qu'un mauvais moment à passer et elle est vaine parce qu'elle veut remédier à un état de choses irrémédiable et qui, en outre, n'est pas funeste. Car si l'homme en est arrivé à se servir de machines pour fabriquer les objets dont il a besoin, c'est parce que sa destinée veut qu'il apprenne toujours à mieux tirer parti de son ingéniosité. On a tort d'appeler ce mouvement un progrès alors qu'il s'agit d'une simple évolution, sans aucune idée qualitative. L'homme qui forge le fer n'est pas meilleur que celui qui taille la pierre; il est simplement plus fort et il pourra multiplier ses appétits. Mais dans son fond, il est resté le même, et il n'aura de valeur que selon l'usage qu'il fait de sa nouvelle puissance. Au début, quand cette découverte aura encore la saveur de l'inconnu, il pourra mal s'en servir, n'ayant pas encore appris à la manier. C'est sa crise d'adaptation. Nous en voyons actuellement un exemple dans la manière inepte et puérile qu'on a d'utiliser les machines. Au point que Giono a fini par croire qu'elles sont, dans leur essence, des choses mauvaises, qui tuent la vie en nous et qui nous écrasent de leur force aveugle. Rien n'est plus faux. Pour un ouvrier qui s'est acclimaté à sa machine, elle est devenue un objet subtil et attachant, dont il est seul à connaitre les mystères et les particularités et qu'il est parvenu à rendre docile et prête à se plier à ses désirs. Comme l'alène l'est pour le cordonnier, elle est son outil, grâce auquel il pourra fournir des produits parfaits, entièrement adaptés aux buts qui commandent leur fabrication. Ce qu'il s'agit de retrouver, c'est l'humanité primitive qui peut aussi bien exister face à la machine que face à l'outil de l'artisan. Avec tous les engins successifs qu'on lui a mis entre les mains, l'homme a connu les mêmes difficultés. Il a commencé par devenir leur esclave et par se laisser imposer leurs lois. Mais sa nature profonde finit par reprendre le dessus. La vision prophétique de « Brave new World » ne se réalisera jamais.

Néanmoins, il est bon qu'on y insiste de temps en temps, ne fût-ce que pour hâter ainsi l'évolution. Dans ce sens, l'œuvre de Giono est d'une grande utilité, même si les remèdes qu'elle propose sont contraires à l'ordre normal des choses. L'influence qu'elle exerce, pour des raisons extra-littéraires, démontre que nous sommes sur la bonne voie dans la solution de ce problème.

Paul de MAN.

---

(1) Edité chez Bernard Grasset.

LA POÉSIE DE THÉO LÉGER

Les mérites de la poésie pure

EN inscrivant l'expression « poésie pure » dans le titre de cet article sur Théo Léger, nous avons voulu mettre en évidence le caractère fondamental de sa manière. Car c'est bien une impression de pureté d'une poésie, qui n'est polluée par aucun souci intellectuel étranger, par aucune préméditation de style, que laisse la lecture d'un poème comme « Andromède éblouie ».

Cette particularité est peu fréquente et il est utile d'en souligner le mérite à un moment où la tendance générale est de juger sévèrement tous ceux qui se bornent à laisser jouer librement les dons dont ils furent gratifiés, sans y joindre une inten-

(Archives « Soir ».)

THÉO LÉGER.

tion seconde. Le fait de vouloir assigner à l'art une fonction s'exerçant dans des domaines qui dépassent son cadre primitif est le propre d'une époque confrontée avec de grands problèmes pratiques et soumettant toute chose à son souci organisateur. Le mal ne serait pas grand, si on se bornait à faire de la création artistique un outil pour réaliser des fins politiques.

L'erreur commise en ce cas est si flagrante et les résultats obtenus si catastrophiques — tant du point de vue artistique que politique — que tous les esprits sensés auront tôt fait de réagir contre de telles velléités. Si c'est à la signification morale et philosophique de l'art qu'on s'en prend, l'intention est déjà plus dangereuse. Car on risque de confondre la propriété des grands talents de prendre conscience, dans les profondeurs de leur être, des courants spirituels déterminants de l'époque, et de les extérioriser dans des œuvres éclatantes, avec le simple programme imposé que le plus médiocre pourra illustrer et enjoliver à l'aide de ses minces dons. Mais là où l'influence exercée par cette orientation théorique devient réellement néfaste, au point de freiner d'authentiques vocations, c'est dans la sphère de l'esthétique proprement dite en exigeant comme premier devoir d'un auteur d'apporter un procédé de style nettement défini, neuf et fécond.

Ce besoin de considérer l'intention esthétique comme plus importante que la simple beauté provient de ce que nous nous trouvons à la fin d'une période littéraire et que nous ne concevons pas encore avec netteté quelles seront les formules et les écoles qui lui feront suite. Plus ou moins consciemment, tout écrivain actuel est en réaction contre la génération précédente, parce qu'il sent que les méthodes de celle-ci ont donné tous leurs fruits et qu'il faudra désormais chercher ailleurs. Mais n'ayant pas assez de lucidité ou de génie pour entrevoir l'aspect du style nouveau ou pour le créer lui-même, il demeure désemparé, et prêt à s'accrocher à tout mouvement qui semble quelque peu sérieusement motivé. Ou bien, il se sent lui-même moralement obligé de contribuer à l'édification des théories littéraires de l'avenir, et, avant d'écrire, il se fixe un mode, une doctrine, dont ses œuvres ne seront qu'une illustration.

Une telle mentalité est à l'encontre même d'une évolution normale. L'analyse des styles est la fonction de la critique et non des créateurs, et elle se fait à posteriori, après le passage du talent. L'artiste obéit à des impératifs intérieurs qui échappent le plus souvent à son raisonnement. Lorsqu'il fallut bâtir la cathédrale gothique, cette entreprise n'était pas précédée d'une réunion de doctes spécialistes où l'on discutait à perdre haleine sur les mérites respectifs de certains styles.

Les vers de Théo Léger accusent un contraste total avec l'état d'esprit théorétisant dont nous venons de parler. Contraste qui va en s'accentuant au fur et à mesure que sa poésie s'affirme et évolue. Dans ses premiers poèmes « Ornement de la Mort intérieure », on sent encore quelque chose de forcé, un lyrisme exalté qui ne laisse pas le vers se développer et chanter librement. Mais dans « Andromède éblouie » — que je préfère à « La plainte d'Ariane », parce que l'œuvre me semble mieux achevée et plus harmonieusement construite — il y a eu une épuration considérable. Le sujet est devenu impersonnel : Andromède a été liée à un rocher dans la mer, offerte en holocauste à la colère de Neptune, parce que, dans son innocence, elle a oser défier la beauté des sirènes. Et ce thème est à peine esquissé, dans quelques vers qui sont le centre du poème.

Car tel fut mon péché: l'orgueil d'être innocente
et ma haute candeur, défiant les sirènes
du feuillage écartant les voiles et les ombres
me livra sans prudence à la mer, à ses dieux.

Par contre, tout l'accent porte sur la rêverie intérieure d'Andromède, se rappelant de sa jeunesse avant de mourir, ainsi que sur quelques évocations qui ne prennent le sujet central que comme prétexte à des tableaux où peut s'épanouir le talent descriptif de Théo Léger. Car c'est bien dans la description que celui-ci excelle et c'est lorsqu'il se livre à la peinture visionnaire, bien plus que lorsqu'il aborde la méditation, que sa poésie atteint à cette pureté, à ce naturel, qui en fait la valeur. Ce génie descriptif se manifeste dans un sentiment de la nature, une des principales richesses du poète auquel on doit des passages comme ceux-ci :

Je suis la princesse aux yeux d'ombre, Andromède [enfantine
à l'abri des cieux durs j'ai vécu solitaire
dans le sombre émerveillement des ramures [déployées
d'un domaine profond plein d'arbres centenaires.
Sous leur nuit merveilleuse, en leur berceau [d'ombrage
qu'illumine à demi la luisance des sources
j'ai longtemps connu l'art d'enchanter les oiseaux,
le secret d'éclaircir le miroir des fontaines.
...
Tout était silence, ou murmure, ou nuance,
peu de vent, pas d'oiseaux migrateurs
seuls les grands feux de l'été descendaient apaisés
dans l'or sommeillant d'un sourire à travers tant [d'ombrages.

On le retrouve également dans des descriptions d'allure plus dramatique où, à la simple perception d'une atmosphère créée par la nature, se superpose une émotion déchirante et sombrement tragique.

Sous l'offrande nocturne, victime alourdie
de voiles, de couronnes, de lourds bijoux funèbres,
sur les rythmes obscurs de timbales voilées,
sur les pleurs étouffés de la flûte assourdie,
j'avançais d'une marche irréelle...

Ou encore :

Est-ce encor Andromède cette ombre que roidit
l'épouvante, cette forme aux rochers palpitante,
ce visage égaré, cette bouche entr'ouverte,
Cette gorge brûlée où s'étranglent des râles
à chaque vague plus lourde, à chaque ombre portée
de nuage et de vent sur la mer frémissante
dans l'azur assombri de profondes menaces.

Et ce corps insensible est-il d'Andromède
aux patines du jour, depuis l'aube exposée
tel un marbre doré que l'écume a poli
que le sel a vêtu de sombre transparence ?

Il fallait recopier ici ces beaux vers, pour qu'on en sente la musicalité et l'ampleur. Dès l'instant où Théo Léger a trouvé ce qui, manifestement, est sa norme, dès qu'il aborde cette description émue, où la nature devient le miroir d'une foule de sensations et de sentiments, on sent que le problème de la forme est également résolu pour lui. Sa phrase acquiert une sonorité et un rythme, elle s'élève librement, portée par une inspiration qui n'a d'autre souci que de traduire la beauté qu'elle porte en elle. C'est qu'à ce moment, la poésie est devenue une chose qui se suffit à elle-même et qui ne cherche d'autre signification que sa propre richesse. Et c'est alors également qu'elle trouve sa profondeur, car celle-ci naît là où quelqu'un exprime totalement ce qui vit en lui et non là où de vains efforts cérébraux tentent de frayer des voies qui s'ouvriront spontanément, le jour où le talent magique aura passé.

Il faut saluer en Théo Léger quelqu'un qui a pu atteindre à cette rare pureté. Il y est parvenu parce qu'il a découvert progressivement — l'évolution de son œuvre le prouve — le terrain où ses dons s'épanouissent pleinement. Ce résultat est l'indication, chez lui, d'une véritable maturité poétique. Elle lui confère, dès à présent, une place prépondérante dans nos lettres.

Paul de MAN.

Chronique littéraire

« Sur les Falaises de marbre », par Ernst Jünger (1). Deux ouvrages d'actualité.

IL ne faut pas parler ici de l'œuvre d'Ernst Jünger par rapport à la littérature allemande dont elle est issue. Cela sera utile lorsque auront paru les traductions de ses autres œuvres, qu'on nous annonce dès à présent, et lorsque le lecteur français aura eu l'occasion de se familiariser avec la manière particulière de ce remarquable auteur. Mais ce qu'il peut être instructif d'observer dès à présent est la première réaction de celui à qui le style des lettres françaises impose, depuis plusieurs années, ses limites. Ceci étant dit d'ailleurs sans la moindre intention désapprobatrice — puisque le propre d'un style est précisément de s'isoler en créant des frontières qu'il ne franchira pas.

On se rend compte, en lisant *Sur les Falaises de marbre* qu'il y a tout un domaine, riche en possibilités infinies, que l'entre-deux-guerres française a ignoré : c'est le domaine du mythe. Depuis Stendhal, le roman français est une œuvre explicative, une œuvre d'intelligence. Elle gravite nécessairement autour d'un cas, autour d'un problème, et son principal souci est de montrer, rouage par rouage, le mécanisme complexe qu'on fait fonctionner devant nos yeux.

L'intrigue, la fable proprement dite n'a donc plus qu'une valeur d'illustration : elle sert à créer les circonstances favorables aux aperçus psychologiques, à provoquer les actes grâce auxquels nous serons à même de comprendre. Il doit en être ainsi dès que le but ultime du roman devient de bien poser un problème. Rien n'empêche d'ailleurs cette conception d'atteindre à des sommets artistiques, et, si nous l'opposons ici à une autre tendance, ce n'est nullement pour la diminuer ou pour tirer de cette comparaison le moindre jugement qualitatif.

Rien de ce souci d'analyse ne se retrouve dans un livre comme celui de Jünger. C'est à peine si les personnages qui y apparaissent ont encore une structure et une conformation qui leur donne consistance humaine. Ce sont plutôt des symboles, portés par des forces et des aspirations irrésistibles. Et ce sont des forces qui constituent le ressort romanesque proprement dit, indépendamment du fait qu'elles sont incarnées dans les personnages ou dans les paysages et les scènes d'action. Nous voyons, dans un monde fabuleux, s'agiter des hommes étranges, se développer des luttes et des combats d'une brutalité inouïe, planer une atmosphère de paix et de sérénité sans pareille. On nous transporte en plein mythe, dans un conte qui n'a plus qu'une apparence terrestre et où tout est défini par des puissances aussi secrètes qu'inexpugnables.

Déformé par notre habitude de voir un roman bâti sur une trame logique et claire, nous avons tendance à rechercher la signification exacte d'une œuvre comme celle-ci. Rien n'est cependant plus contraire à l'esprit de l'auteur que de vouloir assigner à chacune des créatures qui surgissent une fonction précise ou de les réduire à une formule intellectuelle. De même, les scènes ne sont pas là pour constituer le schéma d'une évolution cérébrale rigoureuse. *Sur les Falaises de marbre* n'a rien d'explicatif et son intention ne vise pas à résoudre une énigme ou à fixer les données d'une question philosophique. Il s'agit ici d'une narration purement évocatrice, résultant d'une vision du monde qui aperçoit celui-ci non pas comme un terrain d'investigation pour un esprit curieux, mais comme le lieu de rencontre des éternelles forces antagonistes, du Bien et du Mal. Car cette impression se dégage avec assez de netteté du récit pour qu'on puisse la donner comme interprétation de la lutte dépeinte dans ces pages. Dans l'un camp se trouvent les forces de la lumière : la contemplation tranquille, l'étude sereine, la terre bienveillante, la noblesse humaine; tandis que les adversaires, venus des profondeurs de la sombre forêt ne font que glorifier la haine et la cruauté. Mais il ne faut pas confondre cette conception du monde, champ de bataille du vice et de la vertu, de la grandeur et de la bassesse avec une fade leçon moralisatrice. L'ouvrage de Jünger est celui d'un poète et non d'un directeur de conscience. Le conflit ne l'intéresse pas pour ses conséquences éthiques, mais comme thème d'inspiration, comme motif que son imagination peut traduire dans une suite d'images de soleil, de feu et de sang.

Ce que nous voudrions souligner, c'est que ces passages successifs n'ont plus ici une intention nette — comme dans le roman psychologique — et qu'ils ne sont là avec aucune autre justification que d'être des produits d'une imagination artistique. Ils existent par eux-mêmes, avec comme seul objet leur beauté propre. Il appartient au mythe d'être une création indépendante, qui ne doit pas être traduite dans le langage de la réalité usuelle, et qui ne se double d'aucune arrière-pensée psychologique. Jamais il ne nous apprendra une chose concrète et il n'enrichira pas nos connaissances. Mais il pourra faire passer sur nous ce frisson qui émane de l'art véritable, ce tressaillement d'épouvante ou de félicité qui s'élève de sa violence ou de sa douceur — et qui prouve que quelque chose de fondamental a été remué en nous. La littérature française, après les symbolistes, nous a privés d'une telle émotion puisqu'elle concevait toutes choses sous l'angle objectif de la compréhension et du jugement. C'est pourquoi nous la retrouvons avec joie chez l'Allemand Jünger, après l'avoir sentie passer, mêlée à des foules d'éléments empruntés à la France, dans certaines œuvres anglaises. Je songe, par exemple à l'exaltation quasi-mystique d'un Lawrence ou à la méditation diaphane et lumineuse d'un Charles Morgan.

L'observation de la récente production, même en France, indique d'ailleurs une velléité de revenir à une mentalité plus subjective, ce qui s'accompagne d'une remise en honneur de la narration pure et d'une introduction d'éléments de caractère mythique. Les deux plus grands écrivains de la génération actuelle (qui ne sont d'ailleurs aucun des deux des Français purs), Giono et Montherlant, sont des exemples frappants de ce mouvement. Sans pousser plus loin l'analyse de ce phénomène, on peut cependant indiquer qu'il s'agit là d'une rupture très caractéristique qui s'est produite entre cette génération et la précédente, rupture dont les effets seront très sensibles dans l'avenir des lettres françaises.

* * *

Les deux ouvrages d'actualité qu'il fallait encore signaler dans cette chronique sont respectivement : *L'Anthologie de la nouvelle Europe* (2), d'Alfred Fabre-Luce, et *L'Agonie de la Paix* (3), de Georges Suarez et Guy Laborde. Le premier de ces livres est une tentative fort ingénieuse de dégager des courants de pensée actuels une doctrine homogène groupée autour des préoccupations qui nous tourmentent actuellement, tant dans le domaine politique que spirituel. On a incontestablement assisté, au cours des dernières cinquante années, à la naissance d'une pensée européenne, c'est-à-dire à un souci commun chez plusieurs écrivains et philosophes de défendre les valeurs de l'Occident contre des ingérences de plus en plus menaçantes. Pour que cette défense puisse s'organiser solidement, il a fallu définir exactement un grand nombre de concepts servant à délimiter la notion de la civilisation occidentale, et prôner des valeurs nouvelles sur lesquelles il faudra s'appuyer pour remonter la pente. Mais il est curieux de constater combien la plupart des esprits soi-disant éclairés étaient restés à l'écart de ces efforts qui se développaient en majeure partie en Allemagne. Le mérite de Fabre-Luce, résumant sous forme d'anthologie les aspects les plus marquants de ce mouvement, est donc d'introduire dans le grand public des noms et des œuvres que celui-ci ignore, quoiqu'ils soient d'une importance fondamentale dans l'orientation de l'époque. Le livre constitue donc une excellente introduction, à laquelle il serait dangereux de vouloir se borner, mais pouvant très bien servir de guide à celui qui cherche à se diriger dans le dédale de la révolution présente.

Beaucoup de livres ont déjà paru sur l'histoire de l'avant-guerre. Celui de Guy Laborde et Georges Suarez fait suite à la *Décomposition de l'Europe libérale*, de Bertrand de Jouvenel, puisqu'il traite des grands événements allant de 1935 à 1939. Basé sur une documentation abondante et rédigé dans un style alerte, il démontre une fois de plus avec pertinence l'incompréhensible aveuglement des dirigeants français, s'obstinant dans une politique fausse et non conforme à leurs forces réelles. La thèse est connue, mais nous retrouvons toujours sa démonstration avec le même intérêt, car de tous les essais de ce genre, se dégage la même grande leçon pour l'avenir et tous suscitent la même indignation devant les erreurs criminelles du passé.

Paul DE MAN.

---

(1) Traduit de l'allemand par Henri Thomas. Edition Gallimard.

(2) Paru chez « Plon ».

(3) Paru chez « Plon ».

Chronique littéraire

La pensée vivante
Vigiles de l'esprit (1), par Alain.

C'EST un très salutaire exercice de lire Alain tout en sachant qu'on devra communiquer à d'autres une vue d'ensemble de sa pensée, la schématiser pour en montrer mieux l'armature. On s'oblige ainsi à une continuelle vigilance afin d'établir le lien de continuité qui se perpétue à travers une suite de remarques apparemment disparates, mais en réalité d'une stabilité et d'une concordance parfaites. On s'efforce également de parvenir à un utile classement des idées offertes dont certaines sont fondamentales tandis que d'autres découlent de prémisses formulées à des endroits différents, parfois chronologiquement postérieurs. Non point qu'on aboutira ainsi à une systématique rigoureuse de cette philosophie qui est et se veut mourante et vivante. Mais il y a dans Alain une grande assurance, un état d'esprit — et non une conviction doctrinale — très stable, une égalité de caractère conférant à son œuvre à la fois sa très personnelle allure et sa cohérence. C'est ce que le lecteur paresseux mené de sujet en sujet et confronté avec des remarques et des conseils aussi séduisants que divers, risque de ne pas apercevoir. Il n'extraira rien de cette matière s'il n'a pas, par des parallèles, des recoupements, des jugements, atteint à la base solide dont sont issus ces propos variés — comme des végétations de toutes sortes, mais qui croissent sur un même sol et portent en elles les qualités et les caractéristiques de la terre commune.

« Vigiles de l'esprit » contient une suite de réflexions ayant trait à la connaissance, à la nature de ce que nous pouvons connaître et à l'utilité qu'il y a à acquérir certain savoir et à en écarter un autre — avec comme conséquence, des conseils sur la manière d'utiliser notre esprit, pour atteindre au but ainsi fixé. Le genre de pensée prôné se définit le plus clairement par opposition à ce que l'on appelle l'esprit algébrique. On sait que l'algèbre part de quelques axiomes qui sont de pures vues de l'esprit pour échafauder, par une suite d'opérations logiques, un système de calcul de plus en plus subtil et compliqué, mais qui n'est toujours qu'une illustration des quelques suppositions initiales. Dans ce cas limite l'expérience matérielle est donc quasiment réduite à zéro, tandis que tout l'effort est consacré à un développement abstrait étendu résultant d'un minimum de réalité tangible. Alain va à l'encontre de cette tendance. Il n'a aucun respect pour la démonstration mathématique qui lui semble une assez vaine activité spirituelle, et l'accumulation des preuves ne l'impressionne guère. Sa préoccupation majeure est de se tourner vers les phénomènes apparents pour en fournir une explication et non pas d'élaborer des systèmes tellement complexes que l'événement original, qu'on tente d'expliquer, se perd dans l'enchevêtrement des raisonnements. La connaissance devient pour lui une vision plus précise des apparences, une compréhension des mécanismes déterminant l'évolution de ce monde. Elle reste donc profondément enracinée dans la terre et la matière, ne s'évadant pas dans des spéculations, mais s'efforçant de combattre les fausses croyances par une justification claire et plausible. L'exemple-type d'une vérité féconde, selon Alain, est la notion actuelle que nous avons d'une éclipse de lune, suite à laquelle nous ne la considérons plus comme une chose effrayante et mystérieuse, mais comme une circonstance normale qui ne mérite pas notre effroi. L'homme peut donc atteindre ainsi à une grandeur et une dignité que l'esprit algébrique sera incapable de lui offrir.

Ce point de vue s'applique en premier lieu à la science, forme la plus élevée de connaissance du monde extérieur. Il y mène à une conception scientifique ne s'éloignant pas de l'homme et de ses facultés, mais s'attachant à explorer aussi complètement que possible le champ d'action et d'expériences qui demeure à notre portée. En cela, une opposition devait naître entre cette opinion et les tendances de la physique moderne. Celle-ci, en effet, présente une velléité à sortir de la sphère de notre commune mesure, soit que — comme dans les théories quantiques — elle s'occupe d'un monde dont l'ordre de grandeur diffère entièrement du nôtre, soit que — comme dans le domaine de la relativité — elle propose des mesures exceptionnelles, en dehors de nos perceptions usuelles. Alain manifeste une méfiance conforme à ses idées devant « le développement sans mesure d'une théorie, peut-être fort logiquement conduite, mais qui ne touche aussi à l'existence que par la fine pointe d'une expérience rare et délicate ».

On ne pourrait entreprendre ici la discussion de ces deux philosophies opposées de la science. Mais on peut indiquer que les conceptions actuelles dans ce domaine marquent une réaction contre les hypothèses trop transcendantes et inaugurent une retour à une science plus proche des préoccupations humaines. Alain apparaît comme un promoteur de cette évolution qui s'extériorise d'une part dans des interprétations plus pragmatiques des théories physiques, d'autre part dans la faveur d'une étude directe de l'homme, comme elle fut popularisée par Carrel, dans l' « Homme cet Inconnu ». Dès lors la science doit faire appel à des qualités et des dons tout différents de la haute cérébralité qui l'isolait dans un cercle de plus en plus restreint. Une véritable scission s'est établie entre les pourchasseurs de vérité absolue et ceux qui tentent d'en faire un outil entre les mains des hommes bâtissant leur monde — scission regrettable car l'un des camps ne saurait se passer des résultats obtenus sans l'autre. Mais les propagateurs d'un nouvel humanisme scientifique tentent de réunir les deux partis, en orientant les recherches dans des secteurs où ils peuvent s'allier et coopérer.

Les principes de « Vigile de l'Esprit » sont d'une particulière actualité dans les sciences sociales et politiques. A leur origine, celles-ci avaient une allure strictement révolutionnaire et ne faisaient pas usage des disciplines scientifiques établies. Par la suite, on tenta de les amener au même rang que les sciences dites pures, et de les étudier d'un point de vue absolu. Pour plusieurs raisons, cet effort ne donna que des résultats partiels. C'est pourquoi, un mouvement se dessine, visant à ramener la sociologie à une perception de la réalité, et substituant au raisonnement abstrait une faculté de voir les divers rouages de la société avec netteté — conception réaliste parfaitement en concordance avec les vertus d'attention, de participation directe et de concentration qu'Alain recommande.

Si nous avons sommairement indiqué ces parallèles entre la marche actuelle des diverses sciences et la philosophie d'Alain, c'est pour montrer combien cette œuvre est actuelle et vivante, et combien elle s'insère harmonieusement dans l'ensemble de préoccupations qui remuent le monde occidental à la veille de son renouveau. Ce retour à l'essentiel, écartant les spéculations gratuites, et regardant en face les problèmes réels est la seule possibilité de salut pour une civilisation en voie de décadence. Dans ce redressement, l'œuvre d'Alain apparaît comme une force vivifiante et salutaire.

Paul de MAN.

---

(1) Gallimard, éditeur.

Chronique littéraire

L'ACTUALITÉ FLAMANDE
Œuvres de Hendrik Prijs, Rijkaard Lod. Bauer, Ernest Claes, etc.

On ne peut considérer sans une certaine inquiétude l'actuelle production des lettres flamandes, qui demeure dans l'ensemble d'une incontestable médiocrité. Bien entendu, il serait déplacé de déduire de ces quelques années peu brillantes qu'un arrêt est intervenu dans le développement de cette littérature, qui évoluait avec assurance vers une renommée largement européenne. Mais il est certain que, à l'heure présente, l'examen le plus bienveillant n'indique aucune personnalité capable de couronner cette consécration par une œuvre définitive, et ne laisse percevoir, parmi les nouveaux venus, ne fût-ce qu'une tendance vraiment originale et féconde. Les livres de ce qui n'est déjà plus la jeune génération, des Ellschot, Roelants, Walschap, de Pillecyn et consorts avaient cependant admirablement préparé le terrain pour une floraison qui allait enfin nous conduire sur les vrais sommets. Depuis lors, il y eut par exemple l' « Elias » de Maurits Gilliams, qui est un roman de premier ordre, mais on aurait peine à ajouter deux ou trois titres à cette tentative d'énumérer les bonnes créations de jeunes dans la prose flamande. Le bilan est assez maigre. On a l'impression d'avoir gravi presque entièrement une très haute côte, pour s'arrêter à quelques mètres du point culminant — car c'est là l'image que suggère cette grande tentative d'émancipation littéraire entreprise en Flandre depuis près de cent ans et qui, parvenue actuellement toute proche de ses buts, parait marquer le pas. Répétons-le, ce n'est là sans doute qu'une erreur de perspective provoquée par un effet du hasard : les vrais talents doivent être occupés à mûrir dans le silence et la réflexion, et ne tarderont pas à faire leur bienfaisante apparition. En attendant, il faut bien se contenter des genres mineurs.

Un de ces genres mineurs, particulièrement florissant, vient de s'enrichir d'un bon volume : «Het Huis met de Glycines» (la maison aux glycines) de Hendrik Prijs (1) Il se rattache à un genre qui se pratique avec ferveur depuis quelque temps et qu'on pourrait appeler le réalisme petit-bourgeois. Ces romans sont réalistes, férocement réalistes même, en ce sens qu'ils se composent de prises de vues photographiquement exactes et qu'ils ne s'écartent jamais d'un cadre aussi banal que possible, afin de ne surtout pas atteindre des sphères où l'émotion et l'exaltation risquent de briser la règle sévère de la reproduction fidèle. Ils sont, en plus, petit-bourgeois parce qu'ils choisissent ce milieu social comme terrain d'action et qu'ils gravitent toujours autour des drames de famille d'un épicier, d'un cordonnier ou d'un petit fonctionnaire. Le modèle du genre est « Huwelijk zonder kinderen » (mariage sans enfants) de Hendrickx, paru au *Sikkel* il y a environ un an.

Cette littérature n'est d'ailleurs pas sans charme. Sa première vertu est d'être volontiers humoristique. Il est d'observation fréquente que le fait de trouver reproduit dans un livre, une pièce de théâtre ou un film le spectacle de notre réalité journalière produit un effet comique irrésistible. Je me souviens d'un film flamand où l'on pouvait voir des scènes aussi peu extraordinaires qu'un tram à vapeur traversant un pont ou que la plage de Sainte-Anne. Cependant, en voyant défiler sur l'écran, ces choses qu'ils côtoyent chaque jour, les spectateurs s'esclaffaient. C'est que le fait de transposer dans une fiction ce qu'on a l'habitude de toucher et de percevoir dans la plus plate réalité, a quelque chose de choquant qui fait rire. La même chose a lieu dans un ouvrage du genre de « Het Huis met de Glycines » qui devient, sans parodier jamais, une histoire humoristique, parce que si banale.

Une deuxième possibilité contenue dans le réalisme petit-bourgeois est la naissance d'un cynisme semblable à celui que créa Willem Elsschot. Celui-ci s'obtient en révélant les bassesses qui résident dans l'âme des vulgaires sur un ton impossible, sans laisser voir la moindre trace d'indignation. Toujours en demeurant strictement dans la ligne de la vérité objective, on choisit ses personnages de préférence parmi des créatures relativement peu reluisantes et on démonte impitoyablement le mécanisme de leur étroitesse et de leur cupidité. Tout cela sur un ton de parfaite bonne foi et comme si l'on trouvait toutes ces horreurs les choses les plus naturelles du monde. L'effet sarcastique peut être extraordinaire.

Mais aucun des disciples d'Elsschot n'a jamais pu l'égaler, même de loin. C'est que, chez l'auteur de «Lijmen» ce cynisme voile en réalité une émotion très profonde, d'autant mieux ressentie qu'elle exprime le drame intérieur de l'auteur lui-même. Elle n'est pas l'expression d'un artifice littéraire mais l'aspect réel d'un tempérament qui s'appuie sur une imagination débordante. Ses livres en acquièrent une portée dramatique, d'autant plus pénétrante, qu'elle se mêle sans cesse d'éléments satiriques, corrosifs et mordants. Hendrik Prijs parait bien inoffensif à côté de ce maître féroce. Quoi qu'en dise la préface — qui est d'ailleurs rédigée par Elsschot — son héros garde, à côté d'une solide dose d'avarice sordide, une série de qualités du cœur qui l'amadouent considérablement et introduisent dans le récit une atmosphère sentimentale presque touchante. Ce n'est d'ailleurs pas un mal, mais donne cependant au livre un accent plus conventionnel et infiniment moins incisif que celui de la prose elsschotienne. De celle-ci, il conserve avant tout le mode narratif plane et objectif, qu'il utilise avec beaucoup d'adresse. Dans l'ensemble, « Het Huis met de Glycines » est d'une bonne moyenne qui justifie pleinement sa publication sous forme d'édition populaire.

Ce même mode d'humour, transplanté cette fois dans le monde politique, se trouve chez Bijkaard Lod.-Bauer dans « Leeuwenmullen en Pantoffelbloemen » (1) recueil des petits articles publiés dans divers journaux, constituant une chronique vivante du mouvement flamand au cours de ses derniers dix ans. D'un point de vue strictement littéraire et journalistique, ces notes sont très réussies. La preuve est qu'on les lit avec plaisir et qu'elles ne cessent à aucun moment d'intéresser — ceci étant dû avant tout à un savant dosage des émotions qui passent adroitement du registre grave au registre plaisant et mélangent, dans un espace restreint, les mérites d'une observation pittoresque et d'une profession de foi sincère. Mais l'utilité de ce livre me semble contestable sur le plan politique. Il s'en dégage, en effet, avec beaucoup de netteté, un portrait psychologique du flamingant moyen, portrait qui — volontairement ? — n'est pas très flatteur. Le défenseur de la cause flamande ressort de ces pages comme un individu atteint d'un énorme complexe d'infériorité et présentant tous les symptômes de cette déformation : incapable de se mettre sur le même pied que son entourage, à la fois jaloux et honteux de l'isolement dans lequel le maintient sa fonction d'opposant, avec de brusques sursauts d'orgueil mal placé et se gaspillant sur des buts secondaires.

Ce personnage n'a plus le romantisme, à présent démodé mais toujours sympathique, des adhérents de la première heure, qui tenaient à se singulariser par tous les moyens et à marquer, par des artifices vestimentaires et autres, combien profond était le fossé entre leur idéalisme et l'indifférence de la majorité.

Leur confiance, naïve mais ardente, a fait place à un scepticisme fatigué, légèrement grincheux, qui semble bien éloigné de ce qu'il y avait de généreux dans l'élan primitif. Ce n'est pas avec une telle mentalité qu'on peut espérer faire triompher une bonne cause. Il lui manque l'assurance, la certitude et en même temps une conscience révolutionnaire sans laquelle aucun mouvement d'opposition ne peut espérer arriver à ses fins. Mais, à l'heure présente, ce livre apparaît déjà comme une rétrospective et le contraste entre l'état d'esprit qui y règne et celui qui se manifeste depuis la guerre est d'un heureux augure. « Leeuwenmullen en pantoffelbloemen » me semble être un précieux document pour démontrer comment le régime parlementaire parvenait à user tout mouvement quelque peu héroïque. J'ignore si telle a été l'intention de l'auteur en le publiant, mais c'est là en tout cas l'effet produit par sa lecture, effet qui est loin d'être décourageant.

* * *

Ceux qui ont lu « De Witte » à quinze ans ne retrouvent pas sans émotion le nom d'Ernest Claes sur la page de titre d'un nouveau volume. Malheureusement, la fraîcheur du « Witte » ne se retrouve que rarement dans les nouvelles qui constituent le livre « De Moeder en de Drie Soldaten » (2), où l'on raconte sur un ton par trop conventionnel et larmoyant, des souvenirs datant de la guerre de 14-18. L'ensemble est sauvé cependant par l'indéniable don de narrateur qui permet à Claes d'entraîner le lecteur, même dans des récits sans grand mérite.

Paul DE MAN.

(1) Publié au « Lage Landen », Bruxelles.
(1) Paru aux éditions « De Lage Landen », Bruxelles.
(2) Paru au Standard, Boekhandel.

GUERRE ET LITTÉRATURE

Paul Alverdes et sa revue

«Das innere Reich»

On a déjà souvent fait remarquer que la guerre de 1914-18 avait exercé une influence minime sur le développement des lettres françaises. Non seulement elle n'a pas profondément remué l'évolution des genres, mais elle n'a même pas marqué les esprits avec suffisamment de force pour qu'on en retrouve l'écho dans les œuvres maitresses de la période qui lui fait suite. S'il y a eu des livres sur la guerre — dont certains d'une réelle valeur — ce ne furent dans l'ensemble que des témoignages, dans lesquels les événements étaient décrits pour en faire ressentir le caractère exceptionnel ou émouvant. Aux quelques auteurs qui y consacrèrent des ouvrages, les souffrances et les exploits des soldats apparurent comme des faits objectifs, intéressants à étudier parce qu'ils révélaient des aspects peu connus de l'âme humaine, mais ne créant aucune unité particulière entre ceux qui durent les subir. Ce sont les éternelles réactions de l'homme qui nous furent décrites et non pas une sensibilité spéciale, issue des circonstances. Par la suite d'ailleurs, les romanciers en question reprirent le fil de leur production précédente, sans que cette excursion dans le monde hallucinant du combat ait entraîné un bouleversement total de leur personnalité.

On pourrait épiloguer longuement sur les causes de cette relative indifférence — qui ne se limite pas au monde de la littérature. Tant que dura la guerre, on fit preuve de solides qualités militaires mais on se hâta de les oublier une fois que la victoire garantit momentanément une vie facile. L'existence des tranchées n'était dès lors plus qu'un mauvais souvenir qu'on s'efforçait d'effacer aussi complètement que possible, sans rien conserver des vertus qui auraient pu en naitre.

Le cas de l'Allemagne est entièrement différent. Est-ce dû au fait que la défaite militaire suivie d'une période d'agitation et de misère empêcha aux esprits de se laisser aller à une confortable nonchalance ? Quoi qu'il en soit, une distinction profonde s'établit entre l'attitude de ce pays vis-à-vis de la guerre et celle qui règne en France ou chez nous ; chose curieuse, on la considéra avec moins de dégoût et de haine, quoiqu'elle eût contribué à faire subir les pires épreuves au peuple. Mais on avait compris l'élément constructif qui se trouvait, malgré tout, inclus dans ce carnage : la solidarité qui se crée entre des hommes endurant des souffrances semblables. L'aventure qui avait passé sur eux, forgea une amitié sacrée, un lien indissoluble et inoubliable qu'on éleva au rang d'une précieuse valeur. Là où une telle amitié existe, se trouvent des richesses admirables — et l'événement qui l'a fait naitre ne peut être entièrement néfaste. Ce sentiment de fraternité devint un des principaux ressorts du redressement de l'Allemagne et nous assistons actuellement aux conséquences de son action.

Paul Alverdes est l'exemple typique, chez qui l'expérience vitale de '14-'18 eut un effet plus déterminant encore que chez les auteurs cités précédemment. Engagé volontaire à 17 ans, il fut dangereusement blessé à la gorge et demeura durant plus d'un an à l'hôpital avant de guérir. Très explicitement, ces souvenirs ont présidé à l'élaboration des nouvelles « Die Pfeiferstube » (la chambre des siffleurs) et « Reinhold oder die Verwondelten » (Reinhold ou les égarés), qui contiennent des descriptions de la vie d'hôpital et du front. Elles relatent d'horribles souffrances, des destins sombres et tragiques. Mais, quoique l'auteur participe directement aux épreuves de ses personnages et que son émotion reste visible à chaque page, une curieuse cérémonie fait que les pires horreurs sont évoquées dans un esprit calme et apaisé, dont le style impassible, traduction fidèle de la réalité, porte l'empreinte. Le secret de cette domination de la souffrance se trouve dans le sens de la grandeur propre à Alverdes, grâce auquel il voit au delà des tortures physiques et perçoit le mérite spirituel qu'il y a à les endurer et les braver. Et toujours, en plus du courage, revient cette tentation de responsabilité commune, ce bonheur à se sentir uni, à se serrer les coudes en se dépouillant devant la mort sans cesse menaçante de tout ce que l'existence usuelle a d'artificiel et de forcé.

Das Zwiegesicht » (le Double Visage) est moins visiblement rattaché à ces tendances autobiographiques. A première vue, une intrigue purement psychologique qui n'est liée à aucune circonstance historique spéciale, en forme le centre. Mais en réalité, ce sont les mêmes ressorts dramatiques que ceux que nous avons soulignés dans les œuvres de guerre proprement dites. Observation de la guerre sans animosité envers elle, suggérée dans les passages où les anciens combattants évoquent avec satisfaction leurs souvenirs du front. Fraternité d'armes créant des devoirs sacrés, visible dans le renoncement du personnage Erewein, sacrifiant un grand amour pour ne pas rompre la loi de solidarité. Sentiment d'éternité et continuité de la vie, s'extériorisant dans les rapports continuels que les vivants entretiennent avec les soldats tombés au front, qui demeurent comme des réalités tangibles. Tout cela placé *Das Zwiegesicht* au même rang que les autres nouvelles citées, avec en outre le mérite purement littéraire d'être une illustration plus subtile — puisque plus cachée — des constituantes foncières de la sensibilité artistique de Paul Alverdes.

Celui-ci a d'ailleurs élevé sa manière d'écrire au rang d'une théorie générale qu'il a formulée dans les essais critiques. On y voit ce souci de concilier une expression affinée et très préoccupée de perfection formelle avec un contenu qui n'en a pas moins une intention dépassant le cadre de la beauté gratuite. C'est élever en principe ce qui constitue la clef même du charme de son œuvre : ses évocations d'aspirations viriles, patriotiques et exaltantes dans une langue délicate, presque précieuse, d'une musicalité poétique intense. La réunion de ces deux facteurs contrastants, qui se reflète dans la psychologie et la conformation physique des personnages, constitue l'originalité particulière de l'œuvre d'Alverdes. Elle démontre qu'il n'y a aucune incompatibilité entre des sujets complexes et violents et une œuvre d'art d'une finesse quasi-féminine.

Cette synthèse entre des préoccupations strictement artistiques et des objectifs pratiques qui atteignent même le terrain de la politique se retourne également dans la revue *Das innere Reich,* que dirige Paul Alverdes. Le caractère en est avant tout littéraire et tout article et poème qui y trouve place le doit à ses mérites artistiques. Mais, et ce surtout depuis la guerre actuelle, à cette fonction de création littéraire se substitue un autre devoir que se sont imposé les collaborateurs. On y groupe les premiers poèmes, nouvelles et essais inspirés aux écrivains allemands par la lutte présente. Car les thèmes littéraires qui peuvent être puisés dans le conflit de 1914 s'épanouissent plus richement encore dans ces combats-ci, qui se font selon une stratégie laissant plus de place aux exploits individuels et dont le but idéologique est défini et ressenti avec plus de netteté. On comprend donc que de nombreuses phases et divers aspects des campagnes guerrières puissent inspirer les artistes qui y participent. Il nait donc là une production d'un intérêt actuel immédiat. Et comme, en outre, l'expression est une forme dont la beauté constitue une valeur éternelle, indépendante des contingences de l'heure, on conçoit le double mérite que revêt cette création.

La façon dont *Das innere Reich* concilie harmonieusement, par un choix habile et des exigences sévères, la valeur esthétique et la valeur pratique des textes qu'elle publie est suffisamment remarquable pour qu'on la cite en exemple. Il était fort malaisé de trouver une formule établissant un juste milieu entre les exigences temporelles et éternelles. S'isoler complètement de l'énorme effort militaire qu'entreprend l'Allemagne pour se cantonner dans une tour d'ivoire poétique aurait été une véritable trahison du sentiment national. Par contre, dédaigner du jour au lendemain des valeurs de style établies par le génie de plusieurs générations pour ne plus servir que le présent signifierait s'égarer dans le pire excès de la propagande. En parvenant à établir une attitude intermédiaire, les rédacteurs de *Das innere Reich*, et en particulier leur directeur Paul Alverdes servent à la fois la cause pour laquelle un peuple entier se sacrifie et garantissent la continuité artistique, sans laquelle toute grandeur future serait impossible.

Paul DE MAN.

Chronique littéraire

« Le Voyage intérieur », par Romain Rolland (1)

APRÈS avoir mis la totalité de ses souvenirs, de ses expériences et de ses idées dans son œuvre littéraire, Romain Rolland a entrepris de rédiger ses mémoires. On nous en présente aujourd'hui le premier volume qui, s'il faut en croire l'auteur, aura de nombreuses suites. Il deviendra donc possible à ceux qui voudront se faire une idée exacte de sa personne, de ne plus passer par l'intermédiaire des créatures légendaires et historiques qu'il chargeait habituellement de l'expression de ses propres sentiments. Mais je doute si ceux qui voudront se pencher sur l'évolution intime de son âme en tireront grand profit. Car, actuellement, nous n'avons plus grand'chose en commun avec ses soucis et ses problèmes.

Ce n'est pas sans une certaine mélancolie qu'on lit ce livre, après lequel il faut conclure que Romain Rolland appartient, pour nous, à un passé révolu et que sa parole ne nous atteint plus. Car, malgré tout le mal qu'on a pu en dire, « Jean-Christophe » est, pour plusieurs, le souvenir d'une grande émotion, et même d'une révélation — surtout s'ils ont eu la chance de lire ce roman quand ils étaient très jeunes. C'est que la puissante sincérité qui l'animait et dont l'élan entraînait d'autant plus aisément qu'on avait moins de sens critique, ouvrait largement la porte du monde merveilleux de la vie spirituelle. Sans demeurer en rien lié aux réalités tangibles de l'existence, ignorant la psychologie la plus élémentaire, il nous transportait délibérément dans des sphères où seules régnaient des forces sublimes, formées par le génie des grands hommes et portées par l'enthousiasme des disciples. Il imposait vigoureusement cette croyance à la vie de l'esprit, dont le pouvoir bienfaisant purifie et glorifie toutes choses. Et, en même temps, il créait un dualisme irrévocable entre le matériel et l'immédiat d'une part, le spirituel et l'éternel d'autre part.

On conçoit qu'un tel message doit faire une impression profonde sur un adolescent, qui traverse précisément cette crise pénible au cours de laquelle il tente d'accorder une intelligence éprise de grandeur avec un monde environnant qui ne reflète en rien ses désirs — et ce parce qu'il est encore incapable d'en voir les ressources. Mais par la suite, lorsque les lois du réel se sont imposées à lui avec leurs servitudes et leurs richesses, l'enseignement de Rolland deviendra bientôt faux-fuyant et rêverie néfaste.

Car toute son œuvre paraît être une fausse interprétation d'une parole de Spinoza qui eut, nous dit-il, une influence profonde sur sa formation. « Par la série des causes et des êtres réels, je n'entends point la série des choses particulières et changeantes, mais seulement la série des choses fixes et éternelles », a écrit Spinoza. Se servant de cette phrase comme d'un tremplin, Rolland se hâte d'en conclure à un mépris de tout ce qui est tangible et à une adoration de tout ce qui lui semble incarner « les choses fixes et éternelles ». Spinoza avait cependant pris garde de déclarer au préalable « qu'il est absolument nécessaire de tirer toutes nos idées des choses physiques, c'est-à-dire des êtres réels, en allant, suivant la série des causes, d'un être réel à un autre être réel, sans passer aux choses abstraites et universelles, ni pour en conclure rien de réel, ni pour les conclure de quelque être réel : car l'un et l'autre interrompent la marche véritable de l'entendement. » Ce qui veut bien dire que toute valeur, et surtout les valeurs fixes et éternelles, émanent des choses de cette terre et non des fantômes de l'esprit. C'est là une des idées les plus fécondes et les plus utiles de Spinoza. Cependant, en la faussant, Romain Rolland allait marcher à l'encontre de son maître.

Au lieu de se tourner vers la réalité, sa brumeuse rêverie choisit les émanations abstraites de la pensée et de l'imagination monde environnant qui ne reflète en rien science devinrent pour lui des valeurs éthiques, et, par conséquent, les artistes se transformèrent en directeurs de conscience. C'est là, faut-il le dire, une profonde erreur. La science n'est pas valeur éthique, elle n'est pas bonne ou mauvaise, mais fausse ou exacte. L'art appelle l'admiration pour le talent et l'imagination des créateurs, mais il ne vaut pas en tant qu'orientation morale, c'est-à-dire qu'il n'a aucun rapport avec les actions et les devoirs des hommes. Si l'on soumettait la création artistique à des impératifs moraux, on aboutirait à des catastrophes. Et inversement, en recherchant — comme Romain Rolland dans son Beethoven ou son Michel-Ange — une ligne de conduite et une leçon d'élévation dans une œuvre, on passe à côté de sa plus fondamentale signification. Et si l'œuvre d'art en vient à être un vrai message, c'est que par un rare miracle, la vraie vertu et le pur talent se sont réunis en un seul être. Voyez Péguy. D'une part, il y a l'homme qui a ses deux pieds rivés au sol et qui doit dire bien haut les vérités que ce sol lui a apprises. D'autre part, il y a le poète à la phrase chantante et aux formules éclatantes. Les deux s'unissent en une admirable synthèse, cumulant les mérites du moraliste et de l'artiste. Mais le moraliste Péguy ne vaut pas grâce au poète, mais en même temps que lui. Quelqu'un n'est pas meilleur parce qu'il est plus doué.

En réalité, cette évasion de Romain Rolland dans des sphères éthérées provenant d'une curieuse incapacité à voir les choses telles qu'elles sont. C'était la réaction d'une sentimentalité excessive, incapable de trouver un objet auquel elle puisse s'attacher, ne trouvant d'autre refuge que l'adoration d'une image déformée et adaptée des héros du passé. Il y a quelque chose de malsain dans cette exaltation qui n'ose pas prendre ses responsabilités et s'échappe dans un brouillard de paroles creuses.

A une certaine époque, le public pouvait accueillir avec ferveur ce genre de pensée. C'était à un moment où — comme durant l'adolescence — on reste à l'écart des réalités. Stabilisée dans une vie facile, sans inquiétude pour le lendemain, dotée de l'assurance que les problèmes pratiques étaient résolus ou en voie de résolution, une société peut se laisser aller à cette nébuleuse métaphysique, à cet humanitarisme verbal qui flatte son besoin de sacrifice sans engager son action. Nous n'en sommes plus là actuellement. Notre existence s'est encombrée d'un nombre de plus en plus grand de soucis précis et nous sentons clairement que si nous n'apprenons pas au plus tôt à conduire notre barque, nous risquons bien de chavirer. La science et la pensée doivent servir notre sécurité et guider notre route vers une plus grande stabilité. Il n'y a plus de place pour une rêverie qui, sous prétexte de nous élever et de nous grandir, nous écarte de la réalité et nous égare dans la méditation stérile. Et qu'on ne craigne pas que ce bain de réel ne noie à tout jamais les plus précieuses valeurs de l'esprit, en les abaissant à des missions bassement utilitaires. C'est lorsque la pensée s'adapte de près aux exigences de la vie et s'efforce de clarifier l'immédiat, qu'elle est la plus féconde. Et c'est lorsque la foi veut aider simplement les hommes à surmonter leurs difficultés avec courage qu'elle est la plus vivante.

Il y a une chose, dans l'œuvre de Romain Rolland, qui contraste avec le ton général, et qui conserve un grand mérite. C'est l'attachement à des destinées très humbles, mais dont l'obscure ferveur est bien plus ardente que le tonitruant pathétisme dont il enveloppe le destin des grands. On en retrouve certains échos dans ses mémoires, après l'avoir rencontré de-ci, de-là, dans Jean-Christophe, particulièrement au volume « Dans la maison ». Ce faux révolutionnaire qui a si mal traduit les mystères du génie, trouve une clairvoyance et une candeur nouvelle lorsqu'il s'agit de dévoiler des trésors cachés dans l'âme des pauvres et des non-doués. C'est la seule fois que son humanitarisme s'est tourné vers son véritable objet et qu'il a servi à comprendre des hommes au lieu de lancer des phrases. Avec la sincérité de son élan, c'est là l'élément qui conserve à Romain Rolland une place dans les lettres qui n'est pas seulement d'intérêt historique. A part cela, il faut bien se résoudre à briser cette idole de notre jeunesse, qui fut également l'idole du siècle à un moment où celui-ci n'avait pas encore, avec sa maturité, de tragiques préoccupations et de lourdes responsabilités.

Paul DE MAN.

---

(1) Editions Albin Michel.

Chronique littéraire

LE PROBLEME FRANÇAIS
« Dieu est-il français ? » de F. Sieburg (1)

Le livre de F. Sieburg sur la France, un des plus pénétrants essais d'analyse psychologique et historique de l'esprit français qu'on ait jamais entrepris, date de 1929. Mais la réédition présente vient à un moment particulièrement propice. L'effondrement de ce pays signifie infiniment plus qu'un épisode stratégique dans la guerre actuelle. C'est la destruction d'un esprit, d'un système de valeurs, d'une Weltanschauung tout entière et qui marque une date décisive dans l'histoire de la civilisation. Les critiques bienveillantes que Sieburg adressait, en 1929, à une certaine mentalité française prennent donc l'allure de véritables prophéties. Et la réadaptation de la France aux modalités nouvelles, problème qui ne peut laisser indifférent aucun Européen, pourra tirer grand profit des conclusions et des vues générales qui ressortent de cet ouvrage.

Empressons-nous de dire que la lecture de ces réflexions, ainsi que celle de la réponse aux critiques émises, rédigée par Bernard Grasset sous la forme d'une « lettre à M. Sieburg », laissent place à bien peu d'optimisme quant aux possibilités futures de la culture française. Car elles confirment, en ce qui concerne les remarques de l'auteur allemand, qu'il existe une incompatibilité foncière entre les normes culturelles et politiques orientant la révolution actuelle et les traditions françaises. Et ce qui est plus grave encore, les réponses du Français dénotent une inébranlable volonté de ne pas sortir des voies éternelles et renient toute tentative de compromis. Peut-être que les événements récents n'ont pas été sans modifier profondément cet état d'esprit, compréhensible à un moment de triomphe et de gloire. Bernard Grasset écrivant, en 1941, n'aurait probablement pas cette même assurance d'être dans le vrai, cette foi aussi inébranlable dans l'incontestable suprématie des principes et des doctrines françaises.

C'est sur un triple plan que le Français s'oppose aux réformes actuellement en cours : sur le plan de l'organisation technique, sur celui de la politique internationale et, finalement, dans ses aspects les plus fondamentaux, sur celui de l'esprit.

Techniquement, il est certain qu'à un moment où la tendance générale va vers une rationalisation de la production industrielle et de l'organisation économique, la nonchalance et le laisser-aller des Français signifie un handicap sérieux. La question reste ouverte de savoir au dépens de quoi cette discipline technique peut s'imposer et quelles valeurs il faut défendre contre sa puissance par trop envahissante. Mais, dans les circonstances que nous vivons, ce problème est presque oiseux, car il est devenu une affaire de vie ou de mort que de savoir s'adapter aux besoins et aux contingences nouvelles. L'américanisme nous offre le spectacle édifiant du danger qu'il y a à tout soumettre aux impératifs techniques. En 1929, Sieburg pouvait laisser supposer que l'Allemagne était en voie de suivre un exemple analogue. Il ne pourrait plus le dire maintenant, car il est manifeste que, tout en conservant et en développant même les principes d'organisation à outrance, un fort courant spirituel, rattaché aux origines du génie germanique et glorifiant les constantes de cet esprit, a donné à ces formes d'organisation extérieure le fondement profond sans lequel elles ne sont qu'enveloppe stérile et paralysante. Bien entendu, pour le Français, il sera infiniment plus difficile de concilier les habitudes ancestrales avec les besoins sociaux et économiques du monde moderne. De là une première difficulté à s'intégrer au rythme de l'évolution.

Plus dangereuse toutefois, est l'inopportunité totale de son esprit politique fait d'un nationalisme farouche que Sieburg a justement pu qualifier de nationalisme religieux. Il peut sembler paradoxal de prôner l'impossibilité d'existence d'un nationalisme à une époque qui, précisément, a tendance à mettre en vedette les valeurs de la nationalité. Mais cette aberration apparente s'explique parfaitement si l'on tient compte du caractère très particulier du nationalisme français. Avec Sieburg, nous en soulignerons l'aspect exclusif et prétentieux, cette manière de proclamer : c'est nous qui avons raison, nous sommes seuls à détenir la vérité, et ceux qui ne sont pas de notre avis ne méritent que du mépris. « La France a, de tout temps, prétendu avoir son propre Dieu, et Dieu aussi des autres peuples, mais à la condition qu'ils le tiennent pour un Dieu français ». Comme corollaire à cette prétention, naît le besoin d'exporter, d'imposer ses lois aux autres. Mission sacrée, mais qui correspond à un élément perturbateur continuel dans l'équilibre de l'Europe.

Rien n'est plus opposé à la nouvelle idée européenne que cette mentalité. Le nationalisme actuel est tout le contraire d'exclusif : il est complémentaire. Son objet est de découvrir les vertus nationales, de les cultiver et de les honorer, mais de les adapter à celles des peuples voisins, pour parvenir ainsi en sommant les dons particuliers, à une réelle unification de la culture occidentale. Chaque nation tend, en premier lieu, à être soi-même; elle est fière de son originalité mais, parce qu'elle conçoit que les autres pays ont le même sentiment, elle respecte leur caractère et ne songe pas un instant à imposer ses vues propres. Au lieu d'une dénationalisation artificielle et forcée, qui conduit à un considérable appauvrissement — comme nous en avons vu se produire en Flandre et en

Wallonie sous l'effet de l'attraction française — un libre contact entre des peuples qui se savent différents et qui tiennent à cette différence, mais qui s'estiment réciproquement, garantit la paix politique et la stabilité culturelle. C'est sans doute dans ce domaine que la France doit opérer le revirement le plus profond, au risque de devoir disparaître à tout jamais de la scène politique.

Quant au domaine de l'esprit, les forces qui semblent avoir pris la conduite de l'histoire ne sont guère conformes à l'âme spécifique de la France. Il suffit, pour s'en rendre compte, d'examiner l'opposition signalée par Sieburg entre une certaine forme de la raison française, qui cherche partout à fixer des limites et à établir des mesures, et ce sens de la grandeur et de l'infini qui parait bien caractériser les tendances de l'heure. Nous entrons dans une ère mystique, dans une période de foi et de croyance, avec tout ce que cela suppose de souffrance, d'exaltation et d'ivresse. La notion même du bonheur en a été modifiée et se rapproche de normes que plusieurs auteurs ont cru pouvoir comparer à celles du Moyen-Age. Avec toutefois la supériorité d'une organisation technique et politique extrêmement perfectionnée. Avec également la leçon de tout un passé humaniste qui garantit contre tout obscurantisme.

C'est sur ce dernier point qu'apparait le rôle considérable que le génie français peut toujours être capable de jouer. Il ne saurait être question un instant de vouloir détruire et ignorer, parce que non conforme à l'esprit du temps, les vertus de clarté, de logique, d'harmonie que reflète la grande tradition artistique et philosophique de ce pays. Le maintien de la continuité de l'esprit français est une condition inhérente de la grandeur de l'Europe. Particulièrement lorsque l'orientation générale conduit vers les forces profondes, obscures, naturelles, la mission française qui consiste à modérer les excès, à maintenir les liens indispensables avec le passé, à équilibrer les poussées erratiques, s'avère de première nécessité. C'est bien pourquoi il serait néfaste et inepte de détruire, en voulant les modifier par la force, les constantes de l'esprit latin. Et c'est également pourquoi nous commettrions une erreur impardonnable en rompant les liens avec les manifestations de cette culture. Mais ce qu'on est parfaitement en droit d'exiger de la France, c'est que, de son côté, elle s'ouvre librement aux influences étrangères et qu'elle abandonne dans le domaine spirituel ce même esprit de clocher qui lui fit tant de tort sur le plan politique. Ce serait pour le grand bien de chaque, et en premier lieu pour son bien à elle. Car de nombreux exemples — que nous n'avons pas la place d'indiquer ici — empruntés à l'histoire de la philosophie, de la littérature et des arts plastiques, indiquent que c'est lorsqu'un pays utilise des formules venant d'au-delà de ses frontières et les transforme conformément à son tempérament national, qu'il réussit ses plus admirables performances. La France devrait comprendre cette vérité. Etre plus réceptive, plus ouverte, moins repliée dans un isolement prétentieux — telles sont les conditions fondamentales qui lui permettront d'avoir un avenir digne d'elle.

Paul de MAN.

Edition nouvelle intégrale. Traduit de l'allemand par M. Betz. Edité chez Grasset

LES POSSIBILITÉS DU RÉCIT DE GUERRE

« Le Chemin des Errants »

par Louis FONSNY (1)

DE même qu'on dit de certaines personnes ou de certains paysages qu'ils sont photogéniques, on pourrait considérer des événements historiques en se demandant s'ils se prêtent à servir de sujet littéraire. La question se pose également par rapport à la guerre présente, à laquelle tant d'auteurs ont déjà consacré des pages. Le critère sera, comme toujours lorsqu'il s'agit d'évaluer la possibilité romanesque d'une donnée quelconque, d'examiner si l'événement en soi possède un contenu humain suffisant. C'est quand un fragment de l'éternel caractère humain se reflète dans ses aspects qu'il prendra cette valeur universelle, qui l'élève au-dessus du rang d'une simple expérience fortuite et élargit sa portée jusqu'à parler au cœur et à l'imagination de chacun. L'événement romanesque peut être exceptionnel, c'est par là qu'il est frappant et qu'il éveille l'intérêt. Mais il ne saurait être en marge de la réalité, c'est-à-dire qu'il ne peut être situé dans un domaine n'ayant plus aucun rapport avec la norme et ne se rattachant pas, au moins par ses racines profondes, à l'individualité de la personne humaine.

Il est plus que douteux que la guerre, telle que nous l'avons connue au mois de mai 40, ait le caractère que nous venons de définir. Par suite de son manque de durée, l'élément essentiel de la réaction normale, qui est une adaptation aux circonstances nouvelles, lui a fait défaut. Son déroulement a été si brusque et si rapide que nul n'a eu le temps de prendre conscience de ce qui lui arrivait et de choisir cette attitude intérieure qui doit aider à supporter les épreuves les plus dures en s'y conformant et en se pliant aux exigences qu'elles imposent. Mais, dans ce cas, l'effet produit garda l'aspect d'un choc, parce qu'il était à la fois trop bref et trop intense pour devenir autre chose. Et l'on sait que l'effet d'un violent choc émotif est avant tout une perte de la personnalité. L'homme auquel on assène un grand coup moral perd sa conscience individuelle, devient comme un navire dont le gouvernail s'est brisé et qui se laisse ballotter au gré de la houle et du vent. Il devient docile, influençable et s'abandonne aux moindres pressions qu'on exerce sur lui. A plus forte raison, lorsqu'un tel phénomène se produit avec une foule, les conséquences seront plus étendues encore. Cette masse deviendra un ensemble amorphe, incapable de se diriger, n'obéissant plus qu'à des instincts primitifs, s'accrochant au point de repère le plus fragile et le plus aléatoire dans l'espoir d'y trouver son salut. Nous avons tous connu cette impression au cours des journées consécutives au 10 mai, cette impression de ne plus être nous-mêmes, d'être une épave abandonnée, entraînée par des courants et des forces dont nous n'étions pas maîtres et que nous ne comprenions pas. C'est ce qui explique tant d'actes tout à fait aberrants qui furent commis à ce moment, ne fût-ce que les départs absurdes vers un refuge plus qu'imaginaire de personnes qui n'avaient rien à craindre.

Ceci pour dire que cette guerre prit, dans le cours de notre vie individuelle, l'allure d'un remous absolument en dehors de la normale. Pour la plupart, son souvenir n'est plus qu'une hallucination dont on a peine à croire qu'elle fut une réalité, un cauchemar éveillé qui ne cessa que lorsque la vie s'ordonna à nouveau, conformément aux anciennes habitudes.

Du point de vue littéraire, cette allure par trop exceptionnelle n'est pas favorable. Ce n'est pas à cause de son aspect que ce conflit ne se prête pas à passer dans les livres. Bien au contraire, puisque les méthodes stratégiques modernes sont beaucoup plus brillantes, plus spectaculaires, que celles utilisées, par exemple, en 14-18.

Mais ce n'est que pour nous, pour qui les batailles n'ont duré que quelques jours et qui n'ont jamais pu nous installer dans notre existence nouvelle, qu'il est impossible d'écrire *le* grand livre de cette guerre. Il en va autrement pour les Allemands, pour qui la lutte est devenue réalité quotidienne depuis de longs mois. Chacun s'y est conformé et l'esprit humain est parvenu au surnager au-dessus de la mêlée terrifiante dans laquelle le combattant s'est trouvé plongé. On pourra se rendre compte que, dès lors, il n'y a plus aucun obstacle à se servir des événements militaires comme source d'inspiration littéraire, en lisant les très émouvants récits du front soviétique que publient des revues littéraires allemandes ou les admirables pages du « Journal de guerre » d'Ernst Jünger.

* * *

Ce long préambule ne nous a nullement éloigné du témoignage que vient de publier Louis Fonsny sous le titre : *Le Chemin des Errants.* Car il aura servi à justifier ce livre, à en expliquer les qualités et les limites. Ce qu'on pourrait d'abord prendre pour une faiblesse de l'œuvre, c'est-à-dire le manque complet de description psychologique, le fait que les personnages — et même le narrateur qui parle à la première personne — demeurent semblables à une grisaille uniforme, sans individualité, presque sans visage, constitue en réalité le mérite principal du texte. Celui-ci en acquiert un curieux accent de vérité. Il est exact que nous avons vécu de cette façon, durant ces journées funestes, la tête vide, comme engourdi, n'ayant d'autres soucis que de manger, de boire, de dormir et de nous abriter contre les avions menaçants. De tous les récits de guerre qui ont paru en France et en Belgique, celui-ci est sans doute le seul qui soit parvenu à reévoquer cette atmosphère étrange, qui réduisait chacun au rôle d'un automate écrasé par la fatalité de son destin. Il le doit avant tout à son caractère sincère et dépouillé, au fait qu'il a soigneusement évité de lancer un morceau de bravoure bien peu justifié — insupportable dans *L'Officier sans Nom*, de Guy des Cars, paru en France — et qu'il s'est borné à transcrire très fidèlement et très sobrement ce que furent les sensations d'un soldat à un moment où tous les hommes étaient devenus pareils entre eux. Qu'on ne reproche donc pas à ce livre de manquer de profondeur et d'ampleur. Ce n'est pas parce que son sujet est si important et riche en conséquences, qu'il pourrait être plus qu'un témoignage. Rien n'aurait été plus artificiel que de représenter les acteurs de ce drame comme des êtres lucides, capables de saisir la portée de leur défaite. Quiconque a vécu ces journées sait parfaitement qu'à cet instant nous ne comprenions rien à ce qui nous arrivait et que, saisis à la gorge par les événements, nous n'avons pas eu un instant pour remettre de l'ordre en nous-mêmes.

Mais un témoignage peut être un genre littéraire aussi digne d'estime que n'importe quel autre, lorsqu'il remplit pleinement les buts qui lui sont propres. Et celui de Fonsny a cette qualité primordiale de donner l'impression de revivre réellement des actions passées, de faire retrouver totalement une ambiance, cependant si particulière qu'on n'espérait pas en trouver un un écho véridique hors de nos souvenirs personnels. Cette réussite était loin d'être aussi facile que l'aspect limpide et naturel du *Chemin des Errants* pourrait le faire supposer. Parvenir à intéresser en narrant une péripétie somme toute assez banale — et ce récit se lit d'une traite, sans vous lâcher un instant —, parvenir surtout à dégager de cette hallucination collective le seul élément romanesque inclus dans la bouleversante aventure de 1940, tout cela n'a été possible qu'avec beaucoup de discernement et de doigté. Nous y devons le meilleur livre de guerre qui ait déjà été écrit, tant en France qu'en Belgique.

Paul DE MAN.

---

(1) Paru aux Editions de la Toison d'Or Bruxelles.

Chronique littéraire

Les mérites de la spontanéité
« Le Mort saisit le Vif » (1) par Henri Troyat.
« A l'Ombre de l'Usine » (2) par Toïvo Pekkanen.

C'EST avec un intérêt particulier qu'on voit paraître un nouveau roman de Henri Troyat. Parmi les jeunes auteurs français, il est, en effet, un de ceux qui semblent avoir trouvé le plus sûrement leur voie et dont le talent se développe d'une manière équilibrée et harmonieuse. Une grande assurance de style, jointe à une intelligence vive et pénétrante, en font un point de repère à une époque où la négligence paraît vouloir dominer la production littéraire. Il a le goût du travail bien fait, une discipline intérieure qui permet de le poser en exemple, du moins en ce qui concerne la manière d'écrire. Mais il faut reconnaître que ce dernier roman « Le Mort saisit le Vif » est décevant à plusieurs points de vue.

Non pas que ce ne soit, superficiellement, une réussite. Le livre est bien construit, mené de main de maître, mouvement gradué, tour à tour émouvant, humoristique, satirique, féroce, toujours intéressant. Il contient des éléments nombreux et également attirants: un drame de conscience, un tableau de mœurs, des passages d'analyse psychologique et d'autres d'une vivacité d'action brillamment enlevée. Pas de longueurs; tout est mesuré et étudié pour que le lecteur ne s'ennuie jamais et pour que son attention ne fléchisse pas un instant. Là, le résultat paraît pleinement atteint. Beaucoup de gens liront ce livre et éprouveront un vif plaisir à le lire. Mais je crois bien qu'ils l'oublieront aussitôt. On ne pourrait en dire autant de « L'Araigne » ou de « Le Jugement de Dieu », qui étaient également des livres à succès, mais dont le contenu marquait, laissait une trace.

De quoi provient ce succès tout passager? Ce manque de portée? J'ai bien l'impression que c'est d'un excès de virtuosité, excès qui se manifeste dans la manière de traiter l'intrigue et, bien plus encore, dans le choix même de celle-ci. Le thème de base appelle par trop le morceau de bravoure, il offre tant de possibilités et celles-ci sont si habilement exploitées qu'il finit par paraître artificiel. Bien entendu, à l'origine de toute création artistique se trouvent cette foi de l'auteur dans son sujet, cet enthousiasme pour les ressources techniques qu'il contient. Il semble même que ce mobile, d'apparence puérile, est bien plus important que le débordement sentimental qu'un pseudo-romantisme a voulu mettre à l'origine de l'inspiration. Mais encore faut-il qu'on ne voit pas que l'artiste est comme un artisan, adroit, qui sélectionne ses matériaux avec discernement et les utilise avec méthode. Le propre de l'œuvre d'art est de dépasser — consciemment ou non, peu importe — son origine et de rejoindre, au-delà du simple jeu avec la matière (qu'elle soit sonore, plastique ou littéraire), les racines profondes du naturel, de devenir comme une chose vivante, qui tire de cette vitalité sa puissance émotive et son contenu spirituel. Si cette sublimation ne s'opère pas, si l'on continue à n'apercevoir qu'un savant mélange d'influences et d'effets, qui ne prend pas l'aspect d'une réalité naturelle, l'œuvre d'art ne mérite plus ce nom, car elle n'est plus qu'un artifice de l'esprit, sans profondeur et sans durée. C'est ce qui se produit avec le roman en question. Que dire du sujet, sinon qu'on se rend compte que Troyat l'a choisi parce qu'il était si tentant, parce qu'il permettait de faire agir tant de ressorts romanesques, d'utiliser une gamme de sentiments si étendue? Répétons-le, l'erreur n'est pas dans le fait d'avoir provoqué ces richesses et de les avoir exploitées à fond, mais de ne pas parvenir à le faire oublier en y superposant une impression de nécessité intérieure. Indiquer exactement pourquoi ce processus d'élévation n'a pas réussi est extrêmement malaisé. C'est une question de ton général, un certain manque de sérieux peut-être, et surtout, cette perfection trop flagrante dans le dosage de l'intrigue, perfection qu'on sent être le résultat d'un calcul objectif et non d'une harmonie interne. Qu'un tel jugement soit nécessairement subjectif et que chaque lecteur n'aura pas la même réaction est hors de doute. Mais il faut souligner que chez les vraiment grands romanciers, chez Balzac, chez Dendhal, chez Dostoïevsky — pour prendre un maître cher à Troyat — jamais personne n'aurait cette idée, qu'elle n'effleure même pas l'esprit. On ne peut avoir aucun doute sur la nécessité impérieuse de leurs créations. Le simple fait que ce conte puisse exister chez Troyat — en tout cas, en ce qui concerne ce roman-ci — est l'indice d'une considérable infériorité.

Cette opinion peut s'illustrer plus clairement encore en comparant « A l'ombre de l'Usine », du Finlandais Toïvo Pekkanen, à « Le Mort saisit le Vif » — rapprochement entre deux ouvrages qui n'ont rien de commun et que seuls les hasards de l'actualité alignent dans une même chronique. Mais le contraste est flagrant entre le brio nonchalant de Henri Troyat et l'écriture lourde, lente, mais combien spontanée et sincère du Scandinave. Il faut savoir qu'il s'agit, en l'occurrence, d'un ouvrier. Mais en lui vit ce don mystérieux de la double vue qui va chercher au-delà des apparences et tente de se comprendre soi-même et les autres au lieu de passivement s'habituer et s'adapter aux exigences de la réalité. Cette faculté de certains esprits de trop scruter les êtres et les choses — ce qui ne rend que plus malaisé de les expliquer ou de les manier — impose une nécessité d'expression. Il semble d'ailleurs que le sujet même de ce livre, qui raconte l'existence morne et dure d'un ouvrier dans une petite ville industrielle, gravite autour du drame intérieur de l'homme qui cherche à s'exprimer. Coupé de l'action, à cause d'une âme trop contemplative, coupé des rapports d'amitié et d'amour, à cause d'une trop grande sensibilité, comment le héros pourra-t-il communiquer au monde les ressources qu'il sait vivre en lui? Pour le personnage de ce livre — qui s'identifie, nous dit-on, à bien des points de vue à l'auteur lui-même — la question n'est pas tranchée. Mais il est certain que, pour Pekkanen, le salut a été d'écrire et de transmettre par son œuvre des richesses qui hantaient son cerveau sans pouvoir s'en détacher. Ecrire devient donc, en ce cas, une fonction profondément nécessaire, une condition au bonheur et à l'équilibre. Incontestablement, cette caractéristique se retrouve dans l'aspect de l'ouvrage. Plus rien n'est fait ici en fonction du lecteur. Celui-ci, au contraire, n'a qu'à se plier aux besoins profonds du romancier. Lorsque Pekkanen désire s'attarder à décrire un personnage secondaire, lorsqu'il allonge son récit par des détails qui n'ont aucun rapport avec l'intrigue, il le fait sans se soucier de quiconque et parce que le rythme même de sa pensée impose cette forme. Et voyez le résultat. « A l'ombre de l'Usine » devient comme une éclosion naturelle, portant en elle la beauté et la grandeur de toute vie jaillissante, et méritant comme telle notre respect et notre admiration. On ne pourrait mieux sentir le monde qui sépare l'œuvre d'artifice de l'œuvre spontanée qu'en lisant l'un après l'autre le livre de Troyat et celui de Pekkanen.

Au sujet de « A l'ombre de l'Usine », il faut remarquer l'élément social très important qu'il contient et qui en fait, outre une œuvre d'art, un document du plus haut intérêt. On trouvera rarement témoignage plus saisissant sur l'aspect humain du problème ouvrier. A force de considérer celui-ci comme étant d'ordre purement économique et de le faire intervenir dans de vastes doctrines abstraites, on a fini par oublier ce qui est à sa base, ce qu'il représente en simple souffrance humaine. Souffrance non seulement sous forme d'inquiétude matérielle et de conditions de vie insuffisantes, mais également dans l'ordre moral. Et c'est surtout sur ce dernier point que le témoignage de ce livre — témoignage vécu, répétons-le — apparaît si émouvant. Car il marque ce divorce total qui s'est établi entre l'ouvrier et tout ce qui serait capable d'illuminer son existence : le manque de joie dans son travail, le manque d'élan dans ses organismes révolutionnaires, le manque total de tout point d'appui pour celui qui voudrait être plus qu'un simple rouage dans une machine et devenir un homme digne de ce nom. Les passages consacrés à ce sujet ne contribuent pas peu à donner à ce beau livre une portée considérable.

Paul de MAN.

---

(1) Editions Plon.
(2) Traduit du finnois. Editions Stock.

Chronique littéraire

Une édition populaire de « La Légende d'Ulenspiegel » par Charles de Coster (1)

DEPUIS peu, on a inauguré en Belgique une politique générale d'éditions populaires. Les conditions qui devaient servir une telle tentative commercialement réalisable n'ont jamais été meilleures. Le besoin de distractions et le manque d'importations françaises ont créé un public avide de lecture et ne trouvant plus un choix aussi important qu'auparavant de ces romans à bons marchés, d'une qualité variable allant du meilleur au pire, que Paris fournissait abondamment. Les mêmes causes qui ont rendu possible un éclosion de l'édition nationale, s'adressant aux lecteurs cultivés, favorisent également la diffusion, sur une grande échelle, de certains ouvrages de premier ordre mais possédant, en outre, ces vertus difficilement définissables qui les rendent accessibles à tous. En même temps qu'un nouveau terrain d'expansion s'ouvre ainsi aux éditeurs, il se crée une possibilité culturelle salutaire. Il s'agit de profiter de l'occasion pour rompre la glace, pour briser cette méfiance, née de l'ignorance, du peuple vis-à-vis de la littérature. De ce point de vue, la tâche de ceux auxquels incombe le choix des œuvres susceptibles d'être publiées à bon marché et en gros tirages, s'avère particulièrement délicate. La moindre fausse orientation, toute compréhension erronée du goût de la masse, risquent de faire échouer lamentablement ce qui aurait dû être un grand succès. Par contre, il serait plus néfaste encore de s'abaisser jusqu'à la vulgarité et de perdre ainsi une occasion éducative unique. On sait que l'essai entrepris avec des œuvres flamandes — essai qui donna des résultats inespérés — parvint, dans l'ensemble, à trouver ce difficile juste milieu et à concilier un incontestable « standing » artistique avec un rendement quantitatif des plus satisfaisant. La même expérience est entreprise à présent du côté français. Bien entendu, les possibilités dans ce domaine dépendent de la nature même du patrimoine littéraire d'un groupe national déterminé. Et l'on a pu dire que la Flandre possédait des œuvres mieux appropriées, parce que ces auteurs étaient demeurés plus proche de leur origine populaire primitive. Il semble toutefois que certains livres belges d'expression française constituent de glorieuses exceptions à cette règle. Et la cause est d'autant plus intéressante que ces volumes sont très souvent méconnus. Alors que « de Witte » ou « Pallieter » jouissaient déjà d'une grande diffusion, même avant l'édition populaire, un chef-d'œuvre comme « la Légende d'Ulenspiegel » ne trouvait qu'un cercle de lecteurs anormalement restreint, comparé à ses mérites exceptionnels.

C'est pourquoi cette nouvelle collection — qui s'intitule symboliquement « la Porte ouverte » — ne pouvait mieux débuter que par l'ouvrage de de Coster. Car il est parfaitement inconcevable que « Ulenspiegel », admiré comme une création unique au-delà de nos frontières — et surtout en Allemagne — ne fut pas lu en Belgique avec plus d'empressement et d'enthousiasme. Et cependant, en retrouvant à présent ce livre, qui n'aura pas à nouveau été séduit par sa considérable richesse. Richesse imaginative qui brosse un des plus grandioses tableaux épiques de la littérature mondiale, maniant une foule de personnages avec une vigueur et une assurance magistrale. Richesse descriptive, dans l'emploi d'une langue d'une étonnante efficacité plastique et d'un coloris incomparable. Richesse spirituelle, enfin, dans la profondeur du thème de base, qui se cache sous le récit des facéties et des exploits d'Ulenspiegel, et qui contient toute l'âme d'un peuple avide de liberté et toujours prêt à se défendre jusqu'au dernier souffle contre la tyrannie et l'oppression.

L'œuvre est construite sur un double canevas: une trame d'aspect historique, parfois un peu embrouillée et confuse, relatant les guerres de Guillaume le Taiseux contre Philippe II sur laquelle se détachent les aventures d'Ulenspiegel, uni à la lutte des protestants contre les Espagnols qui ont assassiné son père. On a souvent expliqué l'origine de ce cadre et la signification qu'il faut y prêter. Les protestants n'apparaissent nullement comme les défenseurs d'une stricte doctrine religieuse, mais comme les généreux protagonistes de toutes les forces de l'intelligence et du sentiment contre la cruelle domination de l'intolérance. De ce point de vue, Ulenspiegel est d'un anti-cléricalisme féroce, correspondant d'ailleurs aux convictions de de Coster, libéral convaincu à un moment où la libre pensée avait grande peine à s'affirmer et à se défendre. C'est là un élément que nous ne comprenons plus si aisément à l'heure actuelle, depuis que les données de ce problème ont changé du tout au tout. Mais cependant, les très nombreuses pages inspirées par cette haine farouche contre le clergé, gardent toute leur valeur — elles demeurent même parmi les plus truculentes et les plus savoureuses du livre. Car il importe peu, pour nous, que le combat qu'on y décrit ne nous touche plus et que les dignitaires qu'on y ridiculise nous apparaissent aujourd'hui sous un jour différent. Ce qu'il fallait, c'était créer un ennemi suffisamment haïssable pour justifier la verve impitoyable de Thyl, qui le combat tant par la mystification et la parole que par les armes. Et dans ce but, on ne pouvait trouver meilleur antidote à l'éternel esprit de liberté que cette stupide incompréhension bornée d'une autorité qui ne respecte en rien les droits élémentaires des citoyens. Je n'ai donc pas l'impression que le contenu pamphlétaire d'Ulenspiegel ait, comme on le prétend bien souvent, perdu sa signification et qu'il fait vieillir l'œuvre. Il est peut-être dépassé sur le plan de la réalité politique, mais il demeure le ressort romanesque le plus puissant pour actionner cette éclatante épopée.

Seuls les passages symboliques et moralisateurs de la fin, peuvent sembler un peu lourds et maladroits, à la fois parce qu'ils reflètent des idées, depuis lors dépassées, et parce qu'ils font l'objet d'une allégorie assez naïve. Ce qui demeurent, et demeureront toujours, des pages immortelles, sont celles qui évoquent de grandes scènes, tragiques ou grotesques, — la mort de Claes, la procession d'Ypres, beaucoup d'autres encore — et où peut s'épanouir librement l'extraordinaire talent visionnaire et pictural de Charles de Coster. Là, se sont réellement des sommets artistiques qui sont atteints, plaçant « la Légende d'Ulenspiegel » à côté des plus grands chefs-d'œuvres littéraires.

On pourrait s'étonner, à plusieurs années de distance, combien cette œuvre est restée isolée dans l'histoire de nos lettres. Avec Camille Lemonnier, celles-ci se tournèrent vers le naturalisme et suivirent, dans l'ensemble, le développement des écoles françaises, dont de Coster était demeuré très éloigné, mais ce phénomène n'est pas aussi paradoxal qu'on pourrait le croire à première vue. Car Ulenspiegel est un de ces livres-somme, restant en dehors du temps et des lieux, sans contact avec les théories esthétiques et avec le développement logiques des genres. De même que « Don Quichotte » en Espagne, elle surgit des tréfonds d'une race, exprimant tout ce que celle-ci porte comme ressources et comme forces dans son être. Elle est l'incarnation d'autre chose que d'une étape dans le mouvement cyclique des styles. Tout ce qui vit, rit et pleure dans l'existence d'un peuple, tout ce qui fait sa destinée et son caractère, s'y réunit. De telles réalisations ne sont pas destinées à faire école, car toute tentative d'imitation serait condamnée d'avance. Elles demeurent presque toujours uniques, même dans l'ensemble de la production de l'auteur, qui y met tout ce qu'il a à dire et ne peut plus que se taire après les avoir établies. Mais l'importance de ces livres, situés en marge des normes, n'en est que plus considérable. Et l'une de leurs principales ressources est précisément de pouvoir devenir l'apanage d'un peuple tout entier. Lorsqu'ils auront été répandus dans toutes les classes sociales, lorsque les plus humbles auront pu se reconnaitre dans les héros qui y vivent, ils seront retournés à la souche même dont ils sont issus. Dans cet esprit, la présente édition populaire apparait donc à la fois comme la consécration définitive d'une grande œuvre d'art et comme une initiative d'une haute portée éducative.

Paul de MAN.

---

(1) Parue aux Editions de la Toison d'Or, à Bruxelles.

Magie de l'enfance

ou

«Hopje l'insaisissable

JE doute si le nouveau livre de Marcel Dehaye puisse être utilement servi par une tentative d'analyse. Certains ouvrages doivent être expliqués, définis, discutés. Mais devant d'autres, on se sent impuissant à entreprendre cette dissection systématique, parce qu'on a l'impression de rompre un charme qui ne peut s'établir qu'au contact direct de l'œuvre, et qui n'a besoin d'aucune intervention d'intermédiaire. Dans ces conditions, la fonction critique se réduit à un simple témoignage, à l'affirmation que, dans ce cas particulier, on a éprouvé de l'émotion, de la joie à la lecture. C'est le cas de la belle histoire de « Hopje » racontée par Marcel Dehaye. Tout commentaire reste nécessairement à côté du contenu et ne saurait en évoquer la séduction. On est tenté de dire tout simplement: J'ai eu beaucoup de plaisir à lire ce livre. Et vous en aurez tout autant en le lisant. Le reste n'est que variations sur ce mince thème.

Marcel Dehaye tire toutes les ressources de son art de son goût pour l'enfance. Il n'est pas le premier à le faire. Depuis l'entrée de l'enfant dans la littérature, il a rempli des rôles variés. Il était déjà une source inépuisable de richesses chez Dickens ou chez Jules Renard. Mais, à l'époque réaliste, les auteurs conservèrent à son égard une attitude objective. C'étaient des adultes qui observaient les enfants, avec beaucoup de tendresse et de compréhension, mais toujours en restant en dehors d'eux, en les expliquant. Depuis Alain-Fournier, il existe une véritable esthétique de l'enfance, une esthétique qui ne voit le monde que comme le voient les enfants, pour qui ceux-ci ne sont plus des êtres fantasques et amusants, mais les seuls personnages dont la vision soit digne d'être traduite et exprimée. Attitude qui est loin d'être limitative, bien au contraire. On pourrait même la définir par cette caractéristique fondamentale de ne pas avoir imposé au monde environnant toutes ces limites soi-disant réelles, faites de conventions et de sécheresse cérébrale, et qui sont en fait des inventions de vieillards. Est enfant celui qui demeure capable de percevoir le mystère éternel qui se trouve inclus dans l'objet le plus usuel, dans le spectacle le plus familier; celui qui n'a pas laissé interposer entre lui-même et les autres cette multitude d'artificielles barrières et qui voit encore chacun dans sa méchanceté ou sa bonté primitives. Quel merveilleux don pour l'artiste de pouvoir garder cette juvénile fraîcheur! Car, pour lui, s'ouvrent des possibilités infinies. Il n'est pas une feuille qui ne mérite d'être décrite — car elle cache des trésors de bonté ignorée. Il n'y a pas un événement qui paraisse trop puéril — car tous sont chargés de la profonde signification de ce qu'on découvre pour la première fois. Et puis, outre les choses, il y a les êtres à décrire : les animaux grotesques ou touchants, les hommes beaux et laids, jeunes et vieux — tant de figures qui ne lassent jamais celui dont l'œil clair sait encore percevoir les réserves inépuisables de la nature.

Marcel Dehaye possède ce don au plus haut point. Comment sinon pourrait-il nous conduire dans ce domaine merveilleux où se déroule son récit, domaine dans lequel la bonté radieuse et la noire méchanceté parviennent à s'unir sous le couvert d'une même poésie? Dans ce monde où l'on doit s'attarder à la moindre chose pour l'admirer, où le bonheur se révèle sous les aspects les plus frustes et les plus simples? A la suite de Hopje et de ses compagnons, nous redécouvrons la beauté élémentaire, sous sa forme la plus pure. Il faut, pour pouvoir s'introduire dans ce paradis terrestre, une finesse et une sensibilité qui n'appartiennent qu'aux enfants... et à certains poètes.

C'est ce poète qui est ici en action. Voyez comment il sait se servir des mots pour nous dépeindre un décor, comment il rend la couleur et l'atmosphère d'un lieu. Il s'agit d'une chambre dans une vieille hutte, abandonnée au fond de la forêt : « C'est une grande chambre, d'un modernisme un peu maboul. Sur les murs peints en brun traînent des ombres excessivement noires. Clairs-obscurs à la manière des peintres fantastiques. Formes hallucinantes, lignes fuyantes, couleurs sinistres. Des jeux de lumière vertigineux composent un éclairage irréel où lueurs, clartés et ombres se modifient sans cesse. Des rayons violets, jaunes ou verts, s'échappent de projecteurs invisibles, croisent leurs feux, s'élargissent en triangles et, sur le plancher nu, opposent leurs couleurs. Les meubles qui habitent la chambre ne sont pas moins inquiétants. Une horloge au visage renfrogné hoquette ses heures incertaines. Dans un coin obscur, une lampe rouge poignarde le cœur d'une table. Avec leurs hauts dossiers et leurs bras décharnés, les fauteuils sont des squelettes assis. Le dressoir hostile jongle avec les assiettes, lance les couteaux à la rencontre des étoiles, pulvérise les verres de cristal. »

S'il nous fallait descendre de ces sphères enchantées pour redevenir un être terre-à-terre, dont la fonction est de juger, je regretterais que l'élément narratif n'est pas, dans « Hopje », aussi brillamment soutenu que l'élément descriptif. Je veux dire que l'histoire elle-même, les aventures qui s'y groupent manquent de puissance dramatique, n'imposent pas une tension au lecteur. C'est plutôt une suite d'épisodes et de tableaux — l'un plus captivant que l'autre, mais qui auraient peut-être gagné encore à être reliés entre eux par une intrigue plus palpitante. Cela n'aurait pas nui au charme poétique de l'ensemble. Et il semble que, même dans le procédé poétique utilisé, il y ait un certain faiblissement, surtout vers la fin du livre. La qualité du merveilleux, si séduisant dans les premières pages, décline et perd en subtilité. Il cède parfois à une allégorie plus banale et moins spontanée, qui explique trop conventionnellement ce que des évocations toutes intuitives avaient déja fait comprendre. Mais ce ne sont que de bien petites réserves, car je m'en voudrais de suggérer qu'il manque quelque chose à un livre qui, bien au contraire, déborde de trouvailles amusantes, d'images frappantes, de tendresse et d'humour. Et, en outre, ce qui n'est pas la moindre qualité, qui est écrit dans un style très pur et très musical, à l'aide de phrases chantantes et harmonieuses, dans une langue parfaite.

* * *

Tout n'a pas été dit lorsqu'on a mis en relief le charme lumineux de « Hopje l'insaisissable ». Il y a un autre côté du tableau qui donne à ce conte merveilleux une plus profonde raison d'être, et qui n'apparait que très rarement, tout en étant toujours présent. C'est lui qui contient la justification de l'œuvre : apporter dans un monde plein de laideur et de souffrance, ce message de poésie claire, source de joie intarissable dont les hommes ont plus que jamais besoin. Rien au monde ne peut être fait sans joie. Et il n'existe plus de joie pour celui qui a le cœur sec, qui ne porte pas en lui la magie du bonheur — qui équivaut à la magie de l'enfance — grâce à laquelle tout prend un sens et une beauté cachée. C'est pourquoi il nous faut écouter ceux qui nous parlent de cette réalité seconde, plus chaude, plus vivante, que la prosaïque apparence. « Il faut chanter pour ceux qui ne savent plus que tout chant, jailli du cœur, est une prière, que les oiseaux chantent comme ils respirent, que la pluie chante pour les cœurs attristés et que le soleil lui-même, ébloui par sa propre clarté, chante par-dessus le monde et nous dit de chanter.

» Il faut chanter bien fort pour que vous entendent ceux qui ne chantent plus, ceux qui n'ont jamais chanté, pour que votre chant atteigne l'ouvrier dans son usine, le bagnard dans sa prison, l'opéré sur son lit d'hôpital, le mineur à mille mètres sous terre, et le cadavre lui-même dans l'obscurité de son étroit cercueil.

» Comme les oiseaux chantent dans les cimetières, comme les oiseaux chantent dans les jardins saccagés, sur les collines défoncées, il faut chanter la vie, la bonté et l'amour, afin que les hommes, finalement, écoutent, afin que les hommes, finalement y croient. »

Paul de MAN.

---

(1) Editions « Les Ecrits », Bruxelles. Frontispice et bois de J. de Dixmude.

Chronique littéraire

Une génération à la recherche d'un style « Anthologie de poètes flamands » (1920 à 1942) par René J. Seghers (1)

L'IDÉE de R.-J. Seghers d'offrir un aperçu de la création poétique flamande en éditant ce recueil de traductions est des plus louable. L'ignorance profonde que les membres des deux groupes linguistiques composant notre pays manifestaient à l'égard de leurs productions littéraires respectives était, en effet, un phénomène attristant. Car, malgré les différences incontestables séparant les tempéraments artistiques flamands et wallons, il y a suffisamment de points communs, de soucis semblables dans les deux camps pour que les uns puissent goûter avec joie et intérêt ce que les autres établissent. On a commencé — enfin — à traduire quelques-unes des meilleures œuvres en prose de la littérature flamande actuelle. Il fallait faire le même effort pour les poètes afin que le lecteur d'expression française puisse se rendre compte des tendances et des velléités qui se manifestent chez eux.

Il est hors de doute que cette anthologie atteint à ce but. Comme son auteur nous en convie, nous ne chicanerons pas le choix de ceux qui y ont trouvé place. C'est une chose impossible, lorsqu'on doit sélectionner parmi les contemporains, de n'oublier personne et d'établir un jugement définitif sur le droit de tel ou tel auteur à faire part d'une élite. Notons toutefois que, dès lors, le terme d'« anthologie » ne se justifie plus et qu'il eut peut-être mieux valu parler simplement d'un « choix » de poètes flamands. La manière de grouper les œuvres peut également être discutée. En les réunissant par thèmes traités, on crée nécessairement des catégories quelque peu arbitraires, surtout si l'on choisit des classes aussi vagues et générales que « l'inquiétude », « la joie » ou « le rêve ». De telles subdivisions ne contribuent pas à faciliter les vues d'ensemble car les parallèles qu'elles suggèrent demeurent assez flous. La meilleure méthode à utiliser dans ce cas demeure le système classique de classer par auteurs et d'ordonner ceux-ci par ordre chronologique. C'est ainsi qu'on acquiert un aperçu sur l'évolution du genre.

Dans le cas présent, une telle disposition aurait mis en évidence la caractéristique frappante de l'activité poétique flamande de nos jours : le revirement opéré par la nouvelle génération contre les tendances de ses aînés. C'est un phénomène suffisamment important pour que nous nous y arrêtions ici, d'autant plus qu'il touche à un problème poétique d'ordre général.

Le contraste que nous voulons suggérer et qu'on observera aisément en comparant un poème de Paul van Ostayen ou de Karel van den Oever (tous deux nés au siècle dernier) à celui d'un plus jeune écrivain, englobe l'entièreté du style employé. Chez les plus anciens, une forme disloquée, pleine de recherches et d'expériences, jointe à de grands appels d'évasion et à une tournure d'esprit agitée et instable, évoque irrésistiblement une période de rupture, les premiers balbutiements d'une esthétique nouvelle, qui cherche encore sa voie. En fait, tout cela correspond à une très importante phase dans le développement des lettres flamandes. C'était la première fois que celles-ci rompaient avec la tradition de clarté et de sagesse qui y régnait pour se lancer dans l'aventure, avec ce qu'elle comporte d'écarts et de folies. Un élargissement considérable des horizons s'opérait à ce moment, non seulement sur le plan international — en ce sens qu'on prit contact avec les théories et les écoles des autres pays européens et qu'on combla, en un temps record, le retard que la Flandre comptait, du point de vue littéraire — mais également sur celui de l'inspiration poétique, qui trouvait une foule de nouvelles possibilités et de formules inédites. Sans doute, comme il était à prévoir, cette découverte provoqua-t-elle quelque sauvagerie et quelque désordre. Se ruant sur ces champs inexplorés avec tout l'enthousiasme des néophytes, les poètes commirent maints excès et risquèrent mainte tentative plus que discutable. Et il est certain qu'aucun chef-d'œuvre, ni même aucune création d'une relative perfection, ne sortit de cette effervescence située aussitôt après la guerre de 1914-1918. (Le seul suffisamment doué pour qu'on ait pu en attendre le meilleur, Paul van Ostayen, mourut jeune, avant d'avoir pu donner tout ce que son admirable talent promettait.) Mais malgré cela, ce n'est pas sans un certain regret qu'on voit les nouveaux venus ignorer complètement cette expérience cruciale et continuer à écrire comme si ces révolutionnaires excessifs mais intensément vivants n'avaient jamais exigé. Car c'est bien cela qui se produit. Ce ne sont pas les éléments remués par les prédécesseurs qui se sont décantés et qui, maintenant, sous une forme assagie, servent de base aux successeurs. Au contraire, de toutes les terres inconnues sur lesquelles on avait dirigé un premier regard, il n'y a plus ni trace, ni apparence. On s'en rendra le mieux compte en remarquant la limpide clarté, la simplicité totale, des poèmes récents. Il n'y a rien ici qui ne soit accessible, expliqué. Jusqu'à la forme qui prend une allure directe et régulière. Les atmosphères sont franches, les symboles sont nets, les sentiments purs. Et on ne peut se défendre, en voyant ainsi toute la partie obscure et ténébreuse de la poésie bannie à tous jamais, de croire à un appauvrissement.

Qu'on ne s'y trompe pas : en écrivant ceci, il n'est nullement dans notre intention de formuler une théorie générale et universelle. De telles directives ne valent jamais que pour un lieu et en un temps particulier. Elles ne sont opportunes qu'en tenant compte des mouvements évolutifs qui se dessinent dans la vie d'un certain genre dans un pays déterminé. Ainsi, le plaidoyer analogue tenu par Thierry Maulnier, exaltant la poésie obscure à un moment où les Français s'égaraient dans les dédales les plus aberrants d'un surréalisme parvenu à sa décadence, ne pouvait rendre que de mauvais services. Le mouvement naturel de la poésie française est actuellement dirigé vers la lumière et non vers les profondeurs brumeuses, dans lesquelles elle séjourne déjà depuis longtemps. Mais le contraire est vrai par rapport à la création flamande. C'est avec regret qu'on voit celle-ci refuser de se joindre à l'invitation d'annexer à ses domaines un monde plus mystérieux et plus secret. N'est-ce pas payer trop cher le prix de la clarté que de l'acquérir en se limitant et en s'écartant délibérément des efforts d'une génération dont l'enthousiasme et la débordante vitalité semblaient indiquer qu'elle suivait une route féconde ?

Ceci dit, nous n'hésiterons pas à louer sans réserve certains poèmes d'une grande beauté qui figurent dans ce volume. Citons au hasard « Hiver à Schilde », de Maurice Gilliams, d'une couleur grise, pâle et transparente, qui rappelle les plus belles toiles de certains peintres flamands modernes; les poèmes de Karel Jonckheere, issus d'une méditation intérieure profonde et s'exprimant avec une harmonieuse assurance; ceux, plus anciens, de Karel van den Oever — tour à tour langoureux, macabres et amèrement ironiques — ou de Paul van Ostoyen; « Les Jours pauvres et riches », de Richard Minne, enfin, où passe un souffle d'une rare et précieuse qualité. Cet ensemble suffit à démontrer la continuité et la richesse d'un génie poétique flamand d'une inestimable valeur — ce qui ne fait que regretter davantage que, dans la recherche de son style, il semble se fixer d'inutiles frontières.

Quant à la tâche délicate entreprise par R. J. Seghers en traduisant ces vers, on ne peut que le féliciter pour la manière dont il s'en est acquitté. Tout au plus pourrait-on regretter qu'il ait admis quelques poèmes proprement intraduisibles; mieux eût valu y renoncer, même lorsque leur qualité semblait les rendre indispensables. Mais cela ne doit pas nous faire oublier les parfaites réussites obtenues à plusieurs reprises. C'est rendre un service considérable à la poésie flamande que de la présenter ainsi, sans la diminuer, au public d'expression française.

Paul de MAN.

---

(1) « Les Cahiers du Journal des Poètes » éditeur.

Chronique littéraire

Universalisme de Gœthe. « Les Affinités Electives » (1)

CETTE traduction des « Wahlverwandtschaften » permettra au public français de prendre connaissance d'une des œuvres les plus parfaites de Gœthe. En outre, il pourra en déduire combien le génie du sage de Weimar demeure indépendant des conditions d'espace et de temps: rien n'apparaît dans ce roman qui ne nous semble pas essentiellement moderne et tant une sensibilité latine qu'une sensibilité germanique sera touchée par son contenu dans tous les sens, qui sont l'image vivante de l'universalisme de son auteur.

On pourrait s'évertuer à ranger les « Affinités électives » dans la norme des traditions littéraires de tous les grands centres créateurs européens. Nous nous bornerons à examiner l'ouvrage par rapport aux qualités artistiques françaises et allemandes : la synthèse de ces deux tempéraments nationaux, réalisation rare et malaisée, étant déjà amplement suffisante pour justifier de son attrait particulier.

Il ne faudra pas s'aventurer dans une étude approfondie pour souligner tout ce qui le rattache à la grande tradition classique française. Dans l'excellente introduction, scolaire dans sa forme, mais d'une précision analytique remarquable, les noms de Racine, de Corneille, de Mme de la Fayette, d'André Gide, reviennent sans cesse sous la plume du commentateur, M. J.-F. Angelloz. Lorsque nous sommes frappés par l'accent moderne du roman, ce n'est que parce que nous y retrouvons l'éternel leitmotiv de la prose française : la primauté du mobile psychologique. On nous décrit un conflit sentimental, un choc entre personnes sans le moindre souci de pittoresque extérieur, sans faire une seule tentative pour attacher l'attention du lecteur par la diversité ou le dynamisme des péripéties. Au contraire, seule importe la tension interne, le flux et reflux des passions qui agitent et tourmentent les personnages, même lorsque leur aspect visible paraît calme et conventionnel. Et dans aucune œuvre récente, même à une époque où la connaissance de l'âme humaine a fait de considérables progrès et où la tournure d'esprit psychologique est devenue plus usuelle, on ne pourra indiquer une plus cohérente et plus claire analyse. L'harmonie parfaite entre la partie introspective et active du contenu, le fait que tout geste trouve son équivalent dans la conformation profonde de celui qui l'accomplit, telles sont les vertus fondamentales que nous retrouvons ici. Ce qui plus est, le problème expressif inhérent à tout roman d'analyse, c'est-à-dire la manière d'inclure naturellement dans le récit cette compréhension inusuelle qu'ont les acteurs de leurs mobiles cachés, se trouve résolu de la manière la plus élégante. Point n'est besoin pour Gœthe de faire appel à ces artifices si fréquents dans la littérature actuelle : le romancier supra-lucide et omnipotent, le personnage anormalement détaché et intelligent qui explique impartialement les autres, le journal intime qui révèle des structures cachées à la simple observation, etc. (2). Il parvient — et là également il demeure fidèle au plus important des préceptes classiques — à suggérer cette richesse interne en se basant uniquement sur la construction même du récit, sur l'équilibre et le rapport mutuel des parties composantes. Avec M. Angelloz, nous soulignerons la rare perfection des proportions entre les différents éléments de l'intrigue, la rigueur de l'arrangement logique, ordonné selon le double principe de la polarité et de la gradation. On se reportera, pour s'en convaincre, au très exact schéma esquissé dans l'introduction.

Un point dans cette architecture admirable mérite qu'on s'y arrête plus longuement : c'est le curieux intermède qui se situe au centre du livre, aux premiers chapitres de la seconde partie, et durant lequel il ne se passe strictement rien qui fasse progresser le développement du drame. On a beaucoup discuté l'opportunité de ces pages qui apparurent à certains d'une insupportable longueur. Cependant, elles constituent une des parties les plus attachantes et les plus originales de l'ensemble. M. Angelloz y voit une nécessité commandée par l'évolution progressive d'un des personnages vers un nouvel état d'âme. Il semble toutefois que leur principale raison d'être est l'introduction, dans le roman, du facteur temps, de la *durée* des événements. La réalité ne se présente jamais comme une marche ininterrompue vers un dénouement : elle marque des temps d'arrêt durant lesquels, sous l'empire de l'inertie ou de l'automatisme humain, des périodes entières vides de tout événement déroulent leur monotone uniformité. Un récit qui vise à produire le rythme réel de l'existence devra faire intervenir de telles époques. Certains auteurs récents l'ont fait avec beaucoup d'adresse : citons André Gide, dans « L'Immoraliste », Charles Morgan, dans « The Fountain », E. Hemingway, dans « A Farewell to Arms ». Mais l'intermède des « Wahlverwandtschaften » est certainement une des tentatives les plus réussies tentées dans ce sens.

Outre ces caractéristiques qu'on pourrait appeler les vertus « françaises » des « Affinités » d'autres passages rappellent que l'œuvre est contemporaine de cette floraison du génie germanique qu'est le romantisme allemand et que celui-ci trouvait dans l'esprit de Gœthe également un terrain fécond. Car un certain nombre de passages suggèrent qu'il se trouve quelque chose *au delà* de l'explication psychologique et que tout ne se clarifie pas par la simple raison. Au dessus du conflit des caractères plane une puissance surnaturelle, échappant à toute analyse, et conférant aux actions humaines un éclat céleste. La mort des deux amants qui ne s'explique par aucune maladie ou aucun fait physiologique symbolise une union supra-terrestre, n'appartient donc déjà plus au domaine de la vraisemblance tangible. Que dire dès lors du caractère angélique d'Adèle, de la mystérieuse puissance de l'eau qui semble régir le destin de ces êtres, de la violence de certaines passions qui s'élèvent au-dessus de toute contingence pour entrer dans l'éternité où elles peuvent rayonner de tout leur feu. Il flotte, dans ce roman d'apparence si raisonnable et si cérébrale, un subtil parfum de rêve. Alors qu'une œuvre française paraît toujours aboutir à une limite, atteindre un stade où tout a été dit et compris, il demeure ici une échappée sur des profondeurs insondables, un sentiment métaphysique de l'infini, propre à la pensée allemande. De ce point de vue, le roman demeure un reflet de la nationalité de son auteur.

Une dernière caractéristique enfin le rattache également aux traditions littéraires allemandes : c'est son contenu moralisateur. Le problème éthique contenu dans de nombreuses œuvres classiques françaises n'est toujours posé que pour ses possibilités artistiques, c'est-à-dire qu'on exploite son contenu émotif et dramatique plutôt que de le considérer sur le plan de la morale proprement dite. Cette particularité se retrouve le long de toute la ligne des grands auteurs français, de Racine à Gide. Il en va tout autrement dans le cas présent. L'intention n'est plus de tirer tout le parti esthétique possible du problème du mariage et du divorce, mais de discuter à fond la question, en pesant le pour et le contre et en tirant de là des conclusions pratiques quant à l'éducation et à la conduite à suivre. Manifestement, Gœthe veut prendre parti dans une controverse importante. Il ne nous importe pas d'exposer les théories qu'il approuve, mais uniquement de mettre en évidence cette différence foncière entre le rôle joué par la morale dans les deux principales littératures européennes. Il ne peut exister aucun doute sur le germanisme profond de Gœthe en ce qui concerne ce point particulier.

En conclusion, cette réunion, dans une même œuvre, de tant de qualités différentes, réunion obtenue sans que l'unité du récit et de la pensée en souffre un seul instant, lui donne un mérite inégalable. « Les Affinités Electives » sont très supérieures à la « Princesse de Clèves » d'une part, ou au « d'Afterdingen » de Novalis, d'autre part, car elles en cumulent toutes les beautés. A certains moments, la totalité des richesses dispersées dans les nations formant la civilisation occidentale se concentrent en un élu, qui devient alors le génie universel. Avec ce livre, nous assistons à un de ces moments uniques dans l'histoire des lettres.

Paul de MAN.

---

(1) Aubier, éditions Montaigne. Traduction et introduction de J. F. Angelloz.

(2) Les quelques pages de journal intime reproduites dans la deuxième partie n'ont nullement cette intention et sont là pour d'autres raisons.

Chronique littéraire

NOVALIS : HENRI D'OFTERDINGEN (1)

L'EXCELLENTE collection bilingue éditée par Aubier vient de s'enrichir d'une des grandes œuvres de la littérature allemande, le « Heinrich von Ofterdingen », de Novalis. Il faut signaler, d'ailleurs, le grand mérite de cette série, dite des classiques étrangers, où des traductions de premier ordre, disposées typographiquement en regard des textes originaux, permettent même à celui qui n'est pas entièrement familiarisé avec la langue étrangère, d'apprécier par une lecture comparative, les beautés de la version primitive.

Le fait qu'on puisse présenter au public français une des plus représentatives, mais également des plus étranges œuvres du romantisme allemand, démontre quels progrès considérables furent accomplis dans la connaissance et l'appréciation de ce mouvement littéraire. Alors qu'actuellement les noms de Novalis, de Tieck, de von Arnim sont connus dans de larges sphères, il n'y a pas si longtemps que nul, en France, ne soupçonnait leur existence. Car alors que les romantismes français et anglais avaient eu un caractère public et s'étaient révélés comme des courants largement ouverts aux influences étrangères, l'école allemande se développa en vase clos et resta l'apanage d'un petit groupe, aux caractéristiques spécifiquement nationales. Même dans leur propre pays, il n'y a pas si longtemps qu'on a reconnu en eux une des générations les plus remarquables dans l'histoire de l'art allemand. Et en France, où le symbolisme présentait cependant tant de secrètes analogies avec le romantisme allemand, ce dernier demeura complètement ignoré.

Depuis quelque temps, un changement radical s'est produit dans cette situation. Les surréalistes furent les premiers à prendre conscience de tout ce qui apparentait l'évolution de la poésie française à cette pléiade d'esprits singuliers et originaux qui avaient tellement élargi les horizons de l'inspiration poétique. Ils s'empressèrent de s'approprier leurs formules et leurs innovations, ce qui ne se fit pas toujours avec un effet heureux. Mais si les conséquences de cet échange esthétique furent discutables — et encore faut-il se garder de sous-estimer l'influence du surréalisme qui, s'il n'a produit rien de durable, n'en demeure pas moins le premier élément constructif dans une rénovation des lettres françaises. Les théoriciens qui évoluèrent dans le sillage de Breton accomplirent des recherches remarquables. Des livres comme ceux de Marcel Raymond (de Baudelaire au surréalisme), ou d'Albert Béguin (l'Ame romantique et le Rêve), sont les réalisations d'une critique plus pénétrante et plus profonde que celle qu'on avait connue jusqu'alors. Dépassant infiniment le cadre étroit de la nomenclature énumérative, s'érigeant contre le manque d'esprit de synthèse de la critique impressionniste, on y étudie l'œuvre d'art comme une manifestation permettant d'éclairer la structure interne de l'être humain. Dès lors, on éleva la critique littéraire jusque dans un domaine voisin de la psychologie, de la philosophie ou même de la sociologie — introduisant ainsi en France la méthode critique que Dilthey avait créée vingt ans auparavant en Allemagne. On parvint d'ailleurs rapidement à une maîtrise considérable. A preuve qu'un ouvrage comme celui de Béguin peut rivaliser avec ceux écrits sur le même sujet en Allemagne, y compris les études fondamentales de Dilthey (*Das Erlebnis und die Dichtung*) et de Richard Benz (*Die Deutsche Romantik*).

Ce serait nous écarter de notre sujet que de nous attarder davantage à analyser les causes qui amenèrent l'élite des historiens littéraires français à s'occuper avec tant d'ardeur des romantiques allemands. Ce qu'il importe de souligner c'est qu'actuellement cet effort a porté ses fruits et que le public cultivé est capable d'aborder la lecture d'un roman comme le « Ofterdingen », de Novalis, dont le caractère hermétique l'aurait jadis rebuté. Il y a d'ailleurs également été préparé par l'évolution du roman psychologique qui, en approfondissant de plus en plus son étude de l'âme, aboutit, par voie rationelle aux mêmes régions que l'intuition romantique avait choisies comme point de départ. Le stade ultime de l'introspection pénètre dans un climat qui coïncide très exactement avec la brumeuse atmosphère du rêve. L'intensité de la vie intérieure chez Heinrich von Ofterdingen, le fait que les actions apparentes du roman n'importent que par l'écho qu'ils réveillent dans les tréfonds des êtres qui les accomplissent, ne nous surprennent plus après que Proust et Joyce nous aient introduit dans les régions secrètes de la personnalité. Mais ce qui caractérise la manière de Novalis et des romantiques en général est la tendance philosophique qui s'exprime dans leurs écrits et qui en détermine la nature. C'est là une particularité contrastant nettement avec les normes de notre moderne production d'aspect classique qui est a-philosophique. Et chez Novalis plus que chez la plupart de ses contemporains (plus que Jean-Paul Richter, ou que Achim von Arnim), cette intention de dévoiler les secrets ultimes de la destinée se superpose au simple jeu avec des images et des couleurs. Il n'a rien de la gratuité chère aux épigones du romantisme. Son but est de charger ses symbôles d'une signification profonde et relativement précise et d'inclure en eux toute une conception du monde. C'est pourquoi son hermétisme est d'une variété essentiellement différente de celui de bon nombre de ses contemporains: au lieu de résulter d'un manque de précision dans les contours, de l'allure floue et vague de la rêverie, il provient uniquement de ce que les idées communiquées sont, de par leur nature, quasi inexprimables. Elles naissent de certaines nuances si subtiles et si insaisissables de la vie affective que le langage ne parvient pas à en fixer le contenu. Seule la poésie, l'interposition des images, pourra nous suggérer, en nous plaçant dans une ambiance réceptive particulière, la vérité profonde que Novalis nous apporte. De là, malgré les apparences, son art vise à une *efficacité* d'expression, à la précision et la clarté. Son rêve est nettement défini et délimité, sa signification peut être dégagée et traduite en langage abstrait, sans perdre par trop de son contenu spirituel (en perdant, bien entendu, l'extrême richesse de son contenu poétique, mais ce n'est pas là, pour l'instant, ce qui nous intéresse). Une telle « traduction » serait inconcevable, par exemple chez Jean-Paul.

Ceci ne veut nullement dire que Novalis serait moins nettement romantique que ses illustres contemporains. Ce serait perdre de vue la base essentielle de ce mouvement que de le limiter à des à-côtés de ses modes esthétiques; dans son essence même, il est un large mouvement philosophique dont la tendance est très nettement caractérisée et dont nul plus que Novalis est l'authentique représentant. L'idée fondamentale de son roman, idée qui n'apparaît d'ailleurs que fragmentairement dans la partie achevée, mais se dégage des notes qui préparent la seconde partie, est le désir de *participation* de l'homme à la totalité du monde environnant, son besoin d'entrer en communion étroite avec la nature, les objets, les êtres. Le jour où cette fusion — qui est plus qu'une connaissance rationelle — aura été réalisée, débutera une ère de bonheur infini. Mais la faculté capable de conduire jusque dans ces régions divines est le don poétique, car lui seul peut ouvrir les portes du merveilleux, que la froide raison s'acharne en vain à vouloir enfoncer. Présentée sous cette forme, cette attitude peut sembler bizarrement fantasque et chimérique; elle correspond cependant, lorsqu'on la transplante dans le monde réel, à une aventure spirituelle vécue par Novalis et son déroulement n'est que l'histoire de sa propre existence. Car la glorification de la poésie à laquelle elle conduit, l'abandon complet de l'être aux puissances du Beau, n'est que la profession de foi résultant d'une expérience personnelle qui, à travers les souffrances et les larmes, finit par aboutir à la sérénité et à l'apaisement.

De ce point de vue, Ofterdingen apparaît donc comme un véritable bréviaire de la philosophie romantique. La place nous manque pour commenter ne fût-ce qu'une infime partie des autres richesses qu'il contient. Ce livre tordu et chaotique, construit selon un schéma capricieux, instable bien souvent dans le choix de ses moyens expressifs, demeure une source inépuisable de beauté et de sagesse. S'il démontre, par son hermétisme et sa composition hétéroclite, que le roman ne se prêtait que très difficilement aux exigences de l'inspiration romantique, il n'en demeure pas moins le témoignage d'une des plus profondes démarches entreprises par l'esprit humain à la recherche de sa norme.

Paul de MAN.

---

(1) Préfacé et traduit par F. Camus, Aubier, Editions Montaigne.

Chronique littéraire

Mérites et défauts d'une expérience : à propos de *Handji* (1) et de *Le Trottoir* (2), de Robert Poulet

Une récente réédition a remis sur le marché *Handji* et *Le Trottoir*, deux livres parmi les plus importants de Robert Poulet. Il semble bien qu'avec le recul de quelques années qui se sont écoulées depuis leur première publication, il est devenu possible de définir avec précision l'expérience qu'elles représentent et de dresser le bilan de la tentative qu'elles contiennent. C'est bien d'« expérience » qu'on peut parler en évoquant ces œuvres. Car elles n'ont jamais cet aspect définitif et irrévocablement stable d'une création dont le style a été fixé, dès l'origine, comme étant le seul capable d'être utilisé par son auteur. En ce cas, de roman en roman et même à l'intérieur du même, on sent la continuelle présence de plusieurs veines possibles, de plusieurs démarches que l'écrivain pourrait suivre. Celle qui, finalement, aura été adoptée, n'est pas unique, mais provient d'un choix plus ou moins conscient. Elle n'est toujours qu'une tentative, qu'un essai entrepris et qui, en cas de non-réussite, sera abandonné et remplacé par d'autres ressources que le romancier tient en réserve. C'est une particularité qu'il ne faudra jamais perdre de vue si l'on désire juger équitablement cette littérature parfois déconcertante, mais si profondément originale.

L'expérience de Poulet garde toutefois, dans toutes ses formes, un souci de base constant : c'est son côté négatif ou, si l'on veut, révolutionnaire. Elle apparaît chaque fois comme un effort pour rompre avec les lois formelles du réalisme, lois qui régissent le monde de la prose depuis plus de cinquante ans. Ce besoin est très clairement exprimé dans la brève préface du conte *Le Trottoir* : « La véritable logique des âmes nous échappera toujours. L'application au roman des lois psychologiques aura toujours quelque chose de grossier et de faux. » Peu nous importe de savoir si le sens de cette affirmation est exact ou erroné. Ce qu'il convient de souligner, c'est qu'en l'écrivant, Robert Poulet s'opposait à ce qui faisait la raison d'être du roman français. Bien entendu, on ne pourrait dire que Gide ou Proust se bornent à « appliquer des lois psychologiques » aux personnages qu'ils décrivent. Mais il n'en reste pas moins que leur principale préoccupation consiste en une explication des actions, explication qui semble bien être provoquée par l'irrésistible besoin de découvrir « la véritable logique des âmes ». Bien plus, le propre du roman était devenu d'indiquer cette logique, même là où elle était très peu apparente.

Rien ne permet d'affirmer que cette conception est plus « réelle » que celle qui montre les circonstances de la vie dans l'état erratique et décousu qu'elles présentent à tout observateur non prévenu. Aussi, si nous disons que Poulet est antiréaliste, il ne faut pas prendre ce terme dans son sens propre, mais dans son sens historique. C'est-à-dire qu'il faut désigner par là cet aboutissement de l'école de Flaubert qu'était l'analyse psychologique, cette génération d'écrivains qui avait introduit les exigences de la vraisemblance — qui, pour un esprit français, correspondent aux exigences de clarté et de cohésion — jusque dans la structure interne des êtres. L'auteur de *Handji* s'oppose entièrement à ce groupe Son scepticisme à l'égard des possibilités ultimes de l'étude psychologique et la tentative entreprise, surtout dans *Le Trottoir*, de ne pas faire intervenir ce ressort et de s'en tenir à un récit qui ne présente aucun schéma logique, le dénote clairement.

Mais en agissant ainsi, on remet en question le problème de l'intérêt qui est le problème fondamental de tout roman. Par sa nature même, le roman psychologique intéresse même lorsqu'il s'en tient aux péripéties les plus banales. Il satisfait à la fois un besoin inférieur de curiosité, voire de scandale et une haute aspiration à la vérité et à la connaissance. Il est captivant par définition et risque très peu, même lorsqu'il est de médiocre qualité, d'ennuyer. La tâche de celui qui se lance dans une voie différente consiste donc à remplacer ce puissant centre d'attraction par un autre. C'est là que débutent les « expériences » de Robert Poulet, dont nous pouvons en indiquer au moins deux dans les présents ouvrages.

Les deux tentatives — celle de *Handji* et celle du *Trottoir* — sont orientées vers un certain fantastique, en ce sens qu'elles visent à provoquer chez le lecteur ce frisson de divine angoisse qui le parcourt lorsque se dévoile le côté obscur des êtres. Dans *Handji*, l'irrationalisme envahit jusqu'au contenu même du récit. Celui-ci se maintient dans un climat d'exaspérante excitation nerveuse, où le fictif et le réel s'entrechoquent et s'entremêlent dans une sarabande effrénée. *Le Trottoir*, par contre, garde toute l'apparence de la « tranche de vie » naturaliste, avec tous ses détails sordides, mais ne s'élève dans des sphères magiques que par de subtils effets d'éclairage et d'accessoires. Ce dernier mode a le grand avantage sur le précédent de ne pas poser à l'auteur de difficiles problèmes de mise en forme; je veux dire que sa limpidité et son expression plus simple indiquent, dans ce cas, une indéniable maîtrise de style. C'est pourquoi on peut dire de cette grande nouvelle qu'elle est, par rapport aux buts qu'elle se propose, une parfaite réussite. Mais ce but, curieux mélange d'expressionnisme cinématographique et d'observation impassible, demeure relativement peu élevé; on peut obtenir dans ce domaine des effets très frappants, mais qui demeurent nécessairement sur un plan limité et n'offrent que des ressources vite épuisées.

Le cas de *Handji* est entièrement différent. Il s'agit ici d'une méthode infiniment plus originale et qui appartient en propre au tempérament particulier de Robert Poulet. On connaît peu d'exemples d'une tension nerveuse aussi intense que celle qui se maintient durant toute la longueur du livre. Des évocations comme celle de la torture de l'ennui, au début du roman, ou de cette bizarre amitié hostile (ou animosité amicale) qui se noue entre deux hommes isolés dans une totale inactivité, sont d'une puissance qui n'a que de rares équivalents dans la littérature moderne. Mais, précisément dans ce domaine où l'on pourrait espérer de la part de l'auteur un vrai chef-d'œuvre, la question de forme semble loin d'être tranchée. J'ignore si ce roman est le résultat d'une œuvre beaucoup plus étendue dans laquelle l'écrivain a fait des coupures, mais c'est là l'impression que donne la narration chaotique, hachée, semblable souvent à une vaste esquisse, qui ne serait encore que substance informe devant être mûrie et ordonnée. Dira-t-on que la nervosité même qui doit régner dans l'ouvrage nécessite cette tournure heurtée? Je ne le pense guère. Robert Poulet, surtout lorsqu'il entreprend le genre d'ouvrages qui doit lui permettre les plus hautes réussites, mène une lutte constante à la recherche d'un mode d'expression adéquat. Son œuvre garde l'empreinte de cet effort, d'où son allure parfois tordue et peu harmonieuse. Mais il n'en est pas moins certain que *Handji* contient un accent neuf et séduisant et que l'essai qui y est entrepris s'avère particulièrement fécond.

Plus que quiconque, Robert Poulet porte le poids de la tâche ingrate qui incombe à sa génération, sans doute parce qu'il est parmi les plus lucides de ses membres. Il s'est rendu compte de l'épuisement des formules existantes et s'est risqué hardiment sur la piste raide et abrupte du renouveau. Aucune fonction n'est plus malaisée que celle de ces pionniers. Ils doivent user leur énergie dans des tâtonnements et des errements, aller à l'encontre du goût du public dont l'habituelle inertie continue à s'accrocher aux normes passées. Leur œuvre ne connaîtra ni la perfection ni le succès de ceux qui conduisent un style déjà évolué à son apogée. Mais, sans leur labeur, aucune réalisation future ne serait possible; leurs œuvres, qui semblent être des produits artificiels de laboratoire, permettent les plus belles floraisons de demain. Il est un phénomène réconfortant pour les lettres belges d'expression française que plusieurs de ses membres participent à cette recherche fructueuse. Parmi eux, Robert Poulet occupe une place de tout premier plan.

Pau de MAN.

---

(1) et (2) Editions Denoël et Steele.

Chronique littéraire

« Jardins et Routes », par Ernst Jünger (1)

Avec cette traduction de « Jardins et Routes », extraits de son journal, Ernst Jünger risque bien de connaître la mésaventure qui arriva à beaucoup d'auteurs : d'être lu pour des raisons qui n'ont aucun rapport direct avec son art et d'être jugé sur une œuvre qui se situe en marge de sa production habituelle et ne reflète que partiellement ses caractéristiques créatrices. Quoique l'éditeur ait eu le bon goût de ne pas mettre sur la couverture qu'il s'agit d'un journal de guerre, le public ne tardera pas à se précipiter sur ce recueil d'impressions d'un officier allemand, pour se renseigner sur ce que pouvait être l'atmosphère de l'autre côté de la barricade. De ce point de vue, le livre ne pourra que le décevoir, car son contenu est à tel point personnel et intime que les gigantesques événements qui en constituent le cadre n'apparaissent qu'à travers le prisme d'un tempérament particulier. Et ce n'est que très rarement qu'Ernst Jünger, qui fut un héros de la guerre de 1914-1918 avant de prendre part à celle-ci, laisse percer, entre une des considérations philosophiques, botaniques ou gastronomiques dont il est friand, une vue générale sur les réalités de l'heure — vue qui sera d'ailleurs toujours pénétrante et juste. Mais on se tromperait grossièrement en voyant dans ce livre un témoignage objectif des événements; l'esprit de Jünger s'enracine profondément dans les bases éternelles de la nature humaine et comme il demeure consciemment au niveau des expériences et des sentiments fondamentaux, il échappe complètement à l'emprise des circonstances temporelles. C'est ce qui donne à ses descriptions, même lorsqu'il s'agit de personnages aussi matériels et réels que ceux dont il s'agit ici, une étrange perspective, une atmosphère quasiment légendaire qui les place dans l'imagination comme des créatures sans âge et sans limites. Ce n'est pas un soldat allemand de la guerre de 1940 qui se profile dans ces pages, mais le guerrier éternel, l'homme aux prises avec les souffrances de la condition guerrière, mais prêt à goûter les joies et les triomphes qu'elle comporte. En ce sens, « Jardins et Routes » constitue une clef à l'œuvre de l'écrivain. Car celui-ci emprunte bien souvent, dans ses romans, une voie allégorique et symbolique qui égare les intelligences précises et logiques. La même tournure d'esprit lorsqu'il évoque — comme ici — des circonstances presque familières, est moins déroutante; ce sens du mythe qui caractérise la littérature d'Ernst Jünger devient infiniment plus abordable lorsqu'il agit dans des paysages et sur des personnes connues au lieu de créer un monde fabuleux, uniquement régi par les lois de l'éternelle poésie. On s'aperçoit alors qu'il ne correspond pas à une intention esthétique plus ou moins artificielle mais qu'il est le propre même de la vision de l'artiste. Et l'on peut espérer que ce premier contact avec un des plus grands écrivains de notre époque servira pour plusieurs d'introduction à la lecture de ses autres ouvrages qui, bientôt, seront tous traduits en français.

Un parallèle s'impose entre ces pages et un autre « Journal » célèbre, celui d'André Gide, qui joue pour son auteur à peu près le même rôle et contient un genre de préoccupation semblable. Comparer deux journaux intimes veut dire comparer deux hommes car les vertus artistiques s'y mêlent si étroitement aux traits psychologiques qu'il devient souvent impossible de les distinguer les uns des autres. Mais il n'est pas interdit de juger un homme par rapport à ses possibilités en tant qu'artiste et de déplorer ou d'approuver tel aspect de son caractère qui, moralement, devrait peut-être donner lieu au jugement opposé. En ce qui concerne Gide et Jünger, on ne pourrait trouver exemple plus frappant du contraste entre une nature égocentrique et une nature universelle. Tandis que le premier poursuit sans cesse la recherche du Moi dans le Tout, et s'acharne à fixer précisément les contours et les possibilités de son individu, le second tend continuellement à se confondre avec le monde environnant, à trouver équilibre et harmonie dans cette participation à la nature tout entière. Une des conséquences de ces mentalités distinctes sera que, pour Gide, les autres hommes prendront une importance considérable, puisque rien n'est plus indispensable à la conscience de soi que la connaissance totale des autres. Tandis que Jünger vivra bien plus avec les choses qu'avec les êtres, car c'est en elles qu'il cherchera le rapport de son équilibre. Aussi, son lyrisme se développera-t-il au départ des plus humbles substances de l'univers et je n'en connais pas de meilleur exemple que cette extase devant la pétrification d'un coquillage trouvé à Montmirail. Objet pur, sorti de la nuit des temps, d'une finesse de structure parfaite — rien ne pouvait parler plus directement à son être profond. Pour Gide, une telle trouvaille aurait été sans valeur car elle ne lui enseigne rien sur lui-même. Mais c'est toute la magie de la création que Jünger y retrouve, dans tout ce qu'elle a d'éphémère et de merveilleux.

A quelles effusions littéraires ces deux tempéraments conduiront-ils? C'est chose facile à prévoir. Les livres de Gide fourmillent d'un va-et-vient incessant de personnages, de problèmes psychologiques, de conflits sentimentaux. Ceux de Jünger planent dans des sphères où seules les forces primitives agissent, créant la sérénité la plus pure vu le plus noir chaos. On y voit des hommes lancés par des puissances qui les dépassent infiniment et qu'ils ne pourraient ni connaître ni gouverner; on y goûte des félicités et des extases qui sont d'essence divine, des tourments d'une brutalité bestiale. Dans « Jardins et Routes » ces éléments apparaissent parfois, mais sous une forme plus modérée, domestiquée en quelque sorte par les brides de la réalité : les hommes déchaînés sont des soldats, les monstres sanguinaires des tanks et des canons — choses somme toute assez ordinaires. Quant aux ivresses divines, l'auteur a soin de nous en indiquer chaque fois l'origine précise, en citant le nom et l'année du vin qui les lui a procurées, au hasard du cantonnement, en puisant dans quelques bonnes caves de France.

Mais c'est un des miracles de l'art de Jünger que cette version familière de la vision mythique garde intact son charme poétique. Je connais peu de livres plus simplement charmants que celui-ci, peu d'endroits où un homme a parlé de lui-même avec tant de délicatesse, de dignité et d'intelligence. On sent la chaude sympathie qui est née parmi les soldats pour un supérieur si parfait, et on y participe irrésistiblement. Sans rien avoir de la confession totale, si choquante souvent, quelqu'un nous dévoile sincèrement et avec un parfait sens de la mesure ce qui se passe en lui. Parmi beaucoup d'autres choses, « Jardins et Routes » contient la révélation d'une personnalité humaine très noble. C'est en partie à cela qu'est dû l'attrait de l'ouvrage. Il faut y ajouter son extraordinaire beauté formelle : Jünger détruit par son œuvre la thèse si fréquemment défendue selon laquelle l'inspiration romantique, telle qu'elle se trouve à la base du sentiment artistique allemand, est incompatible avec l'harmonie de la forme. Même dans ses carnets personnels, la prose de l'auteur garde sa splendeur marmoréenne, son équilibre très étudié et toujours dominé qui est celui d'un grand styliste. Nous évoquions tout à l'heure André Gide, je crois que c'est le seul écrivain vivant dont le souci de la perfection dans la construction de la phrase puisse être comparé à celui d'Ernst Jünger.

Un mot au sujet de la traduction de Maurice Betz. Le traducteur de Rilke n'a plus besoin d'éloges pour vanter ses mérites. Mais sans vouloir lancer un paradoxe facile, on en vient presque à trouver sa version française trop parfaite. En ce sens qu'elle parvient à donner l'impression que réellement, le livre a été écrit en français ce qui, surtout lorsqu'il raconte l'histoire d'un Allemand envahissant la France, a quelque chose d'étonnamment choquant. Certains artifices, contribuant à fortifier cette illusion, auraient dû être évités. J'aurais conservé, aussi fatigantes qu'elles soient, des indications traditionnelles de la traduction telles que les notes « en français dans le texte », etc., ne fût-ce que pour faire sentir qu'il s'agit d'une traduction. Ce ne sont pas là, bien entendu, des reproches, mais une simple suggestion. La façon dont M. Betz conserve intacte une prose si délicate et parvient à en rendre toutes les ressources est digne d'admiration. Elle concourt à la réussite de ce livre particulièrement attachant.

Paul de MAN.

(1) Traduction de Maurice Betz. Editions Plon.

Chronique littéraire

LE PROBLEME DE L'ADOLESCENCE

« L'Orage du matin » (1), de Jean Blanzat et « L'Homme noble et son Ombre » (2), par Emile Lecerf

PARMI les thèmes d'élection de la littérature romanesque contemporaine, le problème de l'adolescence prend une place importante. Dans tous les grands romans de ces dernières années, cette crise particulièrement délicate que l'homme traverse vers sa vingtième année intervient pour une grande part; citons entre autres « les Faux Monnayeurs », d'André Gide, « la Pierre d'Horeb », de Georges Duhamel, les premiers volumes des « Hommes de bonne Volonté », de Jules Romains, les « Thibault », de Roger Martin du Gard — et j'en passe. Cet intérêt pour une période particulière de l'âge humain ne résulte pas seulement des ressources psychologiques exceptionnelles qu'offre l'examen de ce stade de la vie, ressources qui pourront fournir des développements particulièrement tentants à l'imagination de l'auteur. Elle a des causes plus profondes, résultant du fait que la mentalité propre de l'adolescent était devenue, en quelque sorte, le symbole de l'esprit de toute une époque qui trouvait l'image de ses troubles et de son inquiétude dans les tourments des jeunes gens. En comparant à ces produits d'un passé vieux les deux livres de Jean Blanzat et d'Emile Lecerf consacrés à la même question, mais écrits par des romanciers appartenant à une plus jeune génération, nous trouverons la confirmation à cette remarque. Car le changement dans l'état d'esprit de ceux qui ont reçu directement le choc des événements actuels se manifeste déjà dans l'attitude adoptée à l'égard du sujet que leurs aînés ont si souvent creusé.

Si l'on devait caractériser par un mot l'état d'esprit de l'homme sur le seuil de la maturité, je choisirais le terme « indécision ». Tout le mal de l'adolescent — mal qui s'oublie très vite, parce qu'il paraît tout à fait artificiel lorsqu'on l'a dépassé, mais qui n'en est pas moins extrêmement douloureux — provient de là. Etre indécis ne signifie non seulement qu'on s'avère incapable de faire un choix dans le monde des idées, de fixer les doctrines politiques, philosophiques et religieuses auxquelles on entend se conformer, mais également et surtout qu'on ne parvient pas à avoir une opinion stable sur soi-même. Ce doute constant sur sa propre valeur, sur ses possibilités de bonheur ou de grandeur, empoisonne littéralement l'existence de l'adolescent. Il en résulte une inactivité stérile, une instabilité profonde, un bouillonnement intérieur incessant où le meilleur se mélange au pire sans ordre, ni mesure. Il en résulte surtout un puissant sentiment de solitude, car seul celui qui est parvenu à stabiliser son orientation intérieure s'avère capable de vivre avec ses semblables sur un plan d'égalité. Les rapports des indécis avec le restant de l'humanité sont toujours entâchés d'incompréhensions, de malentendus, voire de querelles.

A première vue, rien de particulièrement attachant ne semble donc coïncider avec cet « âge ingrat » moral. Et cependant, la littérature d'entre-deux-guerres, a toujours présenté l'adolescent comme un être sympathique, digne d'estime et d'amour, dont elle allait jusqu'à glorifier les particularités : la solitude, l'instabilité, la mobilité. C'est que, malgré tout, cette époque a quelque chose d'unique: l'homme y est encore intact et complet. Plus tard, pour parvenir à son équilibre, il devra élaguer sa personnalité, en supprimer certains traits peut-être riches et féconds en faveur d'autres qui s'y opposent. Un des plus grands problèmes de la vie psychologique consiste à abandonner aussi peu que possible de soi-même tout en parvenant à la solidité morale qui est l'indice d'une authentique maturité. Mais cette tâche est difficile et presque irréalisable; c'est bien pourquoi l'adolescent est plus riche en possibilités que l'homme mur, puisqu'il n'a encore éliminé aucune des constituantes intimes de son être. Et c'est précisément cette abondance des « possibles » qui fut considérée, par les maîtres littéraires de notre temps, comme une valeur précieuse et digne d'être glorifiée. La morale gidéenne en est l'exemple le plus frappant.

Je me garderai bien d'aborder à ce propos la très délicate question de la responsabilité des créateurs et de tirer de cette simple remarque des conclusions sévères contre une école littéraire remarquable — comme beaucoup le font actuellement avec une légèreté et un manque de perspicacité historique regrettable. Bornons-nous à constater que, pour certains jeunes, le contact avec cette littérature fut néfaste. Ils y puisèrent un goût malsain pour les déchirements de l'incertitude. Quelques phrases nietzschéennes mal comprises sur la grandeur de la solitude firent le reste — et développèrent en eux un détestable orgueil. Et c'est contre ceci que des livres très récents semblent vouloir réagir. C'est le cas des deux ouvrages dont nous avons à parler ici.

Pour « L'Homme noble et son Ombre », l'effet est obtenu un peu involontairement, en ce sens que l'auteur, qui doit être très jeune, exhibe si manifestement les défauts de son âge, que son livre en devient un plaidoyer très efficace contre l'état de l'adolescence. Pour ma part — est-ce voulu? — j'ai trouvé que son héros était parfaitement odieux. Ce raisonneur incapable de faire quoi que ce soit avec simplicité et se sentant obligé d'accompagner des actions aussi naturelles que l'amour d'une foule de considérations abstraites et profondes, apparait comme l'incarnation même de ce qu'il y a d'artificiel dans la jeunesse intellectualisée. Quelques phrases, vers la fin du livre, semblent indiquer qu'Emile Lecerf a réellement voulu crucifier les faiblesses de ses personnages; il n'en est pas moins vrai qu'une partie de cette impression provient d'erreurs techniques, qui confèrent au livre un manque total de naturel. C'est donc la forme de l'« Homme noble » qui est critiquable et on peut regretter que le peu de métier de l'auteur lui ait fait rater un très beau sujet. Quant aux idées qui s'expriment dans ces pages, elles sont souvent vivantes et justes. Bien entendu, en présentant cette prise de conscience d'eux-mêmes des hommes jeunes comme une évolution propre au temps présent, Lecerf montre comme une caractéristique de notre époque ce qui n'est en fait qu'un phénomène psychologique universel. Mais il est certain que, dans les conditions présentes, cette étape dans l'évolution des jeunesses prend une gravité et une ampleur particulières. Puisque les méthodes politiques naissantes leur offrent la possibilité de trouver l'harmonie dont ils ont tellement besoin, il est réconfortant d'apercevoir, grâce à un livre comme celui-ci, que certains d'entre eux au moins ne donnent pas dans la stupidité systématique et comprennent l'appel du temps.

La valeur artistique et littéraire de « L'Orage du matin », de Jean Blanzat, est infiniment supérieure à celle de « L'Homme Noble ». Le roman a une solidité de construction, une beauté de style qui apparentent son auteur aux meilleurs écrivains de la France actuelle. Certes, il n'est pas d'une totale originalité; certains traits du héros rappellent le personnage de Jacques dans les Thibault de Martin du Gard, quelques détails de décor et du procédé narratif évoquent les « Jeunes Filles » de Montherlant. Mais ce sont là de bien petites réserves si on les compare aux mérites considérables du roman. On y trouvera comme principale particularité et comme élément novateur le fait que le livre a visiblement été écrit, non plus « pour », mais « contre » l'adolescent. Celui-ci y apparaît comme un être dangereux et surtout comme un gâcheur, qui passe, par maladresse et vanité, à côté des félicités que sa valeur lui permettrait d'atteindre. Les pages prêtées au professeur André Defage resteront comme un exposé pénétrant et perspicace sur le problème de l'adolescence. Elles constituent un réquisitoire des plus convaincant contre l'abus qu'on a pu faire en glorifiant l'adolescent comme type humain universellement valable. Suite à ce que nous avons pu écrire au début de cette chronique, il faut voir dans ce fait plus qu'un simple artifice esthétique. De même que, pour les auteurs d'avant-guerre, l'intérêt exceptionnel porté à l'analyse et à l'étude de cet âge dénotait le goût de l'instabilité intellectuelle et morale, le revirement opéré par les nouveaux romanciers indique qu'on est actuellement à la recherche d'un type d'homme plus simple peut-être, mais plus énergique, plus productif et plus heureux.

Paul de MAN.

---

(1) Editions Grasset. (2.) Editions de la Toison d'Or.

Chronique littéraire

« LES MARAIS » de Dominique Rolin (1)

Le roman de Dominique Rolin, publié sous le titre « les Marais », est suffisamment important pour qu'on en fixe exactement les mérites et la signification. Non pas qu'il convienne de crier au chef-d'œuvre; le livre n'a pas l'ampleur des œuvres qui font date dans l'histoire d'une littérature, il est en outre trop nettement marqué d'influences diverses pour avoir cette puissance d'originalité qui caractérise les très grands auteurs. Mais il n'en est pas moins fort remarquable. Si l'on ne se borne qu'à en souligner l'intérêt par rapport à la crise actuelle de la littérature française à la recherche d'une esthétique nouvelle, on peut citer « les Marais » comme étant une des créations les plus complètes du moment, puisque l'ensemble des tendances vivantes s'y retrouvent presque toutes représentées. On me pardonnera d'envisager la valeur d'un livre sous un angle si sèchement théorique; ce n'est pas qu'il ne s'en dégage une émotion directe, ni qu'il manquerait de spontanéité et serait le résultat d'une formule intellectuelle préméditée — bien au contraire. Mais il semble que la fonction critique ne se réduit pas à tenter d'évoquer les beautés et le charme d'un ouvrage. Il lui appartient également de démêler cette foule de composantes primitives dont le livre achevé est la résultante et dont l'auteur lui-même n'a pas nécessairement pris conscience. Ainsi se dégage à côté de ce qu'on pourrait appeler la valeur « immédiate, » la puissance de choc, d'une œuvre — c'est-à-dire ses vertus émotives et intellectuelles — sa valeur « historique », son efficacité pour l'évolution du moment, l'élément stimulant ou freinant qu'elle signifie pour le développement normal et le renouvellement des genres. C'est surtout à ce point de vue que nous nous placerons ici, sans donc nous attarder à vouloir faire partager le vif plaisir qu'on éprouve à la lecture de ce roman, un des meilleurs parus au cours de ces dernières années sous la signature d'un auteur belge.

Si l'on examine même sommairement la prose française actuelle, on observe comme première caractéristique son extrême diversité. Il n'y a pas de direction régnante, pas de tendance dominante. Une certaine unité se fait jour quant à la nécessité d'un renouveau, de recherche; nous ne sommes manifestement pas à une époque où l'on veut faire « aussi bien que » mais avant tout « autrement que » les gloires de la génération précédente. Mais, dans ses aspects constructifs, cette réaction prend des voies si disparates qu'il ne peut même plus être question de diversité, mais de dispersion. Il faut un examen très poussé, impossible à entreprendre ici, pour indiquer ce qu'il demeure de commun à des livres aussi éloignés les uns des autres que, par exemple, ceux de Giono, de Céline et de Montherlant. C'est dire la nécessité d'une œuvre de synthèse, où seraient concentrés et fondus ne fut-ce que quelques-uns des mouvements qui poursuivent une route indépendante. Cette synthèse devient une nécessité urgente à un moment où la littérature risque de s'effriter autour d'expériences trop divergentes. Et voici qu'une jeune femme-écrivain belge semble avoir un tempérament artistique assez divers et assez complet pour que son roman représente une des toutes premières réalisations en ce sens.

En effet, évertuons-nous à énumérer quelques-uns des courants qui se maintiennent dans la production présente. Il y a le courant « Grand Meaulnes », la poésie de l'enfance faite d'un irrationalisme rêveur et magiquement illuminé qui rayonne encore si puissamment dans tant d'œuvres récentes. Il y a le courant narratif, que je ferais volontiers remonter à Charles-Louis Philippe, et qui redécouvre le charme de la péripétie comme telle, indépendamment de sa teneur psychologique, en tant que chose vivante, impérissable et attachante. Il y a ce grand appel vers l'approfondissement de la vie intérieure, pénétrant enfin dans la prose française qui était demeurée étonnement raisonnable et classique à un moment où la poésie, dans une série de surenchères brûlait les étapes vers les abîmes de l'inspiration romantique, née des forces obscures, incontrôlables de l'existence. On retrouve maintenant dans les romans, ces grands motifs romantiques — le mythe, le rêve — que le symbolisme, puis le surréalisme, avaient découverts avec tant d'enthousiasme. Il y a, en outre, Giono et son mysticisme de la simplicité, Céline et son mépris blasphémateur, si éloigné de la vertu de mesure qu'on citait cependant comme une constituante fondamentale du génie français. Ce sont là — une des routes qui sillonnent le paysage de la prose contemporaine — et il y en a bien d'autres.

Nous n'aurons pas grand'peine à retrouver, chez Dominique Rolin, les principales tendances citées. Qu'y a-t-il de plus digne d'Alain-Fournier que cette atmosphère de tristesse juvénile dans laquelle baigne tout le livre, cette ambiance créée par des enfants profondément malheureux, mais éclairés de la lumière salutaire et fortifiante de leur fantaisie. — et je songe ici tout particulièrement au personnage de la petite Barbe. Le récit animé des « Marais » succession de scènes tour à tour violentes, cruelles, touchantes et douces, est entièrement conforme aux principes de Charles-Louis Philippe qui voulait que le roman soit « non comme le développement d'une idée, mais comme quelque chose d'animé, de vivant, de réel, comme une main qui bouge, des yeux qui regardent, comme le développement de tout un corps. » Quant au contenu poétique de l'œuvre, il résulte très nettement d'une pensée qui va au-delà de la réalité première. Je ne songe non seulement aux quelques scènes carrément surnaturelles qui interviennent, mais à une atmosphère générale, plus difficile à saisir et à formuler les personnages, cette famille terrorisée par un père odieux, ont quelque-chose de foncièrement étrange. Ce ne sont pas des êtres en chair et en os, mais des créatures appartenant partiellement à un autre monde, un monde féerique où ce ne sont pas les bouches qui parlent mais les âmes, où le sort des hommes ne dépend pas de la psychologie mais d'un obscur et implacable destin.

Et le grand mérite des « Marais » consiste, en dehors de son importance d'ordre historique, d'être non seulement, dans chacune de ses composantes, une parfaite réussite, mais encore de tirer de l'arrangement et de la superposition de ses sources d'inspiration d'excellents effets. Il est saisissant, par exemple, de voir côte à côte une luminosité, pareille à celle des Grand Meaulnes, et cette sourde angoisse de celui qui cotoye les abimes de notre être. Il en résulte un mélange étonnant d'influences émotives, l'auteur pouvant utiliser une gamme très étendue allant de la plus charmante douceur jusqu'à une cruauté et une férocité sans égale. On songe à Virginia Woolf qui parvenait également, dans « Waves » à imposer presque simultanément l'impression de bonheur serein et de noire inquiétude.

La réussite de Dominique Rolin est donc fort instructive, parce qu'elle démontre la possibilité de réunir des expériences à première vue inconciliables et, ce qui plus est, faire éclore, par cette réunion, des richesses encore inexplorées. Cela détermine très clairement les tâches et les espoirs de la littérature qui vient, et qui se trouvera de plus en plus confrontée avec le problème de synthèse littéraire qui trouve dans « les Marais » une première solution. Solution fort belle d'ailleurs, et encourageante pour l'avenir.

Paul DE MAN.

---

(1) Editions Denoël.

Les livres de la semaine :

● « L'Ange et les Dieux », de Robert Poulet, publié aux éditions de la Toison d'Or et dont nous parlerons à huitaine.

● « Le Film de la Duchesse de Longeais dialogues de Jean Giraudoux, d'après la nouvelle de Balzac et servant de scénario à un film qui passe actuellement à Paris (Grasset, éditeur).

● Chez Grasset a paru la traduction française de l'excellent ouvrage de Wirtzing (Der unvollendese kontinent), sous le titre « Le Continent américain ».

● Chez Aubier, éditions Montaigne, la collection bilingue allemande s'est enrichie d'une traduction de « La Fiancée de Denine », de F. Schiller, et la collection anglaise du « Prométhée délivré », de Shelley.

Continuité de la poésie française

CHRONIQUE LITTÉRAIRE

A propos de la revue «Messages»

DES événements de l'ampleur de ceux que nous vivons actuellement posent de manière parfois péniblement directe le problème de la continuité artistique. Confronté avec les nécessités d'un bouleversement intégral, tant le créateur que le critique se demande s'il doit rompre définitivement avec le passé et se trouver des normes complètement neuves, des valeurs totalement indépendantes de celles de jadis, ou s'il lui faut continuer à se baser sur les expériences et les tendances qui avaient cours au moment où la guerre se déclencha.

Une première distinction à faire consiste à séparer très nettement l'évolution artistique de ce qu'on qualifie à juste titre de la révolution présente. Sous prétexte que cette révolution est totalitaire, c'est-à-dire qu'elle entend modifier tous les aspects de la vie individuelle et collective, d'aucuns ont rangé brutalement l'art parmi ses objectifs. Celui-ci se trouverait donc être dépendant des idéologies qui surgissent dans le monde politique et social, idéologies qui sont toutes en réaction absolue contre celles qui dominèrent un passé à jamais révolu. En d'autres termes, l'art — et plus particulièrement la littérature — se trouve transformé en un outil, en un instrument, destiné à combattre par tous les moyens une « Weltanschanung » périmée et à en imposer une autre.

Certes, il est hors de doute que les profondes modifications qui s'accomplissent dans l'allure générale de notre civilisation ne peuvent laisser indifférents les écrivains et poètes. Leur œuvre portera l'empreinte des soucis qui pèsent sur l'humanité de nos jours. Elle en exprime les angoisses et les espoirs, les révoltes et les enthousiasmes. Mais cette ingérence de l'actualité ne détermine pas la marche de l'histoire littéraire proprement dite. Le seul effet qu'elle puisse avoir est de faire dominer certains thèmes d'inspiration qui furent ignorés à d'autres instants. C'est à cela que se borne son influence. Et ce n'est là qu'une constituante mineure dans le développement d'un genre artistique, un aspect presque secondaire de sa croissance auquel on ne pourrait accrocher ni une classification, ni un jugement.

A côté de ces modifications imposées par le climat révolutionnaire de l'époque d'autres facteurs orientent la création, facteurs qui sont déterminants pour l'estimation et la simple description historique de la poésie. A titre d'exemple citons celui de la forme. Les formes poétiques — de même que les formes plastiques ou musicales — ne naissent pas arbitrairemnt d'une volonté individuelle. Elles sont bien plutôt imposées inconsciemment à chaque individu, car elles vivent comme des organismes libres ayant une enfance, une maturité et une décadence. Leur processus vital doit se dérouler d'une manière continue, sans se laisser freiner ou arrêter par des considérations extra-formelles. Et dans le cas de la poésie française, nous nous trouvons au début d'une montée et par conséquent, toute emprise systématique serait au plus haut point néfaste.

Il serait donc pour le moins prématuré de soumettre l'art à des impératifs révolutionnaires liés à des conditions passagères puisque ses racines plongent dans des couches essentiellement différentes et dont nous ne contrôlons pas l'action.

En appliquant ces considérations à l'actuelle poésie française, nous ne pourrons que regretter que quelques-uns, avec une dangereuse légèreté, ont cru nécessaire de jeter la pierre à ceux qui en constituent les véritables initiateurs. Car il faut la considérer non pas comme une manifestation décadente mais au contraire, comme une naissance, comme les débuts d'une grande aventure dans laquelle l'âme artistique française s'est lancée et qui ne pourrait être entravée par les déboires politiques et militaires du pays. Le début de cette aventure est représenté par le symbolisme: là, pour la première fois, s'est manifesté cet esprit romantique, entièrement opposé aux normes françaises consacrées, ou ouvrant toutes grandes les portes sur les plaines infinies de l'irrationnel. Nous ne pouvons esquisser ici comment cette première vague perdit progressivement en puissance et fut, en fait, vaincue par des contre-courants classiques, issus de la tradition ancestrale de la nation. Mais une seconde vague, consécutive à la première, déferla bientôt sur le pays: ce fut le surréalisme. Et les effets de ce choc sont loin d'être terminés. La preuve en est que les seules manifestations poétiques dignes de ce nom, dérivent en droite ligne du mouvement surréaliste et ne font qu'en continuer les principes. Le seul changement — changement qui est d'ailleurs un progrès — consiste dans l'évolution de la forme. Alors qu'à ses débuts le surréalisme errait vainement à la recherche d'un moyen d'expression et s'épuisait dans des tentatives aussi discutables qu'inefficaces, il est hautement remarquable de voir un poète comme Eluard en arriver à une poésie très pure et très limpide dont la clarté cristalline n'en ouvre pas moins de ces perspectives insondables que jamais, à aucun moment, la poésie française n'a pu révéler. C'est à cela que nous faisions allusion en disant que l'actuelle poésie en était, du point de vue de la forme, à l'aube de sa splendeur: quelques-uns de ses représentants les plus doués ne viennent encore que d'atteindre à l'équilibre et l'harmonie qui sont l'indice d'une certaine maturité. Quant à l'« esprit » de cet art, c'est une chose admirable que de le voir se détacher des préceptes dans lesquels la poésie française risquait bien de finir par étouffer. Déjà les surréalistes, après les symbolistes, avaient affirmé avec force la nécessité d'annexer le monde du rêve et du mythe et de s'y lancer dans d'éblouissantes aventures.

Verra-t-on enfin, à cette volonté théorique, succéder une création réelle, digne des objectifs proposés ? La lecture des deux premiers numéros de la revue « Messages » publiée à Paris permet de le supposer. Ce serait une bénédiction pour la poésie que de voir réussir la tentative qui débute dans ces textes.

Le danger d'une révolution est, que, dans son inévitable travail destructeur, elle risque d'éliminer des valeurs éternelles dont, par la suite, elle ne pourrait elle-même se passer. C'est l'impression inquiétante que donnent des attaques inconsidérées contre des forces saines, sous le seul prétexte qu'elles se sont manifestées à une époque détestable. Loin de moi que de me vouloir poser en admirateur des extravagances de l'entre-deux guerres. Mais lorsqu'il s'agit d'un mouvement littéraire comme le surréalisme il faut, tout en spécifiant que nous l'avons dépassé, distinguer ce qu'il a de durable de ce qu'il a de faux et d'aberrant. Et cette étude ne manque pas de mettre en évidence son extrême importance. Une publication comme « Messages » l'indique, l'avenir le confirmera.

Paul de MAN

Les livres de la semaine :

« Aux Ames sensibles » lettres de Stendhal choisies et présentées par Emmanuel Boudot-Lamotte (Gallimard éditeurs).

« Vaisseaux dans le Ciel » du grand écrivain danois Gunar Gunarson (Stock).

« Guerre dans le Désert blanc », un livre sur la première guerre Russo-Finlandaise, de Hillsapäa (Gallimard).

APPORT A UN DEBAT DELICAT

L'Ange et les Dieux (1)

par Robert POULET

Il semble que le jugement qu'on peut porter sur le nouveau livre de Robert Poulet — qui, à peine paru, soulève de vives controverses — varie d'après qu'on le considère isolément ou par rapport à l'ensemble de la production de son auteur. Ce second point de vue est, en ce cas, préférable : les œuvres précédentes du romancier sont bien connues et il est sans doute plus intéressant de suivre la courbe de son évolution que de considérer chacune de ses productions à part. L'avis qu'on peut se faire ainsi sur cette œuvre étrange qu'est « L'Ange et les Dieux » n'en sera que plus équitable.

Car si l'on nous présentait cet ouvrage comme étant, par exemple, le premier ou le second d'un jeune écrivain, nous ne manquerions pas de souligner l'intérêt de son intention esthétique et l'incontestable talent de son créateur. Ç'aurait été, en ce cas, une expérience riche en promesses, une création révélant des dons originaux et précieux — et l'on aurait pardonné la manifeste imperfection (que Robert Poulet, dans son avertissement, est d'ailleurs le premier à reconnaitre) comme étant le résultat d'une inspiration trop débordante, incapable encore de se discipliner. Mais la situation est entièrement différente. Et l'on en vient à se demander avec une certaine angoisse si ce n'est pas une chose inhérente au tempérament artistique de Poulet que d'offrir sans cesse des expériences, des monstres de laboratoire, où les échecs et les réussites s'entremêlent, où pour deux trouvailles admirables il faut rejeter un abondant rebut, et de ne jamais parvenir à l'unité et à l'équilibre qu'on exige de toute œuvre d'art, aussi passionnée et impulsive qu'elle soit. Et il est doublement angoissant de voir qu'au lieu de se rapprocher de cette relative stabilité, « L'Ange et les Dieux » nous en éloignent davantage et que, par conséquent, l'orientation de l'ensemble de l'œuvre de Poulet se dirige de l'ordre au chaos au lieu de suivre la voie inverse. Au lieu de devenir plus libre, plus dégagée, plus dominée, elle se crispe et se contracte davantage, au point d'en être informe.

Ce n'est pas que l'intention primitive en soit fausse ou artificielle. Encore à propos de « Handji » — auquel « L'Ange et les Dieux » se rattachent assez nettement — nous signalions récemment tout ce que cet approfondissement de la matière littéraire, abandonnant la psychologie pour la dépasser et pour pénétrer dans des couches de la personne humaine que la raison ne pourrait éclairer, comporte de fécond. Mais le principal bénéfice de cette tendance est d'entraîner un gain de naturel. Au lieu de l'objectivité nécessairement forcée de l'analyse rationnelle, elle permet un lyrisme jaillissant, une poésie spontanée, à la fois plus directe et plus émouvante que la pure et froide connaissance. Et loin d'avoir ces vertus, « L'Ange et les Dieux » est aussi forcé qu'une grimace. Loin de résulter d'une irrésistible nécessité intérieure, il paraît être le résultat d'une attitude mentale prise à priori, attitude que l'écrivain maintient obstinément, malgré l'effort qu'elle lui coûte. De là cet aspect tordu de la narration, cette pénible impression qu'elle donne de tourner à vide, de devenir un simple jeu verbal sans aucune portée réelle.

Il y a autre chose encore qui donne au roman l'allure d'une tentative qui n'est plus d'actualité et qui le fait apparaître comme un produit du passé : c'est la question de la forme. Nous avons parlé de ce problème cette semaine à propos de la revue « Messages », en soulignant que si le principe de base du surréalisme demeurait vivant et actif, le mode d'expression avait été modifié et que même les plus fervents adeptes de la première heure en étaient arrivés, de ce point de vue, à abandonner les essais primitifs pour en arriver à des solutions infiniment plus simples et plus harmonieuses. Là, l'œuvre de Poulet est nettement en retard sur les disciplines présentes et dans ce domaine également on peut constater plutôt une chute qu'un progrès par rapport à « Handji » ou « Les Ténèbres ».

Nous ne suivrons pas ceux qui ont cru devoir reprocher à Robert Poulet d'avoir publié ce livre et qui prétendent qu'il est incompatible avec son action sur le plan politique. Au contraire, quand on fait preuve d'une activité si débordante dans tant de domaines, il est un grand mérite de ne pas les faire interférer et de garder son entière indépendance dans chacun des secteurs dont on s'occupe et dont les lois sont, forcément, chaque fois différentes. C'est donc une attitude très louable — et très rare en ce moment — que de ne pas avoir trahi sa sincérité artistique en la subordonnant à des impératifs d'un autre ordre. Les critiques que nous avons formulées ici vont à l'écrivain; elles en veulent à une expérience dont l'auteur devrait se détacher, puisque la preuve est faite qu'elle le conduit dans une impasse. C'est d'ailleurs son propre avis, puisqu'il nous promet « qu'il s'y prendra tout autrement la prochaine fois ». Mais elles laissent intacte la personnalité d'un esprit clairvoyant dont l'effort au service de la cause qu'il défend mérite l'admiration unanime.

Paul DE MAN.

---

(1) Editions de la Toison d'Or.

L'HISTOIRE VIVANTE

CHRONIQUE LITTERAIRE

Journal de la France

(TOME II)

par Alfred FABRE-LUCE (1)

ON constate une certaine indifférence du public vis-à-vis des problèmes politiques de la France. La chose est d'autant plus illogique que jadis, avant cette guerre, chacun suivait avec une avide curiosité la chronique scandaleuse d'un régime en décomposition dont le spectacle n'était ni instructif ni réconfortant. Et au moment où un même sort historique crée entre les conditions de vie des deux pays un véritable parallélisme et où l'expérience de la France présente de multiples et réelles analogies avec la nôtre — à côté, bien entendu, de différences fondamentales — on se détourne de l'évolution qui s'y poursuit sous prétexte, sans doute, qu'elle n'est pas assez spectaculaire. Cependant, quel utile sujet de méditation, quel fertile terrain d'observation que les convulsions de la France vaincue ! L'histoire offre peu de thèmes d'étude aussi attachants que celui qui se déroule sous nos yeux à notre frontière méridionale : le choc de deux civilisations complémentaires mais souvent hostiles, la naissance d'un esprit nouveau sur les ruines des erreurs passées, l'angoissant problème de savoir si un des piliers de la culture occidentale parviendra à s'adapter aux exigences d'une autre ère — tant de questions qui, d'un point de vue général et de celui de la nécessité pratique immédiate, devraient préoccuper tout homme désireux de s'orienter dans le chaos présent.

Si cette tâche informative peut paraître rebutante à certains parce que trop aride et impossible à d'autres parce qu'on manque des données exactes indispensables, on ne pourra plus en dire autant après la publication de ce « Journal de la France ». Le premier volume, divertissant et pittoresque à souhait, avait avant tout un intérêt de curiosité. Il caractérisait admirablement le climat psychologique de la France durant les premiers mois de la « drôle de guerre ». Mais ce n'était malgré tout qu'un sujet relativement peu important, capable de susciter la verve d'un esprit aussi impitoyable que Fabre-Luce, mais dont la portée était surtout anecdotique. Les événements décrits dans ce nouveau livre, qui vont de l'Armistice jusqu'au mois d'avril dernier, sont infiniment plus riches en enseignements, et en outre, moins bien connus. L'exposé que l'auteur nous en fournit aura donc le double attrait de l'inédit et de l'instructif.

Aucune matière ne pouvait mieux convenir à Fabre-Luce que ce mélange hétéroclite des tendances les plus diverses qui se sont fait jour dans la France actuelle. Car cet auteur est un esprit étonnamment clair, capable d'emmagasiner une quantité innombrable de faits, de les coordonner et de les arranger, d'en découvrir les subtiles symétries de manière à donner une justification cohérente des phénomènes les plus aberrants et les plus complexes. Capable, en outre, de saisir les faits là où ils ne sont qu'à peine apparents, dans une nuance psychologique à peine perceptible, dans une circonstance qui, sous un aspect banal, cache des révélations définitives et ouvre des perspectives sans fin. Ce talent particulier perce dans la manière presque surnaturelle de nous renseigner sur ce qui se passe dans des contrées inaccessibles, comme l'Amérique, ou dans des régions aussi secrètes que les bureaux des hommes d'Etat. De tels exploits suggèrent un service d'informations supérieurement organisé mais ils résultent avant tout de la faculté de discerner dans une scène vécue ou un témoignage écouté, le trait marquant qui éclairera le tout, ainsi que d'une lucidité voisine de la froideur qui fait que jamais la réalité n'est déformée en faveur d'une thèse défendue.

On ne pourrait d'ailleurs, à première vue, désigner une tendance dans ce livre, tant il conserve scrupuleusement le ton de la parfaite objectivité, détachée au-dessus de la réalité au point d'écarter toute réaction personnelle. Cependant, une argumentation s'y étale sans jamais s'appuyer sur des considérations idéologiques mais en s'en tenant jalousement aux nécessités inscrites dans les faits. Il s'en dégage la démonstration de cette inéluctable vérité historique selon laquelle, à certains moments, le poids des événements devient tel qu'il entraîne les nations dans une certaine direction, même lorsque leur volonté paraît s'y opposer. C'est ce qui se produit en ce cas : la politique de collaboration résulte de la situation présente non comme un idéal désiré par l'ensemble du peuple mais comme une irrésistible nécessité à laquelle nul ne peut échapper, même s'il croit devoir marcher dans une autre direction. L'attentisme est donc condamné, non d'un point de vue moral, mais de celui de l'impérieuse réalité : il est intenable parce que contraire au courant de l'histoire qui continue de couler, sans se soucier de la réticence de quelques individus s'obstinant à ne pas comprendre sa puissance. Les rares esprits perspicaces qui s'en sont aperçus apparaissent à présent comme des isolés, seuls à combattre l'inertie et l'hostilité des masses. Plus tard, il s'avérera qu'ils furent les précurseurs d'une unanime volonté. Il n'y a pas de meilleure démonstration de ce phénomène de retard dans la réaction des masses — et des cadres dirigeants — que ce « Journal de France. »

On ne pourrait clore ce bref aperçu sur un livre sans en souligner le mérite purement littéraire. Certains portraits, certaines évocations d'atmosphères — Paris occupé par exemple, ou la maison de Jean Giono à Manorque — sont admirablement réussis. Fabre-Luce a une verve impassible qui accroche au passage des détails comiques, ridiculisant un personnage sans avoir l'air d'y toucher et allégeant ainsi considérablement un texte qui risquerait de lasser. Toutefois, ce n'est pak seulement par un souci de diversion qu'il introduit ces passages descriptifs : ils servent à compléter un tableau qui ne pourrait être uniquement politique mais qui désire également montrer les aspects psychologiques et spirituels de la France à la recherche de son équilibre. Cet ouvrage prodigieusement intéressant, d'une lucidité de pensée remarquable joint donc à ces mérites celui d'être une lecture particulièrement attrayante. Présenté de cette façon, il n'y a vraiment plus aucune raison pour que les Belges s'abstiennent de s'intéresser aux plus importants problèmes du temps.

Paul de MAN.

---

(1) Editions de la Toison d'Or.

Un grand écrivain méconnu

CHRONIQUE LITTÉRAIRE

Mme Neel Doff

EN apprenant la mort de Mme Neel Doff, survenue à l'âge de quatre-vingt-trois ans, plusieurs se seront souvenus de ses ouvrages qui, s'ils suscitèrent une admiration unanime, n'en restèrent pas moins méconnus en dehors d'un cercle trop restreint. C'est un phénomène étonnant mais relativement fréquent que bien souvent les œuvres qui, par leur nature, se prêteraient le mieux à une large diffusion, demeurent uniquement connues d'un public restreint. La littérature vraiment populaire, c'est-à-dire celle qui porte en elle les vertus de simplicité et de vérité, a toujours été négligée, au dépens des romans bassement vulgaires, dont la complication forcée allait de pair avec une crispante fausseté de sentiments décrits. Il y a là une salutaire œuvre de redressement à faire : pourquoi trouve-t-on les livres de Pierre Benoit entre toutes les mains, alors que ceux de Neel Doff restent réservés à un cercle d'admirateurs fervents mais peu nombreux?

Cependant, peu de créations de la littérature mondiale ont un accent si admirablement direct que celles de Neel Doff, que ce soit dans son premier livre « Jours de famine et de détresse » ou dans les nombreux romans qui lui firent suite et parmi lesquels «Keetje Trottin» est sans doute le plus remarquable. Rares sont les auteurs chez qui il y eut aussi peu d'interpositions artificielles entre leur expérience propre et leur expression artistique. Celle-ci n'est pas le résultat d'un don détaché, qui vit dans l'imagination de l'auteur comme une force indépendante de sa condition personnelle, mais d'un besoin impérieux de révéler aussi simplement que possible ce qu'une existence dure et difficile a pu accumuler d'amertume, de révolte et de secrète résignation dans une âme généreuse. C'est pourquoi l'œuvre de Neel Doff ne peut être séparée de sa vie car celle-ci conditionne celle-là jusque dans ses moindres détails. On voit — elle l'a assez clamé tout au long de son œuvre — ce que fut son enfance, qu'elle passa à errer, anxieuse, dans les rues d'Amsterdam et de Bruxelles, en quête de quelques croûtes de pain à rapporter à la maison. Et lorsque, sortie par son mariage de cette misère, elle fut installée au sein d'une bourgeoisie honorable, cossue et même cultivée, elle s'y sentit fort mal à l'aise, non à cause du manque d'éducation qu'elle avait reçu, mais bien au contraire à cause de la plate vulgarité qu'elle y trouvait. Cette vulgarité dont elle ne sut jamais s'accommoder et qui fit que les autres s'accommodèrent si mal d'elle. Et il est une chose particulièrement curieuse de voir qu'après trente ans vécus dans cette atmosphère luxueuse qui ne cessa de lui déplaire, elle se mit à écrire et que ce fut pour évoquer à nouveau les tourments et les invraisemblables souffrances de sa misérable jeunesse. Il y a, dans cette façon de se souvenir du passé, de ne pas vouloir que la détresse révolue soit effacée par le confort présent, comme une protestation très voilée mais très amère contre l'injustice du monde, qui cherche à cacher ses plaies plutôt qu'à les guérir. La soudaine éclosion d'un talent qui était resté en friche durant de longues années eut certainement ce mobile comme cause première. Et malgré l'évidente satisfaction que Neel Doff trouva au fait d'écrire — ses livres se suivirent, par la suite, sur un rythme rapide — elle ne se détacha jamais de cette impérieuse nécessité d'expression qu'on sent être à la base des «Jours de famine et de détresse». Aucune formule artistique préconçue, aucune intention esthétique ne trouva jamais place dans ses écrits. Ceux-ci restent uniquement régis par le besoin de dévoiler complètement la réalité, sans négliger aucun de ses aspects, sans aucune déformation.

Ceci ne veut pas dire que l'art de Neel Doff aurait été uniquement descriptif et pour ainsi dire, photographique. Il est sauvé de ce danger par la délicatesse particulière de l'écrivain, délicatesse qui n'est d'ailleurs qu'un aspect de sa personnalité et que tous ceux qui l'ont connu ont pu apprécier. Nous ne pouvons mieux faire que de citer, à ce propos, le témoignage d'un de ses intimes. « Elle possédait une rare distinction naturelle. C'est là un caractère de son œuvre que ne distingue pas le lecteur superficiel. Celle-ci n'apparaît pas à première vue comme particulièrement délicate. Ce que Neel Doff a à dire, elle le dit. Et comme la réalité qu'elle doit exprimer, la réalité telle qu'elle l'a ressentie, telle qu'elle en a été meurtrie en chacune de ses fibres, ne se présente pas comme particulièrement douce, chatoyante et agrémentée, elle ne sera pas amenée à la décrire comme telle. Mais si elle a saisi cette réalité avec tant de justesse, ce n'est certes pas qu'elle y soit passionnément attachée, c'est au contraire qu'en un faible point au moins elle espère surmonter cette fatalité, pourtant si pesante.

Nul écrivain ne fut plus qu'elle véritablement réaliste, nul non plus ne fut sans doute plus éloigné de toute théorie réaliste... On comprendra aussi ce qu'elle devait être sensible tant en sensations qu'en sentiments. Elle avait les sens extraordinairement développés, au point de réagir aux odeurs les plus ténues. Toute beauté naturelle ou artistique la captivait. Mais combien plus encore participait-elle à toute émotion humaine. Elle était profondément affligée de la misère de la condition humaine et du mal foncier inhérent à la nature de tout homme, à quelque groupe social qu'il appartint ». C'est là sans doute la clef, non seulement du caractère et de la personnalité de Mme Neel Doff mais également de son œuvre. Car celle-ci, sous ses apparences extrêmement terrestres, conserve une subtile transcendance, due au fait que les personnages sont, comme il est dit quelque part dans « Keetje Trottin », « délicatement outillés ». Ce qui signifie qu'ils ont comme des antennes spéciales, non seulement en ce qui concerne les perceptions des sens, mais également pour les vibrations de l'âme. Ils n'enregistrent pas passivement le monde environnant, mais ils réagissent sans cesse à son contact et la moindre de ses pointes — et Dieu sait si Neel Doff eut à en souffrir de sa cruauté — les touche au vif. Le miracle réalisé par le talent de l'auteur est d'avoir pu concilier cette subtilité, qui donne à toute son œuvre une grâce et une magie incomparable, avec le réalisme le plus total et avec une expression dépouillée, extraordinairement naturelle et directe. Etre parvenu à réunir dans une captivante harmonie la force et la vigueur d'une plainte sociale qui ne cache aucune de ses raisons réelles et la délicatesse d'un tempérament particulièrement sensible, tel est le grand mérite de cette œuvre qui ne recevra malheureusement sa pleine consécration qu'après la mort de son auteur.

Paul DE MAN.

Réparation de quelques oublis

CHRONIQUE LITTÉRAIRE

« Vingt années de peinture et de sculpture en Belgique », par Georges Marlier, et « Dés pipés, de Raymond Leblanc.

LES vacances d'été signifient une morte saison dans le domaine de l'édition. Peu de nouveaux volumes paraissent. Ce manque de nouveautés est une bonne occasion pour réparer certains oublis que le chroniqueur débordé ne pourrait éviter, les deux volumes dont il sera question dans cette chronique ne sont donc pas des publications de ces derniers jours, ils sont toutefois assez récents pour être encore du domaine de l'actualité.

« Vingt années de peinture et de sculpture en Belgique », de Georges Marlier, vaut, avant tout, par une préface qui expose la tendance générale de l'examen par auteurs qui lui fait suite, tendance qui détermine d'ailleurs les critiques esthétiques d'un de nos plus attentifs et intelligents critiques d'art. La thèse défendue se base sur l'observation d'une rupture de continuité entre la génération dite de l'entre-deux-guerres et ses prédécesseurs immédiats. Les nouveaux venus semblent avoir trouvé une base de travail solide et stable qui contraste nettement avec les expériences désordonnées et souvent inefficaces de leurs aînés. Manifestement, Georges Marlier ne se pose pas, dans ce livre, en historien, mais en partisan: il souligne abondamment que ce phénomène de rupture est des plus heureux et qu'il a ramené à sa norme véritable un art qui risquait de s'égarer dans les pires excès.

Il est certain que, par rapport à l'évolution de l'art pictural en Belgique, cette thèse est relativement inacte — du moins dans sa partie destructive Elle se révolte, à juste titre, contre un certain snobisme qui gagnait de nombreux jeunes artistes, ne prenant dans les écoles en vogue à Paris que ce qu'elles contenaient de plus artificiel De ce point de vue purement éducatif, c'est-à-dire comme la réaction d'une louable santé morale des forces déliquescentes, ce livre est une bonne action, capable de rendre un précieux service à des débutants à la recherche de leur voie. Car on n'y défend que des principes d'harmonie, d'équilibre et de grandeur qui sont d'éternels garants de la beauté artistique.

Il n'en reste pas moins que sous un angle historique — qu'on ne peut, malgré tout, entièrement négliger — on y commet une injustice envers une génération qui fut, en tous points, remarquable. Si l'on peut très justement en vouloir à certains d'avoir caché leur manque de talent sous un hermétisme prétentieux, ce serait commettre une grave erreur de prétendre que toute l'école qu'on a groupé sous le nom — assez arbitraire — d'expressionisme flamand, souffre de cette tare. Georges Marlier ne l'affirme guère, mais dans son désir de mettre en valeur les tendances présentes qu'il honore, il en vient à prendre à l'égard de cette école un ton, non point méprisant, mais qui laisse supposer qu'elle constitue un mauvais exemple dont il faut se détourner. De crainte de devoir reconnaître que le surréalisme français et l'expressionisme allemand ne sont pas incompatibles avec certaines réussites, il en vient à ne pas donner, à un groupe de peintres de tout premier ordre, la place qu'ils méritent. Je sais bien que Georges Marlier n'est pas dupe de cette manière de présenter les choses et qu'il estime, à très juste titre, qu'il ne faut pas adresser à certains moments, des éloges, même mérités, dont d'autres, en les comprenant de travers, risqueraient de faire de très mauvais usage. Mais, dès lors, il aurait fallu renoncer à cet aspect d'objectivité historique que le présent ouvrage conserve, ne fût-ce que par son titre, et opter résolument pour le manifeste ou le pamphlet. Cela aurait permis d'éviter l'erreur de perspective quelque peu gênante commise dans cette étude où une époque très intéressante semble être méprisée au profit d'une autre qui ne lui vient manifestement pas jusqu'à la cheville. Il semble bien qu'il est un peu tôt pour entreprendre une véritable synthèse de ce qui est actuellement peint par la jeune génération de Belgique.

Une autre remarque est à faire à propos de ce volume : c'est qu'il faut se garder d'étendre à d'autres arts ce qui peut être vérité pour telle branche, à un moment donné et dans un cadre limité. L'évolution des genres est fonction des modes artistiques : la prose n'obéit pas aux mêmes principes que la poésie, ni la musique, ou même que l'architecture. De subtiles interférences peuvent se produire, mais jamais sous une forme simpliste et directe. Si Georges Marlier peut donc avoir parfaitement raison lorsqu'il met en garde contre un certain style cérébral et prône des valeurs de sain réalisme, cela ne veut nullement dire que cette affirmation, valant pour la génération actuelle des peintres belges, s'applique aux écrivains ou aux poètes du même pays au même instant. Il n'y a — malheureusement — dans notre littérature, aucun équivalent de cet « expressionisme flamand »; certains indices semblent indiquer qu'on va vers quelque chose d'approximativement semblable: loin de freiner ce mouvement, il mérite d'être encouragé (avec des réserves que nous n'avons pas à faire. Ceci étant dit pour éviter certaines fausses interprétations nullement dans l'intention de l'auteur, qui a simplement voulu servir la cause de la peinture, et qui y a, dans l'ensemble, fort bien réussi.

* * *

Parmi les quelques livres de guerre qui ont été publiés en Belgique depuis la fin de la campagne à l'Ouest, il en est un qui mérite d'être signalé par la sincérité manifeste de sa narration et par la simplicité, non dépourvue de grandeur, de son [illegible] : c'est « Dés pipés », de Raymond Leblanc. Ce chasseur ardennais a connu, comme tant d'autres, la souffrance et l'humiliation de ne pas pouvoir s'opposer à l'avance d'un ennemi infiniment mieux encadré, préparé et armé. Il est bon de se souvenir de cette aventure que vécut récemment la jeunesse de notre pays et dont nous n'avons que trop tendance à oublier la signification et la leçon qu'elle comportait. En lisant « Dés pipés », nombreux seront ceux qui retrouveront, par ce récit vivant, cette indignation contre un passé coupable qui, après avoir brûlé durant quelque temps d'une flamme vengeresse s'est si souvent éteinte sous l'emprise de l'inertie et de la bêtise.

Paul de MAN.

* * *

LES LIVRES DE LA SEMAINE :

« Les maladies de la disette », par le Dr Henri Bouquet. (Edit. Flammarion).

« Lois de l'économie nouvelle », par Ph. Guignabaudet (Doctrine du Capitalisme social. (Edit. Plon).

« Aniline », roman, de l'industrie chimique allemande, de K.-A. Schenzenger. (Edit. Plon).

« La Maison des Hommes », par F. de Pierrefeu et Le Corbusier. (Edit. Plon).

Luc Dietrich

CHRONIQUE LITTERAIRE

IL y a quelques années paraissait, chez Deuvël, un roman qui dominait l'ensemble de la production courante : c'était « Le Bonheur des Tristes », œuvre d'un jeune auteur, Luc Dietrich, qui prit aussitôt place avec J.-P. Sartre et quelques autres parmi les plus doués de la nouvelle génération de romanciers français. Depuis lors, un nouveau volume, récemment publié, est venu confirmer cette opinion : il s'agit de l'« Apprentissage de la ville » (Deuvël, éditeur), un roman qui tranche nettement sur la grisaille de ce que l'actualité fournit ces derniers temps.

Les particularités, les vertus et les limites de l'œuvre de Luc Dietrich sont également celles de sa personne. C'est dire que son art est lyrique par essence même, par l'expression d'une trouvaille de l'intelligence ou de l'imagination, indépendante de la nature individuelle de l'écrivain, mais le résultat direct d'une émotion sentie et vécue. Alors que certains conçoivent dans l'abstrait des sentiments qu'ils s'efforcent par la suite d'expliquer ou même de faire partager au moyen de leur technique expressive, d'autres, — parmi lesquels se trouve, sans doute Luc Dietrich — ne font jamais que traduire ce qui se passe en eux, leurs passions, leurs aspirations, leurs expériences. Bien entendu, une telle subdivision ne peut être que théorique ;il y a toujours, même chez ceux qui paraissent les plus détachés et les plus objectifs, des éléments de confession qui se glissent dans leurs discours et qui émanent de leurs personnages. Tandis que d'autres, qui ne semblent que se raconter eux-mêmes, aboutissent en réalité, par une sorte de dilution de leur personnalité, à la plus totale universalité — Proust et Joyre étant, en ce cas, les exemples types. Mais il n'en reste pas moins que, grosso modo, on peut noter la différence entre celui qui puise ses thèmes d'inspiration en soi-même et celui qui les crée de toutes pièces, Dietrich appartenant sans conteste à la première catégorie.

Ce n'est pas seulement par la nature des événements décrits qu'il acquiert cette caractéristique. J'ignore si les aventures de ses livres sont des aventures vécues et s'il faut appeler ses romans des mémoires ou des autobiographies. Mais la chose a peu d'importance en soi. Ce qui importe, c'est que ces péripéties imaginées ou réelles, sont vues à travers le prisme d'un tempérament très personnel qui les assimile, les façonne et les fait siennes jusque dans leur moindre partie.

Plus que dans les faits, c'est donc dans leur interprétation que s'inscrit l'image d'une personne qui doit être celle de Dietrich lui-même. Cet être est d'ailleurs présent au centre même de chacun des romans : c'est le narrateur qui parle à la première personne et dont dépend toute la vision obtenue. Car, il n'y a, dans ces livres, qu'un seul personnage : les autres qui y surgissent formant un défilé bigarré et étrange, ne gravitent qu'autour de cette figure et ne valent que par rapport à elle. De sorte que l'image finale qu'on garde en soi, après la lecture du « Bonheur des Tristes », comme après celle de l'« Apprentissage de la ville », est celle d'un seul homme à l'âme très subtile et très attachante auquel on souhaite que l'auteur ressemble en tous points. Elle se distingue surtout par sa tendresse, non pas une tendresse fade et indice de faiblesse, mais vivante et active comme une force, qui fait découvrir dans toutes les platitudes et dans toutes les détresses ce recoin ignoré où se cache une substance merveilleuse, capable d'illuminer et d'embellir les plus sombres perspectives. Nul n'a, dans la littérature française, pu parler des arbres et de la nature avec tant d'amour, avec cette capacité de compréhension supérieure qui fait que le poète s'incorpore à la matière et l'exprime entièrement comme s'il en était partie intégrante. Et la même chose est vraie pour tout ce que Dietrich évoque: il y a quelque chose d'organique dans ses créatures et surtout dans ses descriptions, une capacité de les dépouiller de tout artifice et de les ramener à leur forme essentielle. Et n'est-ce pas une très optimiste conclusion si le fait de réduire ainsi les réalités à leur quintessence équivaut à les embellir et à les purifier? Je défie quiconque de lire ces livres, sans regarder par après le monde d'un œil plus confiant, plus doux et plus apaisé — car, Dietrich leur aura montré qu'il existe, même aux pires misères, un aspect réconfortant et que la personne humaine peut toujours découvrir en soi des ressources pour les dominer — par l'amour, le courage ou, en dernière instance, par l'humour. Il peut révéler cette consolation permanente, qui tient tout entière dans le paradoxe du titre, le bonheur des tristes, parce qu'il est poète — c'est-à-dire que sa sensibilité est extraordinairement développée et réceptive — mais, en outre, parce qu'il a un sens moral très poussé. Le fameux personnage unique et central est en somme un véritable don Quichotte, chevaleresque et généreux à souhait, toujours préoccupé de savoir s'il fait le bien et ne sombrant dans les pires déchéances que parce que ses bonnes intentions sont mal comprises ou exploitées par un monde mauvais.

Une remarque d'ordre critique, qui découle de ceci souligne l'incompatibilité entre un tel tempérament et la fonction de romancier. Luc Dietrich doit rester, on le craint, l'homme d'un seul livre, il ne peut, à travers les péripéties les plus frappantes et les plus diverses, que dévoiler la même substance, qui est la sienne propre. Aussi nuancée et complexe qu'elle soit, cette substance n'en est pas moins trop limitée pour alimenter la forme traditionnelle du roman que Dietrich respecte jusqu'à présent et qui réclame un contenu très abondant. Reste à savoir quel sera « le » livre dans lequel il sera parvenu à se mettre tout entier avec le plus d'art; jusqu'à présent, je préfère, le « Bonheur des Tristes » à l'« Apprentissage de la ville ». Car ce dernier roman a déjà quelque chose de plus crispé que le précédent et qui provient sans doute de l'effort fourni pour renouveler la matière romanesque. Mais il est parfaitement possible que Luc Dietrich parvienne à se créer une formule d'expression plus adéquate ou à se perfectionner à tel point qu'il puisse parvenir à réaliser, dans le domaine du roman traditionnel, le coup de maître que ces qualités exceptionnelles permettent d'espérer.

Paul de MAN.

CHRONIQUE LITTÉRAIRE

Esthétique et architecture

Henri VAN DE VELDE
(Archives « Soir »)

UN des spectacles les plus curieux et les plus ahurissants pour les générations à venir qui lanceront un coup d'œil rétrospectif sur notre époque, sera sans doute celui de l'aspect architectural de nos villes et de nos campagnes. On peut se demander à juste titre comment des êtres cultivés et pourvus d'un goût raffiné parviennent à vivre sans se révolter au milieu des horreurs qui nous entourent et comment des esprits qui se prétendent rationnels peuvent admettre que les problèmes posés par les perfectionnements techniques (problèmes de l'habitation, de la circulation, de l'urbanisme, etc.) restent intégralement irrésolus et continuent à peser sur notre existence avec tout le poids des incommodités et des souffrances qu'ils entraînent. Quoique l'état actuel des sciences appliquées permette de trouver un remède à mille abus qui empoisonnent et enlaidissent notre vie journalière, une étrange inertie, qui ne peut être que l'éternelle inertie de la bêtise, s'oppose à ce que la moindre tentative d'amélioration en ce sens ne soit entreprise; bien plus, lorsqu'un homme courageux et clairvoyant parvient, à force d'efforts, à réussir, ne fût-ce qu'une petite réforme élémentaire de ce genre, il se trouve aussitôt traité de fou dangereux et d'iconoclaste par de doctes conseils, assemblés en séances aussi officielles que morbidement poussiéreuses.

Aucun exemple n'est plus révélateur de cet état de choses que la vie de notre compatriote Henri van de Velde qui dut, comme il l'écrit lui-même, « quitter son pays pour se faire l'apôtre d'une idée. » Il fut un des premiers à se rendre compte de cette réalité cependant si évidente, que le monde vivait littéralement encrassé dans la laideur. Et les solutions qu'il proposa, du point de vue théorique dans des conférences et des écrits, pratiquement dans les bâtiments dont il fut l'architecte, révèlent en lui un des authentiques créateur de cet ordre nouveau qui, depuis lors, n'a fait et ne fera que grandir. C'est dire tout l'intérêt que présentent aujourd'hui les « Pages de Doctrine » qu'on vient de publier dans les « Cahiers d'architecture et d'urbanisme » (Editions de la Maison du Poète), textes reprenant pour la plupart des conférences faites depuis 1917 jusqu'à nos jours, et dénotant une admirable stabilité dans l'orientation esthétique. (1)

Nous serons d'autant plus à l'aise pour faire, par la suite, quelques remarques sur le contenu de ces textes lorsque nous aurons souligné le mérite immense de l'œuvre entreprise par Henri van de Velde, et qui marquera dans les annales de l'architecture comme la résurrection des droits au bon sens et de la raison contre l'emprise envahissante de la monstrueuse laideur, érigée en système. L'assainissement demandé, en érigeant cette chose d'apparence si simple que l'ustensile employé (et, de même ces immenses ustensiles que sont la maison et la ville) soit élaboré en vue de remplir parfaitement la fonction à laquelle il est destiné, apporte comme une revendication révolutionnaire lorsque van de Velde la formule à l'aube du XXe siècle. Car, depuis longtemps, la nécessité fonctionnelle avait été soumise en tous points à la nécessité ornementale ou, pour parler comme l'auteur des « Pages de Doctrine », la Beauté avait triomphé de la Raison. D'où cette éclosion d'un style baroque, inutile et horrible, envahissant depuis la pince à sucre jusqu'à l'habitation et la cité, et qui régit encore notre décor habituel. Doit-on s'étonner si, devant un état de choses si totalement catastrophique, Henri van de Velde a pris le contrepied absolu de cette attitude et a réclamé une architecture intégralement intelligente, conçue comme une machine, sans nulle floriture, sans aucun organe qui ne soit pas impérieusement érigé par sa nécessité pratique? Dans l'état d'esprit où pouvait se trouver un homme ayant si parfaitement suivi la cause de la détresse architecturale de son époque et se heurtant, pour le surplus, à une incompréhension stupide, il est tout à fait normal de recourir aux théories extrêmes. C'est, par ailleurs, le moyen le plus efficace pour combattre les abus décriés.

Il n'en reste pas moins qu'actuellement, à un moment où la campagne menée a déjà atteint des résultats si importants que ces théories jadis révolutionnaires ont été admises par la grande majorité des hommes cultivés (ce qui ne veut pas dire que, dans la pratique, les buts fixés ont été atteints; loin de là). On est en droit d'adopter une attitude plus nuancée. Car, à tout bien considérer, c'est un sacrifice considérable que Henri van de Velde exige de nous, lorsqu'il demande de bannir à tout jamais toute trace de fantaisie de nos maisons et de nos édifices. Et, ce qui est plus fondamental encore, ce sacrifice est-il nécessaire ? Puisque nous parlons dans le domaine de la raison, n'est-il pas plus raisonnable de cherche une formule intermédiaire sauvegardant à la fois les droits de la Beauté et de la Fonction ? Incontestablement, ces derniers ont été scandaleusement bafoués au dépens des prétentions de l'ornementation. Mais il semble que la formule prise serait d'admettre que la fantaisie a la possibilité, et même le devoir de se manifester, tant qu'elle n'empiète pas sur le terrain de la raison fonctionnelle qui, dans un art essentiellement pratique comme l'architecture, doit être souveraine. Des combinaisons admirables peuvent être prévues au départ d'un tel mariage. Et les « rationalistes » intransigeants feraient peut-être bien de jeter un peu de lest, s'ils ne veulent pas s'exposer à un néfaste retour offensif des dangereux « fantaisistes » — retour que quelques tendances récentes laissent soupçonner.

Telle semble également être l'opinion de François de Pierrefeu et le Corbusier, dans un excellent ouvrage que chacun devrait lire et méditer : « La Maison des Hommes » (2), et où l'on relève des phrases significatives de ce genre. « La raison, en effet..., ne suffit à rien quand il s'agit de créer. » « Le raisonnable n'est pas le critère unique, ni décisif, de l'ordonnateur. » Et le « Schéma du main-d'œuvre » (page 116) cherche à déterminer avec précision le dosage de qualités techniques (ou rationnelles) et humaines (ou imaginatives) qui conviennent dans chaque cas. On ne reprochera certes pas au promoteur de la maison en verre sur pilotis et de la ville idéale, le Corbusier, de manquer de raison et de sens pratique. Mais à cette qualité se superpose un constant souci de sauvegarder le « cachet » du paysage, d'harmoniser l'élément fantaisiste et gratuit avec l'élément fonctionnel, de conserver les vertus nationales et locales. Et l'on reste confondu, en entendant énumérer des préceptes aussi simples et aussi réalisables que certains sont assez aveugles pour s'opposer à leur réalisation ou assez fainéants pour se borner à des querelles idéologiques sans importance lorsqu'il y a des tâches si urgentes à réaliser pour le bien-être commun.

Paul de MAN.

---

(1) Ces essais sont continués et complétés par la plaquette « Vie et mort de la colonne », tirée sur parchemin à 250 exemplaires aux éditions du Scarabée d'Or.

(2) Editions Plon.

LETTRES FLAMANDES

L'Analyse psychologique

CES chroniques, quoiqu'elles soient, en général, consacrées aux lettres d'expression française, se proposent cependant de ne laisser passer aucun événement d'importance dans la littérature flamande et de signaler toute publication qui contribue réellement à en changer l'orientation ou à en approfondir le contenu. C'est à ce titre qu'il nous faut parler ici de l'œuvre du romancier Albert van Hoogenbeemt dont deux livres *De Stille Man* et *Twee jonge menschen*, méritent l'attention. Non pas que, par leur valeur, ils représentent des points de ralliement dans l'évolution de la production littéraire du pays, mais parce que leur tonalité générale se rattache à un mouvement dont les effets sur le roman flamand sont des plus intéressants à observer. Il s'agit en l'occurrence de l'analyse psychologique considérée comme sujet central du roman, tel qu'il en est incontestablement le cas dans les livres de van Hoogenbeemt.

En France, il serait presque tautologique d'affirmer que l'étude intérieure des personnages présente en soi suffisamment d'intérêt pour pouvoir servir de matière romanesque. Car tous les grands auteurs ont depuis longtemps admis cela en théorie et en pratique. C'est à peine si les constituants primitifs du roman, l'aventure, l'intrigue, la description, interviennent encore. Ils jouent en tout cas un rôle d'importance secondaire. Tout l'accent porte sur une exploration lucide et fouillée des êtres qui apparaissent et les événements dont ils sont les héros ne sont évoqués que pour autant qu'ils servent à mieux faire comprendre leur constitution intérieure. Mais la littérature flamande est loin d'avoir emboîté le pas aux grands exemples qui dirigent la vie littéraire de la France. Même pour les plus évolués des écrivains flamands actuels, la principale raison d'être du roman demeure le récit. Bien entendu, ils respectent toujours un minimum de vérité psychologique, mais ce n'est là qu'une règle à observer au même titre, par exemple, que celle de la correction linguistique, mais qui est loin de constituer le mobile actif du roman. Celui-ci continue à s'alimenter aux éternelles sources de l'imagination descriptive : il se fait tour à tour pittoresque, coloré d'une vive teinte régionale, familier, puisant dans la réalité journalière des péripéties d'apparence banale, mais riches d'humour ou de révélations imprévues, et s'élève parfois jusqu'à la grandeur épique de la large vie paysanne dont il évoque avec ampleur la robuste simplicité.

Incontestablement, en prétendant plus ou moins consciemment pouvoir se passer de la véritable psychologique, les romanciers flamands peuvent s'en référer à d'impressionnants exemples. Une partie, et la meilleure, de l'œuvre de Knut Hamsun, à sa suite la presque totalité de la littérature scandinave moderne, ainsi que quelques bons écrivains allemands, continuent à écrire d'authentiques récits qui tirent leur valeur artistique de la beauté du style et de l'harmonie de la construction. Il n'en reste pas moins que le spectre terrible de l'ennui plane sur une telle production. Les Flamands ont pu y échapper en général, soit par leur truculence et leur vitalité, soit par leur cynisme, mais — et cette impression se confirme si l'on examine l'incontestable médiocrité de l'actualité — ces deux échappatoires, symbolisées par Gerard Walschap et Willem Elsschot, finissent cependant par aboutir à une impasse. Il faut se renouveler, sortir de la stagnation présente au risque de perdre le bénéfice d'un effort de plus de cinquante ans qui a tiré la littérature flamande du néant et l'a conduite sur un plan européen. Et quel meilleur moyen de se renouveler y a-t-il que de regarder au delà des frontières, fut-ce, comme il en est un peu la tradition chez nous, avec quelque dix ans de retard? On pourra découvrir ainsi, en France par exemple, l'existence d'une littérature psychologique qui offre encore de grandes possibilités.

Le malheur d'une telle façon de faire, c'est qu'on ne rencontre les formules fécondes que lorsque d'autres les ont déjà largement exploitées. C'est le cas d'un van Hoogenbeemt — ce fut, avant lui, celui d'un Roelants — qui doivent reprendre le genre à sa base et écrivent des romans, très réussis d'ailleurs, mais qui correspondent très exactement à ce qu'on faisait en France il y a vingt ans. Tout le monde n'a pas le talent et l'intuition de Maurice Gilliams qui, dans son *Elias* a trouvé une manière, dépassant d'emblée toute l'expérience du roman analyste français, et aboutissant dans les plus lointaines avancées du style nouveau qui est en train de naître — (mais Gilliams semble, hélas, avoir épuisé pour longtemps, par ce livre, les ressources de son inspiration).

Il serait toutefois injuste de juger van Hoogenbeemt d'un point de vue trop international. Indépendamment de l'indéniable mérite de son œuvre, dont le contenu psychologique « tient » parfaitement et dans laquelle l'inquiétude morbide (dans

De Stille Man) et la juvénile fraicheur (dans *Twee jonge Menschen)* sont suggérées avec beaucoup de puissance, celle-ci vaut avant tout par rapport à la production flamande. Celui qui sort de la lecture de de Pillecyn, de Walschap, de Elsschot, sans parler des plus anciens, trouve avec un soupir de soulagement un auteur qui se risque dans des régions plus subtiles et plus complexes de la personne humaine et conduit ainsi le roman flamand sur un terrain neuf, où il peut croitre et prospérer. Il faut vaincre bien des préjugés pour oser, en Flandre, faire un tel pas. Mais quand on se sera aperçu qu'en se lançant dans cette direction, on ne doit sacrifier aucune des valeurs qui constituent la tradition nationale de notre contrée, on cessera sans doute de considérer ces auteurs comme des traitres à la cause artistique de leur pays. On verra, au contraire, en eux des hommes qui ont compris l'absolue nécessité de donner de nouvelles bases à un genre en train de s'épuiser complètement. Qu'ils ne puissent pas parvenir, dès le début, à une originalité totale, que leurs livres contiennent encore quelques maladresses, rien n'est plus normal. Tout ce qu'on peut demander d'eux, et de van Hoogenbeemt en particulier, c'est de se rendre compte qu'ils ne sont qu'à l'aube d'une tendance esthétique qui, même en France, est loin d'être terminée et qu'ils doivent par conséquent se garder de cette immobilité qui fit tant de tort à la vie littéraire flamande. Qu'ils ne soient pas de ces auteurs qui, une fois trouvée une formule à succès, continuent à l'exploiter sans songer à la modifier. Ils vivent à une époque de mouvement et de devenir; seul, celui qui a conscience de cela peut espérer briller parmi les meilleurs.

Paul de MAN.

CHRONIQUE LITTERAIRE

« Le Massacre des Innocents »

poème de Hubert Dubois (1)

IL y a plusieurs mois, paraissait, de Hubert Dubois, *La Poésie au Bois dormant,* suite de poèmes qui révélait définitivement la personnalité de l'auteur, parvenu à la maturité de son exceptionnel talent. Il reste particulièrement intéressant de suivre l'évolution du poète liégeois, non seulement par rapport à l'histoire générale de la poésie, mais d'un point de vue purement individuel, pour observer si ses dons exceptionnels ont trouvé les voies formelles et expressives qui leur permettent de se déployer pleinement. A la fin du précédent volume, cette question restait ouverte; on pouvait se demander, en effet, si le caractère diffus de l'œuvre était dû à un excès de richesse intérieure ou à un défaut d'ordre technique, résultant de ce que le sujet n'était pas assez clairement conçu et dominé dans toutes ses parties.

Le poème *Le Massacre des Innocents* se distingue des précédents par une maîtrise considérable de la matière poétique ordonnée par l'intelligence. Auparavant, déjà, on sentait chez Hubert Dubois un fond rationnel très solidement établi : plusieurs de ses poèmes prenaient l'aspect d'une méditation intellectuelle, qui se déroulait non pas capricieusement, au gré de la fantaisie, mais d'après un ordre préétabli et selon un plan logique rigoureux. Incontestablement, ce n'est pas là la seule démarche poétique utilisée par Hubert Dubois qui, on s'en souviendra, peut aborder avec un rare bonheur une tonalité féerique et purement imagination. Mais l'impression d'ensemble qui se dégage de son œuvre, pour celui qui veut fixer les caractéristiques de son tempérament, est celle d'un penseur rationnel, bien plus que d'un visionnaire. Le lyrisme, l'effet dramatique n'apparaissent pas chez lui comme des jaillissements spontanés et irrésistibles, mais comme des accidents de la pensée à la recherche de sa vérité. C'est bien pourquoi l'élément fondamental de la poétique de Dubois est le mot avec son contenu rationnel, et que son but n'est pas l'image ou la métaphore, mais bien plutôt la formule claire et précise, harmonieusement équilibrée. De ce point de vue, il est un poète nettement classique. Et c'est une chose curieuse que de voir cette nature classique aux prises avec des thèmes choisis de préférence aussi fantastiques et irréels que possible. La beauté plastique de ses vers permet d'ailleurs, le plus souvent, de vaincre cette antimonie et même d'en tirer d'éclatants effets.

Ce qui est vrai pour certains poèmes de *La Poésie au Bois dormant* devient incontestable pour *Le Massacre des Innocents.* L'intention n'est pas, en ce cas, de montrer un tableau, mais de dégager des principes et des tendances abstraites. On pourrait volontiers appeler ce *Massacre des Innocents* une méditation sur la culpabilité qui a conduit l'humanité à l'état affreux dans lequel elle se trouve pour l'instant. La plainte et la lamentation ne peuvent se justifier, même dans une si pitoyable situation. Car tout ce qui arrive maintenant n'est pas l'aveugle et impitoyable action de la destinée, mais la conséquence d'une faute, d'une accumulation de fautes morales commises au cours des âges. L'utilité d'une telle épreuve est de faire prendre conscience de cette culpabilité, de faire voir aux foules qu'elles ont mal agi. Par conséquent, plus le châtiment est dur, plus est grand l'espoir de voir, enfin, s'élever les vraies valeurs qui doivent permettre de vivre harmonieusement à la place des fausses facilités qui ont conduit à la catastrophe.

On le voit, c'est là un sujet de moraliste, un regard profond lancé par un philosophe sur notre temps présent — qui n'a sans doute encore inspiré aucune œuvre littéraire de la grandeur de celle-ci. Et ce serait un travail d'écolier très facile à faire de montrer que la structure de ce poème permet de situer point par point les différentes étapes de cette réflexion logique. Ce n'est pas sous forme d'une composition visionnaire, mais presque sous celle d'une argumentation que la conviction intérieure du poète est exprimée.

On serait tenté de se demander si cette ingérence de la pensée déductive ne nuit pas à la valeur purement poétique de l'œuvre. Ne préférions-nous pas le Hubert Dubois plus obscur, mais plus libre, plus bondissant de jadis à ce penseur sévère et rigoureux ? Je ne le pense pas. *Le Massacre des Innocents* me paraît être une beaucoup plus grande œuvre que les précédentes, non seulement par l'ampleur et la profondeur de son thème, mais même par sa beauté pure et simple. C'est rejoindre une très noble tradition de la littérature française que d'unir, comme il est fait ici, les lois de la vérité à celles de la poésie. Apparemment, cela semble se faire par la soumission de ces dernières, mais en réalité, nous les retrouvons intactes, élaguées sans doute, dépouillées de toute superficielle parure, mais fortes d'une splendeur marmoréenne. Très souvent, ce résultat est obtenu. A d'autres endroits, on sent encore l'effort accompli pour plier de force la matière à ce qu'on veut lui faire exprimer; il reste des traces de désharmonie entre les deux éléments — de vérité et de beauté — qui doivent constituer la poésie. Encore faut-il souligner, à ce propos, que Hubert Dubois, qui hait toute facilité, s'en garde à la forme la plus difficile, à l'expression directe de la pensée. Il faut que les mots seuls puissent insuffler la poésie à l'idée. Ce miracle s'accomlit ici : la pensée devient vivante, elle acquiert un rythme, un éclat incomparables, sans que cependant on ait recours à aucun des artifices poétiques courants : allégorie, symbole ou métaphore. Ce sont là d'uniques moments dans la poésie française.

L'œuvre acquiert, en outre, sa marque poétique par le caractère même de ce qu'elle exprime. Une certaine élévation, le fait de dominer de haut les remous de son époque pour pouvoir y lancer un coup d'œil compréhensif et généreux — ce sont là des qualités de l'esprit qui rejoignent la poésie par leur pureté et leur noblesse. L'homme capable de sublimer la souffrance qui tord journellement l'humanité en guerre, capable de voir, malgré une immense pitié, que cette douleur est salutaire parce qu'elle fait expier des crimes répétés contre la personne humaine, montre par là la supériorité foncière de son être qui est le propre de tout talent artistique véritable. Et si, à cette supériorité morale et intellectuelle, se joint, comme dans ce poème, une maitrise formelle parvenue presque à sa perfection, on peut, sans hésiter, déclarer qu'on se trouve en présence d'un de ses élus qui, sur un plan supérieur, créent une éternelle poésie.

Paul DE MAN.

---

(1) Dans la série « Messages » de la Maison du Poète.

CHRONIQUE LITTÉRAIRE

Jeunes romanciers belges

La situation commerciale actuelle de l'édition belge permet à un grand nombre d'auteurs qui en temps normal seraient demeurés éternellement dans l'ombre, à se faire publier. Cet état de choses a des conséquences à la fois salutaires et néfastes. Il peut créer une certaine inflation à la qualité, en ce sens qu'il pousse des pseudo-écrivains entièrement dépourvus de talent à tenter leur chance et à faire paraître des œuvres aussi ineptes que médiocres. Mais ce désavantage est largement compensé par les nouvellese possibilités qu'on découvre ainsi. Parmi cette foule de jeunes gens qui inondent de leurs manuscrits les maisons d'édition, il doit au moins y en avoir quelques-uns chez qui l'on découvre des dons originaux et des espoirs pour l'avenir. L'abondance de romans belges actuellement édités ne va sans doute pas sans un large déchet, mais elle contribuera cependant dans une large mesure a développer une véritable littérature belge d'expression française.

Parmi les derniers livres de cet ordre, deux méritent d'être signalés ici. Il s'agit de « Transposition du divin » de Jean Libert (1) et de « Un dieu sournois » de Paul Cocriamont (2). Alors que le premier de ces romanciers possède déjà une large renommée, le second est un authentique débutant. Mais son roman, malgré de sérieuses imperfections se détache par certains traits intéressants sur l'ensemble de notre production. On y sent une quantité de bonnes intentions, souvent encore maladroitement réalisées, mais qui permettent néanmoins d'incrire Paul Cocriamont parmi les véritables espoirs de nos lettres.

Bien entendu, dans le cadre de la littérature générale actuelle, « Un dieu sournois » n'apporte rien de neuf. C'est une histoire banale, qui n'a d'extraordinaire que la personnalité de son personnage central, contée sur le mode du récit réaliste, avec une abondance de détails parfois fatigante. Mais il n'en reste pas moins que, ramené à nos modes et habitudes littéraires locales, l'accent même de l'ouvrage a quelque chose d'assez rare. Je songe à ce ton cérébral, au fait de vouloir faire du roman une construction de l'intelligence, utilisant les ressources de la pensée logique et élaboré selon des procédés qui relèvent non pas de l'imagination poétique, mais de certains agencements rationnels. On en vient à craindre à un moment où l'esthétique générale s'éloigne visiblement de la prose pour s'approcher de la poésie (dans le sens le plus large que puissent prendre ces deux termes, qui ne désignent pas ici une forme extérieure) que le vrai roman, création de la raison, ne disparaisse. C'est pourquoi on retrouve avec plaisir, dans un livre comme celui-ci des intentions qui sont tout à fait spécifiques du genre. Je songe par exemple à la structure générale en trois parties, racontées chaque fois par un personnage différent et dont certains évènements interfèrent, de sorte qu'ils sont éclairés de points de vue entièrement dissemblables. C'est là un de ces artifices que l'intelligence permet de réaliser et dont un habile écrivain peut tirer des effets qui appartiennent exclusivement au domaine du roman. Mais on a l'impression que M. Cocriamont a parfois été dépassé par les moyens qu'il met en œuvre, moyens excellents et très heureusement imaginés, mais qui nécessitent une virtuosité qu'il n'a pas encore acquise. C'est ainsi que la manière de faire vivre l'histoire en fonction d'un seul personnage, dont la personnalité doit particulièrement se marquer dans le récit qu'il en fait, ne lui réussit pas toujours. Toute la première partie, me semble, de ce point de vue, très bien venue. Le but est atteint, en ce sens que les évènements sont comme imprégnés de l'état d'âme du personnage qui les raconte. Le caractère dominant de celui-ci — en l'occurrence une jeune fille jalouse de sa sœur qui a tous les succès alors quelle est totalement négligée s'affirme subtilement, par des réflexions presque inconscientes, des tics psychologiques qui semblent, comme il est naturel, échapper au contrôle du narrateur mais qui contribuent à former de lui une image précise et vivante dans l'esprit du lecteur. Par contre, ce résultat se perd entièrement dans la seconde partie, qui met en scène un héros plus complexe, figure assez curieuse, ivrogne aux sentiments purs et généreux. Ici, l'auteur n'a manifestement pas pu se maintenir dans les frontières que lui imposait la vision personnelle de ce personnage. Il s'échappe sans cesse de lui pour s'évader dans la description trop détaillée de scènes inutiles, il s'attarde à rapporter des conversations où les idées abondent mais qui manquent totalement de naturel. Et la personnalité de son héros s'effrite et s'éparpille et finit par perdre toute consistance et toute vérité. Ceci, ainsi que certaines fautes de goût, empêchent ce livre par ailleurs réellement attachant d'avoir une véritable valeur. Son auteur n'en mérite pas moins d'être suivi de près dans tout ce qu'il entreprendra dans l'avenir.

Dans « la Transposition du Divin » Jean Libert a pris la précaution d'intercaler un avertissement expliquant pourquoi il publie actuellement ce texte, écrit il y a plusieurs années déjà. Les raisons invoquées en faveur de l'opportunité de cette ardente profession de foi chrétienne sont d'ailleurs fort pertinentes. À un moment où tant de désarroi envahit les esprits et où chacun cherche à s'appuyer à un point de repère stable, toute conviction fervente apparait comme une salutaire exhortation. Car elle suggère cette idée d'équilibre dans la certitude et de son total de soi-même à la cause choisie dont une partie de l'humanité actuelle a un si urgent besoin. De ce point de vue « la Transposition du Divin » est incontestablement un livre très utile: s'il ne convaincra peut-être pas les non-croyants, il leur fera néanmoins voir clairement les avantages spirituels d'une foi solidé. Par là, il combat une certaine forme de scepticisme paresseux qui est dangereux et malfaisant.

Il n'en reste pas moins que, littérairement parlant, ce livre est nettement inférieur aux autres ouvrages de l'auteur, et en particulier à « Capelle-aux-champs » dont il n'a ni la fraîcheur, ni l'allant. Dans un récit, la simplicité foncière de Jean Libert est loin d'être un défaut, elle permet au contraire une forme spontanée de sensibilité et un naturel qui sont captivants. Mais lorsqu'il s'agit, comme ici, de convaincre, on doit bien reconnaître qu'elle va parfois trop loin, jusqu'aux frontières de la naïveté. Il devient vraiment difficile de prendre au sérieux cette conversion qui s'accomplit avec une aisance merveilleuse et dont le mécanisme est si éloigné de toute vérité psychologique qu'il faut vraiment faire un très grand effort de bonne volonté pour encore pouvoir y croire. Certes, la sincérité totale de Jean Libert demeure toujours émouvante et la pureté de cet esprit, qui semble passer à côté du mal et de la souffrance avec une sérénité qui tient de la grâce divine, est des plus remarquable. Mais il faut absolument que l'écrivain se renouvelle et change de climat. Jean Libert a d'ailleurs suffisamment de talent pour qu'on puisse espérer de lui ce renouveau. Dès lors, il prendra sans doute à nouveau place parmi les meilleurs de nos jeunes romanciers.

Paul de MAN.

---

(1) Editions l'Etoile.
(2) Edition l'Essor.

CHRONIQUE LITTERAIRE

Aspects de la pensée allemande

« Le Livre du Souvenir », de R. KASSNER (1)

LES courants d'idées qui s'affirment actuellement dans la lutte et le combat ne sont pas nés avec la guerre. Bien avant que celle-ci n'ait éclaté, les aspirations idéologiques qui se trouvent, parmi d'autres facteurs, à ses origines, avaient tourmenté les esprits et trouvé leur expression dans les écrits des philosophes et des penseurs. Et, plus peut-être que dans aucun autre pays d'Europe, l'Allemagne avait connu ces préoccupations spirituelles, à la fin du siècle passé et à l'aube de celui-ci. Il y a là toute une génération extraordinairement féconde qui, à un moment où la France brillait d'un éclat particulier dans le domaine des arts et des lettres, étendait profondément les connaissances humaines en ce qui concerne les sciences de l'esprit (Geisteswissenschaften).

« Das Buch der Erinnerungen » de Rudolf Kassner est une de ces œuvres, et qui a en outre la qualité de ne pas se présenter comme un livre purement théorique et destiné aux spécialistes, mais comme un récit non dénué de charme artistique « Le livre du Souvenir » raconte, en effet, l'existence même de l'auteur, d'abord dans son village natal, ensuite à Vienne, Berlin et dans les innombrables pays qu'il visita au cours de sa vie. Mais cette trame narrative n'a qu'une importance secondaire, elle sert de prétexte non pas comme dans tant de mémoires à obtenir des effets faciles d'intérêt anecdotique, mais pour élaborer des considérations générales qui offrent comme le résumé de la philosophie de Kassner et y constituent une excellente introduction.

Cette philosophie est particulièrement difficile, parfaitement inabordable même pour un esprit formé aux disciplines rationnelles de la pensée française. Elle lui apparaîtra décousue et chaotique, composée de quelques thèmes assez vagues développés sans aucun sens logique. Mais c'est là une différence foncière entre l'esprit français et allemand dont le lecteur doit tenir compte, en modifiant sa sensibilité réceptive en conséquence. La pensée allemande ne se meut pas selon une route droite, tracée comme au compas avec une précision irréprochable, mais en empruntant de capricieux sentiers ou même souvent sans suivre aucune piste préalable. De là qu'elle est moins directe et moins « pratique » mais, par contre, qu'elle fait découvrir (pour continuer l'image) des paysages sans cesse nouveaux et imprévus, que le français, fonçant en droite ligne, ne soupçonne guère. L'esprit d'un Kassner est essentiellement vagabond mais, par là même, particulièrement vivant. Il ne faut pas tant comprendre ce qu'il écrit que le suivre dans ses pérégrinations spirituelles, se laisser conduire par lui, à travers les obscurités et les brouillards qui l'entourent mais qui, de temps en temps, s'ouvrent sur d'admirables clartés.

Aussi vain que ce soit de vouloir « expliquer » cette philosophie, nous pouvons cependant tenter d'en fixer un aspect qui, précisément dans l'actuel, est particulièrement important: c'est son attitude anti-nietszchéenne. Cela permettra de rectifier le point de vue faux, mais très répandu qui consiste à considérer Nietszche comme l'incarnation typique de l'esprit germanique. Pour ma part, je vois plutôt dans Kassner la révolte d'une partie de cet esprit germanique contre l'autre incarnée par Nietszche. Kassner exprime cela très heureusement en disant que Nietszche est un auditif alors que le propre de sa nature à lui est d'être visionnaire. Le spécifique de son peuple tient dans son imagination, sa qualité maitresse, et ses plus grandes réalisations sont donc du ressort de celle-ci; telle par exemple la création artistique ou ces produits d'une pensée qui ne raisonne pas mais qui « voit » avec une puissance et une pénétration incomparable. L'éthique nietszchéenne a une origine différente: elle penche vers la prophétie, elle ignore toute mesure et met obstinément en évidence le Moi souverain. Kassner est tout à l'opposé de cette attitude morale, car c'est la mesure et, avant elle, le nombre qu'il recherche. Sans doute cette opposition n'est-elle qu'une illustration du dualisme entre l'Allemagne du nord et l'Allemagne du sud, Kassner et Rilke représentant ici, le type méridional. Aux époques de l'action, quand on exige de l'homme qu'il se dépasse, c'est le nord qui fournit le principal effort. Mais lorsque le combat est terminé et qu'à sa tension doit succéder un équilibre harmonieux, ce sont les vertus du sud, celles de Kassner, qui doivent donner le ton. En ce moment, il n'est pas inopportun de rappeler que ces vertus existent en Allemagne et qu'elles continueront à y exister tant que cette nation vivra. Des messages artistiques récents nous donnent, à ce sujet tous nos apaisements; qu'on songe, par exemple, à l'œuvre de Jünger, de Carossa ainsi qu'à ce « Livre du Souvenir ». Ce sont là des livres de la paix; il en naîtra de pareils durant la paix future, car la grandeur de l'Allemagne tient dans l'action alternative de ses deux parties composantes que nous avons désignées, sans que ce terme ait une valeur absolue, par la dénomination conventionnelle d'Allemagne du nord et d'Allemagne du sud.

Il faut signaler que ce livre est maladroitement traduit, quoique — la très utile introduction en témoigne — M. Pitron connaisse fort bien son auteur et le comprend parfaitement.

Paul de MAN.

---

(1) Edition Stock. Traduit et introduit par Robert Pitron.

CHRONIQUE LITTERAIRE

A propos d'un concours littéraire

JE me garderai bien, dans cette chronique, d'entreprendre une critique des romans qui ont été primés, samedi dernier, par le jury du Concours littéraire du « Soir ». Il présente peu d'intérêt d'analyser des œuvres que personne dans le public ne connaît encore. Lorsque, comme cela se produira sans doute, ces romans paraitront en librairie, ce sera le moment de formuler, à leur égard, un jugement. Pour l'instant, il faut se borner à dégager les enseignements qu'on peut tirer de la lecture de ces manuscrits par rapport à l'actuelle littérature belge.

Qu'on ne s'étonne pas d'entendre exprimer, à ce propos, des remarques qui ne sont pas élogieuses. Il n'est nullement dans nos intentions de vouloir insinuer que le coup de sonde que ce concours a permis de lancer dans ce qu'on peut supposer être les réserves littéraires de ce pays a donné des résultats profondément décevants. Mais il peut être utile de souligner à cette occasion une insuffisance générale qui doit trouver son origine dans une certaine timidité qu'il serait possible de vaincre. Les candidats ont-ils trop eu le souci de plaire au jury et ont-ils eu peur d'effaroucher celui-ci par des expériences extraordinaires ? Le fait est que, parmi toutes les œuvres reçues, il n'y en a aucune dans laquelle on trouve autre chose que des tendances et des procédés parfaitement banaux et conventionnels. A un moment où le style de l'époque n'est encore nullement fixé et où le souci primordial de tout artiste véritable est avant tout la recherche d'un nouveau mode d'expression, il est quelque peu inquiétant de ne trouver personne, parmi cette légion d'écrivains débutants, qui semble même ressentir le besoin d'une telle tentative. Le fait est que la formule d'un concours, jugé sur manuscrit et sur un sujet donné, n'est pas le moyen infaillible pour rallier les tempéraments vraiment originaux. Mais il y a là un phénomène trop général pour ne pas être relevé; il semble exister un malentendu unanime, au moins parmi les débutants, sur ce qu'il faut entendre par un authentique renouveau.

En effet, ce n'est pas par un changement des sujets romanesques que celui-ci pourra s'accomplir. Quel sujet plus neuf pouvait-on imaginer que celui de la guerre actuelle ? Et cependant, aucun des participants n'est parvenu à sortir des traditions les plus consacrées du réalisme, de la « tranche de vie » fidèlement observée, attentive à respecter la vraisemblance des détails. Ils se sont tous avérés incapables de la moindre innovation, ni dans la construction du roman, ni dans le procédé de narration, ni dans l'esprit. On a l'impression que le journalisme a exercé sur la plupart des jeunes gens une influence très néfaste, parce qu'il a répandu un moyen d'écrire qui vise uniquement à la fidèle transcription de la réalité, et qui ignore toute création véritable.

C'est en fait un grand point; il n'y a, parmi tous ces candidats aucun artiste, personne qui ait cette faculté d'imagination supérieure qui, s'exprimant dans la beauté poétique des évocations ou dans l'agencement harmonieux de l'intrigue, élève un livre du stade du simple reportage à celui de l'œuvre d'art. Et là où des velléités de ce genre percent, elles sont aussitôt réprimées, noyées dans une foule de détails fastidieux ou d'anecdotes insipides. Précisément parce qu'on avait proposé un sujet vécu, la guerre, l'occasion était belle de transposer cette expérience sur le plan de la création, d'en fournir une vision non pas simplement réelle, mais transcendante, ne révélant pas seulement ce que chacun peut avoir aperçu et ressenti, mais également cette profondeur cachée que tout objet, que tout événement contient et que l'artiste est seul à apercevoir. On songe — on ne pourrait assez souvent le citer — au Journal de guerre d'Ernst Jünger. On aurait voulu trouver, ne fût-ce qu'une miette infime de la riche substance qui compose cette œuvre, parmi les romans présentés à ce concours. Il n'en a rien été — et j'ai l'impression que ceux qui auraient pu apporter quelque chose, ne l'ont pas osé !

Ces remarques ne veulent nullement insinuer qu'il convient d'être pessimiste quant à l'avenir de la littérature belge d'expression française. Ce serait trop facile s'il suffisait de créer un concours pour faire naitre le talent. Tout ce qu'on peut espérer faire est d'établir les meilleures conditions possibles pour que, si ce talent existe, il se manifeste aussitôt. Et, quoi qu'on puisse en penser, les conditions historiques actuelles sont peu favorables à l'éclosion d'une véritable floraison artistique. Les périodes comme celle-ci, qui marquent le début d'une ère nouvelle sont trop encombrées de faits et d'actions pour permettre cette décantation indispensable sans laquelle la création artistique ne peut s'accomplir. Cela également est une des causes, plus profonde cette fois, de ce goût du reportage qui s'est fait jour à l'occasion du concours du « Soir ». On a trop de choses à raconter, trop de péripéties à décrire pour pouvoir s'attarder aux mouvements de la vie intérieure. Il risque de se créer là une séparation entre les écrivains proprement dits et ceux qui demeurent proches des circonstances vécues. Danger d'une part pour l'art qui se détache de la vie et d'autre part pour ceux qui, comme les candidats de ce concours perdent le sens de la beauté, dans le sens le plus large du terme. C'est là un des problèmes les plus urgents de la littérature actuelle, sa continuité et son avenir, et qui ne se limite pas à la Belgique.

Paul DE MAN.

CHRONIQUE LITTERAIRE

DEVELOPPEMENT DE L'EDITION BELGE

IL est une tradition qui veut qu'au début de la saison d'hiver on compare le programme des différentes maisons d'éditions afin de tirer de cet examen des conclusions au sujet de l'évolution générale de la littérature. Le critique belge qui entreprend cet examen ne pourra manquer d'être frappé de la part énorme que prend l'édition belge dans l'ensemble de la production littéraire de l'année à venir. Le temps n'est pas loin où strictement aucun roman de quelque valeur ne pouvait voir le jour en Belgique même. On a assez souvent insisté sur l'attraction exercée par Paris sur nos écrivains pour qu'il soit nécessaire d'y revenir ici.

Les conditions actuelles ont changé cette situation de fond en comble. Nous nous trouvons devant le fait étonnant que cette chronique des lettres d'expression française devra, durant l'année 1942-43, être consacrée pour plus de la moitié à la littérature belge alors que l'édition de Paris ne sera représentée que pour une part moins grande. Un tel choix de romans, d'essais et d'œuvres diverses édités en Belgique nous est, dès à présent offert, qu'avant d'entreprendre séparément l'examen de chacun d'eux, nous pouvons nous arrêter un instant à cette constatation générale et explorer les causes et les conséquences de ce remarquable essor.

Evidemment cette situation est, dans une certaine mesure, la suite de circonstances particulières. Les conditions économiques, la pénurie de matières premières ont considérablement ralenti l'activité de l'édition parisienne. L'occasion était donc belle pour affirmer les droits à l'existence d'une production de livres belges et de tenter de vaincre les préjugés du public (préjugés qui étaient justifiés, dans une certaine mesure, par la timidité et la médiocrité des tentatives faites avant la guerre) contre les auteurs qui ne ressentaient pas le besoin d'aller à Paris pour faire publier leurs ouvrages. Mais en profitant de cette circonstance économique, on aura également atteint un but d'ordre culturel. Et il est presque étonnant de voir avec quelle facilité le public s'est détourné des modes littéraires qu'il considérait auparavant comme des règles immuables.

La même évolution s'est accomplie chez les écrivains. Ce n'est pas, que sur un plan artistique supérieur, les influences entre la France et la Belgique se soient relâchées. Il serait, en effet, aussi néfaste qu'impossible de vouloir détacher complètement l'évolution du style littéraire belge d'expression française, de celle qui s'accomplit en France. L'expérience littéraire tentée par les meilleurs parmi nos jeunes écrivains présente, comme il est normal, des analogies très nettes avec celles qu'entreprennent leurs confrères d'outre-Quiévrain. Mais l'établissement de firmes indépendantes a facilité, dans une large mesure, la possibilité pour un écrivain encore inconnu, de prendre contact avec le public. Et c'est là le grand progrès dont l'effet salutaire se fait déjà sentir.

Nous posions, récemment, la question de savoir si les facilités d'édition offertes actuellement aux écrivains belges, ne provoquent pas une certaine inflation à la qualité. En offrant à peu près à chaque jeune débutant l'occasion de se faire publier et diffuser largement, on encourage peut-être trop une certaine médiocrité qui risque d'envahir notre littérature. Mais cet aspect moins brillant du développement de notre édition nationale, doit s'effacer devant les avantages offerts par des conditions nouvelles.

Incontestablement, la plupart de nos compatriotes se sentent actuellement pris d'une ardeur productive, ce qui ne va pas sans quelques catastrophes. De vieux manuscrits sortent du fond des tiroirs et viennent prendre aux membres des divers comités de lecture de précieux moments qu'ils auraient tout avantage de consacrer à autre chose. Tous ceux qui jouissent de quelques loisirs se mettent volontiers à la rédaction d'un roman policier, si ce n'est à la création d'une œuvre aux prétentions littéraires plus considérables — ce qui est bien plus dangereux encore.

Mais en prenant connaissance des programmes présentés par les grands éditeurs du pays, on est forcé de reconnaître qu'à côté de ce déchet, certaines œuvres de grande valeur paraîtront au courant de cette année à venir. Et il serait vain de nier que les conditions de travail établies par l'édition belge ont une partie de mérite dans ces réalisations. Car, s'il est exact que les talents ne peuvent pas être créés par des moyens artificiels, il n'en est pas moins certain qu'un bon éditeur peut avoir une influence considérable sur le travail productif d'un écrivain. Cette constatation est d'ailleurs confirmée par de nombreux et célèbres exemples.

Le simple fait de donner des possibilités d'édition à de jeunes auteurs pousse certains, qui en seraient sinon restés à des essais aussi timides que maladroits, à tenter de s'exprimer, de se perfectionner; d'où d'incontestables progrès dans l'ensemble. De sorte, qu'il ne faut pas trop regretter les quelques mauvais romans belges, car on peut se dire, à juste titre, que sans ces ouvrages médiocres, certaines œuvres, qui enrichissent notre patrimoine littéraire, n'auraient pas été écrites.

Il est trop tôt pour voir si cette effervescence a fait naître un groupe aux idées esthétiques stables. Mais on a néanmoins l'impression générale que la plupart de ces jeunes écrivains ont pris conscience de la nécessité de renouveau, propre à l'époque, et, même, s'ils n'ont pas encore provoqué un courant unifié, que leurs expériences ouvrent la voie à une profonde originalité future. Ils ne vivent plus, comme la génération précédente, dans l'ombre d'une littérature française dont la grandeur et la perfection étaient telles qu'ils ne pouvaient que la prendre comme exemple. Actuellement, ils peuvent se considérer comme les égaux, et en certains cas, comme les supérieurs de la génération correspondante de France.

Les prochaines chroniques qui passeront en revue les ouvrages auxquels celle-ci fait allusion d'une manière générale, permettront de démontrer le bien-fondé de cet optimisme.

Paul de MAN.

CHRONIQUE LITTERAIRE

MERITES DU CONTEUR

« J'ai perdu la Partie », par Lucien Marchal (1). « Un homme bien... parmi d'autres personnages », par Evelyne Pollet (2).

NOUS avons déjà, dans le courant de ces chroniques, eu l'occasion d'indiquer que parmi les facteurs neufs qui s'affirment dans la littérature présente, se trouve la remise en honneur de la narration pure, considérée comme base même du roman. C'est là, en effet, un des glissements les plus sensibles dans l'évolution actuelle des styles. Alors que le vrai roman d'analyse, tel qu'il existait dans la littérature française, où il atteignit un stade de perfection inégalable, n'utilisait l'anecdote narrative que comme moyen, comme une illustration de l'étude psychologique entreprise et non comme une fin, elle devient la raison d'être de l'œuvre d'un Marcel Arland, d'un Jouhandeau et prend une place importante chez Giono et ses disciples. Chez les deux premiers, elle reste, bien entendu, entourée d'une intention d'ordre psychologique, tandis que pour Giono elle sert à rendre vivante une certaine conception théorique du monde. Mais il n'en reste pas moins que la trame du roman, au lieu d'être établie par la logique d'une introspection raisonnée, emprunte une structure nettement narrative — qui n'exclut d'ailleurs nullement ni la profondeur, ni la vérité de l'enseignement humain contenu dans une œuvre de ce genre.

Cette remise en vogue de la narration donne lieu à des phénomènes curieux. Un de ces phénomènes est l'attrait considérable exercé par le roman policier sur les romanciers véritables — attrait dont a surtout profité le roman policier. Un autre est l'engouement, non seulement parmi le public, mais également parmi les lettrés les plus avertis pour le roman d'aventures et d'évasion. Le succès considérable de livres comme « Autant en emporte le vent », « Via Mala » et de nombreux autres est significatif à cet égard. L'élément pittoresque, éternel constituant de la vraie narration, est ardemment recherché, soit dans des circonstances historiques, soit dans des mœurs locales et, par là, extraordinaires. Il est évident que, en soi, ce retour au roman-récit ne constitue pas un progrès ou un renouveau, loin de là. Joint à d'autres manifestations, dont nous ne parlons pas ici, il peut l'être. Et c'est pourquoi la publication d'un roman comme « J'ai perdu la Partie », de Lucien Marchal, sans être un événement littéraire, indique cependant une tendance qui, même sur le plan supérieur de la pure théorie, est des plus intéressante.

Car c'est bien du récit, dans sa plus simple expression, que nous trouvons ici, dans l'histoire d'une grande aventure, qui emplit presque toute une existence et qui se déroule dans les contrées pour nous mystérieuses de l'Amérique du Sud. Les prétentions limitées de l'œuvre sont donc également celles du récit : elles visent à intéresser, à entraîner le lecteur. Et, de ce point de vue, la réussite de L. Marchal est incontestable. Si l'on peut peut-être lui reprocher de manquer de poésie ou même d'une certaine forme de sensibilité qui aurait donné plus de poids, plus de densité à son ouvrage, on ne pourrait lui contester des dons remarquables de conteur. L'agencement même des différentes péripéties, agencement qui semble naturel et spontané, révèle en réalité une maîtrise difficile à acquérir et sans doute très étudiée. Le résultat en est, en tout cas, nettement observable : « J'ai perdu la Partie » est d'une lecture éminemment facile, ce qui veut dire que Marchal est capable de doser les parties descriptives et les parties d'action, de faire alterner les scènes de nature différente en ménageant les effets et les gradations, de manière à tenir en haleine le lecteur, ravi de se laisser conduire selon des voies aussi heureusement tracées dans un pays d'aventures violentes et enfiévrées. Il n'y a qu'une certaine froideur, difficilement définissable, ainsi que l'absence complète de toute réaction intérieure, de toute vibration poétique qui empêchent de placer Lucien Marchal parmi les maîtres du genre. Mais il prend, dès à présent, une place des plus honorable parmi ceux dont la riche imagination et l'expérience étendue créent l'évasion dans le monde de l'aventure.

* * *

Evelyne Pollet réunit sous le titre de : « Un Homme bien... parmi d'autres personnages », une série de contes. Ici, au contraire, nous avons à faire à une sensibilité très aiguë, attentive aux moindres signes qui, dans la nature ou chez les semblables, créent des correspondances entre les âmes, mettent en branle les passions et les émotions. Cette délicatesse permet de réussir de très jolis morceaux, dont se dégage une atmosphère, souvent un peu trouble, mais toujours empreinte d'une sereine acceptation, d'une confiance fondamentale dans les ressources de la vie. Mais, par contre, le côté narratif ne semble pas toujours être au point. Vouloir enfermer, comme le fait Evelyne Pollet, dans l'espace de quelques pages, tout un destin humain, parfois complexe, n'est possible qu'avec beaucoup d'adresse, qu'avec des raccourcis habiles et frappants. De temps à autre, l'auteur a de telles trouvailles : je songe, par exemple, au pommier du premier conte, qui constitue comme le symbole, la clef de l'existence du personnage. Mais à d'autres endroits, il n'y a pas de révélations de ce genre, et le récit retombe, dans une suite d'épisodes souvent conventionnels. Malgré les apparences, un conte est chose fort difficile à faire : la plupart de ceux qui figurent dans ce volume contiennent une matière trop riche pour se contenter d'un espace si exigu. C'est pourquoi l'on préfère ceux qui se bornent à évoquer l'atmosphère d'un instant (Adolescence, Les Photos) à ceux qui veulent tracer la courbe de toute une vie. Considérons donc avant tout ces brefs récits comme des croquis d'Evelyne Pollet, qui s'y exerce à des fonctions de romancier, sa véritable vocation, domaine où elle est certainement capable de produire des œuvres méritoires.

Paul DE MAN

---

(1) Editions de la Toison d'Or.
(2) Edition « Les Auteurs associés ».

CHRONIQUE LITTERAIRE

TECHNIQUE DU ROMAN

« Cadavre exquis » (1) par Louis Carette. — « L'Herbe qui tremble » (2) par Paul Willems.

Je ne sais si les lecteurs du nouveau roman de Louis Carette se sont demandé ce qui, dans ce curieux récit, constituait le principal mobile d'intérêt. On n'y trouve, somme toute, que peu d'intrigue : quelques anecdotes assez simples s'enchevêtrent et se superposent, centrées sur une série de personnages qui n'ont en commun que de fréquenter un même milieu. De toute évidence, l'attention ne peut donc être captée par les péripéties mêmes. Et cependant, le fait que le livre se lit d'une manière très courante, d'une seule traite, indique qu'il possède quelque unité interne, qui transforme le mélange hétéroclite dont il est composé en un tout homogène. C'est là le point le plus important à signaler dans ce roman, parce que la recherche des causes de cette homogénéité permettra d'indiquer une des acquisitions les plus précieuses des auteurs actuels.

Cette acquisition est l'introduction du facteur « temps » comme élément principal de la narration. Au lieu que la construction générale d'une intrigue, la proportion de ses différentes parties, soit conditionnée par leur importance — comme c'est le cas dans le roman psychologique, où l'auteur s'arrête pour analyser, ou dans le roman d'aventures où il s'attarde à la description détaillée des épisodes cruciaux — elle est déterminée par leur durée. C'est-à-dire que le roman tente de reproduire le rythme réel de la vie. Il ne sélectionne pas les instants dont le contenu s'avère être particulièrement dense, mais suit fidèlement la pulsation des heures et des journées qui se succèdent, en reproduisant tout autant les périodes vides et creuses que celles où les faits se concentrent et s'accumulent.

Plus ou moins consciemment, « Cadavre exquis » prend une telle allure, comme en témoigne la composition générale. Les personnages très nombreux qui y apparaissent ne sont jamais expliqués abstraitement; les épisodes pittoresques qui y abondent ne sont pas décrits avec une complaisante longueur; à peine quelques détails hâtivement évoqués comme les indications scéniques pour une pièce de théâtre. Tout y est soumis à cette nécessité de donner au lecteur l'impression presque physique du temps qui passe. Et le résultat recherché — ou instinctivement voulu — est pleinement atteint, ce qui suffit à donner au roman un aspect extraordinairement vivant.

Rien ne s'oppose, à ce qu'une telle manière de faire aille de pair avec une réelle profondeur du contenu psychologique. Seulement, celle-ci, ne pouvant plus être obtenue par des passages en dehors de l'action (et du temps) où les auteurs expliquent abondamment les créatures qu'ils mettent en scène, doit être inscrite dans les actes mêmes, émaner des paroles et des gestes. Cela n'est malheureusement pas le cas ici. Louis Carette ne parvient pas, en général, à saisir la partie primordiale de ceux qu'il décrit. Il aime trop les résumer en quelques traits extérieurs, qui sont certainement pittoresques, mais qui passent à côté de l'essentiel. Des personnages se réduisent le plus souvent à quelques tics, à quelques habitudes, à une formule caricaturale toujours amusante, mais très rudimentaire. Ils restent donc excessivement minces, manquant totalement de densité humaine — ce qui explique pourquoi ce roman qui pourrait être féroce et constituer une satire très poussée et très sérieuse (avec une pointe de mélancolie complaisante pour une époque passée, malgré tout non exempte d'un certain charme) tourne insensiblement au simple roman d'amusement. Ce n'est pas que l'auteur soit incapable de saisir l'aspect plus intérieur des choses. La cause de son insuffisance est plutôt d'ordre technique : Louis Carette n'est pas encore parvenu à concilier les notions psychologiques et morales très attachantes qu'on sentait dans son premier livre, « Le Péché de Complication », avec le style narratif direct, dépouillé (minuté, pourrait-on dire) qu'il a choisi pour son second. Lorsqu'il sera parvenu à unir dans un même ouvrage les deux vertus qui semblent constituer sa personnalité d'écrivain, on pourra sans doute célébrer en lui un romancier de tout premier ordre.

* * *

« L'Herbe qui tremble », le deuxième roman de Paul Willems, ne reste accessible qu'à une sensibilité réceptive particulière. Plusieurs, ne trouveront aucun intérêt aux épisodes détachés qui le composent, et n'en pénétreront pas la poésie intense. Cela n'est pas tellement le cas pour certains passages où l'auteur se laisse aller à une évocation très simple et très fraîche de quelques circonstances sans doute vécues. Mais c'est à d'autres moments qu'il apparaîtra difficile à suivre. Ce qui ne doit pas nous empêcher de relever la très intéressante expérience que, précisément à ces instants, il entreprend.

L'intention de Paul Willems, en écrivant ce livre, n'a certainement pas été d'aboutir, comme c'est à présent le cas, à une suite de fragments, qui ont une valeur poétique propre et apparentée, reliés par des pages à première vue aberrantes. Son but était bien plutôt d'écrire un essai, d'apporter non pas des souvenirs baignés de soleil et de lumière, mais une pensée, une connaissance spirituelle. Au lieu d'atteindre à cette connaissance par la voie de la raison, il veut la suggérer d'une manière plus directe. Car la raison raisonnante n'est pas le seul moyen pour atteindre une vérité. Il existe également une compréhension poétique, qui capte directement les enseignements du monde, au contact même des choses concrètes, des objets et des êtres. On n'a pas voulu reconnaître à ce mode de connaissance une valeur scientifique, parce qu'on lui a dénié les qualités indispensables de généralité et d'objectivité. Il n'en est pas moins vrai que certaines sciences en font constamment usage, sans même se l'avouer.

Chez Paul Willems, cette pensée n'aboutit pas à des notions claires — ce qu'elle est cependant capable de faire. Il parvient tout au plus à créer une atmosphère très subtile, mais très fragile, où l'esprit acquiert une grande mobilité et comme une transparence particulière. Mais il n'en reste chaque fois qu'au premier stade de la réflexion poétique, où la pensée se trouve suggérée, évoquée par quelques accessoires, sans toutefois parvenir à s'ordonner et à s'exprimer. On désirerait cependant voir l'auteur continuer ses recherches dans cette direction. Ce qui lui fait défaut, en ce moment, pour parvenir à des résultats, est une certaine ordination, qui n'est pas celle du logicien, mais qui n'est pas incompatible avec les exigences de ce qu'on pourrait dénommer l'essai poétique. Qu'on songe par exemple à « Sur les Falaises de Marbre », d'Ernst Jünger, qui abonde en idées sociologiques très fécondes, tout en ne contenant aucun exposé abstrait ou aucune démonstration. La sensibilité de Paul Willems lui permettra d'en faire autant, lorsqu'il dominera plus fermement son imagination, trop vagabonde pour ne pas embrouiller. A ce moment, on verra s'épanouir pleinement les promesses qu'on peut déjà trouver à l'état embryonnaire dans « L'Herbe qui tremble ».

PAUL de MAN.

---

(1) Editions du Houblon.
(2) Editions de la Toison d'Or.

CHRONIQUE LITTERAIRE

« L'ENFANT SILENCIEUSE », par Evelyne Maur (1)
« OU PASSENT DES ANGES », par Daniel Rops (2)

FAIRE le procès ou l'éloge d'un livre comme « L'Enfant Silencieuse » correspond à juger un certain mode littéraire : celui qui consiste à décrire, dans une forme dépouillée de tout ornement et de tout artifice, une expérience personnelle douloureuse, une existence vécue riche en déboires et en souffrances. Dans ce genre, le livre d'Evelyne Maur peut rivaliser avec les meilleurs; il peut se placer, sans exagération, sur le même plan que ceux de Neel Doff ou même de Marguerite Audoux — avec quelques réserves que nous ferons par la suite — car la sincérité de son accent est telle qu'elle rejoint celle des « Jours de Famine et de Détresse » ou de « Marie-Claire ». Avant de citer les mérites et les défauts particuliers de cette œuvre, il peut donc être utile d'évaluer le principe même de ce genre de narration, qu'on voit réapparaître dans des cas isolés, mais persistants, dans toutes les littératures.

La notion de l'œuvre d'art va de pair avec une idée implicite de déformation Entre la simple vision de la réalité et la vision artistique, il existe nécessairement une différence, qui est celle de l'interprétation personnelle. Les lois mêmes du réalisme sont suffisamment élastiques pour laisser place à cette interprétation : tout ce qu'elles exigent, est que l'expression artistique ne contienne rien qui soit contraire à la vérité objective — ce qui permet encore une variété d'effets très considérable et laisse une marge importante à l'imagination créatrice qui peut continuer à se manifester dans la construction générale, dans certaines recherches d'angles, d'éclairage ou dans des procédés de stylisation.

Les livres du genre de celui dont il est question ici vont plus loin dans leurs exigences. Il s'agit en ce cas de plus que d'un réalisme, tel que l'entendaient Flaubert ou Maupassant. Tout ce qui appartient au domaine de la fantaisie y est systématiquement supprimé, le récit se déroule d'une manière plane, sans aucun souci d'harmonie de structure; rien ne vise à donner des choses et des êtres évoqués autre chose qu'une reproduction aussi fidèle et complète que possible. On peut se demander, dès lors, si l'on se trouve encore en présence d'une œuvre d'art.

En songeant à des créations comme « Marie-Claire » ou les livres de Neel Doff, il faut répondre affirmativement à cette question. On sent que de telles créations appartiennent au domaine de la littérature véritable; bien plus, qu'elles en constituent une partie des plus respectable et des plus digne d'admiration. C'est que, en réalité, la déformation exigée est présente en ce cas, fût-ce sous une forme plus cachée et plus difficile à saisir.

Elle se manifeste tout d'abord, dans le fait que ces œuvres contiennent des scènes, authentiques sans doute, mais inusuelles, frappantes par leur caractère exceptionnel. Elles offrent plus que la simple réalité, puisqu'elles dépeignent une réalité d'exception, dont le caractère aberrant constitue, par rapport à la norme existante, une véritable déformation. Plus encore, la sensibilité de l'auteur peut être tellement développée — et c'est le cas dans les deux exemples cités — qu'il se trouve muni d'un sens de l'observation particulièrement aigu et qu'il dévoile, même dans une circonstance banale, des aspects qui resteraient inaperçus pour un observateur habituel.

C'est là un don particulier des écrivains féminins et qui fait, sans doute, que tant de femmes ont pratiqué ce genre de roman dépouillé : parvenir par la finesse de leur observation à faire d'une très simple description, dépourvue de toute trouvaille imaginative, une chose artistique uniquement parce que certains traits, qui échappent à un regard habituel, ont été évoqués.

Par rapport aux deux critères ainsi définis, on peut faire à « L'Enfant Silencieuse » certains reproches légitimes. Tout d'abord d'être, pour une certaine partie tout au moins, trop banal par son sujet. Les premiers chapitres où se situent certains passages, tels que le séjour de la jeune fille dans un couvent ou son opération, ont un relief saisissant qu'on ne retrouve plus une fois que le livre entreprend le récit de ses aventures sentimentales. Et cette banalité n'est pas sauvée par une sensibilité observatrice particulière, qui serait capable d'illuminer les expériences les plus journalières d'une subtile poésie. De ce point de vue, l'œuvre reste assez pauvre — ce qui n'empêche pas son incontestable mérite moral.

Car il n'est pas inutile, à un moment où le succès obtenu par les livres de Max du Veuzit, de Delly et de Ardel viennent confirmer le mauvais goût invétéré du public, de prôner les qualités morales d'un écrivain qui se refuse à toute idéalisation conventionnelle, à toute concession aux traditions de la masse, exigeant une version enjolivée et fausse de l'existence. Œuvre d'art équivaut à déformation, disions-nous. Mais encore faut-il s'entendre sur le sens de cette déformation, qui doit être l'affirmation d'un tempérament personnel, l'empreinte laissée par une âme unique sur la matière qu'elle exprime. Cela peut aussi bien se faire dans le sens d'une idéalisation que d'un enlaidissement. Ou même, très souvent, sans qu'un changement qualitatif survienne. Il s'agit uniquement de cette substance insaisissable que l'artiste insuffle à son œuvre et qui l'élève sur un plan supérieur.

parce qu'elle devient porteuse d'une richesse humaine. Cela se trouve à l'opposé même de la convention, de la concession au goût de la foule qui, lui, transforme l'image de la vie dans le chromo adapté à sa pauvreté intérieure et l'abaisse à la vulgarité. Infiniment plus sympathique, infiniment plus saine est la tentative d'Evelyne Maur, qui communique directement l'expérience qui fut la sienne, mue par le besoin de transmettre à d'autres les enseignements et les émotions que ces épreuves lui procurèrent. Il se dégage du livre une ambiance éthique salutaire et naturelle qui est le propre d'un cœur pur et courageux, capable de trouver le bonheur au delà des souffrances qui ne lui furent pas épargnées. Et c'est, sans aucun doute, cette valeur morale qui sauve ce livre de la médiocrité et qui en fait une œuvre des plus attachante.

●

Dans « Où passent des Anges », l'excellent essayiste et écrivain français Daniel Rops consacre des études à quelques personnalités marquantes des diverses littératures mondiales. Il s'est, avant tout, occupé de ces êtres d'élection qui semblent être touchés d'une grâce surnaturelle et sont parvenus à exprimer dans leurs écrits les plus profonds remous de l'âme humaine.

J'avoue qu'il me semble y avoir une incompatibilité foncière entre l'esprit de Daniel Rops et le genre de sujets qu'il aborde de préférence. Daniel Rops, en effet, possède avant tout une intelligence claire, qui affectionne les idées nettes et simples. Et l'on peut se demander, en le voyant aborder des problèmes aussi obscurs et complexes, que ceux du génie ou du mysticisme, s'il ne supprime pas une partie de la question, celle précisément qui échappe à la rigueur d'une analyse systématique. C'est, en tout cas, l'impression que laisse ce volume, par ailleurs, d'une facture remarquable et plein d'intérêt : il semble qu'une partie essentielle du sujet n'a pas été abordée, qu'on en a exploré très complètement qu'une zone, mais que le fond même du mystère n'a pas été éclairé. On peut le regretter, surtout lorsqu'il s'agit d'un si beau sujet que celui auquel l'auteur s'est attaqué.

Paul DE MAN.

---

(1) Editions « Les Ecrits ».
(2) Editions « Les Ecrits ».

CHRONIQUE LITTERAIRE

« Primevères », par Evelyne Pollet (1)

LES quelques contes d'Evelyne Pollet parus récemment sous le titre de « Un Homme bien », révélaient des capacités de romancier qui se développent pleinement dans ce nouveau livre. Une matière comparable à celle qui était enfermée dans l'espace restreint d'une courte nouvelle s'étend ici, sur un espace beaucoup plus considérable — ce qui, loin de constituer une diminution de la densité du texte, lui confère une portée et une valeur nettement supérieures.

Evelyne Pollet n'a rien du romancier-technicien, figure très fréquente — et très louable — dans la littérature moderne, qui s'attache avant tout à composer et à construire et qui considère son œuvre avec cette lucidité un peu détachée, caractéristique d'une objectivité voulue. Elle cherche bien plutôt à exprimer des mouvements de sa propre sensibilité, des passions qu'elle connait pour les avoir ressenties et vécues.

Cela est tellement vrai qu'elle parait être prisonnière de quelques thèmes fixes, qui limitent également sa propre vie intérieure, et dont elle ne pourrait se détacher puisque la capacité d'abstraction, d'élévation au-dessus de soi-même, lui fait manifestement défaut. De là cette légère monotonie, plus apparente dans « Un Homme bien » où les mêmes éléments revenaient sans cesse sous une forme extérieure à peine changeante, mais qui n'est nullement gênante dans « Primevères ». Elle reste cependant un risque qui menace l'auteur, pour l'ensemble de sa production — d'autant plus qu'Evelyne Pollet ne semble pas, à première vue, posséder des ressources formelles nécessaires pour pouvoir, grâce à une imagination très féconde, varier suffisamment ses modes d'expression.

Ce danger, provenant du caractère égocentrique de cette littérature, est toutefois compensé par de précieux avantages résultant d'une telle mentalité. Toute la très remarquable littérature anglaise d'après la guerre de '14 doit sa valeur au fait qu'elle était avant tout l'expression non pas de connaissances acquises par l'observation, mais d'émotions réellement ressenties (exception faite dans une certaine mesure, pour Aldous Huxley. C'est ce qui lui donne, comparée à la prose française, dont elle a cependant subi la très nette influence, beaucoup plus de chaleur, plus de réalité. Elle est une chose vivante, matérielle, une création de chair et non pas une vision de l'esprit. Et cette particularité, que nous n'indiquons ici que sur un plan purement esthétique, se reflète jusque dans les thèses et tendances philosophiques chères aux romanciers anglais. La spiritualité d'un Morgan, la sensualité d'un Lawrence sont des manifestations d'une intuition profonde, qui cherche une voie de salut, qui se préoccupe passionnément du problème du bonheur humain — préoccupation qui ne se manifeste jamais avec tant d'ardeur dans le roman français, plus détaché, plus gratuitement cérébral, même lorsqu'il prétend, comme chez Giono, être tout proche de la terre et de la vie.

C'est cette même chaleur qu'on sent dans le livre d'Evelyne Pollet, chez qui l'influence anglaise — et surtout celle de Lawrence — est manifeste. Mais ce n'est pas une influence néfaste, qui déforme et tord la véritable personnalité. Au contraire, c'est avec un naturel parfait que l'auteur pénètre dans ce climat, lourd de sensualité, où le désir sexuel s'affirme comme une obsession. Et certaines pages du livre — je songe par exemple à quelques évocations des sentiments de la jeune femme vivant seule, loin de son mari — parviennent à donner cette extraordinaire impression de réalité vivante, presque charnelle, qu'on trouve dans « Amants et fils » ou « L'Amant de Lady Chatterley ». De même, le personnage central de Thérèse, créature complexe et frémissante, pleine de contrastes, a-t-il une puissance incontestable.

« Primevères » garde cependant quelque chose de sommaire qui le maintient en dessous de ses modèles (disons plutôt de ses parentés). La littérature de cet ordre, sentie plutôt que pensée, image d'une âme et non d'un cerveau, devient très facilement un peu simpliste, parce qu'elle polarise les personnages, les oriente tous dans un même sens de sorte, qu'émanations d'un même tempérament, ils se ressemblent trop entre eux.

Il faut à Lawrence un débordant lyrisme, à Virginia Woolf des raffinements poétiques, des finesses de composition inouïes pour éviter ce travers. D'autres, tels Evelyne Pollet, n'y échappent pas, de sorte qu'on est gêné par ce défaut spécifiquement féminin, de ne pouvoir voir le monde, et en particulier les autres hommes, qu'en fonction de sa propre personne. Le problème consiste à concilier une certaine universalité, indispensable dans un roman qui comme dans ce cas, prétend reproduire des circonstances réelles ou possibles, avec une émotion sincère, seule capable d'animer le récit d'une authentique vitalité. Ce qui veut dire que le romancier doit pouvoir se mettre dans la peau tour à tour de chacun de ses personnages, chose que Virginia Woolf, déjà citée, a admirablement réussie dans « Vagues » où, des personnes de nature profondément et totalement différente vivent côte à côte, demeurant toujours conformes à elles-mêmes, à leur climat intérieur propre. C'est là une réussite psychologique et artistique presque unique. On n'en demandera pas tant à Evelyne Pollet; mais on peut néanmoins signaler que seule, son héroïne, Thérèse, est un personnage qui tient, qui vit. Les autres, y compris le mari, se réduisent à très peu de choses, à quelques traits physiques ou mentaux, beaucoup trop élémentaires pour avoir une apparence de vérité.

L'égocentrisme d'un romancier, traitant un thème comme celui-ci, doit être, si l'on peut dire, multiple en ce sens qu'il doit pouvoir se centrer sur chacune des créatures mises en scène — sinon, on risque la simplification un peu naïve qui constitue le défaut de « Primevères ».

Paul DE MAN.

(1) Editions Denoël (Paris)

CHRONIQUE LITTERAIRE

Lettres flamandes.
« Denise » par Gérard Walschap.

CHAQUE nouvelle œuvre du romancier Gérard Walschap provoque aussitôt des réactions violentes et contradictoires. « Denise » n'a pas fait exception à cette règle. Car, tant dans ce dernier roman que dans les précédents, la manière de l'auteur vise à l'effet direct, de sorte que le lecteur est ou bien irrésistiblement entraîné, ou bien irrémédiablement agacé. La critique qui s'est occupée de Walschap a rarement pu se dégager de cette impression personnelle et s'est en général bornée à manifester son enchantement ou sa mauvaise humeur. C'est là, en tout cas, une preuve de l'efficacité de la méthode a-littéraire propre à l'écrivain flamand, qui s'est efforcé de rejeter systématiquement les éléments conventionnels ou même simplement artistiques, dans le sens consacré du terme.

Il semble toutefois que dans « Denise » le procédé perd singulièrement de son efficacité. La chose est due à une évolution très marquée dans les sujets utilisés, évolution qui n'est pas suivie par le mode d'expression qui, lui, est demeuré identique. La personnalité de Walschap, en effet, a toujours été double : elle se compose d'une part d'un tempérament traditionnellement flamand, demeuré fidèle aux thèmes de plein air, si fréquemment utilisés dans la littérature flamande et, d'autre part, d'une tendance très nette à l'introspection, à la rêverie, à la vie intérieure. C'est la jonction de ces deux velléités qui donnait à ses meilleurs livres une originalité incontestable et qui plaçait Walschap, dans l'histoire de nos lettres, à un poste très enviable : gardien des constantes éternelles tout en inaugurant des innovations hardies et fécondes. Dans « Een mensch van goeden wil » ou « Trouwen », un véritable équilibre entre ces facteurs contrastants avait pu s'établir.

Les deux écrivains différents qui vivent en la personne de Walschap sont toutefois d'inégale valeur : le conteur épique surpasse de loin le psychologue. La meilleure preuve en est que le livre où seul le premier se manifeste, « Houtekiet », est certainement le meilleur qu'il ait écrit. Il a pu, en se lançant dans les grandes fresques paysannes aux multiples personnages ou dans les épisodes hamsuniens, aux gestes simples et amples, atteindre à une grandeur rare. « Denise » est à l'antipode même de « Houtekiet ». L'action en est uniquement centrée sur les remous intérieurs qui agitent les personnages. L'auteur est comme prisonnier de leurs passions, qui retiennent toute son attention, de sorte qu'aucune diversion n'est permise qui diminuerait, fût-ce légèrement, la tension continuelle maintenue depuis le début. Et, à cette occasion, lorsqu'aucune bouffée d'air frais ne vient aérer l'atmosphère renfermée de cette psychologie, on sent tout ce que celle-ci a de lourd, d'unilatéral, de sommaire. Dans un des premiers romans de Walschap, « Adelaïde », qui n'est pas sans analogie avec celui-ci, l'obsession lancinante, devenant plus violente à chaque chapitre jusqu'à atteindre la folie, donnait une unité à l'ouvrage et permettait une gradation heureuse. Mais cela n'est plus le cas ici ; le contenu se réduit décidément à quelques complexes trop particuliers pour pouvoir alimenter une œuvre de quelque universalité. Voyez, par exemple, le rôle excessif joué par la crainte du péché, qui conditionne non seulement la vie religieuse, mais l'existence entière des principaux personnages. Il y a là un trait trop chargé pour qu'il ne soit pas le résultat d'une crise personnelle, qui s'étend le long de toute la vie de Walschap. C'est celle de l'homme qui a senti peser lourdement sur lui les règles d'une morale stricte, peut-être mal comprise, mais en tout cas mal enseignée et dont la nature profonde s'est violemment révoltée contre cette contrainte. Mais cette révolte n'a jamais conduit jusqu'à une véritable émancipation. Aucun des êtres auxquels on sent que le romancier s'attache vraiment ne sont des hommes libres. Tous restent hantés par le souci de ne pas faillir à la règle qu'on leur a inculquée. Leurs appétits et leurs besoins sont restés très impérieux, mais jamais ils ne pourront atteindre cet état de grâce et de suprême insouciance où l'homme vit totalement selon sa nature vraie — et si, par hasard, ils s'abandonnent durant quelques instants à cette nature, ce sera pour être cruellement punis par une destinée jalouse. Ce processus n'est pas sans analogie avec celui qui est à la base de toute l'œuvre d'André Gide, à cette différence près que pour Walschap uniquement la morale cléricale est en cause, tandis que Gide pose le problème de toute morale en soi. Mais alors que, en ce qui concerne l'écrivain français, cette lutte a inspiré ses meilleurs livres — parce qu'il possédait une souplesse d'esprit suffisante pour concilier l'uniformité du thème traité avec la multiplicité des personnages qui doivent l'incarner — elle a exercé une influence néfaste sur Walschap. Il y a incompatibilité, chez lui, entre ses dons d'écrivain et les préoccupations éthiques qui le tourmentent. Et l'on voit, avec regret, le moraliste Walschap prendre, dans le présent roman, le pas sur l'écrivain. Il faudrait, nous semble-t-il, qu'il donnât un vigoureux coup de barre dans la direction de « Houtekiet », s'il ne veut pas s'enliser dans les tortueux parages de « Denise ».

On aurait tort de conclure de ceci que « Denise » serait un livre manqué. Il possède les considérables qualités qu'on a assez souvent pu signaler chez son auteur pour qu'il soit encore nécessaire de les citer ici. Mais un ouvrage de ce genre doit être placé dans l'ensemble de l'œuvre pour qu'on puisse porter sur lui un jugement éclairé. Il se peut que, au prochain livre, on pourra constater que « Denise » aura été nécessaire. Car certains passages, certains traits semblent, malgré l'ambiance pesante qui domine le tout, indiquer une libération, une tendance à se dégager de l'obsédant débat. Il était peut-être indispensable que Walschap s'explique une fois de plus à fond avec soi-même, avant de pouvoir se diriger dans d'autres voies.

Une remarque parallèle peut être faite quant au style. Celui-ci, haché et expressément dénué de toute beauté, convient lorsque le dynamisme de la narration justifie ce dépouillement. Mais lorsque, comme dans ce cas, il s'agit le plus souvent d'une analyse statique, l'écriture caractéristique de Walschap porte à faux. Ce n'est pas par hasard que les bons écrivains psychologiques ont toujours été de grands stylistes. C'est une loi du genre à laquelle on ne pourrait se soustraire. Mais il est évidemment impossible d'exiger de Walschap de modifier ce qui est l'émanation de sa nature la plus stricte. Encore une fois, c'est en revenant à ce qui est la partie prépondérante de sa personne d'artiste qu'il évitera l'anomalie entre le sujet et l'expression qui se manifeste dans « Denise ».

Paul DE MAN.

(1) Editions U. T. -V.

CHRONIQUE LITTERAIRE

A propos de « Quelques visages du Romantisme » par Paul Colin (1)

Il n'était nullement inopportun de réunir, en ce moment, les quelques textes de Paul Colin ayant trait à divers aspects du mouvement romantique, principalement en France, mais également en Angleterre et en Allemagne. Le sujet garde une étonnante actualité, non seulement à cause de l'intérêt passager que lui témoignent quelques historiens et critiques, mais également pour des raisons plus vivantes et plus directes, touchant aux orientations les plus récentes qui se sont manifestées dans les diverses grandes littératures européennes. Et cela est particulièrement vrai pour la prose française actuelle.

Car l'attraction exercée par le phénomène romantique sur quelques théoriciens, et qui s'est manifestée par la publication d'ouvrages remarquables sur ce sujet — parmi lesquels le livre d'Albert Béguin « L'Ame romantique et le Rêve » est le plus réputé — est, en réalité, l'indice d'un tournant très important dans les préoccupations et, partant, dans la création des écrivains français. Une observation objective des mouvements qui se dessinent dans leur production permet de constater qu'on se trouve là en présence d'une modification essentielle de la sensibilité et de la pensée, modification dont l'effet ne commence encore qu'à se faire sentir, mais qui ne tardera pas à ouvrir des perspectives insoupçonnées.

De telles affirmations ne peuvent que se baser sur des constatations historiques beaucoup trop étendues pour qu'on puisse les entreprendre ici. Tout au plus pourrons-nous en esquisser la marche générale, et ce, par rapport au présent ouvrage de M. Colin. Celui-ci, en effet, sans entreprendre une tentative de synthèse qui n'était nullement dans l'intention de son auteur, contient cependant l'amorce d'une étude comparative entre les romantismes français, allemand et anglais. Et c'est cette étude qui est à l'origine d'une analyse poussée sur les effets de ces mouvements sur la création actuelle.

Le présent livre n'a, bien entendu, pas la prétention d'établir un parallèle entre les remous littéraires qui bouleversèrent, vers la même époque, chacun des trois pays. Mais il contient suffisamment d'éléments pour que le lecteur puisse lui-même établir certains rapprochements — et, par là, il acquiert un incontestable mérite. Il vaut également par la contribution directe qu'il apporte à la connaissance d'une époque dont on n'a, en général, qu'une notion superficielle — et cela tout autant en ce qui concerne la France que les autres nations.

La lecture de l'ouvrage permet une nouvelle fois de souligner le caractère limité du romantisme français. Si l'on admet que l'idée même du romantisme équivaut à la rupture de certaines barrières, à la suppression de certaines contraintes intellectuelles, ce sont incontestablement les Français qui ont été les plus timides et qui ont le moins développé cette tentative de libération. Les quelques nouveaux thèmes que les romantiques introduisirent dans les lettres françaises paraissent bien pauvres, comparés aux aventures dangereuses, mais éclatantes, dans lesquelles se lancèrent alors les Allemands et les Anglais. Il faut toutefois tenir compte, en formulant ce jugement, de la nature spécifique du peuple en question. Incontestablement, l'effort a fournir pour éliminer les règles formelles et spirituelles du classicisme est beaucoup plus considérable pour lui que, par exemple, pour les Allemands. La première génération romantique française dut franchir un chemin considérable pour s'émanciper: la distance qui sépare Rousseau de Voltaire est beaucoup plus grande que celle qui existe entre Novalis et Goethe. En Allemagne, le romantisme était la consécration définitive de la nature nationale, l'épanouissement complet de vertus qui, jusqu'alors, s'étaient toujours manifestées, mais d'une manière plus cachée, gênées en fait par les lois et les règles.

En France, au contraire, il fallut abandonner les plus solides traditions, outrepasser au sens de la mesure, à la primauté de la raison, autant de constantes éternelles de l'âme artistique française. Il n'y a donc rien d'étonnant au fait que le romantisme de cette contrée resta inférieur à celui qui s'affirma ailleurs.

Mais il faut croire que la poussée profonde du romantisme était tellement puissante qu'aucun spécifique national ne pouvait y résister. Nous avons là l'exemple le plus frappant d'une lutte entre un mouvement bouleversant de fond en comble la mentalité occidentale, d'une part, et les caractéristiques foncières d'un peuple, opposées à ce courant. D'autre part l'histoire de la littérature française, depuis le début du XIXe siècle, n'est que l'image fidèle de ce combat. Elle se compose d'une suite d'efforts pour passer outre au traditionnel rationalisme, pour pénétrer toujours plus avant dans des zones de la connaissance qui échappent au contrôle de l'intelligence pure. Le premier romantisme — celui dont parle Paul Colin — représente une première étape: la découverte de certaines passions, de certaines émotions dont la violence même a déjà un aspect démesuré, déraisonnable Plus tard, les symbolistes franchiront une importante et nouvelle étape, lorsqu'ils découvriront la valeur émotive du langage indépendamment de la signification propre de ce qu'il exprime.

Enfin, les surréalistes iront plus loin encore dans cette voie, en creusant davantage la formule symboliste, ne se bornant plus à la musicalité de la langue, mais s'efforçant d'épuiser toutes les ressources pour atteindre l'expression totale, complète de la vie intérieure. Et chaque fois, à chacune de ces tentatives, nous trouvons la contre-partie de ces expériences, la raison pure qui semble protester contre les excès, contre la mainmise de la partie obscure de l'homme sur la poésie. Cette résistance s'organise dans des groupes, des écoles — (: ce soient les parnassiens ou, plus près de nous, les romanistes de Maurras. Mais un examen critique de cette période ne permet aucun doute quant au résultat de ces confrontations : le génie s'est toujours réfugié dans le camp irrationnel et la littérature française s'écarte de plus en plus de ce qui paraissait être sa norme. Ce n'est pas là une chose regrettable; certaines œuvres permettent dès à présent d'affirmer que l'art a tout à gagner à cette évolution. En mesurant à la lumière de « Quelques visages du romantisme », l'espace parcouru depuis que les premiers indices de ce mouvement se manifestèrent, on ne peut que conclure à un considérable enrichissement. Peut-être que de prochaines réalisations le confirmeront. Il faudra bien, à ce moment, revoir le jugement qu'on porte en général sur la nature artistique des Français et admettre que celle-ci n'est pas incompatible avec des créations profondément et véritablement romantiques.

Paul DE MAN.

---

(1) Nouvelle Société d'Editions.

CHRONIQUE LITTERAIRE

« GULDENTOP »

par Marie GEVERS (1)

LA réédition de cette suite de récits de Marie Gevers, sous une forme plus complète que la première publication, permet de retrouver cet auteur sous son meilleur jour. Dans l'œuvre de Marie Gevers, *Guldentop* occupe une place à part, mais particulièrement révélatrice de son tempérament artistique. Cette suite de variations sur un même thème, série d'épisodes et de souvenirs d'enfance gravitant autour des frasques d'un pittoresque et sympathique fantôme, révèle, plus que ses romans le sentiment du merveilleux très personnel de Marie Gevers. Et c'est là, je crois, la part la plus riche et la plus féconde de son grand talent.

Car il faut toutes les ressources d'une vision poétique exceptionnelle pour illuminer des thèmes aussi minces et conventionnels que ceux de cet ouvrage. Quelques anecdotes sur de vieux paysans superstitieux, quelques évocations d'une atmosphère rustique, le château de Missembourg, vivant comme un personnage — voilà ce qui constitue la matière proprement dite du volume. Mais Marie Gevers n'a pas besoin d'appuyer ses récits sur des péripéties dont le contenu même fixe l'intérêt. Bien au contraire, on a l'impression qu'elle abandonne la meilleure ressource de son imagination créatrice lorsqu'elle donne trop d'importance à l'intrigue. On la préfère lorsqu'elle s'abandonne librement à la rêverie, laissant défiler dans sa mémoire des scènes lointaines mais définitivement incrustées dans son souvenir, sans importance en apparence, mais chargées en fait d'une signification telle qu'elles effacent les événements les plus bruyants et les plus considérables. C'est ce qui fait qu'elle reste, malgré tout, plus poète que romancier, avec tout ce que ce terme contient de sensibilité et de finesse supérieure.

Ce don de conférer un éclat poétique aux circonstances et aux objets usuels ne provient nullement d'une imagination particulièrement fantasque. Rien n'est plus terrestre, plus réel, que les personnages et les aventures qui apparaissent dans ce livre, figures croquées sur le vif, simples et frustes, avec tous les côtés charmants, ridicules et comiques de leur état. Même le fameux fantôme Guldentop conserve une solide réalité; il n'a de surnaturel que l'immortalité; pour le reste, il est bien inoffensif et même lorsqu'il se fâche, les mauvais tours qu'il joue pour se venger n'ont rien de méchant. Ceci pour bien souligner que, malgré les apparences fantastiques de l'histoire, celle-ci reste solidement ancrée sur terre, avec les grands et petits côtés de la vie journalière. Et, cependant, elle est, dans le sens le plus profond du mot, merveilleuse.

C'est là d'ailleurs la cause véritable de son charme exceptionnel: la réunion de l'élément réaliste et de l'élément fantastique, étroitement mêlés, mais sans jamais se gêner mutuellement. Réussir cette difficile synthèse est un rare miracle, qui nécessite des trésors de maîtrise, même purement formelle. Et l'auteur y parvient très simplement, sans que jamais ni le côté naturaliste, ni le côté surnaturel de son récit ne soient artificiels ou forcés. C'est spontanément que la nature devient une chose vivante, animée, pleine de mystérieuses ressources pour celui qui sait la comprendre. Et les mœurs parfois brutales et cyniques de ceux qui vivent en contact direct avec elle se superposent très harmonieusement à cette trame poétique, sans que ce contraste ait rien de choquant. C'est le propre de ceux qui ont la grâce de pouvoir observer et exprimer les richesses du monde que de pouvoir en concilier les aspects les plus divers dans une même unité.

Paul DE MAN.

---

(1) Editions Libris. — Collection « Le Balancier ».

Le Soir
Appendix

A. "Les Juifs et Nous. Les Aspects Culturels," 4 March 1941.

B. Related Unsigned Articles and Notices.

C. Le Concours Littéraire du *Soir*.

LES JUIFS ET NOUS

LES ASPECTS CULTURELS

Les deux faces du judaïsme

En tête de cette page consacrée à l'étude de quelques aspects de la question juive, il nous paraît utile de souligner les éléments essentiels de notre antisémitisme.

Nous ne croyons pas qu'il suffit de justifier ce dernier par des raisons d'ordre social. Les Juifs ont commis socialement beaucoup de tort, c'est entendu. Par leur ruse et leur ténacité, ils se sont emparés des leviers de commande de la politique, de l'économie et de la Presse et ils ont profité de leur situation privilégiée pour s'enrichir au détriment des peuples qui les accueillaient et pour entraîner ceux-ci dans une politique catastrophique dont l'issue ne pouvait être que la guerre.

Mais tout n'a pas été dit quand on a stigmatisé la nuisance sociale du Juif. De plus, il serait téméraire de lui endosser toute la responsabilité des excès du régime capitaliste dont nous vivons aujourd'hui douloureusement l'écroulement.

Notre antisémitisme est d'ordre racial. Il voit, dans l'ensemble des Juifs, une vaste communauté d'individus reliés entre eux par un certain nombre de traits physiques et moraux communs (1).

En gros, les Juifs nous apparaissent comme d'une essence foncièrement étrangère et radicalement opposée à notre sang et à notre mentalité.

Nous croyons à l'existence d'un type juif, d'un génie juif. Nous sommes résolus à nous interdire tout métissage avec eux et à nous affranchir spirituellement de leur influence dissolvante dans le domaine de la pensée, de la littérature et des arts.

* * *

Rien n'est plus instructif que l'étude de l'histoire et des traditions juives. Nous y découvrons le racisme le plus orgueilleux, le plus exclusif qu'imagination humaine ait conçu.

Dès le VIe *siècle avant notre ère les réformes d'Esdras et de Néhémie se révèlent à ce point de vue d'une importance capitale.*

Après le retour des Juifs de la captivité de Babylone, il fallait empêcher que ceux-ci ne contractassent mariage avec des peuples voisins. Israël devait rester pur et digne du Dieu qu'il servait. Aussi Esdras, édicta-t-il une série de prescriptions très sévères : ceux qui avaient épousé des étrangères devaient chasser de leur foyer femmes et enfants. Malgré les fortes résistances qui partout se dessinèrent, Esdras et Néhémie parvinrent à courber le Juif sous le joug d'une loi exclusive et minutieuse qui l'isolait de tout autre peuple.

« Séparation, écrit le savant hébraïsant hollandais Kuenen, voilà donc le mot d'ordre sous lequel la loi sacerdotale a été introduite. Le peuple juif se retranche, pour ainsi dire, derrière une masse de prescriptions et d'usages et, après que cette voie a été une fois inaugurée, il s'y avance toujours plus avant sous la direction des scribes ». Et M. Georges Batault (2) d'ajouter : « Sous cette direction le nationalisme juif se confond de plus en plus avec l'observance jalouse et stricte de la loi; de politique — tel qu'il était partout ailleurs — il devient religieux; le patriotisme se confond avec la foi; le peuple juif est devenu étroitement un peuple au service d'une religion, hors de laquelle il n'a plus d'existence ni de raison d'exister. C'est ce qui explique qu'éloignés, ou même définitivement privés du sol natal, les Juifs sont restés Juifs, et qu'au milieu des vicissitudes de leur immense et tragique voyage à travers le monde et l'histoire, ils aient toujours emporté leur patrie avec eux ».

La profonde conviction d'appartenir à la race élue; une religion formaliste adorant un Dieu aride, avide de justice mais dépourvu d'amour; un patriotisme étroit résolu à imposer au monde sous la caricature d'une croyance monothéiste universelle, une doctrine religieuse strictement locale : tels sont les éléments d'un système politico-religieux qui s'est perpétué, immuable, pendant des millénaires et à la base duquel on ne découvre qu'exclusivisme et orgueil.

Aujourd'hui, ce système n'a rien perdu de sa vigueur. Les minutieuses prescriptions des scribes forment le Talmud, livre plus précieux que la Bible, et qui divise l'humanité en deux groupes, les Juifs, et les Goys, ceux-ci étant inférieurs à ceux-là et ne méritant pas le respect de la morale qui s'impose entre Hébreux. Aussi vivante que le Talmud, la pensée raciste n'a pas abandonné la synagogue.

Dans ses « Trois discours sur la juiverie » le rabbin contemporain Martin Buber parle du sang « la force la plus profonde des Juifs », de « la découverte du sang comme la puissance nourrissante enracinée dans la vie de chacun » et déclare en terminant que « la race ne nous abandonne jamais et que le sang est le plus profond ressort de l'âme ».

* * *

Le courant raciste une fois nettement établi dans la tradition juive, d'aucuns nous diront : « D'accord. Le racisme juif est un fait mais celui-ci ne représente que l'opinion de quelques rabbins tardigrades. Les Juifs les plus intelligents et les plus actifs ont rompu avec leur religion et se sont assimilé la culture, les mœurs et la mentalité du peuple qui les a accueillis ».

L'objection est superficielle, inexacte. Elle sous-estime considérablement l'importance des croyances et des traditions religieuses chez les Israélites. De plus, l'argument de l'assimilation ne résiste pas à un examen quelque peu approfondi. Sans doute, les Juifs libre-penseurs sont souvent doués d'un sens étonnant de l'adaptation. Apparemment, ils donnent le change mais dans le fond ils ne sont jamais assimilés, à quelques très rares exceptions près.

Quand la religion a cessé de constituer pour eux un ciment d'union, leurs affinités de race n'en restent pas moins durables et profondes. Elles créent entre eux une communauté étroite, située au-dessus des nations et des peuples et n'obéissant qu'à des impératifs propres.

Détachés des croyances religieuses, les Juifs libre-penseurs conservent de leur atavisme racique leur fond d'orgueil, leur rigide exclusivisme, leur soif de domination, leur mépris talmudique du goy. De fait, nous savons le rôle immense qu'ils continuent à jouer dans toutes les entreprises internationales dont l'activité s'oppose directement aux intérêts des nations ou des peuples : franc-maçonnerie, capitalisme libéral, marxisme. Sous le couvert d'un idéalisme philosophique, par les armes de la haute finance ou de l'agitation sociale, le Juif cherche, consciemment ou non, à implanter sa domination dans le monde.

Au front dur de Jehovah, s'est substituée la pâle abstraction d'un horloger universel, le culte forcené de l'or ou quelqu'idéal sanglant de justice, mais derrière ces réincarnations successives de l'ancien Dieu, la soif de puissance reste intacte.

Le rôle de premier plan qu'ont joué les Juifs dans les conceptions socialistes et internationalistes contemporaines ne prouve nullement qu'ils se soient dégagés de leur nationalisme étroit.

« En général, écrit Bernard Lazare, les Juifs, même révolutionnaires, ont gardé l'esprit juif, et s'ils ont abandonné toute religion et toute foi, ils n'en ont pas moins subi, ataviquement et éducativement, l'influence nationale juive ».

Et Georges Batault de conclure :

« L'internationalisme peut n'être qu'un nationalisme élargi, un véritable impérialisme idéologique qui rêve la mise en tutelle des nations pliées à l'idéal de justice entêté et exclusif qui fut celui d'Israël depuis les siècles des siècles, et qui travaille le monde depuis deux mille années. Négligeant les limites humaines, les diversités, les imperfections, méprisant les nécessités de la vie et toutes traditions, hormis la sienne, la passion messianique, agitée par l'esprit de révolte comme par des souffles de tempête, passe sur le monde ravageant tout dans sa course. Du fond d'un passé millénaire, clamant vers l'avenir, la voix des prophètes continue à tonner vers un monde de justice, où l'on verrait se réaliser le rêve orgueilleux et impossible d'Israël. »

* * *

Nous en avons assez dit, croyons-nous, pour montrer les deux faces équivalentes du vieux judaïsme traditionnel. D'un côté, un racisme étroit, exclusif, fondé sur une religion peu humaine et formaliste; de l'autre, un internationalisme apparemment détaché de tout atavisme racique, mais qui, dans le fond, puise le plus clair de ses énergies dans le rêve de puissance millénaire du peuple « élu ».

Sous ces deux aspects, le judaïsme est radicalement inassimilable. Nous ne pouvons que le rejeter de notre sein et substituer aux idéaux juifs de justice, de révolte sociale et d'internationalisme notre conception nordique de l'esprit de communauté populaire, de la paix sociale et de l'ordre continental.

Et que surtout dans nos pensées, dans nos actes et dans nos créations, nous nous débarrassions du vieux ferment judaïque qui s'est infiltré imperceptiblement dans nos esprits, tout au long de vingt siècles de christianisme !

Léon VAN HUFFEL.

(1) Le « Soir », du 29 janvier 1941.

(2) Le problème juif.

> « L'assimilation est impossible. Elle est impossible, parce que le Juif ne peut pas échanger son caractère national : il ne peut pas, même s'il le désire, s'abandonner lui-même, pas plus qu'aucun autre peuple ne peut le faire. Quoi qu'il fasse, il est Juif, il reste Juif. »
>
> (Ludwig Lewisohn, dans « Israël ».)

> « Personne ne s'aviserait de prétendre que l'enfant d'un Japonais ou d'un Indien est un Anglais, sous prétexte qu'il est né en Angleterre; et le même raisonnement s'applique aux Juifs. »
>
> (« Jewish Chronicle », 22 sept. 1915.)

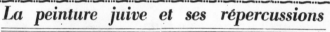

La peinture juive et ses répercussions

« Il n'y a pas, à proprement parler, une peinture juive dans l'art contemporain », écrivait, en 1933, Roger Brielle, en tête d'un chapitre de l'intéressante Histoire de la Peinture contemporaine, *publiée sous la direction de René Huyghe.*

Même ceux-là qui seraient disposés à admettre cette affirmation du critique d'art français ne s'aviseront pourtant pas de contester qu'il y a eu de par le monde, mais surtout à Paris, de 1912 à 1932 environ, une peinture enjuivée. Pour s'en convaincre, il suffirait d'ailleurs d'ouvrir au hasard un numéro d'une des nombreuses revues d'art qui paraissaient alors dans la capitale de la peinture moderniste : les colonnes réservées à la publicité sont couvertes de placards pour des firmes juives, Bernheim Jeune, Paul Rosenberg, Bing, Pierre Colle, Zak, Weill, Zborowski, Wildenstein, Léonce Rosenberg et tant d'autres, dont les noms sont depuis longtemps oubliés, monopolisaient le commerce du tableau moderne. Ces marchands exerçaient évidemment une influence considérable sur le mouvement artistique tout entier. Leur clientèle cosmopolite se recrutait en grande partie dans la haute société juive d'Europe et d'Amérique. Qu'un tel état de choses ait eu sa répercussion sur l'évolution des écoles de peinture de tous les pays, voilà qui n'est pas douteux. Ces firmes parisiennes avaient des filiales ou des correspondants à Londres, à Berlin, à Munich, à New-York. Par leur entremise, « l'art vivant » était répandu dans toutes les villes de quelque importance et il parvenait à s'introduire dans quantité de musées et de collections.

Bien sûr, ces hommes d'affaires n'ont pas cherché à imposer systématiquement un art juif, ni même un art d'avant-garde. Ils s'intéressaient tout simplement aux œuvres qui étaient de nature à leur assurer de plantureux bénéfices. Tout de même, à valeur égale, leur sollicitude allait à leurs frères de race, les peintres venus de Russie, de Pologne, d'Espagne et des pays balkaniques, qui débarquaient en rangs toujours plus serrés à Montparnasse. Un tel afflux de sang étranger devait nécessairement détourner l'art français de ses objectifs naturels. [illegible]

REPRODUCTIONS DE PEINTURES DE PICASSO

[illegible] *l'élan créateur et approbation de la vie.*

[illegible] *Malgré quelques analogies de pure forme avec le cubisme, le futurisme italien était animé d'une intense vitalité. Il était actionné par le dynamisme le plus violent. Ses porte-paroles réclamaient une régénérescence dans tous les domaines et il n'y a pas lieu de s'étonner si les créateurs de l'Italie nouvelle ont rendu hommage* [illegible]

Georges MARLIER.

Une doctrine juive : Le Freudisme

On a qualifié le freudisme de « scolastique de la pornographie ». S'il n'était que cela, le mal ne serait pas bien grand. Mais il est bien autre chose : un poison subtil, un destructeur de toute morale, un ferment de décadence.

La doctrine freudienne est une production juive, étrangère à la mentalité occidentale.

Elle est séduisante au plus haut degré, parce qu'elle constitue une libération de contraintes morales et sociales, difficiles à observer, mais absolument nécessaires à une communauté ascendante.

*

La psychanalyse de Freud ne considère pas la vie spirituelle comme étant exclusivement une fonction du cerveau. L'esprit a une vie indépendante et spontanée. Tout acte humain qui n'est pas un simple réflexe relève d'une cause psychologique. Le psychisme humain est une lutte de désirs opposés, éclairés en faible partie par la conscience.

L'homme qui vit est un complexe d'éléments. Et cela dès l'enfance. Par le simple fait qu'il va vivre, l'embryon est déjà chargé d'hérédité, de hantises, de désirs, de passions — c'est-à-dire de libido —, qui feront de lui un monstre freudien, dès son premier souffle. Une fois au monde, il utilisera inconsciemment ses données ancestrales, mais peu à peu la société s'opposera à cette jouissance. La première éducation refoulera cette horde de désirs dans l'inconscient, souvent à l'insu du sujet.

De plus, Freud voit de cette manière l'âme humaine : une mince couche purement superficielle s'appelle le Conscient. Sous celle-ci s'ouvre un gouffre ; l'Inconscient, sorte de synthèse de l'évolution du monde depuis l'époque archaïque, somme de souvenirs « fixés » et d'instincts. L'Inconscient est cloisonné. Il ignore les considérations sociales, morales et esthétiques. Sa porte de sortie est étroitement gardée par la Censure : l'éducation, la morale, les nécessités sociales. Cette porte ne donne pas dans la Conscience, mais dans la Pré-Conscience, antichambre de la Conscience.

* *

L'enfant connaît la première souffrance au moment du sevrage effectif, c'est-à-dire lors de la séparation corporelle du nourrisson d'avec la mère. Entre deux et cinq ans, on apprend à l'enfant à refréner ses instincts et ses mouvements naturels. La libido infantile trouve à s'extérioriser dans l'attraction pour la mère ou sa remplaçante et dans une attitude ambiguë d'hostilité craintive et de tendresse admirative envers le père ou le frère. C'est le « complexe d'Œdipe ». Plus tard, chez l'être normal, ce complexe se dissout : le garçon s'identifie au père et se virilise, tandis que la fille se tourne plus vers la mère.

A la puberté, le garçon s'affranchit de la tutelle parentale. La jeune fille sent s'épanouir en elle l'instinct de la séduction, avec plus ou moins de retenue inquiète. C'est l'époque des amours platoniques, violentes et silencieuses.

Après la puberté, au premier âge adulte, naît le désir charnel. L'amour entre dans sa phase sociale. L'individu abandonne son égoïsme fondamental, l'instinct devient puissamment électif et l'individu capable de se sacrifier partiellement à autrui.

Mais beaucoup de gens ne parviennent pas à ce stade normal : ils restent « fixés » à quelque instinct provisoire de l'enfance, à quelque satisfaction organique grossière, quand ils ne considèrent pas comme honteuses, sous l'influence d'une censure morale particulièrement exigeante, les tendances normales de la sexualité. Ce sont de futurs névropathes. D'autres s'éloignent de la normalité en « sublimant » leur instinct sexuel.

L'être humain ne se détache notamment qu'à regret et jamais complètement de sa mère. Il ne renonce à cette attirance instinctive que parce que, en vertu d'une compensation, il se substitue lui-même à la mère, pour retenir en son être ce qu'il n'ose offrir de lui-même aux autres. Cela a été baptisé du nom de « narcissisme », processus instinctif qui caractérise plus particulièrement la deuxième enfance. L'enfant, en effet, éprouve le besoin d'être admiré et de s'admirer soi-même. Sa tendresse imaginative est tournée plus vers le rêve que vers le réel. Il affirme son caractère et ses goûts, se considère comme le centre de la société ambiante et se montre plein d'indulgence pour lui-même. Il n'aime sincèrement que lui-même. Il croit instinctivement, — sans aucune logique —, à la répercussion fatale dans l'univers de ses souhaits et de ses pensées. En grandissant, l'enfant conserve sa toute-puissance au fond de lui-même et l'extériorise partiellement dans ses attractions et dans ses répulsions électives à l'égard d'autrui. Lorsque, devenu homme, il est parvenu à subordonner ses tendances affectives aux nécessités de l'existence en société, il continue cependant toute sa vie à croire plus ou moins à la toute-puissance et à l'infaillibilité de ses croyances, de ses jugements et de ses décisions.

* * *

Il n'entre pas dans nos intentions d'exposer la technique psychanalytique de Freud au moyen de laquelle ce dernier prétend atteindre à la connaissance de l'Inconscient. Ce qu'il importe de souligner, c'est l'influence néfaste du freudisme sur l'atmosphère morale et spirituelle de l'époque contemporaine.

Nous avons dit du freudisme et non de Freud, car il semble bien que le père de la psychanalyse ne soit pour rien dans bon nombre d'abus d'interprétation auxquels se sont livrés ses disciples.

Freud a, sans aucun doute, ouvert des horizons nouveaux à la psychologie contemporaine. Il a attiré l'attention sur le domaine de l'Inconscient et des instincts qui sommeillent au cœur même de tout homme. Malheureusement, les disciples ont déformé le maître. D'une théorie psychologique très fouillée, ils ont tiré une conception générale du monde.

Produit d'une intelligence juive particulièrement acérée, déformée par des esprits juifs fervents de l'hyperanalyse, la doctrine freudienne trouve dans les milieux intellectuels et artistiques d'une société décadente et enjuivée un terrain d'expansion fort propice.

Sous l'influence d'une doctrine qui engageait, selon eux, la question même de toute religion et de toute morale, les esprits « libres » se crurent éclairés définitivement sur les origines superstitieuses, pathologiques et méprisables de la Loi et de tout ordre. Toute éthique était taxée de « mensonge vital ».

V. d. A.

(Voir suite page 6.)

> « L'opposition absolue de culture, de tradition, de race et de religion fait de l'Europe un adversaire permanent d'Israël. »
>
> (Hilaire Belloc, dans « The Jew ».)

QUI [illegible] CONFONDE LE GOT !

Les Juifs dans la Littérature actuelle

L'antisémitisme vulgaire se plaît volontiers à considérer les phénomènes culturels de l'après-guerre (d'après la guerre de 14-18) comme dégénérés et décadents, parce que enjuivés. La littérature n'a pas échappé à ce jugement lapidaire : il a suffi qu'on découvre quelques écrivains juifs sous des pseudonymes latinisés pour que toute la production contemporaine soit considérée comme polluée et néfaste. Cette conception entraîne des conséquences assez dangereuses. Tout d'abord, elle fait condamner a priori toute une littérature qui ne mérite nullement ce sort. En outre, du moment qu'on se plaît à accorder quelque mérite aux lettres de nos jours, ce serait une peu flatteuse appréciation pour les écrivains occidentaux que de les réduire à être de simples imitateurs d'une culture juive qui leur est étrangère.

*

Les Juifs eux-mêmes ont contribué à répandre ce mythe. Souvent, ils se sont glorifiés d'être les chefs de file des mouvements littéraires qui caractérisent notre époque. Mais l'erreur a en réalité une cause plus profonde. L'avis très répandu selon lequel le roman et la poésie modernes ne seraient qu'une espèce d'excroissance monstrueuse de la guerre mondiale, est à l'origine de la thèse de mainmise juive. Comme les Juifs ont, en effet, joué un rôle important dans l'existence factice et désordonnée de l'Europe depuis 1920, un roman né de cette atmosphère mériterait, jusqu'à un certain point, le qualificatif d'enjuivé.

* *

Mais la réalité est différente. Il semble que les évolutions esthétiques obéissent à des lois très puissantes qui continuent leur action alors même que l'humanité est secouée par des événements considérables. La guerre mondiale a provoqué un bouleversement profond dans le monde politique et économique. Mais la vie artistique a été relativement peu remuée, et les formes que nous connaissons actuellement sont des suites logiques et normales de ce qu'il y avait eu avant.

*

La chose est particulièrement nette pour ce qui concerne le roman. La définition de Stendhal, selon laquelle « le roman est un miroir qui se promène sur une grande route », porte en elle la loi qui régit encore aujourd'hui ce genre littéraire. On y a vu d'abord l'obligation de respecter scrupuleusement la réalité extérieure. Mais en creusant davantage, on en est venu à exploiter la réalité psychologique. Le miroir de Stendhal ne reste plus immobile le long de la route : il entreprend des recherches jusque dans les recoins les plus secrets de l'âme des personnages. Et ce domaine s'est avéré si fécond en surprises et en richesses qu'il constitue encore le seul et unique terrain d'investigation du romancier.

Gide, Kafka, Hemingway, Lawrence — on pourrait allonger indéfiniment la liste — ne font tous que tenter de pénétrer, selon des méthodes propres à leur personnalité, dans les secrets de la vie intérieure. Par cette caractéristique, ils se montrent, non comme des novateurs ayant brisé avec toutes les traditions du passé, mais comme de simples continuateurs qui ne font qu'approfondir davantage l'esthétique réaliste, vieille de plus d'un siècle.

Une démonstration analogue pourrait être faite dans le domaine de la poésie. Les formes qui nous semblent les plus révolutionnaires, telles le surréalisme ou le futurisme, ont, en réalité, des ascendances orthodoxes dont on ne peut les détacher.

Dès lors, on voit que considérer la littérature actuelle comme un phénomène isolé, créé par la mentalité particulière des années 1920 est absurde.

De même, les Juifs ne sauraient prétendre en avoir été les créateurs, ni même avoir exercé une influence prépondérante sur son évolution. A examen quelque peu proche, cette influence apparaît même comme extraordinairement peu importante, car on aurait pu s'attendre que, vu les caractères spécifiques de l'esprit juif, ceux-ci auraient joué un rôle plus brillant dans cette production artistique. Leur cérébralité, leur capacité d'assimiler les doctrines en gardant vis-à-vis d'elles une certaine froideur, semblaient des qualités très précieuses pour le travail d'analyse lucide qu'exige le roman. Mais malgré cela, les écrivains juifs sont toujours restés au second plan et, pour ne parler que de la France, les André Maurois, Francis de Croisset, Henri Duvernois, Henri Bernstein, Tristan Bernard, Julien Benda, etc. ne sont pas parmi les figures les plus importantes, ni surtout parmi celles qui ont dirigé de quelque façon les genres littéraires. La constatation est d'ailleurs réconfortante pour les intellectuels occidentaux. Qu'ils ont été capables de se sauvegarder de l'influence juive dans un domaine aussi représentatif de la culture que la littérature, prouve pour leur vitalité. Il ne faudrait pas formuler beaucoup d'espoirs pour l'avenir de notre civilisation si elle s'était laissé envahir sans résistance par une force étrangère. En gardant, malgré l'ingérance sémite dans tous les aspects de la vie européenne, une originalité et un caractère intacts, elle a montré que sa nature profonde était saine. En plus, on voit donc qu'une solution du problème juif qui viserait à la création d'une colonie juive isolée de l'Europe, n'entraînerait pas, pour la vie littéraire de l'Occident, de conséquences déplorables. Celle-ci perdrait, en tout et pour tout, quelques personnalités de médiocre valeur et continuerait, comme par le passé, à se développer selon ses grandes lois évolutives.

Paul de MAN.

> « Un léopard ne saurait changer ses taches. Les Juifs sont des Asiatiques; ils sont une menace pour le pays qui les admet, et ils devraient être exclus par la Constitution. »
>
> (Benjamin Franklin.)

LES JUIFS ET NOUS

LES ASPECTS CULTURELS

Les deux faces du judaïsme

En tête de cette page consacrée à l'étude de quelques aspects de la question juive, il nous paraît utile de souligner les éléments essentiels de notre antisémitisme.

Nous ne croyons pas qu'il suffit de justifier ce dernier par des raisons d'ordre social. Les Juifs ont commis socialement beaucoup de tort, c'est entendu. Par leur ruse et leur tenacité, ils se sont emparés des leviers de commande de la politique, de l'économie et de la Presse et ils ont profité de leur situation privilégiée pour s'enrichir au détriment des peuples qui les accueillaient et pour entraîner ceux-ci dans une politique catastrophique dont l'issue ne pouvait être que la guerre.

Mais tout n'a pas été dit quand on a stigmatisé la nuisance sociale du Juif. De plus, il serait téméraire de lui endosser toute la responsabilité des excès du régime capitaliste dont nous vivons aujourd'hui douloureusement l'écroulement.

Notre antisémitisme est d'ordre racial. Il voit, dans l'ensemble des Juifs, une vaste communauté d'individus reliés entre eux par un certain nombre de traits physiques et moraux communs (1).

En gros, les Juifs nous apparaissent comme d'une essence foncièrement étrangère et radicalement opposée à notre sang et à notre mentalité.

Nous croyons à l'existence d'un type juif, d'un génie juif. Nous sommes résolus à nous interdire tout métissage avec eux et à nous affranchir spirituellement de leur influence dissolvante dans le domaine de la pensée, de la littérature et des arts.

* * *

Rien n'est plus instructif que l'étude de l'histoire et des traditions juives. Nous y découvrons le racisme le plus orgueilleux, le plus exclusif qu'imagination humaine ait conçu.

Dès le VIe siècle avant notre ère les réformes d'Esdras et de Néhémie se révèlent à ce point de vue d'une importance capitale.

Après le retour des Juifs de la captivité de Babylone, il fallait empêcher que ceux-ci ne contractassent mariage avec des peuples voisins. Israël devait rester pur et digne du Dieu qu'il servait. Aussi Esdras, édicta-t-il une série de prescriptions très sévères : ceux qui avaient épousé des étrangères devaient chasser de leur foyer femmes et enfants. Malgré les fortes résistances qui partout se dessinèrent, Esdras et Néhémie parvinrent à courber le Juif sous le joug d'une loi exclusive et minutieuse qui l'isolait de tout autre peuple.

« Séparation, écrit le savant hébraïsant hollandais Kuener, voilà donc le mot d'ordre sous lequel la loi sacerdotale a été introduite. Le peuple juif se retranche, pour ainsi dire, derrière une masse de prescriptions et d'usages et, après que cette voie a été une fois inaugurée, il s'y avance toujours plus avant sous la direction des scribes ». Et M. Georges Batault (2) d'ajouter : « Sous cette direction le nationalisme juif se confond de plus en plus avec l'observance jalouse et stricte de la loi de politique — tel qu'il était partout ailleurs — il devient religieux; le patriotisme se confond avec la foi; le peuple juif est devenu étroitement un peuple au service d'une religion, hors de laquelle il n'a plus d'existence ni de raison d'exister. C'est ce qui explique qu'éloignés, ou même définitivement privés du sol natal, les Juifs sont restés Juifs, et qu'au milieu des vicissitudes de leur immense et tragique voyage à travers le monde et l'histoire, ils aient toujours emporté leur patrie avec eux ».

> « L'assimilation est impossible. Elle est impossible, parce que le Juif ne peut pas échanger son caractère national : il ne peut pas, même s'il le désire, s'abandonner lui-même, pas plus qu'aucun autre peuple ne peut le faire. Quoi qu'il fasse, il est Juif. Il reste Juif. »
>
> (Ludwig Lewisskn, dans « Israël ».)

La profonde conviction d'appartenir à la race élue; une religion formaliste adorant un Dieu aride, avide de justice mais dépourvu d'amour; un patriotisme étroit résolu à imposer au monde sous la caricature d'une croyance monothéiste universelle, une doctrine religieuse strictement locale : tels sont les éléments d'un système politico-religieux qui s'est perpétué, immuable, pendant des millénaires et à la base duquel on ne découvre qu'exclusivisme et orgueil.

Aujourd'hui, ce système n'a rien perdu de sa vigueur. Les minutieuses prescriptions des scribes forment le Talmud, livre plus précieux que la Bible, et qui divise l'humanité en deux groupes, les Juifs, et les Goys, ceux-ci étant inférieurs à ceux-là et ne méritant pas le respect de la morale qui s'impose entre Hébreux. Aussi vivante que le Talmud, la pensée raciste n'a pas abandonné la synagogue.

Dans ses « Trois discours sur la juiverie » le rabbin contemporain Martin Buber parle du sang « la force la plus profonde des Juifs », de « la découverte du sang comme la puissance nourrissante enracinée dans la vie de chacun » et déclare en terminant que « la race ne nous abandonne jamais et que le sang est le plus profond ressort de l'âme ».

* * *

Le courant raciste une fois nettement établi dans la tradition juive, d'aucuns nous diront : « D'accord. Le racisme juif est un fait mais celui-ci ne représente que l'opinion de quelques rabbins tardigrades. Les Juifs les plus intelligents et les plus actifs ont rompu avec leur religion et se sont assimilé la culture, les mœurs et la mentalité du peuple qui les a accueillis ».

L'objection est superficielle, inexacte. Elle sous-estime considérablement l'importance des croyances et des traditions religieuses chez les Israëlites. De plus, l'argument de l'assimilation ne résiste pas à un examen quelque peu approfondi. Sans doute, les Juifs libre-penseurs sont souvent doués d'un sens étonnant de l'adaptation. Apparemment, ils donnent le change mais dans le fond ils ne sont jamais assimilés, à quelques très rares exceptions près.

Quand la religion a cessé de constituer pour eux un ciment d'union, leurs affinités de race n'en restent pas moins durables et profondes. Elles créent entre-eux une communauté étroite, située au-dessus des nations et des peuples et n'obéissant qu'à des impératifs propres.

Détachés des croyances religieuses, les Juifs libre-penseurs conservent de leur atavisme racique leur fond d'orgueil, leur rigide exclusivisme, leur soif de domination, leur mépris talmudique du goy. De fait, nous savons le rôle immense qu'ils continuent à jouer dans toutes les entreprises internationales dont l'activité s'oppose directement aux intérêts des nations ou des peuples : franc-maçonnerie, capitalisme libéral, marxisme. Sous le cou-

> « Personne ne s'aviserait de prétendre que l'enfant d'un Japonais ou d'un Indien est un Anglais, sous prétexte qu'il est né en Angleterre; et le même raisonnement s'applique aux Juifs. »
>
> (« Jewish Chronicle », 22 sept. 1915.)

rant d'un idéalisme philosophique, par les armes de la haute finance ou de l'agitation sociale, le Juif cherche, consciemment ou non, à implanter sa domination dans le monde.

Au front dur de Jehovah, s'est substituée la pâle abstraction d'un horloger universel, le culte forcené de l'or ou quelqu'idéal sanglant de justice, mais derrière ces réincarnations successives de l'ancien Dieu, la soif de puissance reste intacte.

Le rôle de premier plan qu'ont joué les Juifs dans les conceptions socialistes et internationalistes contemporaines ne prouve nullement qu'ils se soient dégagés de leur nationalisme étroit.

« En général, écrit Bernard Lazare, les Juifs, même révolutionnaires, ont gardé l'esprit juif, et s'ils ont abandonné toute religion et toute foi, ils n'en ont pas moins subi, ataviquement et éducativement, l'influence nationale juive ».

Et Georges Batault de conclure :

« L'internationalisme peut n'être qu'un nationalisme élargi, un véritable impérialisme idéologique qui rêve la mise en tutelle des nations pliées à l'idéal de justice entêté et exclusif qui fut celui d'Israël depuis les siècles des siècles, et qui travaille le monde depuis deux mille années. Négligeant les limites humaines, les diversités, les imperfections, méprisant les nécessités de la vie et toutes traditions, hormis la sienne, la passion messianique, agitée par l'esprit de révolte comme par des souffles de tempête, passe sur le monde ravageant tout dans sa course. Du fond d'un passé millénaire, clamant vers l'avenir, la voix des prophètes continue à tonner vers un monde de justice, où l'on verrait se réaliser le rêve orgueilleux et impossible d'Israël. »

* * *

Nous en avons assez dit, croyons-nous, pour montrer les deux faces équivalentes du vieux judaïsme traditionnel. D'un côté, un racisme étroit, exclusif, fondé sur une religion peu humaine et formaliste; de l'autre, un internationalisme apparemment détaché de tout atavisme racique, mais qui, dans le fond, puise le plus clair de ses énergies dans le rêve de puissance millénaire du peuple « élu ».

Sous ces deux aspects, le judaïsme est radicalement inassimilable. Nous ne pouvons que le rejeter de notre sein et substituer aux idéaux juifs de justice, de révolte sociale et d'internationalisme notre

conception nordique de l'esprit de communauté populaire, de la paix sociale et de l'ordre continental.

Et que surtout dans nos pensées, dans nos actes et dans nos créations, nous nous débarrassions du vieux ferment judaïque qui s'est infiltré imperceptiblement dans nos esprits, tout au long de vingt siècles de christianisme !

Léon VAN HUFFEL.

(1) Le « Soir », du 29 janvier 1941.

(2) Le problème juif.

La peinture juive et ses répercussions

« Il n'y a pas, à proprement parler, une peinture juive dans l'art contemporain », écrivait, en 1933, Roger Brielle, en tête d'un chapitre de l'intéressante Histoire de la Peinture contemporaine, *publiée sous la direction de René Huyghe.*

Même ceux-là qui seraient disposés à admettre cette affirmation du critique d'art français ne s'aviseront pourtant pas de contester qu'il y a eu de par le monde, mais surtout à Paris, de 1912 à 1932 environ, une peinture enjuivée. Pour s'en convaincre, il suffirait d'ailleurs d'ouvrir au hasard un numéro d'une des nombreuses revues d'art qui paraissaient alors dans la capitale de la peinture moderniste : les colonnes réservées à la publicité sont couvertes de placards pour des firmes juives. Bernheim jeune, Paul Rosenberg, Bing, Pierre Colle, Zak, Weill, Zborowski, Wildenstein, Léonce Rosenberg et tant d'autres, dont les noms sont depuis longtemps oubliés, monopolisaient le commerce du tableau moderne. Ces marchands exerçaient évidemment une influence considérable sur le mouvement artistique tout entier. Leur clientèle cosmopolite se recrutait en grande partie dans la haute société juive d'Europe et d'Amérique. Qu'un tel état de choses ait eu sa répercussion sur l'évolution des écoles de peinture de tous les pays, voilà qui n'est pas douteux. Ces firmes parisiennes avaient des filiales ou des correspondants à Londres, à Berlin, à Munich, à New-York. Par leur entremise, « l'art vivant » était répandu dans toutes les villes de quelque importance et il parvenait à s'introduire dans quantité de musées et de collections.

Bien sûr, ces hommes d'affaire n'ont pas cherché à imposer systématiquement un art juif, ni même un art d'avant-garde. Ils s'intéressaient tout simplement aux œuvres qui étaient de nature à leur assurer de plantureux bénéfices. Tout de même, à valeur égale, leur sollicitude allait à leurs frères de race, les peintres venus de Russie, de Pologne, d'Espagne et des pays balkaniques, qui débarquaient, en rangs toujours plus serrés à Montparnasse. Un tel afflux de sang étranger devait nécessairement détourner l'art français de ses objectifs naturels. Il est hors de conteste que les artistes juifs ont pris une part prédominante dans l'invention du cubisme, de l'art nègre et de la peinture surréaliste. Ce qui ne veut pas dire que, sans eux, ces mouvements n'auraient pas vu le jour, mais ils auraient à tout le moins pris une autre allure. Ce sont les juifs qui leur ont donné ce caractère violemment subversif et destructeur qui devait mener finalement à l'anarchie la plus totale. La peinture cubiste, par exemple, si elle avait eu pour seuls protagonistes des artistes authentiquement français comme Georges Braque, André Lhote, Fernand Léger et quelques autres, eût pu contribuer à rénover l'art monumental; si elle avait été animée d'un esprit constructif, elle eût pu s'adapter au nouveau style architectural.

Par ailleurs, l'exemple d'un André Derain prouve clairement que, lorsqu'elle s'exerce sur un tempérament de Français cent pour cent, l'action de la sculpture africaine n'est nullement mortelle et peut même comporter quelques salutaires leçons. Hélas! les juifs utilisèrent aussitôt les diverses données de la peinture extrémiste d'alors — abstraction cubiste, déformation expressionniste, poétique surréaliste — dans un sens nettement négatif. Ils désarticulèrent la figure humaine, ils la ravalèrent au niveau d'un fantoche, burlesque ou d'une larve hideuse. Poussés par on ne sait quel secret sadisme, dans lequel il faut voir peut-être une obscure réminiscence de l'antique interdiction de représenter l'image de l'homme, elle-même reflet de celle de Jéhova, ils se sont délibérément servis de l'art d'avant-garde comme d'un moyen de mortifier leurs semblables. Leurs tableaux sont devenus la négation même de la vie, moins à cause de leur forme que de leur esprit, un esprit pessimiste et nihiliste, qui, non seulement faisait violence à la réalité, mais qui cherchait à insinuer dans l'âme du spectateur un ferment empoisonné. Art sarcastique et morbide, destiné à un petit cercle

REPRODUCTIONS DE PEINTURES DE PICASSO

d'initiés, lesquels prétendaient se placer au-dessus des sentiments simples et naturels de la masse de leurs contemporains. Voilà ce qui définit en dernier ressort certaines monstrueuses « féminités » de Picasso, certaines figures et natures mortes pourries de Soutine et certains dessins lugubrement érotiques de Pascin. Seule une époque désaxée comme celle de l'entre-deux-guerres pouvait donner naissance à des œuvres dont le principe contredisait radicalement l'élan créateur et approbation de la vie.

Ce caractère nocif de l'influence juive sera encore plus nettement mis en lumière si nous tournons nos regards vers des régions où elle n'a pas eu l'occasion d'exercer de tels ravages. L'art italien du XXme siècle a presque entièrement échappé à l'emprise du nihilisme juif. C'est en vain qu'on chercherait dans la production futuriste les symptômes morbides qui se sont révélés dans un secteur important de l'Ecole de Paris. Malgré quelques analogies de pure forme avec le cubisme, le futurisme italien était animé d'une intense vitalité. Il était actionné par le dynamisme le plus violent. Ses porte-paroles réclamaient une régénérescence dans tous les domaines et il n'y a pas lieu de s'étonner si les créateurs de l'Italie nouvelle ont rendu hommage à l'activité futuriste, comme à un mouvement annonciateur du fascisme.

Passons à présent à l'examen de l'art belge moderne et plus particulièrement de la peinture flamande. Certes, les conditions dans lesquelles cette dernière s'est développée n'ont rien de commun avec celles qui présidèrent au développement du futurisme italien. Néanmoins, nous constatons que, chez nous, l'esprit juif n'a pas davantage trouvé l'occasion de sévir. Même dans les rangs de l'art flamand le plus extrémiste, on ne découvrira aucun champion de la race élue. En vérité, les représentants les plus typiques de la peinture flamande moderne sont profondément enracinés dans le sol de la patrie. Ils n'ont pas rompu le contact avec la terre ni avec les hommes de leur pays. Les déviations et le déchet que la production de certains d'entre eux comporte sont dus à des vices de forme bien plus qu'à une perversion de l'esprit. Sans doute, à certains moments de leur carrière, ont-ils pu être contaminés par l'atmosphère de Paris. Mais c'étaient là des erreurs passagères, vite rachetées par un profond sentiment d'exaltation devant le spectacle de la nature et de l'homme de chez nous. Ce sera l'honneur d'un Brusselmans, d'un Gustave De Smet, d'un Permeke, d'un Daeye, d'un Gustave van de Woesteyne, d'un Floris et d'un Oscar Jespers, d'un Tytgat — sans même parler d'un Opsomer, d'un Servaes, d'un Saverijs, d'un Paerels, d'un Paulus, d'un Prosper De Troyer, d'un Spillaert et de tant d'autres, dont la personnalité n'a jamais été menacée, — ce sera l'honneur de tous ceux-là, disons-nous, d'avoir su traverser ce périlleux premier tiers du XXme siècle en conservant intacte leur fraîcheur d'âme.

Georges MARLIER.

« Un léopard ne saurait changer ses taches. Les Juifs sont des Asiatiques; ils sont une menace pour le pays qui les admet, et ils devraient être exclus par la Constitution. »

(Benjamin Franklin.)

Une doctrine juive : Le Freudisme

On a qualifié le freudisme de « scolastique de la pornographie ». S'il n'était que cela, le mal ne serait pas bien grand. Mais il est bien autre chose : un poison subtil, un destructeur de toute morale, un ferment de décadence.

La doctrine freudienne est une production juive, étrangère à la mentalité occidentale.

Elle est séduisante au plus haut degré, parce qu'elle constitue une libération de contraintes morales et sociales, difficiles à observer, mais absolument nécessaires à une communauté ascendante.

*

La psychanalyse de Freud ne considère pas la vie spirituelle comme étant exclusivement une fonction du cerveau. L'esprit a une vie indépendante et spontanée. Tout acte humain qui n'est pas un simple réflexe relève d'une cause psychologique. Le psychisme humain est une lutte de désirs opposés, éclairés en faible partie par la conscience.

L'homme qui vit est un complexe d'éléments. Et cela dès l'enfance. Par le simple fait qu'il va vivre, l'embryon est déjà chargé d'hérédité, de hantises, de désirs, de passions — c'est-à-dire de libido —, qui feront de lui un monstre freudien, dès son premier souffle. Une fois au monde, il utilisera inconsciemment ses données sensorielles, mais peu à peu la société s'opposera à cette jouissance. La première éducation refoulera cette horde de désirs dans l'inconscient, souvent à l'insu du sujet.

De plus, Freud voit de cette manière l'âme humaine : une mince couche purement superficielle s'appelle le Conscient. Sous celle-ci s'ouvre un gouffre : l'Inconscient, sorte de synthèse de l'évolution du monde depuis

> « L'opposition absolue de culture, de tradition, de race et de religion fait de l'Europe un adversaire permanent d'Israël. »
>
> (Hilaire Belloc, dans « The Jew ».)

l'époque archaïque, somme de souvenirs « fixés » et d'instincts. L'Inconscient est cloisonné. Il ignore les considérations sociales, morales et esthétiques. Sa porte de sortie est étroitement gardée par la Censure : l'éducation, la morale, les nécessités sociales. Cette porte ne donne pas dans la Conscience, mais dans la Pré-Conscience, antichambre de la Conscience.

***

L'enfant connait la première souffrance au moment du sevrage effectif, c'est-à-dire lors de la séparation corporelle du nourrisson d'avec la mère. Entre deux et cinq ans, on apprend à l'enfant à refréner ses instincts et ses mouvements naturels. La libido infantile trouve à s'extérioriser dans l'attraction pour la mère ou sa remplaçante et dans une attitude ambiguë d'hostilité craintive et de tendresse admirative envers le père ou le frère. C'est le « complexe d'Œdipe ». Plus tard, chez l'être normal, ce complexe se dissout : le garçon s'identifie au père et se virilise, tandis que la fille se tourne plus vers la mère.

A la puberté, le garçon s'affranchit de la tutelle parentale. La jeune fille sent s'épanouir en elle l'instinct de la séduction, avec plus ou moins de retenue inquiète. C'est l'époque des amours platoniques, violentes et silencieuses.

Après la puberté, au premier âge adulte, nait le désir charnel. L'amour entre dans sa phase sociale. L'individu abandonne son égotisme fondamental, l'instinct devient puissamment électif et l'individu capable de se sacrifier partiellement à autrui.

Mais beaucoup de gens ne parviennent pas à ce stade normal : ils restent « fixés » à quelque instinct provisoire de l'enfance, à quelque satisfaction organique grossière, quand ils ne considèrent pas comme honteuses, sous l'influence d'une censure morale particulièrement exigeante, les tendances normales de la sexualité. Ce sont de futurs névropathes. D'autres s'éloignent de la normalité en « sublimant » leur instinct sexuel.

L'être humain ne se détache notamment qu'à regret et jamais complètement de sa mère. Il ne renonce à cette attirance instinctive que parce que, en vertu d'une compensation, il se substitue lui-même à la mère, pour retenir en son être ce qu'il n'ose offrir de lui-même aux autres. Cela a été baptisé du nom de « narcissisme », processus instinctif qui caractérise plus particulièrement la deuxième enfance. L'enfant, en effet, éprouve le besoin d'être admiré et de s'admirer soi-même. Sa tendresse imaginative est tournée plus vers le rêve que vers le réel. Il affirme son caractère et ses goûts, se considère comme le centre de la société ambiante et se montre plein d'indulgence pour lui-même. Il n'aime sincèrement que lui-même. Il croit instinctivement, — sans aucune logique —, à la répercussion fatale dans l'univers de ses souhaits et de ses pensées. En grandissant, l'enfant conserve sa toute-puissance au fond de lui-même et l'extériorise partiellement dans ses attractions et dans ses répulsions électives à l'égard d'autrui. Lorsque, devenu homme, il est parvenu à subordonner ses tendances affectives aux nécessités de l'existence en société, il continue cependant toute sa vie à croire plus ou moins à la toute-puissance et à l'infaillibilité de ses croyances, de ses jugements et de ses décisions.

***

Il n'entre pas dans nos intentions d'exposer la technique psychanalytique de Freud au moyen de laquelle ce dernier prétend atteindre à la connaissance de l'Inconscient. Ce qu'il importe de souligner, c'est l'influence néfaste du freudisme sur l'atmosphère morale et spirituelle de l'époque contemporaine.

Nous avons dit du freudisme et non de Freud, car il semble bien que le père de la psychanalyse ne soit pour rien dans bon nombre d'abus d'interprétation auxquels se sont livrés ses disciples.

Freud a, sans aucun doute, ouvert des horizons nouveaux à la psychologie contemporaine. Il a attiré l'attention sur le domaine de l'inconscient et des instincts qui sommeillent au cœur même de tout homme. Malheureusement, les disciples ont déformé le maître. D'une théorie psychologique très fouillée, ils ont tiré une conception générale du monde.

Produit d'une intelligence juive particulièrement acérée, déformée par des esprits juifs fervents de l'hyperanalyse, la doctrine freudienne trouv[e] dans les milieux intellectuels et ar[tistiques] d'une société décadente [et] enjuivée un terrain d'expansion for[t] propice.

Sous l'influence d'une doctrine qu[i] engageait, selon eux, la question m[ê]me de toute religion et de toute mora[le], les esprits «libres» se crurent écla[i]rés définitivement sur les origines su[perstitieuses], pathologiques et mépr[i]sables de la Loi et de tout ordre. Tou[te] éthique était taxée de « mensong[e] vital ».

V. d. A.

(Voir suite page 6.)

[illegible]

Une doctrine juive : le freudisme

(Voir début page 10.)

Les freudiens concluent à la nocivité de la morale, jugée antinaturelle et hypocrite, et en réclament la suppression au nom du bonheur de l'humanité. Cependant, pour l'ensemble de la société, la morale constitue une condition nécessaire de vie et de progrès. Elle est le moyen indispensable pour parvenir à quelque bonheur solide. Elle fait respecter la hiérarchie nécessaire à toute vie sociale. Celle-ci pose inéluctablement le problème de la responsabilité. Le freudisme ruine totalement cette notion. Pour qui adopte la perspective freudienne, la culpabilité disparaît : le réflexe, réaction du préconscient, n'engage pas le moi; l'impulsion, commandée par l'instinct, n'engage qu'un moi diminué, incapable d'opposer une résistance efficace. Aucun acte n'est jamais punissable, puisque par définition tout acte antisocial est un acte qui a échappé à la censure, donc pathologique.

* * *

Oublieuse de ses limites, la psychanalyse s'installe en souveraine dans tous les domaines de la connaissance et tranche sans hésitation les opérations les plus mystérieuses. L'avide et tumultueuse libido, fournissant des motifs sexuels à toute activité humaine, devient la grande réalité vitale et cosmique. La logique et la sociabilité ne sont plus que des accidents greffés sur l'essence profonde de l'être humain, faite du grand désir inconscient du sauvage. L'érotisme est érigé en primat de la vie. Toute liberté personnelle est considérée comme une grande illusion de la « mégalomanie humaine ».

Le psychisme humain est décomposé en une multitude d'atomes qui se meuvent dans l'Inconscient.

Il n'y a pas d'arme plus dangereuse que la psychanalyse.

De méthode thérapeutique qu'elle était à l'origine, celle-ci a dégénéré par sa tendance à la généralisation abusive en un système philosophique, historique, sociologique et même politique.

L'Inconscient possédant en lui-même des données éminemment littéraires, la doctrine freudienne connut un brusque succès parmi les écrivains et les dramaturges, séduits par les facilités nouvelles qu'elle leur offrait. Au lendemain de la guerre 14-18, ces écrivains connurent d'emblée la popularité. Une littérature érotique et pseudo-scientifique s'étala bientôt dans les mœurs, au théâtre, au cinéma et même à l'école. Elle priva l'amour d'une grande partie de sa séduction.

Le freudisme a ruiné les disciplines les plus nécessaires.

V. d. A.

L'abondance des matières nous oblige de remettre à huitaine la publication de notre Chronique Littéraire.

3 June 1941

L'actualité littéraire

Le 15 juillet, une nouvelle revue mensuelle littéraire belge verra le jour. Sous le titre bien connu du public bibliophile : « Le Disque Vert », son directeur Franz Hellens rassemblera les meilleurs écrivains belges, entre autres Marie Gevers, Nothomb, Thomas Braun, Robert Poulet, etc.

Chaque fascicule sera richement présenté par les éditions « Les Ecrits », rue Baron de Castro, 77, Bruxelles, et vendu au prix de 10 francs.

Souhaitons, longtemps d'avance, bonne réussite à ce « Disque Vert », qui reprend sa signalisation féconde.

* * *

Vient de paraître, aux Editions « Les Ecrits-Scriptura » la traduction flamande du livre d'André l'Hoist. « La Campagne de 1940 » — « Oorlog 1940 » — coquettement édité en livre populaire, s'agrémente de nombreuses cartes en deux couleurs.

10 June 1941

NOTRE CHRONIQUE LITTERAIRE

Par suite d'une erreur, plusieurs paragraphes de notre dernière chronique littéraire ont été intervertis ou omis, de sorte que l'ensemble du texte est devenu incompréhensible. Nous nous en excusons auprès de nos lecteurs.

2 July 1941

« ANDROMEDE EBLOUIE »

Nos lecteurs ont lu hier la critique que notre collaborateur Paul de Man a consacrée au nouveau recueil de M. Théo Léger, « Andromède éblouie ». Un accident d'ordre technique a fait sauter la référence d'édition. Précisons donc que c'est aux «Editions de la Maison du Poète» dirigée par Pierre-Louis Flouquet, que nous devons ce livre dont Paul de Man a dit tout le bien qu'il fallait penser.

1 April 1942

LE PRIX LITTERAIRE DU « SOIR »

« Le Soir » organise un prix littéraire d'un montant de dix mille francs, qui sera attribué à l'auteur du meilleur roman sur la guerre ou sur des circonstances provoquées par la guerre.

Lisez prochainement le règlement complet de ce nouveau concours littéraire.

21-22 June 1941

Le concours littéraire du « Soir »

•

Le règlement

● I. — Un prix de DIX MILLE FRANCS sera attribué à l'auteur d'un roman sur la guerre ou sur des circonstances provoquées par la guerre. Il faut prendre ce sujet dans un sens très large; tout ce qui touche aux événements peut être utilisé : opérations militaires, évacuation, captivité, etc. Par contre, la forme de roman est strictement obligatoire, ce qui exclut donc les nouvelles, les reportages ou les essais politiques.

● II. — L'auteur doit être de nationalité belge et son roman écrit en français. L'œuvre doit être inédite et ne peut être publiée, ni en entier, ni fragmentairement, tant que durera le concours.

● III. — Un jury, constitué de six écrivains belges, sera constitué. Sa composition sera annoncée ultérieurement. En outre, en fera partie, M. Paul de Man, représentant « Le Soir ».

● IV. — Les manuscrits devront parvenir avant la date du 1er mars 1942 à l'adresse suivante : Paul de Man, « Le Soir », 21, place de Louvain, à Bruxelles. Ils seront, de préférence, dactylographiés et fournis en trois exemplaires. Ils ne seront pas signés, mais accompagnés d'une enveloppe fermée, contenant le nom de l'auteur, son adresse, sa date de naissance, sa photographie et le rappel du titre de l'œuvre.

● V. — « Le Soir » se réserve tous les droits sur l'œuvre primée, jusqu'à ce qu'elle ait été publiée intégralement ou en partie dans ses colonnes. La publication en librairie ne pourra, en tout cas, se faire qu'après celle qui aura lieu dans « Le Soir ». Toutefois, si, pour une raison quelconque, « Le Soir » e tendait renoncer à ce droit, il le fera savoir à l'intéressé une semaine après la proclamation du résultat.

26 June 1941

Notre Concours Littéraire

Quelques précisions

En réponse à diverses questions qui nous sont posées, voici quelques précisions sur le règlement du concours littéraire que nous organisons.

I. — Il n'y a pas de limite d'âge fixée quant à la participation au concours.

II. — La longueur du manuscrit à présenter est laissée libre. Cependant, comme il s'agit d'un roman — et non d'une nouvelle, qui est un roman de court métrage — on pourrait difficilement admettre moins de 175 pages imprimées. Par contre, le texte ne peut dépasser la dimension d'un seul volume (c'est-à-dire les 400 pages).

III.— Le règlement stipule : « la forme du roman est strictement exigée », ce qui veut dire qu'on demande un récit avec une intrigue et des personnages. Bien entendu, il peut entrer dans ce récit des souvenirs personnels, mais il faut éviter que l'ensemble prenne l'allure d'un simple reportage. Et si on précise que les « essais politiques » sont exclus, cela signifie qu'il ne faut pas se borner à livrer ses méditations sur les causes ou le déroulement de la guerre. Ces observations d'ordre général doivent entrer dans le cadre d'un récit.

IV. — La guerre ne doit pas nécessairement constituer le sujet central. Elle peut servir de cadre à l'action décrite. Toutefois, il faut que l'ensemble garde le caractère d'un roman de guerre. Il est laissé au discernement du concurrent de fixer cette limite, qu'on ne pourrait désigner de façon concrète.

9 July 1941

Le concours littéraire du « Soir »

• • •

Le règlement

● I. — Un prix de DIX MILLE FRANCS sera attribué à l'auteur d'un roman sur la guerre ou sur des circonstances provoquées par la guerre. Il faut prendre ce sujet dans un sens très large; tout ce qui touche aux événements peut être utilisé : opérations militaires, évacuation, captivité, etc. Par contre, la forme de roman est strictement obligatoire, ce qui exclut donc les nouvelles, les reportages ou les essais politiques.

La guerre ne doit pas nécessairement constituer le sujet central. Elle peut servir de cadre à l'action décrite. Toutefois, il faut que l'ensemble garde le caractère d'un roman de guerre. Il est laissé au discernement du concurrent de fixer cette limite, qu'on ne pourrait désigner de façon concrète.

● II. — L'auteur doit être de nationalité belge et son roman écrit en français. Il n'y a pas de limite d'âge fixée à la participation au concours. L'œuvre doit être inédite et ne peut être publiée, ni en entier, ni fragmentairement, tant que durera le concours.

● III. — Un jury, constitué de six écrivains belges, sera constitué. Sa composition sera annoncée ultérieurement. En outre, en fera partie, M. Paul de Man, représentant « Le Soir ».

● IV. — Les manuscrits devront parvenir avant la date du 1er mars 1942 à l'adresse suivante : Paul de Man, « Le Soir », 21, place de Louvain, à Bruxelles. Ils seront, de préférence, dactylographiés et fournis en trois exemplaires. Ils ne seront pas signés, mais accompagnés d'une enveloppe fermée, contenant le nom de l'auteur, son adresse, sa date de naissance, sa photographie et le rappel du titre de l'œuvre. La longueur du manuscrit à présenter est laissée libre. Cependant, comme il s'agit d'un roman — et non d'une nouvelle, qui est un roman de court métrage — on pourrait difficilement admettre moins de 175 pages imprimées. Par contre, le texte ne peut dépasser la dimension d'un seul volume (c'est-à-dire les 400 pages).

● V. — « Le Soir » se réserve tous les droits sur l'œuvre primée, jusqu'à ce qu'elle ait été publiée intégralement ou en partie dans ses colonnes. La publication en librairie ne pourra, en tout cas, se faire qu'après celle qui aura lieu dans « Le Soir ». Toutefois, si, pour une raison quelconque, « Le Soir » entendait renoncer à ce droit, il le fera savoir à l'intéressé une semaine après la proclamation du résultat.

28 August 1941

LE CONCOURS LITTERAIRE

Suite à de nombreuses demandes, il a été décidé de fixer au 1er mai prochain la date ultime de remise pour les manuscrits. La composition du jury sera publiée prochainement.

20 February 1942

LA DATE DE REMISE POUR LE CONCOURS LITTERAIRE

Plusieurs lecteurs ont demandé des éclaircissements concernant la décision [illegible] prochain la date ultime pour la remise des manuscrits du concours littéraire organisé par « Le Soir ». Cette prolongation est intervenue suite à de nombreuses demandes faites par des prisonniers de guerre qui se trouvaient dans l'impossibilité de terminer leur travail dans le délai fixé. Afin de ne pas créer de complications, nous avons préféré prendre une mesure générale et changer la date pour chacun. Toutefois, il ne faut pas que ceux qui se sont hâtés pour terminer leur œuvre avant le 1er mars souffrent d'un préjudice par rapport aux autres. C'est pourquoi il leur sera possible de reprendre, s'ils le désirent, leur manuscrit pour en revoir certains passages. Il leur suffira d'écrire à M. Paul de Man, 21, place de Louvain, en rappelant le titre de leur roman et en spécifiant s'ils viendront le reprendre aux bureaux de la rédaction ou s'il doit leur être expédié.

10 March 1942

LE CONCOURS LITTERAIRE

Suite à de nombreuses demandes, il a été décidé de fixer au 1er mai prochain la date ultime de remise pour les manuscrits. La composition du jury sera publiée prochainement.

1 April 1942

Louis CARETTE

LE CONCOURS LITTÉRAIRE DU « SOIR »

Pierre HUBERMONT

LE jury appelé à juger les œuvres présentées au concours littéraire organisé par « Le Soir » et destiné, on s'en souviendra, à couronner un roman consacré à la guerre, a définitivement été constitué comme suit : MM. Pierre Daye, Louis Carette, Pierre Hubermont, Jean Libert, Remy Magermans, Horace van Offel et Paul de Man (représentant le « Soir »).

C'est intentionnellement que, dans ce jury figurent à côté d'autorités consacrées, des auteurs jeunes qui viennent seulement de se révéler, au cours des derniers mois, par leurs premiers livres. Mais il a semblé que, puisque le but principal d'un concours comme celui-ci est de découvrir de nouveaux talents et que, nécessairement, il figure de nombreux débutants parmi les concurrents, mieux valait de faire juger, en partie, des jeunes par d'autres jeunes. Vu le rôle considérable que la nouvelle génération a dû jouer dans les événements, que ce soit au front ou durant le lamentable exode de mai 40, il était normal de demander à des hommes du même âge, ayant connu la même expérience et cultivant des soucis semblables, de porter un jugement sur la production littéraire de leurs éventuels confrères.

Dès à présent, on peut dire que les espoirs que nous avions mis dans ce concours se sont pleinement réalisés. Quantitativement tout d'abord, puisque quatre-vingt-deux manuscrits furent envoyés — ce qui, étant donné qu'il s'agissait d'un sujet imposé, constitue un chiffre appréciable. Mais ce qui est plus important, le rendement qualitatif s'avère très remarquable également car, dans presque chaque manuscrit, on trouve d'incontestables qualités parfois encore peu développées mais toujours intéressantes. Il est trop tôt encore pour tirer des conclusions quant aux tendances générales qui se sont fait jour dans cet ensemble de tentatives créatrices, mais la première sélection a déjà permis de constater qu'il existe, dans ce pays, d'excellentes ressources artistiques, garanties de la vitalité de son peuple.

Pierre DAYE

Horace Van Offel

Remy MAGERMANS

Jean LIBERT

Paul DE MAN

8 July 1942

LE CONCOURS LITTERAIRE DU « SOIR »

● ●

DATE DE PROCLAMATION DES RESULTATS

●

Certains participants au concours nous ont écrit pour demander des précisions au sujet de la date de proclamation des résultats. Le dépouillement a été quelque peu ralenti par l'époque des vacances; d'autre part, il n'était pas opportun de proclamer les résultats à un moment où beaucoup de personnes sont absentes de Bruxelles. Ce sera donc vers le 15 septembre qu'aura lieu le couronnement du vainqueur de ce tournoi.

En cette occasion se tiendra une réunion à laquelle tous les participants qui, à ce jour, n'ont pas encore reçu leur manuscrit en retour avec une lettre justifiant leur élimination, sont cordialement invités. Des précisions seront données en temps utile.

Cet avis tient lieu de réponse aux correspondants qui nous ont écrit pour demander ce renseignement.

18 August 1942

Le Concours Littéraire du « Soir »

La proclamation des résultats du concours littéraire, organisé par « Le Soir », aura lieu le 19 septembre, à Bruxelles, en présence de la plupart des participants à ce concours.

14 September 1942

Le prix littéraire du « Soir »

Les résultats

Le jury du prix littéraire institué par « Le Soir » s'est réuni le jeudi 17 septembre pour désigner le lauréat du concours de romans.

Après une longue délibération, le prix du « Soir », d'un montant de 10,000 fr., a été attribué au roman « Hohen Moor », dont l'auteur est M. Pierre Peyel.

Sur la proposition du jury, la direction du « Soir », à titre d'encouragement, a décidé d'attribuer en outre, exæquo, deux prix de deux mille cinq cents francs à Mlle Baix, auteur du roman « Le K », et à M. Parisse, auteur du roman « Borne 8 », qui ont été également remarqués par le jury.

M. Van Zandycke, auteur de « Les autres et Marc », a reçu une prime de 1,000 francs.

Le jury avait remarqué, en outre, sur un total d'une centaine de manuscrits, « Le Pilote sans avion » de M. R. Bataille; « La Mort dans la vie » de Mlle E. Maur; « Ceux qui veillent » de M. Verdoot et « Belzébuth » de M. R. Herr.

Ce samedi, en présence du jury et des concurrents, on a procédé, dans un hôtel de la ville, à la distribution des prix.

MM. De Becker, rédacteur en chef du « Soir », et Pierre Daye, ont prononcé un discours.

19-20 September 1942

LE CONCOURS LITTÉRAIRE DU « SOIR »

M. Pierre Peyel remporte le Prix de dix mille francs

(Photo Graphopresse)
M. Pierre PEYEL

Le Prix Littéraire institué par notre journal pour couronner un roman puisant son inspiration dans les événements de mai 1940, vient d'être attribué à M. Pierre Peyel pour son roman « Hohen Moor. »

C'est dans les salons d'un hôtel de la ville que tous les participants au Concours littéraire avaient été conviés ce samedi 19 septembre, pour y entendre la proclamation officielle des résultats au cours d'une petite cérémonie très intime.

Après l'exécution du « Quatuor en ré majeur de Haydn », M. Raymond De Becker, rédacteur en chef du « Soir » prend la parole et dégage la raison profonde et toute la signification du présent concours qui reprend une tradition amorcée par le « Soir » plusieurs années avant la guerre. Depuis des années déjà, des cris d'alarme sont poussés par les esprits les plus clairvoyants de nos sphères intellectuelles qui déploraient amèrement que nos auteurs ne trouvaient pas en Belgique les encouragements et les soutiens qui eussent pu favoriser les éléments les plus représentatifs de notre psychologie, de notre sensibilité et de nos goûts.

Nos écrivains devaient toujours sacrifier aux goûts ou au snobisme de Paris qui amenait une dénationalisation très réelle de nos lettres et de notre culture littéraire. Ils ne trouvaient pas l'audience suffisante en s'adressant à nos éditeurs nationaux et notre public était très mal éduqué par la critique inféodée à celle de Paris. Le Prix Littéraire du « Soir » a été créé pour réagir contre cette situation. Cette initiative tend à encourager les efforts de ceux de nos écrivains qui ont pris conscience du fait que dans le cadre de notre pays, une entité littéraire propre et personnelle peut et doit éclore. M. De Becker insiste ensuite sur le fait que « Le problème d'une littérature belge d'expression française est, en effet, un problème que l'on peut qualifier de totalitaire: il concerne à la fois les écrivains, les critiques littéraires, les éditeurs et les pouvoirs publics ».

Si d'une part ceux-ci dans toute la mesure de leurs moyens respectifs n'interviennent pas efficacement pour donner à nos écrivains nationaux l'audience que réclame leur talent, il leur est, d'autre part, impossible de se manifester pleinement si les écrivains eux-mêmes sont dénationalisés : c'est pourquoi nous devons provoquer le plein épanouissement de notre individualité propre. L'orateur énumère ensuite avec plaisir de nombreux faits qui depuis la guerre attestent d'un profond renouveau dans ce domaine : la naissance de nombreuses maisons d'éditions « nationales », l'indépendance absolue de notre critique belge, précédemment inféodée à celle de Paris, la consécration chez nous et aussi en France de nombre de jeunes talents belges et surtout le fait que de grands écrivains français recourent maintenant à l'audience de nos maisons d'éditions nationales pour faire publier des œuvres de valeur.

C'est pour accentuer encore ce mouvement à la recherche de notre individualité littéraire que le Prix du « Soir » a été institué. De même que le choix de son sujet veut orienter les écrivains de chez nous sur des thèmes qu'ils ont eux-mêmes vécus.

Après le discours de M. Raymond De Becker, M. Pierre Daye, qui a été sollicité de façon fortuite, improvise une allocution pleine d'à-propos, au cours de laquelle il constate que parmi les quelque 70 manuscrits soumis au jury, beaucoup trahissaient un manque d'expérience littéraire; le fond se défendait, mais l'écriture et le style étaient franchement médiocres et abondaient en « belgicismes ». D'autres étaient pleins d'un humour, parfois très heureux d'ailleurs, mais qui paraissait déplacé dans les circonstances actuelles. Il est finalement des livres qui retinrent tout particulièrement l'attention du jury, sans qu'aucun appelle toutefois la mention de chef-d'œuvre : ce sont d'honnêtes ouvrages, et c'est déjà là un excellent résultat.

Il est alors fait droit à l'impatience des concurrents et M. de Man, secrétaire du jury, remet le Prix du « Soir » à M. Pierre Peyel, auteur de « Hohen Moor ». Deux accessits de 2,500 francs sont remportés par Mlle Micheline Baix avec « Le K. » et M. Parisse avec « Borne 8 ». M. Van Zandycke, auteur de « Les autres et Marc », reçoit, en outre, une prime de 1,000 francs. Le jury a remarqué, en outre, « Le Pilote sans avion » de R. Bataille, « La Mort dans la Vie » d'Evelyne Maur, « Ceux qui veillent » de M. Verdoot et « Belzébuth » de R. Herr, qui remportent des prix d'encouragement.

21 September 1942

HET VLAAMSCHE LAND

ABONNEMENTEN
worden aangenomen op het Bureel van het blad
en op alle postkantoren.

OCHTENDBLAD

Bureelen : 46, NATIONALESTRAAT, ANTWERPEN
Telefoon : Opstelraad 22185-32240. — Beheer en aankondigingen 300.03-322.33-324.61
TELEGRAMADRES : VLAAMLAND. — POSTCHECKREKENING 77814.

ALLE AANKONDIGINGEN
worden aangenomen op het bureel van het blad,
Nationalestraat, 46, Antwerpen

Kunst als spiegel van het wezen der volkeren

Beschouwingen over «Geist der Nationen» van A. E. Brinckmann

verwezenlijking der zuivere schap, die er kon in slagen euwige bewegingen der natuur gemeene wetten vast te leggen, steeds als een moeilijk te be- ideaal voorgehouden aan de- die er naar streefden ook de menschelijke problemen te doorgronden. De natuurkun- voorbeeld, was er in geslaagd groote hoeveelheid feiten en ge- nissen, die op het eerste ge- als een onsamenhangend ge- voorkwamen, te ordenen en te schikken, om ze te herleiden een aantal vrij eenvoudige for- dank zij dewelke het moge- werd alleen door berekening bijzondere gevallen van tevo- bepalen. Indien men het even brengen in de studie van mensch, dan zouden sommige dueele reacties eveneens kun- voorzien worden. En indien die uitgebreid werd van de stu- van het individu tot die der sa- leving, dan waren wij in zekere meester van onze historische komst. De maatregelen van po- ieken, socialen en economischen komen dan niet langer voor min of meer handige improvisa- en aanpassingen, maar als prac- toepassingen van een alge- geldend stelsel, dat onherroe- vaststaat.

pogingen welke in die richting nomen werden — hetzij onder naming van sociologie, histo- wetenschap of sociale psy- gie — hebben nog tot geen be- ophelderingen kunnen lei- Het is zeer lastig de voorwaar- te vervullen die een streng we- schappelijk onderzoek op dit ge- toelaten. Men beschikt slechts de verwarde en tegenstrijdige rimenten die uit de geschiede- afgeleid worden. Een duidelijke ding der werkende krachten, noodwendigheid van alle we- schappelijk werk, is hier niet te wezenlijken. Evenmin kan men een voldoende aantal proefne- beschikken om het pheno- dat men wil verklaren klaar delijk waar te nemen, hetgeen statistische wetten — en dat groote meerderheid — vol- onontbeerlijk is.

zeer de moeilijkheden zich menigvuldigen, toch was het van zuiver wetenschappe- vorschingsmethoden in deze studiën een groote aanwinst. alleen omdat, in sommige ge- men er niettemin kon in sla- onbetwistbaar opbouwende te komen, maar vooral om- op die manier een denkdiscipli- genomen werd die een gron- vernieuwing en verdieping met bracht. Zelfs indien het eind- nog als zeer verwijderd voor- en er tusschen het uitgangs- waar we ons bevinden, en dit geweldige hindernissen oprij- toch is het een belangrijke stap wanneer men klaar en dui- ziet met behulp van welke igen men zijn weg zal kun- nen. En dat is hier het ge- plaats van voort te gaan met riele opteekenen van feiten inductief gaan denken, en verzameling van afzonderlijke gevallen algemeene waarheden gaan afleiden. Aldus kwam men van het dwaalspoor, waarop men versukkeld was, terug op den rechten weg. Voor een creatieven geest opent zich een onafzienbaar terrein van onderzoek, want de bestaande bezwaren zijn voor hem meer een aansporing dan een ontmoediging.

In het bijzonder vinden we deze strekking terug in de kunstgeschiedenis. Evenals elke uiting van het menschelijk genie is de kunst geschikt om als materiaal te dienen voor een studie van dit genie. De scheppende kunstenaar zelf is echter niet de aangewezen persoon om die taak te vervullen. Zijn uitdrukkingsmiddel berust op een vrij intuitieve keuze, die zich buiten zijn objectief bewustzijn voltrekt. Hij geeft zich geen rekenschap van de drijfveeren die zijn persoonlijken stijl bepalen, want deze worden hem opgedrongen langs den geheimzinnigen weg der gave. Hij gehoorzaamt aan de wetten eener stijlevolutie die hem geheel onbekend is. Vandaar de noodzakelijkheid eener kunsthistorische wetenschap, die zich verheft boven het beschouwen van individueele talenten, en tracht te verklaren waarom de scheppende kunst niet geheel erratisch en willekeurig verloopt, maar zich schijnt te ordenen rond bepaalde vormen — stijlen — die cyclisch verdwijnen en weerkomen. Kunstgeschiedenis is dus — tenminste voor de merkwaardigste hedendaagsche zoekers op dit gebied — meer dan een opsomming van bijzonderheden die voor leeken geen belang hebben en meer dan haarklieverij omtrent wetenswaardigheden van mindere beteekenis. Groote synthetische werken maakten er integendeel een der vruchtbaarste onderzoekingsgebieden van in betrekking tot de kennis van menschen en menschengroepen.

Onder deze werken neemt dàt van prof. A. E. Brinckmann «Geist der Nationen» ongetwijfeld een der eerste plaatsen in. Een uitvoerige studie gevolgd door een systematische ontleding, behandelt de verhouding der kunst tot de nationale karaktertrekken der volkeren. Men voelde als een empirische waarheid dat de Westersche kunst een eenheid was, die zich naar vorm en wezen onderscheidt van alle andere cultuursferen. Men gaf zich ook rekenschap dat binnen dit geheel zich afzonderlijke kringen afteekenden, die elk hun eigen aard hadden en waarvan de grenzen grosso modo overeenstemmen met die der groote Europeesche staten. Maar de diepe oorzaken van deze verschijnselen waren nog niet nauwkeurig omschreven. Nu echter een groote gedachtenstrooming geboren is, als gevolg van de neiging om het nationale wezen van een volk als een der grondvesten van alle beschaving te beschouwen, zijn de geesten rijp om dit onderzoek in te luiden. Men begrijpe ons wel : nationaliteiten als dusdanig hebben steeds bestaan, want zij zijn een gevolg van r a s s e n vermengingen die sinds eeuwen niet veel meer verouderd zijn. Wat eigen is aan onzen tijd is die nationale persoonlijkheid te beschouwen als een waardevolle hoedanigheid, als een kostbaar bezit, dat ten koste van alle opofferingen moet gehandhaafd blijven. Deze opvatting staat mijlen ver van sentimenteel patriotisme. Het gaat hier veeleer om een nuchter geloof, een practisch middel om de Westersche cultuur te verdedigen tegen een ontbinding van binnen uit of een overrompeling door naburige beschavingsnormen. Dergelijke bedoeling spreekt uit een werk zooals dat van Brinckmann, dat klaarblijkelijk door dit nieuw vaderlandsch gevoel werd ingegeven. Zijn historische uiteenzetting stelt het levensproces van de Europeesche kunst voor als een oneindige capaciteit van vernieuwing, steunende op het feit dat een aantal contrasteerende krachten er gelijktijdig in aanwezig zijn. Er bestaat steeds een tegenstelling, een spanning tusschen de verschillende elementen die een stijl bepalen. Aan die spanning danken we de voortdurende heropleving en het onstertelijk dynamisme van onze cultuur, aan de aanwezigheid van die contrasteerende neigingen haar onvergelijkbare diversiteit. « Hun talloze vervormingen, doorheen de persoonlijke interpretatie van den kunstenaar of gebonden aan den geest van den tijd, zijn het geluk van de Westersche menschen ».

Maar de aldus bepaalde krachten zijn niet evenredig verdeeld over alle Europeesche volkeren. Sommige landen vertoonen een neiging om de een of andere strekking te laten overheerschen. Hier ook bestaat geen vaste, absolute doseering: men kan slechts spreken van een voorkeur, van een ruimere ontwikkeling van zekere karakteristieken. Dit sluit hoegenaamd geen onderlingen ruil uit, wel integendeel. De vorm door een volk geschapen, wordt overgenomen door een naburig volk dat hem op zijn beurt zal veranderen en verrijken, overeenkomstig zijn eigen gaven. Een onafzienbare reeks van combinaties, een onschatbare overvloed van mogelijkheden wordt aldus geschapen.

Hieruit volgt dat hetgeen Brinckmann noemt den «geest der natie» nl. de domineerende kunststrekking van een volk, een der hoofdbestanddeelen is die de Westersche cultuur mogelijk maken. Het verdwijnen van een dier oorspronkelijke centra, als gevolg van politieke willekeur of economische onrechtvaardigheid, beteekent dus een verarming voor geheel Europa. Hoewel het op het eerste zicht paradoxaal moge klinken, een «Europeesche eenheid is slechts mogelijk wanneer de nationale gevoelens vrij kunnen tot uiting komen en indien ieder volk ten volle bewust is van zijn waarde en van zijn oorspronkelijkheid. Maar dit brengt niet mee dat het afzijdig moet leven en zich opsluiten in een enggeestig regionalisme. Het gevolg van die houding ten opzichte van de Europeesche gemeenschap is even schadelijk als de tegenovergestelde opvatting, die de eigen natuur verloochent. En wat waar is op het gebied der kunstgeschiedenis blijft geldig op alle gebieden. Europa kan slechts sterk, vreedzaam en bloeiend zijn indien er een geestesgesteldheid heerscht die diep bewust is van haar nationale volksgrootheid, maar die den blik openhoudt voor alle experimenten en problemen die ons werelddeel beroeren.

Met opzet hebben we nadruk gelegd op dergelijke conclusies die uit «Geist der Nationen» af te leiden zijn, niet als de uitdrukking van een idealen wensch, utopisch en ver verwijderd, maar als een concrete waarheid, gestaafd door een aantal feiten. Dat dit eindpunt ver verwijderd is van den aard zelf der ondernomen studie en ons voert, uitgaande van de kunstgeschiedenis, tot op het terrein der groote cultureele en politieke vraagstukken, bewijst hoe doelmatig de methode is kunstwerken als studiemateriaal te bezigen voor het achterhalen van algemeene kennis. Tot doel van een werk als dit is niet alleen de artistieke bedrijvigheid uit aesthetisch oogpunt te ontleden, of een verklaring te geven van het scheppingsphenomeen. Zijn werking voert op een onder plan, dat ook van practischen aard is. Het ontstond uit een poging om de toekomst der Westersche beschaving, in al haar aspecten, te verzekeren.

Als dusdanig bevat het een les, welke voor allen onontbeerlijk is, die in de huidige omwentelingen een vasten leidraad trachten te vinden, waarnaar ze hun werking en hun gedachten kunnen richten.

Paul de Man.

«Geist der Nationen. — Italiener. Franzosen. Deutsche». van A. E. Brinckmann. Uitgegeven in de reeks «Europa Bibliothek», door Hoffmann en Campe, te Hamburg.

Culture and Art. Art as Mirror of the Essence of Nations: Considerations on "Geist der Nationen" by A. E. Brinckmann

The realization of pure science, which managed to formulate the eternal movements of nature in general laws, has always been held up as an ideal that is not easy to reach to those who strove to penetrate purely human problems as well. The physicist, for instance, succeeded in arranging and classifying a great quantity of facts and events—which, at first sight, appeared to be an incoherent whole—reducing them to a number of relatively simple formulas thanks to which it became possible to determine all particular cases beforehand by mere calculation. If one could reach the same stage in the study of man, then some individual reactions could also be foreseen. And if this knowledge were to be expanded from the study of the individual to that of society, then we would in a certain sense be masters of our historical future. Measures of a political, social and economic nature would then no longer appear as more or less adroit improvisations and adaptations, but as the practical applications of a universally valid and irrevocably established system.

The attempts that have been undertaken in this direction—be it under the name of sociology, historical science, or social psychology—have not yet been able to lead to important clarifications. It is very troublesome to fulfill the conditions that allow for a strictly scientific investigation in this domain. One has at one's disposal only the confused and contradictory experiments which are derived from history. A clear delineation of the operating forces, the first necessity of all scientific work, cannot be accomplished here. Neither can one dispose of a sufficient number of experiments in order to clearly and distinctly perceive the phenomenon one wishes to explain, which is absolutely indispensable for all statistical laws—and those are the majority.

However much the difficulties proliferate, the introduction of purely scientific research methods in this type of studies was, nevertheless, a considerable gain. Not only because, in some cases, indisputably constructive knowledge was indeed obtained, but mainly because in this way a discipline of thought was adopted which brought with it a thorough renovation and deepening. Even though the final goal still appears to be very remote, and enormous obstacles arise between this aim and the point of departure where we find ourselves at present, it is still an important step forward to be able to see clearly and distinctly by means of which tools one will be able to find one's way. And such is the case here. Instead of going on with the sterile notation of facts, people have started to think inductively, and to derive general truths from that collection of separate cases. Thus, people have returned from the wrong track, on which they had dwindled off, to the right track again. An immense terrain of research opens up for the creative mind, for the present objections are for him an incitation rather than a disheartenment.

This tendency is especially apparent in the history of art. Like every expression of human genius, art is suitable to serve as material for the study of this genius. The creative artist himself, however, is not the right person to accomplish this task. His means of expression is based on a relatively intuitive choice, which is made outside of his objective consciousness. He is unaware of the motives which determine his personal style, for these are forced upon him via the mysterious way of the gift of talent. He obeys the laws of an evolution of style completely unknown to him. Hence the necessity of a scientific history of art, which raises itself above the considerations of individual talents, and tries to explain why creative art does not run its course completely erratically and arbitrarily, but appears to arrange itself around certain forms—styles—which vanish and return in cyclical fashion. The history of art, then,—at least for the most remarkable contemporary researchers in this domain—is more than an enumeration of particularities that do not hold any interest for the layman, and more than hair-splitting about bits of information of lesser importance. Great synthetic works, on the contrary, make it into the most fertile domain of research in relation to the knowledge of men and groups of men.

Among these works, Prof. A. E. Brinckmann's "Geist der Nationen" undoubtedly occupies one of the prominent places. An elaborate study followed by a systematic analysis treats the relationship of art to the national character traits of nations. It was felt as an empirical truth that Western art was a unity, which distinguished itself from all other spheres of culture in form and in essence. It was also acknowledged that within this whole, separate circles delineated themselves, each of which had its own nature and the boundaries of which corresponded grosso modo to those of the great European states. But the fundamental causes of these phenomena had not yet been accurately described. At present, however, now that a great stream of thought has been born, as a consequence of the inclination to consider the national essence of a nation as one of the foundations of all civilization, the spirits are ripe to ring in this investigation. Let there be no misunderstanding: nationalities as such have always existed, for they are the result of *racial* mixings that have not aged much over the centuries. What is proper to our time is the consideration of this national personality as a valuable condition, as a precious possession, which has to be maintained at the cost of all sacrifices. This conception is miles apart from sentimental patriotism. Rather, it concerns a sober faith, a practical means to defend Western culture against a decomposition from the inside or an overwhelming onrush by neighboring cultural norms. Such an intention speaks from a work like Brinckmann's, which was evidently inspired by this new patriotic feeling. His historical exposition presents the life process of European art as an endless capacity for renovation, based upon the fact that a number of contrasting forces are simultaneously present in it. There is always an opposition, a tension between the different elements that determine a style. To this tension we owe the persistent revival and the immortal dynamism of our culture, to the presence of these contrasting inclinations we owe its incomparable diversity. "Their countless transformations, through the personal interpretation of the artist or connected to the spirit of the age, are the happiness of Western people."

But the forces determined thus are not distributed in equal proportions among all European nations. Some countries exhibit an inclination to let one or the other tendency dominate. Here too there is no fixed, absolute proportion: one can only speak of a predilection, of a more extensive development of certain characteristics. This by no means excludes mutual exchange, on the contrary. The form created by one nation is taken over by a neighboring nation which, in turn, will change and enrich it, according to its own gifts. An immense series of combinations, an invaluable abundance of possibilities is thus created.

It follows from this that what Brinckmann calls the "spirit of the nation," i.e. the dominating artistic tendency of a nation, is one of the main ingredients which makes Western culture possible. The disappearance of one of those original centers, as a result of political arbitrariness or economic injustice, consequently means an impoverishment for the whole of Europe. Although at first sight it may sound paradoxical, a European unity is possible only if national sentiments can freely come to expression and if every nation is fully conscious of its own worth and originality. But this does not entail that it has to live in isolation and has to lock itself up in narrow-minded regionalism. The consequence of this attitude with regard to the European community is just as noxious as the opposite conception, which betrays the proper nature. And what is true in the domain of the history of art holds true for all domains. Europe can only strong, peaceful and flourishing if it is governed by a state of mind which is deeply conscious of its national grandeur, but which keeps its eyes open for all experiments and problems that touch our continent.

We have deliberately stressed such conclusions, which can be derived from "Geist der Nationen," not as the expression of an ideal wish, utopian and remote, but as a concrete truth, corroborated by a number of facts. That this endpoint is remote from the nature of the study itself and leads us, starting out from the history of art, to the terrain of the major cultural and political problems, proves how efficient the method of using works of art as study material for the obtaining of general knowledge really is. The aim of a work like this is not only to analyze the artistic activity from an aesthetic point of view, or to give an explanation of the phenomenon of creation. Its effect leads to a different plane, which is also of a practical nature. It originated out of an attempt to ensure the future of Western civilization in all its aspects. As such it contains a lesson, which is indispensable for all those who, in the contemporary revolutions, try to find a firm guidance according to which they can direct their action and their thoughts.

Paul de Man
[Trans. Ortwin de Graef]

"Geist der Nationen. —Italiener, Franzosen, Deutsche." By A. E. Brinckmann. Published in the series "Europa Bibliothek" by Hoffmann and Campe, in Hamburg.

HUIDIGE STREKKINGEN DER FRANSCHE LITERATUUR

Niemand zal de vooraanstaande rol welke de Fransche letteren in het artistieke leven van deze eeuw gespeeld hebben, willen betwisten. Een vergelijkende studie van de ontwikkeling die zich op letterkundig gebied voltrok gedurende deze laatste vijf en twintig jaren in de belangrijkste West-Europeesche landen, zou uitwijzen dat de Fransche invloed steeds doorslaggevend was en dat zonder zijn werking noch de Engelsche, noch de Nederlandsche, noch zelfs de Duitsche productie op het peil zou gekomen zijn dat we heden kennen. Hiermee is niets gezegd over een gebeurlijke superioriteit van de Fransche scheppingskracht boven die der naburige landen. Integendeel, we hebben hier te doen met een zeer normaal verschijnsel dat zich regelmatig herhaalt in de Europeesche beschavingsgeschiedenis. Een bepaalde natie gelukt er in een stijl te scheppen waarvan de mogelijkheden een langdurigen bloei toelaten. Die normen worden dan tot voorbeeld voor de omliggende streken die ze op hun beurt aannemen. Maar dit beteekent geen passieve nabootsing, want de ontleende strekkingen worden gewijzigd en vervormd om ze in overeenkomst te brengen met de bijzondere gaven en neigingen van dit volk. Uit dergelijke vermengingen en uitwisselingen kunnen de grootste meesterwerken ontstaan en er bestaat hoegenaamd geen tegenspraak tusschen de eischen der oorspronkelijkheid en die van een dergelijke cultureele ontvankelijkheid, gebruik makende van vondsten die op een ander grondgebied van eenzelfde beschavingsfeer — de Westersche — tot stand kwamen.

Dit gebeurde met de hedendaagsche letterkunde en, zooals gezegd, was het de beurt aan Frankrijk om den eersten stoot te geven. Wij willen in dit artikel niet nagaan hoe deze werking zich voortplantte; zelfs een zeer schematisch overzicht zou al te veel plaats in beslag nemen. Maar wat wel binnen dit kader kan samengevat worden, is hoe de oorspronkelijke stam, het Fransche proza zelf, er op het oogenblik voorstaat. Het onderwerp is trouwens evenzeer van algemeen belang, want tot op heden blijven nog steeds de voortbrengselen van de Fransche cultuur een bron van rijke schoonheid.

Het meest opvallende verschijnsel dat den levensloop van deze romanliteratuur gedurende de laatste jaren beroert, is de langzame vorming van een nieuwe groep die zich in verscheidene opzichten onderscheidt van het voorgaande geslacht. Deze voorgangers waren nochtans de hoofdfiguren, degene die toonaangevend waren voor de geheele Europeesche letterkundige wereld. Ik bedoel hiermee auteurs als André Gide, Paul Valéry, Paul Claudel, Marcel Proust, of — om ons tot het domein van den roman te bepalen — de schrijvers die er waren in geslaagd de psychologische ontleding en de studie van 's menschen innerlijk wezen tot een haast verbluffende volmaaktheid op te voeren. Maar in die verregaande volmaaktheid zelf, met wat ze aan uiterste verfijning meebrengt, liggen de kiemen van een nabij verval besloten. Ten slotte heeft Frankrijk die eigenlijke decadentie niet gekend; werken die een bijna monsterachtige haarklieverij bevatten en die als dusdanig kenmerkend zijn voor een stijl die al zijn levenskracht verbruikt heeft, gedijen veeleer op Engelschen en, tot op zekere hoogte, op Noord-Nederlandschen bodem. (Denk hierbij aan James Joyce, Virginia Woolf of aan sommige werken van Simon Vestdijk b.v., en ik noem hier met opzet namen van onbetwistbare verdienste, om aan te duiden dat decadentie niet noodzakelijk synoniem is van minderwaardigheid). Zoover is men in Frankrijk nooit gegaan, want op het oogenblik dat dit gevaar van innerlijke verarming kwam opduiken, vonden jongere talenten andere uitwegen en begon men een nieuw terrein te ontginnen. De grondige kentrek van hetgeen we heden mogen bestempelen als de oude generatie, de zielkundige studie, neemt niet meer dezelfde plaats in bij de nieuwgekomenen. Een snelle blik op de voornaamste romanauteurs die thans een veertigtal jaren tellen, zal ons hiervan weldra overtuigen. Bij een Montherlant b.v. valt in de eerste plaats op, niet het psychologische maar het mythische element, zijn pantheïstische vereering voor natuurlijke oerkrachten, de voortdurende openbaring van een overweldigende sensualiteit die mijlen ver staat van alle cerebrale ontleding. Bij Céline is de menschenkennis geheel overrompeld door een hartstochtelijk pamphletaire uitbarsting, die in een onophoudbaar geweld van woordenrijkdom en visionnair inzicht meevoert in een wereld die met de objectieve werkelijkheid niet veel meer gemeens heeft. Een andere groep, die men zou kunnen betitelen als de vertellers — Marcel Arland, Marcel Jouhandeau, e.a. — heeft de kunst van het verhaal opnieuw in eere hersteld en verkiest het narratieve boven het verstandelijke. De belangrijkste drijfveer is niet langer meer de verwikkelingen en problemen van het menschelijk wezen te verklaren, maar veeleer van een uiterlijke beschrijving en typeering te doen samengaan met een gaaf en harmonisch verhaal. En ten slotte, bij Giono en zijn (te) talrijke volgelingen, neemt die reactie tegen introspectieve wijsheid een systematisch karakter aan, en verandert in een leerstelling die ten strijde trekt voor het eenvoudig natuurlijke, tegen alle minder of meer kunstmatige rationaliteit waarvan de werking ons verwijdert van de gezonde levensbronnen.

Kortom, al deze strekkingen, hoe verscheiden ze ook zijn mogen, hebben een negatief karakter gemeen dat hen onderscheidt van de voorgaande generatie en tot uiting komt in het achteruitstellen der psychologie ten voordeele van andere romaneske factoren. Ter verduidelijking der bewijsvoering hebben we natuurlijk sterk nadruk gelegd op dit verschil dat in werkelijkheid niet steeds zoo scherp en opvallend is als hieruit zou kunnen blijken. Men kan niet, op een zoo korten afstand, volledig afbreken met een reeks stijlwetten die een diepgaanden en algemeenen invloed hebben uitgeoefend. Het is dus niet te verwonderen dat we die nieuwe neigingen slechts aantreffen in innige verbondenheid met overgenomen opvattingen en dat we hier dus veeleer een beweging aanduiden bij haar ontstaan dan een scherp omlijnde aestetiek bepalen. Maar toch is het genoemde verschijnsel genoeg opdat men zou kunnen spreken van een breuk tusschen de beide opeenvolgende geslachten en aldus den aanvang van een hernieuwing — waarvan de richting en de mogelijkheden nog hoegenaamd niet vaststaan — aankondigen.

Deze beschouwingen zijn van zuiver historischen en niet van critischen aard. Zoodat dit contrast tusschen de werken van vroeger en thans geen oordeel bevat en ook niet zou kunnen dienen om een oordeel te vellen. Wat tot nu toe door de Fransche jongeren werd voortgebracht kan op geen enkel punt een vergelijking doorstaan met de meesterlijke verwezenlijkingen der ouderen. Dit is niet alleen een kwestie van gaven maar eveneens van historische omstandigheden. Overgangsperioden zooals deze — ik spreek op letterkundig gebied — zijn niet gunstig in qualitatief opzicht. Een groot deel der bestaande energie gaat verloren in onvruchtbare experimenten, in zoeken en tasten. Zoo ook hier. De rol die deze reeks romanschrijvers te spelen heeft is niet dankbaar en er zijn geen meesterwerken van hen te verwachten. Maar zij is niettemin van het grootste belang. Zij immers vormen de schakel tusschen twee opeenvolgende perioden. Ze dragen nog de zware erfenis van de groote voorgangers en moeten verder, naar de onbekende horizonten van wat komen gaat. Daarom is hun werk, al is het minder volmaakt, zoo ongemeen boeiend want het is het eenige materiaal waarover we beschikken om onze litteraire toekomst te voorzien.

Een opmerking dient nog gemaakt. De scheiding der generaties waarvan hier kwestie is valt niet samen met de oorlogsfeiten der laatste maanden. Het is reeds vroeger, veel vroeger zelfs, dat men ze voor het eerst kan bespeuren. En men mag niet verzekeren dat de schokkende gebeurtenissen die over Frankrijk zijn gegaan die evolutie verscherpt of versneld hebben. Een aandachtig onderzoek der actualiteit zou veeleer het tegendeel bewijzen, namelijk dat de oorlog hoegenaamd geen invloed heeft uitgeoefend op de artistieke schepping. Voor iemand die iets dieper hierover nadenkt, zal dit trouwens niet zoo verwonderlijk schijnen. Want deze oorlog is niet de oorzaak van veranderingen, maar veeleer een gevolg van een reeds bestaande omwenteling. Zoodat hij slechts een gelijkaardige verschijning is, op een ander gebied als de gisting die we in de wereld der letterkunde terugvinden. Vandaar dat de beide uitingen onafhankelijk schijnen, vermits ze niet elkaar bepalen maar bepaald worden door gemeenschappelijke werkingen. En de momenteele verarming die we in de verloopen maanden in de kunstproductie hebben kunnen vaststellen en waaronder ook de Fransche roman schijnt te lijden, is toe te schrijven aan materieele factoren waarvan de werking niet diepgaande is. In een nabije toekomst zal opnieuw een normale ontwikkeling mogelijk worden.

Paul de Man.

Contemporary Trends in French Literature

No one will want to dispute the prominent role that was played by French literature in the artistic life of this century. A comparative study of the developments that took place in the realm of literature during these last twenty-five years in the most important Western European countries would prove that the French influence was always decisive, and that without its action neither the English, nor the Dutch, nor even the German production would have reached the level we know today. This does not imply that the French creative force is in any way superior to that of its neighboring countries. On the contrary, what we encounter here is a very normal phenomenon which repeats itself regularly in the history of European civilization. A certain nation succeeds in creating a style the possibilities of which allow for a long flowering. Those norms then become an example for the surrounding regions which adopt them in turn. But this does not mean a passive imitation, for the borrowed trends are altered and transformed in order to make them correspond to the specific gifts and inclinations of this people. From such mixings and exchanges the greatest masterpieces can originate; nor is there a contradiction between the demands of originality and those of such cultural receptivity, making use of findings that came into being in a different territory of the same sphere of civilization.

This happened with contemporary literature, and, as was said, it was the turn of France to give the first thrust. In this article we do not wish to trace how this action was propagated; even a very schematic survey would take up too much space. But what can be summarized within this frame, is how matters stand at the moment with original stem, French prose itself. The subject is, moreover, of general interest as well, for up to this day the products of French culture still remain a source of rich beauty.

The most striking phenomenon touching the course of life of this literature over the last years, is the slow formation of a new group which distinguishes itself in several respects from the previous generation. These precursors were nevertheless the major figures, the leaders of the entire European literary world. I mean authors like André Gide, Paul Valéry, Paul Claudel, Marcel Proust, or—to restrict ourselves to the domain of the novel— the writers that had succeeded in bringing the psychological analysis and the study of man's inner essence to a nearly startling perfection. But this far-reaching perfection itself, and the extreme refinement it brings with it, contain the germs of a nearby decadence. In the final analysis, France has not witnessed this actual decadence; works that contain an almost monstrous hair-splitting and which as such are characteristic of a style which has used up all of its vital force, thrive better on English and, to a certain extend, on Dutch soil. (Think of James Joyce, Virginia Woolf or of some works by Simon Vestdijk, for instance; and I deliberately mention names of indisputable merit, in order to point out that decadence and inferiority are not necessarily synonymous). In France, people have never gone that far, for at the moment that this danger of inner impoverishment arose, young talents found other ways out and started to exploit a new terrain. The basic characteristic of what today we can label the old generation, psychological study, no longer occupies the same place in these newcomers. In a Montherlant, for instance, what strikes one in the first place is not the psychological but the mythical element, his pantheistic veneration of natural primal forces, the persistent revelation of an overwhelming sensuality miles apart from all cerebral analysis. In Céline, the knowledge of human character is wholly engulfed by a passionate pamphlet-prose outburst, which leads, in an incessant violence of verbal opulence and visionary insight, into a world which does not have very much in common with objective reality anymore. Another group, which one could call the story tellers—Marcel Arland, Marcel Jouhandeau, and others—has rehabilitated the art of the story and prefers the narrative to the intellectual. The main motive is no longer to explain the complications and problems of the human being, but rather to combine an external description and characterization with a sound and harmonious story. And finally, in Giono and his (all too) numerous followers, the reaction against introspective wisdom acquires a systematic character, and changes into a tenet that goes to war for the simply natural, against all more or less artificial rationality, the operations of which remove us from the healthy sources of life.

In short, all these trends, however diverse they may be, have a negative character in common which distinguishes them from the preceding generation and which is expressed in the pushing back of psychology in favor of other novelistic factors. For the sake of the clarity of the argument, we have of course heavily emphasized this difference, which in reality is not always as sharp or striking as might appear from this. One cannot, at such a short distance, fully break with a series of laws of style which have exercised a profound and general influence. It is consequently not surprising that we encounter these new inclinations only in intimate connection with received conceptions and that we are consequently pointing out a movement at its inception rather than a sharply delineated aesthetics. But still, the phenomenon mentioned suffices for us to speak of a break between two consecutive generations and thus to announce the beginning of a renovation—the direction and possibilities of which are as yet by no means established.

These considerations are of a purely historical, not of a critical nature. Consequently, this contrast between works of the past and works of the present does not contain a judgment; nor could it serve as a basis for passing judgment. What has been produced by the French younger generation up to now can in no way sustain a comparison with the masterful accomplishments of the older generation. This is not only a question of gifts but also one of historical circumstances. Transitional periods such as the present—I am speaking about the domain of literature—are not beneficial in a qualitative respect. A great deal of the existent energy goes to waste in infertile experiments, in searching and groping. The same is true here. The role which this series of novelists has to play is not a grateful one and no masterpieces are to be expected from them. But it is nevertheless of the utmost importance. For they form the link between two consecutive periods. They still carry the heavy heritage of the great precursors and have to proceed, to the unknown horizons of what is to come. Therefore, even though it is less perfect, their work is so uncommonly fascinating, for it is the only material at our disposal to foresee our literary future.

One more remark has to be made. The separation that is dealt with here does not coincide with the facts of war of the last months. It can be recognised earlier already, much earlier even. And one cannot ascertain that the shocking events that have taken place in France have sharpened or accelerated this evolution. An attentive investigation of the present state of affairs would much rather prove the opposite to be the case, notably that the war has exercised no influence on artistic creation. Moreover, for someone who reflects a little deeper on this, this will not seem so surprising. For this war is not the cause of changes, but rather the result of an already existing revolution. Consequently, it is only a similar phenomenon, in a different domain, of the fermenting we find in the world of literature. Hence the fact that both expressions seem to be independent, since they do not determine each other but are determined by common factors. And the impoverishment of the moment which we have been able to observe in the artistic production of the last few months, and of which the French novel also seems to be suffering, is to be ascribed to material factors the effect of which is not profound. In a near future a normal development will once again become possible.

Paul de Man
[Trans. Ortwin de Graef]

Inhoud der Europeesche gedachte

Een der meest treffende en, op het eerste gezicht, meest paradoxale verschijnselen van dezen tijd is de geleidelijke groei van een Europeesche eenheidsgedachte, op het oogenblik zelf dat een oorlog — ten minste in zijn eerste phase — de belangrijkste volkerengroepen van dit vasteland, Frankrijk en Duitschland, tegenover elkaar plaatste.

De ontwikkeling van de krijgsverrichtingen zelf echter heeft den kamp herschapen in een botsing tusschen de extra-Europeesche machten en de vertegenwoordigers van de continentale beschaving. Geen wonder dus dat het probleem Europa opnieuw op het voorplan is gekomen en dat het in feite het belangrijkste princiep is waarbij een betere ordening der toekomst kan aanknoopen. Daarom ook is het nuttig dat we dit eenigszins abstract begrip iets nauwer trachten te omschrijven en er den inhoud met nauwkeurigheid van bepalen.

Hetgeen terzelfdertijd de kracht en de zwakte van het Europeesche eenheidsbegrip uitmaakt is het feit dat het steeds voorkomt als een gedachte met een zuiver geestelijken inhoud en waarvan de materieele, directe uitzichten niet voelbaar zijn. Dit is hieraan toe te schrijven, dat het uitsluitelijk op een superstructuraal plan werkt t. t. z. dat het geen onmiddellijken invloed uitoefent op ons dagelijksch doen en laten. Om dit te begrijpen, kunnen we niet beter doen dan het contrast te laten opmerken tusschen nationalistische ideeën en deze breedere Europeesche opvatting.

Nationale waarden kan eenieder aanschouwen, tot de meest eenvoudige en ongeschoolde staatsburger toe, want ze komen tot uiting in een aantal kleine dingen die er echter toe bijdragen een atmosfeer te scheppen waarvan eenieder de werking ondergaat.

Het volstaat de landsgrens te overschrijden om aan te voelen hoe honderd uiterlijke bijzonderheden, de manier om het verkeer te regelen, de wegwijzers, de kleederdracht der officieele ambtenaren en zoo meer, er toe bijdragen om ons een indruk van vervreemding te geven. Zonder dan van diepere factoren te spreken, zooals taal of bouwtrant, zeden of gewoonten, die het specifiek karakter van een natie opbouwen. Waar het hier echter op aankomt is op te merken dat het nationalisme zich zal kunnen steunen op elementen van bijna persoonlijken — infrastructuralen — aard om zijn macht te vestigen. Nationale fierheid spruit voort uit een aantal qualiteiten die we voortdurend kunnen vaststellen en waardeeren, of het nu een goede inrichting van het spoorwegnet, een mooie lokale volksdans of een sportief wereldrecord zij. Daarom ook is het betrekkelijk gemakkelijk een natuurlijke nationale eenheid te verwezenlijken.

Deze neiging dringt zich soms met zooveel spontane kracht op, dat ze alle moeilijkheden die haar in den weg staan overwint, of een rotsvasten weerstand biedt aan elke poging tot vernietiging.

Heel anders is het gesteld met de Europeesche gedachte. Deze is gevestigd op politieke verhoudingen, op economische verstandhouding en op cultuurhistorische gelijkvormigheid. Dit wil zeggen op factoren waarvan de gevolgen wel onmetelijk groot zijn, maar die geen onmiddellijken weerslag hebben op onze werkelijkheid. Wanneer tusschen staatslieden in het grootste geheim verdragen worden afgesloten en besprekingen gehouden, dan kan dit over dood of leven van vele menschen beschikken, maar toch blijft het iets verafs waarvoor we ons moeilijk kunnen interesseeren.

Wanneer bedrijvige financiers ingewikkelde cijfertabellen naslaan en economisten het eens worden om een bepaalde regeling te treffen, dan zal daarvan afhangen hoeveel we zullen te eten krijgen, maar toch blijft dit alles voor leeken doodsch en theoretisch.

En wanneer, ten slotte, in een anderen uithoek van ons vasteland een kathedraal wordt gebouwd of een boek geschreven waarvan de schoonheid ons zoo nabij ligt dat we ze zonder moeite kunnen genieten, dan schijnt dit toch een gebeurtenis te zijn die slechts de specialisten van de vergelijkende kunstgeschiedenis kan boeien.

Het geen we door het onderlijnen van die tegenstelling hebben willen bewijzen, is het noodzakelijkerwijze abstracte uitzicht van een Europeesch denken. Het is onmogelijk, en het zal onmogelijk blijven, als een aanschouwelijke waarheid voor te stellen wat de inwoners van dit werelddeel samenbindt. Wat erger is, het is integendeel zeer duidelijk voor hen van in te zien wat hen scheidt, want dit zijn, zooals we hierboven aanstippen, aangelegenheden van persoonlijke gevoelens.

En hierin ligt dan tenslotte de groote moeilijkheid der hedendaagsche omwenteling: in het feit dat ze naast de nationale waarden — waaraan ze haar bestaan en levenskracht te danken heeft — evenens die zuiver geestelijke (maar hoe zeer belangrijke!) Europeesche waarden moet verdedigen, zonder dewelke geen vreedzame en bloeiende toekomst denkbaar is.

Door haar natuur zelf, dringt deze moeilijkheid een belangrijke taak op aan de intellectueele elite van heden, een taak die niet door den volkswil maar door de kennis en de studie van enkelen kan verwezenlijkt worden. En op dit terrein is nog heel wat vooruitgang te maken. Zonder zelfs van het staatkundig en economisch uitzicht van het probleem te willen spreken, kunnen we hier wijzen op de cultureele verdeeldheid die heerschte gedurende deze laatste jaren van het liberalistische tijdperk. Niet zoozeer bestond die verdeeldheid op kunstgebied, waar de bestaande historische banden tusschen de Europeesche staten zoo sterk zijn dat, zelfs wanneer men in tegenovergestelde richting wil gaan, de uitwisselingen en wederzijdsche invloeden blijven voortbestaan. Maar het zijn de bewuste uitingen van het geestesleven, de strekkingen op wijsgeerig en wetenschappelijk gebied, die niet het minste contact van land tot land hadden en die verschillende richtingen uitgingen zonder zelf te trachten door eenvoudige vergelijking een synthese te verwezenlijken, waaruit eenieder het grootste nut zou getrokken hebben. Wanneer zelfs in de sereene sferen der kennis geen overeenstemming of wederzijdsch begrijpen kan bestaan, is het niet te verwonderen dat we, op het plan der practische vraagstukken, een waren chaos ontmoeten.

Dit hebben in de laatste jaren menschen van waarde en beteekenis, die zich tot dan toe slechts hadden beziggehouden met gespecialiseerd onderzoek of individueele kunstuitingen, eindelijk ingezien. Ze hebben begrepen dat het een dringende noodzakelijkheid werd dergelijke pogingen, verspreid over alle uithoeken van dit werelddeel, samen te bundelen. Het geestelijke leven kon niet langer onverschillig zijn gang gaan, binnen het enge kader der bestaande grenzen, het werd zijn plicht de scheppende krachten van alle Europeesche staten te vereenigen.

En zoodra men zich hiervan rekenschap gaf, kwam men tot het inzicht dat er eigenlijk nooit een diepgaande verdeeldheid had bestaan en dat, onbewust, dezelfde stroomingen en evoluties zich hadden voorgedaan in alle landen.

Dit is wel het beste bewijs dat er een Europeesch parallelisme bestaat, dat dezelfde vraagstukken zich opdringen aan al degenen die zich om het voortbestaan van onze beschaving bekommeren, dat er één vaste pool bestaat waarrond, alle particularismen ten spijt, een zekere ordening kan plaats vinden. Wanneer men het eenmaal zoover gebracht heeft op geestelijk gebied, dat dit meer algemeen wordt ingezien, zullen andere resultaten, van meer practischen aard, weldra volgen.

Paul de Man.

NOTA. — Onder de laatst verschenen werken die over het vraagstuk van de Europeesche eenheidsgedachte handelen, kunnen we aanhalen: «Europa und die Welt» van Erich Brandenburg, verschenen bij Hoffmann und Campe (Hamburg), en over het algemeen de werken uitgegeven in dezelfde reeks die den naam draagt van **Europa Bibliotek**: de reeks **«Geistiges Europa»**, brochures van allereerste gehalte over groote Europeesche figuren,. uitgegeven (eveneens bij Hoffmann und Campe) onder leiding van Prof. A. E. Brinkmann; iets ouder, maar merkwaardig is **«La Crise de la conscience européenne»** van Paul Hazard (éditions Boivin), uitgaande van een historische studie over de XVIIIe eeuw); interessante aanduidingen van politieken aard vindt men in **«La décomposition de l'Europe libérale»** van Bertrand de Jouvenel (éd. Plon); een oppervlakkig maar aanschouwelijk overzicht biedt **«Anthologie de la nouvelle Europe»** van Alfred Fabre-Luce (éd. Plon).

Content of the European Idea

One of the most striking and, at first sight, most paradoxical phenomena of this time is the gradual growth of a European idea of unity, at the very moment when a war–at least in its first phase—has brought the most important nations of this continent, France and Germany, up against each other.

The development of military operations itself, however, has reshaped the battle into a clash between the extra-European forces and the representatives of continental civilization. Small wonder therefore that the problem of Europe has again come to the fore and that, in fact, it is the most important principle which can serve as a point of departure for a better organization of the future. Therefore it is useful that we try to describe this rather abstract concept somewhat more precisely and that we define its content with accuracy.

The one fact that constitutes both the strength and the weakness of the European idea of unity is that it always appears as an idea with a purely spiritual content whose material, direct aspects are not perceptible. This is due to the fact that the idea works exclusively on a superstructural plane, that is to say, that it does not exert an immediate influence on our daily pursuits. In order to understand this, we can do nothing better than to draw attention to the contrast between nationalistic ideas and this broader European conception.

National values can be observed by everyone, down to the most simple and uneducated citizen, for they are expressed in a number of small things which, however, contribute to the creation of an atmosphere the effect of which is experienced by everyone.

It suffices to cross the national boundary to sense how a hundred external particularities, the way in which the traffic is regulated, the road signs, the costume of the officials and so on, contribute to give us an impression of estrangement. Not to mention deeper factors, such as language or architectural style, manners or customs, which build the specific character of a nation. What is important to remark here, however, is that nationalism can base itself on elements of an almost personal—infrastructural-nature in order to found its power. National pride originates from a number of qualities we can continually ascertain and appreciate; whether they be the good organization of a railway system, a beautiful local folk-dance, or a world record in sports. That is also the reason why it is relatively easy to establish a natural national unity.

This inclination sometimes forces itself forward with such spontaneous force that it conquers all difficulties that stand in its way, or that it puts up a resistance as firm as a rock to every attempt at destruction.

With regard to the European idea matters are very different. This idea is based upon political relations, on economic understanding and on socio-historical uniformity. This means [that it is based] upon factors the consequences of which are immeasurable, but which do not have an immediate impact on our reality. When, in the utmost secrecy, treaties are concluded and talks are being held between statesmen, this can decide upon the life or death of many people, but it still remains something distant which is difficult for us to take an interest in.

When industrious financiers consult complicated lists of figures and economists agree to take certain measures, this determines how much food we will get; yet it remains dead and theoretical for laymen.

And when, finally, in another remote corner of our continent a cathedral is being built or a book is being written the beauty of which is so close to us that we can enjoy it without effort, this still seems to be event which can only enthrall specialists in comparative history of art.

What we have tried to prove by stressing this opposition is the necessarily abstract aspect of a European thought. It is impossible, and it will remain impossible, to present as a graphic truth that which binds together the inhabitants of this continent. What is worse, it is on the contrary very clear for them to see what divides them, because these are, as we suggested above, matters of personal feelings.

In the final analysis, this is the greatest difficulty of the present revolution: that, in addition to the national values—to which it owes its existence and vitality—it also has to defend those purely spiritual (but how very important!) European values without which a peaceful and flourishing future is unthinkable.

By its very nature this difficulty forces an important task upon today's intellectual elite, a task which cannot be accomplished by the will of the people but only by the knowledge and study of the few. Even without wanting to mention the political and economic aspect of the problem, we can point out the fact of the cultural division that governed these last years of the liberalist era. This division did not so much exist in the domain of the arts, where the existing historical bonds between the European states are so strong that, even if one wants to move in the opposite direction, exchanges and mutual influences continue to exist. Rather, the conscious expressions of the intellectual life, the tendencies in the domain of philosophy and science in the different countries did not keep in touch and went in different directions without even trying, by means of a simple comparison, to establish a synthesis which would have been extremely useful for everybody. When even in the serene realms of knowledge there can be no agreement or mutual understanding, it is no wonder that, on the level of practical questions, we are confronted with a veritable chaos.

During the last few years, people of value and significance, who up to then had only occupied themselves with specialized research or individual artistic expression, have finally seen this. They have understood that it had become an urgent necessity to bring together such attempts, which were scattered all over this continent. Spiritual life could no longer go its own way indifferently, within the narrow frame of existing boundaries, it became its duty to unite the creative forces of all European states.

And as soon as they realized this, they reached the insight that actually there had never been a deep division and that, unconsciously, the same tendencies and evolutions had occurred in all countries.

This is certainly the best evidence for a European parallelism: that the same questions force themselves upon all those who are concerned about the survival of our civilization, that there is one fixed pole around which, despite all particularisms, a certain ordering can take place. Once this has been attained on the spiritual level, once this will have become a more general insight, other, more practical, results will soon follow.

Paul de Man
[Trans. Ortwin de Graef]

Critiek en literatuurgeschiedenis

De vraag hoe het mogelijk is over de doelmatigheid eener historische methode te oordeelen wordt steeds opnieuw gesteld door hen, die trachten de literatuurgeschiedenis op andere banen te leiden en een dieperen geestelijken inhoud te geven. In feite kan men geen beteren toetssteen voor een dergelijke methode uitdenken dan haar toepassing op de hedendaagsche werkelijkheid. Indien zij tevens voor de studie der actualiteit kan aangewend worden en er daar eveneens in kan slagen tot een duidelijk overzicht der bewegingen en strekkingen te voeren, dan bewijst ze hierdoor in staat te zijn het hoofddoel van allen historischen arbeid te kunnen bereiken: een gids te worden voor een critisch onderzoek der bestaande toestanden. Want welk nut zou het hebben in betrekking te blijven met het verleden en er alle aspecten van te doorgronden indien deze kennis niet leert een oordeel vellen over wat *thans* rondom ons geschiedt ? Wat wij aan de geschiedenis vragen is niet ons de schilderachtige en eigenaardige kansen eener voorbije beschaving te toonen — want dit is niet belangrijk genoeg opdat we er onzen tijd zouden aan verspillen. Maar indien we ons steeds terug naar het verleden keeren, dan is het omdat we instinctmatig voelen dat onze persoonlijkheid en de omgevende wereld als het ware door dit verleden bepaald zijn en dat we dus geen bewuste beheersching van onze meeningen — en a fortiori van onze daden — kunnen verkrijgen, indien we niet rekening houden met wat vóór ons gebeurd is. Er kan natuurlijk geen sprake van zijn dat die terugblik ons zou toelaten te voorzien hoe onze toekomst er zal uitzien. Daarvoor zijn onze middelen veel te beperkt. Maar toch zal men er een algemeene idee kunnen uit afleiden over de lotsbestemming der menschheid, die periodisch beroerd wordt door groote geestesbewegingen waarvan het komen en gaan den golvenden gang der geschiedenis bepaalt.

Het verleden wekt dus slechts in zooverre onze belangstelling als het in staat is het heden beter te doen begrijpen. Met andere woorden — en indien we die opvatting toepassen op het gebied der kunst-historische onderzoekingen en navorschingen hebben die op zichzelf geen waarde; zij vinden slechts hun verrechtvaardiging in functie van de algemeene critiek. Critiek die slechts gegrondvest is op een persoonlijken, voorbijgaanden indruk en die voortspruit uit een impulsieve opwelling, heeft geen waarde, want ze bezit geen duurzaamheid. Historie anderzijds die niet méér beoogt dan wetenswaardigheden te achterhalen en die zich beperkt tot de beschrijving van een bepaalde periode (of van een bepaalde figuur) zonder er de algemeene beteekenis van aan te geven, is niet meer dan een plezierig tijdverdrijf voor dilettanten. En het schijnt wel dat beiden, zoowel historici als critici, er heden veel neiging toe hebben om op een dergelijk dwaalspoor verloren te loopen.

Treffend kunnen we deze beschouwingen illustreeren aan de hand van twee werken in de laatste jaren te Parijs verschenen en handelende over hedendaagsche Fransche letterkunde. Het eene beperkt zich tot de poëzie en is geschreven door Marcel Raymond. Het andere omvat alle genres en werd door René Lalou opgesteld. De behandelde stof gaat in beide gevallen van ongev. 1870 tot 1940, zoodat een vergelijking voor de hand ligt.

Hoe grondig verschillen de uitslagen bereikt door de beide auteurs — wier belezenheid en goede smaak onbetwistbaar zijn — van elkaar! Na de lezing van Lalou krijgt men een overweldigend-chaotischen indruk. Men heeft honderden namen hooren noemen, een bonte mengeling van theorieën en experimenten warrelt ons voor de oogen. In een doolhof van ondenkbare complexiteit heeft men tevergeefs gezocht naar een leiddraad. Is het dan werkelijk zoo dat die geheele productie niet de minste eenheid heeft, dat zooveel kunstenaars naast elkaar leven en werken zonder onderling iets gemeens te hebben ? Is er in die opsomming van talenten niet een gezamenlijke beweging besloten ? De lezer van deze literatuurgeschiedenis zal deze vragen negatief moeten beantwoorden, want uit zijn lectuur kan hij slechts tot het bestaan van een hopeloos ingewikkelden warboel besluiten.

Heel anders is het gesteld met Marcel Raymond. Deze heeft ons reeds in zijn inleiding verwittigd: « il m'a semblé qu'une ligne de force, dont le dessin apparait ici de lieu en lieu, commandait le mouvement poétique depuis le romantisme ». Geen warboel dus, maar een lijn, een richting waarrond een zeker ordening plaats grijpt. Het subtiele spel der wederzijdsche beinvloedingen en der groepeeringen geschiedt niet op een wispelturige en erratische wijze, maar schijnt te gehoorzamen aan bepaalde wetten. Er bestaat een zekere homogeniteit, een gelijkvormigheid der acties en creaties : elke dichtergeneratie heeft een aestetische dicipline die aan alle leden eigen is. Er bestaat anderzijds eene zekere continuiteit, het eene geslacht volgt logischerwijze uit het voorgaande in dien zin dat het de formules der voorgangers verder uitdiept ofwel, wanneer ze volledig uitgeput zijn, een vernieuwing zoekt en de vroegere regels bestrijdt en vermijdt — hetgeen dan voor die regels toch een middel is om een beslissenden invloed uit te oefenen, al is het in negatieven zin. Kortom, de moderne Fransche poëzie komt uit deze studie te voorschijn als een afgerond geheel waarvan de deelen in elkaar passen, als een scheppingsfenomeen met innerlijken samenhang.

Het lijdt geen twijfel dat het de indruk nagelaten door dit laatste boek is, die met de werkelijkheid overeenstemt. Hoezeer men zich ook voor kunstmatige vereenvoudigingen moet wachten, toch mag men een stijl niet beschouwen als bestaande uit een verspreid en verdeeld aantal geisoleerde werken, zonder de minste eenheid. Ten slotte is hij het product van menschen die eenzelfde historische tijdsgebondenheid hebben. Zijn ontwikkeling hangt niet af van willekeurige, persoonlijke beslissingen, maar is met krachten verbonden die over het doen en laten der individuen héén hun onmeedoogende werking uitoefenen. Niemand is vrij in zijn manier van schrijven, schilderen of componeeren, zelfs de schokkendste gebeurtenissen — oorlogen en omwentelingen — zijn soms onmachtig om den geleidelijken groei en bloei der scheppingsvormen te hinderen of aan te wakkeren. Er bestaat, in zekere mate, een aestetisch determinisme waarvan de kunstenaar zelf zich niet bewust is, hetzelfde determinisme dat tot uiting komt in het verloop der geschiedenis die zich toch cyclisch schijnt te bewegen rondom enkele constanten. Hieruit volgt dat we een verkeerde voorstelling van zaken geven, indien we deze ordenende evolutiewetten niet duidelijk laten spreken. De chaotische wereld van Lalou is niet enkel een schokkend schouwspel voor den geest; zij is een valsche interpretatie der realiteit. De eenheidsstrekking van Marcel Raymond voldoet niet enkel onzen natuurlijken drang tot logische gebondenheid ; zij is de getrouwe weergave van wat als werkelijkheid wordt erkend.

Het falen van Lalou — en dit brengt ons terug naar het probleem dat we bij den aanvang van dit artikel stelden — is zoowel aan zijn critische als zijn historische methode te wijten. Zijn critiek is nooit gemotiveerd, ze is slechts de subjectieve weergave van zijn eigen gemoed onder invloed van het besproken werk. Dat dergelijke uitingen, indien ze met de gave van een oorspronkelijk talent worden weergegeven, een hoogstaande artistieke waarde kunnen hebben, is buiten kijf. Men zal b.v. bij Lalou zeer mooie, stijlvolle bladzijden aantreffen. Maar van dit oogenblik af hebben we niet meer met critiek te doen, maar met persoonlijke schepping — een geheel ander gebied dus. En wat zijn historische uiteenzetting betreft, deze heeft het gebrek waarvan we hooger spraken : zij bekommert zich niet om haar blijvende beteekenis, zij tracht niet uit de beschouwing van een zeker tijdperk het duurzame element dat men op alle andere oogenblikken (ook op het huidige) kan toepassen af te leiden. Als onvermijdelijk gevolg vallen de beide deelen, die innig moesten verbonden zijn, in twee stukken uit elkaar : de critiek wordt een hulpelooze gevoelsmanifestatie zonder beteekenis en de geschiedenis een doodsche en vervelende opsomming.

Critiek en literatuurgeschiedenis moeten op elkaar afgestemd zijn ; dan slechts worden ze doelmatige instrumenten voor de studie van kunstwerken en kunstenaars.

Paul de MAN.

Nota. — De beide werken waarvan sprake zijn respectievelijk : Marcel Raymond, « de Baudelaire au surréalisme » verschenen (in 1940) bij José Corti (Parijs) en René Lalou : « Histoire de la littérature française contemporaine » waarvan de tweede zeer aangevulde uitgave in 1941 bij de « Presses universitaires de France » verscheen.

Criticism and Literary History

The question as to how it is possible to judge the efficiency of a historical method is put again and again by those who try to lead literary history in other directions and to give it a deeper spiritual content. In fact one can think of no better touchstone for such a method than its application to contemporary reality. If it can also be used for the study of current affairs and can likewise lead to a clear survey of movements and trends, it proves that it is capable of attaining the main goal of all historical labor: to become a guide for the critical investigation of existing conditions. For what would be the use of keeping in touch with the past and of fathoming all its aspects if this knowledge does not teach us to pass judgment on what is happening around us *now*? What we ask of history is not that it shows us the picturesque and peculiar sides[1] of a past civilization—since that is not important enough to waste our time on. But if we continually turn to the past, this is because we intuitively feel that our own personality and the surrounding world are, as it were, determined by this past and that consequently we cannot acquire conscious control over our opinions—and, a fortiori, over our actions—if we do not take into account what has happened before us. It is of course out of the question that this retrospect could enable us to foresee what our future will look like. For that purpose our means are much too limited. But one can nevertheless deduce from it a general idea about the destiny of mankind, which is periodically disturbed by intellectual currents whose coming and going determines the undulating course of history.

The past, then, arouses our attention to the extent that it is capable of making us better understand the present. In other words—and if we apply this view to the realm of investigations and research in the history of art, these have no value on their own, they find their justification only in function of general criticism. Criticism which is only based upon a personal, passing impression and which results from an impulsive upsurge, has no value, since it does not possess durability. History, on the other hand, which does not aim at anything more than the discovery of pieces of information and which restricts itself to the description of a particular period (or a particular figure) without indicating its [or his] general significance is no more than a pleasant pastime for dilettantes. And it looks as if both, historians as well as critics, are highly inclined to get lost on such a wrong track these days.

We can adequately illustrate these observations by means of two works published in Paris during the last few years which deal with contemporary French literature. One is restricted to poetry and is written by Marcel Raymond. The other covers all genres and was composed by René Lalou. In both cases the subject matter treated ranges from approx. 1870 to 1940, making a comparison obvious.

How thoroughly do the results achieved by both authors—whose wide reading and good taste are indisputable—differ from each other! After reading Lalou one gets an overwhelmingly chaotic impression. Hundreds of names have beeen mentioned, a motley mixture of theories and experiments whirls before our eyes. In a labyrinth of unthinkable complexity one has searched in vain for a guiding principle. Is it really true, then, that the whole of that production does not have the slightest unity, that so many artists live and work beside one another without having anything in common? Is there no collective movement contained in this enumeration of talents? The reader of this literary history will have to answer these questions negatively, for from his reading he can only infer the existence of a desperately intricate muddle.

Matters are very different in the case of Raymond. This [writer] has already warned us in his introduction: "il m'a semblé qu'une ligne de force, dont le dessin apparait ici de lieu en lieu, commandait le mouvement poétique depuis le romantisme." No muddle, then, but a line, a direction around which a certain ordering takes place. The subtle play of mutual influences and groupings does not occur in a fickle and erratic fashion, but appears to obey certain laws. There is a certain homogeneity, a uniformity of actions and creations: every generation of poets has an aesthetic discipline proper to all its members. On the other hand there is a certain continuity, one generation ensues logically from the preceding one, in the sense that it develops the formulae of the precursors more deeply or, when these are completely exhausted, searches for an innovation and opposes or avoids the old rules—which is after all still a means for those rules to exert a decisive influence, be it in a negative sense. In short, modern French poetry appears from this study as a well-rounded whole whose parts match each other, as a creative phenomenon with internal cohesion.

There is no doubt that it is the impression left by this latter book which corresponds to reality. However much one has to be wary of artificial simplifications, one still should not regard style as constituted by a dispersed and divided number of isolated works without the least unity. After all, it is the product of people with one and the same historical temporal alignment. Its development does not depend upon arbitrary, personal decisions, but is connected to forces which perform their relentless operations across the doings of individuals. No one is free in his manner of writing, painting or composing, even the most shocking events—wars and revolutions—are sometimes unable to obstruct or to stimulate the gradual growth and flowering of creative forms. There exists, to a certain extent, an aesthetic determinism of which the artist himself is not aware, the same determinism that is expressed in the course of history, which, after all, does seem to move around a small number of constants. It follows that we give a wrong impression of things if we do not allow these organizing evolutionary laws to speak clearly. The chaotic world of Lalou is not only a shocking sight for the mind; it is a false interpretation of reality. The tendency toward unity of Marcel Raymond not only satisfies our natural urge for logical consistency; it is the faithful reproduction of what is recognized as reality.

The failure of Lalou—and this brings us back to the problem we formulated at the outset of this article—can be attributed to his critical as well as to his historical method. His criticism is never motivated, it is only the subjective reproduction of his own mind under the influence of the work under discussion. It is beyond dispute that such expressions, if they are presented with the gift of an original talent, can have a high artistic value. One will, for instance, come across very beautiful, stylish pages in Lalou. But from this moment onwards we are no longer dealing with criticism but with personal creation—a completely different domain. As for his historical account, it has the deficiency we spoke of above: it is not concerned about its enduring significance, it does not try to deduce from the consideration of a certain era the durable elements that can be applied to all other moments (including the present). As an inevitable consequence of this, both parts, which ought to be intimately connected, fall apart into two pieces: the criticism becomes a helpless manifestation of feeling without significance, and the history becomes a dead and boring enumeration.

Criticism and literary history have to be attuned to one another; only then do they become efficient instruments for the study of works of art and artists.

Paul de Man
[Trans. Ortwin de Graef]

Note: Both works discussed are, respectively: Marcel Raymond: "De Baudelaire au surréalisme," published (in 1940) by José Corti (Paris) and René Lalou: "Histoire de la littérature française contemporaine," the second, highly enlarged edition of which was published in 1941 by the "Presses Universitaires de France."

Translator's Note

(1) Actually, the original has "kansen" ("chances") instead of "kanten" ("sides," "aspects"), but there is every reason to believe that this is a printing error. (Trans.)

Hedendaagsche strekkingen in de Fransche Poëzie

De richtingen die heden tot uiting komen in de scheppingen der Fransche dichters worden beheerscht door de twee groote experimenten die gedurende de laatste eeuw de ontwikkeling van het genre bepaalden : het symbolisme en het surrealisme. Iemand die geen rekening zou houden met den diepgaanden invloed die door deze beide bewegingen werd uitgeoefend, kan het wezen en de waarde der hedendaagsche productie onmogelijk begrijpen. Hoeveel onbegrip en hoeveel verkeerde interpretaties der feitelijke bedoelingen zouden niet vermeden worden, indien men zich de moeite gaf een phenomeen zooals het surrealisme in het historische kader te plaatsen waarin het thuis hoort ! Dan zou men de eigenlijke draagwijdte van een dergelijke poging inzien en de schokkende elementen die aanleiding geven tot de kunstmatige bewondering der snobs en den gescandaliseerden afkeer der philisters herleiden tot hun werkelijke beteekenis.

Indien het surrealisme als een vreemdsoortige strekking beschouwd werd, is zulks vooreerst te wijten aan de diepgaande breuk die het beteekende met de tradities der Fransche letterkunde. Zeer dikwijls heeft men nadruk gelegd op het primaat der rede en der logica die de artistieke voortbrengselen van de Fransche natie kenmerkt.

De heerschende breuk is hier steeds het ordenende verstand en het einddoel is rationeele kennis. Ook de poëzie draagt den stempel van deze nationale karakteristieken, en de volmaaktheid van het XVIIe eeuwsche classicisme heeft alles aan dergelijke inzichten te danken. Want hieruit ontstond die afgewerkte, doordachte, vormelijk perfecte poëzie, doordrongen van psychologische wijsheid, die in de tragedie van Racine haar hoogtepunt bereikt. Gedurende lange jaren zou deze kunstvorm, volstrekte uitdrukking van den specifiek Franschen aanleg, hoogtij vieren en als voorbeeld dienen. De diepgaande veranderingen op wijsgeerig en sociaal gebied die we in de XVIIIe eeuw beleven, beroeren nauwelijks de rotsvaste regels der gevestigde aesthetiek. Het romantisme zelf, het romantisme van Hugo, Murrat of Vigny, brengt wel een vernieuwing der poëtische thematiek met zich, doch zonder het kader van het redelijke te verlaten. Meer nadruk wordt gelegd op gevoelsatmospheren en sentimenteele driften, maar deze blijven steeds binnen het bereik der algemeen geldende geestelijke normen en bereiken nooit het gevaarlijk terrein waar het helderziende verstand niet meer meester is.

De eerste om met deze traditie af te breken is Baudelaire. Bij hem komt een visie tot uitdrukking die niet een logische geestes- en gevoelssamenhang weergeeft, maar een diepere, instinctmatige, irrationeele overeenkomst tusschen de dingen der aarde ontdekt. Het zeer beroemde sonnet « Correspondances » is een prachtige poëtische weergave van de geheimzinnige verbondenheid der natuur met 's menschen innerlijk wezen en beleven. Deze opvatting van Baudelaire is van het grootste belang ; ze beteekent een keerpunt in den groei der Fransche poëzie. Want deze betreedt hiermee voor het eerst het duister domein van het onbewuste en het onverklaarbare waarvan het gedurende zooveel jaren ver was verwijderd gebleven.

De invloed van Baudelaire op zijn navolgers, de symbolisten, was zeer groot. Deze schare wonderbaar begaafde dichters zetten den tocht in het irrationeele, dien Baudelaire half onbewust ondernomen had, voort. Voor Mallarmé is poëzie « l'expression, par le langage humain ramené à son rythme essentiel, du sens mystérieux de l'existence : elle donne ainsi d'authenticité notre séjour et constitue la seule tâche spirituelle ». Wij staan hier ver af van de beheerschte, heldere schepping der classieken. Eenmaal de banden der rede doorbroken, belandt men in een wereld van een oneindigen rijkdom, maar waarvan de kennis en de veropenbaring moeilijk, ja, bijna onmogelijk zijn. De symbolisten willen nochtans volstrekt doordringen tot die subjectieve zelfkennis en ze zoeken met hardnekkige krachtinspanning naar de uitdrukkingsmiddelen om ze weer te geven. « La première étude de l'homme qui veut être poète est sa propre connaissance, entière, schrijft Rimbaud, il cherche son âme, il s'inspecte, il la tente, l'apprend. Dès qu'il la voit, il doit la cultiver..... Il arrive à l'inconnu ! »

Het komt ons voor alsof die nieuwe orientatie — die zeer precies overeenstemt met die der Duitsche romantiek — iets in zich draagt dat onverzoenlijk is met den Franschen geest. Het zou hier te veel plaats nemen om aan te duiden hoe, stilaan, het symbolisme opnieuw evolueerde naar de oorspronkelijke nationale vormen.

Niet alleen komt zulks tot uiting in de talrijke reacties die van buiten uit tegen deze school los kwamen en waaronder het « romanisme » van Charles Maurras de meest kenmerkende is. Maar de symbolisten zelf ondergaan deze aantrekking van de eeuwige Fransche constanten, zoodat men bij een zoo vurig vereerder van Mallarnie als Paul Valéry een eigenaardig, subtiel en ten slotte onharmonisch compromis aantreft tusschen de irrationeele, romantische neigingen van zijn meester en de eischen van de classieke traditie. Wij stippen hier deze zeer merkwaardige vervorming slechts terloops aan om : door analogie, den huidigen toestand beter te begrijpen.

Uit het symbolisme en de Duitsche romantiek, die ditmaal bewust bestudeerd en bewonderd werd, ontstond het surrealisme. Zooals de symbolisten Baudelaire verder hadden uitgediept, zetten de surrealisten de proefnemingen hunner voorgangers voort. Men wil doordringen tot het punt waar alle uiterlijke antagorismen samensmelten tot een enkele, sublieme eenheid.

« Tout porte à croire qu'il existe un certain point de l'esprit d'où la vie et la mort, le réel et l'imaginaire, le passé et le futur, le communicable et l'incommunicable, le haut et le bas, cessent d'être perçus contradictoirement. Or c'est en vain qu'on chercherait à l'activité surréaliste un autre mobile que de déterminer ce point ». (André Breton). En nog : « un homme peut, selon une certaine méthode dite mystique, atteindre à la perception immédiate d'un autre univers, incommensurable à ses sens et irréduisible à son entendement..... »

Deze citaten bewijzen allerduidelijkst hoe diep-ernstig de bedoeling der surrealisten was, die niets minder betrachten dan den « Gulden tijd » der totale harmonie, die Novalis zoo mooi bezongen heeft, te achterhalen. Niet de rede is het die hen daarbij kan leiden, maar de natuurlijke kracht van de mythe, van den droom. Deze worden dan ook de eigenlijke inhoud der poëzie.

Dit is dus het theoretisch inzicht, de bewuste overtuiging van wat moet verwezenlijkt worden. En dit inzicht is juist, want niemand zal de poëtische diepte van een dergelijke geestes-houding, waaruit Duitschland sinds eeuwen den onschatbaren rijkdom van zijn kunst put, willen betwisten. De feitelijke productie der surrealisten blijft echter ver beneden de theoretische waarde van hun streven. Vooreerst worstelden zij te vergeefs, op zoek naar een onvindbaren vorm ; echte wangedrochten (denk vooral aan de schilderkunst !) getuigen van dien hopeloozen strijd. Enkelen slaagden erin die gevaarlijke klip te omzeilen : van een dichter als Renard kan gezegd worden dat hij meester werd van een uitdrukkingsmiddel dat zijn doel bereikt. Maar wanneer men nagaat hoe zelfs bij de jongeren, een opeenstapeling van zuiver doctrinaire uiteenzettingen de wegen bepaalt van een poëzie die zoo weinig scheppende krachten telt dat men nauwelijks kan zeggen dat ze bestaat, dan moet men zich toch afvragen of hier niet te ver afgeweken werd van het echte, traditioneele Fransche kunstwezen. Voor een buitenstaander is die kamp tusschen een algemeene neiging om de poëzie te hernieuwen door samensmelting van het irrationeele met de nationale, verstandelijke overlevering, een spannend schouwspel. Het is thans nog te vroeg om te voorspellen wie zal overwinnen en of de Fransche literatuur zich ooit ten volle zal kunnen overgeven aan den diep-romantischen geest dien ze zoo harstochtelijk schijnt te begeeren.

Paul DE MAN.

Contemporary Trends in French Poetry

The directions presently expressed in the creations of French poets are governed by the two great experiments which determined the development of the genre over the last century: symbolism and surrealism. Someone who does not take into account the profound influence exerted by these two movements cannot possibly understand the essence and value of contemporary poetic production. How much lack of understanding and how many wrong interpretations would be avoided, if only one took the trouble to place a phenomenon like surrealism in the historical frame in which it belongs! Then one could see the proper range of such an attempt and reduce the shocking elements that give rise to the artificial admiration of the snobs and the scandalized aversion of the Philistines to their true significance.

If surrealism was considered to be a strange trend, this is first of all due to the profound break with the traditions of French literature it entailed. The primacy of reason and of logic which characterizes the artistic products of the French nation has frequently been stressed.

The dominant break[1] here is always the ordering intellect and the final goal is rational knowledge. Poetry, too, bears the imprint of these national characteristics, and the perfection of XVIIth century classicism owes everything to such insights. For out of this originated that accomplished, well-considered, formally perfect poetry, impregnated by psychological wisdom, which reached its peak in the tragedies of Racine. Over a period of long years, this art form, the absolute expression of the specifically French disposition, would reign supreme and serve as an example. The profound changes on the philosophical and social level witnessed in the XVIIIth century, hardly touch the solid rules of the established aesthetics. Romanticism itself, the romanticism of Hugo, Musset or Vigny, does introduce a renewal of poetic thematics, but without leaving the frame of the rational. More stress is laid on atmospheres of feeling and sentimental drives, but these always remain within the range of the generally valid spiritual norms and never reach the dangerous terrain where the clear-sighted intellect is no longer master.

The first to break with this is Baudelaire. In him is manifested a vision which does not represent a logical connection of spirit and feeling, but which discovers a deeper, instinctive, irrational correspondence between the things of the earth. The very famous sonnet "Correspondances" is a magnificent poetic representation of the mysterious alliance of nature with man's inner essence and experience. This conception of Baudelaire is of the utmost importance; it signifies a turning point in the growth of French poetry. For at this point this poetry enters the dark domain of the unconscious and the inexplicable from which it had remained aloof for so many years.

The influence of Baudelaire on his followers, the symbolists, was very great. This legion of wonderfully gifted poets continued the journey into the irrational, which Baudelaire had undertaken semi-unconsciously. For Mallarmé poetry is "l'expression, par le langage humain ramené à son rythme essentiel, du sens mysterieux de l'existence: elle donne ainsi d'authenticité à notre séjour et constitue la seule tache spirituelle." We are very far here from the tempered, lucid creation of the classics. Once the bonds of reason are broken, one arrives in a world of infinite wealth, the knowledge and revelation of which are, however, difficult, indeed, almost impossible. The symbolists nevertheless wish to absolutely penetrate into this subjective self-knowledge and they seek with stubborn exertion for the means of expression to represent it. "La première étude de l'homme qui veut être poète est sa propre connaissance, entière," Rimbaud writes, "il cherche son âme, il s'inspecte, il la tente, l'apprend. Dès qu'il la voit, il doit la cultiver.... Il arrive à l'inconnu!"

It seems to us that this new orientation—which corresponds very precisely to that of German romanticism—contains something which is irreconcilable with the French spirit. It would take up too much space here to designate how, slowly, symbolism evolved again into the original national forms. This not only becomes manifest in the numerous reactions that arose against this school and among which the "romanism" of Charles Maurras is the most characteristic. But the symbolists themselves are subject to this attraction of the eternal French constants, to the extent that in so fervent a worshipper of Mallarmé as Paul Valéry one encounters a special, subtle and ultimately unharmonious compromise between the irrational, romantic inclinations of his master and the demands of the classical tradition. We only touch upon this highly remarkable transformation in passing here, in order to, by means of analogy, better understand the present situation.

Out of symbolism and German romanticism, which this time was studied and admired consciously, surrealism originated. Just as the symbolists had deepened Baudelaire, the surrealists continued the experiments of their precursors. They wish to penetrate to the point where all external antagonisms blend into one single, sublime unity.

"Tout porte à croire qu'il existe un certain point de l'esprit d'où la vie et la mort, le réel et l'imaginaire, le passé et le futur, le communicable et l'incommunicable, le haut et le bas, cessent d'être perçus contradictoirement. Or c'est en vain qu'on chercherait à l'activité surréaliste un autre modèle que de déterminer ce point." (André Breton) And further: "un homme peut, selon une certaine méthode dite mystique, atteindre à la perception immédiate d'un autre univers, incommensurable à ses sens et irréduisible à son entendement...."

These quotes prove very clearly how deeply serious the intention of the surrealists was, who strove to obtain nothing less than the "Golden Age" of total harmony which Novalis has celebrated so beautifully. It is not reason which can lead them in this, but the natural force of myth, of the dream. Understandably, these become the proper content of poetry.

This, then, is the theoretical insight, the conscious conviction of what has to be realized. And this insight is correct, for no one will wish to dispute the poetical depth of such a spiritual attitude, out of which Germany has drawn the invaluable wealth of its art for centuries. The actual production of the surrealists, however, remains far beneath the theoretical value of their quest. First of all they struggled to no avail, searching for an unfindable form; real monstrosities (think especially of painting!) bear witness to this hopeless struggle. Some succeeded in steering clear of this dangerous rock: it can be said of a poet like Renard that he became a master of a means of expression which reaches his goal. But when one investigates how even among the younger generation an accumulation of purely doctrinaire expositions determines the paths of a poetry which numbers so few creative forces that one can barely say it exists, then one is forced to ask oneself whether here the deviation from the real, traditional French artistic essence has not gone too far. For an outsider this battle between a general inclination to renew poetry by means of an amalgamation of the irrational with the national, intellectual tradition is an exciting spectacle.[2] It is as yet too early to predict who will win and whether French literature will ever be able to fully surrender to the deeply romantic spirit it appears to desire so passionately.

Paul de Man
[Trans. Ortwin de Graef]

Translator's Notes

(1) "Break" here translates "breuk." I presume de Man meant to say "principle" rather than "break," as the sentence as it stands does not make much sense in this context. (Trans.)

(2) Here, as elsewhere, incorrect grammar is a more or less faithful rendering of the original text. (Trans.)

Duitsche Letteren

Een groot schrijver: Ernst Jünger

Het is haast ongeloofelijk dat een schrijver van de waarde en de beteekenis van Ernst Jünger buiten de grenzen van zijn vaderland, Duitschland, bijna onbekend bleef. Een dergelijk phenomeen kan gelden als een doorslaand bewijs van de kunstmatige cultureele afzondering die in Europa bleef heerschen, ondanks de volmaaktheid der middelen tot uitwisseling. Voor wat dit bijzonder geval betreft is onlangs, althans ten deele, een einde gesteld aan een onduldbaren toestand, vermits er op het oogenblik reeds twee fransche vertalingen op de markt zijn. Uit het recente werk van Jünger: zijn oorlogsdagboek («Jardins et Routes», uitgegeven bij Plon) en een roman («Sur les Falaises de Marbre», bij Gallimard). Dit laatste werk verschijnt trouwens binnenkort in Nederlandsche vertaling (bij «De Lage Landen» te Brussel.)

In de huidige wereldliteratuur bekleedt Ernst Jünger een plaats waarvan het belang in de toekomst meer en meer zal ingezien worden. Men moet buiten het kader der Duitsche letterkunde treden om er de leidende rol van te begrijpen. Of liever, Jünger is als een smbool der ontwikkeling, die zich in het letterkundige leven van het Westen voltrekt en die men, nationaal gezien, kan beschouwen als een geleidelijk sterkere beinvloeding van de Fransche artistieke waarden door die van Germaanschen oorsprong. Dit wil hoegenaamd niet zeggen dat, op dit oogenblik, er in Frankrijk een bewuste nabootsing bestaat van de Duitsche normen of dat Jünger er beschouwd zou worden als een voorbeeld, een ideaal dat men moet trachten te evenaren. Het geldt een minder uitwendige actie die zich buiten het bewustzijn der auteurs afspeelt. In voorgaande artikelen hebben wij er reeds op gewezen hoe thans, zoowel in het Fransche proza als in de poëzie, een nieuwen romantischen toon klinkt. Maar die romantiek is niet identiek met die welke in het begin der XIXe eeuw tot ontplooiing kwam in Duitschland. Tusschen dit tijdperk en het huidige ligt hetgeen men het tweede Fransche chauvinisme zou kunnen noemen: de groote bloei van den realistisch-psychologischen roman waarvan een sterke aantrekkingskracht uitging. Jünger — en vele andere moderne Duitsche romanciers — hebben dien invloed ondergaan. Het volstaat zijn dagboek te lezen om in te zien hoe juist hij de mentaliteit van de rationeele analisten begrepen heeft. Van hen heeft hij dan ook een zekere geesteswending behouden die hem van de zuivere romantici zooals Novalis of J. P. Richter onderscheidt. Deze laatsten bekommerden zich meer om de omgevende Natuur dan wel om den mensch zelf: de kennis van hun eigen gemoed en meer nog van dat hunner medemenschen boezemt hun geen belang in. Wat zij trachten te achterhalen zijn sommige geëxalteerde oogenblikken uit het gemoedsleven, waarin de menschelijke ziel volledig uit haar evenwicht gerukt is om zich in onbereikbare sferen te begeven. Zulks is hoegenaamd niet het geval bij Jünger: een diep humanisme, in den breedsten zin van het woord, straalt uit zijn geschriften. Er ligt een kalme, rustige menschenkennis in de manier waarop hij zijn evennaasten weet te behandelen en te beschrijven. Deze neiging blijft natuurlijk ver verwijderd van de methode der psychologische romanschrijvers zooals Marcel Proust of André Gide, die van zichzelf een middelpunt maken en alleen oog hebben voor het doen en laten der anderen ten opzichte van hun eigen ik. Maar toch heeft Jünger iets met hen gemeen ondanks alle verschillen die steller dezes in een elders verschenen artikel sterk onderlijnd heeft. Ditmaal echter is onze bedoeling integendeel te bewijzen dat ook tusschen de oerromantiek en deze andere romantiek een verschil bestaat vermits, indien we als maatstaf aannemen: bekommernis om zielkundige, menschelijke vraagstukken, deze bekommernis afwezig is bij de oorspronkelijke romantiek terwijl ze een belangrijke rol speelt bij Jünger. Ze is hier echter samengesmolten met andere elementen, van zuiver mythischen aard, die opduiken uit het verste verleden der Germaansche traditie. Dit wordt vooral in een roman als «Auf die Marmorklippen» duidelijk. Want hier gaat het ten slotte niet meer om objectief psychologische kennis maar om hoogst subtiele innerlijke atmospheren naast, op andere plaatsen, ontplooiingen van een episch beschrijvende visie. Er zijn vele kanten aan de persoonlijkheid van Jünger, zoodanig dat er verscheidene gezichtshoeken zich voordoen, van waaruit men hem zou moeten bestudeeren, elk boek van zijn hand opent nieuwe horizonten en toont andere mogelijkheden van zijn ongemeen rijk talent.

In het samentreffen, de synthese, van twee dier elementen ligt de formule van de toekomstige Europeesche literatuur besloten. Hoe gevaarlijk ook dergelijke schematische concepten zijn, toch mag men hier spreken van een versmelting van het Germaansche mythische romantisme met het Fransche rationeele humanisme. Het meest treffende voorbeeld van die strekking is dat van Rainer-Maria Rilke. Hier is zelfs de materieele voorwaarde vervuld die dit samentreffen tusschen een

Duitschen aard en een Fransche beschaving doet uitkomen vermits het op Franschen bodem is dat Rilke werkte In het oorlogsdagboek van Jünger, waar hij zijn indrukken verhaalt gedurende den zegevierenden intocht zijner troepen in de veroverde steden en dorpen, vindt men een gelijkluidend symbool. De reactie van een Duitscher met diep-nationalen inborst voor de uitingen van de Latijnsche beschaving die hij volledig begrijpt en assimuleert is hier de aanleiding tot prachtige bladzijden, waarvan de schijnbare eenvoud in werkelijkheid een uiterst diepgaande kunstuiting is. Meer dan ooit blijkt hieruit de onomstootbare waarheid der stelling volgens dewelke het bij dergelijke vermengingen van cultuurwaarden is dat de kostbaarste rijkdommen geboren worden. Deze bewegingen van land tot land gebeuren echter meestal ongemerkt ; soms echter zijn figuren zooals Rilke, secretaris van Rodin, of Jünger als Duitsch officier in een historisch kasteel van Fransche aristocraten verblijvende, een concreete uitbeelding der bestaande contacten.

Er is voor Vlamingen uit de aesthetische strekking van Jünger een les te leeren die niet dikwijls genoeg kan herhaald worden : ik bedoel, het nut voor een schrijver van open te zijn voor alle uitingen der Westersche beschavingen, van zich niet op te sluiten in locale tradities. Het eigen regionale door bloed en bodem bestemd, kan een oprechte kunstenaar nooit verloochenen want het is een integreerend deel van zijn wezen, dat hij moet uitspreken. Maar hij verarmt zich systematisch, hij weigert gebruik te maken van hetgeen de levenskracht onzer Europeesche cultuur uitmaakt, indien hij, zoogezegd om trouw te blijven aan eigen volk, geen kennis wil nemen van hetgeen elders tot stand komt. In dit geval is het aanwenden van locale kleur slechts een gemakkelijk voorwendsel om een afwezigen rijkdom te vervangen door oppervlakkig regionalisme. Ware kunstenaars staan ver boven dit standpunt. Zij weten, zooals Jünger, dat het erkennen van verwante maar in sommige opzichten tegenstrijdige artistieke waarden, een aansporing is tot het volledig ontplooien der eigen oorspronkelijkheid.

Paul de Man.

German Literature. A Great Writer: Ernst Jünger

It is almost incredible that a writer of the value and significance of Ernst Jünger has remained virtually unknown outside the boundaries of his native country, Germany. Such a phenomenon can count as a decisive proof of the artificial cultural isolation which has remained in control in Europe, despite the perfection of the means of exchange. So far as this particular case is concerned, there has recently been put an end to an intolerable situation, at least partially, since at present two French translations are already available. From the recent work of Jünger: his war diary ("Jardins et routes," published by Plon), and a novel ("Sur les falaises de marbre," published by Gallimard). The latter work, incidentally, will shortly appear in a Dutch translation (to be published by "De Lage Landen" in Brussels.)

In contemporary world literature, Ernst Jünger occupies a place the importance of which will become more and more acknowledged in the future. One has to step outside of the frame of German literature in order to understand its leading role. Or, rather, Jünger is like a symbol of the development which is taking place in the literary life of the West and which, from a national perspective, can be seen as a gradually increasing influence on French artistic values by those of Germanic origin. This is by no means to say that, at this moment, there exists a conscious imitation of German norms in France, or that Jünger is considered to be an example there, an ideal one has to try to match. A less external action which occurs outside of the consciousness of the authors is at stake. In previous articles we have already indicated how at present, in French prose as well as poetry, one can hear a new romantic tone. But this romanticism is not identical to that which developed in the beginning of the XIXth century in Germany. Between that era and the present there lies what could be called the second French chauvinism[1]: the flourishing of the realistic-psychological novel, which exerted great attraction. Jünger—and many other German novelists—have undergone this influence. It suffices to read his diary to realize how correctly he has understood the mentality of the rational analysts. From them he has retained a certain turn of mind which distinguishes him from pure romantics like Novalis or J. P. Richter. The latter were more concerned with the surrounding Nature than with man himself: the knowledge of their own heart and, even more so, of that of their fellowmen, did not interest them. What they try to recover are some exalted moments from the life of the heart, in which the human soul has been torn completely out of its balance in order to move into unattainable realms. This is by no means the case in Jünger: a profound humanism, in the broadest sense of the word, radiates from his writings. There is a serene, quiet insight into human character in the way in which he deals with and describes his fellowmen. This inclination naturally remains remote from the method of psychological novelists like Marcel Proust or André Gide, who make themselves into a center and only have an eye for the doings of others with respect to their own I. But still Jünger has something in common with them, despite all differences the present writer has strongly underscored in an article published elsewhere. This time however, it is our intention to prove, on the contrary, that there is also a difference between the primal romanticism and this other romanticism since, if we accept as criterion: care for psychological, human questions, this care is absent in the original romanticism, while it plays a very important role in Jünger. But it has been fused together with other elements, of a purely mythical nature, which arise from the most distant past of the Germanic tradition. This is especially apparent in a novel like "Auf die Marmorklippen." For, after all, what is dealt with here is no longer objective psychological knowledge, but highly subtle inner atmospheres side by side, in other places, with the unfolding of an epically descriptive vision. There are many sides to the personality of Jünger, so that several points of view from which he ought to be studied offer themselves; each book by his hand opens up new horizons and shows other facets of his uncommonly rich talent.

In the meeting, the synthesis, of two of these elements the formula of future European literature is contained. However dangerous such schematic concepts may be, one can still speak of a fusion of Germanic mythical romanticism and French rational humanism here. The most striking example of this trend is Rainer-Maria Rilke. Here even the material condition which discloses this meeting of a German nature and a French civilization is fulfilled, since Rilke worked on French soil. In the war diaries of Jünger, in which he relates his impressions during the triumphant entry of his troops into the conquered cities and villages, one finds a similar symbol. The reaction of a German with a profoundly national disposition to the expressions of a Latin civilization which he completely understands and assimilates is here the occasion for splendid pages whose apparent simplicity is really an extremely profound artistic expression. More than ever this reveals the indisputable truth of the thesis according to which it is with such mingling of cultural values that the most precious riches are born. These movements from country to country usually take place unnoticed; sometimes, however, figures like Rilke, secretary of Rodin, or Jünger, residing as German officer in an historic castle of French aristocrats, are the concrete representation of existing contacts.

For Flemings there is a lesson to be learned from Jünger's aesthetic tendency that cannot be repeated often enough: I mean the usefulness for a writer to be open to all expressions of Western civilizations, not to confine himself within local traditions. A sincere artist can never renounce his proper regional [character], destined by blood and soil, since it is an integrating part of his essence, which he has to utter. But he systematically impoverishes himself, he refuses to make use of that which constitutes the vital force of our European culture, if he, allegedly in order to remain true to his own people, does not want to become acquainted with that which comes into being elsewhere. In that case, the use of local color is merely an easy pretext in order to replace an absent wealth with superficial regionalism. True artists are very much above this position. They know, like Jünger, that the acknowledgement of kindred but in some aspects contradictory artistic values is an exhortation to the full development of the proper originality.

Paul de Man
[Trans. Ortwin de Graef]

Translator's Note

(1) In an erratum following "A View on Contemporary German Fiction" (20 August 1942), de Man points out that "chauvinism" should read "classicism." (Trans.)

MENSCHEN EN BOEKEN

Blik op de huidige Duitsche romanliteratuur

Toen, enkele maanden geleden, de mooie tentoonstelling van het Duitsche boek in Brussel gehouden werd, kon men zich ervan rekenschap geven hoe weinig de overgroote meerderheid der bezoekers van de ware beteekenis der huidige Duitsche letterkunde afwist. Nochtans was er heel wat van de Duitsche naoorlogsche productie in het Nederlandsch vertaald geworden. Maar die boeken, die veelal op de markt werden gebracht bijna gelijktijdig met het verschijnen der oorspronkelijke versies, gaven een zeer eenzijdigen en valschen kijk op het werk der Duitsche romanschrijvers. Want zij belichtten slechts een gedeelte van hetgeen in dit land gepresteerd werd, en zeer zeker niet het gedeelte waarin het diepe wezen van zijn artistiek genie tot uiting kwam. Zoodat een korte terechtwijzing op dit gebied niet onnoodig is, al was het slechts om een verkeerd inzicht uit den weg te ruimen.

Duitschland is inderdaad een natie met een sterke artistieke continuiteit sterker misschien dan in Frankrijk waar, op het eerste gezicht, de ontwikkeling der genres nochtans op een meer geordende en systematische manier schijnt te verloopen. Maar dat is slechts een oppervlakkigen indruk. Want ten slotte heef tde Fransche kunstgeest een minder standvastige en hechte basis als de Duitsche Daar waar deze laatste sinds eeuwen onveranderd is gebleven en zijn diversiteit slechts te danken heeft aan zijn onuitputbaren rijkdom, heeft men in Frankrijk met experimenten te doen die wel, elk afzonderlijk, zeer logisch en rationeel verloopen maar die, in hun geheel genomen, zoodanig sterke afwijkingen vertoonen dat men ze moeilijk tot een eenheidstype kan herleiden. Dergelijke verschillen treft men in Duitschland niet aan. Hier gebeurt de hernieuwing meestal door het assimileeren van buitenlandsche normen die vervormd worden en teruggevoerd tot een aantal specifieke en constante waarden, het eigen geestelijk goed der natie. Steeds vindt men deze waarden terug en daar waar men ze negeert mag men terecht van ontaarding spreken. Een dergelijk criterium, toegepast op de Fransche kunst, zou tot gevaarlijke kunstmatige vereenvoudigingen voeren.

Indien we de naoorlogsche litteraire productie in Duitschland nagaan, dan valt onmiddellijk het contrast op tusschen twee groepen die trouwens door de gebeurtenissen van 1933 ook materieel gescheiden werden. De eerste van die groepen huldigde een kunst met sterk cerebralen inslag, gegrondvest op enkele abstracte principes en zeer ver verwijderd van alle natuurlijkheid. De in zichzelf zeer merkwaardige stellingen van het expressionisme werden er gebezigd als trucs, als handige kunstgrepen die op gemakkelijke effecten berekend waren. De zeer rechtmatige grondregel van de artistieke vervorming, ingegeven door de persoonlijke visie van den schepper, diende er als voorwendsel tot een geforceerde, caricaturale weergave der werkelijkheid. Hierdoor kwam men in openlijke tegenstelling met de eigenlijke tradities van de Duitsche kunst die steeds voor alles aan een diepe geestelijke oprechtheid gehouden had. Geen wonder dus dat het meestal niet-Duitschers, en in het bijzonder joden waren die in die richting gingen. En het is uit die werken dat met voorliefde vertaald werd, zoodat de Nederlandsche lezer den indruk kreeg dat zij het waren die het werkelijke gelaat van hun Oosetlijken nabuurstaat weergaven.

En nochtans werkte er in Duitschland een andere groep, die niet aan deze aberante mode toegaf. Hij bleef trouw aan de eigenlijke normen van het land, hetgeen hoegenaamd niet wil zeggen dat men regionaal voelde en schreef. Wat is meer algemeen menschelijk dan de mystisch-poëtische atmosfeer die uitgaat van het werk van Hans Carossa ? We spraken reeds, in dit blad, van Ernst Jünger en wezen er op hoezeer zijn kunst ook voor een vreemde, bijvoorbeeld Fransche sensibiliteit vatbaar is, vermits ze zich verheft tot het rijk van de kristalheldere schoonheid dat elk beschaafd mensch met innige bewondering mag betreden. De diepe zedelijke inslag die in de romans van Herman Stehr tot uiting komt brengt hem tot de breed opgezette behandeling van groote ethische problemen in zijn meesterwerk «der Heiligenhof», een der meest merkwaardige boeken uit de moderne wereldliteratuur. Erwin Guido Kolbenheyer heeft in zijn trilogie «Paracelsus» de wijsgeerige vestiging van het Duitsche geestestype ondernomen, hierbij doordringend tot in de diepst mogelijke ontleding van het wezen der scheppende krachten. Jongeren zooals Benno von Mechow of Paul Alverdes ondergingen sterk den invloed van den wereldoorlog en beschreven de onuitwischbare gevolgen die deze schokkende gebeurtenissen uitoefenden op hun tijdgenooten; bij Paul Alverdes was dit aanleiding tot ragfijne psychologische studies, in een zeer subtiele en stemmingrijke taal geschreven. Men zou gemakkelijk deze lijst kunnen vervolgen en een aantal namen noemen die waardig zijn van ver buiten Duitschland bekend en gewaardeerd te zijn. Maar dit ligt hier niet in onze bedoeling. We hebben er ons willen toe beperken er op te wijzen dat er in het actueele Duitschland een literatuur leeft en bloeit die rechtstreeksch aanknoopt bij die der groote voorgangers. Voor Nederlandsche uitgevers en vertalers is er daar een bron van rijkdommen te vinden die nog veel te weinig uitgebaat werd. Op die manier zouden ze hun landgenooten de mogelijkheid bieden kennis te maken met auteurs die trouw bleven aan hun natuurlijke inborst, ondanks de verleiding van door het gebruiken van geïmporteerde formules, een goedkoop succes te boeken. Met niet aan die bekoring toe te geven zijn deze schrijvers er niet enkel in geslaagd een kunst voort te brengen van blijvende waarde maar eveneens van de artistieke toekomst van hun land te verzekeren.

Paul DE MAN.

Nota : De typograaf deed me in een voorgaand artikel over Ernst Jünger spreken van het «tweede Fransche chauvisnisme». Men moest lezen «het tweede Fransche classicisme».

People and Books. A View on Contemporary German Fiction

When, some months ago, the beautiful exhibition of the German book was held in Brussels, one noticed how little the large majority of the visitors knew about the true significance of contemporary German literature. Nevertheless, a great deal of the German post-war production had been translated into Dutch. But those books, which often were put on the market almost simultaneously with the publication of the original versions, gave a very one-sided and false perspective on the work of German novelists. For they showed only a part of what had been accomplished in this country, and by no means the part in which the profound essence of its artistic genius was expressed. Consequently, a brief reprimand in this domain is not unnecessary, even if it were only to clear away a false insight.

Germany is indeed a nation with a strong artistic continuity, stronger perhaps than in France, where, at first sight, the development of the genres does seem to proceed in a more ordered and systematic fashion. But this is only a superficial impression. For, after all, the French artistic spirit has a less solid and firm basis than the German one. Whereas the latter has remained unchanged for centuries and owes its diversity only to its inexhaustible wealth, one sees in France experiments which, taken separately, do come to pass very logically and rationally, but which, taken as a whole, show such sharp aberrations that it is difficult to reduce them to a unitary type. Such differences are not to be seen in Germany. Here, renovation usually occurs through the assimilation of foreign norms which are transformed and reduced to a number of specific and constant values, the own spiritual property of the nation. One constantly finds these values, and where they are ignored, one can legitimately speak of degeneration. Such a criterion, applied to French art, would lead to dangerous artificial simplifications.

When we investigate the post-war literary production in Germany, we are immediately struck by the contrast between two groups, which, indeed, were also materially separated by the events of 1933. The first of these groups celebrates an art with a strongly cerebral disposition, founded upon some abstract principles and very remote from all naturalness. The theses of expressionism. though very remarkable in themselves, were used here as tricks, as skillful artifices aimed at easy effects. The very legitimate basic rule of artistic transformation, inspired by the personal vision of the creator, served here as a pretext for a forced, caricatured representation of reality. Thus, [the artists of this group] came into an open conflict with the proper traditions of German art which had always and before everything else clung to a deep spiritual sincerity. Small wonder, then, that it was mainly non-Germans, and specifically jews, who went in this direction. And it is with a preference for these works that translations have been made, with the result that the Dutch reader got the impression that it was they who represented the true aspect of their Eastern neighboring state.

Nevertheless, there was another group at work in Germany, which did not give in to this aberrant fashion. It remained true to the proper norms of the country, which does not at all mean that [the authors] felt and wrote regionally. What is more universally human than the mystical-poetical atmosphere emanating from the work of Hans Carossa? In this paper we have already spoken of Ernst Jünger and have pointed out to what extent his art is also susceptible to a foreign, for example French, sensibility, in as much as it raises itself to the realm of the crystal-clear beauty which every civilized man can enter with heart-felt admiration. The profound moral disposition manifested in the novels of Herman Stehr brings him to the ambitious treatment of ethical problems in his masterpiece "Der Heiligenhof," one of the most remarkable books of modern world literature. In his trilogy "Paracelsus," Erwin Guido Kolbenheyer has undertaken the philosophical foundation of the German type of spirit, thereby penetrating into the deepest possible analysis of the essence of creative forces. Younger [authors] like Benno von Mechow or Paul Alverdes were strongly influenced by the world war and described the indelible consequences which these shocking events entailed for their contemporaries; in Paul Alverdes this was the occasion for highly refined psychological studies, written in a very subtle and feeling language. One could easily continue this list and mention a number of names worthy of being known and valued far beyond the German borders. But that is not our intention here. We wanted to restrict ourselves to pointing out that in present-day Germany there lives and flourishes a literature which is directly connected with that of the great precursors. For Dutch publishers and translators a source of riches can be found there which has not yet been sufficiently exploited. In this way they could offer their compatriots the possibility to get acquainted with authors who have remained true to their natural disposition, despite the seductiveness of scoring cheap successes by using imported formulas. By not giving in to this temptation these writers have not only succeeded in producing an art of abiding value but also in securing the artistic future of their country.

Paul de Man
[Trans. Ortwin de Graef]

Note: In a previous article on Ernst Jünger the typesetter made me speak of the "second French chauvinism." It should have read "the second French classicism."

Een groot Duitsch lyricus: Max Dauthendey

Eenieder heeft in zijn loopbaan als lezer de gelegenheid ontdekkingen te doen. Nooit had ik van Max Dauthendey hooren spreken toen ik zijn vreemdklinkenden naam ontmoette in een werk van den welbekenden Duitschen kunsthistoricus Wilhelm Pinder over het probleem der generaties in de kunstgeschiedenis van Europa. Pinder citeerde er de zeer merkwaardige generatie auteurs die allen rond 1870 geboren werden. Naast overbekende schrijvers als Stefan George, André Gide, Maeterlinck, Paul Claudel, e.a. werd ook Max Dauthendey vernoemd. Er was dus niet veel nieuwsgierigheid noodig om op te zoeken wie Max Dauthendey was en waarom een zoo bevoegd rechter als Wilhelm Pinder hem op hetzelfde peil plaatst als de grootste letterkundige van onzen tijd. De lezing van het uiterst rijke en veelzijdige werk van den Beier Dauthendey zou trouwens dit oordeel ten volle bevestigen.

Het poëtische werk van dezen in Vlaanderen zoo goed als onbekenden schrijver zullen wij hier niet bespreken. Het is vooral zijn proza waarover we de bedoeling hebben uit te weiden, want het is in dit genre dat hij voor ons het best vatbaar en genietbaar is. De kenmerken van den romancier en van den dichter zijn trouwens van denzelfden aard, want beide zijn uitingen van eenzelfde persoonlijk, lyrisch en moed.

Dauthendey's proza beslaat een reeks novellen, die alle het Verre-Oosten als kader hebben en enkele romans, waarvan «Raubmenschen» de belangrijkste is. Evenals de novellen, werd «Raubmenschen» ingegeven door herinneringen die den onvermoeibaren reiziger gedurende zijn herhaalde verblijven in het buitenland heeft verzameld: de handeling grijpt beurtelings plaats in Mexico en in Noord-Amerika. Deze gegevens volstaan ten volle om te doen begrijpen dat Dauthendey veelal als een exotische schrijver bestempeld werd.

Deze classificatie, al is ze oppervlakkig gezien ten volle gerechtvaardigd, sluit toch een zeker gevaar in zich. Want ze noopt ertoe den auteur te beschouwen als iemand wiens aantrekkelijkheid alleen bestaat in het weergeven van het schilderachtig uitzicht van een uitheemsche streek.

Dauthendey is echter veel meer dan dat. Zijn exotisme heeft niets gemeens met dat van zooveel schrijvers van tweeden rang die een middelmatig verhaal opluisteren met enkele pittoreske bijzonderheden uit verre landen, door een haastig tourist opgeteekend gedurende een conventioneele reis. In zijn novellen heeft Dauthendey echter een zeer zeldzaam bereikte poëtische metamorphose kunnen verwezenlijken: hij heeft zich als het ware herschapen in een der primitieve inwoners uit Indië, Japan of China. Niet alleen hun uiterlijke, materieele gedaante en levenswijze heeft hij opgemerkt, maar hij is zoodanig diep doorgedrongen in hun temperament dat hij hun taal kan spreken, hun gemoed vertolken, hun driften doen aanvoelen. Het bereikte resultaat is wonderschoon wij worden vervoerd in een wereld die met de onze niets meer gemeen heeft, niet alleen omdat zij een verbazenden kleurenrijkdom en een wisselende pracht van landschappen biedt, maar vooral omdat er een geestesgesteldheid heerscht welke die van den echten inboorling is: een directe sensibiliteit, die wij als naïveteit kunnen bestempelen maar die in feite veel levensechter en natuurlijker is dan onze abstracte en gecompliceerde psychologie. En dat die mentaliteit toch algemeen menschelijk blijft, ondanks haar zeer locaal karakter, wordt bewezen door het feit dat de verhalen van Max Dauthendey ons sterk aangrijpen niet als iets dat we buiten ons, objectief-begrijpend aanschouwen, maar als de uiting van driften en ontroeringen die we zelf gevoelen. Weinige voorbeelden zijn er in de wereldliteratuur aan te wijzen waar een Europeesch schrijver er in geslaagd is zich zoo volledig in te leven in de gemoedssfeer van vreemde stammen; alleen het verhaal van Saïdjak in de Max Havelaar of het Djungelboek van Kipling kunnen hiermee de vergelijking doorstaan. Een der hoogste artistieke verwezenlijkingen is hier bereikt door het mirakel der universeele poëzie den gemeenschappelijken grondslag van de gansche menschheid terug te voorschijn te roepen.

Het geval van den roman «Raubmenschen» is gansch verschillend. Doorheen een reeks liefdesavonturen die zich onder zeer verschillende gesternten afspelen wordt eenzelfde hoofdthema volgehouden: het thema der vervreemding. Met een onvergelijkbare litteraire virtuositeit, en niettemin met een diep natuurlijke oprechtheid wordt het leed weergegeven van den Europeër die aan zijn eigen natuurverschillende, voor hem schokkende atlijk milieu ontrukt is om in een totaal mospheer te leven. Deze vervreemding is niet enkel het gevolg van geographische anomalieën maar bestaat eveneens op moreel gebied. De held van het verhaal wordt van zijn eigen ethische normen verplaatst in een wereld waar de heiligste regels niet geëerbiedigd worden, waar de somberste misdaden kunnen geschieden zonder dat iemand ze verbiedt. Daarom ook voelt hij zich alom omringd van geheimzinnige, afgrijselijke machten die trachten hem met alle middelen te overvallen en te berooven van al hetgeen hem lief is. Een bijna ondraaglijke spanning wordt aldus verkregen: steeds voelt men een bedreiging wegen zonder ze te kunnen localiseeren, want in feite is het het geheele land dat den vreemden reiziger aanvalt en wil overmeesteren. En doorheen die immer toenemende angstatmospheer schemert hier en daar het zacht verlangen naar een ver afgelegen vaderland, de eenige plaats ter aarde waar evenwicht en geluk kan gevonden worden.

De ongemeen sterke kracht, die van dit zeer afwisselend werk uitgaat, is te danken aan het specifiek lyrisch kunstenaarstemperament van den auteur. Hier schrijft iemand die niet wil van buiten uit zijn personages bestudeeren, als onafhankelijke, geestelijke creaties. Wel integendeel, het is een gemoed dat alle aspecten van de omliggende wereld, dank zij een zeldzaam fijnbesnaarde sensibiliteit aanvoelt en zich volstrekt uitstorten moet, door bemiddeling van een zeer rijke schrijversgave. Dauthendey's werk is het resultaat van een onweerstaanbaren innerlijken drang, die geholpen wordt door een zeer groot gemak van expressie. Onze cerebrale moderne literatuur heeft ons aan dergelijke temperamenten ontwend, voor wie het schrijven niet een bond-wetenschappelijke, afgemeten studie is waaraan een bepaalde geesteshouding vooraf gaat maar voor alles een innerlijke noodzakelijkheid en een genoegen, een spelen met kleuren, beelden en woorden waaraan de kunstenaar zich zonder remmende controle overgeeft. Dit beteekent natuurlijk niet dat we, a priori, Dauthendey meer moeten waardeeren dan onze beste tijdgenooten. Spontaneiteit en lyrisme zijn op zichzelf geen waardecriteria. Alleen was het onze bedoeling aan te duiden, dat zelfs indien Max Dauthendey buiten de normen van onze huidige productie staat; hij niettemin een kunstenaar is die verdient van alom bekend en gewaardeerd te worden.

PAUL DE MAN.

Nota : Het best leest men Max Dauthendey in de uitgave «Gesammelte Novellen und Romane» die het volledig prozawerk bevat. Langen - Müller, uitgever). Alle werken zijn natuurlijk ook apart verschenen ; eveneens bij Langen - Müller, te München.

German Literature. A Great German Lyrist: Max Dauthendey

In one's career as a reader, everyone has the opportunity to make discoveries. I had never heard of Max Dauthendey when I came across his strange-sounding name in a work by the well-known German historian of art, Wilhelm Pinder, on the problem of generations in the history of art of Europe. Pinder cited the highly remarkable generation of authors who were all born around 1870. Next to notorious writers such as Stefan George, André Gide, Maeterlinck, Paul Claudel, among others, Max Dauthendey was also mentioned. It did not require much curiosity to go and find out who Max Dauthendey was and why a judge as competent as Wilhelm Pinder puts him on the same level with the greatest men of letters of our time. The reading of the extremely rich and versatile work of the Bavarian Dauthendey was, for that matter, fully to confirm this judgment.

We will not discuss here the poetic work of this writer, who is as good as unknown in Flanders. We mainly intend to enlarge upon his prose, since it is in this genre that he is most comprehensible and enjoyable for us. The characteristics of the novelist and the poet are, moreover, of the same kind, for both are expressions of one and the same personal, lyrical mind.[1]

Dauthendey's prose comprises a series of novellas, all of which are set in the Far East, and some novels, of which "Raubmenschen" is the most important. Like the novellas, "Raubmenschen" was inspired by memories which the indefatigable traveller has collected during his repeated stays abroad: the action alternately takes place in Mexico and North America. These data fully suffice in order to understand why Dauthendey has generally been labelled an exotic writer.

This classification, although fully justified from a superficial point of view, nevertheless entails a certain danger. For it induces one to consider the author as someone whose attractiveness resides solely in the reproduction of the picturesque aspect of a foreign region.

But Dauthendey is much more than that. His exoticism has nothing in common with that of so many second rate writers who adorn a mediocre story with some picturesque particularities noted down by a hurried tourist during a conventional journey. Actually, in his novellas Dauthendey has succeeded in establishing a poetic metamorphosis that is very rarely achieved: he has, as it were, recreated himself into one of the primitive inhabitants of India, Japan, or China. Not only has he noticed their external, material appearance and life-style, but he has also penetrated their temperament so profoundly that he can speak their language, interpret their mind, sense their drives. The result achieved is wonderfully beautiful: we are transported into a world which has no longer has anything in common with ours, not only because it offers an amazing wealth of color and a changing splendor of landscapes, but most of all because it is governed by a state of mind which is that of the real native: a direct sensibility, which we can label as naïveté but which is in fact much more true to life than our abstract and complicated psychology. And that this mentality remains universally human, despite its highly local character, is proven by the fact that the stories of Max Dauthendey deeply move us not as something we objectively-comprehending observe outside of us, but as the expression of drives and emotions we ourselves feel. In world literature, few examples can be indicated where a European writer has succeeded in empathizing so completely with the realm of thought of strange tribes in such a complete fashion; only the story of Saïdjak in the Max Havelaar, or the Jungle Book by Kipling can be compared to this. One of the highest artistic achievements is reached here by means of the miracle of universal poetry: to call forth again the common ground of the whole of humanity.

The case of the novel "Raubmenschen" is completely different. Through a series of amorous adventures that take place under very different constellations one main theme is sustained: the theme of alienation. With an incomparable literary virtuosity, and notwithstanding this with a deeply natural sincerity, the suffering of a European who has been torn out of his own natural environment in order to live in a completely different atmosphere which, to him, is shocking, is depicted. This alienation is not only the result of geographical anomalies, but it also exists in the domain of morality. The hero of the story is transported outside of his own ethical norms in a world where the holiest rules are not respected, where the most somber crimes can take place without anyone forbidding them. He consequently feels surrounded by mysterious, horrifying forces which try to attack him with all means and rob him of everything that is dear to him. An almost unbearable tension is thus achieved: one constantly feels the burden of a threat without being able to localize it, because it is in fact the entire country which attacks the foreign traveller and wants to overpower him. And here and there through this ever-increasing atmosphere of anxiety shimmers the soft yearning for a distant native country, the sole place on earth where equilibrium and happiness can be found.

The uncommonly strong force exerted by this highly diversified work is due to the specific lyrical artistic temperament of the author. Here we have a writer who does not want to study his characters from the outside, as independent, intellectual creations. On the contrary, it is a mind which, due to an unusually finely tuned sensibility, feels all aspects of the surrounding world and has to pour itself out completely by means of a very rich gift for writing. Dauthendey's work is the result of an irresistible urge, assisted by a very great ease of expression. Our cerebral modern literature has made us strangers to such temperaments, for whom writing is not a coldly scientific[2], concise study preceded by a certain state of mind, but, first and foremost, an inner necessity and a joy, a playing with colours, images and words to which the author surrenders without any restraining control. This evidently does not mean that we have to appreciate Dauthendey, a priori, more than our best contemporaries. Spontaneity and lyricism in themselves are no criteria of value. Our intention was only indicate that even if Max Dauthendey stands outside of the norms of our present production, he is nevertheless an artist who deserves to be known and appreciated everywhere.

Paul de Man
[Trans. Ortwin de Graef]

Notes: One can best read Max Dauthendey in the edition "Gesammelte Novellen und Romane" which contains the complete prose work (Langen-Müller, publisher). All works are of course also published separately, also by Langen-Müller, in Munchen.

Translator's Notes

(1) The original has "eenzelfde persoonlijk, lyrisch en moed," which translates literally as "the same personal, lyrical and courage." As this hardly makes sense, I presume that this is a printing error for "eenzelfde persoonlijk, lyrische gemoed." "Gemoed," in Dutch, means roughly something like "mind" or "sensibility." (Trans.)

(2) The text has "bond-wetenschappelijk," a terms which is unknown to me. "Wetenschappelijk means "scientific," and I suspect de Man wrote "koud-wetenschappelijk" ("coldly scientific"), a fairly common compound in Dutch, which, in longhand, graphically resembles "bond-wetenschappelijk." (Trans.)

Literatuur en sociologie

Een verschil dat opvalt bij een vergelijking tusschen de huidige Fransche en Duitsche letterkunde is de afwezigheid in de eene en de aanwezigheid in de andere van sociologische inzichten. Zoozeer men in Frankrijk den mensch slechts als alleenstaand individu beschouwt en ontleedt, zoozeer tracht men in Duitschland de subtiele banden die tusschen het individu en de gemeenschap bestaan als drijfveeren van de romanliteratuur aan te wenden. Dit is trouwens slechts een voortzetting van de merkwaardige ontwikkeling die de sociologische wetenschap in dit land beleefde en die zoo diep is doorgedrongen in den geest van den Duitscher dat ook de kunstenaar er niet aan ontsnappen kan. En dit is evenzeer voor de sociologie als voor de letterkunde een groote aanwinst.

Dat de roman bij deze uitbreiding van zijn gebied een merkwaardige verrijking ondergaan heeft hoeft geen betoog. Paradoxaler kan het schijnen dat een wetenschap, zooals de sociologie bij een artistieke weergave haar voordeel vindt. Op het eerste gezicht schijnt het veeleer een gevaar voor de werkelijke kennis om een directe, intuïtieve aanvoeling te verkiezen boven een logisch-deductieve methode.

Deze opvatting houdt echter geen rekening met het bijzonder karakter van het sociologische denken. Het geldt hier niet een studie van natuurwetenschappelijken aard, uitsluitend gegrondvest op streng-nauwkeurig onderzoek en wiskundig-logische veralgemeening. Te vergeefsch hebben sommige auteurs de studie van mensch en samenleving op een dergelijke wijze willen doorvoeren. Zij stootten steeds op dezelfde onoverwinbare moeilijkheid : de eerste voorwaarde van de natuurwetenschappelijke discipline het isoleeren van het te ontleden phenomeen, is hier niet te verwezenlijken. Met inerte stof en meetbare krachten kan men proefnemingen ondernemen waarvan het aantal veranderlijke elementen nauwkeurig bepaald is. Maar wanneer men met levende complexen zooals ze in de samenleving voorkomen te doen heeft, tast men noodzakelijkerwijze in het duister. De toestanden die we in de werkelijkheid ontmoeten — de eenige die in sociologisch opzicht van belang zijn — zijn te ingewikkeld en te vaag omschreven opdat er van quantitatieve wetten sprake zou kunnen zijn. De oorzakelijke elementen kunnen niet van de gevolgen gescheiden worden, zooals dat in de physica of in de scheikunde het geval is. Wanneer zuiver water aan het koken gaat, dan weet men precies waaraan dit toe te schrijven is : aan de voorwaarden van temperatuur en druk, en kan men met mathematische nauwkeurigheid het altatieve belang der werking van de beide factoren bepalen. Maar bij een sociologisch voorval is zulks uitgesloten: het is bijvoorbeeld onmogelijk van met zekerheid te zeggen waaraan het te wijten is dat zich op zeker oogenblik een sociale groep vormt, laat staan van de wet zijner samenstelling in een formule vast te leggen.

Bij die hindernis komt nog dat sociologische wetten statistische wetten zijn, dit wil zeggen, dat zij niet gelden voor elk bijzonder geval maar alleen waarheid zijn wanneer het groot aantal afzonderlijke gelijkaardige feiten de individueele afwijkingen doen verdwijnen en toelaten dat een algemeene regel zich opdringt. Het is dus niet enkel noodzakelijk het te onderzoeken phenomeen af te zonderen maar tevens dient het verschillende malen te worden herhaald. Dergelijke handelwijzen zijn in het laboratorium gemakkelijk te verwezenlijken: in werkelijkheid kunnen zij niet bestaan.

Sommige pessimistische of vooringenomen geesten hebben hieruit besloten dat de sociologie als wetenschap geen bestaansmogelijkheid kon verkrijgen. Een dergelijke conclusie is zwaar van onheilspellende gevolgen: ze komt hierop neer dat we er nooit zouden in slagen een geordende, beheerschte samenleving te verwezenlijken vermits we nooit zullen kunnen voorzien welke koers de sociale spanningen aan den loop der gebeurtenissen geven. We zijn dus veroordeeld van steeds in het arbitraire, het willekeurige te leven: alle poging van organisatie is vruchteloos vermits we ze toch niet logisch kunnen verrechtvaardigen. De mensch is er in gelukt de natuurkrachten te gebruiken, te begrijpen en zelf in zekere mate te overmeesteren — maar hij heeft de kracht niet zijn eigen leven, zijn verhouding tot zijn evennaasten te ordenen.

Een dergelijk besluit is al te negatief om waar te kunnen zijn; het wordt trouwens door de feiten tegengesproken. Er moet dus wel een mogelijkheid bestaan om sociologische kennis te achterhalen, niet langs zuiver rationeelen, natuurwetenschappelijken weg, maar met andere middelen. En dit is in de moderne Duitsche sociologie, en ook in de sporen die zij in de literatuur heeft nagelaten, tot uiting gekomen. Het is treffend dat de schrijver die thans algemeen als een der grootste zooniet al de grootste Duitsche letterkundige van het oogenblik wordt geroemd, Ernst Jünger, eveneens de auteur is van een hoogst merkwaardige sociologische studie, «der Arbeiter». Hier merken we dus duidelijk hoe een intuïtieve geest, die de problemen niet stelselmatig ontleedt maar intuïtief aanvoelt, tot een resultaat komt dat ook in de practijk uitstekende uitslagen oplevert. En dat voert ons tot een der diepste problemen van de kennis in het algemeen, probleem, dat wij hier niet kunnen stellen. Alleen willen wij erop wijzen, dat indien de literatuur niet als wetenschappelijk vormingsmiddel kan erkend worden, ze toch in sociologisch opzicht op zijn minst genomen met het theoretisch onderzoek kan samengaan en, in vele gevallen horizonten opent en mogelijkheden biedt die anders nooit zouden vermoed worden.

Paul de M

Literature and Sociology

A striking difference in a comparison between contemporary French and German literature is the absence in the one and the presence in the other of sociological insights. To the extent that in France man is being considered and analyzed only as an isolated individual, in Germany attempts are being made to use the subtle connections that exist between the individual and the community as mainsprings for novelistic fiction. This, for that matter, is merely a continuation of the remarkable development in sociological science in this country, which has so deeply penetrated the mind of the German that even the artist cannot escape it. And this is a considerable asset for sociology as well as for literature.

Needless to say that in this expansion of its domain the novel has witnessed a remarkable enrichment. It may seem more paradoxical that a science, such as sociology, can find advantages in an artistic representation. At first sight it would rather appear to be a danger for real knowledge to prefer a direct, intuitive sensitivity over a logical-deductive method.

This view, however, does not take into account the specific character of sociological thought. This is not a study of a [strictly] scientific nature, exclusively based upon rigorously accurate research and mathematical and logical generalization. In vain some authors have tried to pursue the study of man and society in such a way. They have always come up against the same unconquerable difficulty: the primary condition of the scientific discipline, the isolation of the phenomena to be analyzed, cannot be accomplished here. With inert matter and measurable forces one can carry out experiments in which the number of variables can be accurately determined. But when one is dealing with those living complexes as are found in society, one necessarily remains in the dark. The situations we encounter in reality—the only ones that are important from a sociological viewpoint—are too intricate and too vaguely described to speak of quantitative laws. The causal elements cannot be separated from the consequences, as is the case in physics or chemistry. When pure water starts to boil, we know precisely what we have to ascribe this to: to the conditions of temperature and pressure, and we can determine the altative importance of the action of both factors with mathematical accuracy. But in a sociological event this is out of the question: it is, for instance, impossible to say with certainty what causes a social group to form itself at a certain moment, let alone to fix the law of its constitution in a formula.

In addition to this obstacle, there is the fact that sociological laws are statistical laws, that is to say, that they do not apply to every particular case but are true only if the great number of distinct similar facts make the individual divergences disappear and allow a general rule to impose itself. It is consequently not only necessary to isolate the phenomenon to be studied but this also has to be repeated several times. Such procedures can easily be realized in the laboratory: in reality they cannot exist.

Some pessimistic and prejudiced minds have concluded from this that sociology as a science cannot acquire the possibility of existence. Such a conclusion is heavy with ominous consequences: it boils down to the idea that we would never be able to establish an ordered, controlled society since we will never be able to foresee what direction social tensions will give to the course of events. Consequently, we are forever condemned to live in the arbitrary: every attempt at organization is fruitless since we are, at any rate, unable to justify it logically. Man has succeeded in using, understanding, and even, to a certain extent, mastering natural forces—but he does not have the strength to order his own life, his relation to his fellow-men.

Such a conclusion is too negative to be true: it is, for that matter, contradicted by the facts. Consequently, there has to be a possibility to discover sociological knowledge, not along purely rational, scientific paths, but by other means. And this has taken shape in modern German sociology, as well as in the traces it has left in literature. It is apt that the writer who is at present generally praised as one of the greatest, if not the greatest, German men of letters, Ernst Jünger, is also the author of a highly remarkable sociological study, "Der Arbeiter." Here we witness clearly how an intuitive mind, which does not analyze problems systematically but senses them intuitively, reaches a result which offers excellent outcomes in practice as well. And this leads us to one of the deepest problems of knowledge in general, which we cannot formulate here. We only want to point out that if literature cannot be acknowledged as a scientific means of training, it can still, from a sociological viewpoint, go together with theoretical research, and, in many cases, open horizons and offer possibilities which otherwise would never have even been suspected.

Paul de Man
[Trans. Ortwin de Graef]

CULTUURLEVEN

Voor- en nadeelen van de volksuitgaven

Er wordt, in den laatsten tijd, veel over volksuitgaven geschreven en gepraat. Dit hoeft niemand te verwonderen: het princiep der volksuitgave heeft een dusdanige uitbreiding genomen dat het een diepgaanden invloed is gaan uitoefenen in economisch, cultureel en litterair opzicht. En in een dergelijk geval ontstaan er onvermijdelijk een reeks problemen die, naar gelang de oplossing welke men er aan geeft, voor- af nadeelen met zich brengen. Wij willen in dit artikel het vraagstuk vooral van cultureel standpunt uit beschouwen en nagaan welke de uitwerking is van deze breede verspreiding der Vlaamsche letterkunde op de massa der lezers eenerzijds, en op den scheppenden kunstenaar anderzijds.

Ongetwijfeld is dergelijke formule, die de werken der beste auteurs tot in de verste uithoeken van het land heeft doen lezen, een aanwinst op educatief gebied. Zij heeft er toe bijgedragen een algemeen, bij het volk heerschend vooroordeel tegen de zuivere letterkunde, uit den weg te ruimen. Er bestond namelijk in den Vlaamschen boekhandel een eenigszins abnormalen toestand, waarvan de gevolgen zeer schadelijk waren: de boeken, van Vlaamsche schrijvers in Holland uitgegeven, in een vorm die voor het Noord-Nederlandsche publiek bestemd was, waren niet aangepast aan het gemiddeld peil van den doorsnee lezer uit onze landsstreek. Het gaat hier niet zooals in Duitschland, Nederland of in de Scandinaafsche landen, waar het boek doorgedrongen is tot in de onderste sociale lagen, waar eeneider bereid is voor een werk een betrekkelijk hooge som te betalen en het boek op prijs stelt, niet alleen om de lectuur, maar eveneens als voorwerp. Het is een kostbaar object dat hij zorgvuldig wenscht te bewaren. En de uitgevers hebben zich natuurlijk van deze neiging, weergave van een hoogstaand beschavingspeil, aangepast en trachten den stoffelijken vorm zoo goed mogelijk te verzorgen, zonder zich al te veel om den verkoopprijs te bekommeren. In Vlaanderen was men echter zoo ver niet gevorderd. De overgroote meerderheid beschouwde, a priori, een litterair werk als vervelend en was er heelemaal niet voor te vinden zooveel geld te besteden aan iets waaraan noch vermaak noch om het even welk materieel voordeel verbonden was. Hier was het dus noodig af te breken met de bestaande traditie. Toen de huidige oorlog de import uit Holland practisch onmogelijk gemaakt had, ontstond de gelegenheid, voor Vlaamsche uitgevers, om in dien zin een stap te wagen. Gelukkig beschikte men over een aantal werken waarvan de inhoud zich uitstekend tot een dergelijke proefneming leende. De film en andere verreikende middelen van verspreiding hadden sommige figuren uit onze letterkunde, in wijden kring populair gemaakt zoodat de mogelijkheid bestond van onmiddellijk op een voorbereid terrein te werken. En het succes der onderneming was onverwacht groot. Het bleek dat het volk, waarvan men ten onrechte gemeend had dat het toch nooit boeken van een zekere waarde zou willen aanvaarden, opgetogen was met die nieuwe ontspanning — de lectuur — die vroeger buiten zijn bereik was gebleven. Het bleek weldra dat ook andere werken, die niet zoo populair waren, aftrek vonden. Eenmaal het ijs gebroken, eenmaal dat men zich er rekenschap van gegeven dat had lezen niet als een taaie, opgelegde plicht moest beschouwd worden, maar integendeel een genot kon zijn, een bron van vermaak en ontroering, was het pleit gewonnen. Thans mag men terecht zeggen dat een groote vooruitgang is gemaakt en dat tegen den overheerschenden slechten smaak van de breede massa in 'n doelmatige reactie is ontstaan. Voorzeker, men kan er niet in slagen om op korten tijd de minderwaardige populaire literatuur volledig te weren; dit is een verafgelegen ideaal dat niet op enkele maanden kan bereikt worden. Maar het is al heel wat indien men er in geslaagd is om, naast die minderwaardige lectuur ook goede te hebben doen lezen. Langs dien weg zal men er eenmaal toekomen op het volk een heilzamen cultureelen invloed uit te oefenen — want in contact komen met scheppingen met een stevige artistieke waarde is steeds heilzaam — door bemiddeling van de literatuur, en het eenmaal zoover brengen als in de zoo juist geciteerde landen, die ons hier als voorbeeld kunnen dienen.

Ten opzichte van het publiek biedt dus de volksuitgave niets dan voordeelen. Ze sluit niettemin een gevaar in zich, dat vooral de auteurs zelf bedreigd. Er ontstaat namelijk een strekking bij hen om min of meer bewust, met het oog op een volksuitgave, te gaan schrijven, hetgeen voor sommige zeer slechte gevolgen heeft en hun tot de ongelukkigste misvorming van hun talent voert. En hierbij komt dat een zeker gemis aan goede werken, voldoende populair van trant om in volksuitgave te verschijnen, er toe noopt nu en dan romans te laten verschijnen die een dergelijke diffusie heelemaal niet waard zijn. Op dit gebied is een strenge keus meer noodig dan waar ook. De commercieele mogelijkheden die thans bestaan moeten geen aansporing zijn voor ieder schrijver oom absoluut een oplage van 50.000 exemplaren te eischen en voor ieder uitgever om met om het even welk manuscript een dergelijke oplage te benaderen, onder voorwendsel dat alles toch verkoopbaar is. Zooniet zal de volksuitgave een zeer slechten invloed uitoefenen op de litteraire creatie, hetgeen het tegenovergestelde is van de oorspronkelijke bedoeling. De schrijver moet niet afdalen tot het volk maar het volk opstijgen tot het niveau van den kunstenaar.

In het licht van deze beschouwing mag men, practisch gezien, besluiten dat het grootste deel van de beschikbare reserve, door hedendaagsche Vlaamsche schrijvers voortgebracht, thans uitgeput is. Er zijn niet veel werken meer te vinden die voor een volksuitgave geschikt zijn. Vandaar de noodzakelijkheid om ook elders, buiten onze gewesten, te zoeken. Wat gedaan werd voor de inheemsche auteurs kan evenzeer slagen met figuren van Europeesche grootte. Er bestaan, in de letterkunde van ons werelddeel, genoeg romans die voor ieder Europeër genietbaar zijn en die den lezer van de Vlaamsche volksuitgave oegenaamd niet zouden vervreemden. Deze bron is rijk genoeg om gedurende vele jaren den zucht naar lectuur, nu die eenmaal verwekt is, te stillen. Vermits ons eigen bezit thans opgebruikt is, moeten we onzen gezichtskring verruimen; op die manier bewijst men terzelfdertijd aan den Vlaamschen schrijver en aan den Vlaamschen lezer een kostbaren dienst.

PAUL DE MAN.

Cultural Life. Advantages and Disadvantages of the Popular Editions

Lately, a great deal has been written and said about popular editions. This needn't surprise anyone: the principle of the popular edition has expanded to such an extent that it has begun to exert a profound influence in economic, cultural and literary respects. And in such cases there inevitably arises a series of problems which, depending on the solutions given to them, bring along advantages and disadvantages. In this article, we wish to consider the problem from a cultural perspective and investigate the effect of this broad distribution of Flemish literature upon the mass of readers on the one hand, and upon the creative artist on the other.

Undoubtedly such a formula, which has brought the works of the best authors to the most remote corners of the country, is a gain in the domain of education. It has contributed to the abolition of a general and dominant prejudice against pure literature among the people. For in the Flemish bookstores there existed a rather abnormal state of affairs, the consequences of which were very harmful: the books by Flemish authors published in Holland, in a form which was intended for the North,[1] were not adapted to the average level of the average reader of our region. Matters here are not the same as they are in Germany, the Netherlands, or in the Scandinavian countries, where books have seeped through down to the lowest social layers, where everybody is willing to pay a relatively high sum for a work and appreciate the book, not only because of its reading, but also as an object. It is a precious object which he wishes to preserve carefully. And the publishers have of course adapted themselves to this inclination, the representation of a high level of civilization, and try to take care of the material form as well as possible, without worrying too much about the retail price. In Flanders people have not progressed that far yet. The large majority considered, a priori, a literary work to be boring and was not at all willing to spend so much money on something which did not contain any amusement, nor any material advantage whatsoever. Consequently, it was necessary to break with the existing tradition here. When the present war had made the import from Holland practically impossible, the occasion arose, for the Flemish publishers, to risk a step in that direction. Fortunately they had a number of books at their disposal the content of which was perfectly suited for such an experiment. Cinema and other far-reaching means of distribution had made some figures from our literature popular in a wide circle, and thus it was possible to immediately begin on a terrain that was already prepared. And the success of the enterprise was unexpectedly great. It turned out that the people, who were unjustifiedly supposed never to want to accept books of a certain value, were enthusiastic about this new diversion—reading—which formerly had remained outside of their reach. Soon it turned out that other works as well, which were not as popular, found a public. Once the ice was broken, once people had realized that reading did not have to be considered as a tough, imposed duty, but could on the contrary be a joy, a source of amusement and emotion, the case was won. Today one can legitimately say that a great progress has been made and that an efficient reaction has grown against the dominant bad taste of the broad masses. Certainly, it is impossible to abolish the inferior popular literature entirely in such a short time; this is a remote ideal which cannot be reached in a few months. But it is already an achievement to have succeeded in making people read good literature along with the inferior one. Along this path a salutary cultural influence will one time be exerted on the people—for to come into contact with creations of a solid artistic value is always salutary—by means of literature, and the same level will be reached as that in the countries just quoted, which can serve as an example for us here.

With respect to the public, then, the popular edition offers nothing but advantages. Nevertheless, it contains a danger, which especially threatens the authors themselves. For a tendency arises among them to start writing more or less consciously with a popular edition in mind, which has very bad consequences for some and leads them to the most unfortunate deformation of their talent. In addition, a certain lack of good works, of a sufficiently popular nature to appear in a popular edition, has induced the sporadic publication of novels that are not at all worth such diffusion. In this domain a strict selection is more necessary than anywhere else. The commercial possibilities existing at present should not be an exhortation for every writer to demand an impression of 50,000 copies and for every publisher to aim at such an impression for every manuscript, under the pretext that everything can be sold anyway. Otherwise the popular edition will exert a very bad influence on the literary creation, which is the opposite of the original intention. The writer must not condescend to the people, but the people must rise to the level of the artist.

In the light of this consideration, one can, practically speaking, conclude that the main part of the available reserves, produced by contemporary Flemish writers, is presently exhausted.

Not a great deal of works fit for a popular edition are still to be found. Hence the necessity to start looking elsewhere, outside of our own regions. What was done for native authors can succeed just as well with figures of a European stature. There exists, in the literature of our continent, enough novels that are enjoyable for every European and would not alienate the readers of the Flemish popular edition. This source is sufficiently rich to quench the thirst for literature, now it has been roused, for a great number of years. Since our own possessions are now used up, we have to expand our field of vision; in this way a valuable service is rendered to the Flemish author and the Flemish reader at the same time.

Paul de Man
[Trans. Ortwin de Graef]

Translator's Note

(1) The original text has: "in een vorm die voor het Noord- Nederlandsch publiek bestemd was." 'Nederlands' is Dutch for 'Dutch', as well as the adjective derived from the proper name of the major part of the Dutch speech area (Holland or the Netherlands). Flanders is the Dutch-speaking part of Belgium (Flemish is a dialect of Dutch) to the south of Holland, and hence sometimes (be it strictly speaking erroneously) referred to as 'Zuid-Nederland.' (Trans.)

Bibliographie

Ontwikkeling der Zuid-Nederlandsche Letterkunde

De ontwikkeling van de Zuid-Nederlandsche letterkunde gedurende deze laatste eeuw komt ons voor als een concentrische verruiming en uitbreiding, uitgaande van het meest enge provincialisme en reikende tot een algemeenheid die tot op een hoogstaand Europeesch peil leidt. En nochtans, welk een verschil tusschen de moeilijkheden die hier te overwinnen waren en den geleidelijken groei die we vaststellen in andere landen. In Frankrijk, bij voorbeeld, is er geen sprake van onderbreking of verval: de onderscheidene scholen volgen elkaar op in een logisch en samenhangend verloop en leven van een uitdieping der bestaande formules. Niets van dien aard bestond in Vlaanderen. Alles moest er uit het niet herschapen worden, tot zelf de taal toe die vervallen was tot den rang van een waardeloos dialekt.

De eerste phase van den heropbloei is te wel bekend opdat we er hier zouden moeten op terugkomen. Het waren de eerste stappen eener uitdrukking die haar weg trachtte te banen, ten midden van het onbegrip en de onverschilligheid. Maar de geleverde arbeid ging niet verloren. Hij bouwde een basis die sterk genoeg was opdat het volgende geslacht zou kunnen uitzien naar ruimer idealen en het mocht aandurven de meest hoogstaande produkten der Russische en Fransche romanliteratuur als voorbeeld te nemen. Dit was de tweede kring van de uitbreiding en een belangrijke stap vooruit: voortaan stelden de Vlaamsche schrijvers zich eischen die ze toetsten aan de beste verwezenlijkingen der vreemdelingen, zonder nochtans hun eigen inborst te loochenen, en ze bezigden de esthetische beginselen die dezen tot stand hadden gebracht. Het naturalisme deedt zijn intrede in hun werken en het vond er een vruchtbaren bodem, vermits — zooals het trouwens het geval is voor elke ontluikende en nog niet geëvolueerde letterkunde — de onderwerpen en de uitdrukkingsmiddelen nog dicht bij het eenvoudig volksche waren gebleven.

Maar die overgang naar een Europeesch plan gebeurde op het einde der XIXe eeuw, op een oogenblik dat zich groote veranderingen afspelen op het gebied der literatuurgeschiedenis. Het is het tijdstip waarop het zuivere realisme die merkwaardige ontwikkeling beleeft die het aan het invoeren van de zielkundige ontleding te danken heeft. Maar deze strekking blijft de Vlamingen doorgaans vreemd: voor hen zijn de eerste stadia van natuurgetrouw realisme en vooral de stellingen der naturalisten reeds een ontdekking die hun voor het oogenblik voldoening schenkt. En het abstrakte karakter der nieuwe bewegingen, die voor de Franschen zoo goed aangepast is bij hun natuurlijken volksaard, schrikt hunne meer plastische en beschrijvende neigingen af. Iemand als Vermeylen heeft zich voorzeker rekenschap gegeven dat, wanneer men meende een grondige hernieuwing in te luiden, men in feite een theoretischen grondslag aannam die elders reeds tot het verleden behoorde. Daarom wenschte hij de Vlamingen ook « more brains » toe, ze aldus gaven aanprijzende die toen het meest gewaardeerd werden. Maar die oproep bleef onbeantwoord, gelukkig, misschien, want de werken die het licht zagen waren van uitstekend gehalte.

Wat er ook van zij, toen, na den Wereldoorlog, het jongste geslacht zijn blikken richtte naar het buitenland, moest het vaststellen dat men bij ons een goed deel ten achter stond op wat daar gepresteerd werd. Het gevolg van die ontdekking was een ware uitbarsting van wedijver om op den kortst mogelijken tijd het verloren terrein in te halen. Vandaar die heftige, en dikwijls onverrechtvaardigde kritieken tegen de voorgangers, vandaar eveneens die ongelooflijk snelle opeenvolging van letterkundige experimenten die op een vijftal jaren al de pogingen herhaalt die zich elders over een tijdstip van twintig en meer jaren hadden verdeeld. Die storm was niets anders dan de derde en laatste phase van de ontwikkeling, diegene die voor goed aan de Vlaamsche produktie haar rang zou verzekeren tusschen de andere naties. Want eenmaal die periode van gejaagdheid en onrust voorbij, treedt een stadium van rust in. Het fundamenteele vraagstuk is opgelost. Voortaan is de Zuid-Nederlandsche literatuur geen afzonderlijk gebied meer, dat onbegrijpelijk is voor iemand die niet op de hoogte is van de omstandigheden waarin ze tot stand kwam, maar een kunstvorm die aan dezelfde wetten gehoorzaamt en dezelfde regels eerbiedigt als de gezamenlijke wereldproduktie. Zonder moeite is dit niet gegaan: zelfs gedurende deze laatste phase moesten zware hindernissen overwonnen worden. Dezelfde bezwaren die we opgesomd hebben betreffende de « van Nu en Straksers » blijven gelden; er schijnt een instinktieve afkeer te bestaan tegen de eischen van den psychologischen roman, het opgeven van het schilderachtige, de noodzakelijkheid van objektieve en zakelijke overweging. Sommigen, en ik denk bijvoorbeeld aan Maurits Roelants, namen zonder meer het Fransche voorbeeld aan en werden uitstekende navolgers. Anderen trachtten hun uitweg te vinden in een minder volksvreemde oplossing en zochten een subtiele schakeering tusschen de zuiver Vlaamsche en de algemeene elementen. Het werk van Walschap is voorzeker het best geslaagde voorbeeld in dit opzicht. Want hier blijft behouden wat aan het Vlaamsche volkskarakter zijn eigenaardigheid en zijn persoonlijkheid geeft, maar het wordt op een manier behandeld die een veel ruimere sfeer van belangstelling aanspreekt, vermits ook het diep-menschelijke dat onder alle gesternten hetzelfde is, er in doorstraalt.

Zoo staat de Vlaamsche letterkunde van het oogenblik er dus voor: in vollen bloei der rijpheid en bewust van haar onloochenbaren levenskracht. Ze mag met vertrouwen de toekomst te gemoet zien. Indien het uur der vernieuwing terug moest slaan — en alles schijnt er op te wijzen dat dit weldra kan gebeuren — dan zal niets haar nog beletten het hare bij te dragen tot het scheppen van oorspronkelijke werken. Van den rang der navolging kan ze dan overgaan tot dien van een leidende kracht.

* * *

Tot dusver hebben we geredeneerd in dynamisch opzicht en getracht de beweging die in onze letterkunde vast te stellen is te schetsen. Dit onderzoek heeft ons tot optimische conclusies geleid. Maar er moet nog een andere vraag beantwoord worden vooraleer dit besluit als algemeen geldend kan aanvaard worden. Opdat men van de leefbaarheid eener literatuur zou kunnen oordeelen, is het noodig te onderzoeken of de konstanten van het volkskarakter in overeenkomst zijn met de bestaande strekkingen. Er kunnen oogenblikken bestaan waarop de kunstvorm van een bepaalde natie eenvoudigweg niet kan tot bloei komen, omdat de heerschende normen niet overeenstemmen met de gaven van dit volk.

Men heeft herhaalde malen getracht dien Vlaamschen volksaard nauwkeurig te omschrijven. Steeds werd met nadruk herhaald dat de bizonderste eigenschappen onzer kunstziel waren: een grondig realisme dat zelfs in de hoogste mystieke uitingen niet werd opgegeven, gepaard gaande met een uitzonderlijken zin voor het plastische, voor de konkrete uitbeelding.

Het is onloochenbaar dat deze hoedanigheden niet aangepast zijn aan de regels die thans de wereldliteratuur regeeren. En het is wel spijtig dat het volledig zelfbewustzijn der Vlaamsche auteurs ontwaakte op een oogenblik dat niet geschikt was om hen te doen schitteren in hun volle kracht. Zelf het werk der besten onder hen heeft nog steeds iets gewrongen. Men voelt er de spanning in die noodig is om het nationale gemoed te koppelen aan eischen die er niet mee samengaan, namelijk die der zuiver verstandelijke ontleding. Nogmaals is Walschap — Walschap van « Adelaïde » of « Trouwen » — als voorbeeld in te roepen. Vandaar ook het gemis aan eenheid in de huidige productie. Ieder zoekt zijn eigen uitwegen, zijn eigen middelen om zich aan te passen. Sommigen geven de poging op en keeren terug naar het regionale. Maar de inspanning der anderen is waarschijnlijk vruchtbaarder, al verliest hun werk er door aan gaafheid.

Of hetgeen thans komen gaat, of de nieuwe stijl die gaat geboren worden beter in overeenstemming zal zijn met de eeuwige Vlaamsche natuur, is een vraag die bijna onmogelijk kan beantwoord worden. Zij vergt in elk geval een uiteenzetting die te omvangrijk is om hier plaats te vinden. Steller dezes is er nochtans van overtuigd dat we naar een letterkundig tijdperk toegaan dat minder plaats zal laten aan de cerebraliteit en dat meer zal gegrondvest zijn op een direkte, konkrete beleving der karakters en der gebeurtenissen.

De geschiedenis van de Vlaamsche letteren heeft bewezen dat dergelijke perioden gunstig zijn voor de grootheid van onze scheppingskracht.

Paul de MAN.

Development of Southern Dutch Literature

The development of Southern Dutch[1] literature over this last century presents itself to us as a concentric widening and expansion, starting from the narrowest provincialism and reaching a generality which leads to a high-minded European level. And yet, what a difference between the difficulties that had to be overcome here and the gradual growth we find in other countries. In France, for instance, there is no question of interruption or decay: the different schools follow each other in a logical and coherent course and live from a deepening of the existing formulas. Nothing of the kind existed in Flanders. Everything had to be created out of nothing there, down to the language, which had fallen to the rank of a worthless dialect.

The first phase of the reflourishing is too well known for us to have to return to it here. Those were the first steps of an expression which tried to fight its way through, in the midst of incomprehension and indifference. But the labor accomplished was not lost. It built a foundation which was strong enough to allow the next generation to seek broader ideals and to dare to take the most high-minded products of Russian and French fiction as examples. This was the second circle of the expansion and an important step forward: henceforth Flemish writers set themselves standards which they tested against the best realizations of the foreigners, without however renouncing their own disposition, and they used the aesthetic principles these [foreigners] had constituted. Naturalism entered into their works and found fertile soil there, since—as is the case with any budding and not yet evolved literature, for that matter—the subjects and the means of expression had still remained close to the simply common.[2]

But the transition to a European plane occurred at the end of the XIXth century, at a time when great changes were taking place in the field of literary history. It is the moment when pure realism witnesses that remarkable development which it owes to the introduction of psychological analysis. But this trend remains usually alien to the Flemings: for them, the first stages of true-to-nature realism and, in particular, the theses of the naturalists are already a discovery which satisfies them for the moment. And the abstract character of the new movements, which the French find so well suited to their natural national character, scares off [the Flemings'] more plastic and descriptive inclinations. Someone like Vermeylen has certainly shown how, when one thought one was heralding a thorough renovation, one in fact took over a theoretical foundation which elsewhere already belonged to the past. It was for that reason that he wished the Flemings "more brains,"[3] thus recommending them gifts that were appreciated most at the time. But that call went unanswered, fortunately perhaps, for the works that saw the light were of an excellent caliber.

However it may be, when, after the World War, the youngest generation directed its gaze abroad, it had to conclude that our parts had remained considerably behind what was realized there. The consequence of this discovery was a veritable outburst of competition in order to make up the ground lost in the shortest possible time. Hence those vehement and often unjustified criticisms of the precursors, hence also that incredibly rapid succession of literary experiments which repeats in some five years all the attempts that elsewhere had been distributed over a point in time[4] of twenty years and more. That storm was nothing other than the third and last phase of the development, the one that would ensure Flemish [literary] production its rank among the other nations once and for all. For once this period of agitation and unrest has passed, a stage of rest sets in. The fundamental problem is solved. Henceforth, Southern Dutch literature is no longer a separate domain, incomprehensible to anyone who is not aware of the circumstances in which it came into being, but a form of art which obeys the same laws and respects the same rules as the production of the world as a whole. This did not happen without effort: even during this last phase difficult obstacles had to be overcome. The same objections we enumerated with respect to the "van Nu en Straksers"[5] remain valid; there seems to be an instinctive aversion to the demands of the psychological novel, to the surrendering of the picturesque, to the necessity of objective and compact consideration. Some, and I think of Maurits Roelants, for instance, adopted the French example without further ado and became excellent imitators. Others tried to find a way out in a solution less alien to the national character and sought a subtle mix of purely Flemish and more general elements. The work of Gerard Walschap is certainly the most successful example in this respect. For here is preserved that which gives the Flemish national character its peculiarity and personality, but it is treated in a way that appeals to a much broader sphere of interest, as it is shot through with the deeply human, which is the same under all constellations.

Thus stands Flemish literature at the moment: in the full bloom of maturity and conscious of its undeniable vitality. It can confidently look ahead towards the future. If the hour of renovation were to come again—and everything seems to indicate that this may happen soon—nothing will prevent it from contributing its share to the creation of original works. From the rank of imitation it can then make the transition to that of a leading force.

* * * * *

Up to this point, we have been reasoning in a dynamic perspective and we have tried to sketch the movement to be found in our literature. This investigation has led us to optimistic conclusions. But another question has to be answered before this conclusion can be accepted as universally valid. In order to be able to judge the viability of a literature, it is first necessary to inquire whether the constant features of the national character are in accord with the existing trends. There can be moments when a particular nation's form of art simply cannot come to flourish, because the dominant norms do not correspond to the gifts of this people.

Repeated attempts have been undertaken to circumscribe this Flemish national character accurately. Invariably they repeated that the most specific properties of our artistic soul were: a fundamental realism which was not given up even in the highest mystical utterances, paired with an exceptional sensitivity to the plastic, to the concrete representation.

It is undeniable that these qualities are not adapted to the rules which presently govern world literature. And it is a pity that the full self-consciousness of the Flemish authors awakened at a time that was not suited to make them shine forth in all their force. Even the work of the best among them still retains something forced. One feels it in the tension necessary to combine the national spirit with demands that do not go together with it, notably those of purely cerebral analysis. Again, Walschap—Walschap of "Adelaïde" or "Troewen"—can be invoked as example. Hence also the lack of unity in the contemporary production. Everyone seeks his own ways out, his own means to adapt himself. Some give up on this attempt and return to the regional. But the effort of the others is probably more fertile, although their work loses some of its integrity as a consequence.

Whether that which is now to come, whether the new style which is going to be born, will correspond better to the eternal Flemish nature, is a question which is almost impossible to answer. The present writer is nevertheless convinced that we are moving towards a literary era which will leave less room for cerebrality and which will be founded more upon a direct, concrete experience of characters and events.

The history of Flemish literature has proven that such periods are favorable to the greatness of our creative power.

Paul de MAN
[Trans. Ortwin de Graef]

Translator's Notes

(1) The original has "Zuid-Nederlandsch" which denotes, in this context, the Belgian part of the Netherlands in the broadest, historical sense, and is thus synonymous with "Flemish." This is opposed to "Noord-Nederlandsch" or simply "Nederlandsch" (or even "Hollandsch") which denotes the region now know as the Netherlands or Holland. Next to their geographical and cultural signification, these adjectives can denote the regional variations of the shared language—Dutch—as well. (Trans.)

(2) The original has "het eenvoudig volksche." "Volksch" is the adjective derived from "volk" ("people"): it corresponds to the German "völkisch" but has no counterpart with the same connotations in English or in French. De Man considered the signification of this word in some detail in his "Chronique littéraire. Regard sur la Flandre," *Le Soir*, 30 Décembre 1941, 2. See also section 3.2.4 of my "Aspects of the context of Paul de Man's earliest publications," in the companion volume to this collection, *Responses* (1988). (Trans.)

(3) In English in the original. (Trans.)

(4) The original has "tijdstip" ("point in time"), which should have been "periode" or another word denoting a time span. On de Man's sometimes clumsy Dutch, see my "Notes on Paul de Man's Flemish Writings," in *Responses* (1988). (Trans.)

(5) *Van Nu en Straks* ("Of Now and Later") was the name of a Flemish avant-garde journal (1893-1901) which came to represent a whole "new generation" of Flemish authors (the "Van Nu en Straksers"). August Vermeylen (1872-1945), to whom de Man refers earlier, was a leading figure in this movement. (Trans.)

L'Apogée d'un Chef-d'œuvre

L'édition populaire de " La Légende d'Ulenspiegel " de Charles de Coster

Lorsque Thyl Ulenspiegel vivait depuis quelques jours, on demanda à la sage-femme de tirer son horoscope ainsi que celui de Philippe II, né en même temps quo lui: « Deux enfantelets sont nés, dit-elle, l'un en Espagne, c'est l'enfant Philippe, l'autre en pays de Flandre, c'est le fils de Claes, qui sera plus tard surnommé Ulenspiegel. Philippe deviendra bourreau ayant été engendré par Charles cinquième, meurtrier de nos pays. Ulenspiegel sera grand docteur en joyeux propos et batifolements de jeunesse; mais il aura le cœur bon, ayant eu pour père Claes, le vaillant manouvrier sachant en toute braveté, honnêteté et douceur, gagner son pain. Charles, empereur, et Philippe, roi, chevaucheront par la vie, faisant le mal par batailles, exactions et autres crimes. Claes travaillant toute la semaine, vivant suivant droit et loi, et riant au lieu de pleurer en ses durs labeurs, sera le modèle des bons manouvriers de Flandre. Ulenspiegel toujours jeune et qui ne mourra point, courra le monde, sans se fixer oncques en un lieu. Et il sera manant, noble homme, peintre, sculpteur, le tout ensemble. Et par le monde ainsi se promènera, louant choses belles et bonnes et se gaussant de sottises à pleine gueule. Claes est ton courage, noble peuple de Flandre, Soetkin est ta mère vaillante. Ulenspiegel est ton esprit; une mignonne et gente fillette, compagne d'Ulenspiegel et comme lui immortelle, sera ton cœur, et une grosse bedaine, Lamme Goedzak, sera ton estomac. Et en haut se tiendront les mangeurs du peuple; et en bas les victimes; en haut, frelons, voleurs, en bas, abeilles laborieuses, et dans le ciel saigneront les plaies du Christ. »

Tout le livre tient dans cette prédiction, annonçant comme un coup de clairon la longue missive qui lui fera suite. Elle fait prévoir les aventures tour à tour brutales, cocasses, émouvantes qu'Ulenspiegel verra naître sur sa route. Et elle définit en même temps le sens profond de ces pérégrinations dont l'histoire n'est autre que la lutte incessante entre la Flandre et ses oppresseurs.

Nous sommes donc, dès les premières pages, entourés de symboles et l'on nous convie de chercher, dans toute épisode, une signification dépassant le cadre de l'anecdote. Mais ce serait mal interpréter la pensée de de Coster et mal comprendre son art que de vouloir trouver chaque fois la clef des saillies et des propos qu'il prête à son héros. On l'a souvent fait remarquer, une bonne partie des intentions symboliques du livre ont trait à des circonstances politiques particulières, qui avaient de l'importance au moment où Ulenspiegel fut écrit — vers 1860 — mais qui ont perdu toute actualité pour nous. Nous pourrons donc négliger actuellement tout ce qui, dans l'ouvrage, est allusion à ces conditions particulières; il demeure, d'ailleurs, suffisamment de richesses en dehors de cela, pour que le livre continue à exercer la fascination de son art.

Il vaut en premier lieu par sa portée générale, et par la façon dont celle-ci se dégage de l'ensemble des péripéties. Faire vivre et agir ce complexe esprit flamand, le montrer incarné dans un être humain était une tâche malaisée entre toutes. Il fallait choisir entre le légendaire et le vraisemblable, créer soit des personnages réels, avec toutes leurs complications et subtilités et dont seul la somme pouvait représenter le génie flamand, soit choisir quelques types symboliques qui synthétisent avec une force particulière les qualités et les défauts de notre peuple. Mais de Coster est poète, et son choix fut vite fait. Peu lui importait de renoncer à toute précision psychologique, car son tempérament épique répugnait aux finesses de l'analyse. Il préférait se lancer d'emblée dans un monde fantastique, intensément coloré, où apparaissent des types frustes, tout d'une pièce, mais violemment agités par des passions primitives d'une puissance débordante. Dès lors, il ne fallait pas de construction rigoureuse, car aucune intrigue n'était nécessaire pour relier entre elles les épisodes divers de l'incessant voyage d'Ulenspiegel, allant de village en village et de bataille en bataille, combattre le tyran Philippe II dont les soldats ont assassiné son père. L'œuvre se compose d'elle-même, au rythme de la vision picturale de l'auteur, dans une suite de tableaux d'une extraordinaire richesse. Et dans toutes ces scènes brûle l'âme ardente de Thyl, espiègle et farceur, mais toujours prêt à servir les causes vraiment pures auxquelles il offre tout son juvénile enthousiasme. Ce caractère n'est pas une fiction de littérateur. Car il est vrai que le flamand possède ce génie propre, qui le distingue de toutes les autres nations et qui lui confère des attitudes politiques généreuses à tous les moments de son histoire et une production artistique brillant d'un éclat unique. La continuité de l'esprit flamand — l'immortalité de Thyl — est un fait établi puisque, à travers tous les bouleversements et malgré le voisinage de peuples numériquement supérieurs qui déferlèrent sur son sol, la Flandre a toujours pu garder intacts son visage et sa nature.

Cet ouvrage garde en outre le mérite purement littéraire de son style. On sait qu'il passa presque entièrement inaperçu lors de sa publication. La chose n'est pas étonnante, car une distance énorme le séparait de la mentalité d'un public épris, à ce moment, d'un pseudo-romantisme tonitruant du plus mauvais goût. Depuis lors, un revirement s'est opéré, et l'édition populaire qui paraît actuellement est comme l'apogée de la marche grandissante de ce chef-d'œuvre vers la diffusion qu'il mérite. Mais l'œuvre est restée isolée dans l'histoire de nos lettres. Elle exerça une influence incontestable, puisque de Coster apparaît comme un réel précurseur et un des premiers à avoir établi une littérature belge d'expression française. La « Jeune Belgique » trouva en lui un grand modèle. Mais il n'en reste pas moins vrai que des livres de cette trempe ne se répétèrent pas dans notre littérature. Avec Camille Lemonnier, celle-ci tourna vers le naturalisme et suivit dans l'ensemble un développement parallèle à celui de la France. On n'y trouvera plus ce souffle épique exprimant les racines profondes de la joie et de la peine populaire, cette langue savoureuse et pittoresque qui capte le parler de l'homme simple et décrit la beauté de la nature avec une rare vigueur. Il y a ainsi, dans plusieurs littératures, des artistes qui surgissent, en dehors de toute évolution des styles, de toute école, mais qui contiennent la totalité des aspirations et des vertus d'un peuple. Précisément parce qu'ils sont restés à l'écart des normes régnantes, leur génie aura puisé dans des sources pures, proches de la nature foncière des êtres, nullement déformée par un intellectualisme qui n'est accessible qu'à un cénacle réduit. Dans ce sens, « Ulenspiegel » est réellement une œuvre populaire, non pas seulement parce qu'elle est accessible à tous, mais parce qu'elle exprime, dans toute leur plénitude, les sentiments qui animent la communauté dans ce qu'elle a de plus grand.

Par son fond et par sa forme, le chef-d'œuvre de de Coster était donc particulièrement qualifié pour inaugurer cette collection populaire en langue française. Il possède cette vertu fondamentale d'être un livre sain qui lui donne le droit de devenir le bien de la multitude et impose à ceux qui l'admirent le devoir de le diffuser aussi largement que possible. Une œuvre d'art de cette nature trouve sa véritable consécration lorsqu'elle est répandue dans toutes les classes sociales, lorsque les plus humbles auront pu se reconnaître dans les héros qui y vivent. Elle retourne alors à la souche même dont elle est issue. En reconnaissant les traits de son caractère et les désirs de son cœur dans les personnages dont il suit les aventures, l'homme du peuple fera plus que trouver un amusement de bonne qualité. Inconsciemment, cette lecture aura renforcé en lui une certaine forme de fierté salutaire puisqu'il aura vu les possibilités de grandeur qui existent chez ses semblables. C'est dans cet esprit que l'édition populaire de « La Légende de Thyl Ulenspiegel » apparaît comme une initiative littéraire d'une haute portée éducative.

Paul de Man.

STREEL, José: *La Révolution du XXe Siècle* .... Broché 15,—

212 pages, format 13×19, édit. « Nouvelle Société d'Editions ».

C'est une chose rare et précieuse que de pouvoir, en plein milieu des grands bouleversements historiques, acquérir un coup d'œil suffisamment objectif et lucide pour comprendre clairement l'orientation du mouvement auquel on participe. Et cette tâche est d'autant plus difficile lorsque, comme il en est actuellement le cas, il s'agit d'une révolution « totalitaire », c'est-à-dire englobant tous les aspects de la vie individuelle et sociale. Caractériser, même schématiquement, un si vaste problème nécessitait une intelligence aussi rigoureuse et attentive que celle de José Streel. Il a parfaitement réalisé qu'il était impossible de résumer la révolution actuelle en une seule formule doctrinaire, mais qu'elle était le point de rencontre de toute une série de tendances et d'aspirations qui animent la vie politique depuis longtemps. Elle n'est donc pas une théorie abstraite, mais une synthèse, commandée par les nécessités pratiques, de théories unilatérales, et souvent opposées (voyez par exemple deux concepts aussi éloignés que socialisme et nationalisme, qui, actuellement, s'unissent dans un même parti). Ceci entraîne d'ailleurs que cette révolution sera différente dans chaque pays, puisqu'elle comporte également un élément national qui varie selon la contrée. C'est ce qui nous oblige à chercher le mode qui convient le mieux à notre tempérament propre. Le livre de José Streel s'avère être un effort particulièrement constructif et efficace dans ce sens. *(P. d. M.)*

CARETTE, Louis: *Le Péché de complication* .... Broché 30,—

234 pages, format 14×19, édit. Editions de la Toison d'Or.

« Le Péché de Complication » est le premier roman de Louis Carette, mais il ne présente aucune des maladresses propres aux jeunes auteurs. Au contraire, il s'agit d'une œuvre solidement construite et très travaillée, d'un contenu dense et captivant. On nous y conte l'histoire d'un couple de jeunes gens, issus des milieux bougeois de l'entre-deux-guerres, et les péripéties de leur amour. Mais ce sujet s'étend considérablement et va jusqu'à englober une peinture des aspects sociaux de l'époque. Cependant, l'intérêt principal demeure centré sur l'analyse psychologique des deux héros. Là également l'auteur ne se confine pas dans un domaine strictement individuel, mais, à travers les cas particuliers, il aborde un grand thème littéraire, d'une portée générale: l'émancipation de la personnalité passant du stade adolescent instable à une volonté plus ferme qui connaît sa voie et parvient à gagner son bonheur. Ce récit contient donc des éléments nombreux et divers et on aurait pu craindre que l'ensemble soit venu à manquer d'unité et d'équilibre, puisqu'il devait réunir des constituants aussi disparates. Mais grâce à son intelligent agencement, Louis Carette garde dans son roman une gradation ascendante, qui ne laisse jamais faiblir l'intérêt. Sans que le lecteur ait eu l'impression de quitter le terrain de la simple anecdote, il s'est trouvé confronté avec un ensemble de questions profondes et importantes. C'est là l'indice d'un talent, capable d'atteindre aux plus grandes réussites. *(P. d. M.)*

CROMMELYNCK, Fernand: *Les Amants puérils* (Pièce en 3 actes) .... Broché 28,—

171 pages, format 13×19, édit. aux Editions des Artistes.

Tout Crommelynck tient déjà dans cette pièce qui date de 1921. On y trouve cette manière de dégager l'essence du drame par un savant entrecroisement de dialogues et de scènes, apparemment indépendantes mais formant comme une fugue qui donne le sens de l'œuvre, par un jeu de contrastes et de parallèles. On y retrouve également cette façon d'exaspérer les caractères, de les pousser jusqu'au paroxysme pour qu'on en saisisse mieux la structure. C'est ce qui donne à son théâtre cet aspect excessif qui effraya parfois les spectateurs mais qui n'en est pas moins le secret de sa force. Car si le dramaturge paraît vivre dans un monde aux contours tordus et outrés, ce n'est là qu'une apparence. En réalité, ses créatures gardent une logique et une réalité profonde qui leur confère une humanité indéniable. Jamais nous ne tombons dans la caricature: les émotions et les passions sont vraies et normales, mais elles sont dégagées avec une puissance spéciale. « Les Amants puérils » où dominent des thèmes dramatiques éternels doit son originalité à ces caractéristiques du talent de Fernand Crommelynck. *(P. d. M.)*

DELAET, Jean: *Escadrilles au Combat* .... Broché 25,—

256 pages, format 12,5×20, édit. Les Ecrits.

On a déjà vu paraître beaucoup de récits de guerre qui tentaient d'évoquer l'atmosphère tragique des journées de mai '40. Mais dans aucun de ces ouvrages ne se retrouve un accent aussi purement pathétique que dans celui-ci. Le sujet en est particulièrement grandiose: il s'agit de nous montrer comment les aviateurs belges, démunis de matériel, submergés par un ennemi extraordinairement puissant, ont froidement et héroïquement rempli leur devoir, alors qu'il était manifeste que tout combat était perdu d'avance. Jean Delaet n'a eu recours à aucun artifice narratif pour rehausser la sobre grandeur de ce sacrifice: il a préféré transcrire fidèlement, en les prenant sur le vif, les conversations et les actions de ses camarades. Ce style direct et sobre, qui ne s'attarde à aucune grandiloquence, a rendu le mieux l'esprit dans lequel ont vécu ces hommes, face à la mort. C'est là le mérite littéraire d'un livre qui a pu conserver dans sa pureté primitive une leçon d'abnégation admirable. Il s'en dégage un souffle vigoureux et réconfortant qui fait regarder l'avenir avec plus d'assurance et plus de confiance. *(P. d.M.)*

● VENTURI, Lionello: *Peintres modernes* (Goya, Constable, David, Ingres, Delacroix, Corot, Daumier, Courbet) .... Broché 144,—

245 pages, format 19×24, édit. Albin Michel.
Le critique d'art italien Lionello Venturi entreprend ici une histoire de la peinture du XIXe siècle. Le moment est propice pour cette étude car la distance qui nous sépare actuellement de cette epoque est telle que nous disposons d'un maximum d'information historique tout en étant capable de juger objectivement des circonstances qui en ont déterminé le cours. L'examen de Venturi prend d'ailleurs souvent l'aspect d'un plaidoyer, car on sent que son but principal a été de mettre en relief les grands mérites artistiques de cette période parfois insuffisamment appréciée et qu'il considère comme un des sommets de la peinture de tous les temps. En outre, ces pages sont inspirées par une conception historique et critique particulièrement instructive. L'auteur évite en effet, de négliger entièrement le facteur temporel qui intervient dans toute création et à détacher entièrement celle-ci des circonstances historiques dans lesquelles elle est née. Par contre, il ne sombre pas dans l'excès contraire qui consiste à tout soumettre aux contingences passagères et à considérer l'œuvre d'art comme une simple émanation d'un état politique et social donné. Entre ces deux extrêmes, la pensée de Venturi trouve un juste milieu puisqu'il conçoit « la critique dans ce livre comme un processus dialectique entre les conditions historiques et l'imagination créatrice de chaque personnalité ». Cette mentalité permet à l'ouvrage d'offrir une vue de synthèse infiniment plus précieuse qu'une sèche nomenclature farcie d'érudition stérile. *(P. d. M.)*

FABRE-LUCE, Alfred: *Anthologie de l'Europe Nouvelle* .... Broché 36,—

302 pages, format 12×19, édit. Plon.
C'est un livre curieux et intéressant que cette « Anthologie de l'Europe Nouvelle » que vient de constituer Alfred Fabre-Luce. Elle réunit des extraits des grands penseurs français, allemands, italiens et anglais et met en évidence ce qui, dans leur œuvre, laisse prévoir la révolution actuelle. Car on aurait tort de croire que celle-ci est un phénomène momentané, surgi brusquement d'un jeu de forces passager, et qui ne dépend que des puissances militaires. Au contraire c'est à un vaste mouvement spirituel, remontant à plus d'un siècle, et grandissant progressivement que la crise que nous vivons doit être ramenée. « Quand je rassemblai les textes (des principaux écrivains en question) les auteurs se mirent à dialoguer » écrit Fabre-Luce dans son introduction. C'est que, entre tous les esprits éclairés de ces dernières dizaines, était née une communauté de vues inconscientes, un ensemble de préoccupations semblables qui orientaient leurs théories et leurs réflexions vers les mêmes pôles. L'intention de Fabre-Luce est d'indiquer ces points de repère (réalisme, respect de la force, idée européenne, etc.) et en choisissant les textes adéquats de mettre en évidence la démarche caractéristique de l'esprit occidental vers ses destinées présentes. Le résultat est particulièrement frappant, et la valeur démonstrative de cette anthologie lui fait prendre une place de premier rang dans les essais publiés sur les problèmes de l'heure. *(P. d. M.)*

● FALLADA, Hans: *Nous avions un enfant* .... Broché 32,40

Traduit de l'allemand par Paul Genty. 416 pages, format 13,5×20,5, édit. Albin Michel.
Le nom de Hans Fallada n'est pas inconnu du public d'expression française car un bon nombre de ses œuvres furent déjà traduites. On comprend pourquoi on réserve un si bon accueil à cet auteur allemand. C'est qu'il parvient à cumuler la couleur locale avec un mode d'expression qui n'a rien d'étranger pour ceux qui sont habitués au style des écrivains français. Ces particularités se retrouvent dans « Nous avions un Enfant ». Le décor se situe dans les contrées nordiques de l'Allemagne, au bord de la mer, pays d'un charme prenant. Mais on se sent emporté dès les premières pages par un récit mené avec une rare maitrise qui nous dépeint le drame poignant d'un homme solitaire et violent, tentant en vain d'atteindre son bonheur. Certes, chez d'autres romanciers on trouvera peut-être plus de poésie et plus de subtilité dans l'évocation des atmosphères. Mais rares sont ceux qui peuvent si directement empoigner le lecteur, et lui faire vivre si intensément des aventures rudes et brutales, tout en créant des caractères puissants, dont le souvenir s'incruste profondément dans la mémoire. *(P. d. M.)*

● STEHR, Hermann: *Leonore Griebel* .... Broché 20,70

Traduit de l'allemand. 194 pages, format 12×19, édit. Stock.
A juste titre, on a souligné le parallélisme entre cette œuvre du grand romancier allemand Hermann Stehr et la Madame Bovary de Flaubert. Ici également, il s'agit d'une femme incomprise de son mari, qui est acculée à la folie à force de ne pouvoir faire partager les sentiments qu'elle porte en elle. Mais l'ensemble de l'ouvrage rend un ton plus dramatique, plus pitoyable et plus déchirant que chez Flaubert. C'est ainsi que la figure du mari est loin d'être poussée vers la férocité satirique. Au contraire Stehr nous montre le cas émouvant d'un brave homme, un peu épais, qui, à force de subir l'hystérie de son épouse, finit par perdre son équilibre et par sombrer dans un même désespoir. Certes, le mécanisme psychologique de cette évolution ne se trouve pas décrit avec la même minutie que chez le romancier français. Mais il vibre dans ces pages un souffle pathétique, fait d'une chaude communion entre l'auteur et ses personnages, qui les élève à un haut niveau artistique. *(P. d. M.)*

● ALVERDES, Paul: *Le double Visage* .... Broché 24,—

Traduit de l'allemand. 146 pages, format 14 × 18,5, édit. de la Toison d'Or.
Cette longue nouvelle de Paul Alverdes, attrayante par la densité de son contenu et l'extrême perfection de sa forme, a l'aspect d'un récit purement psychologique. A première vue, on n'y verrait qu'un drame tout à fait personnel: celui de la femme qui se sent vieillir et cherche en vain à retrouver l'amour capable de lui rendre l'élan et l'ardeur de la jeunesse. Mais cette intrigue amoureuse n'est qu'un des plans sur lesquels se déroule ce récit subtilement complexe. Ce n'est que l'une des faces de ce double visage de la vie, l'autre étant l'ensemble des sentiments qui se situent au delà de la simple individualité: les grandes obligations sociales et collectives qui lient les hommes entre eux et les élèvent au-dessus de leur propre drame. Pour l'héroïne du livre ce sera le lien familial, les enfants qui ont besoin de son amour et de ses soins. Et pour le héros, ancien « as » d'aviation de la guerre mondiale, ce sera la fraternité d'armes, unissant d'une solidarité inébranlable les anciens soldats qui ont partagé les mêmes épreuves et les mêmes souffrances dans la boue des champs de bataille. Finalement, ce seront ces derniers impératifs qui triompheront, non sans avoir eu à mener une lutte tenace contre les besoins et les appétits plus égoïstes, lutte dont « Le double Visage », dans un style délicatement impressionniste nous dépeint le déroulement. Les deux amants renonceront à leur amour afin de sauver, elle son foyer, lui, les droits sacrés de l'amitié. *(P. d. M.)*

PATRIS, Ludo: *L'Homme d'ombre* .... Broché 20,—

172 pages, format 13 × 18,5, édit. Editions de la Toison d'Or.
Le roman policier évolue. Il veut être plus qu'un simple jeu de l'esprit pour lecteurs curieux. C'est pourquoi il s'est imposé les règles de la vérité psychologique et tente d'évoquer d'une manière plus artistique le cadre et l'atmosphère où l'action se déroule. Les personnages ne peuvent plus être de pures créations intellectuelles, simples pions automatiques dans le schéma abstrait de l'intrigue. Ils doivent avoir une réelle humanité et c'est leur conformation psychologique qui, en premier lieu, détermine la marche de l'action. En outre, le paysage environnant, la localité où le drame se déroule deviennent partie du récit dont ils constituent le climat de fond, l'ambiance générale. Il est certain que cet enrichissement crée une foule de nouvelles possibilités et développe considérablement le genre. Les deux nouvelles policières que publie Ludo Patris confirment cette espérance. Incontestablement, un progrès s'est fait dans la tenue littéraire de ces histoires, un peu — et c'est dommage — au dépens de la tension purement policière. Les moyens sont peut-être encore trop peu affinés, trop faciles, mais l'effet obtenu est déjà remarquable. A preuve, l'impression lugubre et morbide qui se dégage du premier conte et qui atteste la réussite de la méthode de l'auteur. *(P. d. M.)*

VAN DER ESSEN, Léon: *Pages d'histoire nationale et européenne* .... Broché 40,—

294 pages, format 16,5 × 25, édit. Goemaere.
Jamais le grand public ne s'est si passionnément intéressé à l'histoire. A un moment où les problèmes nationaux prennent une importance particulière où le destin de tant de peuples se joue, il est salutaire de se retourner vers le passé et de scruter les origines de la grandeur nationale. Les « Pages d'histoire nationale et européenne » de l'éminent professeur de Louvain, pourront parfaitement remplir ce rôle vis-à-vis du lecteur belge. Et l'on songe particulièrement à l'intéressante étude qui termine le volume et dont le titre « Comment s'est formée la patrie belge? » indique clairement la portée. Sur un ton anecdotique et agréable, mais en se basant sur une érudition scientifique que la personnalité de son auteur garantit pleinement, cet ouvrage nous révèle des aspects primordiaux de notre culture. *(P. d. M.)*

○ ● ENGELBEEN, Karel: *Flämische Wirtschaftsgeschichte.* ✱ (94 S.) .... Kart. 20,—

○ ● LEURS, Stan: *Alte Baukunst in Flandern.* ✱ (Mit 24 Abb. 61 S.) .... Kart. 20,—

○ ● VAN ROOSBROECK, R.: *Die Geschichte Flanderns.* ✱ (Mit 4 Karten. 115 S.) .. Kart. 20,—

○ ● VERSCHAEVE, C.: *Die altflämischen Meister.* ✱ (Mit 12 Abb. 95 S.) ...... Kart. 20,—

○ ● *Das Flämische Kampfgedicht* (herausgegeben von Wien Moens, übertragen von Adolf von Hatzfeld). (99 S.) .... Kart. 20,—

In-8°, reeks « Flämische Schriften ». Uitg. Diederichs (Jena). Gekartonneerd.
In denzelfden geest als het werk « Flandern » brengen deze studiën, klein van omvang maar rijk van inhoud, geschreven door de meest vooraanstaande Vlaamsche persoonlijkheden op geschiedkundig- en kunst gebied, een overzicht van de historische en kultureele strekkingen van Vlaanderen. Ook voor het binnenland zijn deze boekjes van het grootste belang. Want zij brengen het hunne bij tot de taak die ieder verstandig mensch in de huidige omstandigheden zich moet opleggen: het volledig bewustzijn inwinnen aangaande den oorsprong, de affiniteiten en de mogelijkheden van zijn volk. Deze kennis is noodig opdat de heropbouw van Europa zou kunnen geschieden op een evenwichtige manier en in overeenstemming met de gaven der samenstellende landen. Een dergelijk overzicht kan niet geschieden uit-

In-8°, collection « Flämische Schriften ». Edit. chez Diederichs (Jena). Cartonné.
Dans le même esprit que l'ouvrage « Flandern », ces petites études, destinées à constituer une collection des plus instructives, apportent des études signées des plus éminentes compétences flamandes, sur les caractéristiques culturelles et historiques de la Flandre. Avouons que, même pour notre usage intérieur, ces brochures sont du plus grand intérêt. Car elles contribuent à cette tâche considérable que les conditions politiques présentes imposent à tout esprit clairvoyant: prendre clairement conscience des origines, des affinités, des possibilités de son peuple, afin que la prochaine reconstruction de l'Europe puisse se faire d'une manière harmonieuse et conforme aux aptitudes de chacun des constituants. Une telle mise au

gaande van zuiver politieke beschouwingen. Er moet rekening gehouden worden met het verleden, de historische strekking van deze of gene groep moet bepaald worden, hetgeen beteekent dat het hier evenzeer een werk van geschiedkundig als van staatskundig karakter geldt. De opstellers van deze reeks schijnen zulks uitstekend te hebben begrepen. En, voor wat Vlaanderen betreft, kan niets beter bijdragen tot het verdedigen van zijn rechten dan die terugblik op zijn kultureel en artistiek bezit. Want hieruit blijkt duidelijk, dat dit land een grootheid en een oorspronkelijkheid bezit die den eerbied der andere volkeren afdwingt en zijn toekomstmogelijkheden verzekert. *(P. d. M.)*

point ne peut se faire en se basant uniquement sur des considérations politiques actuelles. Elle doit tenir compte du passé, tâcher d'établir la ligne historique naturelle de telle ou telle contrée, c'est-à-dire qu'elle est autant œuvre d'historien que de politicien. C'est ce que les auteurs de cette collection ont parfaitement compris. Et, dans le cas de la Flandre, rien ne peut plus justement et plus efficacement servir sa cause que ces vues sur ce qui constitue son patrimoine culturel et artistique. Il en ressort clairement l'existence d'une grandeur et d'un « spécifique » flamand qui force le respect pour ce peuple et garantit ses considérables possibilités d'avenir. *(P. d. M.)*

GRIMM, Hans: *Südafrikanische Novellen* .... Ganzl. 46,90

31e tot 35e duizend. 292 blz., in-8o. Uitg. Langen-Müller. In linnen gebonden.
Hans Grimm wordt terecht beschouwd als een der populairste Duitsche schrijvers. Hij heeft zich een groot aantal lezers verworven met zijn avontuurlijke en heldhaftige verhalen, die in een krachtig-mannelijke taal het leven in de Zuid-Afrikaansche koloniën beschrijven. Maar niet enkel dit schilderachtige element brengen Grimm's werken op het peil van de beste volksche literatuur. Een algemeener en ook dieper inzicht doorschemert zijn novellen: de onophoudelijke strijd die de Hollanders en Duitschers in Zuid-Afrika voeren tegen elke onderdrukking en hun gloeiende vrijheidsliefde die hun trouw doet blijven aan de nationale herkomst, alle bedreigingen en beproevingen trotseerend. *(P. d. M.)*

31e au 35e mille. 292 pages, in-8o. Edit. Langen-Müller. Relié toile.
Hans Grimm est considéré à juste titre comme un des auteurs les plus populaires d'Allemagne. C'est qu'il a pu toucher un large public par ses récits aventureux et virils, où se trouve dépeinte dans une langue robuste et vigoureuse, l'existence dans les colonies Sud-Africaines. Mais ce n'est non seulement cet élément pittoresque qui place les œuvres de Grimm sur le plan de la meilleure littérature populaire. Car une donnée plus universelle, plus profonde aussi, donne à ces nouvelles une large portée: c'est la lutte constante menée par les colons hollandais et allemands contre toute tentative d'oppression et leur ardente soif de liberté qui leur fait demeurer fidèles à leurs origines nationales malgré toutes les menaces et toutes les souffrances. *(P. d. M.)*

BRISSON, Pierre: *Molière, sa vie dans ses œuvres* .... Broché 49,50

318 pages, format 14,5 × 21, édit. Gallimard.
Il y a diverses manières d'écrire une biographie. On peut suivre au jour le jour — comme Henri Mondor dans son Mallarmé — la vie de l'auteur étudié et montrer la genèse de son œuvre telle qu'elle s'est accomplie au contact de sa réalité journalière. Pour autant que la production artistique puisse s'expliquer par les circonstances de la vie de ceux qui l'ont établie, cette méthode fournira d'utiles éclaircissements. Mais dans un cas comme celui de Molière où l'on sait très peu de choses exactes en ce qui concerne le déroulement de son existence, il faudra procéder autrement si l'on veut se faire une idée de la personnalité. On devra se servir de l'œuvre même comme d'une clef pour établir le caractère, le tempérament et la sensibilité du grand comédien classique. C'est ce qu'a fait Pierre Brisson dans cette remarquable biographie. En se servant des différentes pièces comme de témoignages, il a pu dégager un portrait frappant et instructif qui, à son tour, facilitera la compréhension des œuvres pour des lecteurs moins habitués à la fréquenter que Pierre Brisson lui-même. *(P. d. M.)*

MONDOR, Henri: *Vie de Mallarmé* (Tome II) .... Broché 72,—

832 pages, format 14 × 21, édit. Gallimard.
Le deuxième tome de cette importante biographie sur Stéphane Mallarmé continue et confirme les qualités qui s'étaient affirmées au premier volume. Nous nous trouvons en présence d'un essai biographique comme on en a rarement entrepris; c'est jour par jour, heure par heure presque, que l'auteur raconte la vie de son héros. Et ce n'est pas que cette existence soit si riche en péripéties et en aventures. Bien au contraire, on sait que Mallarmé vécut très tranquillement, partagé entre son métier de professeur d'anglais et son travail d'écrivain, auquel il consacrait des soins précieux. Mais ce poète portait en lui le don magique de la richesse intérieure, qui illumine tout ce qui l'entoure d'une clarté admirable et qui confère aux choses les plus banales un éclat et un brillant exceptionnel. Autour de lui se groupent les hommes les plus remarquables de son époque, depuis Manet jusqu'à Paul Valéry, et tous l'admirent comme un maître et comme un oracle. Cette même admiration se retrouve chez son biographe Henri Mondor. Mais loin de donner au livre un insupportable accent laudatif, elle imbibe ces pages d'un amour et d'une dévotion qui, mis au service d'un très beau style, font de cet ouvrage un volume d'un puissant intérêt et d'un charme incomparable. *(P. d. M.)*

ALAIN: *Vigiles de l'esprit* .... Broché 43,20

318 pages, format 12 × 19, édit. Gallimard.

Alain est un des philosophes les plus remarquables de notre siècle et sa pensée s'accorde aux tendances fondamentales qui se font actuellement jour dans tous les esprits directeurs. Mais sa doctrine, dispersée dans un ensemble de courts essais qu'il intitule « Propos » est malaisée à synthétiser et à comprendre dans son ensemble. Un livre aussi intelligemment ordonné que « Vigiles de l'Esprit » facilite toutefois dans une large mesure l'indispensable vue d'ensemble sur une doctrine qui garde, malgré les apparences, une extraordinaire cohésion. Car ce n'est pas parce que Alain n'a jamais écrit un véritable traité systématique, que ses théories puissent être considérées comme changeantes et instables, comme des réflexions brillantes mais qui ne s'insèrent nullement dans une construction logique plus générale. Au contraire la lecture des notes réunies dans ce volume, quoiqu'elles s'échelonnent sur un laps de temps de plusieurs dizaines d'années, indiquent une stabilité admirable, rattachant tous les ramages issus de cet esprit profond à un même tronc commun d'une grande solidité. C'est ce que ce choix de propos fait ressortir avec beaucoup de netteté. En groupant toutes les pensées ayant trait à l'orientation de l'activité spirituelle, et analysant donc l'attitude des hommes envers les sciences, la religion, la pensée en général, cette grande leçon d'humanité et de compréhension qui est inscrite dans l'œuvre d'Alain a été dégagée clairement. *(P. d. M.)*

LANDORMY, Paul: *Gounod* .... Broché 31,50

276 pages, format 12 × 19, édit. Gallimard.

L'excellent critique musical Paul Landormy entreprend une étude de la vie et de l'œuvre de Gounod, compositeur pour lequel, nous dit-il, il ressent une tendresse particulière, datant de son enfance. Certains, qui n'ont pas cru nécessaire de revoir les opinions généralement admises, s'étonneront peut-être de voir un juge de la taille de M. Landormy s'occuper d'un musicien dont la réputation est fort contestée. Mais on oublie qu'il y a dans Gounod une foule d'éléments très originaux et très frais, qui portent l'empreinte d'une véritable et rare délicatesse. Comment expliquer sinon la vogue étonnante de Faust? Il ne s'agit pas là d'un phénomène de mauvais goût persistant, car aucune œuvre vulgaire ne pourrait parvenir à toucher toujours à nouveau un si grand nombre de personnes. C'est que Gounod possède quelque chose de méritoire et de précieux. Beaucoup l'ont oublié. Après la lecture de l'attrayant ouvrage de M. Paul Landormy ils écouteront sans doute d'une autre oreille, plus compréhensive, la musique de Gounod. Et cela leur permettra d'y découvrir des richesses insoupçonnées. *(P. d. M.)*

GIONO, Jean: *Le Triomphe de la Vie* .... Broché 29,70

294 pages,, format 12 × 19, édit. Grasset.

Rarement Giono atteint à une si pure grandeur que lorsqu'il abandonne la forme romancée pour s'adonner à la simple expression de ses pensées et sentiments. L'être fictif qu'il chargeait, dans ses romans, de représenter par les actes et la parole ses tendances propres alourdissait quelque peu sa méditation et lui conférait un aspect artificiel. Plus rien de cette action néfaste ne se manifeste dans un essai comme « Le Triomphe de la Vie » où l'expression est aussi directe que possible. Alors, nul ne peut égaler Giono dans la splendeur d'imagination et de langue, dans sa faculté de transformer une pensée abstraite en une chose vivante, palpitante, toute en images et en visions. Exalter l'artisanat comme il le fait, en nous montrant comme d'irrésistibles réalités les vertus qu'il entretient, en nous faisant assister au spectacle mouvant du labeur artisanal, dans toute sa simple grandeur, est l'œuvre d'un grand écrivain. Qu'importe dès lors que la thèse soit discutable? Elle aura permis à un artiste d'écrire des pages admirables, de créer un mouvement et une couleur sans pareils. Même lorsque la force convaincante qui émane de ce plaidoyer enflammé aura dû céder devant des réflexions et des arguments pertinents, on conservera une ineffaçable impression de beauté et de vitalité qui ne peut qu'exercer un effet salutaire sur notre personne. *(P. d. M.)*

GUILLOUX, Louis: *Le Pain des Rêves* .... Broché 43,20

320 pages, format 14 × 21, Edit. Gallimard.

Louis Guilloux a donné, avec « Le Pain des Rêves » un roman extrêmement fouillé où se trouve décrit, avec une précision étonnante, la torture de la misère telle qu'elle peut apparaître à l'esprit d'un jeune garçon imaginatif et sensible. Ce réalisme impitoyable parvient d'ailleurs à atteindre un effet déchirant. On reste longtemps hanté par les scènes minutieusement dépeintes, montrant l'existence misérable d'une famille réfugiée dans une écurie. Jamais, la narration ne prend un aspect révolté ou passionné. Le héros a toujours appris à considérer son sort comme une chose normale et inévitable, qui ne l'indigne pas et auquel il a appris à s'adapter. Ce fatalisme dans la souffrance, trait caractéristique de l'âme des vrais pauvres, est rendu ici avec une puissance particulière. C'est, entre autres, ce qui confère à ce roman un accent si poignant. *(P. d. M.)*

● JÜNGER, Ernst: *Sur les Falaises de Marbre* .... Broché 28,—

Traduit de l'allemand. 214 pages, format 12 × 19, édit. Gallimard.

Ernst Jünger est l'auteur d'une série de romans d'une grande beauté. Une des premières traductions en français « Sur les Falaises de Marbre » révèle les caractéristiques de cet écrivain, dont la manière ouvre des horizons entièrement nouveaux au public français, habitué à la rationnelle analyse psychologique de la tradition française. Jünger nous transporte dans un monde imaginaire et symbolique, tour à tour doucement caressant et violemment brutal, agité successivement de passions guerrières et d'une lumineuse fraîcheur. A ce premier contact, celui qui est habitué à ne lire qu'avec son intellect se sentira dérouté par ces pages où il n'y a ni intrigue, ni vraisemblance, ni construction logique. Mais lorsqu'il aura appris à changer sa sensibilité réceptive, lorsqu'il aura appris à ne ressentir les mots que pour leur valeur émotive et à ne suivre les aventures que pour leur profondeur visionnaire, un domaine d'une richesse sans limites, où existent d'intarrissables sources de poésie et de beauté s'ouvrira pour lui. On ne peut évidemment espérer qu'un auteur comme Jünger soit apprécié immédiatement à sa juste valeur, alors qu'il va à l'encontre même d'habitudes acquises et consacrées. Mais il ne faudra pas attendre longtemps avant qu'on ait appris à comprendre cette littérature et à l'aimer comme elle le mérite. *(P. d. M.)*

● NOVALIS: *Henri d'Ofterdingen* .... Broché 54,—

450 pages, format 12 × 19, (collection des Classiques étrangers), édit. Editions Montaigne.

Il faut dire tout le bien qu'on peut penser de cette collection bilingue éditée par les éditions Aubier Montaigne. On y publie les œuvres des plus grands génies classiques et romantiques allemands, à la fois le texte original et une excellente traduction française, placés en opposition sur la même page. Celui qui ne connait qu'imparfaitement l'allemand pourra donc, en s'aidant de la traduction, apprécier la beauté du texte original. Cette fois, c'est le curieux roman de Novalis « Henri d'Ofterdingen », qui se trouve ainsi mis à la portée du public français. Cette œuvre inachevée, dans laquelle, Novalis a mis toutes les ressources de son art, constitue en fait une des plus importantes étapes dans l'histoire du roman. C'est la première fois que celui-ci abandonne sa fonction purement narrative et extérieure pour introduire dans le monde illimité de la rêverie et de la poésie, telle que la concevaient les romantiques allemands. Tous les éléments qu'on retrouve dans certaines formes évoluées du roman actuel, le monologue intérieur, l'introspection poussée jusqu'aux extrêmes limites, le fantastique, existent déjà dans ce livre tordu et imparfait, mais dont l'importance dans l'histoire des lettres et la beauté sont considérables. *(P. d. M.)*

● PEKKANEN, Toïvo: *A l'ombre de l'Usine* .... Broché 20,70

Traduit du finlandais. 312 pages, format 12 × 19, édit. Stock.

Depuis que Silampaa a été couronné du Prix Nobel, la littérature finlandaise n'est plus pour nous terre inconnue. Avec les romans de Kalevala, de Linnankoski, d'autres encore nous avons appris à connaitre et bientôt à aimer le charme très particulier qui se dégage de ces œuvres, venues d'un pays lointain et captivant. Avec Pekkanen, un élément caractéristique de la production finnoise, élément qui nous touche d'autant plus que nous n'en trouvons que très peu de traces chez nous, se trouve mis en valeur: l'élément social. L'homme n'y apparaît pas comme une créature isolée, uniquement en conflit avec sa propre personnalité, mais comme un être qui vit entouré de ses semblables et pour qui importent précisément les rapports d'amitié et d'affection solidaire qui l'unissent à ceux qui partagent son sort. Est-ce ce ton social, cette atmosphère jeune et franche, qui ne nait que là où l'esprit de communauté exerce sa bienfaisante action, qui donne à ce livre un ton si exaltant, très éloigné des tentatives artificielles entreprises par certains écrivains français de nous ramener à une simplicité qu'eux-mêmes ne comprennent ni ne désirent. Il s'agit ici d'une expérience vécue — puisque c'est avant tout sa propre histoire que Pekkanen raconte — qui a tous les accents d'une profonde sincérité. Et elle est d'autant plus émouvante par son contenu humain. Car ce peuple d'ouvriers, en lutte contre la misère n'apparait jamais comme un groupe sans âme, soumis aux lois brutales de la matière, mais comme une communauté sensible, dont les réactions nous touchent par leur aspect cordial et chaleureux. *(P. d. M.)*

● SYNGE, J.-M.: *Théâtre (L'Ombre de la Ravine. — A Cheval vers la Mer. — La Fontaine aux Saints. — La Baladin du Monde occidental)* .... Broché 37,80

Traduction de M. Bourgeois. 275 pages, format 12 × 19, édit. Gallimard.

Le théâtre de Synge (1871-1909) est peu connu chez nous. Son influence sur des auteurs anglo-saxons, tels Eugene O'Neill est cependant manifeste. Il appartient à l'école irlandaise autonome, au groupe d'auteurs qui sont demeurés dans leur pays au lieu de faire comme plusieurs des meilleurs écrivains de cette contrée — Wilde, Shaw, Joyce, etc. — qui parcourent le monde. Dans sa jeunesse Synge également vint en Allemagne et en France, mais son travail créateur ne débuta que lorsqu'il était retourné se fixer dans sa patrie natale. Dès lors, il parvint bientôt à une renommée considérable, quoique sa manière continua à être très discutée et que plusieurs de ses pièces déchaînèrent des orages, tant d'enthousiasme que de bruyante désapprobation. Depuis sa mort, sa renommée n'a fait que croître et c'est à juste titre que son traducteur, M. Bourgeois, a pu écrire que « divers critiques anglais n'ont pas craint de l'égaler à Shakespeare; les lettrés d'Outre-Manche et d'Outre-Atlantique lui vouent un véritable culte ». L'attrait de son théâtre; conformément aux traditions artistiques très particulières de l'Irlande, consiste dans la réunion de deux éléments dramatiques contrastants: un humour sarcastique et populaire — apparaissant dans les savoureux passages en dialecte — et une rêverie brumeuse, intensément poétique d'une admirable spiritualité. *(P. de M.)*

O DEHAYE, Marcel: *Hopje l'Insaisissable* .... Broché 30,—

190 pages, format 14,5 × 20,5, édit. Les Ecrits.

Le charmant poète, mieux connu sous son pseudonyme de Jean de la Lune, nous entraîne à sa suite dans le pays magique de l'enfance. Sous la conduite de Hopje, miracle d'adresse et d'intelligence, un groupe d'enfants abandonnés parcourt le pays en faisant de la musique et en semant partout la joie et le bonheur. Rares sont ceux qui ont pu évoquer avec tant de délicate fraîcheur ce climat si particulier, mélange de féerie et de poésie, qui est celui de l'âge tendre. Les limites entre la fantaisie et la réalité ne sont pas encore tranchées avec netteté; le monde entier baigne dans cette lumière quasi-surnaturelle qui embellit et purifie toutes choses. Mais ce message d'un monde meilleur, dont la simplicité un peu naïve ne rebutera que les esprits secs, signifie plus qu'une évasion momentanée dans des sphères éthérées. C'est en même temps un vibrant éloge de la poésie en tant que valeur absolue, exaltée comme étant capable d'apporter aux hommes la consolation dans leurs souffrances et la paix dans leurs combats. Car elle fait tourner le regard vers tout ce qui, dans le vaste monde, est digne d'être aimé et prouve ainsi cette saine confiance dans les êtres qui, seule, peut garantir un véritable bonheur. Les passages symboliques de « Hopje » qui sont peut-être moins spontanés et moins amusants que ceux qui ne sont qu'un simple jeu fantastique, mettent en évidence cette vérité. Mais la principale valeur du livre réside dans la perfection de la langue et la musicalité d'une phrase toujours harmonieuse et équilibrée. De ce dernier point de vue, l'ouvrage de Marcel Dehaye mérite réellement le titre d'œuvre poétique, dans tout le sens du terme. *(P. d. M.)*

O FONSNY, Louis: *Le Chemin des Errants* .... Broché 30,—

292 pages, format 13 × 19, édit. Les Editions de la Toison d'Or.

Voici que paraissent en Belgique, les premiers romans de guerre. Après « Escadrilles au Combat » de Jean Delaet, Louis Fonsny nous raconte le sombre destin d'une compagnie, dont le seul rôle fut de refluer constamment sous la poussée de l'ennemi sans jamais, faute d'armes, pouvoir livrer combat. C'est avec une grande sobriété de moyens, sans jamais tenter d'enluminer la réalité par une version des choses non conforme à la vérité, qu'il nous raconte la navrante aventure d'un régiment qui ne fut bientôt plus qu'une bande, dispersée sur les routes de France et de Belgique, errant de village en village, sans recevoir d'ordres et sans connaître de répit. Aucun procédé de style mieux que ce ton dépouillé et d'apparence presque impassible ne pouvait rendre l'atmosphère désespérée et accablante de cet exode lamentable. Ces notations brèves et directes nous retransportent irrésistiblement dans le climat hallucinant de ces journées inoubliables qui ne sont plus à présent que comme un mauvais rêve trouble et lointain. Mais de toute cette confusion se dégage une leçon plus profonde; ce n'est non seulement la débâcle d'une armée que nous vivons dans ces pages mais la chute de tout un système qui s'était avéré incapable d'organiser et de former les hommes pour les rendre capables d'accomplir la tâche qu'on attendait d'eux, Quoique, à aucun moment, l'auteur ne se lance ans des généralités ou tente de tirer des conclusions de son témoignage, son récit a, plus que tout autre, la signification d'un réquisitoire contre une mentalité néfaste, qui a mené le pays à la catastrophe. *(P. d. M.)*

O LEBLANC, Raymond: *Dès Pipés* (Journal d'un Chasseur ardennais) .... Broché 25,—

254 pages, format 13,4 × 19, édit. Gilbert.

Contrairement à l'auteur du « Chemin des Errants » Raymond Leblanc a réellement fait la guerre et a eu l'occasion de combattre. Mais son récit a cependant le même ton accablant que celui de Louis Fonsny. On y perçoit le même cri d'impuissance et de révolte d'un homme, prêt à donner sa vie et à lutter bravement, mais se trouvant dans un tel état d'infériorité du point de vue du matériel et de l'organisation qu'il ne peut faire que fuir devant l'écrasante suprématie de l'adversaire. Seuls quelques exploits isolés d'un héroïsme d'autant plus admirable qu'ils ne pouvaient plus servir qu'à sauver l'honneur viennent émailler le déroulement inexorable d'un événement dont le destin était fixé d'avance. Il faut rendre hommage à l'objectivité et à la sincérité scrupuleuse avec laquelle sont décrites les différentes phases de ce reportage. Sans vouloir prétendre à une haute tenue littéraire, l'auteur a livré simplement et directement ses impressions et ses réflexions. Faut-il dire combien cette manière est préférable à celle qui consiste à prendre un ton faussement sublime et ridiculement maniéré? On en jugera en lisant « Dès Pipés » qui parvient à être toujours intéressant et à atteindre, par moments, à une très pure et très noble émotion. *(P. d. M.)*

O LURKIN, Abel: *Scènes et Images de la Vie naturelle* .... Broché 21,—

224 pages, format 14 × 20, édit. Les Editions de St-Hubert.

C'est un livre très attachant que vient d'écrire Abel Lurkin. et sans doute une des évocations les plus frappantes du beau et mystérieux pays d'Ardenne qu'on puisse concevoir. Tous les personnages, hommes et animaux, de cette contrée défilent devant nous. Mais le charme tout particulier de la manière de Lurkin est sa communion directe avec les choses de la nature. On sent en lui une si exacte compréhension de son pays, une telle tendresse dans la manière de le décrire que celui-ci se met à vivre et nous dévoile tous ses secrets. Que ce soit lorsqu'il nous parle de modifications de la nature, sous l'empire des saisons, des chasses dans les forêts, des sangliers, des truites, c'est toujours avec un charme poétique particulier que ces mouvements et ces silhouettes se détachent sur un arrière-plan constitué par le décor valloné de la Haute Belgique. *(P. d. M.)*

ZISCHKA, Anton: *Ölkrieg.* * .... Brosch. 16,—

Uitg. Tauchnitz (boekdeel 122 van de Duitsche Tauchnitz) 317 blz., formaat 11 × 18, ingenaaid. Anton Zischka heeft een wereldvermaardheid verworven als uitvinder van hetgeen men de geromanceerde staatshuishoudkunde zou kunnen noemen. Maar dit moet niet in pejoratieven zin begrepen worden, want het beteekent in geenerlei opzicht dat de waarheid verwrongen wordt in de hoop ze schilderachtiger en boeiender te maken. Wij hebben er ons te zeer aan gewend de ekonomische vraagstukken enkel in het abstrakte te zien, zonder rekening te houden met hun menschelijken inhoud. Nochtans, hebben die omstandigheden een rechtstreeksche en merkbare werking op ons doen en laten, en raken ze ons tot in de meest persoonlijke uithoeken. En daaraan heeft Zischka vooral zijn aandacht gewijd; het beschrijven van den invloed uitgeoefend door de ekonomische ontdekkingen en veranderingen op ons bestaan. Geen strijd beter dan die welke gevoerd werd om het bezit van het petroleum was meer aangepast aan zijn stijlmethode. Rondom de intrigues die over den ganschen aardbol gevoerd werden om in het bezit te komen van die kostbare grondstof, weet hij een verhaal te tooveren dat den lezer terzelfdertijd rijke kennis en het genot van een boeiende roman bijbrengt. *(P. d. M.)*

Edit. Tauchnitz (volume 122 du Deutsche Tauchnitz), 317 pages, format 11 × 18, broché. Anton Zischka a acquis une renommée mondiale comme créateur de ce qu'on pourrait appeler l'économie politique romancée. Mais ce dernier mot ne doit nullement être compris dans un sens péjoratif, car il n'implique aucunement que la vérité ait été forcée dans l'espoir de la rendre plus pittoresque et plus passionnante. Nous avons par trop pris l'habitude de ne voir les problèmes économiques que comme des questions purement abstraites, entièrement dépourvues de tout contenu humain. Cependant, ce sont des circonstances qui ont un effet tangible et immédiat sur l'existence des hommes et qui les touchent jusque dans leurs recoins les plus personnels. Et c'est surtout à cela que Zischka s'est attaché: à mettre en évidence l'influence exercée par les découvertes et les changements économiques sur notre comportement. Aucune lutte tant que celle menée pour la possession du pétrole ne pouvait mieux convenir à son style particulier. Autour des intrigues mondiales qui se sont nouées pour l'obtention de cette matière première, il parvient à tisser un récit qui apporte au lecteur, en même temps que de riches connaissances, le plaisir d'un roman vigoureux et vivant. *(P. d. M.)*

DAUTHENDEY, Max: *Die acht Gesichter am Biwasee* (Japanische Liebesgeschichten) Pp. 25,—

131e tot 140e duizend. Uitg. Langen-Müller. 184 blz., form. 12 × 19, in dik karton gebond. Weinige figuren uit de wereldliteratuur kunnen vergeleken worden met Max Dauthendey voor wat glans en rijkdom der taal betreft. Wanneer dit uitzonderlijk artistiek temperament, met een zeldzame visionnaire kracht begaafd, ons de streken van het Verre-Oosten beschrijft, ontrolt zich een fantastische wereld voor onze oogen. Wij zijn verblind door de veelvuldige flonkering van kleuren, verrukt door het bekorende charme van die geheimzinnige verhalen, waarin de sensualiteit en het primitieve leven van de inboorlingen volkomen tot uiting komen. In deze reeks novellen, die zich in Japan afspelen, biedt Max Dauthendey ons nog iets meer: de hoffelijke zeden, mengsel van barbarendom en verfijning, eigen aan het Keizerrijk Japan, worden geschilderd in een kader van onvergetelijke, eeuwige poëzie. *(P. d. M.)*

131e au 140e mille. Editions Langen-Müller. 184 pages, format 12 × 19, relié gros carton. Peu d'auteurs, dans la littérature mondiale actuelle, peuvent être comparés à Max Dauthendey pour ce qui concerne la richesse et la splendeur de la langue. Lorsque ce tempérament artistique exceptionnel, doué d'une rare sensibilité visionnaire, évoque pour nous les lointaines contrées d'Extrême-Orient, c'est un monde fantastique qui se déroule devant nos yeux. Nous sommes éblouis par la multiplicité des couleurs chatoyantes qui scintillent dans ses descriptions, captivés par le charme de ses étrangers récits, où la sensualité et la mentalité primitive de l'indigène s'expriment pleinement. Dans cette série de contes qui se situent au Japon, c'est autre chose encore que Max Dauthendey nous offre: les mœurs courtoises, mélange de barbarie et de raffinements, de l'Empire du Soleil Levant, y sont évoquées dans un cadre d'une éternelle et prenante poésie. *(P. d. M.)*

DAUTHENDEY, Max: *Gesammelte Gedichte* .... Ganzl. 70,30

Uitg. Langen-Müller. 751 blz., form. 13 × 20, in linnen gebonden.

Als de bekende Duitsche kunsthistoricus Wilhelm Pinder in zijn belangrijk boek over « Het vraagstuk der generaties » het merkwaardige geslacht van auteurs die in het laatste kwart der XIXe eeuw geboren werden moet bepalen, vermeldt hij naast Stefan George, André Gide, Paul Claudel en Maeterlinck ook den Beier Max Dauthendey. En inderdaad, wanneer men het overtalrijke dichterlijke œuvre van dezen schrijver (die daarenboven prachtige exotische novellen, romans, en een groot aantal autobiographische geschriften in proza heeft nagelaten) in oogenschouw neemt kan men enkel zijn verbazing uitspreken dat hij zoo weinig bekend is in het buitenland en zelf, in zekere mate, in zijn eigen vaderland. Want niets kan een idee geven van de ongelooflijke veelzijdigheid van zijn talent. Zijn poëzie is beurtelings ly-

Editions Langen-Müller. 751 pages, format 13 × 20, relié pleine toile.

Lorsque, dans son important ouvrage sur « Le Problème de la génération », l'historien d'art allemand bien connu Wilhelm Pinder, signale la remarquable génération d'écrivains de la fin du XIXe siècle il cite, sur le même plan que Stefan George, André Gide, Paul Claudel et Maeterlinck, le bavarois Max Dauthendey. En fait, si on lit l'ensemble de l'immense œuvre poétique de cet auteur (qui a en outre écrit d'admirables nouvelles exotiques, des romans, un grand nombre d'écrits autobiographiques en prose) on ne peut que s'étonner de ce qu'un si grand écrivain soit si peu connu à l'étranger et même, dans une certaine mesure, à l'intérieur de son propre pays. Car rien ne peut donner une idée des multiples formes que ce talent est capable de prendre. Tour à tour lyrique, épique et dramatique; usant indiffé-

risch, episch en dramatisch en zij maakt met dezelfde verbluffende virtuositeit gebruik van het vrije vers als van een streng gerythmeerde strophe; zij is een bonte dooreenwarreling van beelden en beschrijvingen, een eindeloos spel van kleuren en gedachten. Max Dauthendey is ongetwijfeld een der aantrekkelijkste figuren der hedendaagsche Europeesche letterkunde. *(P. d. M.)*

remment du vers libre ou d'une rigoureuse strophe rythmée, avec une virtuosité et une assurance technique incomparable; entremêlant les images, les métaphores, les descriptions dans un jeu d'idées et de couleurs fantastiques; telle est la poésie de cette personnalité remarquable, une des plus attrayantes figures dans les lettres européennes modernes. *(P. d. M.)*

LEBLOND, Marius: *Redressement* .... Broché 27,—
296 pages, format 11.5 × 18, édit. Ed. Denoël.
La France continue son examen de conscience. Bertrand de Jouvenel l'a inauguré, voici près d'un an et demi, en dressant, dans « Après la défaite » le bilan des faiblesses et des erreurs commises durant l'après-guerre. La série d'ouvrages traitant de cette question s'est enrichie avec « Redressement » de Marius Leblond dont le titre dénote bien l'intention: reconnaître les défauts et les vices existants afin de pouvoir les combattre et les éliminer. L'examen entrepris est très fouillé et va de la littérature à l'économie politique en passant par un examen des mœurs et des coutumes. Ces pages sont écrites dans un style alerte, un peu brouillon et rapide peut-être, mais qui ne cesse de soutenir l'attention. Et on sent chez l'auteur une bonne volonté et un amour de son pays qui sont des vertus aussi rares que précieuses, à un moment où un grand peuple doit lutter pour conserver sa place dans un monde en voie de renouveau. *(P. d. M.)*

ACHARD, Marcel: *Théâtre* (Mademoiselle de Panama-Le Corsaire-Pètrus).
Broché 36,—
Ce volume contient les pièces les plus récentes de l'auteur du célèbre « Jean de la Lune ». On y trouvera la manière caractéristique, charmante et nonchalante de celui dont on a pu dire très justement « qu'il écrit une pièce comme il effeuillerait les pétales d'une marguerite ». C'est bien ce que suggère ce style détaché, négligent presque, qui mélange les trouvailles d'une fantaisie débordante avec une émotion sentimentale — parfois un peu bon marché — tout en dévoilant soudain des profondeurs dramatiques plus graves et plus angoissantes. *(P. d. M.)*

BOREL, Pierre: *Lettres de Guy de Maupassant à Gustave Flaubert* .... Broché 17,55
112 pages, format 12 × 19, édit. Aubanel.
En même temps que des renseignements précieux sur le caractère et le tempérament de Guy de Maupassant, ces lettres constituent un émouvant témoignage d'admiration littéraire. Car c'est sans doute ce qui frappera le plus à la lecture de ces documents: l'authentique vénération de Maupassant, alors humble débutant, pour son aîné et maître Gustave Flaubert. De sorte qu'à travers ces textes, c'est surtout la figure de l'auteur de « Madame Bovary » qui s'éclaire: on y voit apparaître cet homme bon et intelligent, féroce pour stigmatiser ceux qu'il méprisait mais d'un dévouement infini vis-à-vis de quelqu'un dont il avait reconnu le talent. C'était donc une bien heureuse idée de publier ces lettres, reliées entre elles par un commentaire discret et opportun, dû à Pierre Borel. Car elles nous apportent, outre une image fidèle d'une grande époque littéraire, un hommage touchant à l'une des plus grandes gloires des lettres françaises. *(P. d. M.)*

DELACROIX, Eugène: *Ecrits* (Tome premier) .... Broché 13,50
97 pages, format 12 × 19, édit. Plon.
Le peintre Eugène Delacroix se double d'un esprit curieux et remarquable. Les pages de son journal, ses notes et essais nous révèlent quelqu'un dont la vive intelligence dépasse de loin le cercle nécessairement étroit de son activité artistique. Delacroix est un des rares créateurs qui aient réfléchi profondément sur la mission que leur talent leur imposait, sur l'orientation de leur style et qui ont justifié par des arguments logiques les principes de leur esthétique. Ces déclarations sont évidemment liées aux conditions de l'époque à laquelle elles furent faites: c'est ainsi qu'on y trouvera maintes réactions contre les excès du romantisme qui, à ce moment, était en plein essor. Ces affirmations n'ont plus pour nous une signification très actuelle. Mais, ces critiques sont motivées avec assez de compréhension et de largesse de vues, pour qu'elles constituent des remarques intéressantes sur d'éternels problèmes artistiques: admiration de l'Antiquité, nécessité de la perfection, pérennité des principes classiques, etc. En outre, E. Delacroix ne voyait pas sa fonction de peintre uniquement par rapport à l'individu: il étendit ses vues à la société toute entière et se demanda quelle est l'influence exercée par les conditions sociales sur les formes et le contenu des œuvres d'art. Là également, ses observations sont celles d'un homme averti et clairvoyant, dont l'intelligence était capable de saisir des aspects très divers de la réalité et d'aborder avec succès des problèmes fort éloignés les uns des autres. *(P. d. M.)*

DEMAISON, André: *Trois Histoires de Bêtes* .... Broché 17,55
124 pages, format 12 × 19, édit. Aubanel.
La partie la plus importante de l'œuvre d'André Demaison est consacrée à la description d'animaux. Son expérience africaine lui a permis de connaître toute la faune de la jungle et de nous les montrer dans leurs aspects et leurs attitudes les plus variées. Mais il ne s'est pas borné à cette description intérieure. Avec une rare intuition il est parvenu à faire pour ces sauvages et féroces créatures ce que Colette avait fait pour nos pacifiques animaux domestiques: comprendre leur psychologie, leurs drames, leur poème. Il n'y a donc rien d'étonnant au fait qu'André Demaison, en partant d'une simple évocation de l'existence des bêtes, ou même d'une petite scène surprise dans la brousse, parvient à imposer une tension et à susciter une émotion considérable. Les trois histoires réunies dans ce volume, celle de Zib, le chacal, celle des crocodiles attaquant un troupeau de vaches, celle enfin de Tân l'antilope, ajoutent à la longue série « des histoires de bêtes qu'on appelle sauvages » trois récits dignes des précédents.
(P. d. M.)

DEREME, Tristan: *Tourments* (Caprices et délices ou les poètes et les mots) .... Broché 17,55
112 pages, format 12 × 19, édit. Aubanel.
La poésie n'est-elle que l'art de jongler avec les mots? Certes non, mais il n'en reste pas moins que la virtuosité et l'habileté dans le maniement des vers sont une précieuse vertu du poète. En ce qui concerne Tristan Derême, on a pu regretter qu'il abandonne parfois cet aimable jeu pour se lancer dans de plus prétentieuses entreprises. On ne pourra certes en dire autant de ce charmant petit ouvrage: il met en scène quelques amis réunis pour la circonstance, s'amusant à disserter sur tous les grands vers de la littérature française, à les tourner en tous sens, à en examiner la structure, à en rechercher toutes les ressources secrètes. Et leur débordante imagination en vient même à proposer des modifications et des inversions et à tirer de cette occupation d'apparence sacrilège des effets aussi inattendus que cocasses. C'est du meilleur Tristan Derême.
(P. d. M.)

de MIOMANDRE, Francis: *Le Fil d'Ariane* .... Broché 29,25
326 pages, format 12 × 19, édit. Aubanel.
Que Francis de Miomandre écrive en prose ou en vers, son art garde toujours le même charme captivant, si prochement apparenté à celui de ses amis Breton, Eluard et surtout Supervielle. Il est un de ces poètes qui sont parvenus à évoluer au delà du surréalisme et à ne retenir de celui-ci que les éléments constructifs et sains. Car on ne trouvera chez lui aucune trace de cette désarticulation de la forme, de cette cérébralité excessive qui recherche un renouveau dans des expériences aberrantes. Par contre, il a conservé de cette curieuse expérience poétique le sens d'une réalité seconde, d'un monde du rêve qui se situe plus profondément que celui de la simple réalité. Digne continuateur des romantiques allemands, ou — pour s'en tenir aux lettres françaises — de Gérard de Nerval, on goûtera avec délice l'art délicat et raffiné d'une sensibilité exceptionnelle, qu'il nous apporte dans ces contes. *(P. d. M.)*

REYER, Georges: *Marguerite Audoux* .... Broché 37,80
254 pages, format 12 × 19, édit. Bernard Grasset.
C'est une attrayante et curieuse figure dans l'histoire des lettres modernes que celle de Marguerite Audoux qui vécut dans la plus sombre misère, fut sur le point de devenir aveugle et qui, au moment de sa pire détresse, conta la simple histoire de sa triste existence dans un livre qui dut bientôt devenir célèbre. Ce livre s'appelait « Marie-Claire ». Découverte et admirée par quelques-uns de ses contemporains (Charles-Louis Philippe, Alain Fournier, Octave Mirbeau, etc.) elle connut une soudaine gloire et autour de son nom se tissèrent des légendes et des fables. A tel point que sa véritable figure disparut sous cet amas d'inventions et d'interprétations déformantes que le snobisme parisien déverse par tonnes sur sa victime du moment. Georges Reyer qui a joué un rôle dans cette belle aventure et qui a vécu dans l'entourage de cette femme dont la bonté rayonnante gagnait son entourage, entreprend dans ce livre émouvant de retrouver la véritable Marguerite Audoux, non pas celle que des journalistes maladroits avaient inventée de toutes pièces, mais celle que connurent quelques rares amis « pour qui elle était non seulement un grand écrivain, mais un directeur de conscience, un guide. » En même temps, un aperçu vivant nous est donné sur les personnalités d'une époque très proche encore, (il s'agit de la fin du XIXe siècle) mais suffisamment éloignée pour qu'elle ait déjà le charme et la poésie de l'histoire. *(P. d. M.)*

○ ROLLAND, Romain: *Le Voyage intérieur* .... Broché 28,80
242 pages, format 13 × 20, édit. Albin Michel.
Nombreux sont ceux qui ont lu avec ferveur le grand roman-fleuve de Romain Rolland: « Jean Christophe ». Dans la parole ardente et profondément sincère de cet enthousiaste, défenseur acharné des valeurs de l'esprit, beaucoup ont puisé une ineffaçable leçon d'énergie et de volonté. C'est bien pourquoi les mémoires qu'il commence à rédiger dans ce volume, mémoires conçues, comme leur titre l'indique, sous forme d'une étude introspective bien plus que comme un tableau d'une époque, gardent un intérêt incontestable. Sans doute, leur contenu spirituel peut nous paraître à présent bien dépassé; la pensée de Romain Rolland s'égare souvent dans des considérations verbales sans portée réelle et très éloignées des problèmes urgents. Il n'en reste pas moins qu'on demeure toujours sensible au ton constamment sublime de cet homme épris de pureté morale. Et cette lecture nous apporte en outre des lumières intéressantes sur la formation de son caractère et sur la nature de son tempérament; elle contribue donc utilement à la compréhension d'une œuvre qui reste parmi les plus marquantes d'une époque révolue mais dont nous tenons cependant à nous souvenir de temps en temps, ne fut-ce que pour rechercher les quelques qualités qu'elle conservait parmi tous ses défauts. *(P. d. M.)*

O TROYAT, Henri: *Le Mort saisit le Vif* .... Broché 21,60

248 pages, format 12 × 19, édit. Plon.

Depuis qu'un prix Goncourt heureusement choisi a récompensé son roman « L'Araigne » Henri Troyat n'est plus un inconnu pour personne. Cette renommée est d'ailleurs amplement méritée car peu d'écrivains possèdent un art si consommé dans la construction de leur roman et une virtuosité si étourdissante dans l'élaboration d'une intrigue. Il semble bien que c'est là le principal mérite de ce romancier, et son nouveau livre « Le Mort saisit le Vif » ne fait que confirmer ce jugement. En partant d'une donnée très ingénieuse, l'histoire d'un homme qui fait publier, sous son nom, une œuvre littéraire dont le véritable auteur est décédé, Troyat parvient à captiver le lecteur par un récit riche en péripéties et en rebondissements dramatiques. Il s'attache tout d'abord au drame psychologique qui se joue dans l'âme du personnage principal: il s'est avéré que le texte volé, en quelque sorte, à un mort, est un authentique chef-d'œuvre et qu'il obtient un succès de librairie sans pareil. Mais ce faux triomphe réveille bientôt un remord tenace chez le mystificateur qui finira par plier sous le poids de son action criminelle. Cette lente évolution vers l'expiation finale nous est montrée dans toutes ses phases, dans des scènes tour à tour émouvantes et humoristiques, toujours captivantes. Sur cette base psychologique se greffe un roman de mœurs révélant les dessous de la vie littéraire parisienne, les intrigues de salon précédant la remise des prix littéraires, cette atmosphère colorée, mais combien artificielle qui entoure les écrivains en vedette. L'esprit vif et attentif d'Henri Troyat note tout ce va-et-vient avec une précision impitoyable et une verve particulière. En résumé, si « Le Mort saisit le Vif » est peut-être un peu trop facile dans ses effets pour être vraiment un grand livre, ses qualités sont cependant telles qu'il pourra toucher un public extrêmement large. Et celui-ci trouvera un plaisir considérable dans la lecture de ce roman écrit par un des jeunes auteurs français dont on peut espérer le plus. *(P. d. M.)*

Noord- en Zuid-Nederlandsche Letterkunde van heden

Wanneer we een terugblik werpen op hetgeen de belangrijkste Vlaamsche en Noord-Nederlandsche auteurs gedurende deze laatste twintig jaar gepresteerd hebben, dan valt het diep contrast op tusschen de evolutie der literaire stijlen in de beide landen. Dit onderscheid is trouwens een historisch phenomeen dat zich in den loop der tijden steeds heeft gehandhaafd: ondanks de identiteit der beide landstalen zijn de letterkundige producties onafhankelijk van elkaar gebleven en oefenden ze verbazend weinig invloed uit op hun wederzijdsche ontwikkeling. Er bestaat niet de minste overeenkomst tusschen de hier bestaande toestand en deze die bijvoorbeeld heerscht tusschen Frankrijk en Fransch-België. Al heeft de Belgische franschtalige letterkunde een eigen karakter, toch blijft ze in al haar essentieele bewegingen gelijkloopend met de strekkingen die te Parijs toonaangevend zijn. Dit beteekent geenszins dat het haar aan oorspronkelijkheid ontbreekt maar enkel en alleen dat ze in de omgeving leeft van een zóó krachtig aantrekkingscentrum dat het onmogelijk is er niet de leidende werking van te ondergaan. Hoogstens kan ze op haar eigen bizondere manier interpreteeren wat elders geschapen werd.

De verhouding die tusschen Noord- en Zuid-Nederland bestaat is van een geheel anderen aard. Hier kan men hoegenaamd niet spreken, van een toonaangevende, leidende kracht. Twee kulturen leven geheel los van elkander. En al zijn gedurende de laatste jaren de banden tusschen de beide landstreken nauwer toegehaald, toch blijven hun wederzijdsche experimenten totaal van elkander gescheiden. Het ligt niet in het minst in onze bedoeling van uit deze opmerking conclusies af te leiden over de betrekkingen tusschen de landen in kwestie. Alleen willen we een verschijnsel onderstrepen, misschien van louter toevalligen aard, met hetwelk men rekening moet houden om zich een juist begrip te vormen over de Noord-Nederlandsche productie van heden.

Deze heeft, veel meer dan de onze, den invloed ondergaan van Frankrijk. Geen land van West-Europa heeft zich aan deze werking kunnen onttrekken, en dit zou ook niet wenschelijk geweest zijn. Het is inderdaad een normaal en heilzaam verschijnsel, noodig voor de leefbaarheid der Westersche beschaving dat van tijd tot tijd een der leden beslist de leiding neemt, binnen het kader van deze kultuursfeer. Dank zij heerschende nationale strekkingen wordt de uitwisseling mogelijk, want het is in de neiging om te evenaren en na te bootsen dat deze haar eigenlijke drijfveer vindt. En hieruit kunnen de kostbaarste rijkdommen geboren worden. Vele voorbeelden uit de kunstgeschiedenis bewijzen dat het in dergelijke omstandigheden is dat de grootste meesterwerken ontstaan. Wanneer een natie haar eigen stempel drukt op een stijlformule die door een andere geschapen werd, dan komt deze als herboren en omgetooverd terug te voorschijn. Niet een teeken van gemis aan oorspronkelijkheid en levenskracht is het van gebruik te maken der vondsten zijner buurstaten, wel integendeel. Het is gedurende de perioden van armoede en dorheid dat men vastloopt in een eng, eigenwijs regionalisme. Men denke hierbij aan hetgeen zich in Noord-Nederland voordeed gedurende de XIXe eeuw. Zelfbewuste krachtige stroomingen blijven open aan alle vreemde invloeden want ze voelen zich sterk genoeg om er de wezenlijke creatieve elementen van over te nemen zonder hun eigen aard te verloochenen.

In dit opzicht is onze Vlaamsche letterkunde een merkwaardig voorbeeld. Zij steunde haar groei op een ontleenen aan omringende landen maar slaagde er niettemin in haar nationale oorspronkelijkheid te handhaven. Weliswaar heeft deze zeer loffelijke houding niet tot het scheppen van meesterwerken kunnen leiden, maar men hoeft hierbij rekening te houden met het feit dat men volstrekt uit het niet vertrokken was en op een tijdsplan van weinige jaren een oneindig langen weg moest afleggen tot de artistieke rijpheid, waarvan we thans de eerste vruchten verwachten. Maar de theoretische toestand der Vlaamsche letteren is tegenwoordig uitstekend, er bestaat een juist gedoseerden grondslag van universalisme en regionalisme, van waaruit ieder begaafd kunstenaar tot het hoogste kan opklimmen.

Anders is het gesteld in Noord-Nederland. Wij zegden reeds dat hier meer Franschen invloed kan aangeduid worden. En deze oefende zich niet alleen uit op een directe manier maar meestal langs Engeland om, waar de Fransche vormen reeds tot een zoozeer geëvolueerden staat van verfijning waren gekomen dat ze de ontbinding nabij waren. Het is het hoogtepunt van de na-oorlogschen (bedoeld is natuurlijk na 1918) stijl dat we in Engeland aantreffen, hoogtepunt dat weinig vóór het volgende stadium van overdrijving en decadentie gelegen is. Op een dergelijk oogenblik een stijl overnemen is een bijna hopelooze onderneming. En het zal volstrekt onmogelijk zijn van een zoo nauw omgeschreven en geraffineerde esthetische discipline samen te koppelen met eigen, natuurlijke neigingen. Dit was ook in Nederland het geval. Er ontstond een literatuur die een staat van hooge perfectie nabij bleef maar die volstrekt afweek van de nationale traditie, die nochtans in een zoo sterk vaderlandschvoelende staat van groot belang is. Daarom ook mogen we van deze werken zeggen dat ze, ondanks hun onloochenbare waarde, niet « volledig » zijn en ook dat ze de toekomst van 's lands kunst niet voorbereiden. Zij staan als eenigszins aberrante voortbrengselen buiten de continuïteit van het Hollandsche wezen, en de volgende generatie zal onmogelijk kunnen aanknoopen bij hun bizonderen aard. (Met opzet willen we hier noch namen, noch titels noemen omdat het beter is dit verschijnsel doen aan te voelen als een algemeen gebeuren, zonder het in afzonderlijke gevallen te concretiseeren). Maar men mag van een auteur meer eischen dan volmaaktheid van vorm, diepte der zielkundige ontleding en virtuositeit in den bouw van zijn verhaal. Ten slotte heeft hij ook een historische beteekenis, in dien zin dat hij de toekomst zijner nationale letterkunde niet mag in gevaar brengen. En zelf in zuiver critisch opzicht is het niet wenschelijk zoozeer alle overleveringen van eigen bodem prijs te geven. Want toch zal men enkel kunnen zeggen dat deze ééne Hollander zoo goed heeft gedaan als die tien Engelschen. Beter nummer één in eigen land (wanneer dit land een waarde heeft, zooals het hier zeker het geval is) dan nummer tien elders. En, absoluut gezien, zal deze schrijver die getrouw bleef aan zijn geboortestreek, steeds meer te beteekenen hebben dan de volstrekte navolger. Want hij kan alle qualiteiten van deze laatste bezitten, plus diegene die aan zijn natuur eigen zijn.

Daarom is het dat, indien de vergelijking tusschen Noord- en Zuid-Nederlandsche literatuur op het eerste gezicht in het voordeel onzer noorderburen schijnt uit te loopen, bij dieper onderzoek de onze als een meer gezonde stam voorkomt, waarvan de toekomstmogelijkheden rijker en schooner zijn.

Paul de Man.

Northern and Southern Dutch Literature of Today

When we look back on what the most important Flemish and Northern Dutch authors have realized over these last twenty years, we are struck by the deep contrast between the evolution of literary styles in the two countries. This distinction, for that matter, is an historical phenomenon which has always maintained itself over the course of time: despite the identity of both national languages the literary productions have remained independent of each other and have exerted remarkably little influence on each other's development. There is no similarity whatsoever between this situation and that which reigns, for instance, between France and French Belgium. Although Belgian francophone literature has its own character, it still runs parallel in its essential movements to the trends that are authoritative in Paris. This by no means signifies that it lacks originality but only that it lives in the vicinity of a center of attraction which is so forceful that it is impossible not to undergo its leading effect. At best it can interpret in its own specific way what was created elsewhere.

The relation that exists between the Northern and the Southern Netherlands is of a wholly different kind. Here one can by no means speak of an authoritative, leading force. Two cultures live completely independently of each other. And although bonds between the two national regions have been tightened over the last years, their mutual experiments remain completely isolated from each other. It is not in the least our intention to draw from this remark conclusions about the relations of the two countries in question. We only wish to underscore a phenomenon, perhaps of a purely accidental nature, which has to be taken into account if one wishes to form a correct understanding of the Northern Dutch [literary] production of today.

This [literature] has undergone, much more than has ours, the influence of France. No country in Western Europe has been able to avoid this effect, and this would not have been desirable either. It is indeed a normal and wholesome phenomenon, necessary to the viability of Western civilization, that from time to time one of its members decides to take the lead, within the frame of this cultural sphere. Thanks to reigning national trends exchange becomes possible, for it is in the inclination to emulate and to imitate that this finds its motivating force. And out of this the most precious riches can be born. Many examples from the history of art prove that it is under similar circumstances that the greatest masterpieces come into being. When a nation leaves its stamp on a stylistic formula created by another, then this [formula] reappears as if reborn and magically transformed. It is not a sign of a lack of originality and vitality to make use of the findings of one's neighboring nations, rather on the contrary. It is during periods of poverty and aridity that one gets stuck in a narrow, cocksure regionalism. One thinks, in this respect, of what occurred in the Netherlands during the XIXth century. Self-conscious, forceful tendencies remain open to all foreign influences, for they feel strong enough to adopt the essential creative elements in these without renouncing their own nature.

In this respect our Flemish literature is a remarkable example. It founded its growth on a borrowing from neighboring countries but succeeded nonetheless in maintaining its national originality. Admittedly this very laudable attitude has not been able to lead to the creation of masterpieces, but one has to take into account that it had to start from nothing and had to cover an endlessly long road in a period of a few years in order to reach the artistic maturity whose first fruits we now expect. But the theoretical situation of Flemish literature is excellent these days: there exists a well-balanced basis of universalism and regionalism, from which every artist can climb to the highest.

Matters are different in the Netherlands. We have already said that more French influence can be detected there. And this not only exerted itself in a direct way but mostly via a detour through England, where the French forms had already reached a state of perfection so evolved as to be close to decomposition. It is the peak of this post-war (meaning of course after 1918) style that we encounter in England, a peak located just a little before the next stage of exaggeration and decadence. To adopt a style at such a moment is an almost hopeless enterprise. And it will be absolutely impossible to connect such a narrowly circumscribed and refined aesthetic discipline to a nation's proper, natural inclinations. This has been the case in the Netherlands too. A literature emerged which remained close to a state of high perfection but which deviated completely from the national tradition, which is nevertheless of great importance in such a patriotic state. For this reason we can say of these works that, despite their undeniable value, they are not "complete" and also that they do not prepare the future of the Dutch [*Hollandsche*] essence, and the next generation will find it impossible to tie in with their special nature. (Deliberately we do not wish to mention names or titles here because it is better to let this phenomenon be felt as a general event, without concretizing it in isolated cases.) But one is entitled to demand much more from an author than perfection of form, depth of psychological analysis, and virtuosity in the composition of the story. After all, he has an historical significance as well, in the sense that he may not endanger the future of his national literature. And even from a purely critical perspective it is not desirable to give up all the traditions of one's own soil to such an extent. For still one will only be able to say that this one Dutchman has done as well as those ten Englishmen. Better number one in one's own country (if this country has some value, which is certainly the case here) than number ten elsewhere. And, in absolute terms, the writer who remained faithful to his native region will always be more significant than the absolute imitator. For he can possess all the qualities of the latter, plus those which are proper to his nature.

Hence it is that, if the comparison between Northern and Southern Dutch literature at first sight seems to be favorable to our northern neighbors, a deeper investigation shows ours to be a healthier stem, whose possibilities for the future are richer and more beautiful.

Paul de Man
[Trans. Ortwin de Graef]

LECERF, Emile: *L'Homme noble et son Ombre* .... Broché 30,—

200 pages, format 14 x 19, édit. Editions de la Toison d'Or.

Au mois de mai '40, l'avance des troupes allemandes refoula en France les masses compactes des réfugiés belges. Et, dans les villes et les villages du Midi s'organisa une existence étrange et originale. La population indigène se mélangea nécessairement aux nouveaux-venus et cette rencontre ne fut pas sans provoquer des heurts et des rapprochements inattendus. Dans cette foule venue du Nord, il y avait une majorité de jeunes gens, qui, sur l'ordre de leur gouvernement, s'étaient rendus dans le Midi, soi-disant pour y être instruits et regroupés. On se souvient à quelle misérable échec fut conduit cette tentative. Le résultat en fut que ces jeunes gens vécurent à l'abandon, obligés de se débrouiller par leurs propres moyens et réduits à l'anarchie totale. Beaucoup se laissèrent passivement porter par les événements et tombèrent dans le plus complet abandon moral et physique. Mais pour quelques autres, ce fut une occasion unique de montrer ce dont ils étaient capables: ils profitèrent de cette soudaine liberté pour se discipliner eux-mêmes et pour apprendre, en cette occasion, leur métier d'homme, bâtisseur et organisateur éternel. Le témoignage d'une telle régénérescence nous est apporté ici par Emile Lecerf. Certes, le livre a les défauts et les maladresses de l'œuvre de jeunesse, car son auteur doit à peine avoir dépassé les vingt ans. Mais les vues générales qu'il contient, premières étincelles d'un esprit parvenant à sa maturité, ont une profondeur et une actualité incontestable. On lira ce livre qui, pour beaucoup, sera le rappel de souvenirs vécus et pour tous, un exemple de courage et de fierté morale. *(P. d. M.)*

● VAERLØSE, Jörgen: *Jonna* .... Broché 25.—

Roman traduit du Danois. 281 pages, format 14 x 21, Collection Traducta, édit. Office de Publ.

On retrouvera, dans ce roman, les caractéristiques foncières de la littérature scandinave: un récit simple, sans péripéties inattendues, mais qui se déroule sur un rythme large et puissant, un mélange curieux de naturalisme et de poésie, obtenu en conférant aux réalités usuelles une auréole poétique, tout en ne faisant usage que des procédés de style les plus directs et les plus naturels. D'ailleurs, comme beaucoup de romanciers du Nord, l'auteur est un homme très simple, qui fut bûcheron de son métier. C'est peut-être là l'explication de l'allure générale des lettres scandinaves, de ce contact direct avec les forces primitives et fondamentales dont la très intellectuelle littérature française nous avait écarté. *(P. d. M.)*

JEUNEHOMME, Emile: *La Révolution Fasciste* (Depuis la fondation des Faisceaux jusqu'à la marche sur Rome, 1919-1922) .... Broché 16,-

79 pages, 13,5 x 19, édit. Ignis.

Confronté avec les réalités de l'heure, nous oublions souvent de rechercher les origines historiques des mouvements qui dirigent notre destinée actuelle. Et cependant, bien des erreurs de jugement seraient évitées si nous tenions compte des jeux de causes et des effets qui nous on conduit aux situations présentes. Parmi ces problèmes, le fascisme italien, qui inaugura le vaste développement de la mystique totalitaire, est un des plus importants. Le phénomène fasciste déterminant dans la destinée de notre temps, y trouve en effet son incarnation la plus pure et la plus nettement observable. L'exposé très solidement documenté d'Emile Jeunehomme constituera donc un livre utile à ceux qui cherchent à s'orienter dans les bouleversements présent. *(P. d. M.)*

● HAMSUN, Knut: *Erzählungen* .... Ppb. 25,—

156 blz., formaat 12,5 x 19,5, uitg. Langen-Georg Müller, Munich. In dik karton gebonden.

De groote Noorsche schrijver en Nobelprijswinnaar Knut Hamsun is voldoende bekend opdat geen bizondere voorstelling zou noodig zijn. Men heeft met diepe ontroering zijn prachtige romans gelezen waarin met epische grootheid den kamp van den mensch tegen de essentieele moeilijkheden van zijn bestaan geschilderd wordt. Zooveel oprechte schoonheid spreekt uit die werken dat men Hamsun terecht een der merkwaardigste auteurs van onzen tijd heeft kunnen noemen. Alhoewel hij steeds trouw is gebleven aan zijn nationale herkomst en het regionale een belangrijken rol speelt in zijn verhalen, toch heeft hij niets gemeens met de romanschrijvers die niet verder kunnen uitkijken als de buitenmuur van hun geboortedorp. Integendeel, het mengsel van universalisme en lokale kleur is een der meest bekorende eigenaardigheden van zijn productie. Deze hoedanigheden komen eveneens tot uiting in werken van kleineren omvang zooals deze novellen, die daarenboven nog den aantrek hebben ons onbekende aspecten van zijn letterkundigen arbeid te onthullen. *(P. d. M.)*

156 pages, format 12,5 x 19,5, édit. Langen-Georg Müller, Munich. Relié gros carton.

Le grand auteur norvégien, prix Nobel, Knut Hamsun est suffisamment connu pour qu'aucune présentation spéciale ne soit nécessaire. On a lu avec une émotion toute particulière ses romans admirables, véritables épopées, où l'homme apparait aux prises avec les problèmes essentiels de sa condition. Il se dégageait de sa narration large et puissante une telle impression de grandeur qu'on a pu, à juste titre, qualifier Knut Hamsun comme un des plus remarquables écrivains de notre époque. Quoiqu'il soit toujours demeuré fidèle à ses origines nationales et que l'élément régional continue à jouer un rôle important dans son œuvre, il n'a rien de l'étroitesse des romanciers qui paraissent incapables de voir plus loin que le clocher de leur village. Au contraire, le mélange d'universalisme et de couleur locale constitue un des principaux attraits de sa production. Ces vertus se retrouvent également dans des œuvres de moindre étendue, telles que ces contes, qui ont en outre, l'avantage d'être peu connus et de nous montrer des aspects inédits de sa création. *(P. d. M.)*

VENDRYES, Pierre: ***Vie et probabilité*** **(Préface de L. de Broglie)** .... Broché 35,10
379 pages, format 13×20, édit. Albin Michel.
Dans la remarquable collection « Sciences d'aujourd'hui » vient de paraître un volume particulièrement attachant de M. Pierre Vendryès. L'attrait de ce livre semble résulter en grande mesure de la formation spéciale de l'auteur: celui-ci est un médecin, ayant abordé l'étude des sciences par la biologie et la physiologie. et qui s'est passionné par la suite pour les problèmes mathématiques et les sciences physiques. C'est sans doute parce qu'il n'a pas, dès l'abord, été enfermé dans les rigoureuses routines des sciences dites exactes qu'il a conservé intacte une largeur de vues qui fait souvent défaut à ceux qui se sont spécialisés dès leurs débuts dans une seule branche. M. Vendryès a conservé la vertu principale du savant qui est l'esprit de synthèse. Il voit la science non pas comme un ensemble de branches séparées par des cloisons étanches mais comme un tout, devant être étudié comme tel. Il n'hésite donc pas à appliquer des disciplines issues de tel secteur — les mathématiques. par exemple — à tel autre qui en parait, à première vue, très éloigné. Mais cette tentative hardie, loin de mener à des absurdités, donne d'excellents résultats; le témoignage du grand savant Louis de Broglie inscrit dans la préface démontre clairement à quelles conclusion pénétrantes et exactes cette méthode a pu conduire. Quiconque s'intéresse quelque-peu à la philosophie des sciences et à ses développements nouveaux devra avoir lu ce livre. *(P. d. M.)*

BOIVIN, André: *Les Microbes.*
CHEVALIER, Auguste: *L'Agriculture Coloniale.*
DAUX, Georges: *Les Etapes de l'Archéologue.*
FRETET, Jean: *La Folie.*
JANNEAU, Guill.: *Les Arts du Feu.*
LEFRANC, Georges: *Histoire du Commerce.*
MARSAIS, Paul: *La Défense de nos Cultures.*
MARTINCOURT, J.: *L'Equipement électrique de la France.*
PAYENNEVILLE, J.: *Le Péril vénérien.*
PEYRET, Henri.: *La Guerre des Matières premières.*

Chaque volume d'environ 130 pages, format 11×17.5, Collection « Que Sais-je? », édit. Presses Universitaires de France .... Broché 10,80

Il faut signaler le mérite particulier de cette collection qui. tant par l'intérêt et la variété des sujets qu'elle aborde que par la valeur scientifique indéniable des auteurs par lesquels on les fait traiter, atteint pleinement son but. Ce n'est cependant pas chose facile que de découvrir la bonne formule qui permet à la littérature de vulgarisation d'être à la fois suffisamment simple pour être abordable au non spécialiste. Malgré ces difficultés, les éditeurs de cette collection ont pu trouver le juste milieu entre ces deux extrèmes. ils ont pu réussir à établir un programme aussi étendu que varié parce qu'ils ont compris dans leurs sujets des aspects pratiques et techniques des sciences. Le lecteur trouvera donc. non seulement parmi les brochures de « Que Sais-je » des exposés généraux sur des problèmes abstraits mais également des indications très précises sur certaines questions pouvant surgir dans la réalité journalière. Aussi, cette collection s'adresse-t-elle à la fois à l'homme cultivé qui désire acquérir une vue générale sur tel ou tel problème et à l'ingénieur, au médecin ou au technicien qui y trouvera des indications utiles quant à l'exercice de ses fonctions. Dans l'ensemble, cette publication constitue une des initiatives les plus intéressantes qu'on ait prises pour la divulgation de la connaissance scientifique dans le grand public. *(P. d. M.)*

DESPIAU, Charles: *Arno Breker* .... Broché 67,50
Album de 120 pages contenant 120 gravures, format 22×28, édit. Flammarion.
Celui qui a eu l'occasion de se rendre à Paris au cours de ces dernières semaines n'aura pas tardé à être littéralement entraîné par la vague d'intérêt réveillée par l'exposition de sculpteur allemand. Arno Breker. Depuis longtemps, une œuvre d'art n'avait plus suscité tant de controverses, tant d'admiration, tant d'enthousiasme. C'est qu'il y a dans l'œuvre de ce sculpteur remarquable un élément spécifiquement allemand qui lui donne, pour le public parisien, l'attrait particulier d'une chose nouvelle et originale, quelque-peu étrangère. Mais chacun peut saisir la beauté des vastes figures stylisées, symboles des grandes forces de l'existence humaine, ou de ses admirables portraits, empreints d'un naturalisme spiritualisé, pur reflet de l'éternelle âme artistique de l'Allemagne. En attendant que nous ayons en Belgique, l'occasion de prendre directement contact avec cette œuvre, nous disposons de la très bonne étude de Charles Despiau où un abondant et beau choix de photos permet de se faire une idée précise de la personnalité et du style d'Arno Breker. *(P. d. M.)*

La jeune Poésie et ses Harmoniques (Publié sous la direction d'Albert Marie Schmidt) .... Broché 41.50

204 pages, format 15×23, édit. Albin Michel.

C'est une œuvre utile et intéressante que cette espèce de revue-anthologie, qui groupe l'ensemble de la jeune production poétique française. Après l'armistice de '40, loin d'être mise en veilleuse, la poésie française connut une extraordinaire recrudescence d'activité. A tel point qu'il devint bientôt quasiment impossible de dégager de cette foule de poèmes une tendance générale ni même de porter, faute de sélection primitive, un jugement d'ensemble sur une production dont on ne pouvait même dire si elle était un signe de l'inébranlable vitalité de la France ou une manifestation de lâcheté morale, une évasion dans des paradis artificiels déterminée par la crainte de prendre ses responsabilités. Après la publication de ce volume on pourra se déclarer à même d'évaluer, en parfaite connaissance de cause, la valeur de la jeune poésie en France. D'autant plus que l'éditeur a eu l'heureuse idée d'inclure dans l'ouvrage les essais théoriques, où s'expriment les tendances esthétiques — manifestes théoriques qui précèdent, comme on sait, bien souvent la création proprement dite. Nous n'avons pas de place ici pour discuter les conclusions pouvant être tiré de cette vue d'ensemble; bornons-nous à signaler que celui qui serait désireux de se former un avis sur la question trouvera ici une documentation très heureusement sélectionnée et présentée.
(P. d. M.)

BLANZAT, Jean: *L'Orage du Matin* (Prix du roman de l'Académie française 1942) Broché 27.—

252 pages, format 12×19, édit. Grasset.

Il est extrêmement rare que l'Académie Française décerne le prix du roman à un auteur aussi jeune que Jean Blanzat. Mais ce livre a de si solides qualités qu'on comprend parfaitement l'exception faite à la règle générale. Depuis longtemps, en effet, on n'aura pas eu l'occasion de lire un ouvrage si remarquable, tant par la profondeur de son sujet, que par la perfection de son style. En entreprenant d'analyser une fois de plus la crise de l'adolescence, J. Blanzat s'attaquait à un thème que ses plus illustres prédécesseurs avaient déjà traité avec une rare maîtrise. Mais il n'en est pas moins parvenu à donner à cette histoire d'un jeune homme cherchant désespérément à trouver son équilibre et son bonheur, un ton particulièrement pathétique et émouvant. C'est sous la forme d'un échange de lettres qu'il nous a présenté les diverses phases d'une intrigue simple, toute en vibrations intérieures, qui réveillera des échos profonds dans l'âme de celui qui en suivra les péripéties. Ce prix couronne donc une œuvre qui prend place parmi les plus belles de la littérature française contemporaine; elle consacre le talent d'un romancier qui, dorénavant figure parmi les meilleurs des écrivains français actuels. *(P. d. M.)*

● JÜNGER, Ernst: *Jardins et Routes* (Pages de Journal 1939-1940) .... Broché 24.30

Traduction de Maurice Betz. 244 pages, format 12×19, édit. Plon.

Nous avons déjà eu l'occasion de lire de nombreux livres belges et français qui décrivaient des aventures vécues durant cette guerre. Voici le premier ouvrage traduit qui nous permet de voir les impressions d'un combattant allemand, car ces extraits du journal d'Ernst Jünger contiennent avant tout le récit des expériences qu'il vécut, en tant qu'officier allemand, durant la campagne de France. Lorsque ces confidences nous sont faites par quelqu'un qu'on considère à juste titre comme un des plus remarquables écrivains de l'Allemagne actuelle, elles n'en auront que plus de prix. En effet, c'est moins l'image d'une grandiose opération militaire que l'aspect intérieur d'une âme d'artiste qui vit dans ces pages. Rarement Jünger s'élève au-dessus de sa destinée personnelle pour englober d'un vaste coup d'œil la portée universelle de l'expérience unique à laquelle il a pris part; tel n'est pas le but de ce journal intime. Mais ce n'est pas là en diminuer l'intérêt, car les réactions, les réflexions et les méditations d'un être d'élite constituent un spectacle aussi riche en enseignements que le plus synthétique des tableaux historiques. Et c'est bien là ce qui fait l'attrait principal de ce livre: l'occasion de pénétrer dans la vie personnelle d'un des plus grands écrivains du moment et de puiser dans cette connaissance des enseignements précieux sur une conception du monde qui, même au contact des plus cruelles réalités, parvient à conserver une sérénité souriante mais d'une admirable élévation. *(P. d. M.)*

● KLEIST: *Michel Kolhaas* .... Broché 21.60

Traduit de l'allemand. 140 pages, format 12×19, édit. Montaigne.

Dans la remarquable collection éditée par Aubier, cette traduction du « Michael Kolhaas » de Kleist prend une place digne des grandes œuvres qui l'y entourent. C'est, en effet, une des œuvres les plus directes du romantisme allemand: celui-ci y apparait sous sa forme la plus foncièrement nationale et caractéristique. La chose est due à l'atmosphère médiévale du récit qui emprunte, à cette période si mouvementée de l'histoire mondiale, sa richesse de coloris et son extrême variation, de même que quelques figures historiques, telle que celle de Luther. Comparé à la méditation profonde d'un Novalis ou à la rêverie visionnaire d'un Jean Paul Richter, ce conte peut paraître bien extérieur. Mais ce serait en méconnaitre la portée profonde qui est ici, plus que chez les précédents auteurs, incluse dans la trame même du récit au lieu d'être inscrite dans des réflexions en marge. Au contraire, la signification de « Kolhaas » expression de cette mentalité romantique obsédée par le problème de la destinée et se complaisant à montrer les aspects les plus aberrants d'un sort capricieux — effet obtenu en ce cas par le contraste entre le caractère du héros et ce qu'il lui arrive — touche aux aspects fondamentaux de l'existence.
(P. d. M.)

DAYE, Pierre: *L'Europe aux Européens* .... Broché 15,—

180 pages, format 13 × 19, édit. Nouvelle Société d'Editions.

Le problème de l'Europe se pose avec une acuité particulière aux esprits prévenus de notre époque. Seuls ceux qui s'obstinent à ne pas vouloir voir l'évidence ne se rendent pas compte que cette guerre se double d'une révolution politique qui engage chacun de nous, qu'il le veuille ou non, et qui exige sa collaboration. Un des aspects, et non le moindre, de ce bouleversement est celui de la solidarité européenne nouvelle qui, au fur et à mesure que le cours de l'histoire progresse, s'impose de plus en plus. De continent maître du monde, berceau de la civilisation et du commerce, l'Europe, trahie par les Anglo-Saxons, est devenue un bastion assiégé qui doit apprendre à se suffire à lui-même pour tenir tête à ses adversaires. Mais nécessité fait loi, et cette obligation de se défendre a donné à plusieurs conscience des inestimables valeurs que représente l'Occident. Il en est né un enthousiasme et une foi nouvelle, garante de notre avenir. Un remarquable témoignage en ce sens nous est fourni par le livre de Pierre Daye où se trouve formulé, du point de vue politique et économique, ce que doit être l'Europe de demain. *(P. d. M.)*

FABRE-LUCE, Alfred: *Journal de la France* (tome II) .... Broché 38.—

204 pages, format 15 × 20, édit. Les Editions de la Toison d'Or.

Le premier volume du « Journal de France » d'A. Fabre-Luce, décrivait la vie en France durant les premiers mois de la guerre et donnait un aperçu de la débâcle de mai 1940. La suite de cet ouvrage entreprend de révéler l'atmosphère de la guerre depuis l'armistice jusqu'en avril 1942, non seulement en France, mais également en Afrique du Nord et même en Amérique. Dans les conditions présentes, il est presque une gageure que de vouloir réussir un tel tour de force d'information. Mais le tempérament de Fabre Luce se plaît à de tels exploits: son intuition, son intelligence lucide, son talent d'écrivain lui permettent de faire vivre, d'une manière particulièrement attrayante, toute une époque aussi complexe que la nôtre. Et ce sont tous les problèmes de la vie actuelle qui défilent devant nous, sous leur aspect le plus véridique et le plus minutieusement étudié: la collaboration, l'attentisme, le ravitaillement, la révolution des jeunesses, les événements militaires et leurs répercussions — tout ce qui fait la trame même de notre existence depuis plus de deux ans. A côté de cet attrait actuel du livre, on y trouvera une étude remarquable sur les possibilités d'avenir de la France, étude qui, à cause de la similitude des situations des deux pays, est du plus grand intérêt pour les Belges également. *(P. d. M.)*

POULET, Robert: *L'Ange et les Dieux* .... Broché 40,—

Le roman d'un critique littéraire connu, Robert Poulet suscite nécessairement une curiosité particulière. Le public se demande si l'image qu'il s'est faite à travers les tendances exposées dans les remarquables chroniques du « Nouveau Journal » correspond à la manière réelle du créateur. Bien souvent d'ailleurs, et dans ce cas également, il n'y a aucun rapport entre l'œuvre de l'écrivain et l'esthétique du critique. Car alors que la première est déterminée par des éléments profondément subjectifs et personnels, la seconde doit s'élever à une certaine objectivité et se dégager des goûts et des préférences intimes. Dans le cas de « L'Ange et les Dieux », R. Poulet poursuit cette vaste expérience entreprise depuis « Handji » et qui vise à se dégager des insuffisances du réalisme en introduisant dans les régions obscures de la personnalité, non plus dominées et expliquées par la psychologie. Les familiers de l'œuvre de Robert Poulet verront dans ce roman le point final mis à une tentative qui s'est développée à outrance, jusqu'à dépasser les limites du compréhensible et du cohérent. Mais ceux qui accèderont par « l'Ange et les Dieux » à l'œuvre d'un des plus curieux romanciers de notre époque, auraient tort de se laisser rebuter par l'aspect touffu et prodigieusement complexe de la narration. Car, une fois familiarisé avec le ton et la méthode du livre, ils ne tarderont pas à découvrir la vivante beauté qui se cache sous des dehors d'une cérébralité intense. *(P. d. M.)*

DORIVAL, B.: *La Peinture française* .... Le volume 31,50

Tome I: 112 pages; Tome II: 152 pages, format 11 × 17, édit. Larousse.

Cette excellente petite étude, très concentrée mais très intelligemment conçue, fournit une vue d'ensemble sur toute la peinture française. Elle représente une très bonne initiation pour le profane, un aide-mémoire de premier ordre pour l'amateur. Une abondante documentation illustrée en héliogravure, une liste de petites notices bibliographiques et un aperçu bibliographique judicieux, constituent de précieuses ajoutes à un texte des plus clairs. *(P. d. M.)*

LHOTE, André: *Peinture d'abord* .... Broché 41,50

178 pages, format 14,5 × 23, édit. Denoël.

Quiconque a suivi quelque peu la peinture moderne française ou, plus encore les ardentes polémiques qui furent menées autour de son orientation esthétique, n'ignore certainement pas le nom d'André Lhote. Par son œuvre et par ses articles, celui-ci prend une place dirigeante parmi ceux qui ont régi l'art pictural de ces dernières années. Il s'est fait le protagoniste d'une tendance qui s'oppose intégralement aux traditions du réalisme conventionnel. A l'origine de ses opinions se trouve cette condition que « si le tableau doit atteindre à la vérité, il ne peut l'exprimer qu'à l'aide de moyens spécifiques, donc déformants ». Paradoxe apparent, qui a fait toute l'originalité et l'importance des expressionnistes. En remettant cette question sur le tapis, dans la collection de brillants essais réunis dans ce volume, on fait entendre une voix particulièrement autorisée et particulièrement intelligente en faveur d'une théorie dont l'éclipse actuelle est peut-être infiniment moins heureuse que certains semblent le croire.

(P. d. M.)

GIRAUDOUX, Jean: *Le Film de la Duchesse de Langeais* (d'après la nouvelle de Balzac)
260 pages, format 14×19. édit. Grasset. Broché 40,50

Beaucoup de talents Français se sont réunis pour fabriquer le film « La Duchesse de Langeais » qui passe actuellement à Paris. Les dialogues basés sur une nouvelle de Balzac, sont l'œuvre de Jean Giraudoux qui se risque ainsi pour la première fois à affronter les risques et les possibilités de l'écran. Bornons-nous, en ce cas, à juger son texte — tout en n'oubliant pas l'usage éminemment « grand public » auquel il est destiné. — On y retrouve quelques-unes des qualités qui ont fait le renom de l'auteur, cette poésie d'apparence toute verbale qui tire son charme de l'arrangement et de la combinaison de certaines expressions, créant des parrallèles savants et des rapprochements subtils. Cette manière est fortement diluée dans ce volume où l'on retrouve le « vrai » Giraudoux que par quelques traits et par une atmosphère d'ensemble, à la fois souriante et passionnée, qui lui est propre. *(P. d. M.)*

● GOETHE: *Pages Immortelles* présentées par Hans Carossa) .... Broché 58,—
446 pages, format 12×19. édit. Corrêa.

A une époque où l'Europe cherche à se regrouper autour d'un patrimoine culturel commun, la figure de Goethe prend une importance particulière. Car la particularité admirable de son esprit, la marque caractéristique de son génie, était d'être ouvert. Non seulement à tous les modes de pensée qu'ils soient scientifiques, philosophiques ou artistiques, mais également à toutes les mentalités, de quelque nation qu'elles proviennent. Tout en étant resté profondément fidèle à sa nature allemande, dont il possédait toutes les vertus caractéristiques, il cumulait en lui les particularités des autres grandes nations occidentales: le rationalisme français apparaît dans les analyses psychologiques parfaitement claires et logiques de ces romans, la sensualité italienne dans l'éclat marmoréen de ses vers et de son théâtre. Nous possédons donc en lui l'Européen type, un des seuls à avoir réussi à achever dans leur œuvre cette synthèse spirituelle de notre continent, que l'avenir réclame en même temps que sa synthèse politique et économique. Le choix de ses plus belles pages, intelligemment établi par ce parfait connaisseur de l'œuvre goethéenne qu'est Mr. Angelloz et précédé d'une très belle étude de Hans Carossa, servira utilement à faire connaître davantage encore cette grande figure, à un moment où cette connaissance s'avère particulièrement opportune. *(P. d. M.)*

● GUNNARSON, Gunnar: *Vaisseaux dans le Ciel* .... Broché 36.—
469 pages, format 12×19. édit. Stock.

M. Lucien Moury dirige aux éditions Stock une très bonne collection de la littérature scandinave, qui aura permis au public français de connaître l'ensemble de cette remarquable production littéraire. Il manquait, dans cette série, le célèbre auteur finlandais, Gunnar Gunnarson, qui jouit dans son pays, dans les autres pays scandinaves, mais également en Allemagne et en Angleterre d'une notoriété considérable. Cet oubli est à présent réparé: « Vaisseaux dans le Ciel » une de ses œuvres les plus caractéristiques porte l'empreinte du tempérament qu'on retrouve dans toute la littérature septentrionale, mais sous une forme si pure et si noble qu'elle en prend un irrésistible attrait. *(P. d. M.)*

● HAANPÄÄ, Pentii: *Guerre dans le Désert blanc* .... Broché
Traduit du finnois. 205 pages, format 12×19. édit. Gallimard.

Ce livre est un ouvrage très remarquable, car il est un des premiers romans de guerre à avoir une valeur littéraire indépendante du sujet qu'il décrit. Nous sommes loin, en effet, du « témoignage » dont la majeure partie des auteurs belges et français n'ont pas encore pu se détacher, parce que, sans doute, les événements étaient encore trop neufs et trop récents. Mais ce sont les valeurs réelles de la poésie nordique qui revivent ici, dans le cadre de la guerre Russo-Finlandaise de l'hiver '40, et le style narratif si particulier des écrivains de cette contrée ne semble pas avoir été modifié par ces évocations guerrières. C'est le même ton direct, naturel, spontané, entièrement dépourvu de toute recherche, trouvant sa grandeur dans un contact immédiat avec la nature et les hommes, sans compliquer les rapports fondamentaux par d'artificielles et factices attitudes. Appliqué à un sujet aussi attachant que cette héroïque lutte des soldats finlandais, cette manière conduit à une réussite d'une grande beauté. *(P. d. M.)*

MONTHERLANT, Henri de: *La Vie en forme de Proue* (textes choisis à l'usage des jeunes gens) .... Broché 29,70
280 pages, format 12×19, édit. Grasset.

C'est une excellente idée que d'avoir réuni des pages, extraites des romans et des essais de Henri de Montherlant, pour les présenter plus particulièrement aux jeunes gens. C'est, en effet, surtout pour ceux-ci et par rapport à leurs soucis et leurs problèmes que l'œuvre de cet auteur prend une grande importance moralisatrice. Car en même temps que l'étincelant styliste qu'on a souvent admiré en lui, Montherlant est avant tout un moraliste, s'attachant passionnément à remédier à une certaine platitude propre à notre époque. Il est évident que si l'on veut porter remède à cet état de choses, il faut s'en prendre à ceux qui sont le mieux capables d'y remédier — et, inversement, de l'aggraver — c'est-à-dire aux jeunesses. Et cette nécessité est particulièrement urgente puisque l'état d'esprit qui existe actuellement parmi les jeunes gens s'avère être, malgré la gravité des événements, déplorable à de rares exceptions près. Mais ce sont précisément ces quelques exceptions qui forment le groupe d'élite chère à Montherlant et c'est à elles avant tout qu'un livre comme celui-ci s'adresse. Ils pourront y puiser une noblesse d'âme, une volonté de grandeur farouche et intransigeante qui constitue le réactif le plus efficace contre la mollesse et le laisser aller. *(P. d. M.)*

ROLIN, Dominique: *Les Marais* .... Broché 27,—
234 pages, format 12 × 19, édit. Denoël.

On a beaucoup parlé, à Bruxelles et à Paris, de ce livre le premier paru de l'auteur, et qui apparaît dès à présent comme une des plus intéressantes révélations du moment. Certains l'ont lu avec passion. ne raconte-t-on pas qu'un célèbre peintre de Paris s'était tellement absorbé dans sa lecture qu'il fit trois fois le trajet complet du métro dans lequel il était assis avant de s'apercevoir qu'il avait passé la station, d'autres ont été déroutés par son aspect étrange aux faces multiples. Le fait est que l'accent du livre a quelque chose de si personnel qu'il ne pourra s'adresser qu'à ceux, qui peuvent établir entre l'auteur et eux-mêmes ce courant de compréhension particulier, que les œuvres médiocres ne réclament pas. Mais si cette entente devient possible, on trouvera dans « Les Marais » d'infinies richesses d'orde descriptif, narratif et surtout poétique. Et l'on ne manquera pas de se réjouir qu'un talent si complet, capable d'enfermer des aspects si divers dans l'espace limité d'un grand conte — car « Les Marais » sont à peine un roman — nous ait été révélé. Car incontestablement nous avons à faire, en ce cas, à un tempérament et une faculté d'imagination d'une rare qualité. *(P. d. M.)*

COCRIAMONT. Paul: *Un Dieu sournois* .... Broché 27.–
320 pages, format 12,5 × 18,5, édit. de L'Etoile.
C'est par un roman d'amour que Paul Cocriamont inaugure sa carrière de romancier. Mais il s'est efforcé de renouveler le genre et de ne pas tomber un instant dans le conventionnel et le déjà vu. Il faut reconnaître qu'il a souvent atteint son but. Ses personnages ont une réalité psychologique incontestable. Ils s'écartent, par ailleurs de ces figures trop bänales qu'on rencontre si souvent dans la littérature romanesque. C'est pourquoi nous nous attachons à eux, nous les suivons attentivement dans toutes leurs aventures. Malgré certains défauts de débutant, ce livre révèle donc un tempérament d'authentique écrivain. *(P. d. M.)*

LIBERT, Jean: *La Transposition du Divin* .... Broché 21.–
224 pages, format 12 × 18,5, édit. L'Essor.
On connaît de Jean Libert ces romans comme « Capelle-aux-Champs » dont la fraicheur et la spontanéité ont captivé un large public. La « Transposition du Divin » est une œuvre aux prétentions plus profondes, qui décrit la crise de conscience d'un adolescent à la recherche de la foi. Sans avoir l'attrait des autres ouvrages de cet auteur, le ton intensément sincère et naturel du livre lui permettra cependant de parler directement au cœur de beaucoup de jeunes lecteurs ayant connu des soucis et des aventures analogues. *(P. d. M.)*

KOLBENHEYER, E.-G.: *Die Bauhütte* (Grundzüge einer Metaphysik der Gegenwart) * .... Ganzl. 93.75
9—13 Tsd. 536 S. in-8°. — München Albert Langen/Georg Müller.

Elk lezer van het zeer merkwaardige letterkundige werk van E. G. Kolbenheyer, weet det het een wijsgeerig inzicht bevat. Dit komt echter meestal tot uiting door bemiddeling van een verhaal, zooals in « Das Lächeln der Penaten » of van een historische figuur, zooals in de trilogie « Paracelsus ». « Die Bauhütte » heeft echter de bedoeling een systematische uiteenzetting te bieden van het systeem dat in de vorige boeken geschetst werd. In de eerste plaats is het werk dus den sleutel tot het begrip van de geheele productie eener der merkwaardigste geesten van onzen tijd. Daarenboven beslaat het een uiterst belangrijke uiteenzetting, een der eerste pogingen om aan het eeuwige metaphysische denken, kenschetsend voor het nationaal Duitsche wezen, een wetenschappelijke verrechtvaardiging te geven die overeenstemt met onze huidige kennis. Het is in de biologie dat Kolbenheyer deze verrechtvaardiging gevonden heeft. Eenieder die zich aan de ontwikkeling van de moderne wijsbegeerte interesseert, zal dus in dit werk een uiterst oorspronkelijke en vruchtbare bijdrage vinden tot de studie van de metaphysica. *(P. d. M.)*

Dans l'œuvre considérable du grand romancier allemand E. G. Kolbenheyer s'étale une conception philosophique de l'existence, exprimée par l'intermédiaire d'une intrigue narrative, comme dans « Das Lächeln der Penaten », ou d'une figure historique, comme dans « Paracelse ». Ce livre se propose d'exposer d'une manière systématique les bases du mystère qui s'ébauchait dans ses précédents ouvrages. En premier lieu, il est donc une clef à l'ensemble de l'œuvre d'un des plus grands esprits de l'époque. Il contient, en outre, un exposé dont l'intérêt est considérable. Car c'est là une des premières tentatives entreprises pour donner à l'éternelle aspiration métaphysique, caractéristique de l'âme nationale allemande, une justification scientifique conforme à l'état de nos connaissances actuelles. Cette base, c'est dans la biologie que Kolbenheyer l'a trouvée. Quiconque s'intéresse au développement de la philosophie moderne trouvera donc dans cet ouvrage une contribution aussi originale que féconde à l'étude de la métaphysique. *(P. d. M.)*

DE PIERREFEU et LE CORBUSIER: *La Maison des Hommes* .... Broché 40,50
209 pages avec dessins, format 14 × 20,5, édit. Plon.
De Pierrefeu et le Corbusier mènent de front, l'un par le texte et l'autre par l'image, une argumentation brillante en faveur d'une profonde réorganisation architecturale de la France. Se révoltant contre les invraisemblables conditions de logis et l'hygiène dans laquelle vivent la majeure partie de la population, ils ne se bornent pas à une protestation de principe mais proposent, concrètement et pratiquement, comment y remédier. Et l'on ne manquera pas d'être séduit par leurs vues larges, audacieuses mais parfaitement raisonnables et réalisables qui jettent les bases d'une architecture et d'un urbanisme conforme à nos possibilités techniques présentes et à notre condition de vie actuelle. *(P. d. M.)*

BENOIST-MECHIN: *Ce qui demeure* .... Broché 32.40
320 pages, format 13 × 20, édit. A. Michel.
En réunissant dans un volume les plus belles lettres écrites par des soldats de la guerre '14-'18, Benoist-Mechin a accompli à la fois une œuvre de piété et de reconstruction nationale. Car ce n'est pas seulement un hommage nouveau rendu à des hommes qui comptent parmi cette élite française qui a si souvent fait ses preuves au cours des temps. C'est également à un moment où cette élite semble manquer à ses devoirs, un grand exemple, bien capable de faire renaitre cet élan de sacrifice sans lequel aucune rénovation n'est possible. *(P. d. M.)*

● GREGOR, Joseph: *Richard Strauss* .... Broché 27.—

319 pages, format 14,5 × 22,5, édit. Mercure de France.

Le grand maître de l'opéra allemand, Richard Strauss, est une des figures les plus marquantes dans l'histoire de la musique moderne. On a été très bien inspiré en traduisant ce livre, une des meilleures études parues sur cette personnalité complexe, dont la valeur est peut-être discutable, mais qui n'en a pas moins pris une place énorme et exercé une influence considérable. Une des originalités de cette étude, c'est qu'elle consacre également une part importante au style de la représentation scénique des œuvres de Strauss. C'est là un aspect trop souvent négligé mais qui est en réalité d'importance primordiale dans la détermination des caractéristiques du compositeur. En le traitant, Joseph Gregor, est parvenu à donner une biographie aussi complète qu'intéressante. *(P. d. M.)*

● KASSNER, Rudolf: *Livre du Souvenir* .... Broché 24,30

298 pages, format 12,5 × 19, édit. Stock.

Comme son nom l'indique, ce « Livre du Souvenir » est un livre de mémoires. Mais il est loin de tomber dans la banalité de tant d'autobiographies qui s'attardent avec complaisance à des détails insignifiants qui n'intéressent personne. Bien au contraire, le philosophe ne s'est attardé qu'à ce qui, dans son existence, possède un caractère universel. Et quelle vie fut plus riche en péripéties intéressantes que celle de cet infatigable voyageur, qui connut de près tous les grands esprits de son époque et peut en parler avec une intelligence inégalable. Les pages sur Rilke, H. S. Chamberlain, sur l'Allemagne à la veille du XXe siècle sont à la fois d'une profondeur de pensée et d'une vivacité de ton extrêmement remarquable. *(P. d. M.)*

REBATET, Lucien: *Les Décombres* .... Broché 58.50

664 pages, format 13 × 19, édit. Denoël.

Lucien Rebatet, comme Robert Brasillach, est un de ces jeunes intellectuels français qui, durant l'entre-deux-guerres se sont efforcés de combattre de toutes leurs forces une politique dont ils avaient compris le caractère catastrophique et l'orientation néfaste. Toute la somme de rancunes et d'indignation accumulée au cours de ces années de vain combat déborde enfin dans ce gros volume, immense pamphlet d'une vigueur et d'une verve étincelante. Tour à tour, tous les coupables de l'actuelle déchéance française, à quelque milieu ou parti qu'ils appartiennent sont passés en revue et exécutés en quelques phrases lapidaires et définitives. Mais cette grande œuvre de destruction contient des données constructives: en piétinant les décombres d'une période écroulée, Lucien Rebatet songe également à reconstruire; et c'est pourquoi sans doute son livre féroce se termine par des paroles d'espoir. *(P. d. M.)*

Le métier d'éditeur

Il ne manque pas d'intérêt de quitter un instant le point de vue strictement littéraire duquel nous avons l'habitude d'examiner un livre, pour mettre en évidence le rôle joué par l'éditeur qui, avec l'écrivain, contribue à son achèvement et à sa destinée. Le grand public, en effet, ignore totalement le mécanisme qui conduit un livre, depuis sa conception primitive jusque entre les mains du lecteur. C'est pourquoi nous nous attacherons à suivre exactement le chemin suivi pour parcourir ce trajet.

Supposez que l'idée vous soit venue, à vous qui n'êtes connu de personne, d'écrire un livre. Vous avez travaillé des jours et des nuits à exprimer ce que votre imagination, votre sensibilité et votre intelligence avaient élaboré. Le manuscrit terminé, qu'allez-vous faire pour satisfaire ce besoin légitime de faire partager par vos semblables les émotions que vous avez connues en écrivant? Il faut là un intermédiaire, dont le rôle consiste à évaluer si votre production est digne d'être connue par un certain public, et à faire de ce manuscrit un livre d'une présentation aussi attrayante que possible. C'est pourquoi on a inventé le métier d'éditeur, qui remplit très exactement ce double rôle.

Vous enverrez donc votre œuvre à un de ces organismes mystérieux dont le commun des mortels ne comprend pas très bien l'utilité et dont le nom figure au bas de la page de titre de chaque livre, un peu comme le nom de l'interprète, inscrit sur les affiches des concerts en même temps que celui du compositeur. Vous choisirez évidemment l'éditeur qui paraît jouir du plus grand prestige. Une fois arrivé chez lui, votre manuscrit sera soumis à ce qu'on appelle un comité de lecture, c'est-à-dire que des écrivains ou des critiques qualifiés le liront et remettront à son sujet, à l'éditeur lui-même, un bref rapport, contenant un jugement sur le mérite artistique de l'œuvre, sur ses possibilités commerciales de vente, etc. Fort de ces diverses opinions, celui-ci décidera si oui ou non le manuscrit pourra devenir livre et être publié. A moins que, comme certains éditeurs particulièrement épris de leur métier ils soient leur propre lecteur et s'imposent la lecture de tous les manuscrits qui leur sont envoyés, sans avoir recours à un comité. Quoi qu'il en soit, vous recevrez un avis comme quoi votre travail a été jugé intéressant ou qu'il a été refusé.

Dans la première hypothèse, il vous sera proposé un contrat fixant vos droits d'auteur, la plupart du temps sous forme d'un pourcentage à toucher sur la vente du livre. En certains cas, beaucoup plus rares actuellement, l'auteur finance lui-même son éditeur, c'est-à-dire qu'il lui avance une somme d'argent permettant la publication. C'est ce qu'on appelle publier « à compte d'auteur », procédé assez particulier et qui tend à disparaître.

Le contrat une fois signé, le rôle de l'éditeur ne fait que commencer. Il lui reste à étudier l'aspect technique de la réalisation. Sous quelle forme le livre sera-t-il publié? Quel sera son format, dans quel caractère sera-t-il imprimé, sera-t-il illustré, quelle couverture y mettra-t-on — autant de points à résoudre et dans la solution desquels l'éditeur peut faire montre de ses qualités, bon goût, habileté technique, sens de la présentation artistique et commerciale. Finalement il lui reste à fixer le tirage, c'est-à-dire le nombre d'exemplaires qui seront imprimés. C'est là une question délicate, qui nécessite beaucoup d'intuition et de connaissance du goût du public. Car on s'imagine aisément le danger qu'on court en évaluant de manière erronée: si on fixe un tirage trop élevé, on ne parvient pas à écouler les livres produits; en fixant un tirage trop bas, on ne peut satisfaire à la demande et on manque l'occasion d'obtenir un beau résultat. La plupart des éditeurs fixent un minimum au départ et réimpriment au fur et à mesure des demandes. Cette façon de faire pose toutefois certains problèmes trop techniques pour que nous les abordions ici. En résumé, on peut toutefois en conclure qu'il y a tout intérêt à fixer, au départ, un chiffre aussi exact que possible.

Une fois le livre imprimé, corrigé sur épreuves et broché, il ne reste plus qu'à le vendre. Là également l'ingéniosité et l'imagination peuvent réaliser des miracles. Il s'agit de « lancer » aussi efficacement que possible l'ouvrage, à faire en sorte qu'on en parle partout, que le public finisse par ne plus pouvoir ignorer l'œuvre en question et se sent comme obligé moralement de l'acheter et de la lire. Plusieurs formules de lancement ont été expérimentées avec des fortunes diverses; chaque jour encore, on essaie d'en trouver d'inédites et certains éditeurs ont réussi, dans ce domaine, de vrais coups de maître.

Nous avons présenté le métier d'éditeur sous une forme encore trop passive, en ce sens que nous avons laissé dans l'ombre la partie la plus importante peut-être de toute son activité: c'est la prospection. Nous avons supposé un écrivain ayant déjà écrit et envoyant spontanément son manuscrit. En réalité, il s'agit très souvent de découvrir ceux qui écrivent ou même ceux qui seraient susceptibles de le faire. Il faut parfois les conseiller, les guider, les aider, les influencer; d'autres par contre doivent être admis en bloc tels qu'ils sont: le moindre changement suffirait à rompre l'harmonie ou la puissance de leur création. Des trésors de discernement, de tact, d'esprit critique et, encore une fois, d'intuition sont nécessaires à cette fin.

L'éditeur apparaît donc comme une espèce d'intermédiaire, mais qui possède une authentique mission créatrice. Il doit posséder des connaissances étendues et, bien plus encore, des qualités innées et naturelles. Jamais, il ne pourra s'abandonner à une routine. Chaque nouvel ouvrage, chaque collection projetée réclame des idées originales. Il doit passer sa vie à innover, à inventer, à créer. C'est ce qui rend ce métier si difficile, — il y a peu de domaines où il y a tant d'appelés et si peu d'élus — mais également pour celui qui en a saisi toutes les ressources et toute la beauté, si irrésistiblement attachant.

Paul de Man.

CARETTE, Louis: *Cadavre exquis* .... Broché 40,—
262 pages, format 13 × 18. édit. du Houblon.
L'action de « Cadavre exquis » se situe à Bruxelles, un peu avant la guerre actuelle, dans un milieu d'émigrés politiques. Une société mélangée, où se côtoient des Allemands, des Espagnols, des Italiens, ainsi que quelques membres de la bourgeoisie belge séduits par l'atmosphère du milieu, tels sont les personnages, tel est le sujet du livre. Aucune intrigue suivie ne relie les divers épisodes qui défilent rapidement, passionnants comme les scènes d'un bon film. Ils servent à silhouetter et à définir les personnages: Horka, le séducteur, digne réplique des plus célèbres Don Juan, occupe la place principale; il est entouré d'une foule de figures dont les aventures amoureuses, les conversations, les bonnes et les mauvaises fortunes composent un tableau mouvementé et coloré à souhait. Ce roman vaut avant tout par la vivacité de sa narration et par la peinture de mœurs d'une vérité et d'une justesse incomparables. Nous y retrouvons le cynisme d'un Montherlant, la lucidité d'un Drieu-La Rochelle et même l'ironie d'un Huxley. *(P. d. M.)*

POLLET, Evelyne: *Un Homme bien parmi d'autres Personnages* .... Broché 30,—
210 pages, format 11,5 × 18,5, édit. Les Auteurs Associés.
Evelyne Pollet s'est fait une réputation de conteur par quelques excellentes nouvelles qui sont fort appréciées. Dans ce volume les qualités de l'auteur se confirment à nouveau. On y retrouve cette sensibilité spécifiquement féminine qui sait fixer en quelques traits l'atmosphère secrète d'un moment fugitif ou d'un drame intime. D'autres contes, moins réussis peut être, essaient de concentrer en quelques pages tout un destin, toute une existence humaine. Mais toujours, on trouve dans ces récits une émotion vraie et un optimisme plein de sérénité qui donne à ces simples histoires un éclat tout particulier. *(P. d. M.)*

● MULTATULI: *Max Havelaar.* Adapté et traduit du Néerlandais par L. Roelandt. Broché 50,—
288 pages, format 14 × 22.5, édit. Annotiau.
Max Havelaar est l'œuvre la plus marquante de la littérature néerlandaise du XIXe siècle et demeurera sans doute comme un grand livre dans les lettres mondiales. Il ne fut cependant pas écrit dans l'intention de créer un ouvrage artistique: l'intention de son auteur était uniquement d'attirer, par un pamphlet violent, l'attention de son pays sur les méfaits et les abus commis dans la colonie des Indes néerlandaises, à Java. Ces pages sont donc animées par un seul sentiment: l'indignation d'un honnête homme qui se rendit là-bas avec les meilleures intentions mais ne tarda pas à tomber sous les coups sournois d'une administration routinière, cruelle et égoïste. Certains passages du livre, tels le portrait du bourgeois éternel et détestable, symbolisé dans la figure de Droogstoppel, tels le conte javanais de Saïdjah ou le discours du nouvel intendant aux chefs indigènes, constituent des morceaux d'anthologie, d'une sincérité d'expression et d'imagination incomparable. *(P. d. M.)*

WILLEMS, Paul: *L'Herbe qui tremble* .... Broché 30,—
227 pages, format 14 × 18,5, édit. Edit. de la Toison d'Or.
Le nouveau livre de Paul Willems, plus encore que le premier « Tout est réel ici » s'écarte des règles traditionnelles du roman. Il ne contient ni intrigue, ni récit proprement dit mais une suite de tableaux qui ne sont reliés entr'eux que par les lois mystérieuses de la poésie. Ces scènes décousues et incohérentes à première vue, émanent d'une même imagination créatrice qui a pu imprégner chacune d'elles d'un esprit très original et les charger d'un intense contenu poétique. Paul Willems est un de ses êtres d'exception qui sont capables de découvrir le charme secret des objets les plus banals en apparence, de révéler des profondeurs insoupçonnées dans une péripétie tout à fait usuelle. C'est pourquoi cet ouvrage, dont beaucoup n'ont pas semblé comprendre la signification, révèle en réalité un talent rare, en même temps qu'une tentative hardie pour renouveler le genre traditionnel de l'essai. Car la pensée n'est plus exposée ici par l'entremise de la raison, mais d'une manière plus directe, en captant aux sources mêmes de la perception la connaissance qui se dégage de toutes choses. Si l'armature de « L'Herbe qui tremble » n'est peut-être assez solidement établie pour qu'on puisse parler d'une réussite totale, il ne s'agit pas moins d'une expérience littéraire du plus haut intérêt et d'une captivante beauté. *(P. d. M.)*

POLLET, Evelyne: *Primevères* .... Broché 27,—
188 pages, format 12 × 19, édit. Denoël.
Ce roman de l'auteur belge Evelyne Pollet révèle un incontestable talent. Il raconte l'histoire toute intérieure d'une jeune femme dont le mariage malheureux détruit toute l'existence, sa lente lutte pour reconquérir un bonheur que son union ne peut lui donner et qu'elle finit par trouver en elle-même. L'originalité du roman consiste en l'accent particulièrement sensible et direct du récit. Nettement influencée par les romanciers anglais modernes, l'auteur ne transcrit pas objectivement les faits mais s'attache à les faire ressentir comme des perceptions vécues. Le sujet, tout en nuances et en effets d'atmosphère, se prête fort bien à ce genre de narration subjective. C'est pourquoi cette histoire, d'apparence banale, acquiert un accent poétique très attachant. *(P. d. M.)*

HET BELGISCHE BOEK
LE LIVRE BELGE

VLAANDEREN

Overzicht van de maand

Een vergelijking tusschen het werk van de franschtalige en Vlaamsche uitgevers van het land laat duidelijk de zeer groote mogelijkheden uitschijnen die thans voor deze laatsten geboren zijn. De groote concurrent der franschtalige uitgevers, Frankrijk, gaat voort boeken uit te voeren, in geringere mate dan voorheen misschien, maar toch nog in voldoende aantal om een sterken invloed uit te oefenen. Uit Noord-Nederland komt echter geen boek meer binnen — of zoo weinig dat het de moeite niet waard is er van te spreken. De Vlaamsche uitgevers hebben dus praktisch de handen vrij: voor zoover de auteurs niet door onherroepelijke contracten in Holland gebonden zijn — hetgeen zelden het geval is — kunnen zij thans over het werk van onze beste schrijvers beschikken. Voor hen ontstaat dus een eenige gelegenheid om een einde te stellen aan een toestand die ten volle abnormaal was. Want indien men kan aannemen dat de literaire superioriteit van Parijs op Fransch-België zoo groot was dat die stad een aantrekkingscentrum zijn moest, en dat het dus te begrijpen is dat een franschtalig auteur verkoos zich daar te laten uitgeven, dan is zulks hoegenaamd niet hetzelfde voor wat betreft Vlaanderen. De Vlaamsche letterkunde heeft een eigen, autonome waarde, volledig onafhankelijk van het werk der Noord-Nederlanders dat op een andere esthetische basis gegrondvest is. Het is dus alleszins wenschelijk dat die artistieke autonomie ook met een economische autonomie zou samengaan en dat het uitgeversbedrijf der Vlaamsche literatuur in Vlaanderen moet gevestigd zijn. Teruggebracht in hun eigen geestelijke atmospheer zullen wellicht hun boeken een beter lot hebben en doordringen tot een wijderen lezerskring.

Deze overwegingen worden ingegeven door het verschijnen, deze maand, van twee werken waarvan de auteurs vroeger steeds in Noord-Nederland werden uitgegeven: Gerard Walschap's « Denise » (Uitgeverij V. T. K.) en de novelle « Herodes » van Ernest Claes (Uitgeverij Snoeck). Over dit laatste boek, dat slechts voor enkele dagen tekoop werd gesteld, zullen we hier nog niet uitweiden; elders in deze « Bibliographie » wordt de aandacht erop gevestigd hoe de perfekte uiterlijke aanbieding de vergelijking kan doorstaan met het beste dat op dit gebied ooit werd verwezenlijkt.

In « Denise » vindt men een Walschap terug die meer georienteerd is naar psychologische studie dan in verscheidene vroegere werken. Het grootste deel van zijn romans staan in zekere mate buiten het psycologische, in dien zin dat zij personnages behandelen die zoozeer van de geldende vormen afwijken dat hun studie niets leert over de reacties van den mensch in het algemeen. In tegenstelling tot de klassieke Fransche psychologische roman krijgt zijn werk dus geen waarde door de universeele waarheid die het bevat maar, integendeel, door de emotieve kracht die uitgaat van uitzonderingsgevallen. « Denise » echter doet veel vlakker aan dan bijvoorbeeld « Houtekiet » of « De Familie Roothooft ». Niet dat Walschap overgaat tot abstracte bespiegelingen van zielkundigen aard — hij blijft meer dan ooit getrouw aan de formule van den verhaal-roman die het innerlijke suggereert door een simpele beschrijving der waarneembare feiten — maar een zeker aantal anecdotische details en trekken der typeeringen voeren het boek in meer banale (zonder dit woord een pejoratieve beteekenis te geven) spheren. In zichzelf is deze neiging hoegenaamd niet laakbaar en we volgen dus in geenerlei opzicht een gedeelte der Vlaamsche kritiek die den inhoud van « Denise » afkeurde. Veeleer zullen wij aanduiden dat er een zekere onevenwichtigheid ontstaat tusschen den aard van het sujet en den verteltrant die, zooals immer bij Walschap, zuiver dynamisch is. Een dergelijke verhaalmethode past uitstekend bij een onderwerp dat in zichzelf meeslepend en mobiel is (men denke bij voorkeur aan « Houtekiet ») maar is veel minder aangewezen wanneer het, zooals in dit geval, om een statisch, innerlijk verhaal gaat. Vandaar ontstaat de indruk dat sommige scenes uit « Denise » als ietwat onnoodig voorkomen en dat de roman niet dezelfde harmonische eenheid heeft die men in vroegere werken van dezen auteur kan bewonderen.

Naast dit belangrijk werk van een onzer beste schrijvers, en naast « Herodes » van Claes zijn deze maand geen vooraanstaande letterkundige producties te vermelden. Wij willen hier echter de aandacht vestigen op twee reeksen van didactischen aard en die elk op hun gebied uitstekend werk leveren: de Basisreeks van Manteau waarvan de nummers 13 tot 16 onlangs verschenen en de reeks « De Tuin der Muzen » van de Sikkel. Elk dezer uitgaven heeft tot doel den lezer in te wijden in bepaalde geestelijke of technische problemen; de bevoegdheid der auteurs garandeert een degelijke en nauwkeurige uiteenzetting; daarenboven, is de keus der onderwerpen en den trant der redactie zoodanig opgevat dat een groot aantal lezers kunnen bereikt worden. De doorsnee intellectueel zonder gespecialiseerde voorbereiding kan uit deze brochures nuttige kennissen putten.

In het bizonder moeten in deze reeksen twee werkjes over muziek vermeld worden « Beteekenis van de Muziek » door Paul Collaer (Manteau) en « Zeven Sleutels tot de Toonkunst » door Paul Douillez (De Sikkel). Over muziek schrijven is een moeilijke taak welke slechts zeer weinigen tot een goed einde hebben kunnen voeren. De muzikale esthetiek is zelfs als abstrakt probleem zeer moeilijk te benaderen: men betreedt hiermee een terrein waarin de begrippen zoo slecht omlijnd zijn, de bepalingen zoo vaag, dat alle redeneering bijna onmogelijk is en dat het uiterst lastig valt onder woorden te brengen wat het aangeboren muzikaal gevoel in den toehoorder heeft verwekt. Toch zijn deze beide schrijvers er in gelukt uitstekenden arbeid te leveren en, elk op zijn manier, door te dringen in het complexe vraagstuk der muzikale schepping. Paul Collaer's essay getuigt van diepzinnig wijsgeerig inzicht, dit van Paul Douillez van een merkwaardige technische ervaring. Wat vooral verdienstelijk is bij deze laatste is dat hij alle aspecten van de muziek kent en juist beoordeelt; het is voor hem niet alleen een individueel maar een sociaal verschijnsel waarvan hij de uitwerking onderzoekt in de meest verscheidene richtingen. Als dusdanig is zijn werk meer van een vakman dan dit van Paul Collaer dat meer de bespiegelingen bevat van een fijnzinnige en gevoelige estheet. Maar beide studies verdienen alle lof en vormen een nuttige bijdrage tot de nog zeer onvolledige literatuur die over muziek bestaat.

Terloops willen wij nog even het uitstekende kinderboek van Else van Hagendoren aanstippen « De Vertelsels van Kolka en Marisa » verschenen bij de Lage Landen. Aldus hebben we meteen aangetoond dat de Vlaamsche uitgave eveneens een zekere diversiteit bezit, vermits we zeer verschillende soorten van werken hebben kunnen vernoemen. Ongetwijfeld bestaat thans voor ieder die talent heeft een prachtige kans om in gunstige omstandigheden te worden uitgegeven. Misschien zal de nieuwere generatie van deze gelegenheid gebruik kunnen maken — onze literatuur zou er zeer wel bij varen.

Paul de Man.

Flanders. Survey of the Month

A comparison between the work of this country's francophone and Flemish publishers makes clear the very great possibilities that are now born for these latter. The great rival of the francophone publishers, France, continues to export books, to a lesser degree than before perhaps, but still in sufficient numbers to exert a strong influence. From the Netherlands, on the contrary, no book comes in—or so few that it is not worth the effort to discuss it. The Flemish publishers thus have practically a free hand: insofar as the authors are not tied to Holland by irrevocable contracts—which is seldom the case—they can dispose of the work of the best of our writers. For them this creates an occasion to put an end to a completely abnormal situation. For if it is possible to accept that the literary superiority of Paris over French Belgium was so great that this city had to be a center of attraction, and that it is thus understandable that a francophone author preferred to be published there, nothing of the kind can be said as far as Flanders is concerned. Flemish literature has its own, autonomous value, fully independent of the work of the Dutch, which is founded on a different aesthetic basis. It is consequently certainly desirable that this artistic autonomy goes together with an economic autonomy and that the publishing trade of Flemish literature has to be based in Flanders. Brought back to their own spiritual atmosphere, their books will probably meet with a better fate and reach a wider circle of readers.

These considerations were inspired by the publication, this month, of two works whose authors were formerly always published in the Netherlands: Gerard Walschap's "Denise" (V.T.K. Publishers) and the novella "Herodes" by Ernest Claes (Snoeck Publishers). We will not go into any detail about the latter book, on sale only for a few days, yet; elsewhere in this "Bibliographie" our attention is drawn to the fact that its perfect external presentation can sustain comparison with the best that has ever been realized in this domain.

In "Denise" one finds a Walschap who is oriented more towards psychological study than in various earlier works. The greater part of his novels are to a certain extent situated outside of the psychological, in the sense that they deal with characters who deviate from the current norms to such a degree that their study does not teach anything about the reactions of man in general. In contrast to the classical French psychological novel, his work does not derive its value from the universal truth it contains but, on the contrary, from the emotive power emanating from exceptional cases. "Denise," however, feels flatter than, for instance, "Houtekiet" or "De Familie Roothooft." Not that Walschap turns to abstract reflections of a psychological nature—more than ever he remains true to the formula of the narrative novel which suggests the interior by means of a simple description of observable facts—but a certain number of anecdotal facts and traits of characterizations lead the book into more banal (without giving the word a pejorative signification) spheres. In itself this inclination is by no means reprehensible and we consequently in no way follow a portion of Flemish criticism which disapproved of the content of "Denise." Rather we will indicate that a certain disequilibrium comes to exist between the nature of the subject and the manner of narration which, as always in Walschap, is purely dynamic. Such a narrative method excellently fits a subject which is in itself completely mobile (one thinks preferably of "Houtekiet") but is much less advisable when, as is the case here, the story is static, interior. Hence the impression that some scenes in "Denise" appear to be somewhat superfluous and that the novel does not have the same harmonic unity one can admire in earlier works of this author.

Next to this important work by one of our best writers, and next to "Herodes" by Claes, there are no eminent literary productions to be mentioned this month. We only wish to draw attention to two series of a didactic nature, each of which offers some excellent work in its domain: the Basisreeks [published by] Manteau, numbers 13 and 16 of which were recently issued, and the series "Tuin der Muzen" ["Garden of the Muses"] [published by] de Sikkel. Each of these publications has as its goal to initiate the reader in certain spiritual or technical problems; the competence of the authors guarantees a reliable and accurate exposition; in addition to this the choice of the subjects and the manner of editing is conceived in such a way as to be able to reach a large number of readers. The average intellectual without specialized preparation can draw useful knowledge from these brochures.

Two small works about music in these series have to be mentioned in particular here: "Beteekenis van de Muziek" ["Meaning of Music"] by Paul Collaer (Manteau) and "Zeven Sleutels tot de Toonkunst" ["Seven Keys to Music"] by Paul Douillez (de Sikkel). Writing about music is a difficult task which only a very few have been able to accomplish successfully. Musical aesthetics is even very difficult to approach as an abstract problem; one comes upon a terrain in which the concepts are so badly delineated, the definitions so vague, that all argumentation is almost impossible and that it becomes very difficult to express in words what the innate musical feeling has engendered in the listener. Nevertheless, these two authors have succeeded in accomplishing excellent work and, each in his own way, in penetrating into the complex question of musical creation. Paul Collaers' essay bears witness to his profound philosophical insights, that of Paul Douillez to a remarkable technical experience. What is particularly meritorious in the latter is that he knows and judges correctly all aspects of music; it is to him not only an individual but a social phenomenon, the effect of which he investigates in the most diverse directions. As such, his work is more that of an expert than that by Paul Collaer, which contains more of the reflections of a discerning and sensitive aesthete. But both studies deserve all praise and form a useful contribution to the still very incomplete literature that exists about music.

In passing we wish to touch upon the excellent children's book by Els van Hogondoren "De Vertelsels van Kolka en Marisa" ["The Tales of Kolka and Marisa"] published by De Lage Landen. In this way we have at once shown that the Flemish publishing trade possesses a certain diversity, as we have been able to mention very different kinds of works. Undoubtedly there is presently a beautiful opportunity for anyone who has talent to be published in favorable circumstances. Maybe a newer generation will be able to make use of this occasion—our literature would benefit from it very much.

Paul de Man
[Trans. Ortwin de Graef]

Revue de l'édition belge d'expression française

L'édition belge d'expression française continue à faire preuve d'une activité considérable. Dans tous les domaines, et dans tous les genres, des livres de bonne qualité ont paru au cours du mois de novembre, sans qu'il y ait cependant une œuvre tout à fait transcendante à noter.

En premier lieu, signalons la publication de « Guldentop » de Marie Gevers (édit. Libris) et de « Procédure » d'Hubert Chatelion (édit. Les Ecrits) les deux ouvrages qui, du point de vue littéraire sont sans doute les plus remarquables parus au cours du mois. « Guldentop » est la réédition d'une série de contes groupés autour d'un même personnage — le fantôme qui hante la vieille maison de Missembourg —, œuvre charmante, pleine de fantaisie et de fraîcheur et qui ne connut, lors de sa première édition, qu'une diffusion très limitée. C'est cependant dans ce genre que les principales qualités de cet auteur, qui compte parmi les plus représentatifs de Belgique, se sont révélées. La sensibilité particulière et très attachante de Marie Gevers, qui sait révéler, dans une langue, dont la perfection très étudiée va de pair avec une limpide simplicité, cette forme de merveilleux rustique, mélange d'une imagination débordante et d'un sens de l'observation et de l'humour des plus sainement réalistes, qui est la caractéristique de l'éternel esprit artistique flamand.

Le petit ouvrage de Chatelion, « Procédure » est d'une tout autre veine. Chatelion est cet écrivain étrange et méconnu qui fut découvert par Franz Hellens et Robert Poulet et qui mourut il y a deux ans. Il est l'auteur de quelques livres où l'on retrouve toujours le même climat morbide et tordu, d'une indéniable puissance visionnaire. On gardait l'impression que ce considérable talent, chez qui l'on sentait des capacités exceptionnelles, restait bridé par le tempérament même de l'auteur qui est comme obsédé par quelques thèmes relativement limités. Mais la présente nouvelle est une de ses meilleures œuvres; la forme concentrée de la narration, l'intensité émotive du contenu, l'assurance — rare chez cet auteur — de la composition, autant de qualités qui confirment dans leur opinion ceux qui croient que Chatelion avait du génie, mais que seules les conditions déplorables de son existence ont empêché de donner la mesure de ses moyens.

Parmi les livres de grande valeur, parus au cours du mois, signalons encore « La Fermière de Heikkilä » de J. Linnankoski (Edit. de la Toison d'Or) une suite de nouvelles traduites du Finnois. La vogue de la littérature scandinave est loin d'être terminée; mais ce n'est pas depuis si longtemps qu'on a découvert les finlandais. Les écrivains de ce pays ne sont cependant pas moins remarquables que les Norvégiens ou les Danois dont ils se différencient par une certaine forme de préoccupation sociale, par un esprit collectiviste qui, loin de nuire à la teneur artistique de leurs œuvres, en constitue la principale originalité. Linnankoski, plus que tout autre, possède cette caractéristique. C'est ce qui lui permet d'atteindre, comme dans les récits réunis dans ce volume, à une très simple et très pure grandeur épique.

Une autre traduction (publiée en Belgique par les Editions du Rond Point, en France par Plon) doit être signalée: c'est « L'Enfant du Destin » de la romancière allemande Ina Seidel. L'œuvre se rattache à la lignée des grands romans, dont Forsythe Saga de Galsworthy est le type, qui dépeignent, à travers un destin personnel, la caractéristique de toute une époque, jusque dans ses plus infimes détails extérieurs. Le public reste très friand de ce genre d'ouvrages dans lesquels il trouve à satisfaire à la fois son besoin de délassement et sa curiosité pour des périodes passées. Le livre de Ina Seidel prend d'ailleurs place parmi les meilleurs du genre; il établit un équilibre harmonieux entre l'élément aventureux et l'élément historique et vaut en outre par la teneur dramatique de l'intrigue qui ne manquera pas de passionner un grand nombre de lecteurs.

En dehors de ces ouvrages purement littéraires, quelques livres de caractère historique et de valeur ont paru. Il y a toujours eu, en Belgique, un nombre d'historiens de valeur qui étaient en même temps des écrivains de talent; l'exemple de Pirenne semble s'être communiqué aux générations suivantes. C'est ainsi que le professeur van der Smissen a publié chez Goemaere un « Léopold II et Beernaert, d'après leur correspondance inédite » ouvrage substantiel et du plus haut intérêt qui éclaire une époque complexe et très importante de notre histoire. Et ces qualités semblent également se retrouver chez de jeunes historiens, tels que Jo Gerard, qui est l'auteur d'une plaquette sur le Prince de Ligne, favori de l'Europe (Coll. Voyages, chez Goemaere) dans laquelle la curieuse figure de ce gentilhomme qui connut toutes les personnalités et toutes les activités de son époque. L'auteur fait preuve du talent qu'on lui connaît et qui unit celui d'un narrateur adroit avec celui d'un historien solide et d'une précise érudition.

Citons encore, dans un ordre d'idées voisin, le livre de Jan Östby sur Amundsen, biographie romancée qui s'adresse avant tout aux jeunes gens qui y trouveront à la fois une aventure passionnante et une leçon de courage et d'héroïsme.

Dans le domaine de la lecture d'amusement, Pierre Elst, dans la collection « Les Humoristes », a fait paraître un récit décrivant le côté comique de l'exode en France de Mai '40: « Villeneuve ou les Joyeusetés de l'Exode ». L'ouvrage n'est pas toujours aussi drôle qu'il ne voudrait l'être; mais il reste dans l'ensemble d'une tenue acceptable et sans flagrantes fautes de goût. Les dessins de Campion qui l'illustrent sont souvent meilleurs que le texte.

Enfin, Lucien Marchal édite au « Jury » un roman policier « Sang Chaud » qui, sans être parmi les plus réussis de la collection, possède certains mérites. L'intrigue policière est faible, presque inexistante, mais l'auteur se rattrape par son talent de prendre sur le vif des types originaux des pays d'Amérique du Sud qu'il connait particulièrement bien. Ce que « Sang Chaud » perd donc du point de vue policier, il le regagne sur un plan littéraire plus général. *(P. d. M.)*

● JÜNGER, Ernst: *Op de Marmerklippen.* 192 blz., form. 13×20, uitg. De Lage Landen. Ing. 50,—

Eindelijk verschijnt een Nederlandsche vertaling van den beroemden Duitschen auteur Ernst Jünger. Hiermee wordt het Vlaamschlezend publiek in de mogelijkheid gesteld kennis te maken met een der belangrijkste figuren uit de huidige wereldliteratuur. De vermaardheid van Jünger was tot nu toe tot een trouwen maar gesloten lezerskring beperkt en vooral buiten Duitschland waren slechts weinigen met de persoonlijkheid van dezen hoogst belangrijken auteur vertrouwd. En nochtans, weinige schrijvers van heden staan op hetzelfde peil. De letterkundige waarde van Ernst Jünger is zoowel te danken aan de stylistische volmaaktheid van zijn taal als aan de zeer bizondere poëtische atmospheer welke men in al zijn werken terugvindt en die de kunstige uiting is van een diepzinnig mediteerenden geest. Zoo ook in « Op de Marmerklippen » een verhaal met symbolischen inslag dat romaneske en abstracte gegevens samensmelt tot een wondere eenheid. Niet bij de eerste lectuur zal men de volledige rijkdom van het boek, waarvan de beteekenis op verscheidene onderscheiden vlakken tot uiting komt, kunnen omvatten. Slechts langzaam dringen de verscheidene elementen tot den lezer door: vooreerst de visionnaire kracht van sommige scenes, soms van een etherische zachtheid, soms van een ongehoorde brutaliteit; vervolgens de algemeene gegevens van sociologischen aard die aan het werk zijn draagwijdte geven. Want de personnages die voorkomen in « Op de Marmerklippen » zijn geen menschelijke wezens maar abstracte krachten met humaan aangezicht en de strijd die er in verhaald wordt is niet een geïsoleerde anecdoot zonder universeele beteekenis maar een alomgekende uitbeelding van het concept Strijd, onafhankelijk van het oord, de tijd en de uiterlijke omstandigheden waarin deze plaatsgrijpt. De lezer moet zich in deze geestesgesteldheid inleven om het boek te kunnen volgen en om er de juiste beteekenis van aan te voelen; wanneer hij er echter zal in geslaagd zijn de geestelijke atmospheer van Jünger te vatten zal hij een onuitputtelijke bron van schoonheid ontdekt hebben. *(P. d. M.)*

DUFOURCQ, Norbert: *Petite histoire de la Musique en Europe.* 163 p., form. 13,5×20, édit. Larousse. .... Broché 28,80

L'étude historique de la musique est une branche trop souvent négligée. A tort, on prétend que la musique est un art direct, qui peut se passer d'une connaissance objective. Rien n'est plus faux, car dans aucun domaine artistique il est aussi indispensable de posséder cette vue d'ensemble de l'évolution des styles que seule l'histoire peut procurer et sans laquelle il ne peut exister une compréhension exacte de la beauté musicale. Mais il semble être bien difficile de trouver un ouvrage qui fasse ressortir, comme il convient, le mouvement général de l'art musical à travers les âges. La présente étude, consciencieuse et appliquée, constitue cependant encore trop une simple nomenclature, énumération de noms et de dates, sans que le lien qui fait dans l'histoire musicale une suite vivante et grandissante n'apparaisse clairement. La chose est due sans doute au fait que le livre est rédigé dans un esprit didactique et semble s'adresser à un lecteur nullement préparé; il n'en reste pas moins que le reproche cité est légitime. Et comme toujours, dans pareil cas, on pourrait signaler certains oublis qu'on pardonnerait volontiers si l'effet d'ensemble était plus cohérent. Il faut toutefois noter un incontestable mérite de l'ouvrage: c'est la place considérable accordée à la musique ancienne, partie fondamentale et souvent ignorée de l'histoire musicale, et qui est très intelligemment et clairement exposée par M. Dufourcq. *(P. d. M.)*

● JÜNGER, Ernst: *Le Cœur aventureux.* Traduction de Henri Thomas. 237 pages, format 12×19, édit. Gallimard. .... Broché 27,—

On continue la traduction française de l'œuvre de Jünger: après « Sur les Falaises de Marbre » et son journal de guerre « Jardins et Routes », une bonne traduction de Henri Thomas, vient de paraître du « Cœur Aventureux ». Cette œuvre s'apparente par son esprit à « Jardins et Routes » en ce sens que ce n'est pas une construction romanesque mais un ensemble de petites notes détachées sur des sujets d'apparence futile. L'unité de l'ouvrage est établie par la structure particulière de l'esprit de l'auteur. On y retrouve en effet cette vision étonnemment cosmique qui caractérise Jünger, capable de découvrir l'universel dans le plus minime objet. Il se penche sur une pierre, sur un insecte avec le regard de celui qui perçoit les mystères les plus cachés de la matière. Et ce n'est pas là une fausse profondeur, qui ne se manifeste que par un verbiage délicat donnant une superficielle impression de poésie. Bien au contraire, on atteint par cette voie à une réelle connaissance, non pas celle qu'apporte la raison mais celle, plus rare, qui nait d'un contact avec les sources mêmes des êtres et des choses. A certains cette forme de pensée pourra sembler hermétique. Elle ne l'est cependant que pour autant que le lecteur ne modifie pas sa sensibilité réceptive. Au lieu de tenter de comprendre objectivement, il doit faire appel à son imagination pour laisser agir le pouvoir de ce langage, comme s'il écoutait une musique, dont le pouvoir va loin au-delà de la logique. Dans ces conditions, il pourra trouver dans ces pages des beautés et des enseignements de la plus haute valeur. *(P. d. M.)*

JUNGER, Ernst: *Op de Marmerklippen.*
192 pp., format 13 x 20, publ. De Lage Landen.

At last a Dutch translation of the famous German author Ernst Jünger. This gives the Flemish public the opportunity to encounter one of the most important figures in contemporary world literature. Up to now, Jünger's fame was limited to a faithful but closed circle of readers and, particularly outside Germany, only a few people were familiar with the personality of this extremely important author. And yet few writers today are on the same level. The literary value of Ernst Jünger is due to the stylistic perfection of his language as well as to the very specific poetic atmosphere one finds in his work and which is the artistic utterance of a profound meditating mind. Thus it is in "Op de Marmerklippen," a story with symbolic leanings which fuses together romanesque and abstract data into a wondrous unity. It is not in a first reading that one will be able to grasp the full riches of this book, the meaning of which is expressed on different separate planes. Only slowly the different elements dawn on the reader: first the visionary power of some scenes, sometimes of an ethereal softness, sometimes of an unheard-of brutality; subsequently the general data of a sociological nature which give the work its scope. For the characters appearing in "Op de Marmerklippen" are not human beings but abstract forces with a human aspect, and the fight recounted in it is not an isolated anecdote without universal significance but a generally known representation of the concept Fight, independent of the place, the time, and the external circumstances of its occurrence. The reader has to immerse himself in this state of mind in order to follow the book and to sense its correct meaning; but when he has succeeded in grasping Jünger's spiritual atmosphere he will have discovered an inexhaustible source of beauty. (*P.d.M.*) [Trans. Ortwin de Graef]

Condition actuelle de la littérature d'expression française

Depuis plus de deux ans que l'édition, en France et en Belgique, a repris son activité, après l'interruption causée par la phase de la guerre de mai 1940, il est possible de jeter un regard en arrière et de considérer le mouvement d'ensemble de la littérature d'expression française.

Une première constatation à faire, c'est que les événements n'ont pas provoqué une coupure nette dans la création artistique. Ce que certains esprits clairvoyants avaient prévu dès le début s'est avéré vrai: la continuité de la vie littéraire n'a pas été rompue, malgré l'extraordinaire bouleversement qui remua tout l'Occident. Ce ne sera que beaucoup plus tard que l'on verra se manifester les effets de cette révolution, au moment où une certaine décantation aura pu se produire. En tous cas, ceux qui escomptaient l'éclosion d'une littérature renovée et révolutionnaire auront été déçus.

Car on ne pourrait considérer comme telle les nombreux témoignages, documents, récits d'événements vécus qui ont vu le jour pour tenter d'expliquer les faits actuels de la guerre. Ce sont là des manifestations assez superficielles, des tentatives de clarifier une époque aussi complexe et embrouillée que celle que nous traversons, mais qui ne concernent pas les fondements profonds sur lesquels repose la détermination d'un style. Certes, certains de ces ouvrages sont d'une réelle valeur: « Les Décombres » de Rebatet ou des essais tels que le « Journal de la France » de Fabre-Luce ou « Après la Défaite » de Bertrand de Jouvenel valent, chacun dans leur domaine, par de grandes qualités. Mais ce sont essentiellement les produits d'une époque, des tentatives pour voir clair dans les remous politiques actuels et pour déduire de là des directives d'action. Ce qui n'a rien de commun avec l'art, puisque celui-ci doit rester, par définition, en marge des problèmes temporels et n'utiliser ceux-ci que pour son popre enrichissement.

Si nous considérons alors la littérature proprement dite, il faut bien reconnaitre que celle-ci paraît continuer sa marche comme si rien ne s'était produit. On peut tout au plus y remarquer certains phénomènes tout à fait indépendants des circonstances. C'est ainsi que la génération littéraire qui illustra les vingt dernières années des lettres françaises, la génération de Gide, Valéry, Claudel, Roger Martin du Gard, Mauriac, etc., semble avoir définitivement terminé son rôle, comme il est d'ailleurs normal. Sans doute peut-on encore attendre de certains d'entre eux des œuvres importantes mais l'impulsion qu'ils ont donné au roman français est d'ores et déjà dépassée par leurs successeurs.

En effet, les ouvrages les plus dignes d'attention parus au cours de ces deux dernières années sont dus à des écrivains comme Montherlant, Marcel Arland, Jacques Chardonne, Saint-Exupéry, Aragon, Jouhandeau, d'autres encore appartenant tous à cette plus jeune génération. Déterminer ce que ces auteurs ont en commun et l'orientation qu'ils sont parvenus à donner à la littérature nécessiterait une analyse trop poussée pour prendre place dans le cadre de cet article. Il suffit d'observer ici que la valeur de ces écrivains paraît à première vue, être inférieure à celle des prédécesseurs et que, incontestablement, leur création n'a pas la grandeur de celle des années 1910 à 1930. Mais des jugements d'ensemble de cet ordre sont nécessairement injustes s'ils ne tiennent pas compte des problèmes esthétiques qu'un groupe semblable doit aborder. Ces problèmes varient d'après le degré d'évolution du style, et les possibilités de réussite d'une époque donnée dépendent de la difficulté des problèmes qui lui sont posés. Et même un examen superficiel suffit à se rendre compte que la tâche exigée en ce moment est particulièrement ardue, puisque, arrivant à un moment où les formules consacrées ont atteint et dépassé leur point culminant, les prosateurs doivent en découvrir de nouvelles pour ne pas sombrer dans la décadance. Ils apparaissent donc en premier lieu comme des expérimentateurs, chargés de renouveller le genre — ce qui ne peut se faire souvent qu'au dépens de l'unité et de l'harmonie de leur œuvre. Mais, par rapport au développement futur du roman, leur travail apparaît comme indispensable et hautement méritoire.

La poésie traverse une crise analogue, plus profonde encore, parce que le remaniement entrepris est plus total, depuis que le surréalisme a ouvert des voies qui mènent dans des régions encore totalement inexplorées. Entièrement en marge d'un public qui ne comprend en rien la signification de l'essai entrepris, un groupe fervent continue la grande aventure dans laquelle la poésie française s'est lancée et entretient l'espoir que le jour où les formules expérimentées auront pu se stabiliser et se fixer, naîtra une poésie d'une profondeur et d'un éclat incomparable. Jusqu'à présent, cette œuvre demeure, dans son ensemble, hermétique et inégale; mais puisque la tendance qui l'anime est féconde, en ce sens qu'elle ouvre de nouveaux horizons et élargit considérablement la sphère d'action de la poésie, cet effort apparaîtra plus tard comme salutaire.

Il faut noter, enfin, la part active prise dans ces divers mouvements par les auteurs belges d'expression française. Il y a, incontestablement, dans notre pays des manifestations d'une vitalité littéraire considérable, surtout parmi les jeunes. Ces manifestations sont parallèles, en général, aux tendances françaises, sans qu'on puisse toutefois leur reprocher d'être simplement calquées sur les exemples de Paris: il existe un spécifique des lettres belges qui reste maintenu, en ce moment plus que jamais et qui garantit une originalité. Et il existe surtout une indépendance individuelle des auteurs qui fait que chacun d'eux cherche sa voie, sans se préoccuper de copier. De sorte que la similitude d'orientation entre les romanciers et poètes de ce pays et ceux de France correspond à un courant profond qui les porte dans la même direction. Ceux qui suivent de près la production de nos plus récents écrivains pourront juger de la place très honorable que ceux-ci prennent dans l'ensemble de la littérature française du moment.

Paul de Man.

DE VLEESCHAUWER, Prof. Dr. H.-J.: *Humanistische Kultuur.* — 232 blz., formaat 15,5 × 22,5, uitg. Lage Landen. .... 55,—

Onder de persoonlijkheden op het gebied van de moderne wijsbegeerte neemt H.-J. de Vleeschauwer een vooraanstaande plaats in. Sinds zijn verscheidene werken over Kant en zijn « Grondbeginselen der Logica », staat den auteur bekend als een der merkwaardigste geesten welke de tegenwoordige philosophische opzoeking kent. Maar reeds door een recent werk, « Op den Drempel van de Wijsbegeerte ». werd hij in ruimeren kring bekend en vond hij ook lezers buiten het midden der zuivere specialisten. Want, hoe diepzinnig zijn werk ook zij, het begeeft zich nooit in de spheren der zuivere abstractie, volledig los van het menschelijke. Steeds blijft de wijsbegeerte voor hem een kennis die niet van het echte leven kan afgescheiden worden en steeds komt de bedoeling tot uiting haar verhouding tot dit leven nauwkeurig te bepalen. Vandaar dien persoonlijken, bijna autobiographischen toon van Prof. de Vleeschauwer's werk — waaraan hij te danken heeft dat ook vele niet-philosophen van dit werk zullen houden. Dit blijkt eveneens uit dit boek dat, onder den in dit opzicht kenschetsenden titel van « Humanistische Kultuur », de volgende vier studies bevat: Schets eener critiek der Thomistische Wijsbegeerte — de moderne Wereldvisie — de geestelijke Dominant in de hedendaagsche Wijsbegeerte — het Humanisme van gisteren en het Humanisme van morgen. *(P. d. M.)*

DUMONT, Georges-H.: *Banquibazar.* 222 pages avec illustrations, format 13 × 19,5, édit. Les Ecrits. .... Broché 33,—

On a pu lire, de G.-H. Dumont, à côté d'une plaquette de poèmes très intéressante, une étude historique sur Marie de Bourgogne qui valait à la fois par la sureté de l'érudition et par la limpidité d'un style narratif très attachant. Dans le présent ouvrages ces deux qualités maîtresses de l'auteur ont pu se développer davantage encore. Car son sujet, la colonisation belge au Bengale au cours du XVIIIe siècle, présente à la fois un intérêt historique et littéraire. En effet, d'une part on ne possédait que très peu de lumière sur ce curieux épisode de notre histoire nationale qui méritait particulièrement d'être vulgarisée — car elle met en relief des vertus de courage et d'esprit d'entreprise qui font honneur à nos ancêtres. Et d'autre part, cette phase hautement pittoresque de la colonisation permet à l'auteur de dépeindre l'atmosphère colorée et vivante de cette brillante aventure. *(P. d. M.)*

TEIRLINCK, Herman: *Griseldis.* 113 blz., formaat 14,5 × 20, uitg. Snoeck-Ducaju. .... Geb. 42,—

Het is merkwaardig hoe Herman Teirling er in slaagt, binnen het kader van een novelle, een zoo ruim gezichtsveld te bestrijken en de atmospheer van een gansche geschiedkundige periode uitbeeldt, uitgaande van een tamelijk eenvoudig humaan gegeven. Hierin blijft hij trouw aan den traditionneelen vorm van de « chanson geste » die, in epische vlucht, een groote menigte personnages doet optreden en nadruk legt op het kleurige aspect der handeling om aldus de centrale anecdote in het middelpunt van een grootsch opgezette schildering te plaatsen. Deze opvatting gaat trouwens uitstekend samen met het letterkundig temperament van Herman Teirlinck die de gelegenheid krijgt van de synthetische, veelomvattende visie die hem kenmerkt bij een passend onderwerp aan te wenden. De algemeene opbouw van « Griseldis » is dan ook ten zeerste geslaagd en de novelle, ondanks haar uiterste complexiteit, heeft een harmonische eenheid. Hierin en evenzeer in de uitzonderlijke volmaaktheid van de taal, die een wonder is van beheerschte woordkunst, voelt men de bewuste kunde van een geoefend schrijver. Men heeft soms aan Teirlinck kunnen verwijten dat bij hem die kunde in het hanteeren van de taal den voorrang nam op de eigenlijke, spontane ingeving die aan het kunstwerk zijn innerlijke noodzakelijkheid geeft. Deze opmerking is misschien toepasselijk op sommige romans van den auteur, maar heeft geen vat op een novelle zooals deze, waarvan de bedoeling niet is van een persoonlijke ontroering mede te deelen, maar van een letterkundig ornament te scheppen, zoo fijn mogelijk afgewerkt. En daarom is de uiterlijke afwerking van het boek, die in alle opzichten perfect is, bizonder goed aangepast bij de natuur van den tekst en maakte ze van het geheel een voorwerp van volmaakt hand- en geesteswerk. *(P. d. M.)*

POLLET, Evelyne: *Corps à corps.* 188 pages, format 11,5 × 18,5, édit. Auteurs Associés. Broché 30,—

On se souvient de l'édition de ce roman parue chez Denoël, à Paris sous le titre de « Primevères ». L'idée de rééditer ce volume en version intégrale est excellente car l'ouvrage a d'incontestables mérites qui justifient amplement une plus large diffusion. Autour d'une intrigue d'apparence relativement banale — l'histoire d'une femme mariée malheureuse qui s'efforce d'atteindre a son équilibre sentimental — l'auteur qui révèle par là un talent de romancier incontestable est parvenu à créer une atmosphère très particulière qui approfondit le sujet. L'originalité du texte prouvait de l'allure très personnelle de la psychologie de E. Pollet qui, au lieu de s'adonner à une analyse objective, parvient à mettre, dans l'étude des personnages, une chaleur faite de compréhension directe, créant par là une intimité qui n'est pas sans rappeler la manière de certains romanciers anglais de grande valeur. Quelques défaillances se manifestent dans des concessions passagères à une sentimentalité un peu facile, dans quelques détails un peu naïfs. Mais ces faiblesses sont largement compensées par l'allure générale du roman qui parvient, à plusieurs moments, a être réellement émouvant et d'une valeur poétique très réelle. Et il mérite d'autant plus d'être signalé, que nous n'avons pas en Belgique, beaucoup d'écrivains ayant pratiqué avec bonheur ce genre de roman, qui nécessite une intuition spontanée et profonde pour ne pas sombrer dans la banalité. *(P. d. M.)*

JAMET, Claude: *Carnet de Déroute.* 318 pages, format 12 × 18,5, édit. Sorlot. .. Broché 32.40
La série des livres sur la campagne de France continue. Celui-ci est assez curieux: ce sont les notes prises au jour le jour par un soldat français entraîné dans le tourbillon des événements de 1940 et qui fut fait prisonnier, notes dénuées de toute prétention littéraire mais ayant, par contre, le mérite de l'authenticité et de la sincérité. A vrai dire, la sincérité est une dure épreuve que toute la bonne volonté du monde ne suffit pas à pouvoir supporter victorieusement. Certaines naïvetés de ce texte, certaines réflexions par trop primaires pourront faire sourire. A d'autres moments, par contre, des remarques justes, l'élévation de la pensée, quelques scènes touchantes décrites avec émotion, sauvent le livre et lui donnent même une certaine grandeur. L'ensemble reste loin en-dessous de la « Moisson de '40 » de Benoist Mechin — mais ce témoignage vécu sur la plus grande aventure de notre époque n'en mérite pas moins un large public.
(P. d. M.)

LANDRY, C.-F.: *La Brume de Printemps.* 202 pages, format 12 × 19, édit. Corréa. Broché 32,40
Le succès de Giono et de Ramuz a fait beaucoup de disciples, à tel point qu'on a pu se plaindre à juste titre de voir la littérature française soudain envahie d'une telle quantité de romans de plein air, exaltant les mérites d'une vie simple, proche de la terre, en contact direct avec les forces et les mouvements de la nature. Il y avait, incontestablement, une bonne dose de snobisme dans le soudain engouement pour ce thème et, comme il s'agit d'un motif qui doit, plus que tout autre, être traité avec une entière spontanéité, cette trop grande vogue n'était pas toujours heureuse. Mais certains auteurs se situent nettement en marge de la catégorie des simples imitateurs. C'est le cas de C.-F. Landry, pour qui on peut parler d'une filiation avec Jean Giono mais certainement pas d'une imitation: une véritable analogie de tempérament — analogie d'ailleurs assez superficielle car, en réalité, le sentiment de la nature de Landry diffère profondément de celui de Giono — lui fait aborder les sujets semblables. Mais il est clair que c'est un réel goût inné qui le guide dans le choix de ces sujets et non pas un besoin d'imitation. En outre, la courbe qu'on peut suivre et qui se dessine d'œuvre en œuvre est-elle particulièrement intéressante à suivre. Car Landry est un auteur fécond: gravement malade, il semble vouloir se hâter à donner une œuvre aussi abondante que possible, tant que ses forces le lui permettent. Et, de roman à roman, sa personnalité et son art s'affirment. « Baragne » contenait de belles pages, mais la structure d'ensemble pouvait paraître quelque peu informe; ensuite: dans « Bord du Monde » le romancier s'affirmait également dans la solidité de l'intrigue; voici enfin « La Brume de Printemps » d'un contenu plus dramatique, plus vivant encore que le précédent, roman de classe d'un écrivain parvenu à sa pleine maturité. *(P. d. M.)*

DE VLEESCHAUWER, Prof. Dr. H.-J.: ***Humanistische Kultuur.*** — 232 pp., format 15.5 x 22.5, publ. Lage Landen.

Among the personalities in the field of modern philosophy H.-J. de Vleeschauwer occupies an eminent place. Since his various works on Kant and the "Grondbeginselen der Logica" ["Principles of Logic"], the author is known as one of the most remarkable minds known to contemporary philosophical investigation. But already by means of a recent work, "Op den Drempel van de Wijsbegeerte" ["On the Threshold of Philosophy"], he became known in a wider circle and found readers outside the milieu of pure specialists as well. For, no matter how profound his work may be, it never moves into the spheres of pure abstraction, completely isolated from the human. Invariably philosophy remains for him a knowledge which cannot be separated from real life and invariably the intention is expressed to determine accurately its relation to this life. Hence the personal, almost autobiographical tone of Prof. de Vleeschauwer's work—to which he owes the fact that many non-philosophers will love this work as well. This shows in this book too, which, under the (in this perspective) characteristic title of "Humanistische Kultuur" ["Humanistic Culture"], contains the following four studies: Sketch of a critique of Thomist Philosophy—the modern World View—the spiritual Dominant in contemporary Philosophy—Humanism of yesterday and Humanism of tomorrow. (*P.d.M.*) [Trans. Ortwin de Graef)

TEIRLINCK, Herman: ***Griseldis.*** 113 pp., format 14.5 x 20, publ. Snoeck-Ducaju.

It is remarkable how Herman Teirlinck succeeds, within the frame of a novella, in covering such a wide field of vision and represents the atmosphere of an entire historical period, departing from a fairly simply human subject. In this he remains true to the traditional "chanson geste" which, in epic flight, introduces a great many characters and stresses the colorful aspect of the action in order to place the central anecdote in the center of a grand picture. This conception moreover goes together admirably with the literary temperament of Herman Teirlinck, who is given the opportunity to use the synthetic, encompassing vision which characterizes him for a very suitable subject. The general composition of "Griseldis" is consequently a great success and the novella, despite its extreme complexity, has a harmonic unity. In this, as in the exceptional perfection of the language, which is a wonder of controlled wordcraft, one feels the conscious skill of the trained writer. Teirlinck has been accused at times of letting this skill at manipulating language take priority over the actual, spontaneous inspiration which gives the work of art its interior necessity. This remark perhaps applies to some novels by the author, but not to a novella like this one, the intention of which is not to communicate a personal emotion, but to create a literary ornament, as finely finished as possible. Hence the external finish of the book, perfect in every way, is exceptionally well adapted to the nature of the text and makes the whole into an object of perfect manual and spiritual work. (*P.d.M.*) [Trans. Ortwin de Graef]

CARETTE, Louis: *Naissance de Minerve.* 133 pages, format 13 × 18.5. édit. du Houblon. Broché 30,—

Louis Carette s'est dès à présent fait une certaine renommée en tant que romancier et on le considère à juste titre comme un des jeunes auteurs qui promettent le plus pour l'avenir. Dans le présent ouvrage, il abandonne la narration pour l'abstraction et se lance dans des considérations générales sur un sujet qui passionne encore un grand nombre de lecteurs; la littérature française d'entre deux guerres. L'auteur a, sur ce sujet, des vues personnelles fort intéressantes qui sont d'ailleurs, dans l'ensemble très pertinentes. Le texte est rédigé sous forme de pamphlet, en ce sens que le choix des exemples est manifestement guidé par le désir, non pas de donner une information objective mais de soutenir la thèse défendue, et qui pourrait se formuler à peu près comme suit: le roman français d'entre deux guerres plaçait les préoccupations esthétiques si loin en avant des préoccupations morales, politiques, sociales qu'il a fini par perdre tout contact avec la réalité et par s'isoler dans un monde artificiel. Thèse discutable, qui appelle beaucoup de réserves et de précisions — et qui est défendue par des formules toujours amusantes mais parfois superficielles ou partiales. Mais même celui qui ne veut pas suivre l'auteur dans ses conclusions, lira cet essai avec grand profit, car on le sent pénétré d'une si vive intelligence, qu'il produit cet effet stimulant de toute pensée critique aiguë et perspicace. *(P. d. M.)*

GHELDERODE, Michel de: *Théâtre.* Préface de Franz Hellens. 155 pages, form. 12 × 18,5, édit. Renaissance du Livre. .... Broché 20,—

— *Théâtre Complet I.* 377 pages, format 12 × 16, édit. du Houblon. .... Broché 40,—

Après avoir été méconnu et ignoré pendant longtemps — exception faite de quelques admirateurs fidèles — voici qu'apparaissent coup sur coup deux éditions du théâtre de Michel de Ghelderode. L'une, parue à la Renaissance du Livre, contient diverses pièces courtes et est précédée d'une excellente préface de Franz Hellens. L'autre, publiée par les Editions du Houblon inaugure une édition complète et définitive de son théâtre. Quiconque a suivi de près l'activité littéraire de ces dernières années se réjouira de cette initiative qui rend justice à un auteur remarquable à plus d'un point de vue. Michel de Ghelderode, en effet, apparait comme figure curieuse dans le théâtre de notre pays: de son origine flamande il a conservé un sens du tragique très intense, un goût pour l'action violente qui donne, à la plupart de ses pièces une gradation et une tension dramatique puissante. Imaginant des personnages mus par des passions tumultueuses, il les lance dans des aventures révélatrices d'une fantaisie débordante qui puise sa force précisément dans ce qu'elle a d'outré. Les thèmes sont populaires, les caractères, parfois frustes, entièrement soumis aux simplifications nécessaires du dynamisme dramatique. A moins que, dans d'autres pièces l'auteur n'entreprenne des expériences hasardeuses, n'aboutissant pas toujours à une pleine réussite mais ayant néanmoins le grand mérite d'avoir, comme le souligne Franz Hellens, « élargi l'espace théâtral ». *(P. d. M.)*

LECERF, Emile: *La résurrection des Vivants.* Satire. 172 pages, format 13 × 19, édit. Toison d'Or. .... Broché 28,—

Emile Lecerf est l'auteur d'un roman « L'Homme noble et son Ombre » qui fit quelque bruit lors de sa publication et suscita des critiques assez vives. L'auteur a abandonné, dans sa seconde œuvre, la forme du roman pour adopter celle de l'exposé abstrait. Se basant sur l'expérience de sa propre jeunesse, il livre, sur un ton apocalyptique, des méditations d'un lyrisme délirant ayant trait à l'éthique de la révolution actuelle. Le fond même de sa pensée accuse des influences diverses dont la plus flagrante est celle de Montherlant. Ces réflexions ne manquent d'ailleurs pas d'intérêt; elles révèlent un aspect assez saisissant du désarroi des jeunes, confrontés avec d'immenses problèmes qui nécessitent une refonte totale de la personnalité. Mais le mode d'expression accumule des défauts de jeunesse qui deviennent souvent intolérablement agaçants. Néanmoins on peut conseiller au lecteur de secouer l'irritation provoquée par un étalage aussi ingénu d'une prétention démesurée et de passer outre à certaines pages de mauvaise littérature, pour trouver, au delà de ces erreurs, un accent généreux et plein de bonne volonté. *(P. d. M.)*

WALHEER, Pol: *Les Habitants de l'Orage.* 190 pages, format 13 × 19, édit. Les Ecrits. Broché 38,—

On connaissait de Pol Walheer une plaquette de poèmes nettement influencée par l'œuvre du poète Hubert Dubois. Son premier roman, « Les Habitants de l'Orage », se distingue nettement de cette tentative et possède d'autres parentés. Il se rattache à ce genre d'ouvrages très nombreux, en ce moment et surtout en Belgique, qui dérivent esthétiquement du « Grand Meaulnes » et idéologiquement d'une certaine conception de la vie jeune, joyeuse, assez élémentaire mais pleine de fraîcheur — une sorte de scoutisme purifié. Le chef-d'œuvre du genre reste « Capelle-aux-Champs ». Ce livre-ci, qui fait une place plus importante au merveilleux marque à la fois les qualités et les limites du genre. Qualités surtout morales et poétiques qui font qu'on ne peut manquer de goûter l'état d'esprit généreux de l'auteur et le charme de certaines de ses images. Et les limites se sentent dans la pauvreté narrative de l'intrigue. Pol Walheer demeure intéressant à suivre, mais il faudra cependant qu'il sorte du genre relativement étroit auquel « Les Habitants de l'Orage » se rattache. *(P. d. M.)*

BROGLIE, Isabelle de: *Le Traité de Westphalie. Vu par les Contemporains.* 223 pages, format 15 × 20, édit. Toison d'Or. .... Broché 40,—

Dans l'histoire mondiale, la date de 1648, le traité de Westphalie, est un de ces points de repère fondamentaux autour desquels s'ordonne le destin de tout un continent pour plusieurs siècles. L'Allemagne, vaincue au cours de la longue et pénible Guerre de Trente Ans, se voit imposer des conditions de paix qui détruisent totalement son unité territoriale et la mettent durant de longues années à la merci des autres puissances européennes. On connait la thèse classique, défendue également par le Professeur Grimm dans son récent et remarquable ouvrage « Le Testament de Richelieu », selon laquelle cette mesure serait une manifestation de la politique traditionnelle française, désireuse d'éliminer l'Allemagne en la morcelant et en la divisant. Le présent essai historique va à l'encontre de cette théorie. S'appuyant sur une argumentation qui se veut vulgarisatrice mais qui garde néanmoins une entière rigueur scientifique, Isabelle de Broglie, souligne que les clauses du fameux traité ne sont pas toutes issues d'une volonté traditionnelle de la politique étrangère française mais sont bien plutôt le résultat d'une lutte purement intérieure. La grande majorité de l'aristocratie et de l'élite française désirait une solution entièrement différente et préconisait le maintien d'un état germain unifié, force coercitive qui aurait maintenu à l'Europe son unité. Mais ce sont les adhérents du cardinal de Mazarin qui, pour servir la politique personnelle de ce dernier, ont fini par se rallier aux propositions suédoises. Et c'est ainsi que fut décidé ce traité dont les conséquences furent telles que nous les ressentons encore aujourd'hui et que le cours de l'histoire européenne a été déterminé par lui d'une manière décisive durant des siècles. On lira avec un intérêt particulier cet ouvrage intelligent et bien écrit qui éclaire d'un jour nouveau les origines du fameux traité. *(P. d. M.)*

JÜNGER, Ernst: *Gärten und Strassen.* ✱ 219 S. in-8°. E. S. Mittler & Sohn Verlag, Berlin. Pp. 42,20

In dit werk brengt Ernst Jünger ons enkele bladzijden uit zijn intiem dagboek, gaande vanaf het tijdperk dat juist den oorlog voorafging tot op het einde van den strijd in Frankrijk. Na verschillende maanden doorgebracht te hebben aan de Siegfried lijn, vlak tegenover de Maginotversterkingen, nam de schrijver die een oud-strijder is van 1914-18 deel aan de aanvalsoperaties in het Westen. De lezers der werken van Ernst Jünger zullen in dit boek, bizonder belangrijk al de eigenaardigheden van het artistiek temperament weervinden uit « Het Avontuurlijke Hart », « Op de Marmerklippen » en veel andere werken waarin zich de zoo caracteristieke gedachtengang van den auteur openbaart. De reactie van den strijder is inderdaad dezelfde als deze van den schrijver. Hij beschouwt zijn tocht door Frankrijk niet als een afzonderlijke en gansch individueele episode, maar als een beeld met een oneindig veel breeder karakter, de steeds wederkeerende figuur van den het overwonnen land doortrekkenden soldaat, die een uiterst vrij bestaan kent waar alle wetten afgeschaft zijn en waar enkel de rechten van den overwinnaar heerschen. Jünger maakt van deze rechten slechts gebruik om beter het land te leeren kennen waarvan hij, door zijn letterkunde en door wat hij van zijn geschiedenis afweet, was begonnen te houden, zoodanig dat ten slotte dit merkwaardig boek ons een der meest interessante getuigenissen brengt over de reacties van een hoogstaand Duitscher bij het ontdekken van de ware ziel van Frankrijk. Bij dit alles kan gevoegd worden dat het werk een uitzonderlijke letterkundige waarde bezit. *(P. d. M.)*

Dans cet ouvrage Ernst Jünger publie quelques pages de son journal intime allant depuis l'époque précédant immédiatement la guerre jusqu'à la fin de la campagne en France. L'auteur qui est un combattant de la guerre 1914-18 a participé aux opérations offensives de l'ouest, après avoir séjourné pendant plusieurs mois dans la ligne Sigfried en face de la ligne Maginot. Les lecteurs des ouvrages de Jünger retrouvent dans ce livre d'un intérêt tout particulier, les particularités de son tempérament artistique révélant l'homme qu'on peut deviner à travers le poète, auteur du « Cœur Aventureux », « Sur les Falaises de Marbre » et tant d'autres ouvrages où se répète la même tournure d'esprit caractéristique. En effet, les réactions du guerrier sont les mêmes que celles de l'écrivain. Il ne voit pas son passage à travers la France comme un épisode individuel et particulier mais comme une image d'un caractère infiniment plus universel, l'image éternelle du soldat parcourant le sol conquis et connaissant cette existence extrêmement libre de l'armée vivant dans un milieu où les lois sont abolies et où seul les droits du vainqueur prévalent. Jünger ne fait usage de ces droits que pour apprendre à mieux connaître les aspects du pays qu'il a commencé à aimer par la littérature et par ce qu'il savait de son histoire, de sorte qu'en définitif, cet ouvrage remarquable et d'une grande beauté littéraire, apporte un témoignage des plus intéressants sur les réactions d'un Allemand d'élite découvrant l'âme même de la France. *P. d. M.*

FOMBEURE, Maurice: *A dos d'Oiseau.* 248 pages, format 12 × 18,5, édit. Gallimard. Broché 37,80

Maurice Fombeure est un poète qui tire la majeure partie de son art d'un sentiment de la nature très frais et délicat, qui va de pair avec une certaine facilité d'expression, un vers harmonieux, habile à créer un rythme presque populaire à force d'être naturel et spontané. Sa poésie charmante, et révèlant une virtuosité verbale qui frise la préciosité, supporte cependant difficilement une lecture suivie; elle manque de variété et de richesse intérieure. Peut-être peut-on reprocher à ce poète l'aspect quelque peu conventionnel de sa création, à un moment où la poésie parait être lancée vers des aventures plus hasardeuses mais plus ferventes. *(P. d. M.)*

GANZO, Robert: *Poèmes*. 91 pages, format 12 × 19, édit. Nouvelle Revue Française. Broché 19,80
Les poèmes de Robert Ganzo sont d'une grande beauté. On se demande même si cette perfection dans le choix des mots et des images qui crée une atmosphère mallarméenne — mais moins cérébrale, moins pensée — n'est pas quelque peu décevante, puisqu'elle semble être le but même de cette poésie. Faut-il réellement que la poésie française retourne à ces soucis d'ordre formel? Certains lui souhaitent une destinée plus hasardeuse mais rompant les limites assez étroites de ce qu'on peut trouver ici. Ceux-là, les vers de Ganzo ne les satisfairont qu'à moitié. *(P. d. M.)*

● BUCHHEIT, Gert: *Bismarck*. Traduction de Betz Maurice et Pargal Pierre. Collection « Réalités ». 393 pages, format 14 × 19, édit. Colbert. .... Broché 67,50
L'importance de la figure de Bismarck dans l'histoire d'Allemagne — et, par extension, dans celle de l'Europe — est telle, qu'autour de lui se cristallise la totalité du problème crucial que constitue l'existence d'un état germanique unifié à l'intérieur de notre continent. Les diverses voies contre lequelles le grand chancelier dut lutter pour parvenir au but qu'il s'était fixé, l'unification définitive des diverses provinces allemandes, ne parvinrent jamais à vaincre l'énergie tenace de ce grand esprit politique qui réussit une des œuvres constructives les plus considérables de l'histoire moderne. L'ouvrage de Gert Buchheit décrit le déroulement de cette existence en suivant simplement et sobrement les faits, sans jamais s'égarer dans des commentaires qui écarteraient le lecteur du sujet central. On ne peut que louer l'auteur d'avoir préféré un tel exposé, sur un ton narratif, à une étude plus abstraite, mais d'un aspect moins objectif et d'une lecture moins courante. Tel qu'il est conçu, cet ouvrage est à la fois passionnant par l'ampleur de son sujet et par la justesse de ton et de composition d'un récit riche en moments pathétiques et émouvants. *(P. d. M.)*

Sources

***Jeudi. Hebdomadaire du Cercle "Le Libre-Examen"* (Université Libre de Bruxelles, 1939-40).**[1]

1. P.d.M. "L'examen médical des étudiants." *Jeudi* 1:1 (23 Mars 1939), 1,5.

2. Paul de MAN. "Les comédiens routiers." *Jeudi* 1:2 (30 Mars 1939), 1,2.

3. P.d.M. "Examen médical des étudiants (suite)." *Jeudi* 1:2 (30 Mars 1939), 6.

4. Paul de MAN. "Un livre sur la guerre. *Prélude à Verdun* et *Verdun* par Jules ROMAINS." *Jeudi* 1:3 (20 Avril 1939), 4.

5. Paul de MAN. "Tribune libre. Défense de la Neutralité." *Jeudi* 2:2 (9 Novembre 1939), 1-2.

6. Paul de MAN. "Les Lettres. André Gide." *Jeudi* 2:3 (30 Novembre 1939), 4.

7. Paul de MAN. "Que pensez-vous de la guerre?" *Jeudi* 2:4 (4 Janvier 1940), 5.

***Les Cahiers du Libre Examen* (Université Libre de Bruxelles, 1940)**

1. PAUL DE MAN. "Le Roman anglais contemporain." *Les Cahiers du Libre Examen* 4:4, Janvier 1940 (Art et Littérature), 16-19.

2. [Unsigned.] "Editorial." *Les Cahiers du Libre Examen* 4:5, Février 1940 (Civilisation Occidentale), 1-2.

3. P.d.M. "Littérature Française." *Les Cahiers du Libre Examen* 4:5, Février 1940 (Civilisation Occidentale), 34-35.

***Le Soir* (Brussels, 1940-1942)**[2]

1. P.d.M. "Le mouvement musical. Audition d'él[è]ves au Conservatoire." *Le Soir* 54:315, mardi 24, mercredi 25, et jeudi 26 Décembre 1940, 2.

2. Paul de MAN. "Feuilleton Littéraire. «Martine» de Charles PLISNIER." *Le Soir* 55:14, jeudi 16 Janvier 1941, 2.

3. P. de MAN. "Le mouvement musical. Le Concert de la Philharmonique." *Le Soir* 55:23, lundi 27 Janvier 1941, 2.

4. Paul de MAN. "L'histoire de l'instrument est aussi l'histoire du peuple." *Le Soir* 55:24, mardi 28 Janvier 1941, 10.

5. P.d.M. "L'organisation de la vie culturelle." *Le Soir* 55:35, lundi 10 Février 1941, 2.

6. P. de MAN. "Conférence sur la poésie d'Eugenio Montale." *Le Soir* 55:36, mardi 11 Février 1941, 2.

7. P.de M. "Bibliographie. Vient de Paraître. = *Le prince Eugène de Ligne (1804-1880).*" *Le Soir* 55:37, mercredi 12 Février 1941, 2.

8. Paul de MAN. "«Le printemps tragique» de René BENJAMIN." *Le Soir* 55:38, jeudi 13 Février 1941, 2.

9. P. DE MAN. "La troisième conférence du professeur Donini." *Le Soir* 55:42, mardi 18 Février 1941, 2.

10. P.de MAN. "Concert J.-S. Bach à la Philharmonique." *Le Soir* 55:42, mardi 18 Février 1941, 2.

11. P. de MAN. "«Michel-Angelo». La représentation de gala du film de la Tobis." *Le Soir* 55:43, mercredi 19 Février 1941, 2.

12. P.D.M. "Bibliographie.«L'enfant, notre espérance». *Le Soir* 55:46, samedi 22 et dimanche 23 Février 1941, 2.

13. P.d.M. "Le mouvement musical. Concert Joseph Jongen à la Galerie de la Toison d'Or." *Le Soir* 55:47, lundi 24 Février 1941, 2.

14. P.d.M. "La femme à travers la poésie." *Le Soir* 55:47, lundi 24 Février 1941, 2.

15. Paul de MAN. "Les livres sur la campagne de Belgique." *Le Soir* 55:48, mardi 25 Février 1941, 6.

16. P. de MAN. "Grétry écrivain." *Le Soir* 55:48, mardi 25 Février 1941, 10.

17. P.d.M. "Un Concert de Jeunes." *Le Soir* 55:51, vendredi 28 Février 1941, 2.

18. P.D.M. "Aux Beaux-Arts. Concert de Musique de Chambre." *Le Soir* 55:52, samedi 1er et dimanche 2 Mars 1941, 2. Unsigned in edition of 13h.

19. P.d.M. "Aux Beaux-Arts. Récital de chant Suzy Roy et Georges Villier." *Le Soir* 55:53, lundi 3 Mars 1941, 2.

20. Paul de MAN. "Deux romans germaniques." *Le Soir* 55:54, mardi 4 Mars 1941, 6.

21. Paul de MAN. "Les Juifs dans la Littérature actuelle." *Le Soir* 55:54, mardi 4 Mars 1941, 10.

22. P.d.M. "Aux Beaux-Arts. Récital Jiri Straka." *Le Soir* 55:55, mercredi 5 Mars 1941, 2.

23. P. de M. "Le mouvement musical. Au Conservatoire. Troisième Concert populaire." *Le Soir* 55:39, lundi 10 Mars 1941, 2.

24. P. de MAN. "A l'Institut de Culture Italienne. Les systèmes impériaux de la Rome antique." *Le Soir* 55:62, jeudi 13 Mars 1941, 2.

25. P.d.M. "Activité des Editions «Labor»." *Le Soir* 55:63, vendredi 14 Mars 1941, 2.

26. Paul de MAN. "A l'Institut de Culture Italienne. Le «Risorgimento» italien." *Le Soir* 55:65, lundi 17 Mars 1941, 2.

27. Paul DE MAN. "Chronique Littéraire. Premières réactions de la France littéraire." *Le Soir* 55:66, mardi 18 Mars 1941, 6.

28. P.d.M. "Au Palais des Beaux-Arts. Fête du chant du Printemps." *Le Soir* 55:71, lundi 24 Mars 1941, 2.

29. P.d.M. "A la Maison de Culture italienne. La formation de la jeunesse en Italie." *Le Soir* 55:72, mardi 25 Mars 1941, 2.

30. Paul de MAN. "Chronique Littéraire. Témoignages sur la guerre en France." *Le Soir* 55:72, mardi 25 Mars 1941, 6.

31.P.d.M. "Bibliographie. Vient de Paraître: «Sans Armes Ni Armure» par Robert HENRIQUES." *Le Soir* 55:72, mardi 25 Mars 1941, 7.

32. Paul DE MAN. "Le Folklore musical en Belgique." *Le Soir* 55:72, mardi 25 Mars 1941, 10.

33. P.d.M. "Le Mouvement Musical. Au Palais des Beaux-Arts. Sixième concert symphonique de la Philharmonique. Musique de chambre. Récital de chant." *Le Soir* 55:78, mardi 1er Avril 1941, 2.

34. Paul de MAN. "Chronique littéraire. Deux traductions de l'anglais. Une édition populaire de *Pallieter* de F. Timmermans." *Le Soir* 55:78, mardi 1er Avril 1941, 6.

35. Paul de MAN. "Chronique littéraire. Une Histoire de la Littérature Françai[s]e contemporaine." *Le Soir* 55:84, mardi 8 Avril 1941, 6.

36. P.d.M. "L'actualité littéraire. Chez Gallimard." *Le Soir* 55:86, jeudi 10 Avril 1941, 2.

37. P.d.M. "L'actualité littéraire. Brochures flamandes sur le IIIe Reich." *Le Soir* 55:88, samedi 12, dimanche 13, et lundi 14 Avril 1941, 2.

38. P. de M. "L'Actualité Littéraire. Les projets du «Sikkel» d'Anvers." *Le Soir* 55:89, mardi 15 Avril 1941, 2.

39. Paul DE MAN. "Chronique Littéraire. Récentes publications des lettres belges." *Le Soir* 55:89, mardi 15 Avril 1941, 6.

40. P.d.M. "A la Toison d'Or. Récital de sonates et de chant." *Le Soir* 55:90, mercredi 16 Avril 1941, 2.

41. P.d.M. "A Radio-Bruxelles. Concert de Pâques." *Le Soir* 55:90, mercredi 16 Avril 1941, 2.

42. P.d.M. "A la Maison des Artistes. Le Prêtre-Poète Camille Melloy." *Le Soir* 55:91, jeudi 17 Avril 1941, 2.

43. P.d.M. "L'actualité littéraire. Définitions de la France." *Le Soir* 55:91, jeudi 17 Avril 1941, 2.

44. P.d.M. "L'actualité littéraire. «Les mille et une soirées» (Edition Contact)." *Le Soir* 55:92, vendredi 18 Avril 1941, 2.

45.P.d.M. "L'Actualité Littéraire. Saint-Landelin par Maurice des Ombiaux." *Le Soir* 55:93, samedi 19 et dimanche 20 Avril 1941, 2.

46. P. de M. "Au Conservatoire. XIVe Concert de la Chapelle musicale de la Reine." *Le Soir* 55:95, mardi 22 Avril 1941, 2.

47. Paul de MAN. "Chronique littéraire. Le roman français et le sentiment de la nature." *Le Soir* 55:95, mardi 22 Avril 1941, 6.

48. Paul DE MAN."En marge du dialecte liégeois." *Le Soir* 55:95, mardi 22 Avril 1941, 10.

49. P. de M. "L'Actualité Littéraire. Etudes françaises." *Le Soir* 55:96, mercredi 23 Avril 1941, 2.

50. P.d.M. "Musique de chambre par le trio de Groote." *Le Soir* 55:98, vendredi 25 Avril 1941, 2.

51. P.d.M. "L'Actualité Littéraire. Echos d'U.R.S.S." *Le Soir* 55:98, vendredi 25 Avril 1941, 2.

52. P.d.M. "Au Conservatoire. Premier Concert du Nouvel Orchestre Symphonique de Bruxelles." *Le Soir* 55:101, mardi 29 Avril 1941, 2.

53. P.d.M. "A L'Atelier. Récital de chant." *Le Soir* 55:101, mardi 29 Avril 1941, 2.

54. Paul de MAN. "Le Théâtre lyrique." *Le Soir* 55:101, mardi 29 Avril 1941, 10.

55. Paul DE MAN. "Hommage à Oscar Espla. Un important concert de musique espagnole." *Le Soir* 55:102,mercredi 30 Avril 1941, 2.

56. P.d.M. "L'actualité littéraire. Vient de paraître." *Le Soir* 55:104, vendredi 2 Mai 1941, 2.

57. Paul de MAN. "A Radio-Bruxelles. Concert Oscar Espla." *Le Soir* 55:105, samedi 3 et dimanche 4 Mai 1941, 2. Reprinted in *Le Soir* 55:106, lundi 5 Mai 1941, 4.

58. Paul de MAN. "Notre Chronique Littéraire. Charles Péguy." *Le Soir* 55:107, mardi 6 Mai 1941, 2.

59. Paul DE MAN. "Notre Chronique Littéraire. Tour d'Horizon." *Le Soir* 55:113, mardi 13 Mai 1941, 2.

60. Paul de MAN. "La Vie Littéraire. Après qu'ils aient été ignorés pendant deux cent ans... Bernard Grasset publie des textes de Montesquieu." *Le Soir* 55:114,mercredi 14 Mai 1941, 5.

61. Paul de MAN. "Notre Chronique Littéraire. Religion et romanesque." *Le Soir* 55:119, mardi 20 Mai 1941, 2.

62. P. de M. "Aux Concerts-Expositions de la Toison d'Or. Commémoration Eugène Ysaye. Bruxelles." *Le Soir* 55:120, mercredi 21 et jeudi 22 Mai 1941, 2.

63. Paul de MAN. "Notre Chronique Littéraire. «Le Coeur Intraitable». Une traduction de l'anglais." *Le Soir* 55:124, mardi 27 Mai 1941, 2.

64. P.d.M. "L'actualité littéraire. Aux Editions Payot." *Le Soir* 55:125, mercredi 28 Mai 1941, 2.

65. P.d.M. "Au Conservatoire. L'Art de dire et l'Art d'écouter." *Le Soir* 55:126, jeudi 29 Mai 1941, 2.

66. P. de M. "L'actualité littéraire. Antoon Herkenrath, graveur sur bois." *Le Soir* 55:127, vendredi 30 Mai1941, 2.

67. PAUL DE MAN. "Dans la constitution d'une élite, le rôle de la jeunesse sera considérable, nous dit M. Abel Bonnard." *Le Soir* 55:133, samedi 7 et dimanche 8 Juin 1941, 2.

68. P.d.M. "L'actualité littéraire. «Précis de zoologie»." *Le Soir* 55:133, samedi 7 et dimanche 8 Juin 1941, 2.

69. Paul de MAN. "Notre Chronique Littéraire. «Mariage sans enfants» un roman flamand." *Le Soir* 55:135, mardi 10 Juin 1941, 2.

70. P.d.M. "L'actualité littéraire. «Le Disque Vert». Du canal Albert au Stalag." *Le Soir* 55:136, mercredi 11 Juin 1941, 2.

71. Paul de MAN. "«La Maladie dans la Tour» de Remy MAGERMANS. Un son nouveau dans les lettres belges." *Le Soir* 55:138, vendredi 13 Juin 1941, 1.

72.Paul de MAN. "Notre Chronique Littéraire. «La Servante au Miroir» par Marcel LECOMTE. «Tibère» par Gregorio MARANON." *Le Soir* 55:141, mardi 17 Juin 1941, 2.

73. P.d.M. "L'actualité littéraire. Le Paysan français à travers la littérature." *Le Soir* 55:144, vendredi 20 Juin 1941, 2.

74. Paul de MAN. "Notre Chronique Littéraire. L'art du conteur." *Le Soir* 55:147, mardi 24 Juin 1941, 2.

75. P. de M. "L'actualité littéraire. Chez Stock." *Le Soir* 55:148, mercredi 25 Juin 1941, 2.

76. Paul de MAN. "Notre Chronique Littéraire. *L'Arbre de Visages*, par Ma[r]cel Jouhaudeau. *La Surprise*, par Anne-Marie Comnène." *Le Soir* 55:153, mardi 1er Juillet 1941, 2.

77. Paul de MAN. "Une Nouvelle Revue Littéraire. Franz Hellens nous parle du «Disque Vert»." *Le Soir* 55:159, mardi 8 Juillet 1941, 1.

78. Paul de MAN. "Notre Chronique Littéraire. Productions de la nouvelle génération, en Belgique." *Le Soir* 55:159, mardi 8 Juillet 1941, 2.

79. P.d.M. "Au Palais des Beaux-Arts. Commémoration de la Bataille des Eperons d'Or. La partie musicale." *Le Soir* 55:163, samedi 12 et dimanche 13 Juillet 1941, 2.

80. Paul de MAN. "Notre Chronique Littéraire. «Tout Est Reel Ici» de Paul Willems." *Le Soir* 55:165, mardi 15 Juillet 1941, 2.

81. P.d.M. "Un concert de l'Orchestre de la Chapelle musicale de la reine Elisabeth." *Le Soir* 55:167, jeudi 17 Juillet 1941, 2.

82. Paul DE MAN. "Notre Chronique Littéraire. Poésie et Erudition." *Le Soir* 55:171, mardi 22 Juillet 1941, 2.

83. Paul de MAN. "Notre Chronique Littéraire. «Paix sur les champs» de Marie Gevers." *Le Soir* 55:177, mardi 29 Juillet 1941, 2.

84. Paul de MAN. "Notre Chronique Littéraire. Regards sur l'Allemagne." Le Soir 55:183, mardi 5 Août 1941, 2.

85. P.d.M. "L'actualité littéraire. Un nouveau roman de Hans Carossa." *Le Soir* 55:184, mercredi 6 Août 1941, 2.

86. P.d.M. "L'actualité littéraire. En Allemagne." *Le Soir* 55:186, vendredi 8 Aout 1941, 2.

87. Paul DE MAN. "Notre Chronique Littéraire. *Notre Avant-Guerre* de Robert Brasillach." *Le Soir* 55:189, mardi 12 Août 1941, 2.

88. Paul de MAN. "Rabindranath Tagore et l'Occident." *Le Soir* 55:191, jeudi 14 et vendredi 15 Août 1941, 1.

99. P.D.M. "La première des journées culturelles germano- flamandes à Gand." *Le Soir* 55:192, samedi 16 et dimanche 17 Août 1941, 2.

90. Paul de MAN. "Notre Chronique Littéraire. *Le Testament Politique de Richelieu* par Frédéric GRIMM." *Le Soir* 55:194, mardi 19 Août 1941, 2.

91. Paul de MAN. "Notre Chronique Littéraire. Dans Nos Murs." *Le Soir* 55:200, mardi 26 Août 1941, 2.

92. Paul de Man. "Après les journées culturelles germano-flamandes. Le destin de la Flandre." *Le Soir* 55:205, lundi 1er Septembre 1941, 1.

93.Paul de MAN. "Notre Chronique Littéraire. Essais. *Inspirations Mediterranéennes* de J. Grenier. *Idées du Temps* d'Hubert Colleye." *Le Soir* 55:206, mardi 2 Septembre 1941, 2.

94. Paul DE MAN. "Chronique littéraire. Poèmes. «La poésie au bois dormant», d'Hubert Dubois." *Le Soir* 55:212, mardi 9 Septembre 1941, 2.

95. Paul DE MAN. "Notre Chronique Littéraire. Un roman allemand. *Loups parmi les Loups*, de Hans Fallada." *Le Soir* 55:218, mardi 16 Septembre 1941, 3.

96. Paul de MAN. "Chronique littéraire. Les «Nouvelles réalités fantastiques» de Franz Hellens." *Le Soir* 55:224, mardi 23 Septembre 1941, 2.

97. Paul de MAN. "Chronique littéraire. Bilan d'une Année." *Le Soir* 55:230, mardi 30 Septembre 1941, 2.

98. Paul DE MAN. "Chronique littéraire. *Rubens*, par Pierre Daye. *L'Homme pressé*, par Paul Morand." *Le Soir* 55:236, mardi 7 Octobre 1941, 2.

99. Paul DE MAN. "Chronique littéraire. «Trois épreuves» par Daniel Halévy." *Le Soir* 55:242, mardi 14 Octobre 1941, 2.

100. Paul DE MAN. "Chronique littéraire. *Houtekiet*, par Gérard Walschap." *Le Soir* 55:248, mardi 21 Octobre 1941, 2.

101. P.d.M. "Les Romans Policiers. «Bonne chance, Mr Pick» de Paul Kinnet." *Le Soir* 55:249, mercredi 22 Octobre 1941, 2.

102. Paul de MAN. "Chronique littéraire. «Voir La Figure», de Jacques Chardonne." *Le Soir* 55:254, mardi 28 Octobre 1941, 2.

103. Paul de MAN. "Chronique littéraire. «D'un jour à l'autre», de A.C. Ayguesparse." *Le Soir* 55:259, mardi 4 Novembre 1941, 2.

104. Paul DE MAN. "Chronique littéraire. Le *Solstice de juin*, par Henri de Montherlant." *Le Soir* 55:265, mardi 11 Novembre 1941, 2.

105. Paul DE MAN. "Chronique littéraire. Quand l'auteur se transforme en critique." *Le Soir* 55:271, mardi 18 Novembre 1941, 2.

106.Paul de MAN. "Chronique littéraire. «Bord du Monde», de C.F. LANDRY." *Le Soir* 55:277, mardi 25 Novembre 1941, 2.

107. Paul DE MAN. "Chronique littéraire. Sur les possibilités de la critique." *Le Soir* 55:283, mardi 2 Décembre 1941, 2.

108. Paul DE MAN. "Chronique littéraire. «Notes Pour Comprendre Le Siécle», par Drieu la Rochelle." *Le Soir* 55:289, mardi 9 Décembre 1941, 2.

109. Paul de MAN. "Chronique littéraire. «Chercheurs de Dieu», de Marcel Lobet. «La petite étoile», conte de Marie Gevers. «Mozart dans nos contrées», par Jan Hadermann." *Le Soir* 55:295, mardi 16 Décembre 1941, 2.

110. Paul de MAN. "Chronique littéraire. Récits de Guerre." *Le Soir* 55:301, mardi 23 Décembre 1941, 2.

111. P.d.M. "Le Nouveau Prix Goncourt." *Le Soir* 55:301, mardi 23 Décembre 1941, 2.

112. Paul DE MAN. "Chronique littéraire. Regard Sur la Flandre. *Ernest Staas, avocat,* de Tony Bergmann, traduit en français par X. de Reul et quelques éditions populaires flamandes." *Le Soir* 55:305, mardi 30 Décembre 1941, 2. Reprinted in "Edition de Province" of *Le Soir* 55:306, mercredi 31 Décembre 1941, 2.

113. P.d.M. "Les Romans Policiers. *Défense de fumer*, par Paul Kinnet." *Le Soir* 55:305, mardi 30 Décembre 1941, 2. Reprinted in "Edition de Province" of *Le Soir* 55:306, mercredi 31 Décembre 1941, 2.

114. Paul de MAN. "Chronique littéraire. Propos Sur la Vulgarité Artistique. «La Dernière journée», de Charles Plinsier, «L'Esclave nue», par Emile Bernard, et le dernier prix Goncourt." *Le Soir* 56:4, mardi 6 Janvier 1942, 2.

115. Paul de MAN. "Paul Valéry et la poésie symboliste." *Le Soir* 56:8, samedi 10 et dimanche 11 Janvier 1942, 3.

116. Paul de MAN. "Chronique littéraire. «Moi, Philomène», de Marcel Matthys, traduit du flamand par Marie Gevers, et «Sortilèges», de Michel de Ghelderode." *Le Soir* 56:10, mardi 13 Janvier 1942, 2.

117. Paul de MAN. "Les Initiatives de l'Agence Dechenne. Pour que le peuple lise." *Le Soir* 56:16, mardi 20 Janvier 1942, 1.

118. Paul de MAN. "Chronique littéraire. La littérature française devant les événements." *Le Soir* 56:16, mardi 20 Janvier 1942, 2.

119. P.d.M. "M. Daniel Rops au Palais des Beaux-Arts. Mystiques de France." *Le Soir* 56:20, samedi 24 et dimanche 25 Janvier 1942, 3.

120. Paul DE MAN. "Chronique littéraire. Le Renouveau du Roman. *Que votre Volonté soit faite...*, de Jacques Perrin et *Les Copains de la belle étoile,* de Marc Augiér." *Le Soir* 56:22, mardi 27 Janvier 1942, 2.

121. Paul de MAN. "Chronique littéraire. Récit et Témoignages. «Philippe Doriot» par Camille Melloy et «Par le monde qui change» de Pierre Daye." *Le Soir* 56:28, mardi 3 Février 1942, 2.

122. Paul de MAN. "Chronique littéraire. Romans Allemands. «Léonore Griebel» de Hermann Stehr, et «Nous avions un enfant», de Hans Fallada." *Le Soir* 56:34, mardi 10 Février 1942, 2.

123. Paul DE MAN. "Chronique littéraire. Biographies et Histoire. Ouvrages sur J.K. Huysmans, Marie de Bourgogne, par G.H. DUMONT." *Le Soir* 56:40, mardi 17 Février 1942, 2.

124. Paul de MAN. "Chronique littéraire. Sur les caractéristiques du roman belge d'expression française. «L'Enfant au Paradis», par Franz Hellens." *Le Soir* 56:46, mardi 24 Février 1942, 2.

125. Paul DE MAN. "En marge de l'Exposition du Livre allemand. Introduction à la littérature allemande contemporaine." *Le Soir* 56:51, lundi 2 Mars 1942, 1.

126. Paul de MAN. "Chronique littéraire. «Les Chemins de l'écriture», par Bernard Grasset." *Le Soir* 56:52, mardi 3 Mars 1942, 2.

127. Paul de MAN. "Chronique littéraire. Témoignages de Notre Temps. Le *Péché de complication,* par Louis Carette." *Le Soir* 56:58, mardi 10 Mars 1942, 2.

128.P.d.M. "Au Palais des Beaux-Arts. M. A. De Kerckhove parle de J.-J. Rousseau." *Le Soir* 56:61, vendredi 13 Mars 1942, 2.

129. P.d.M. "L'Exposition «Histoire d'Allemagne» au Cinquantenaire." *Le Soir* 56:63, lundi 16 Mars 1942, 2.

130. Paul de MAN. "Chronique littéraire. A la Recherche d'un Nouveau Mode d'Expression. *L'Emotion Sociale*, par Charles Dekeukelaire." *Le Soir* 56:64, mardi 17 Mars 1942, 2.

131. Paul DE MAN. "Le Renouveau du Roman. Le «Péché de complication...». Quelques mots avec Louis Carette." *Le Soir* 56:66, jeudi 19 Mars 1942, 1.

132. Paul de MAN. "Chronique littéraire. «Le Triomphe de la vie», par Jean GIONO." *Le Soir* 56:70, mardi 24 Mars 1942, 2.

133. Paul de MAN. "La Poésie de Théo Léger. Les mérites de la poésie pure." *Le Soir* 56:76, mardi 31 Mars 1942, 1.

134. Paul DE MAN. "Chronique littéraire. «Sur les Falaises de marbre», par Ernst Jünger. Deux ouvrages d'actualité." *Le Soir* 56:76, mardi 31 Mars 1942, 2.

135. Paul de MAN. "Chronique littéraire. La pensée vivante. *Vigiles de l'esprit,* par Alain." *Le Soir* 56:81, mardi 7 Avril 1942, 2.

136. Paul DE MAN. "Chronique littéraire. L'Actualité Flamande. Oeuvres de Hendrik Prijs, Rijkaard Lod.[-] Bauer, Ernest Claes, etc." *Le Soir* 56:87, mardi 14 Avril 1942, 2,

137. Paul DE MAN. "Guerre et Littérature. Paul Alverdes et sa revue «Das innere Reich»." *Le Soir* 56:92, lundi 20 Avril 1942, 1.

138. Paul DE MAN. "Chronique littéraire. «Le Voyage intérieur», par Romain Rolland." *Le Soir* 56:93, mardi 21 Avril 1942, 2.

139. Paul de MAN. "Chronique littéraire. Le Problème Français. «Dieu est-il français?» de F. Sieburg." *Le Soir* 56:99, mardi 28 Avril 1942, 2.

140. Paul DE MAN. "Les Possibilités du Récit de Guerre. «Le Chemin des Errants» par Louis FONSNY." *Le Soir* 56:101, jeudi 30 Avril 1942, 1.

141. Paul de MAN. "Chronique littéraire. Les mérites de la spontanéité. «Le Mort saisit le Vif» par Henri Troyat. «A l'Ombre de l'Usine» par Toïvo Pekkanen." *Le Soir* 56:105, mardi 5 Mai 1942, 2.

142. Paul de MAN. "Chronique littéraire. Une édition populaire de «La Légende d'Ulenspiegel» par Charles de Coster." *Le Soir* 56:111, mardi 12 Mai 1942, 2.

143. Paul de MAN. "Magie de l'enfance ou «Hopje l'insaisissable[»]." *Le Soir* 56:117, mardi 19 Mai 1942, 1.

144. Paul de MAN. "Chronique littéraire. Une génération à la recherche d'un style. «Anthologie de poètes flamands» (1920 à 1942) par René de Seghers." *Le Soir* 56:117, mardi 19 Mai 1942, 2.

145. Paul de MAN. "Chronique littéraire. Universalisme de Goethe. «Les Affinités Electives»." *Le Soir* 56:122, mardi 26 Mai 1942, 2.

146. Paul de MAN. "Chronique littéraire. Novalis: Henri d'Ofterdingen." *Le Soir* 56:134, mardi 9 Juin 1942, 2.

147. Pau[l] de MAN. "Chronique littéraire. Mérites et défauts d'une expérience: à propos de *Handji* et de *Le Trottoir,* de Robert Poulet." *Le Soir* 56:140, mardi 16 Juin 1942, 2.

148. Paul de MAN. "Chronique littéraire. «Jardins et Routes», par Ernst Jünger." *Le Soir* 56:146, mardi 23 Juin 1942, 2.

149. Paul de MAN. "Chronique littéraire. Le Problème de l'Adolescence. «L'Orage du matin», de Jean Blanzat et «L'Homme et son Ombre», par Emile Lecerf." *Le Soir* 56:152, mardi 30 Juin 1942, 2.

150. Paul DE MAN. "Chronique littéraire. «Les Marais» de Dominique Rolin." *Le Soir* 56:158, mardi 7 Juillet 1942, 2.

151. Paul de MAN. "Chronique Littéraire. Continuité de la poésie française. A propos de la revue «Messages»." *Le Soir* 56:164, mardi 14 Juillet 1942, 2.

152. Paul DE MAN. "Apport à un Débat Delicat. *L'Ange et les Dieux* par Robert POULET." *Le Soir* 56:169, lundi 20 Juillet 1942, 2.

153. Paul de MAN. "Chronique Littéraire. L'histoire vivante. *Journal de la France* (Tome II) par Alfred FABRE-LUCE." *Le Soir* 56:172, mardi 21 Juillet 1942, 2.

154. Paul DE MAN. "Chronique Littéraire. Un grand écrivain méconnu. Mme Neel Doff." *Le Soir* 56:176, mardi 28 Juillet 1942, 2.

155. Paul de MAN. "Chronique Littéraire. Réparation de quelques oublis. «Vingt années de peinture et de sculpture en Belgique», par Georges Marlier, et «Dés pipés[»], de Raymond Leblanc." *Le Soir* 56:182, mardi 4 Août 1942, 2.

156. Paul de MAN. "Chronique Littéraire. Luc Dietrich." *Le Soir* 56:188, mardi 11 Août 1942, 2.

157. Paul de MAN. "Chronique Littéraire. Esthétique et architecture." *Le Soir* 56:193, mardi 18 Août 1942, 2.

158. Paul de MAN. "Lettres Flamandes. L'Analyse psychologique." *Le Soir* 56:199, mardi 25 Août 1942, 2.

159. Paul DE MAN. "Chronique Littéraire. «Le Massacre des Innocents» poème de Hubert Dubois." *Le Soir* 56:205, mardi 1er Septembre 1942, 2.

160. Paul de MAN. "Chronique Littéraire. Jeunes romanciers belges." *Le Soir* 56:211, mardi 8 Septembre 1942, 2.

161. Paul de MAN. "Chronique Littéraire. Aspects de la pensée allemande. «Le Livre du Souvenir», de R. KASSNER." *Le Soir* 56:217, mardi 15 Septembre 1942, 2.

162. Paul DE MAN. "Chronique Littéraire. A propos d'un concours littéraire." *Le Soir* 56:223, mardi 22 Septembre 1942, 2.

163. Paul de MAN. "Chronique Littéraire. Developpement de l'Edition Belge." *Le Soir* 56:229, mardi 29 Septembre 1942, 2.

164. Paul DE MAN. "Chronique Littéraire. Mérites du Conteur. «J'ai perdu la Partie», par Lucien Marchal. «Un homme bien... parmi d'autres personnages», par Evelyne Pollet." *Le Soir* 56:239, samedi 10 et dimanche 11 Octobre 1942, 2.

165. PAUL de MAN. "Chronique Littéraire. Technique du Roman. «Cadavre exquis» par Louis Carette. — «L'Herbe qui tremble» par Paul Willems." *Le Soir* 56:251, samedi 24 et dimanche 25 Octobre 1942, 2.

166. Paul DE MAN. "Chronique Littéraire. «L'Enfant Silencieuse», par Evelyne Maur. «Où Passent Des Anges», par Daniel Rops." *Le Soir* 56:257, samedi 31 Octobre et dimanche 1er Novembre 1942, 2.

167. Paul DE MAN. "Chronique Littéraire. «Primevères», par Evelyne Pollet." *Le Soir* 56:263, samedi 7 et dimanche 8 Novembre 1942, 2.

168. Paul DE MAN. "Chronique Littéraire. Lettres flamandes. «Denise» par Gérard Walschap." *Le Soir* 56:269, samedi 14 et dimanche 15 Novembre 1942, 2.

169. Paul DE MAN. "Chronique Littéraire. A propos de «Quelques visages du Romantisme» par Paul Colin." *Le Soir* 56:275, samedi 21 et dimanche 22 Novembre 1942, 2.

170. Paul DE MAN. "Chronique Littéraire. «Guldentop» par Marie GEVERS." *Le Soir* 56:281, samedi 28 et dimanche 29 Novembre 1942, 2.

***Le Soir* Appendix.**

A. "Les Juifs et Nous. Les Aspects Culturels." *Le Soir* 55:54, mardi 4 Mars 1941, page 10.

B. Related unsigned articles and notices.

1. [Unsigned note on *Chronique littéraire*.] *Le Soir* 55:130, mardi 3 Juin 1941, 2.

2. [Unsigned.] "L'actualité littéraire." *Le Soir* 55:135, mardi 10 Juin 1941, 2. [See # 70.]

3. [Unsigned.] "Notre Chronique Littéraire." *Le Soir* 55:154, mercredi 2 Juillet 1941, 2. [See # 76.]

4. [Unsigned.] «Andromède Eblouie»." *Le Soir* 56:77, mercedi ler Avril 1942, 1. [See # 133.]

C. Le Concours littéraire du *Soir*.

1. "Le Prix littéraire du «Soir»." *Le Soir* 55:145, samedi 21 et dimanche 22 Juin 1941, 1; repeated 23, 24, and 25 Juin, 1.

2. "Le concours littéraire du «Soir». Le règlement." *Le Soir* 55:149, jeudi 26 Juin 1941, 1; repeated 27 Juin and 4 Juillet, 1.

3. "Notre Concours Littéraire. Quelques précisions." *Le Soir* 55:160, mercredi 9 Juillet 1941, 1; repeated 10 Juillet, 1.

4. "Le Concours Littéraire du «Soir». Le règlement." *Le Soir* 55:202, jeudi 28 Aout 1941, 1; repeated 10 Novembre, 1.

5. "Le Concours Littéraire." *Le Soir* 56:43, vendredi 20 Février 1942, 1; repeated 23 Février, 1.

6. "La Date de Remise Pour le Concours Littéraire." *Le Soir* 56:58, mardi 10 Mars 1942, 1.

7. "Le Concours Littéraire." *Le Soir* 56:77, mercredi ler Avril 1942, 1.

8. "Le Concours Littéraire Du «Soir»." *Le Soir* 56:159, mercredi 8 Juillet 1942, 1.

9. "Le Concours Littéraire du «Soir». Date de Proclamation des Résultats." *Le Soir* 56:193, mardi 18 Août 1942, 2; repeated 2 Septembre, 2.

10. "Le Concours Littéraire du «Soir»." *Le Soir* 56:216, lundi 14 Septembre 1942, 1; repeated 17 Septembre, 1.

11. "Le prix littéraire du «Soir». Les résultats." *Le Soir* 56:221, samedi 19 et dimanche 20 Septembre 1942, 1.

12. "Le Concours littéraire du «Soir». M. Pierre Peyel remporte le Prix de dix mille francs." *Le Soir* 56:222, lundi 21 Septembre 1942, 1.

***Het Vlaamsche Land* (Antwerp, 1942)**

1. Paul de Man. "Kultuur en Kunst. Kunst als spiegel van het wezen der volkeren: Beschouwingen over 'Geist der Nationen' van A.E. Brinckmann." *Het Vlaamsche Land*, 29-30 Maart 1942, 3.

2. Paul de Man. "Huidige strekkingen der Fransche Literatuur." *Het Vlaamsche Land*, 17-18 Mei 1942, 3.

3. Paul de Man. "Inhoud der Europeesche gedachte." *Het Vlaamsche Land*, 31 Mei - 1 Juni 1942, 3.

4. Paul de MAN. "Critiek en literatuurgeschiedenis." *Het Vlaamsche Land*, 7-8 Juni 1942, 3.

5. Paul DE MAN. "Hedendaagsche strekkingen in de Fransche Poëzie." *Het Vlaamsche Land*, 6-7 Juli 1942, 3.

6. Paul de Man. "Duitsche Letteren. Een groot schrijver: Ernst Jünger." *Het Vlaamsche Land*, 26-27 Juli 1942, 2.

7. Paul DE MAN. "Menschen en Boeken. Blik op de huidige Duitsche romanliteratuur." *Het Vlaamsche Land*, 20 Augustus 1942, 2.

8. PAUL DE MAN. "Duitsche Letteren. Een groot Duitsch lyricus: Max Dauthendey." *Het Vlaamsche Land*, 6-7 September 1942, 2.

9. Paul de Man. "Literatuur en sociologie." *Het Vlaamsche Land*, 27-28 September 1942, 2.

10. PAUL DE MAN. "Cultuurleven. Voor- en nadeelen van de volksuitgaven." *Het Vlaamsche Land*, 20 October 1942, 2.

***Bibliographie Dechenne* (Agence/Agentschap Dechenne, Brussels, 1942-1943).**

1. Paul de MAN. "Ontwikkeling der Zuid-Nederlandsche Letterkunde." *Bibliographie Dechenne* VII, Februari/Février 1942, 3-4.

2. Paul de Man. "L'Apogée d'un Chef-d'oeuvre. L'édition populaire de 'La Légende d'Ulenspiegel' de Charles de Coster." *Bibliographie Dechenne* IX, April/Avril 1942, 3-4

3. P.d.M. "STREEL, José: *La Révolution du XXe Siècle.*" *Bibliographie Dechenne* IX, April/Avril 1942, 6.

4. P.d.M. "CARETTE, Louis: *Le Péché de complication.*" *Bibliographie Dechenne* IX, April/Avril 1942, 10.

5. P.d.M. "CROMMELYNCK, Fernand: *Les Amants puérils* (Pièce en 3 actes)." *Bibliographie Dechenne* IX, April/Avril 1942, 10.

6. P.d.M. "DELAET, *Jean: Escadrilles au Combat.*" *Bibliographie Dechenne* IX, April/Avril 1942, 10.

7. P.d.M. "VENTURI, Lionello: *Peintres modernes* (Goya, Constable, David, Ingres, Delacroix, Corot, Daumier, Courbet)." *Bibliographie Dechenne* IX, April/Avril 1942, 23. Partly reprinted, unsigned, in *Bibliographie Dechenne* XV, October/Octobre 1942, 22-23.

8. P.d.M. "FABRE-LUCE, Alfred: *Anthologie de l'Europe Nouvelle.*" *Bibliographie Dechenne* IX, April/Avril 1942, 24.

9. P.d.M. "FALLADA, Hans: *Nous avions un enfant.*" *Bibliographie Dechenne* IX, April/Avril 1942, 24. Reprinted in *Bibliographie Dechenne* XX, Maart/Mars 1943, 5.

10. P.d.M. "STEHR, Hermann: *Leonore Griebel.*" *Bibliographie Dechenne* IX, April/Avril 1942, 25.

11. P.d.M. "ALVERDES, Paul: *Le double Visage.*" *Bibliographie Dechenne* X, Mei/Mai 1942, 7.

12. P.d.M. "PATRIS, Ludo: *L'Homme d'ombre.*" *Bibliographie Dechenne* X, Mei/Mai 1942, 7.

13. P.d.M. "VAN DER ESSEN, Léon: *Pages d'histoire nationale et européenne.*" *Bibliographie Dechenne* X, Mei/Mai 1942, 8. Partly reprinted, unsigned, in *Bibliographie Dechenne* XIV, September/Septembre 1942, 23.

14. P.d.M. "ENGELBEEN, Karel: *Flämische Wirtschaftsgeschichte*; LEURS, Stan: *Alte Baukunst in Flandern*; VAN ROOSBROECK, R.: *Die Geschichte Flanderns*; VERSCHAEVE, C.: *Die altflämischen Meister*; *Das Flämische Kampfgedicht* (hrsg. von Wien Moens)." [Collection «Flämische Schriften».] *Bibliographie Dechenne* X, Mei/Mai 1942, 12.

15. P.d.M. "GRIMM, Hans: *Südafrikanische Novellen.*" *Bibliographie Dechenne* X, Mei/Mai 1942, 16.

16. P.d.M. "BRISSON, Pierre: *Molière, sa vie dans ses oeuvres.*" *Bibliographie Dechenne* X, Mei/Mai 1942, 19.

17. P.d.M. "MONDOR, Henri: *Vie de Mallarmé* (Tome II)." *Bibliographie Dechenne* X, Mei/Mai 1942, 19.

18. P.d.M. "ALAIN: *Vigiles de l'esprit.*" *Bibliographie Dechenne* X, Mei/Mai 1942, 19-20.

19. P.d.M. "LANDORMY, Paul: *Gounod.*" *Bibliographie Dechenne* X, Mei/Mai 1942, 21.

20. P.d.M. "GIONO, Jean: *Le Triomphe de la Vie.*" *Bibliographie Dechenne* X, Mei/Mai 1942, 22.

21. P.d.M. "GUILLOUX, Louis: *Le Pain des Rêves.*" *Bibliographie Dechenne* X, Mei/Mai 1942, 23.

22. P.d.M. "JÜNGER, Ernst: *Sur les Falaises de Marbre.*" *Bibliographie Dechenne* X, Mei/Mai 1942, 23.

23. P.d.M. "NOVALIS: *Henri d'Ofterdingen.*" *Bibliographie Dechenne* X, Mei/Mai 1942, 23.

24. P.d.M. "PEKKANEN, Toïvo: *A l'ombre de l'Usine.*" *Bibliographie Dechenne* X, Mei/Mai 1942, 24.

25. P.de M. "SYNGE, J.-M.: *Théâtre (L'Ombre de la Ravine. — A Cheval vers la Mer. — La Fontaine aux Saints. — La Baladin du Monde occidental).*" *Bibliographie Dechenne* X, Mei/Mai 1942, 24.

26. P.d.M. "DEHAYE, Marcel: *Hopje l'Insaisissable.*" *Bibliographie Dechenne* XI, Juni/Juin 1942, 7.

27. P.d.M. "FONSNY, Louis: *Le Chemin des Errants.*" *Bibliographie Dechenne* XI, Juni/Juin 1942, 7-8.

28. P.d.M. "LEBLANC, Raymond: *Dès Pipés* (Journal d'un Chasseur ardennais)." *Bibliographie Dechenne* XI, Juni/Juin 1942, 8.

29. P.d.M. "LURKIN, Abel: *Scènes et Images de la Vie naturelle.*" *Bibliographie Dechenne* XI, Juni/Juin 1942, 8.

30. P.d.M. "ZISCHKA, Anton: *Ölkrieg.*" *Bibliographie Dechenne* XI, Juni/Juin 1942, 10.

31. P.d.M. "DAUTHENDEY, Max: *Die acht Gesichter am Biwasee* (Japanische Liebesgeschichten)." *Bibliographie Dechenne* XI, Juni/Juin 1942, 12.

32. P.d.M. "DAUTHENDEY, Max: *Gesammelte Gedichte.*" *Bibliographie Dechenne* XI, Juni/Juin 1942, 13.

33. P.d.M. "LEBLOND, Marius: *Redressement.*" *Bibliographie Dechenne* XI, Juni/Juin 1942, 21.

34. P.d.M. "ACHARD, Marcel: *Théâtre* (Mademoiselle de Panama — Le Corsaire — Petrus)." *Bibliographie Dechenne* XI,Juni/Juin 1942, 22.

35. P.d.M. "BOREL, Pierre: *Lettres de Guy de Maupassant à Gustave Flaubert.*" *Bibliographie Dechenne* XI, Juni/Juin 1942, 22.

36. P.d.M. "DELACROIX, Eugène: *Ecrits* (Tome premier)." *Bibliographie Dechenne* XI, Juni/Juin 1942, 22-23.

37. P.d.M. "DEMAISON, André: *Trois Histoires de Bêtes.*" *Bibliographie Dechenne* XI, Juni/Juin 1942, 23.

38. P.d.M. "DEREME, Tristan: *Tourments* (Caprices et délices ou les poètes et les mots)." *Bibliographie Dechenne* XI, Juni/Juin 1942, 23.

39. P.d.M. "de MIOMANDRE, Francis: *Le Fil d'Ariane.*" *Bibliographie Dechenne* XI, Juni/Juin 1942, 23-24.

40. P.d.M. "REYER, Georges: *Marguerite Audoux.*" *Bibliographie Dechenne* XI, Juni/Juin 1942, 24.

41. P.d.M. "ROLLAND, Romain: *Le Voyage intérieur.*" *Bibliographie Dechenne* XI, Juni/Juin 1942, 24.

42. P.d.M. "TROYAT, Henri: *Le Mort saisit le Vif.*" *Bibliographie Dechenne* XI, Juni/Juin 1942, 24.

43. Paul de Man. "Noord- en Zuid-Nederlandsche Letterkunde van heden." *Bibliographie Dechenne* XII, Juli/Juillet 1942, 1-2.

44. P.d.M. "LECERF, Emile: *L'Homme noble et son Ombre.*" *Bibliographie Dechenne* XII, Juli/Juillet 1942, 7.

45. P.d.M. "VAERLÖSE, Jörgen: *Jonna.*" *Bibliographie Dechenne* XII, Juli/Juillet 1942, 8.

46. P.d.M. "JEUNEHOMME, Emile: *La Révolution Fasciste* (Depuis la fondation des Faisceaux jusqu'à la marche sur Rome, 1919-1922)." *Bibliographie Dechenne* XII, Juli/Juillet 1942, 9.

47. P.d.M. "HAMSUN, Knut: *Erzählungen.*" *Bibliographie Dechenne* XII, Juli/Juillet 1942, 12.

48. P.d.M. "VENDRYES, Pierre: *Vie et probabilité* (Préface de L. de Broglie)." *Bibliographie Dechenne* XII, Juli/Juillet 1942, 18, 20.

49. P.d.M. "BOIVIN, André: *Les Microbes*; CHEVALIER, Auguste: *L'Agriculture Coloniale*; DAUX, Georges: *Les Etapes de l'Archéologue*; FRETET, Jean: *La Folie*; JANNEAU, Guill.: *Les Arts du Feu*; LEFRANC, Georges: *Histoire du Commerce*; MARSAIS, Paul: *La Défense de nos Cultures*; MARTINCOURT, J.: *L'Equipement électrique de la France*; PAYENNEVILLE, J.: *Le Péril vénérien*; PEYRET, Henri: *La Guerre des Matières premières.*" [Collection «Que sais-je?».] *Bibliographie Dechenne* XII, Juli/Juillet 1942, 20.

50. P.d.M. "DESPIAU, Charles: *Arno Breker.*" *Bibliographie Dechenne* XII, Juli/Juillet 1942, 21.

51. P.d.M. "*La jeune Poésie et ses Harmoniques* (Publié sous la direction d'Albert Marie Schmidt)." *Bibliographie Dechenne* XII, Juli/Juillet 1942, 22.

52. P.d.M. "BLANZAT, Jean: *L'Orage du Matin* (Prix du roman de l'Académie française 1942)." *Bibliographie Dechenne* XII, Juli/Juillet 1942, 22.

53. P.d.M. "JÜNGER, Ernst: *Jardins et Routes* (Pages de Journal 1939-1940)." *Bibliographie Dechenne* XII, Juli/Juillet 1942, 24.

54. P.d.M. "KLEIST: *Michel Kolhaas.*" *Bibliographie Dechenne* XII, Juli/Juillet 1942, 24.

55. P.d.M. "DAYE, Pierre: *L'Europe aux Européens*." *Bibliographie Dechenne* XIII, Augustus/Août 1942, 3.

56. P.d.M. "FABRE-LUCE, Alfred: *Journal de la France* (tome II)." *Bibliographie Dechenne* XIII, Augustus/Août 1942, 3.

57. P.d.M. "POULET, Robert: *L'Ange et les Dieux*." *Bibliographie Dechenne* XIII, Augustus/Août 1942, 7.

58. P.d.M. "DORIVAL, B.: *La Peinture Française*." *Bibliographie Dechenne* XIII, Augustus/Août 1942, 20.

59. P.d.M. "LHOTE, André: *Peinture d'abord*." *Bibliographie Dechenne* XIII, Augustus/Août 1942, 20.

60. P.d.M. "GIRAUDOUX, Jean: *Le Film de la Duchesse de Langeais* (d'après la nouvelle de Balzac)." *Bibliographie Dechenne* XIII, Augustus/Août 1942, 21.

61. P.d.M. "GOETHE: *Pages Immortelles* (présentées par Hans Carossa)." *Bibliographie Dechenne* XIII, Augustus/Août 1942, 22.

62. P.d.M. "GUNNARSON, Gunnar: *Vaisseaux dans le Ciel*." *Bibliographie Dechenne* XIII, Augustus/Août 1942, 22.

63. P.d.M. "HAANPÄÄ, Pentii: *Guerre dans le Désert blanc*." *Bibliographie Dechenne* XIII, Augustus/Août 1942, 22.

64. P.d.M. "MONTHERLANT, Henri de: *La Vie en forme de Proue* (textes choisis à l'usage des jeunes gens)." *Bibliographie Dechenne* XIII, Augustus/Août 1942, 23.

65. P.d.M. "ROLIN, Dominique: *Les Marais*." *Bibliographie Dechenne* XIII, Augustus/Aôut 1942, 23-24.

66. P.d.M. "COCRIAMONT, Paul: *Un Dieu sournois*." *Bibliographie Dechenne* XIV, September/Septembre 1942, 6.

67. P.d.M. "LIBERT, Jean: *La Transposition du Divin*." *Bibliographie Dechenne* XIV, September/Septembre 1942, 6.

68. P.d.M. "KOLBENHEYER, E.-G.: *Die Bauhütte* (Grundzüge einer Metaphysik der Gegenwart)." *Bibliographie Dechenne* XIV, September/Septembre 1942, 8-9.

69. P.d.M. "DE PIERREFEU et LE CORBUSIER: *La Maison des Hommes*." *Bibliographie Dechenne* XIV, September/Septembre 1942, 13-14.

70. P.d.M. "BENOIST-MECHIN: *Ce qui demeure*." *Bibliographie Dechenne* XIV, September/Septembre 1942, 15.

71. P.d.M. "GREGOR, Joseph: *Richard Strauss*." *Bibliographie Dechenne* XIV, September/Septembre 1942, 16

72. P.d.M. "KASSNER, Rudolf: *Livre du Souvenir*." *Bibliographie Dechenne* XIV, September/Septembre 1942, 17.

73. P.d.M. "REBATET, Lucien: *Les Décombres*." *Bibliographie Dechenne* XIV, September/Septembre 1942, 18.

74. Paul de Man. "Le métier d'éditeur." *Bibliographie Dechenne* XV, October/Octobre 1942, 3-4.

75. P.d.M. "CARETTE, Louis: *Cadavre exquis*." *Bibliographie Dechenne* XV, October/Octobre 1942, 7.

76. P.d.M. "POLLET, Evelyne: *Un Homme bien parmis d'autres Personnages*." *Bibliographie Dechenne* XV, October/Octobre 1942, 8.

77. P.d.M. "MULTATULI: *Max Havelaar*. Adapté et traduit du Néerlandais par L. Roelandt." *Bibliographie Dechenne* XVI, November/Novembre 1942, 5.

78. P.d.M. "WILLEMS, Paul: *L'Herbe qui tremble*." *Bibliographie Dechenne* XVI, November/Novembre 1942, 6.

79. P.d.M. "POLLET, Evelyne: *Primevères*." *Bibliographie Dechenne* XVI, November/Novembre 1942, 17.

80. Paul de Man. "Vlaanderen. Overzicht van de maand." *Bibliographie Dechenne* XVII, December/Décembre 1942, 4-5.

81. P.d.M. "Revue de l'édition belge d'expression française." *Bibliographie Dechenne* XVII, December/Décembre 1942, 8-9.

82. P.d.M. "JÜNGER, Ernst: *Op de Marmerklippen*." *Bibliographie Dechenne* XVIII, Januari/Janvier 1943, 3-4. Reprinted in *Bibliographie Dechenne* XX, Maart/Mars 1943, 4.

83. P.d.M. "DUFOURCQ, Norbert: *Petite histoire de la Musique en Europe.*" *Bibliographie Dechenne* XVIII, Januari/Janvier 1943, 15.

84. P.d.M. "JÜNGER, Ernst: *Le Coeur aventureux*. Traduction de Henri Thomas." *Bibliographie Dechenne* XVIII, Januari/Janvier 1943, 17-18.

85. Paul de Man. "Condition actuelle de la littérature d'expression française." *Bibliographie Dechenne* XIX, Februari/Février 1943, 3-4.

86. P.d.M. "DE VLEESCHAUWER, Prof. Dr. H.-J.: *Humanistische Kultuur.*" *Bibliographie Dechenne* XIX, Februari/Février 1943, 5. Reprinted, unsigned, in *Bibliographie Dechenne* XX, Maart/Mars 1943, 3.

87. P.d.M. "DUMONT, Georges-H.: *Banquibazar.*" *Bibliographie Dechenne* XIX, Februari/Février 1943, 5.

88. P.d.M. "TEIRLINCK, Herman: *Griseldis.*" *Bibliographie Dechenne* XIX, Februari/Février 1943, 6-7.

89. P.d.M. "POLLET, Evelyne: *Corps à corps.*" *Bibliographie Dechenne* XIX, Februari/Février 1943, 9.

90. P.d.M. "JAMET, Claude: *Carnet de Déroute.*" *Bibliographie Dechenne* XIX, Februari/Février 1943, 21.

91. P.d.M. "LANDRY, C.-F.: *La Brume de Printemps.*" *Bibliographie Dechenne* XIX, Februari/Février 1943, 21.

92. P.d.M. "CARETTE, Louis: *Naissance de Minerve.*" *Bibliographie Dechenne* XX, Maart/Mars 1943, 5.

93. P.d.M. "GHELDERODE, Michel de: *Théâtre*. Préface de Franz Hellens; — *Théâtre Complet I.*" *Bibliographie Dechenne* XX, Maart/Mars 1943, 6.

94. P.d.M. "LECERF, Emile: *La résurrection des Vivants.* Satire." *Bibliographie Dechenne* XX, Maart/Mars 1943, 6.

95. P.d.M. "WALHEER, Pol: *Les Habitants de l'Orage.*" *Bibliographie Dechenne* XX, Maart/Mars 1943, 7.

96. P.d.M. "BROGLIE, Isabelle de: *Le Traité de Westphalie. Vu par les Contemporains.*" *Bibliographie Dechenne* XX, Maart/Mars 1943, 7.

97. P.d.M. "JÜNGER, Ernst: *Gärten und Strassen.*" *Bibliographie Dechenne* XX, Maart/Mars 1943, 12.

98. P.d.M. "FOMBEURE, Maurice: *A dos d'Oiseau.*" *Bibliographie Dechenne* XX, Maart/Mars 1943, 20.

99. P.d.M. "GANZO, Robert: *Poèmes.*" *Bibliographie Dechenne* XX, Maart/Mars 1943, 20.

100. P.d.M. "BUCHHEIT, Gert: *Bismarck*. Traduction de Betz Maurice et Pargal Pierre." *Bibliographie Dechenne* XX, Maart/Mars 1943, 21.

Notes

1 See editors' preface for information about this and the other journals in which Paul de Man published.

2 Volume and issue numbers are given as they appear in the newspaper itself. It should be emphasized that the newspaper called *Le Soir* which appeared during the occupation did not share staff or editorial policies with the paper of the same name which had been published before, and resumed publishing again after, the occupation. *Le Soir volé*, as the occupation-era paper was popularly known, was published only from 14 June 1940 through 2 September 1944.